iCUBE-핵심 ERP

삼일회계법인
삼일인포마인

2026 ERP 정보관리사

물류·생산 2급

임상종 · 김혜숙 · 김진우 지음

SAMIL | 삼일회계법인
삼일인포마인

머리말

우리나라 대부분의 기업들이 ERP 시스템을 도입하였거나, 도입을 검토하고 있는 현실에서 한국생산성본부(KPC)에서는 ERP 시스템의 운용과 정보관리에 필요한 인력을 확충하기 위하여 국가공인 ERP 정보관리사 자격시험, ERP Master 제도 및 ERP 공인강사 PTE (Professional Trainer for ERP) 제도를 시행하고 있다.

ERP 정보관리사 자격시험은 국내 최초로 국가가 인정한 비즈니스 전문 자격시험으로 공기업 및 민간기업의 취업에서 가산점이 부여될 만큼 '실무와 취업에 강한 자격증'으로 자리매김하고 있다.

본 교재는 산업현장에서 다년간 ERP를 구축한 사례와 오랜 강의 경험을 바탕으로 집필하였기에 실무자에게는 ERP 실무 적용에 도움을 주며, ERP 정보관리사 자격시험을 준비하는 수험생들에게는 합격을 보장하는 지침서가 될 것이다.

본 교재의 특징은

첫째, 최근 기출문제 분석을 통한 다양한 신규출제 문제 반영!

기출문제를 철저히 분석한 유형별 연습문제와 신규출제 문제를 충실히 반영하였기에 모든 수험생들이 이론 및 실무영역 모두 완벽하게 시험에 대비하도록 구성하였으며, 혼자 공부하는 수험생을 위해서 해설과 풀이를 충실하게 하였다.

둘째, 다양한 사례를 통해 실무 적용 및 응용력 상승!

더존 ICT그룹이 개발하여 보급하고 있는 핵심ERP 실습을 교육현장에서도 쉽게 접근할 수 있도록 다양한 사례를 제공하였으며, 사례실습을 통해 ERP 시스템의 핵심적인 기능과 프로세스를 익혀 실무에서의 적용 및 응용력을 높일 수 있도록 하였다.

셋째, 국가직무능력표준(NCS, National Competency Standards)으로 교재 구성!

NCS에 맞추어 산업현장에서 직무를 성공적으로 수행하기 위해 요구되는 능력을 갖출 수 있도록 내용을 구성하였다.

넷째, 교재 핵심ERP 실무 부분의 백데이터를 장별로 제공하여 원하는 곳부터 실습이 가능!

수험생과 강의하는 분들의 편의를 위해 수강을 못한 경우에도 큰 무리가 없도록 핵심ERP 실무 부분의 내용 중 원하는 곳부터 실습할 수 있도록 백데이터를 구분 제공하였다.

본 교재를 통해 산업현장의 실무자의 실무적응 능력을 높임과 동시에, ERP 정보관리사 자격시험을 준비하는 수험생들이 자격증 취득을 바탕으로 ERP 전문인력으로 거듭날 수 있기를 바란다.

끝으로 본 교재를 출간하도록 도와주신 삼일피더블유씨솔루션 오연관 대표이사님을 비롯한 관계자와 바쁘신 일정속에서 시간을 내어 꼼꼼한 감수작업을 해주신 감수자분들께 깊은 감사를 드리고, 앞으로도 계속 노력하여 보다 충실한 교재로 거듭날 것을 약속드리며, 독자들의 충고와 질책을 바라는 바이다.

저자 일동

1. ERP 정보관리사란?

ERP 정보관리사 자격시험은 한국생산성본부가 주관하여 시행하고 있으며, 기업정보화의 핵심인 ERP 시스템을 효율적으로 운용하기 위해 필요한 이론과 실무적 지식을 습득하여 ERP 전문인력 양성을 목적으로 하는 국가공인 자격시험이다.

2. 시험일정

2026년 ERP 정보관리사 자격시험 일정표					
회차	시험일	온라인접수	방문접수	수험표공고	성적공고
제1회	01.24.	25.12.24.~25.12.31.	25.12.31.	01.15.	02.10.
제2회	03.28.	02.25.~03.04.	03.04.	03.19.	04.14.
제3회	05.30.	04.29.~05.06.	05.06.	05.21.	06.16.
제4회	07.25.	06.24.~07.01.	07.01.	07.16.	08.11.
제5회	09.19.	08.19.~08.26.	08.26.	09.10.	10.13.
제6회	11.28.	10.28.~11.04.	11.04.	11.19.	12.15.

3. 시험시간 및 종목

교시	구분	시험시간	과목	응시자격
1교시	이론	09:00 ~ 09:40 (40분)	회계 1급, 회계 2급 생산 1급, 생산 2급 (위 과목 중 택1)	응시제한 없음
1교시	실무	09:45 ~ 10:25 (40분)		
2교시	이론	11:00 ~ 11:40 (40분)	인사 1급, 인사 2급 물류 1급, 물류 2급 (위 과목 중 택1)	
2교시	실무	11:45 ~ 12:25 (40분)		

- 시험방식: CBT(Computer Based Testing) 및 IBT(Internet Based Testing) 방식
- 같은 교시의 응시과목은 동시신청 불가(예: 회계, 생산모듈은 동시 응시 불가)

4. 합격기준

구분	합격점수	문항 수
1급	평균 70점 이상(단, 이론 및 실무 각 60점 이상 시)	이론 32문항, 실무 25문항 (인사모듈 이론은 33문항)
2급	평균 60점 이상(단, 이론 및 실무 각 40점 이상 시)	이론 20문항, 실무 20문항

5. 응시료 및 납부방법

구분	1과목	2과목	응시료 납부방법
1급	40,000원	70,000원	전자결제
2급	28,000원	50,000원	

- 동일등급 2과목 응시 시 응시료 할인(단, 등급이 다를 경우 개별적인 응시료 적용)

6. ERP 정보관리사 출제기준

> 물류 2급 출제기준 (이론 20문항, 실무 20문항)

평가영역	과목	배점	문항별 점수 × 문항 수
이론	경영혁신과 ERP	20	5점(객관식) × 4문항
	공급망관리(SCM)	30	5점(객관식) × 6문항
	영업관리	30	5점(객관식) × 6문항
	구매관리	20	5점(객관식) × 4문항
	소 계	100	5점(객관식) × 20문항
실무	ERP 물류모듈 기본정보관리	15	5점(객관식) × 3문항
	ERP 영업관리	40	5점(객관식) × 8문항
	ERP 구매/재고관리	45	5점(객관식) × 9문항
	소 계	100	5점(객관식) × 20문항

> 생산 2급 출제기준 (이론 20문항, 실무 20문항)

구분	과목	배점	문항별 점수 × 문항 수
이론	경영혁신과 ERP	20	5점(객관식) × 4문항
	생산계획/통제	30	5점(객관식) × 6문항
	공정관리	30	5점(객관식) × 6문항
	자재소요/생산능력계획	20	5점(객관식) × 4문항
	소 계	100	5점(객관식) × 20문항
실무	ERP 생산모듈 기본정보관리	15	5점(객관식) × 3문항
	ERP 생산관리	85	5점(객관식) × 17문항
	소 계	100	5점(객관식) × 20문항

※ ERP 정보관리사 자격시험에 대한 세부적인 사항은 홈페이지(http://license.kpc.or.kr/)를 참고하시기 바랍니다.

차례

C O N T E N T S

차례

제5장 핵심ERP 생산프로세스 실무 / 405

제5부 합격 문제풀이

제1장 물류 2급 기출문제 / 447

제2장 생산 2급 기출문제 / 515

제3장 답안 및 풀이 / 591

경영혁신과 ERP

경영혁신과 ERP

01 ERP 개념과 등장

1.1 ERP의 개념

ERP(Enterprise Resource Planning)란 우리말로 '전사적 자원관리', '기업 자원관리', '통합정보시스템' 등 다양한 명칭으로 불리우고 있다. ERP는 선진 업무프로세스(Best Practice)를 기반으로 최신의 IT(Information Technology)기술을 활용하여 영업, 구매, 자재, 생산, 회계, 인사 등 기업 내 모든 업무를 실시간 및 통합적으로 관리할 수 있는 통합정보시스템이다.

ERP라는 용어를 처음으로 사용한 미국의 정보기술 컨설팅회사인 가트너그룹은 ERP를 '제조, 물류, 회계 등 기업 내의 모든 업무기능이 조화롭게 운영될 수 있도록 지원하는 애플리케이션의 집합'이라고 정의하였다. 또한 미국생산관리협회에서는 '기존의 MRP Ⅱ 시스템과는 차별화된 것이며, 최신의 정보기술을 수용하고 고객 주문에서부터 제품 출하까지의 모든 자원을 효율적으로 관리하는 회계지향적인 정보시스템'으로 정의하고 있다.

1.2 ERP의 구성

ERP는 기업에서 영업, 구매/자재, 생산, 품질, 원가, 회계, 인사 등 정보생성의 단위업무 시스템이 하나의 통합시스템으로 구성되어 있다. 각 모듈에서 발생된 거래내역은 최종적으로 회계모듈로 전송되어 재무제표 작성까지 연결된다.

대부분의 ERP 시스템은 환경설정과 기준정보관리 등을 담당하는 시스템관리 모듈과 영업, 구매, 생산, 회계, 인사 등의 단위업무별 모듈과 경영진 및 관리자들을 위한 경영정보 모듈로 구성되는 것이 일반적이다. ERP의 주요 구성은 다음과 같이 나타낼 수 있다.

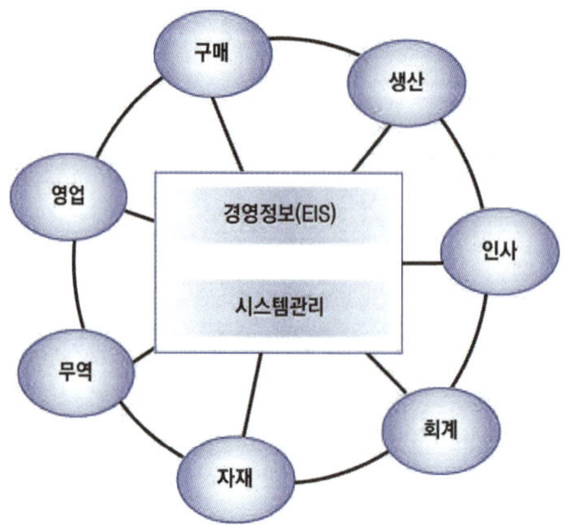

1.3 경영혁신과 ERP의 등장

20세기 후반부터 세계 각국의 본격적인 경제개방으로 인해 기업의 경영환경은 급변하게 되었다. 시장은 세계화되고 경쟁이 심화되면서 기업은 생존을 위해 혁신이 필수적인 것으로 이해되고 있으며, 실제로 대부분의 기업 경영자들은 경영혁신을 핵심적인 경쟁전략으로 채택하고 있다.

기업들은 경영혁신을 위해 BPR(Business Process Re－engineering), 다운사이징(Downsizing), JIT(Just in Time), TQM(Total Quality Management) 등 다양한 혁신기법들을 도입하여 실행하고 있다. 그러나 BPR(업무프로세스 재설계)을 실행한 상당수의 기업들이 혁신에 실패하거나 그 성과에 대해 만족하지 못하였다.

그 이유는 업무효율성을 극대화할 수 있도록 업무프로세스를 재설계하였으나, 여전히 부서 간의 커뮤니케이션이 단절되고 일부 반복적인 중복업무의 발생 등으로 인해 큰 성과를 내지 못한 것이다.

이러한 결과를 초래한 가장 큰 이유는 기존의 전통적인 정보시스템은 생산, 물류, 회계, 인사 등 각 시스템이 기능별 단위업무에 초점을 두어 기능별 최적화는 가능하였으나 데이터의 통합성이 결여되어 기업 전체적인 차원에서의 최적화는 어려웠던 것이다. 따라서 이러한 전통적인 정보시스템이 내포하고 있는 한계점을 극복하고 경영혁신의 성과를 극대화하는데 필요한 통합정보시스템 ERP가 등장하게 되었다.

전통적인 정보시스템(MIS)과 ERP는 목표와 업무처리 방식 등 다양한 측면에서 다음과 같은 큰 차이를 보이고 있다.

구 분	전통적인 정보시스템(MIS)	E R P
목 표	부분 최적화	전체 최적화
업무범위	단위업무	통합업무
업무처리	기능 및 일 중심(수직적 처리)	프로세스 중심(수평적 처리)
접근방식	전산화, 자동화	경영혁신 수단
전산화 형태	중앙집중 방식	분산처리 방식
의사결정방식	Bottom－Up(상향식), 상사	Top－Down(하향식), 담당자
설계기술	3GL, 프로그램 코딩에 의존	4GL, 객체지향기술
시스템구조	폐쇄성	개방성, 확장성, 유연성
저장구조	파일시스템	관계형데이터베이스(RDBMS)

개념 익히기

- **업무프로세스 재설계(BPR: Business Process Re-engineering)**

  비용, 품질, 서비스, 속도와 같은 핵심적 부분에서 극적인 성과를 이루기 위해 기업의 업무프로세스를 기본적으로 다시 생각하고 근본적으로 재설계하는 것으로, BPR은 모든 부분에 걸쳐 개혁을 하는 것이 아니라 중요한 비즈니스 프로세스, 즉 핵심프로세스를 선택하여 그것들을 중점적으로 개혁해 나가는 것이다.

- **프로세스 혁신(PI: Process Innovation)**

  PI는 정보기술을 활용한 리엔지니어링을 의미하며, ERP 시스템이 주요도구로 활용될 수 있다. 기업의 업무처리 방식, 정보기술, 조직 등에서 불필요한 요소들을 제거하고 효과적으로 재설계함으로써 기업의 가치를 극대화하기 위한 경영기법이라 할 수 있다.

- **업무프로세스 개선(BPI: Business Process Improvement)**

  ERP 구축 전에 수행되는 것으로, 단계적인 시간의 흐름에 따라 비즈니스 프로세스를 개선해가는 점증적 방법

02 ERP 발전과정과 특징

 ### **2.1** ERP의 발전과정

ERP는 1970년대에 등장한 MRP(Material Requirement Planning: 자재소요계획)가 시초가 되어 경영 및 IT 환경의 변화에 따라 지속적으로 발전하게 되었다.

① 1970년대의 MRP Ⅰ(Material Requirement Planning: 자재소요계획)은 기준생산 계획과 부품구성표, 재고정보 등을 근거로 재고감소를 목적으로 개발된 단순한 자재 수급관리 정보시스템이다. MRP Ⅰ은 종속적인 수요를 가지는 품목의 재고관리시스 템으로 구성 품목의 수요를 산출하고 필요한 시기를 추적하며, 품목의 생산 혹은 구 매에 사용되는 리드타임을 고려하여 작업지시 혹은 구매주문을 하기 위한 재고통제 시스템으로 개발된 것이다.

② 1980년대에 등장한 MRP Ⅱ(Manufacturing Resource Planning: 제조자원계획)는 MRP Ⅰ의 자재수급관리뿐만 아니라 제조에 필요한 자원을 효율적으로 관리하기 위 한 것으로 확대되었다. MRP Ⅱ는 생산에 필요한 모든 자원을 효율적으로 관리하기 위하여 이전 단계의 개념이 확대된 개념으로서 시스템이 보다 확장되어 생산능력이 나 마케팅, 재무 등의 영역과 다양한 모듈과 특징들이 추가된 새로운 개념이다.

③ 1990년대 ERP(Enterprise Resource Planning: 전사적 자원관리)는 MRP Ⅱ의 제 조자원뿐만 아니라 영업, 회계, 인사 등 전사적인 차원의 관리를 위한 시스템이다.

④ 2000년대 이후에는 확장형 ERP(EERP - Extended ERP)라는 이름으로 기존 ERP 의 고유기능 확장뿐만 아니라 e-business 등 다양한 분야의 정보시스템과 연결하 는 등 협업체제의 시스템으로 확장되었다.

ERP의 발전과정과 각 연대별 정보시스템이 추구하는 목표와 관리범위를 요약하면 다 음과 같다.

[ERP의 발전과정과 특징]

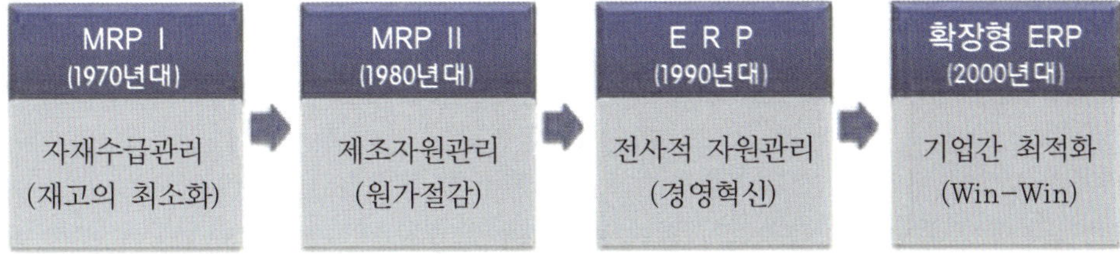

2.2 ERP의 기능적 특징

구분	세부내용
글로벌 대응(다국적, 다통화, 다언어)	글로벌 기업이 사용하는 ERP는 국가별로 해당 언어와 통화 등 각국의 상거래 관습, 법률 등을 지원한다.
중복업무의 배제 및 실시간 정보처리체계 구축	조직 내에서 공통적으로 사용하는 거래처, 품목정보 등 마스터데이터는 한 번만 입력하면 되고, 입력된 데이터는 실시간 서로 공유한다.
선진 비즈니스 프로세스 모델에 의한 BPR 지원	선진 업무프로세스(Best Practice)가 채택되어 있기 때문에, ERP의 선진 업무프로세스를 적용함으로써 자동적으로 경영혁신(BPR) 효과를 볼 수 있다.
파라미터 지정에 의한 프로세스 정의	자사의 업무처리 프로세스에 맞도록 옵션설정 등을 할 수 있으며, 조직 변경이나 프로세스 변경이 있을 시에 유연하게 대처할 수 있다.
경영정보 제공 및 경영 조기경보체계 구축	실시간(Real Time) 처리되는 기업의 경영현황을 파악할 수 있으며, 리스크관리를 통해 위험을 사전에 감지할 수 있다.
투명 경영의 수단으로 활용	조직을 분권화하고 상호견제 및 내부통제제도를 강화하여 부정의 발생을 사전에 예방할 수 있다.
오픈-멀티벤더 시스템	특정 하드웨어나 운영체제에만 의존하지 않고 다양한 애플리케이션과 연계가 가능한 개방형 시스템이다.

개념 익히기

- **선진 업무프로세스(Best Practice)**

  Best Practice란 업무처리에 있어 여러 방법들이 있을 수 있으나 그 어떤 다른 방법으로 처리한 결과보다 더 좋은 결과를 얻어낼 수 있는 표준 업무처리 프로세스를 의미한다.

- **파라미터(Parameter)**

  프로그램 소스에 코딩하는 것이 아니라 프로그램상의 특정 기능을 사용하여 조직의 변경이나 프로세스 변경에 유연하게 대응하기 위한 것이다.

 ## ERP의 기술적 특징

구분	세부내용
4세대 언어로 개발	Visual Basic, C++, Power Builder, Delphi, Java 등과 같은 4세대 언어로 개발되었다.
관계형 데이터베이스 시스템(RDBMS) 채택	원장형 통합데이터베이스 구조를 가지며, 관계형 데이터베이스시스템(RDBMS: Relational DataBase Management System)이라는 소프트웨어를 사용하여 데이터의 생성과 수정 및 삭제 등의 모든 관리를 한다. 대표적으로 MS SQL, Oracle, Sybase 등이 있다.
객체지향기술 사용	객체지향기술(OOT: Object Oriented Technology)은 공통된 속성과 형태를 가진 데이터와 프로그램을 결합하여 모듈화한 후 이를 다시 결합하여 소프트웨어를 개발하는 기술이다. 시스템 업그레이드, 교체 등의 경우에 전체적으로 변경하지 않고 필요한 모듈만 변경이 가능하다.
인터넷 환경의 e-비즈니스를 수용할 수 있는 Multi-Tier 환경 구성	클라이언트서버(C/S) 시스템을 통하여 업무의 분산처리가 가능하며, 웹과의 연동으로 e-비즈니스를 수용한다. 웹서버, ERP 서버 등의 Multi-Tier 환경을 구성하여 운영할 수 있다.

03 ERP 도입과 구축

ERP 도입의 성공여부는 BPR을 통한 업무개선이 중요하며 BPR은 원가, 품질, 서비스, 속도와 같은 주요 성과측정치의 극적인 개선을 위해 업무프로세스를 급진적으로 재설계하는 것이라고 정의할 수 있다. 따라서 ERP를 도입하여 구축 시에는 BPR이 선행되어 있거나 BPR과 ERP 시스템 구축을 병행하는 것이 바람직하며, 기업 내 ERP 시스템 도입의 최종 목적은 고객만족과 이윤의 극대화 이다.

3.1 ERP 도입 시 고려사항

ERP 도입을 원하는 회사에서는 일반적으로 ERP 시스템을 회사의 업무에 적합하도록 자체 또는 외주의뢰를 통해 직접 개발하거나, 시중에서 유통되고 있는 ERP 패키지를 구입하여 도입할 수 있다.

최근에는 ERP 패키지를 도입하는 경우가 대부분을 차지하는데, 그 이유는 ERP 패키지 내에는 선진 비즈니스 프로세스가 내장되어 있어 BPR을 자동적으로 수행하는 효과를 볼 수 있으며, 시간과 비용적인 측면에서도 효율적이기 때문이다. 하지만 ERP 패키지를 도입하는 경우, 다음의 사항들은 반드시 고려되어야 한다.

① 자사에 맞는 패키지 선정(기업의 요구에 부합하는 시스템)
② TFT(Task Force Team)는 최고 엘리트 사원으로 구성
③ 경험이 많은 유능한 컨설턴트를 활용
④ 경영진의 확고한 의지
⑤ 전사적인 참여 유도
⑥ 현업 중심의 프로젝트 진행
⑦ 구축방법론에 의한 체계적인 프로젝트 진행
⑧ 커스터마이징(Customizing)을 최소화 및 시스템 보안성
⑨ 가시적인 성과를 거둘 수 있는 부분에 집중
⑩ 지속적인 교육 및 워크숍을 통해 직원들의 변화 유도

개념 익히기

■ 커스터마이징(Customizing)

'주문제작하다'라는 뜻의 Customize에서 나온 말이다. 사용자가 사용방법과 기호에 맞춰 하드웨어나 소프트웨어를 설정 및 수정하거나 기능을 변경하는 것을 의미한다. ERP 패키지를 도입할 때, 자사의 업무 프로세스와 기능에 부합되도록 ERP 시스템을 회사 실정에 맞게 조정할 수도 있다.

3.2 ERP 도입효과

ERP의 성공적인 구축과 운영은 기업의 다양한 측면에서 그 효과를 찾아볼 수 있다.

1) 통합업무시스템 구축

ERP는 영업, 구매/자재, 생산, 회계, 인사 등 모든 부문에서 발생되는 정보를 서로 공유하여 의사소통이 원활해지며, 실시간 경영체제를 실현하여 신속한 의사결정을 지원한다.

2) 기준정보 표준체계(표준화, 단순화, 코드화) 정립

업무의 표준화는 ERP 구축의 선행요건이다. 예컨대 ERP 시스템 내에서 제품판매를 처리하기 위해서는 거래처와 품목정보 등이 필수적으로 등록되어야 한다. 이러한 거래처와 품목정보 등은 항상 코드화해서 운용되며, 복잡하게 정의하지 않고 단순화하여 정의하는 것이 효율적이다.

3) 투명한 경영

ERP를 사용하면 각 업무영역의 분리와 연계성 등에 의해 자동적으로 조직이 분권화되고, 상호견제 및 내부통제가 강화되어 부정의 발생을 사전에 예방할 수 있다.

4) 고객만족도 향상

ERP를 사용함으로써 실시간 정보를 파악할 수 있기 때문에 고객 피드백 및 응답시간 등의 단축으로 인해 고객만족도가 향상될 수 있다.

5) BPR 수행을 통한 경영혁신 효과

ERP 내에는 다양한 산업에 대한 최적의 업무관행인 베스트 프랙티스(Best Practices)가 채택되어 있기 때문에, ERP의 선진 업무프로세스를 적용함으로써 자동적으로 경영혁신(BPR) 효과를 볼 수 있다.

6) 차세대 기술과의 융합

차세대 ERP는 인공지능 및 빅데이터 분석 기술과의 융합으로 분석도구가 추가되어 선제적 예측과 실시간 의사결정지원이 가능하다.

7) 각종 경영지표의 개선

① 재고 및 물류비용 감소(재고감소, 장부재고와 실물재고의 일치)
② 부서별 및 사업장별 손익관리를 통한 수익성 개선
③ 생산성 향상을 통한 원가절감 및 종업원 1인당 매출액 증대
④ 업무의 정확도 증대와 업무시간 단축(생산계획 수립, 결산작업 등)
⑤ 리드타임(Lead Time) 감소 및 사이클타임(Cycle Time) 단축

개념 익히기

■ 리드타임(Lead Time)

시작부터 종료까지의 소요된 시간을 의미한다. 일반적으로 제품생산의 시작부터 완성품생산까지 걸리는 시간을 생산리드타임, 구매발주에서부터 입고완료까지 걸리는 시간을 구매리드타임, 주문접수에서부터 고객에게 인도하기까지의 걸리는 시간을 영업리드타임이라고 한다. 리드타임을 단축시킴으로써 납기단축, 원가절감, 생산 및 구매 효율성 증대 등의 효과를 얻어 기업의 경쟁력을 향상시킬 수 있다.

■ 사이클타임(Cycle Time)

어떤 상황이 발생한 후 동일한 상황이 다음에 다시 발생할 때까지의 시간적 간격을 의미한다.

■ 총소유비용(Total Cost of Ownership)

ERP 시스템에 대한 투자비용에 관한 개념으로 시스템의 전체 라이프사이클(life-cycle)을 통해 발생하는 전체 비용을 계량화하는 것을 말한다.

■ ERP 아웃소싱(Outsourcing)

ERP 시스템의 자체개발은 구축에서 운영 및 유지보수까지 많은 시간과 노력이 필요하므로, 아웃소싱을 통한 개발이 바람직하다. 아웃소싱을 통해서 ERP의 개발과 구축, 운영, 유지보수 등에 필요한 인적 자원을 절약할 수 있고, 기업이 가지고 있지 못한 지식 획득은 물론 자체개발에서 발생할 수 있는 기술력 부족의 위험요소를 제거할 수 있다.

3.3 ERP 구축 방법

ERP 시스템은 일반적으로 다음과 같이 분석(Analysis), 설계(Design), 구축(Construction), 구현(Implementation) 등의 단계를 거쳐 구축되며, ERP를 성공적으로 구축하기 위해서는 ERP 구축 모든 단계에서 전 직원의 교육훈련은 필수적이다.

(1) 분석단계

분석단계에서의 핵심은 현재 업무상태(AS-IS)를 분석하는 것이다. 기준프로세스 설정을 위해 현재의 업무 및 프로세스를 파악하고, 문제점이 무엇인지를 분석하는 단계이다.

분석단계에서 이루어지는 주요 업무범위는 다음과 같다.

① TFT 구성(Kick-off)
② 현재업무(AS-IS) 및 시스템 문제 파악
③ 현업 요구 분석
④ 경영전략 및 비전 도출
⑤ 목표와 범위 설정
⑥ 주요 성공요인 도출
⑦ 세부추진일정 계획 수립
⑧ 시스템 설치(하드웨어, 소프트웨어)

(2) 설계단계

설계단계에서는 이전 단계인 분석단계에서 AS-IS 분석을 통해 파악된 문제점이나 개선사항을 반영하여 개선방안(TO-BE)을 도출하는 것이 핵심이다. 이때 TO-BE 프로세스와 ERP 시스템의 표준 프로세스 간의 차이를 분석하여야 한다. 이를 차이(GAP)분석이라고 한다. GAP 분석의 결과를 토대로 ERP 패키지의 커스터마이징 여부를 결정짓는다.

설계단계에서 이루어지는 주요 업무범위는 다음과 같다.

① TO-BE 프로세스 도출
② GAP 분석(패키지 기능과 TO-BE 프로세스와의 차이)
③ 패키지 설치 및 파라미터 설정
④ 추가 개발 및 수정보완 문제 논의
⑤ 인터페이스 문제 논의
⑥ 사용자 요구 대상 선정(커스터마이징 대상 선정)

(3) 구축단계

구축단계는 이전의 분석 및 설계단계에서 도출된 결과를 시스템으로 구축하여 검증하는 단계이다. 분석 및 설계단계에서 회사의 핵심 업무에 대한 업무프로세스 재설계(BPR) 결과를 ERP 패키지의 각 모듈과 비교하여 필요한 모듈을 조합하여 시스템으로 구축한 후 테스트를 진행한다.

구축단계에서 이루어지는 주요 업무범위는 다음과 같다.
① 모듈 조합화(TO-BE 프로세스에 맞게 모듈을 조합)
② 테스트(각 모듈별 테스트 후 통합 테스트)
③ 추가개발 또는 수정기능 확정
④ 인터페이스 프로그램 연계 테스트
⑤ 출력물 제시

(4) 구현단계

구현단계는 시스템 구축이 완료된 후 본격적인 시스템 가동에 앞서 시험적으로 운영하는 단계이다. 이 단계에서는 실 데이터 입력을 통해 충분한 테스트를 거쳐 발견된 문제점들을 보완하여야 시스템의 완성도를 높일 수 있다. 또한 기존의 데이터를 ERP 시스템으로 전환(Conversion)하는 작업과 추후 시스템 운영에 필요한 유지보수 계획 등을 수립하게 된다.

구현단계에서 이루어지는 주요 업무범위는 다음과 같다.
① 프로토타이핑(Prototyping): 실 데이터 입력 후 시스템을 시험적으로 운영하는 과정
② 데이터 전환(Data Conversion): 기존 시스템 또는 데이터를 ERP 시스템으로 전환
③ 시스템 평가
④ 유지보수
⑤ 추후 일정 수립

개념 익히기

■ **ERP 구축절차**

분석(Analysis) → 설계(Design) → 구축(Construction) → 구현(Implementation)

① 분석	② 설계	③ 구축	④ 구현
• AS-IS 파악	• TO-BE Process 도출	• 모듈조합화	• 시스템운영 (실데이터 입력 후 테스트)
• TFT 결성	• 패키지 기능과 TO-BE Process 와의 차이 분석	• 테스트(각 모듈별 테스트 후 통합 테스트)	• 시험가동
• 현재 업무 및 시스템 문제파악	• 패키지 설치	• 추가개발 또는 수정 기능 확정	• 데이터전환
• 주요 성공요인 도출	• 파라미터 설정	• 출력물 제시	• 시스템 평가
• 목표와 범위설정	• 추가개발 및 수정 보완 문제 논의	• 인터페이스 프로그램 연계	• 유지보수
• 경영전략 및 비전도출	• 인터페이스 문제논의	• 교육	• 향후 일정수립
• 현업요구분석	• 사용자요구 대상선정		• 교육
• 세부추진일정 계획수립	• 커스터마이징		
• 시스템 설치	• 교육		
• 교육			

■ **ERP 구축 및 실행의 성공을 위한 제언**

• 현재의 업무방식을 그대로 고수하지 말라.
• 업무상의 효과보다 소프트웨어 기능성 위주로 적용대상을 판단하지 말라.
• 단기간의 효과 위주로 구현하지 말라.
• IT 중심의 프로젝트로 추진하지 말라.
• 커스터마이징은 가급적 최소화 한다.
• 업무단위별로 추진하지 않는다.
• BPR을 통한 업무프로세스 표준화가 선행 또는 동시에 진행되어야 한다.

■ **효과적인 ERP 교육 시 고려사항**

• 다양한 교육도구를 이용하여야 한다.
• 교육에 충분한 시간을 배정하여야 한다.
• 논리적 작업단위인 트랜잭션이 아닌 비즈니스 프로세스에 초점을 맞추어야 한다.
• 사용자에게 시스템 사용법과 업무처리 방식을 모두 교육하여야 한다.
• 조직차원의 변화관리 활동을 잘 이해하도록 교육을 강화하여야 한다.

04 확장형 ERP

 4.1 확장형 ERP란

(1) 확장형 ERP의 개념

확장형 ERP(Extended ERP)란 EERP 또는 ERP Ⅱ라고도 불리며, 기존의 ERP 시스템에서 좀 더 발전된 개념이다. 기존의 ERP 시스템은 기업내부 프로세스의 최적화가 목표였지만, 확장형 ERP는 기업외부의 프로세스까지 운영 범위를 확산하여 다양한 애플리케이션과의 인터페이스, e-비즈니스 등이 가능한 시스템이다.

확장형 ERP는 다음과 같이 전통적인 ERP 시스템의 기능뿐만 아니라 확장에 따른 고유 기능의 추가, 경영혁신 지원, 최신 IT 기술 도입 등으로 기업 내·외부의 최적화를 포괄적으로 지원하는 시스템이라 할 수 있다.

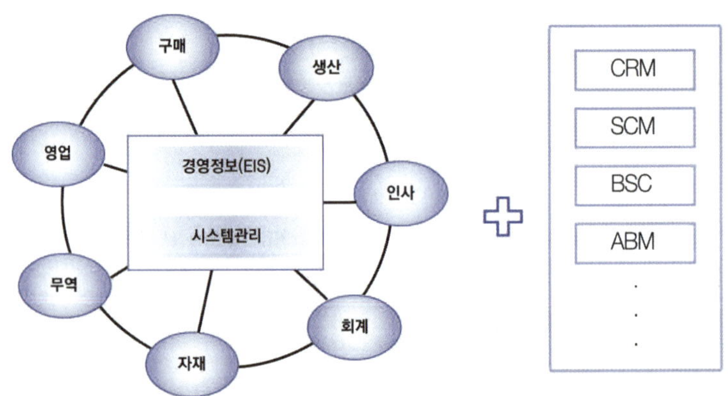

(2) 확장형 ERP의 등장배경과 특징

등장배경	특징
• 기업의 비즈니스 환경의 변화 • 기업 외부 프로세스와의 유연한 통합에 대한 요구 • 협업(Co-work) 상거래의 필요성 • 기존 ERP와 타 솔루션 간의 연계에 대한 요구	• 기업외부 프로세스까지도 웹 환경을 이용하여 지원 • 상거래 지향적인 프로세스로 통합 • 더욱 향상된 의사결정을 지원 • e-비즈니스에 대비할 수 있는 기능 지원

(3) 확장형 ERP에 포함되어야 할 내용

1) 고유기능의 추가

POS(Point of Sales) 시스템, SCM(Supply Chain Management), CRM(Customer Relationship Management) 등 ERP 시스템의 기본적인 기능 이외의 추가기능이 지원되어야 한다.

2) 경영혁신 지원

지식경영, 전략적 의사결정 지원, 전략계획 수립 및 시뮬레이션 기능 등으로 경영혁신을 확대 지원하는 기능이 추가되어야 한다.

3) 선진 정보화 지원기술 추가

IT 기술의 개발 및 도입 시에는 국내·국제적인 표준을 반드시 지원하여야 한다. 그 이유는 추후 무역거래, 기업 간 상거래 및 유사업종 간의 공동구매 등이 더욱 활발해질 것이며, 개방성향이 강한 개방형 시스템의 요구가 늘어나 이종 간의 시스템을 통합하고 지원하는 시스템을 필요로 할 것이다. 기업이 전 세계를 시장으로 삼을 경우 표준을 지향하는 e-비즈니스는 필수적인 부분이다.

4) 전문화 확대 적용

컴퓨터 시스템에 대해 인간 수준의 판단까지 기대하는 것은 아직 어려울 수도 있지만, 인공지능 분야의 발전으로 점차 인간 판단의 역할을 대행할 수 있는 기능이 추가되고, 이러한 기능이 미래의 ERP에도 보완될 것이다. 에컨대 음싱인식 기술을 사용하여 거래자료 입력 등을 음성으로 입력할 수도 있다.

5) 산업유형 지원확대

제조업은 ERP를 가장 활발하게 사용하고 있는 업종 중의 하나이다. 금융업, 건설업 등 다양한 분야에서 ERP가 활용되고 있지만, 아직도 일부 산업의 특성은 전혀 고려하지 못하고 있다. 정보기술의 발달과 더불어 산업별로 특화된 전문기능을 추가적으로 개발하여 그 수요에 부응하여야 할 것이다.

4.2 확장형 ERP의 구성요소

(1) 기본 ERP 시스템

기본형 ERP 시스템은 기업에서 반복적이고 일상적으로 발생되는 업무를 처리하기 위해 영업관리, 물류관리, 생산관리, 구매 및 자재관리, 회계 및 재무관리, 인사관리 등의 모듈별 단위시스템으로 구성되어 있다.

(2) e-비즈니스 지원 시스템

e-비즈니스 지원 시스템은 인터넷 환경을 기반으로 기업 및 국가 간의 정보교환은 물론 기술이전, 시장분석, 거래촉진 등의 역할을 담당하고 있다. 주요 e-비즈니스 지원 시스템의 종류는 다음과 같다.

명　칭	주　요　내　용
지식관리시스템(KMS) (Knowledge Management System)	기업의 인적자원들이 축적하고 있는 조직 및 단위 지식을 체계화하여 공유함으로써 핵심사업 추진 역량을 강화하기 위한 정보시스템
의사결정지원시스템(DSS) (Decision Support System)	기업 경영에 당면하는 여러 가지 문제를 해결하기 위해 복수의 대안을 개발하고, 비교 평가하여 최적안을 선택하는 의사결정 과정을 지원하는 정보시스템
경영자정보시스템(EIS) (Executive Information System)	기업 경영관리자의 전략 수립 및 의사결정 지원을 목적으로 주요 항목에 대한 핵심정보만 별도로 구성한 정보시스템
고객관계관리(CRM) (Customer Relationship Management)	기업이 소비자들을 자신의 고객으로 만들고, 이를 장기간 유지하고자 고객과의 관계를 지속적으로 유지·관리하는 광범위한 개념으로 마케팅, 판매 및 고객서비스를 자동화하는 시스템
공급망관리(SCM) (Supply Chain Management)	부품 공급업자로부터 생산자, 판매자, 고객에 이르는 물류의 흐름을 하나의 가치사슬 관점에서 파악하고 필요한 정보가 원활히 흐르도록 지원하는 시스템으로, 수요변화에 대한 신속한 대응 및 재고수준의 감소 및 재고회전율 증가를 위해 공급사슬에서의 계획, 조달, 제조 및 배송 활동 등 통합 프로세스를 지원
전자상거래(EC) (Electronic Commerce)	재화 또는 용역을 거래함에 있어서 그 전부 또는 일부가 전자문서에 의하여 처리되는 방법으로, 상행위를 하는 것을 의미

(3) 전략적 기업경영 시스템

기업의 가치창출과 주주 이익의 증대를 목표로 한 주요 관리 프로세스의 운영을 통해 신속한 성과측정 및 대안 수립을 가능하게 하는 전략적 기업경영(SEM: Strategic Enterprise Management)은 경영자의 전략적 의사결정을 위해 기업운영을 위한 전략적 부분을 지원하고 경영정보를 제공해 준다.

전략적 기업경영 시스템에 속하는 대표적인 단위시스템은 다음과 같다.

명 칭	주 요 내 용
성과측정관리 또는 균형성과표(BSC) (Balanced Scorecard)	기업의 성과를 지속적으로 향상시키기 위해서 재무적인 측정지표뿐만 아니라 고객만족 등 비재무적인 측정지표도 성과평가에 반영시켜 미래가치를 창출하도록 관리하는 시스템
가치중심경영(VBM) (Value-based Management)	주주 가치의 극대화를 위해 지속적으로 가치를 창출하는 고객 중심의 시스템이며, 포괄적인 경영철학이자 경영기법
전략계획 수립 및 시뮬레이션(SFS) (Strategy Formulation & Simulation)	조직의 목표를 달성하고 비전에 도달하기 위해 최선의 전략을 수립하고 선택된 전략을 실행하는 것을 의미함
활동기준경영(ABM) (Activity-based Management)	프로세스 관점에 입각하여 활동을 분석하고 원가동인 및 성과측정을 통해 고객가치 증대와 원가절감을 도모한다. 궁극적으로는 이익을 개선하고자 하는 경영기법

개념 익히기

■ ERP와 확정형 ERP 차이

구 분	E R P	확장형 ERP
목표	기업 내부 최적화	기업 내·외부 최적화
기능	기본 ERP (영업, 구매/자재, 생산, 회계, 인사 등)	기본 ERP + e-비즈니스 지원시스템 또는 SEM 시스템
프로세스	기업내부 통합프로세스	기업 내·외부 통합프로세스
시스템 구조	웹지향, 폐쇄성	웹기반, 개방성
데이터	기업내부 생성 및 활용	기업 내·외부 생성 및 활용

05 4차 산업혁명과 스마트 ERP

5.1 4차 산업혁명

4차 산업혁명은 인공지능(AI: Artificial Intelligence), 사물인터넷(IoT: Internet of Things), 빅데이터(BigData), 클라우드 컴퓨팅(Cloud Computing) 등 첨단 정보통신기술이 경제 및 사회 전반에 융합되어 혁신적인 변화가 나타나는 차세대 산업혁명을 말한다.

4차 산업혁명의 산업생태계는 사물인터넷을 통해 방대한 빅데이터를 생성하고, 이를 인공지능이 분석 및 해석하여 적절한 판단과 자율제어를 수행하여 초지능적인 제품을 생산하고 서비스를 제공한다.

4차 산업혁명의 주요 기술적 특징에는 초연결성(hyper-connectivity), 초지능화(super-intelligence), 융합화(convergence)를 들 수 있다.

구 분	주 요 내 용
초연결성 (hyper-connectivity)	사물인터넷(IoT)과 정보통신기술(ICT)의 진화를 통해 인간과 인간, 인간과 사물, 사물과 사물 간의 연결과정을 의미한다.
초지능화 (super-intelligence)	다양한 분야에서 인간의 두뇌를 뛰어넘는 총명한 지적 능력을 말한다. 초지능화는 인공지능과 빅데이터의 연계·융합으로 기술과 산업구조를 지능화, 스마트화시키고 있다.
융합화 (convergence)	초연결성과 초지능화의 결합으로 인해 수반되는 특성으로 4차 산업혁명 시대의 산업 간 융합화와 기술 간 융합화를 말한다. • 산업 간 융합화: IT 활용범위가 보다 확대되고 타 산업 분야 기술과의 접목이 활발해지면서 산업 간 경계가 무너지고 산업지도 재편 및 이종 산업 간 경쟁이 격화되는 현상 • 기술 간 융합화: 서로 다른 기술 요소들이 결합되어 개별 기술 요소들의 특성이 상실되고 새로운 특성을 갖는 기술과 제품이 탄생되는 현상

 **4차 산업혁명 시대의 스마트 ERP**

(1) 스마트 ERP와 비즈니스 애널리틱스

최근의 스마트 ERP 시스템은 인공지능(AI), 빅데이터(BigData), 사물인터넷(IoT), 블록체인(Blockchain) 등의 신기술과 융합하여 보다 지능화된 기업경영이 가능하게 하는 통합정보시스템으로 진화하고 있다.

기업경영 분석에 있어 비즈니스 인텔리전스를 넘어 비즈니스 애널리틱스(Business Analytics)가 회자되고 있다. 비즈니스 인텔리전스가 과거 데이터 및 정형 데이터를 기반으로 무엇이 발생했는지를 분석하여 비즈니스 의사결정을 돕는 도구라면, 비즈니스 애널리틱스는 과거뿐만 아니라 현재 실시간으로 발생하는 데이터에 대하여 연속적이고 반복적인 분석을 통해 미래를 예측하는 통찰력을 제공하는 데 활용된다.

스마트 ERP와 ERP 시스템 내의 빅데이터 분석을 위한 비즈니스 애널리틱스의 특징은 다음과 같다.

① 인공지능 기반의 빅데이터 분석을 통해 최적화와 예측분석이 가능하여 과학적이고 합리적인 의사결정지원이 가능하다.

② 제조업에서는 빅데이터 처리 및 분석기술을 기반으로 생산 자동화를 구현하고 ERP 시스템과 연계하여 생산계획의 선제적 예측과 실시간 의사결정이 가능해진다.

③ 과거 데이터 분석뿐만 아니라, 이를 바탕으로 새로운 통찰력 제안과 미래 사업을 위한 시나리오를 제공할 수 있다.

④ 비즈니스 애널리틱스는 질의 및 보고와 같은 기본적인 분석기술과 예측 모델링과 같은 수학적으로 정교한 수준의 분석까지 지원한다.

⑤ 파일이나 스프레드시트와 데이터베이스를 포함하는 구조화된 데이터와 전자메일, 문서, 소셜미디어 포스트, 영상자료 등의 비구조화된 데이터를 동시에 활용이 가능하다.

⑥ 미래 예측을 지원해주는 데이터 패턴 분석과 예측 모델을 위한 데이터마이닝(Data Mining)을 통해 고차원 분석기능을 포함하고 있다.

⑦ 리포트, 쿼리, 알림, 대시보드, 스코어카드뿐만 아니라 예측 모델링과 같은 진보된 형태의 분석기능도 제공한다.

> **개념 익히기**
>
> ■ 스마트 ERP의 특징
>
> - 인공지능, 빅데이터, 블록체인 등의 신기술과 융합하여 지능화된 기업경영 실현이 가능
> - 제조실행시스템(MES), 제품수명주기관리(PLM) 등을 통한 생산과정의 최적화와 예측분석을 통해 합리적인 의사결정지원
> - 제조업에서의 생산자동화 구현은 물론 생산계획의 선제적 예측과 실시간 정보공유
> - 다양한 비즈니스 간 융합을 지원하는 시스템으로 확대 가능
> - 전략경영 등의 분석 도구가 추가되어 상위계층의 의사결정을 지원하는 스마트시스템 구축 가능

5.3 4차 산업혁명의 핵심 원천기술

(1) 인공지능

인공지능(AI)은 인간의 학습능력, 추론능력, 지각능력, 자연어 이해능력 등을 컴퓨터 프로그램으로 실현한 기술이다. 인공지능은 기억, 지각, 이해, 학습, 연상, 추론 등 인간의 지성을 필요로 하는 행위를 기계를 통해 실현하고자 하는 학문 또는 기술의 총칭으로 정의되고 있다.

1) 인공지능 기술의 발전

인공지능 기술의 발전은 계산주의 시대, 연결주의 시대, 딥러닝 시대로 구분된다.

① 계산주의 시대

인공지능 초창기 시대는 계산주의(computationalism) 시대이다. 계산주의는 인간이 보유한 지식을 컴퓨터로 표현하고 이를 활용해 현상을 분석하거나 문제를 해결하는 지식기반시스템을 말한다. 컴퓨팅 성능 제약으로 인한 계산기능(연산기능)과 논리체계의 한계, 데이터 부족 등의 근본적인 문제로 기대에 부응하지 못하였다.

② 연결주의 시대

계산주의로 인공지능 발전에 제약이 생기면서 1980년대에 연결주의(connectionism)가 새롭게 대두되었다. 연결주의는 지식을 직접 제공하기보다 지식과 정보가 포함된 데이터를 제공하고 컴퓨터가 스스로 필요한 정보를 학습한다.

연결주의는 인간의 두뇌를 묘사하는 인공신경망(Artificial Neural Network)을 기반으로 한 모델이다. 연결주의 시대의 인공지능은 인간과 유사한 방식으로 데이터를 학습하여 스스로 지능을 고도화한다.

연결주의는 막대한 컴퓨팅 성능과 방대한 학습데이터가 필수적이나 학습에 필요한 빅데이터와 컴퓨팅 파워의 부족이라는 한계를 극복하지 못해 비즈니스 활용 측면에서 제약이 있었다.

③ 딥러닝의 시대

2010년 이후 GPU(Graphic Processing Unit)의 등장과 분산처리기술의 발전으로 계산주의와 연결주의 시대의 문제점인 방대한 양의 계산문제를 대부분 해결하게 되었다. 사물인터넷과 클라우드 컴퓨팅 기술의 발전으로 빅데이터가 생성 및 수집되면서 인공지능 연구는 새로운 전환점을 맞이하였다.

최근의 인공지능은 딥러닝(deep learning)의 시대이다. 연결주의 시대와 동일하게 신경망을 학습의 주요 방식으로 사용한다. 입력층(input layer)과 출력층(output layer) 사이에 다수의 숨겨진 은닉층(hidden layer)으로 구성된 심층신경망(Deep Neural Networks)을 활용한다. 심층신경망은 인간의 두뇌 구조와 학습방식이 동일하여 뇌 과학과 인공지능 기술의 융합이 가능해지고 있다.

2) 인공지능 규범 원칙

최근에는 인공지능 개발과 사용과정에서 발생하는 위험요소와 오용의 문제에 대해 윤리원칙을 검토 및 채택해야 한다는 움직임이 활발해지고 있다.

2018년 9월 세계경제포럼(World Economic Forum)에서 인공지능 규범(AI code)의 5개 원칙을 발표하였다.

코드명	주 요 내 용
Code 1	인공지능은 인류의 공동 이익과 이익을 위해 개발되어야 한다.
Code 2	인공지능은 투명성과 공정성의 원칙에 따라 작동해야 한다.
Code 3	인공지능이 개인, 가족, 지역 사회의 데이터 권리 또는 개인정보를 감소시켜서는 안 된다.
Code 4	모든 시민은 인공지능을 통해서 정신적, 정서적, 경제적 번영을 누리도록 교육받을 권리를 가져야 한다.
Code 5	인간을 해치거나 파괴하거나 속이는 자율적 힘을 인공지능에 절대로 부여하지 않는다.

(2) 사물인터넷

사물인터넷(IoT)은 인터넷을 통해서 모든 사물을 서로 연결하여 정보를 상호 소통하는 지능형 정보기술 및 서비스를 말한다. 수 많은 사물인터넷 기기들이 내장된 센서를 통해 데이터를 수집하고 인터넷을 통해 서로 연결되어 통신하며, 수집된 정보를 기반으로 자동화된 프로세스나 제어기능을 수행할 수 있으므로 스마트가전, 스마트홈, 의료, 원격검침, 교통 분야 등 다양한 산업분야에 적용되고 있다.

사물인터넷의 미래인 만물인터넷(IoE: Internet of Everything)은 사물, 사람, 데이터, 프로세스 등 세상에서 연결 가능한 모든 것(만물)이 인터넷에 연결되어 서로 소통하며 새로운 가치를 창출하는 기술이다.

(3) 빅데이터

빅데이터(BigData)의 사전적 의미는 디지털 환경에서 생성되는 데이터로 그 규모가 방대하고, 형태도 수치데이터뿐만 아니라 문자와 영상데이터를 포함한 다양하고 거대한 데이터의 집합을 말한다.

IT시장조사기관 가트너(Gartner)는 향상된 의사결정을 위해 사용되는 비용 효율적이며 혁신적인 거대한 용량의 정형 및 비정형의 다양한 형태로 엄청나게 빠른 속도로 쏟아져 나와 축적되는 특성을 지닌 정보 자산이라고 정의하였다. 또한 가트너는 빅데이터의 특성으로 규모(volume), 속도(velocity), 다양성(variety), 정확성(veracity), 가치(value)의 5V를 제시하였다.

구 분	주 요 내 용
규모 (Volume)	• 데이터 양이 급격하게 증가(대용량화) • 기존 데이터관리시스템의 성능적 한계 도달
다양성 (Variety)	• 데이터의 종류와 근원 확대(다양화) • 로그 기록, 소셜, 위치, 센서 데이터 등 데이터 종류의 증가(반정형, 비정형 데이터의 증가)
속도 (Velocity)	• 소셜 데이터, IoT 데이터, 스트리밍 데이터 등 실시간성 데이터 증가 • 대용량 데이터의 신속하고 즉각적인 분석 요구
정확성 (Veracity)	• 데이터의 신뢰성, 정확성, 타당성 보장이 필수 • 데이터 분석에서 고품질 데이터를 활용하는 것이 분석 정확도에 영향을 줌
가치 (Value)	• 빅데이터가 추구하는 것은 가치 창출 • 빅데이터 분석 통해 도출된 최종 결과물은 기업이 당면하고 있는 문제를 해결하는데 통찰력 있는 정보 제공

개념 익히기

▣ 빅데이터 처리과정

데이터(생성) → 수집 → 저장(공유) → 처리 → 분석 → 시각화

(4) 클라우드 컴퓨팅

클라우드 컴퓨팅(Cloud Computing)은 인터넷을 통하여 외부사용자에게 IT자원을 제공하고 사용하게 하는 기술 및 서비스를 의미한다. 사용자들은 클라우드 컴퓨팅 사업자가 제공하는 IT자원(소프트웨어, 스토리지, 서버, 네트워크)을 필요한 만큼 사용하고, 사용한 만큼 비용을 지불할 수 있다.

클라우드 서비스는 필요한만큼의 IT자원을 빠르게 확장하거나 축소할 수 있고, 어디에서나 접속할 수 있으며, 기술적인 관리부담이 없다는 장점을 갖고 있다.

1) 클라우드 서비스의 유형

구 분	주 요 내 용
SaaS (Software as a Service)	응용소프트웨어를 인터넷을 통해 제공하여 사용자들이 웹 브라우즈를 통해 접속하여 사용할 수 있도록 서비스로 제공
PaaS (Platform as a Service)	업무용 또는 비즈니스용 응용소프트웨어를 개발하는데 필요한 플랫폼과 도구를 서비스로 제공하여 개발자들이 응용소프트웨어를 개발, 테스트, 배포힐 수 있게 지원
IaaS (Infrastructure as a Service)	업무나 비즈니스 처리에 필요한 서버, 스토리지, 데이터베이스 등의 IT 인프라 자원을 클라우드 서비스로 제공하는 형태

2) 클라우드 서비스의 비즈니스 모델

구 분	주 요 내 용
퍼블릭(공개형)	• 전 세계의 소비자, 기업고객, 공공기관 및 정부 등 모든 주체가 클라우드 컴퓨팅을 사용할 수 있음 • 사용량에 따라 사용료를 지불하며 규모의 경제를 통해 경쟁력 있는 서비스 단가를 제공한다는 장점
사설(폐쇄형)	• 특정한 기업의 구성원만 접근할 수 있는 전용 클라우드서비스 • 초기 투자비용이 높으며, 주로 데이터의 보안 확보와 프라이버시 보장이 필요한 경우 사용
하이브리드(혼합형)	• 특정 업무 또는 데이터 저장은 폐쇄형 클라우드 방식을 이용하고 중요도가 낮은 부분은 공개형 클라우드 방식을 이용

5.4 인공지능과 빅데이터 분석기법

(1) 기계학습(머신러닝)

기계학습(machine learning, 머신러닝)이란 방대한 데이터를 분석해 미래를 예측하는 기술로 일반적으로 생성된 데이터를 정보와 지식(규칙)으로 변환하는 컴퓨터 알고리즘을 의미한다.

1) 기계학습의 유형

구 분	주 요 내 용
지도학습	• 학습 데이터로부터 하나의 함수를 유추해내기 위한 방법, 즉 학습 데이터로부터 주어진 데이터의 예측 값을 추측한다. • 지도학습 방법에는 분류모형과 회귀모형이 있다.
비지도학습	• 데이터가 어떻게 구성되었는지를 알아내는 문제의 범주에 속한다. • 지도학습 및 강화학습과 달리 입력값에 대한 목표치가 주어지지 않는다. • 비지도학습 방법에는 군집분석, 오토인코더, 생성적 적대신경망(GAN)이 있다.
강화학습	• 선택 가능한 행동 중 보상을 최대화하는 행동 혹은 순서를 선택하는 방법이다. • 강화학습에는 게임 플레이어 생성, 로봇 학습 알고리즘, 공급망 최적화 등의 응용영역이 있다.

2) 기계학습 워크플로우(6단계)

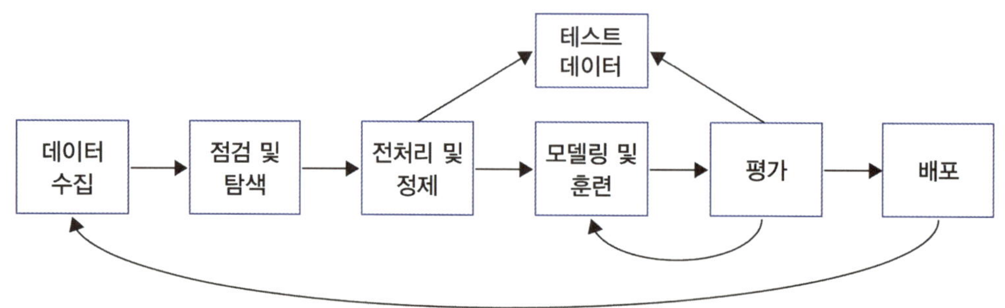

구 분	주 요 내 용
데이터 수집	인공지능 구현을 위해서는 머신러닝·딥러닝 등의 학습방법과 이것을 학습할 수 있는 방대한 양의 데이터가 필요하다.
점검 및 탐색	• 데이터를 점검하고 탐색하는 탐색적 데이터 분석을 수행한다. • 데이터의 구조와 결측치 및 극단치 데이터를 정제하는 방법을 탐색한다. • 독립변수, 종속변수, 변수 유형, 변수의 데이터 유형 등 데이터 특징을 파악한다.

구 분	주 요 내 용
전처리 및 정제	다양한 소스로부터 획득한 데이터 중 분석하기에 부적합하거나 수정이 필요한 경우 데이터를 전처리하거나 정제하는 과정이다.
모델링 및 훈련	• 머신러닝 코드를 작성하는 모델링 단계를 말한다. • 적절한 머신러닝 알고리즘을 선택하여 모델링을 수행하고, 해당 머신러닝 알고리즘에 전처리가 완료된 데이터를 학습(훈련)시킨다. • 전처리 완료된 데이터 셋(data set)은 학습용 데이터와 평가용 데이터로 구성한다.
평가	• 머신러닝 기법을 이용한 분석모델(연구모형)을 실행하고 성능(예측정확도)을 평가하는 단계이다. • 모형평가에는 연구모형이 얼마나 정확한가, 연구모형이 관찰된 데이터를 얼마나 잘 설명하는가, 연구모형의 예측에 대해 얼마나 자신할 수 있는가(신뢰성, 타당성), 모형이 얼마나 이해하기 좋은가 등을 평가하고 만족하지 못한 결과가 나온다면 모델링 및 훈련 단계를 반복 수행한다.
배포	• 평가 단계에서 머신러닝 기법을 이용한 연구모형이 성공적으로 학습된 것으로 판단되면 완성된 모델을 배포한다. • 분석모델을 실행하여 도출된 최종결과물을 점검하고, 사업적 측면에서 결과의 가치를 재평가한다. • 분석모델을 파일럿 테스트(시험작동)를 통해 운영한 다음 안정적으로 확대하여 운영계 시스템에 구축한다.

(2) 데이터마이닝

데이터마이닝(Data Mining)은 축적된 대용량 데이터를 통계기법 및 인공지능기법을 이용하여 분석하고, 이에 대한 평가를 거쳐 일반화시킴으로써 새로운 자료에 대해 예측 및 추측할 수 있는 의사결정을 지원한다.

대규모로 저장된 데이터 안에서 다양한 분석기법을 활용하여 전통적인 통계학 이론으로는 설명이 힘든 패턴과 규칙을 발견한다.

1) 데이터마이닝의 단계

데이터마이닝은 분류, 추정, 예측, 유사집단화, 군집화 등의 다섯 가지 단계로 구분한다.

구 분	주 요 내 용
분류	어떤 새로운 사물이나 대상의 특징을 파악하여 미리 정의된 분류코드에 따라 어느 한 범주에 할당하거나 나누는 것을 의미한다.
추정	결과가 연속형 값을 갖는 연속형 변수를 주로 다루며 주어진 입력변수로부터 수입, 은행잔고, 배당금과 같은 미지의 연속형 변수에 대한 값을 추정(산출)한다.

구 분	주 요 내 용
예측	과거와 현재의 자료를 이용하여 미래를 예측하는 모형을 만드는 것이다.
유사집단화	유사한 성격을 갖는 사물이나 물건들을 함께 묶어주는 작업을 말한다.
군집화	이질적인 사람들의 모집단으로부터 다수의 동질적인 하위 집단 혹은 군집들로 세분화하는 작업이다.

(3) 텍스트마이닝

최근 텍스트, 이미지, 음성데이터 등의 비정형데이터를 다루는 기술이 빠르게 발전하고 있다. 기업에서 생산되는 데이터의 80% 이상은 비정형데이터로 이루어져 있으며, 그 중 텍스트데이터는 가장 대표적인 비정형데이터이다.

온라인 쇼핑몰 이용자는 구매자가 남긴 제품리뷰 텍스트(구매후기)로부터 제품에 대한 정보를 수집한다. 이들 텍스트데이터를 분석하여 구매자의 행동예측과 제품선호도를 분석할 수 있다.

텍스트마이닝(Text Mining)은 자연어 형태로 구성된 비정형 또는 반정형 텍스트데이터에서 패턴 또는 관계를 추출하여 의미 있는 정보를 찾아내는 기법으로 자연어처리(natural language processing, NLP)가 핵심기술이다.

자연어처리(NPL)는 컴퓨터를 이용해 사람의 자연어를 분석하고 처리하는 기술로 자연어 분석, 자연어 이해, 자연어 생성의 기술이 사용된다.

텍스트마이닝 분석을 실시하기 위해서는 불필요한 정보를 제거하고, 비정형데이터를 정형데이터로 구조화하는 작업이 필요한데 이를 위해 데이터 전처리(data preprocessing) 과정이 필수적이다.

5.5 인공지능과 비즈니스 혁신

(1) RPA(로봇 프로세스 자동화)

RPA(Robotic Process Automation, 로봇 프로세스 자동화)는 소프트웨어 프로그램이 사람을 대신해 반복적인 업무를 자동 처리하는 기술을 말한다. 인공지능과 머신러닝을 사용하여 가능한 많은 반복적 업무를 자동화할 수 있는 소프트웨어 로봇 기술이다.

RPA는 반복적인 규칙기반 작업에 특화되어 있으며, RPA와 AI를 통합하는 경우에 RPA로 구현된 로봇은 AI 알고리즘을 사용하여 의사결정을 내릴 수 있고, 기계학습을 통해 작업을 최적화하는 등의 지능적인 자동화가 가능할 수 있다.

1) RPA 적용단계

RPA는 기초프로세스 자동화, 데이터 기반의 머신러닝(기계학습) 활용, 인지자동화의 세 단계 활동으로 구성된다.

구 분	주 요 내 용
기초프로세스 자동화	정형화된 데이터 기반의 자료 작성, 단순 반복 업무 처리, 고정된 프로세스 단위 업무 수행 등이 해당된다.
데이터 기반의 머신러닝 활용	이미지에서 텍스트 데이터 추출, 자연어 처리로 정확도와 기능성을 향상시키는 단계이다.
인지자동화	RPA가 업무 프로세스를 스스로 학습하면서 자동화하는 단계이며, 빅데이터 분석을 통해 사람이 수행하는 더 복잡한 작업과 의사결정을 내리는 수준이다.

(2) 챗봇

채팅(Chatting)과 로봇(Robot)의 합성어인 챗봇(ChatBot)은 로봇의 인공지능을 대화형 인터페이스에 접목한 기술로 인공지능을 기반으로 사람과 상호작용하는 대화형 시스템을 지칭한다.

챗봇은 기업에서 사용하는 메신저에서 채팅을 하듯이 질문을 입력하면 인공지능이 빅데이터 분석을 통해 일상 언어로 사람과 소통하는 대화형 메신저이다.

(3) 블록체인

블록체인(Block Chain)이란 분산형 데이터베이스의 형태로 데이터를 저상하는 연결구조체이며, 모든 구성원이 네트워크를 통해 데이터를 검증 및 저장하여 특정인의 임의적인 조작이 어렵도록 설계된 저장플랫폼이다.

블록(Block)은 거래 건별 정보가 기록되는 단위이며, 이것이 시간의 순서에 따라 체인(chain) 형태로 연결된 데이터베이스를 블록체인이라고 한다.

블록체인은 블록의 정보와 거래내용(거래정보)을 기록하고 이를 네트워크 참여자들에게 분산 및 공유하는 분산원장 또는 공공거래장부이다.

1) 블록체인 기술의 특징

구 분	주 요 내 용
탈중개성	공인된 제3자의 공증 없이 개인 간 거래가 가능하며 불필요한 수수료를 절감할 수 있다.
보안성	정보를 다수가 공동으로 소유하므로 해킹이 불가능하여 보안비용을 절감할 수 있다.
신속성	거래의 승인 · 기록은 다수의 참여에 의해 자동 실행되므로 신속성이 극대화된다.
확장성	공개된 소스에 의해 쉽게 구축, 연결, 확장이 가능하므로 IT 구축비용을 절감할 수 있다.
투명성	모든 거래기록에 공개적 접근이 가능하여 거래 양성화 및 규제비용을 절감할 수 있다.

개념 익히기

■ 인공지능 비즈니스 적용 프로세스

비즈니스 영역 탐색 → 비즈니스 목표 수립 → 데이터 수집 및 적재 → 인공지능 모델 개발 → 인공지능 배포 및 프로세스 정비

5.6 스마트팩토리

(1) 스마트팩토리

스마트팩토리(smart factory)란 설계 · 개발, 제조 및 유통 · 물류 등 생산 과정에 4차 산업의 핵심기술이 결합된 정보통신기술(ICT: Information and Communications Technology)을 적용하여 생산성, 품질, 고객만족도를 획기적으로 향상시키는 지능형 생산공장을 말한다.

스마트팩토리는 사물인터넷(IoT)을 결합하여 공장의 설비(장비) 및 공정에서 발생하는 모든 데이터 및 정보가 센서를 통해 네트워크으로 서로 연결되어 공유되고 실시간으로 데이터를 분석하여 필요한 의사결정을 내릴 수 있도록 지원하여 생산 및 운영이 최적화된 공장이다.

1) 스마트팩토리의 등장배경

세계 각국은 국가경제의 핵심인 제조기업의 경쟁력을 향상시키기 위하여 스마트팩토리 구축을 적극 지원하고 있다. 과거에는 생산원가 절감을 위하여 기업의 제조시설을 해외로 이전하는 경향이 많았으나, 최근에는 국가경쟁력 회복을 위하여 제조시설의 리쇼어링

(reshoring) 경향이 두드러지게 나타나고 있다.

스마트팩토리의 주요 구축목적은 생산성 향상, 유연성 향상을 위하여 생산시스템의 지능화, 유연화, 최적화, 효율화 구현에 있다. 세부적으로는 고객서비스 향상, 비용절감, 납기향상, 품질향상, 인력효율화, 맞춤형제품생산, 통합된 협업생산시스템, 최적화된 동적 생산시스템, 새로운 비즈니스 창출, 제품 및 서비스의 생산통합, 제조의 신뢰성 확보 등의 목적을 갖는다고 할 수 있다.

2) 스마트팩토리의 구성영역과 기술요소

스마트팩토리는 제품개발, 현장자동화, 공장운영관리, 기업자원관리, 공급사슬관리영역으로 구성된다.

구 분	주 요 기 술 요 소
제품개발	제품수명주기관리(PLM: Product Lifecycle Management)시스템을 이용하여 제품의 개발, 생산, 유지보수, 폐기까지의 전 과정을 체계적으로 관리
현장자동화	인간과 협업하거나 독자적으로 제조작업을 수행하는 시스템으로 공정자동화, IoT, 설비제어장치(PLC), 산업로봇, 머신비전 등의 기술이 이용
공장운영관리	자동화된 생산설비로부터 실시간으로 가동정보를 수집하여 효율적으로 공장운영에 필요한 생산계획 수립, 재고관리, 제조자원관리, 품질관리, 공정관리, 설비제어 등을 담당하며, 제조실행시스템(MES), 창고관리시스템(WMS), 품질관리시스템(QMS) 등의 기술이 이용
기업자원관리	고객주문, 생산실적정보 등을 실시간으로 수집하여 효율적인 기업운영에 필요한 원가, 재무, 영업, 생산, 구매, 물류관리 등을 담당하며, ERP 등의 기술이 이용
공급사슬관리	제품생산에 필요한 원자재 조달에서부터 고객에게 제품을 전달하는 전체 과정의 정보를 실시간으로 수집하여 효율적인 물류시스템 운영, 고객만족을 목적으로 하며, 공급망관리(SCM) 등의 기술이 이용

(2) 스마트팩토리와 ERP

1) 사이버물리시스템(CPS)과 ERP

사이버물리시스템(CPS: Cyber Physical System)은 실제의 물리적인 제품, 생산설비, 공정, 공장을 사이버 공간에 그대로 구현하고 서로 긴밀하게 통합되어 동작하는 통합시스템이다.

이러한 사이버물리시스템(CPS)은 사물인터넷(IoT) 기술을 활용하여 공장운영 전반의 데이터를 실시간으로 수집하여 공장운영 현황을 모니터링하고 제조 빅데이터를 분석하여 설비와 공정을 제어함으로써 공장운영의 최적화를 수행한다.

사이버물리시스템(CPS)의 데이터를 ERP시스템으로 통합하여 주문처리, 생산계획, 구매관리, 재고관리와 같은 업무프로세스를 지원하는 상호작용이 가능하다.

2) 제품수명주기관리(PLM)와 ERP

제품수명주기관리(PLM: Product Lifecycle Management)는 제품 기획, 설계, 생산, 출시, 유통, 유지보수, 폐기까지의 제품수명주기의 모든 단계에 관련된 프로세스와 관련정보를 통합관리하는 응용시스템이다.

PLM은 제품의 설계, 속성, 관련 문서 등의 정보를 관리하고 제품수명주기에 따른 프로세스를 계획하고 효과적으로 관리하는 제품 중심의 수명주기 관리에 초점을 둔다.

또한 ERP는 기업 전반의 자원 및 프로세스를 통합적으로 관리하는 데 중점을 두고 있으므로 제품의 생산, 유통, 재무프로세스를 효율화 하는데 PLM과 ERP가 상호작용이 가능하다.

단원별 출제유형 알아보기

1.1 ERP 개념과 등장

01 ERP에 대한 아래 설명 중 적절하지 않은 것은?

① ERP라는 용어는 가트너 그룹에서 최초로 사용하였다.
② ERP는 생산, 회계, 인사 등의 업무프로세스를 지원하는 각각의 개별시스템이다.
③ ERP를 통해 BPR이 이루어져 프로세스 개선이 효율적으로 수행될 수 있다.
④ ERP 소프트웨어는 경영혁신의 도구이다.

02 다음 중 ERP에 대한 설명으로 바르지 않은 것은?

① 경영혁신 환경을 뒷받침하는 새로운 경영업무 시스템 중 하나이다.
② 기업의 전반적인 업무과정이 컴퓨터로 연결되어 실시간 관리를 가능하게 한다.
③ 기업 내 각 영역의 업무프로세스를 지원하고 단위별 업무처리의 강화를 추구하는 시스템이다.
④ 전통적 정보시스템과 비교하여 보다 완벽한 형태의 통합적인 정보인프라 구축을 가능하게 해주는 신경영혁신의 도구이다.

03 다음 중 BPR(업무 재설계)의 필요성이라고 볼 수 없는 것은?

① 기존업무 방식의 고수
② 경영 환경 변화에의 대응
③ 조직의 복잡성 증대와 효율성 저하에의 대처
④ 정보기술을 통한 새로운 기회의 모색

04 다음 설명 중 적합하지 않은 것은?

① ERP에 내장되어 있는 Best Practice를 자사의 업무 프로세스에 맞추어 가는 것 자체가 기업이 추구하는 프로세스 혁신(PI: Process Innovation)이기 때문에 기업업무 전반에 걸친 Business Process Model을 제대로 검토하는 것이 매우 중요하다.
② ERP 시스템 도입 전 PI를 실행함으로써 ERP 시스템에 대한 적응기간을 단축하는 효과를 가져올 수 있다.
③ BPR은 경쟁우위 확보를 위해 기업의 핵심 부문에 대한 비용, 품질, 서비스, 속도와 같은 요인을 획기적으로 향상시킬 수 있도록 업무 프로세스를 근간으로 경영시스템을 근본적으로 재설계하여 극적인 성과를 추구하는 것이다.
④ ERP 시스템을 도입하여 업무에 적용함으로써 BPR이 저절로 수행되는 효과를 기대할 수 있다.

1.2 ERP 발전과정과 특징

01 다음의 용어와 설명이 맞지 않는 것은?

① MRP Ⅰ - Material Requirement Planning(자재소요계획)
② MRP Ⅱ - Man Resource Planning(인적자원계획)
③ ERP - Enterprise Resource Planning(전사적 자원관리)
④ EERP - Extended ERP(확장형 ERP)

02 다음 [보기]의 (   )에 들어갈 적당한 용어는 무엇인가?

> **│ 보기 │**
>
> (   )는 생산현장의 실제 데이터와 제조자원의 용량제한을 고려하고, 자동화된 공정 데이터의 수집, 수주관리, 재무관리, 판매주문관리 등의 기능이 추가되어 실현 가능한 생산계획을 제시하면서 제조활동을 더 안정된 분위기에서 가장 효율적인 관리를 위해 탄생되었다.

① MRP Ⅰ   ② MRP Ⅱ
③ ERP   ④ 확장형 ERP

03 ERP의 특징 중 기술적 특징에 해당하지 않는 것은?

① 다국적, 다통화, 다언어 지원
② 관계형 데이터베이스(RDBMS) 채택
③ 4세대 언어(4GL) 활용
④ 객체지향기술(Object Oriented Technology) 사용

04 ERP 시스템이 갖는 특징을 기능적 특징과 기술적 특징으로 구분할 수 있는데, 그중에서 기술적 특징에 해당되는 것은?

① 경영정보제공 및 경영조기경보체계를 구축
② 객체지향기술 사용
③ 표준을 지향하는 선진화된 최고의 실용성을 수용
④ 투명경영의 수단으로 활용

05 다음은 ERP의 특징을 설명한 것이다. 특징과 설명을 잘못 연결한 것은?

① 다국적, 다통화, 다언어: 각 나라의 법률과 대표적인 상거래 습관, 생산방식이 시스템에 입력되어 있어서 사용자는 이 가운데 선택하여 설정할 수 있다.
② 통합업무시스템: 세계 유수기업이 채용하고 있는 Best Practice Business Process를 공통화, 표준화시킨다.

③ Open Multi - Vendor: 특정 H/W 업체에 의존하는 Open 형태를 채택, C/S형의 시스템 구축이 가능하다.

④ Parameter 설정에 의한 단기간의 도입과 개발이 가능: Parameter 설정에 의해 각 기업과 부문의 특수성을 고려할 수 있다.

1.3 ERP 도입과 구축

01 다음 중 ERP 도입 효과로 적합하지 않은 것은?

① 불필요한 재고를 없애고 물류비용을 절감할 수 있다.
② 업무의 정확도가 증대되고 업무 프로세스가 단축된다.
③ 업무시간을 단축할 수 있고 필요인력과 필요자원을 절약할 수 있다.
④ 의사결정의 신속성으로 인한 정보 공유의 공간적, 시간적 한계가 있다.

02 다음 중 'Best Practice' 도입을 목적으로 ERP 패키지를 도입하여 시스템을 구축하고자 할 경우 가장 바람직하지 않은 방법은?

① 기존 업무처리에 따라 ERP 패키지를 수정하는 방법
② BPR을 실시한 후에 이에 맞도록 ERP 시스템을 구축하는 방법
③ BPR과 ERP 시스템 구축을 병행하는 방법
④ ERP 패키지에 맞추어 BPR을 추진하는 방법

03 다음 중 ERP의 장점 및 효과에 대한 설명으로 적절하지 않은 것은?

① ERP는 다양한 산업에 대한 최적의 업무관행인 Best Practices를 담고 있다.
② ERP 시스템 구축 후 업무재설계(BPR)를 수행하여 ERP 도입의 구축성과를 극대화할 수 있다.
③ ERP는 모든 기업의 업무 프로세스를 개별 부서원들이 분산처리 하면서도 동시에 중앙에서 개별 기능들을 통합적으로 관리할 수 있다.
④ 차세대 ERP는 인공지능 및 빅데이터 분석기술과의 융합으로 선제적 예측과 실시간 의사결정지원이 가능하다.

04 다음 중 ERP시스템에 대한 투자비용에 관한 개념으로 시스템의 전체 라이프사이클(life-cycle)을 통해 발생하는 전체 비용을 계량화하는 것을 무엇이라 하는가?

① 유지보수 비용(Maintenance Cost)
② 시스템 구축비용(Construction Cost)
③ 소프트웨어 라이선스비용(Software License Cost)
④ 총소유비용(Total Cost of Ownership)

05 상용화 패키지에 의한 ERP 시스템 구축 시, 성공과 실패를 좌우하는 요인으로 보기 어려운 것은?

① 시스템 공급자와 기업 양쪽에서 참여하는 인력의 자질
② 기업환경을 최대한 고려하여 개발할 수 있는 자체개발인력 보유 여부
③ 제품이 보유한 기능을 기업의 업무환경에 얼마만큼 잘 적용하는지에 대한 요인
④ 사용자 입장에서 ERP 시스템을 충분히 이해하고 사용할 수 있는 반복적인 교육훈련

06 ERP 구축절차 중 모듈조합화, 테스트 및 추가개발 또는 수정기능 확정을 하는 단계는 다음 중 어느 단계에 해당하는가?

① 구현단계 ② 분석단계
③ 설계단계 ④ 구축단계

07 다음 중 ERP 도입전략으로 ERP 자체개발 방법에 비해 ERP 패키지를 선택하는 방법의 장점으로 적절하지 않은 것은?

① 검증된 방법론 적용으로 구현 기간의 최소화가 가능하다.
② 검증된 기술과 기능으로 위험 부담을 최소화할 수 있다.
③ 시스템의 수정과 유지보수가 주기적이고 지속적으로 단시간에 이루어질 수 있다.
④ 향상된 기능과 최신의 정보기술이 적용된 버전(version)으로 업그레이드(upgrade)가 가능하다.

08 다음 중 ERP 구축 시 컨설턴트를 고용함으로써 얻는 장점으로 적절하지 않은 것은?

① 프로젝트 주도권이 컨설턴트에게 넘어갈 수 있다.
② 숙달된 소프트웨어 구축방법론으로 실패를 최소화할 수 있다.
③ ERP 기능과 관련된 필수적인 지식을 기업에 전달할 수 있다.
④ 컨설턴트는 편견이 없고 목적 지향적이기 때문에 최적의 패키지를 선정하는데 도움이 된다.

1.4 확장형 ERP

01 확장형 ERP 시스템은 기업의 핵심기능인 기본형 ERP 시스템과 경영에 필요한 정보를 제공해 주는 전략적 기업경영(SEM: Strategic Enterprise Management) 시스템으로 구성된다. 그 외 인터넷 기반의 정보교환, 제품거래 역할을 담당하는 e-비즈니스 지원시스템도 포함된다. 다음의 단위시스템 중 e-비즈니스 지원 시스템에 포함되지 않는 것은?

① 공급망관리(SCM) 시스템 ② 생산자원관리(MRP II) 시스템
③ 지식경영시스템(KMS) ④ 고객관계관리(CRM) 시스템

02 전략적 기업경영(SEM) 시스템은 기업운영을 위한 전략적인 부분을 지원하고, 경영에 필요한 정보를 제공해 주는 것으로 단위시스템들로 구성될 수 있다. 이 중 적합하지 않은 것은?

① 성과측정관리(BSC, Balanced Score Card)
② 부가가치경영(VBM, Valued-Based Management)
③ 활동기준경영(ABM, Activity-Based Management)
④ 제조자원계획(MRP II, Manufacturing Resource Planning)

03 다음 중 확장된 ERP 시스템의 공급망관리(SCM) 모듈을 실행함으로써 얻는 장점으로 적절하지 않은 것은?

① 공급사슬에서의 가시성 확보로 공급 및 수요변화에 대한 신속한 대응이 가능하다.
② 정보투명성을 통해 재고수준 감소 및 재고회전율(inventory turnover) 증가를 달성할 수 있다.
③ 공급사슬에서의 계획(plan), 조달(source), 제조(make) 및 배송(deliver) 활동 등 통합 프로세스를 지원한다.
④ 마케팅(marketing), 판매(sales) 및 고객서비스(customer service)를 자동화함으로써 현재 및 미래 고객들과 상호작용할 수 있다.

04 다음 [보기]의 (   )에 들어갈 용어로 맞는 것은 무엇인가?

> **┤ 보기 ├**
>
> 확장된 ERP 시스템 내의 (   )모듈은 공급자부터 소비자까지 이어지는 물류, 자재, 제품, 서비스, 정보의 흐름 전반에 걸쳐 계획하고 관리함으로써 수요와 공급의 일치를 최적으로 운영하고 관리하는 활동이다.

① ERP(Enterprise Resource Planning)
② SCM(Supply Chain Management)
③ CRM(Customer Relationship Management)
④ KMS(Knowledge Management System)

1.5 4차 산업혁명과 스마트 ERP

01 다음 중 클라우드 ERP와 관련된 설명으로 적절하지 않은 것은?

① 클라우드를 통해 ERP 도입에 관한 진입장벽을 높일 수 있다.
② IaaS 및 PaaS 활용한 ERP를 하이브리드 클라우드 ERP라고 한다.
③ 서비스형 소프트웨어 형태의 클라우드로 ERP를 제공하는 것을 SaaS ERP라고 한다.
④ 클라우드 ERP는 고객의 요구에 따라 필요한 기능을 선택·적용한 맞춤형 구성이 가능하다.

02 다음 중 클라우드 서비스 기반 ERP와 관련된 설명으로 적절하지 않은 것은?

① ERP 구축에 필요한 IT 인프라 자원을 클라우드 서비스로 빌려 쓰는 형태를 IaaS라고 한다.
② ERP 소프트웨어 개발을 위한 플랫폼을 클라우드 서비스로 제공받는 것을 PaaS라고 한다.
③ PaaS에는 데이터베이스 클라우드 서비스와 스토리지 클라우드 서비스가 있다.
④ 기업의 핵심 애플리케이션인 ERP, CRM 솔루션 등의 소프트웨어를 클라우드 서비스를 통해 제공받는 것을 SaaS라고 한다.

03 클라우드 서비스의 비즈니스 모델에 관한 설명으로 옳지 않은 것은?

① 공개형 클라우드는 사용량에 따라 사용료를 지불하며 규모의 경제를 통해 경쟁력 있는 서비스 단가를 제공한다는 장점이 있다.
② 공개형 클라우드는 데이터의 소유권 확보와 프라이버시 보장이 필요한 경우 사용된다.
③ 폐쇄형 클라우드는 특정한 기업 내부 구성원에게만 제공되는 서비스를 말한다.
④ 혼합형 클라우드는 특정 업무는 폐쇄형 클라우드 방식을 이용하고 기타 업무는 공개형 클라우드 방식을 이용하는 것을 말한다.

04 다음 중 차세대 ERP의 인공지능(AI), 빅데이터(BigData), 사물인터넷(IoT) 기술의 적용에 관한 설명으로 가장 적절하지 않은 것은?

① 현재 ERP는 기업 내 각 영역의 업무프로세스를 지원하고, 단위별 업무처리의 강화를 추구하는 시스템으로 발전하고 있다.
② 제조업에서는 빅데이터 분석기술을 기반으로 생산자동화를 구현하고 ERP와 연계하여 생산계획의 선제적 예측과 실시간 의사결정이 가능하다.
③ 차세대 ERP는 인공지능 및 빅데이터 분석기술과의 융합으로 상위계층의 의사결정을 지원할 수 있는 지능형시스템으로 발전하고 있다.
④ ERP에서 생성되고 축적된 빅데이터를 활용하여 기업의 새로운 업무개척이 가능해지고, 비즈니스 간 융합을 지원하는 시스템으로 확대가 가능하다.

05 다음 중 차세대 ERP의 비즈니스 애널리틱스(Business Analytics)에 관한 설명으로 적절하지 않은 것은?

① 비즈니스 애널리틱스는 구조화된 데이터(structured data)만을 활용한다.
② ERP 시스템 내의 방대한 데이터 분석을 위한 비즈니스 애널리틱스가 ERP의 핵심요소가 되었다.
③ 비즈니스 애널리틱스는 질의 및 보고와 같은 기본적 분석기술과 예측 모델링과 같은 수학적으로 정교한 수준의 분석을 지원한다.
④ 비즈니스 애널리틱스는 리포트, 쿼리, 대시보드, 스코어카드뿐만 아니라 예측모델링과 같은 진보된 형태의 분석기능도 제공한다.

06 인공지능의 기술발전에 대한 설명으로 옳지 않은 것은?

① 계산주의는 인간이 보유한 지식을 컴퓨터로 표현하고 이를 활용해 현상을 분석하거나 문제를 해결하는 지식기반시스템을 말한다.

② 연결주의는 지식을 직접 제공하기보다 지식과 정보가 포함된 데이터를 제공하고 컴퓨터가 스스로 필요한 정보를 학습한다.

③ 연결주의 시대는 학습에 필요한 빅데이터와 컴퓨팅 파워의 부족이라는 한계를 극복하였다.

④ 딥러닝은 입력층(input layer)과 출력층(output layer) 사이에 다수의 숨겨진 은닉층(hidden layer)으로 구성된 심층신경망(Deep Neural Networks)을 활용한다.

07 다음 중 세계경제포럼(World Economic Forum)에서 발표한 인공지능 규범(AI code)의 5개 원칙에 해당하지 않는 것은?

① 인공지능은 인류의 공동 이익과 이익을 위해 개발되어야 한다.

② 인공지능은 투명성과 공정성의 원칙에 따라 작동해야 한다.

③ 인공지능이 개인, 가족, 지역 사회의 데이터 권리 또는 개인정보를 감소시켜야 한다.

④ 인간을 해치거나 파괴하거나 속이는 자율적 힘을 인공지능에 절대로 부여하지 않는다.

08 인공지능 규범(AI CODE)의 5대 원칙으로 적절하지 않은 것은?

① 인공지능은 투명성과 공정성의 원칙에 따라 작동해야 한다.

② 인공지능이 개인, 가족, 사회의 데이터 권리를 감소시켜서는 안된다.

③ 모든 시민은 인공지능을 통해서 정신적, 정서적, 경제적 번영을 누리도록 교육받을 권리를 가져야 한다.

④ 인간을 해치거나 파괴하거나 속이는 자율적 힘을 인간의 동세하에서 인공지능에게 부여할 수 있다.

09 인공지능 기반의 빅데이터 분석기법에 대한 설명으로 적절하지 않은 것은?

① 텍스트마이닝 분석을 실시하기 위해서는 불필요한 정보를 제거하는 데이터 전처리(data pre- processing) 과정이 필수적이다.

② 텍스트마이닝은 자연어(natural language) 형태로 구성된 정형데이터에서 패턴 또는 관계를 추출하여 의미 있는 정보를 찾아내는 기법이다.

③ 데이터마이닝은 대규모로 저장된 데이터 안에서 다양한 분석기법을 활용하여 전통적인 통계학 이론으로는 설명이 힘든 패턴과 규칙을 발견한다.

④ 데이터마이닝은 분류(classification), 추정(estimation), 예측(prediction), 유사집단화(affinity grouping), 군집화(clustering)의 5가지 업무영역으로 구분할 수 있다.

10 [보기]에서 설명하는 RPA 적용단계는 무엇인가?

> **보기**
>
> 빅데이터 분석을 통해 사람이 수행하는 복잡한 의사결정을 내리는 수준이다. 이것은 RPA
> 가 업무 프로세스를 스스로 학습하면서 자동화하는 단계이다.

① 인지자동화　　　　　　　　　　　② 데이터전처리
③ 기초프로세스 자동화　　　　　　　④ 데이터 기반의 머신러닝(기계학습) 활용

11 머신러닝 워크플로우 프로세스의 순서를 고르시오.

① 데이터 수집 → 점검 및 탐색 → 전처리 및 정제 → 모델링 및 훈련 → 평가 → 배포
② 점검 및 탐색 → 데이터 수집 → 전처리 및 정제 → 모델링 및 훈련 → 평가 → 배포
③ 데이터 수집 → 전처리 및 정제 → 모델링 및 훈련 → 평가 → 배포 → 점검 및 탐색
④ 데이터 수집 → 전처리 및 정제 → 점검 및 탐색 → 모델링 및 훈련 → 평가 → 배포

12 기계학습의 종류에 해당하지 않는 것은?

① 지도학습(Supervised Learning)　　② 강화학습(Reinforcement Learning)
③ 비지도학습(Unsupervised Learning)　④ 시뮬레이션학습(Simulation Learning)

13 기계학습에 대한 설명으로 옳지 않은 것은?

① 비지도학습 방법에는 분류모형과 회귀모형이 있다.
② 비지도학습은 입력값에 대한 목표치가 주어지지 않는다.
③ 지도학습은 학습 데이터로부터 하나의 함수를 유추해내기 위한 방법이다.
④ 강화학습은 선택 가능한 행동들 중 보상을 최대화하는 행동 혹은 순서를 선택하는 방법이다.

14 인공지능 비즈니스 적용 프로세스의 순서로 올바른 것은?

① 비즈니스 영역 탐색 → 비즈니스 목표 수립 → 데이터 수집 및 적재 → 인공지능 모델 개발
　→ 인공지능 배포 및 프로세스 정비
② 비즈니스 목표 수립 → 비즈니스 영역 탐색 →　데이터 수집 및 적재 → 인공지능 모델 개
　발 → 인공지능 배포 및 프로세스 정비
③ 비즈니스 목표 수립 → 데이터 수집 및 적재 → 인공지능 모델 개발 → 인공지능 배포 및 프로세
　스 정비 → 비즈니스 영역 탐색
④ 비즈니스 영역 탐색 → 비즈니스 목표 수립 → 데이터 수집 및 적재 → 인공지능 배포 및 프로세
　스 정비 → 인공지능 모델 개발

15 [보기]는 무엇에 대한 설명인가?

> **보기**
>
> - 분산형 데이터베이스(distributed database)의 형태로 데이터를 저장하는 연결구조체
> - 모든 구성원이 네트워크를 통해 데이터를 검증 및 저장하여 특정인의 임의적인 조작이 어렵도록 설계된 저장플랫폼

① 챗봇(Chatbot)
② 블록체인(Blockchain)
③ 메타버스(Metaverse)
④ RPA(Robotic Process Automation)

답안 및 풀이

1.1 ERP 개념과 등장

01 ② ERP는 개별시스템이 아니라 통합시스템에 해당한다.

02 ③ 기업 내 각 영역의 업무프로세스를 지원하고 통합 업무처리의 강화를 추구하는 시스템이다.

03 ① 기존 방식의 고수는 BPR(업무 재설계)의 필요성이라고 볼 수 없다.

04 ① 자사의 업무를 ERP에 내장되어 있는 Best Practice에 맞추어야 한다.

1.2 ERP 발전과정과 특징

01 ② MRP Ⅱ의 주요 관리범위는 제조자원관리이며, 원가절감이 주된 목표이다.

02 ② 보기의 내용은 MRP Ⅱ에 대한 설명이다.

03 ① 다국적, 다통화, 다언어 지원은 기술적 특징이 아닌 기능적 특징에 해당된다.

04 ② 객체지향기술 사용은 기술적 특징에 해당되며, 나머지 내용은 기능적 특징에 해당된다.

05 ③ Open Multi-Vendor: 특정 H/W 업체에 의존하지 않는 Open 형태를 채택, C/S형의 시스템 구축이 가능하다.

1.3 ERP 도입과 구축

01 ④ 의사결정의 신속성으로 인한 정보 공유의 공간적, 시간적 한계가 없다.

02 ① 선진 업무프로세스(Best Practice) 도입을 목적으로 ERP 패키지를 도입하였는데, 기존 업무처리에 따라 ERP 패키지를 수정한다면 BPR은 전혀 이루어지지 않는다.

03 ② 일반적으로 ERP 시스템이 구축되기 전에 BPR(업무재설계)을 수행해야 ERP 구축성과가 극대화될 수 있다.

04 ④ ERP 시스템에 대한 투자비용에 관한 개념으로 시스템의 전체 라이프사이클을 통해 발생하는 전체 비용을 계량화하는 것을 총소유비용(Total Cost of Ownership)이라 한다.

05 ② 상용화 패키지에 의한 ERP 시스템 구축에는 자체 개발인력을 보유할 필요가 없다.

06 ④ 구축단계에 해당된다.

07 ③ ERP를 패키지가 아닌 자체개발 방식을 사용할 경우 사용자의 요구사항을 충실하게 반영하여 시스템의 수정과 유지보수가 주기적이고 지속적으로 단시간에 가능하다.

08 ① ERP 구축 시 유능한 컨설턴트를 통해 최적의 패키지를 선정하는데 도움을 주는 역할을 하며, 프로젝트 주도권이 넘어가지는 않는다.

1.4 확장형 ERP

01 ② 생산자원관리(MRP Ⅱ)시스템은 E-ERP라 불리우는 확장형 ERP의 과거모델이다.

02 ④ 전략적 기업경영(SEM) 시스템에는 성과측정관리(BSC), 가치중심경영(VBM), 전략계획수립 및 시뮬레이션(SFS), 활동기준경영(ABM) 등이 포함된다.

03 ④ 마케팅(marketing), 판매(sales) 및 고객서비스(customer service)를 자동화하는 것은 고객관계관리(CRM)에 대한 설명이다.

04 ② 공급망관리(SCM: Supply Chain Management)에 대한 설명이다.

1.5 4차 산업혁명과 스마트 ERP

01 ① 클라우드를 통해 ERP 도입에 관한 진입장벽을 낮출 수 있다.

02 ③ 데이터베이스 클라우드 서비스와 스토리지 클라우드 서비스는 IaaS에 속한다.

03 ② 폐쇄형 클라우드는 데이터의 소유권 확보와 프라이버시 보장이 필요한 경우 사용된다.

04 ① ERP는 4차 산업혁명의 핵심기술인 인공지능(Artificial Intelligence, AI), 빅데이터(Big Data), 사물인터넷(Internet of Things, IoT), 블록체인(Blockchain) 등의 신기술과 융합하여 보다 지능화된 기업경영이 가능한 통합시스템으로 발전된다.

05 ① 비즈니스 애널리틱스는 구조화된 데이터(structured data)와 비구조화된 데이터(unstructured data)를 동시에 이용한다.

06 ③ 연결주의 시대는 막대한 컴퓨팅 성능과 방대한 학습데이터가 필수적이나 학습에 필요한 빅데이터와 컴퓨팅 파워의 부족이라는 한계를 극복하지 못해 비즈니스 활용 측면에서 제약이 있었다.

07 ③ 인공지능이 개인, 가족, 지역 사회의 데이터 권리 또는 개인정보를 감소시켜서는 안 된다.

08 ④
[인공지능 규범(AI CODE)의 5대 원칙]
- Code 1: 인공지능은 인류의 공동 이익과 이익을 위해 개발되어야 한다.
- Code 2: 인공지능은 투명성과 공정성의 원칙에 따라 작동해야 한다.
- Code 3: 인공지능이 개인, 가족, 지역 사회의 데이터 권리 또는 개인정보를 감소시켜서는 안 된다.
- Code 4: 모든 시민은 인공지능을 통해서 정신적, 정서적, 경제적 번영을 누리도록 교육받을 권리를 가져야 한다.
- Code 5: 인간을 해치거나 파괴하거나 속이는 자율적 힘을 인공지능에 절대로 부여하지 않는다.

09 ② 텍스트 마이닝은 자연어 형태로 구성된 비정형 또는 반정형 텍스트 데이터에서 패턴 또는 관계를 추출하여 의미 있는 정보를 찾아내는 기법이다.

10 ①
[RPA(Robotic Process Automation) 적용단계]
- 기초프로세스 자동화(1단계): 정형화된 데이터 기반의 자료 작성, 단순 반복 업무처리, 고정된 프로세스 단위 업무 수행
- 데이터 기반의 머신러닝 활용(2단계): 이미지에서 텍스트 데이터 추출, 자연어 처리로 정확도와 기능성을 향상시키는 단계
- 인지자동화(3단계): RPA가 업무 프로세스를 스스로 학습하면서 자동화하는 단계이며, 빅데이터 분석을 통해 사람이 수행하는 더 복잡한 작업과 의사결정을 내리는 수준

11 ①
[기계학습(머신러닝) 워크플로우 6단계]
- 데이터 수집(1단계): 인공지능 구현을 위해서는 머신러닝·딥러닝 등의 학습방법과 이것을 학습할 수 있는 방대한 양의 데이터와 컴퓨팅 파워가 필요
- 점검 및 탐색(2단계): 데이터의 구조와 결측치 및 극단적 데이터를 정제하는 방법을 탐색하며, 변수들 간 데이터 유형 등 데이터의 특징을 파악
- 전처리 및 정제(3단계): 다양한 소스로부터 획득한 데이터 중 분석하기에 부적합하거나 수정이 필요한 경우, 데이터를 전처리하거나 정제하는 과정
- 모델링 및 훈련(4단계): 머신러닝에 대한 코드를 작성하는 모델링 단계로 적절한 알고리즘을 선택하여 모델링을 수행하고, 알고리즘에 전처리가 완료된 데이터를 학습(훈련)하는 단계

- 평가(5단계): 머신러닝 기법을 이용한 분석모델(연구모형)을 실행하고 성능(예측정확도)을 평가하는 단계
- 배표(6단계): 평가 단계에서 머신러닝 기법을 이용한 분석모델(연구모형)이 성공적으로 학습된 것으로 판단되면 완성된 모델을 배포

12 ④ 기계학습(머신러닝)은 지도학습, 비지도학습, 강화학습 으로 구분된다.
- 지도학습(Supervised Learning): 학습 데이터로부터 하나의 함수를 유추하기 위한 방법으로 학습 데이터로부터 주어진 데이터의 예측 값을 추측하는 방법
- 비지도학습(Unsupervised Learning): 데이터가 어떻게 구성되었는지를 알아내는 문제의 범주 속함
- 강화학습(Reinforcement Learning): 선택 가능한 행동 중 보상을 최대화하는 행동 혹은 순서를 선택하는 방법

13 ① 비지도학습 방법에는 군집분석, 오토인코더, 생성적 적대신경망(GAN) 등이 있다.

14 ①
[인공지능 비즈니스 적용 프로세스]
비즈니스 영역 탐색 → 비즈니스 목표 수립 → 데이터 수집 및 적재 → 인공지능 모델 개발 → 인공지능 배포 및 프로세스 정비

15 ②
- 챗봇(Chatbot): 채팅(Chatting)과 로봇(Robot)의 합성어, 로봇의 인공지능을 대화형 인터페이스에 접목한 기술로 인공지능을 기반으로 사람과 상호작용하는 대화형 시스템
- 블록체인(Blockchain): 분산형 데이터베이스(distributed database)의 형태로 데이터를 저장하는 연결구조체로 모든 구성원이 네트워크를 통해 데이터를 검증 및 저장하여 특정인의 임의적인 조작이 어렵도록 설계된 저장 플랫폼
- 메타버스(Metaverse): 가공, 추상을 의미하는 메타(Meta)와 현실 세계를 의미하는 유니버스(Universe)가 합쳐진 말로 3차원 가상현실 세계를 뜻함
- RPA(Robotic Process Automation): 소프트웨어 프로그램이 사람을 대신해 반복적인 업무를 자동 처리하는 기술

물류이론

공급망관리

N CS 학습을 위한 능력단위 확인하기

능력단위	수준	능력단위 요소
자재 입고관리 (0204010203_20v2)	3	자재품질 기준 파악하기 (0204010203_20v2.1)
		자재 보관 위치 관리하기 (0204010203_20v2.2)
		자재 검수하기 (0204010203_20v2.3)
		자재 입고 부적합품 처리하기 (0204010203_20v2.4)
자재창고 운영관리 (0204010204_20v2)	4	자재 보관조건 설정하기 (0204010204_20v2.1)
		창고 동선 관리하기 (0204010204_20v2.2)
		창고 기기·설비 관리하기 (0204010204_20v2.3)
		창고보관 관리하기 (0204010204_20v2.4)
		창고 보안 안전 관리하기 (0204010204_20v2.5)
재재 운영관리 (0204010205_20v2)	4	재재 운영목표 관리하기 (0204010205_20v2.1)
		재고 실물정보 파악하기 (0204010205_20v2.2)
		운영자재 관리하기 (0204010205_20v2.3)
		불용자재 관리하기 (0204010205_20v2.4)
		장기재고 관리하기 (0204010205_20v2.5)
자재 출고관리 (0204010206_20v2)	3	자재 출고계획 수립하기 (0204010206_20v2.1)
		자재 출고방법 설정하기 (0204010206_20v2.2)
		자재 출고 작업하기 (0204010206_20v2.3)
공급망재고운영 (0204010407_24v3)	3	자재수불 관리하기 (0204010407_24v3.1)
		창고 운영하기 (0204010407_24v3.2)
		안전/적정재고 관리하기 (0204010407_24v3.3)
공급망운송관리 (0204010408_24v3)	3	운송계획 수립하기 (0204010408_24v3.1)
		운송 실행하기 (0204010408_12v3.2)
		운송 실행 통제하기 (0204010408_24v3.3)
유통물류관리 (0201030408_21v2)	3	유통물류센터 관리하기 (0201030408_21v2.1)
		입출고 관리하기 (0201030408_21v2.2)
		재고 관리하기 (0201030408_21v2.3)

01 공급망관리 개요

1.1 공급망관리의 개요

(1) 공급망관리의 개념

공급망관리(SCM: supply chain management)의 개념을 이해하기 위해서는 먼저 물류(physical distribution)와 로지스틱스(logistics)의 개념을 이해할 필요가 있다.

물류란 '제품을 물리적으로 생산자로부터 최종 소비자에게 이전하는 데 필요한 포장·보관·하역·운송·정보 등에 관한 행위'라고 정의하고 판매 물류 활동을 주된 범위로 했다.

로지스틱스는 물류의 개념이 확장 발전되어 '원부자재의 조달에서부터 제품의 생산, 판매, 반품, 회수, 폐기에 이르기까지 구매 조달, 생산, 판매 물류의 통합된 개념의 물류'라고 볼 수 있다.

물류가 상품 지향적이라면 로지스틱스는 고객 만족을 위한 고객 지향 시스템으로 원재료·반제품·완성품 이외에 정보 관리가 포함되어 있다. 로지스틱스는 보관보다는 흐름(flow) 관점을 우선하는 효율화를 촉진한다는 점이 '공급 관점의 물류'와 차이점이다. 공급망관리는 공급망 전체의 불확실성에 대응하는 전략적 관점으로 로지스틱스와 차이가 있다.

미국생산재고관리협회(APICS: American Production and Inventory Control Society)는 공급망관리를 '원재료로부터 시작하여 완제품의 최종 소비에 이르는 프로세스로서 협력사 및 거래처와 서로 연결된 부분을 포함한 전체 프로세스'로 정의한다. 고객에게 제품과 서비스를 제공하는 회사 내외부의 관련 기능을 통합하여 정의한 것이다.

공급망관리의 정의를 종합해 보면 아래의 그림과 같이 '공급자로부터 최종 소비자에 이르기까지 전 과정에서 각 기능 간의 재화·정보·자금의 흐름을 최적화하고 동기화하여 공급망 전체의 경영 효율을 극대화하는 전략'이라고 정의할 수 있다.

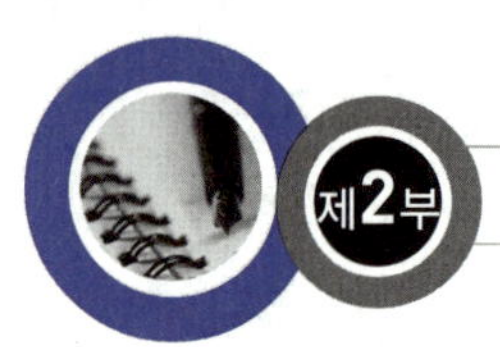

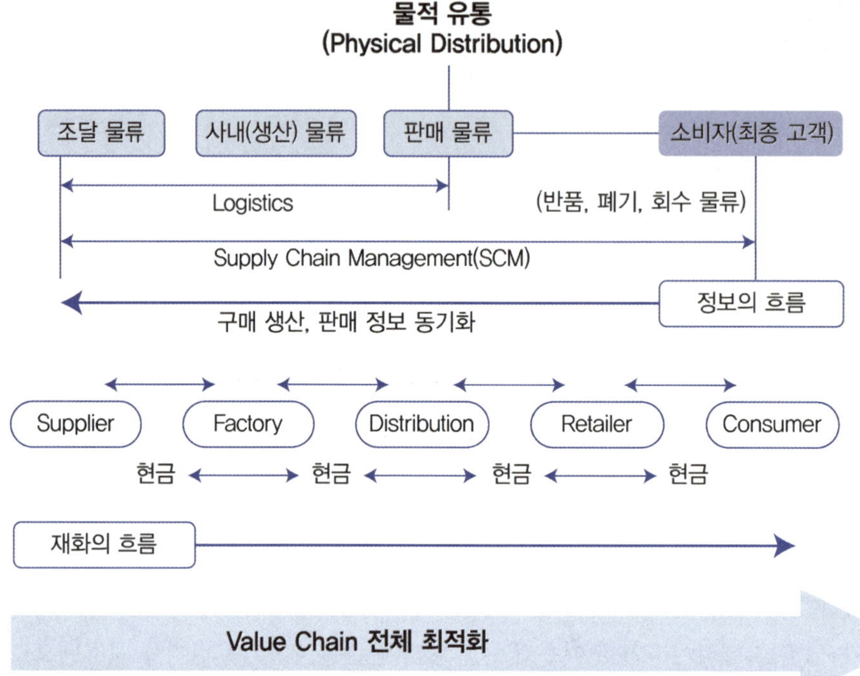

(2) 공급망관리의 필요성

공급망관리의 등장은 단일 기업 내부뿐 아니라 기업 간의 관계와 경영 환경의 복잡성에 기인한다. 이러한 복잡성의 주된 원인은 공급망 전체의 경로상의 복잡성과 함께 관계의 다양성에 따른 불확실성 때문이다.

공급망관리는 경영 의사결정을 주도하는 핵심 요소로 정보 기술 전략과 연계하고 공급자·제조업자·소비자 모두가 파트너십을 기반으로 인터페이스를 통합(integration)하고 협업(collaboration)하여 상호 윈윈(win-win)하는 것이며, 공급망상의 정보(information)·물자(material)·현금(cash)의 흐름을 최적화하여 경제성·생산성·수익성을 극대화하는 것이 그 본질이라 하겠다.

(3) 채찍효과

채찍효과(Bullwhip effect)는 공급망의 하류(down stream)에 해당하는 소매상에서의 고객수요가 공급망의 상류(up stream)로 소비자·소매상 → 도매상 → 제조기업 → 원재료 공급자까지 이어지면서 수요 예측의 왜곡과 과대한 주문이 확대되고 누적되어 가는 현상을 말한다.

이러한 채찍효과로 인한 수요·공급의 변동은 제품 품절에 의한 고객서비스 수준 하락, 과도한 안전재고, 공급망 상의 비용 상승 등을 초래할 수도 있다.

1) 채찍효과 원인

- 잦은 수요예측 변경: 변동하는 고객 주문을 반영하여 수요예측, 생산, 발주와 일정 계획이 자주 갱신
- 배치 주문방식: 운송비·주문비의 절감을 위하여 대량의 제품을 한꺼번에 발주
- 가격 변동: 불안정한 가격 구조, 가격 할인 행사 등으로 불규칙한 구매 형태를 유발
- 리드타임 증가: 조달 리드타임이 길어지면 수요·공급의 변동성·불확실성이 확대
- 과도한 발주: 공급량 부족으로 주문량보다 적게 할당될 때, 구매자가 실제 필요량 보다 확대하여 발주

2) 채찍효과 대처방안

- 공급망 전반의 수요 정보를 중앙 집중화하여 불확실성을 제거
- 안정적인 가격구조로 소비자 수요의 변동 폭을 조정
- 고객·공급자와 실시간 정보 공유
- 제품 생산과 공급에 소요되는 주문 리드타임과 주문처리에 소요되는 정보리드타임을 단축
- 공급망의 재고관리를 위하여 기업간 전략적 파트너십 구축

1.2 공급망관리 프로세스와 정보시스템

(1) 공급망 프로세스

공급망 프로세스는 고객의 수요를 충족하기 위하여 제품생산에 필요한 원자재의 투입부터 제품생산을 거쳐 그 제품을 고객에게 전달하는 활동의 유기적인 과정을 말한다.

공급망 프로세스 통합을 통해 공급망 전체의 공동 이익을 위하여 비전 공유, 고도의 협업, 실시간 정보공유 등의 상호작용이 가능해 진다.

1) 공급망 프로세스의 구조

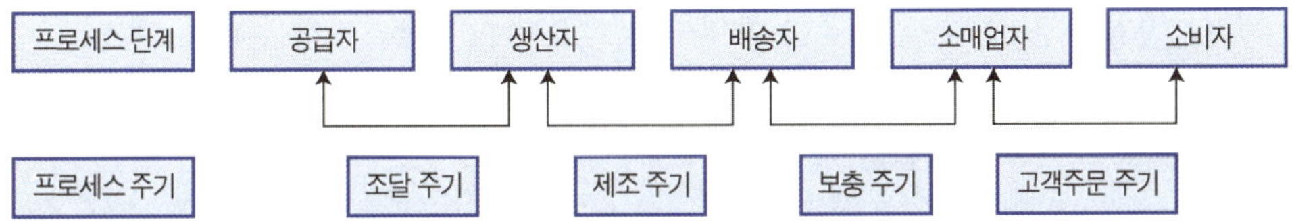

2) 공급망 프로세스의 경쟁능력 요소

구분	세부 내용
비용(cost)	적은 자원으로 제품·서비스를 창출할 수 있는 능력
품질(quality)	고객 욕구를 만족시키는 척도이며 소비자에 의하여 결정
유연성(flexibility)	설계변화와 수요변화에 효율적으로 대응할 수 있는 능력
시간(time)	경쟁사보다 빠른 신제품 개발능력, 신속한 제품 배달능력, 정시 배달능력

(2) 공급망관리 정보시스템의 특징과 기대효과

1) 공급망관리 정보시스템의 특징

- 공급망관리 물류 정보는 정보량이 많으면서도 시간대별 변동 폭이 크며, 정형·비정형 업무가 반복적으로 발생하고, 업무 내용도 다양하여 획일적 처리가 곤란하다. 따라서 공급망관리 정보시스템의 정보는 다종·다양·대량이고, 성수기와 평상시의 정보량 차이가 크다.
- 물류는 광역에 걸쳐 발생하는 물류 정보 외에 상거래 정보나 도로·기상 정보 등도 필요하고, 물류시스템의 중심지는 정보의 중계 전송을 수반하는 경우가 많다. 발생 장소·처리 장소·전달 장소 등이 광역으로 분산되어 있다.
- 물류 정보는 계절이나 지역의 수요 변화, 즉 성수기와 불황기의 차이가 현저하기 때문에 유연한 대응시스템이 필요하다.

2) 공급망관리 정보시스템의 효과

- 고객주문 및 처리 시간의 단축으로 고객서비스 향상
- 재고량 축소로 재고비용 절감
- 신속하고 저렴한 운송방법 탐색으로 운송비용 절감
- 소비자의 구매 성향을 쉽게 파악하여 최적의 제품 구색이 가능

(3) 공급망관리 정보시스템의 유형

1) 창고관리시스템(WMS: warehouse management system)

주문 피킹, 입출고, 재고관리 등의 자동화를 통하여 신속하고 정확한 고객 대응력과 재고 삭감, 미출고 및 오출고 예방을 목적으로 운영되고 있다.

2) 효율적소비자대응(ECR: efficient consumer response) 시스템

ECR 시스템은 유통업체와 제조업체가 효율적인 상품 보충, 점포 진열, 판매 촉진, 상품 개발을 목적으로 고객 만족도를 높이기 위해 원료 공급자로부터 매장까지의 공급망을 재설계하여 POS시스템 도입을 통해 자동적으로 제품을 보충하는 전략을 의미한다.

3) 신속대응(QR: quick response) 시스템

QR 시스템은 미국의 패션의류 산업에서 시작되었으며, 공급망의 상품 흐름을 개선하기 위해 소매업자와 제조업자의 정보 공유를 통해 효과적으로 원재료를 보충하고, 제품을 제조·유통함으로써 효율적인 생산과 공급망 재고량을 최소화하려는 전략이다.

QR 시스템 기대 효과는 다음과 같이 요약할 수 있다.
- 소매업자: 유지비용 절감, 고객서비스 제고, 높은 상품 회전율 및 매출과 이익증대
- 제조업자: 정확한 수요 예측, 주문량에 따른 생산의 유연성 확보, 높은 자산 회전율
- 소비자: 상품의 다양화, 낮은 소비자 가격, 품질 개선 및 소비 패턴의 변화에 대응한 상품 구매가 가능

4) 크로스도킹(CD: cross docking) 시스템

크로스도킹시스템은 물류센터에 보관하지 않고 당일 입고, 당일 출고하는 통과형 운송 시스템으로 24시간 이내 직송하는 공급망 간의 협업 시스템이다.

제조업자로부터 유통업자에 이르는 상품의 물류 체계를 신속하게 유지하고, 채소와 같이 신선도가 급격히 저하되는 제품을 배송하기 위해 EDI·바코드·스캐닝 기술을 통해 자동화된 창고 관리 및 재고 관리를 지원하여 물류체계를 합리화하는 전략이다.

5) 지속적보충프로그램(CRP: continuous replenishment program)

지속적보충프로그램은 제조업자의 효과적인 재고 관리를 통해 유통업자에게 적시 보충이 가능하도록 하여 결품 비율을 낮추고, 상호 협업 기능을 강화해 준다.

6) 공급자관리재고(VMI: vendor managed inventory) 시스템

유통(구매)업체의 물류 센터에 있는 재고 데이터가 제조(공급)업체로 전달되면 제조업체가 물류센터로 제품을 배송하고, 유통업체의 재고를 직접 관리하는 방식으로 재고관리 책임을 공급자에게 위탁하는 성격의 시스템이다.

7) 공동재고관리(CMI: co-managed inventory) 시스템

JMI(jointly managed inventory)라고도 하며, VMI에서 한 단계 더 발전한 개념이다. 소매업자(유통업체)와 공급자(제조업체)가 공동으로 판촉 활동을 하고 지역 여건, 경쟁 상황을 고려하면서 적절하게 재고 수준을 관리하는 것이다.

8) 기타 공급망관리 정보시스템

구분	세부 내용
컴퓨터 지원 주문(CAO) 시스템 (computer assisted ordering)	공급망에서 제조업자의 창고, 유통센터, 소매업자에 이르는 전체 재고를 파악하여 컴퓨터에 의한 자동 주문을 수행하여 효과적인 수·배송 계획을 지원해 물류비용을 감소
전자주문 시스템(EOS) (electronic ordering system)	상품의 부족분을 컴퓨터가 거래처에 자동으로 주문하여 항상 신속하고 정확하게 해당 점포에 배달해 주는 시스템으로, 편의점·슈퍼마켓 등 체인점에서 상품을 판매하면 POS 데이터가 자동적으로 중앙 본부에 있는 컴퓨터에 입력
전자 조달 시스템 (e-procurement)	기업에서 원재료 조달을 위한 파트너 선정, e-카탈로그에 의한 원재료의 물품 수량 결정 및 주문, 전자 대금 지불을 실시간으로 가능하게 해 줌으로써 시간과 비용을 절약
협업적계획예측보충(CPFR) (collaborative planning-forecasting and replenishment)	제조업체가 유통업체와의 협업 전략을 통해 상품 생산을 공동으로 계획하고, 생산량을 예측하며 상품의 보충을 구현하는 방식
카테고리 관리 (category management)	카테고리는 최종 소비자가 사용하는 상품 그룹인 가정용품, 냉동식품, 문구류 및 건강, 기구, 음료와 같은 상품을 그룹화한 것을 의미한다. 카테고리 관리자가 POS 데이터 분석, 인구 통계학적 특성 파악 등 최적의 상품 믹스를 하는 데 도움
SCP(supply chain planning) 시스템	기업 내부의 영업, 재고, 생산, 일정 계획에 대한 정보교환과 연계 프로세스를 지원해 주는 시스템
SCE(supply chain execution) 시스템	공급망 내에 있는 상품의 물리적인 상태나 자재 관리, 관련된 모든 당사자의 재원 정보 등을 관리하는 시스템

1.3 공급망 운영

(1) 공급망 운영 전략

공급망 운영 전략은 공급망이 추구하는 목표를 달성하기 위한 방향 및 계획으로서 어떤 전략을 선택하느냐에 따라 조직의 예산 및 자원 배분 의사결정이 달라지므로 그 전략은 공급망 구조와 운영 등에 영향을 미친다.

공급망 운영 전략의 범위는 영업·생산·조달·물류 기능과 같은 조직 내부 공급망에서 조직 간의 관계까지도 포함한다.

1) 공급망 운영 전략의 유형

① 효율적 공급망 전략

예측 가능한 안정적 수요를 가지고 이익률이 낮은 제품에 대응하는 공급망 전략으로서 낮은 재고 수준과 비용 최소화가 가장 중요한 목적이다.

② 대응적 공급망 전략

혁신적 제품과 같이 수요 예측이 어렵고, 이익률은 높은 제품에 빠르게 대응하는 공급망 전략으로서 고객서비스를 비용적인 측면보다 우선 시 하는 전략이다.

[효율적 공급망 전략과 대응적 공급망 전략 비교]

구분	효율적 공급망 전략	대응적 공급망 전략
목표	가능한 가장 낮은 비용으로 예측 가능한 수요에 대응	품질문제, 가격인하 압력, 불용재고를 최소화하기 위해 예측이 어려운 수요에 신속 대응
생산 전략	높은 가동률을 통한 낮은 비용 유지	불확실성에 대비한 초과 생산능력 유지
재고 전략	공급망에서 높은 재고회전율과 낮은 재고수준을 유지	불확실한 수요를 대비하여 여유 재고를 유지
리드타임 전략	비용을 증가시키지 않는 범위 내에서 리드타임 최소화	리드타임을 단축시키기 위해 공격적인 투자
공급자 선정방식	비용과 품질에 근거하여 선정	스피드, 유연성, 품질을 중심으로 선정
제품설계 전략	성능은 최대, 비용은 최소	모듈화 설계를 통한 경쟁자의 제품 차별화 지연을 유도
운송 전략	낮은 운송비용을 선호	신속하게 대응하는 운송 선호

(2) 공급망 운영시스템

공급망 운영을 위한 시스템은 프로세스·조직·인프라로 구성되어 있으며, 이러한 구성 요소는 상호 연계되어 유기적으로 연계되어 있다.

1) 공급망 운영 프로세스

공급망 운영 업무에 따른 프로세스는 공급망운영참고(SCOR: supply chain operations reference) 모델 프로세스 등이 대표적인 기준이다.

공급망운영참고 모델은 공급망 관리의 진단, 벤치마킹과 프로세스 개선을 위한 도구로서 공급망 관리의 전략 및 운영체계를 측정하고, 지속적인 개선에 필요한 가이드라인을 제공하여 공급망 효과의 극대화를 목적으로 한다.

공급망운영참고 모델은 공급망 운영을 계획(plan)·조달(source)·생산(make)·배송(deliver)·반품(return)의 5개 프로세스로 분류한다.

구분	세부내용
계획	• 수요와 공급을 계획하는 단계 • 모든 공장의 모든 제품에 대해 공급자 평가, 수요의 우선순위, 재고계획, 분배 요구량 파악, 생산계획, 자재 조달, 개략적 능력을 계획
조달	• 원료의 공급과 관련된 단계 • 조달처를 개발하여 조달·입고·검사·보관을 수행하고, 조달 계약, 지불, 납입, 수송, 자재의 품질, 공급자 검증·지도 등 조달 기반 구조를 형성
생산	• 조달된 자재를 이용하여 제품을 생산하고 검사·포장·보관하는 단계 • 설비·기계 등의 제조 기반 시설을 관리하고 제품의 품질 검사와 생산 현황 작업 스케줄을 관리
배송	주문을 입력하고 고객 정보를 관리하며, 주문 발송과 제품의 포장, 보관, 발송, 창고관리, 배송 기반 구조 관리 등의 활동
반품	공급자에 대한 원재료의 회수 및 고객 활동에서 완제품의 회수, 영수증 관리 등의 활동

2) 공급망 조직

공급망 운영을 위한 조직은 관리 수준이 높은 기업을 중심으로 별도의 조직으로 존재하고 역할도 정형화되어 있지만, 소규모 조직에서는 기존 조직에서 병행하여 수행하기도 한다.

3) 공급망 인프라

공급망을 효율적으로 운영하기 위해서는 설비와 거점에 대한 구축이 필요하고 제품의 흐름을 추적할 수 있는 공급망 정보 시스템도 구축한다.

1.4 공급망 거점

(1) 공급망 거점의 개요

공급망에서 생산거점은 예측된 수요와 고객의 주문에 효과적으로 대응하기 위하여 건설하는 생산 시설을 의미하며, 물류거점은 공급자와 수요자 간에 배송의 효율화를 목적으로 설치한 제반 물류시설을 의미한다.

1) 공급망 물류거점의 기능

- 장단기적 보관으로 공급과 수요의 완충기능
- 주문에 적기 대응이 가능하도록 집하, 배송기지 기능
- 운송비 절감을 위한 중개기지 기능
- 고객의 다양한 요구에 대응하기 위한 유통가공 및 조립 기능
- 품질과 수량을 확인하는 검품이나 선별기능
- 전시(show room)역할로 판매 전진기지로서의 기능

2) 공급망 물류거점의 구축 시 고려사항

- 공급망 물류거점은 그 수가 많을수록 수주량과 재고량의 불균형을 초래하여 리드타임의 지연 및 안전재고 수준의 증대, 물류거점 설립에 따른 자금의 투자를 야기 시키며, 제비용의 증대를 가져와 총비용의 상승을 유도하여 경쟁력을 약화시키는 원인으로 작용
- 물류거점의 수를 결정할 때에는 총비용의 최저점에서 결정해야 하며, 여러 대안에 대한 질적인 고려도 병행되어야 함
- 질적인 고려사항으로는 고객만족, 참여기업 경쟁력 향상, 수요 창출 등이 있음

(2) 공급망 거점 최적화

물류 및 제조 시설을 어디에 위치할 것인가는 공급망 전략 관점에서 물류 작업의 효과성과 효율성 향상과 직접적인 관련이 있다. 또한 기업의 물류 네트워크 재설계를 통한 거점 최적화는 시장에서 기업을 차별화할 수도 있다.

1) 공급망 거점 최적화 검토 지표

물류 거점을 설계할 때 고려되어야 할 지표로는 크게 고객서비스 지표와 비용 지표가 있다. 기본적으로 물류 거점 설계는 전체 비용을 최소화하며 고객서비스를 최대화하는 것을 목표로 하지만, 어떤 지표를 중점적으로 고려할 것인가에 따라 설계에 큰 영향을 미치게 된다.

① 고객서비스 지표

고객서비스 측면에서 물류 거점 설계에 영향을 미치는 요인은 '고객 대응 납기'가 있다. 고객 대응 납기는 재고 보유 여부와 물류 거점과 수요지 간의 거리에 의해 결정된다.

② 비용 지표

구분	세부 내용
재고비용	• 물류 거점에 보유하게 될 재고에 의해 발생되는 제반 비용 • 물류 거점 수가 증가함에 따라 처음에는 크게 증가하다가 어느 수준 이상이 되면 완만히 증가하는 경향 • 주로 변동에 대비한 안전재고의 증감에 따라 발생
고정 투자비용	• 물류 거점 건설 및 운영에 투입되는 1회성 고정 비용을 의미 • 고정적으로 발생하는 인건비 및 초기 설비 투자비용 등을 포함 • 물류 거점 수에 비례하여 증가하는 경향
변동 운영비용	• 물류 거점 운영에 투입되는 비용으로, 고정 비용 성격이 아닌 운영비용을 모두 포함 • 개별 물류 거점의 규모가 커지면 변동 운영비용도 커짐
수송비용	• 물류 거점과 생산자 · 소비자 사이를 연결하는 수 · 배송에 직접적으로 관련되는 비용 • 물류 거점 수가 증가함에 따라 수송비용은 서서히 감소하다가 어느 수준을 넘어서게 되면 오히려 수송비용이 증가

(3) 공급망 물류거점 운영방식

1) 직배송 방식

직배송 방식은 생산자 창고만 보유하고 물류거점을 거치지 않고 소비자에게 직접 물건을 발송하게 된다. 직배송 방식은 물류거점 운영과 관련한 제반비용을 필요로 하지 않아 수송량이 제한적인 경우에 적용된다. 재고비용, 고정 투자비용 등을 최소화할 수 있으나 운송비용과 고객서비스 차원에서는 단점이 될 수 있다.

2) 통합 물류센터 운영방식

통합(중앙) 물류센터 운영방식은 전체 네트워크의 물동량을 통합 운영 관리하는 형태이다. 통합 물류센터는 소비자에게 수송되는 데 걸리는 시간이 긴 반면, 비용을 상당히 절감할 수 있다. 특히 재고비용과 고정 투자비용을 대폭 낮출 수 있는 장점이 있다. 상황에 따라 운송비용도 일부 절감이 가능하다.

3) 지역 물류센터 운영방식

지역 물류센터는 소비자 근처에 위치한 분산 물류거점 방식으로 지역 물류센터를 여러 개 운영할 경우에는 소비자에 대한 서비스 수준은 높은 편이나, 재고비용과 고정 투자비용이 상승하는 단점이 있다.

4) 통합 · 지역 물류센터 혼합 운영 방식

기업에 따라 중앙 물류센터와 지역 물류센터를 혼합하여 사용하기도 한다. 이 경우는 전체 수요지 · 공급지가 매우 넓은 지역에 분포된 글로벌 공급 네트워크인 경우가 주로 해당된다.

5) 공급자관리재고(VMI) 운영방식

VMI(vendor managed inventory)는 물류거점의 운영을 자재 · 부품 공급업체에 일임하고 필요한 경우에 필요한 수량만큼 공급자 운영 재고창고에서 가져오는 방식이다. 주로 유통업체와 제품 공급업체 간의 유통망, 완성품 제조업체와 부품 제조업체 간의 부품 조달망에 활발히 이용된다.

VMI 운영을 하면 공급받는 기업 입장에서는 재고 및 물류거점 운영에 대한 제반비용을 절감하게 되고, 공급업체 입장에서는 정보 공유를 통해 계획 기반 운영체계를 구축할 수 있는 장점이 있다. 다만 정보 공유가 제대로 이루어지지 않고, 공급업체의 물류 운영 능력이 낮은 경우에는 오히려 전체 물류 네트워크에 큰 부담이 될 수 있다.

6) 크로스도킹 운영 방식

크로스도킹(cross-docking) 운영 방식은 물류거점에 재고를 보유하지 않고 물류거점이 화물에 대한 '환적' 기능만을 제공한다는 특징이 있다. 물류 거점 설계 방식은 통합 물류센터나 지역 물류센터와 거의 동일하나, 물류거점이 환적 기능만을 제공하므로 보관 기능보다는 원활한 흐름에 좀 더 초점을 맞추게 된다.

단원별 출제유형 알아보기

01 다음은 공급망관리(SCM: supply chain management)와 관련된 개념에 대한 내용이다. 설명 중 옳지 않은 것은?

① 물류란 제품을 물리적으로 생산자로부터 최종 소비자에게 이전하는 데 필요한 포장·보관·하역·운송·정보 등에 관한 행위이다.

② 로지스틱스가 상품 지향적이라면 물류는 고객 만족을 위한 고객 지향 시스템으로 원재료·반제품·완성품 이외에 정보 관리가 포함되어 있다.

③ 공급망관리는 원재료로부터 시작하여 완제품의 최종 소비에 이르는 프로세스로서 협력사 및 거래처와 서로 연결된 부분을 포함한 전체 프로세스로 정의될 수 있다.

④ 로지스틱스는 원부자재의 조달에서부터 제품의 생산, 판매, 반품, 회수, 폐기에 이르기까지 구매 조달, 생산, 판매 물류의 통합된 개념이다.

02 채찍효과(Bullwhip effect)의 원인으로 옳지 않은 것은 무엇인가?

① 잦은 수요예측의 변경　　　　② 리드타임의 단축
③ 배치 주문방식　　　　　　　④ 과도한 발주

03 채찍효과(Bullwhip effect)를 대처하기 위한 방안으로 적절하지 않은 것은 무엇인가?

① 제품 생산과 공급에 소요되는 주문 리드타임은 증가시키고 주문처리에 소요되는 정보리드타임을 단축시킨다.

② 공급망 전반의 수요 정보를 중앙 집중화하여 불확실성을 제거한다.

③ 고객 및 공급자와의 실시간 정보 공유한다.

④ 안정적인 가격구조로 소비자 수요의 변동 폭을 조정한다.

04 공급망의 경쟁능력을 결정하는 4요소에 해당하지 않는 것은 무엇인가?

① 품질(quality)　　　　　　　② 유연성(flexibility)
③ 정확성(accuracy)　　　　　④ 시간(time)

05 다음 중 공급망관리 경쟁능력 4요소에 대한 설명으로 옳지 않은 것은?

① 비용이란 제품이나 서비스를 창출하기 위해 투입한 자원의 사용 가치를 나타낸다.

② 품질은 고객의 욕구를 만족시키는 척도이며 공급자에 의해서 결정된다.

③ 유연성은 설계 변화와 수요의 환경 변화에 효율적으로 대응할 수 있는 능력이다.

④ 시장의 글로벌화가 가속되면서 다양하고 치열한 경쟁 환경 속으로 살아남기 위해 시간위주 경쟁능력의 중요성이 강조되고 있다.

06 다음 중 공급망관리 정보시스템의 특징에 대한 설명으로 옳지 않은 것은?

① 공급망관리 물류 정보는 정보량이 많으면서도 시간대별 변동폭이 크다.
② 정형·비정형적인 업무가 반복적으로 발생하고 업무내용도 다양하여 획일적 처리가 곤란하다.
③ 공급망관리 정보시스템은 다종, 다양, 대량의 정보를 수용할 수 있다.
④ 물류 정보는 계절이나 지역의 수요변화에 크게 영향을 받지 않기 때문에 유연한 대응시스템의 구축은 필요치 않다.

07 다음은 공급망관리 정보시스템의 유형들이다. 이 중 공급망의 상품 흐름을 개선하기 위해 소매업자와 제조업자의 정보 공유를 통해 효과적으로 원자재를 충원하고, 제품을 제조, 유통함으로써 효율적인 생산과 공급망 재고량을 최소화하는 전략을 목표로 하는 시스템은 무엇인가?

① 창고관리시스템(WMS)
② 효율적소비자대응(ECR)시스템
③ 신속대응(QR)시스템
④ 크로스도킹(CD)시스템

08 물류 거점 최적화 검토 시 다양한 비용지표를 고려하여야 한다. [보기]에서 설명하고 있는 비용지표는 다음 중 무엇인가?

> **보기**
>
> 물류 거점에 보유하게 될 재고에 의해 발생되는 제반 비용을 의미한다.
> • 물류 거점 수에 비례하여 증가하는 경형이 있으며, 주로 안전재고의 증감에 따라 발생한다.

① 고정 투자비용
② 재고비용
③ 변농 운영비용
④ 수송비용

09 물류 거점의 운영을 자재, 부품 공급업체에 일임하고 필요한 경우에, 필요한 수량만큼 공급자 운영 재고 창고에서 가져오는 방식으로써, 주로 유통업체와 제품 공급업체 간의 유통망, 완성품 제조업체와 부품 제조업체 간의 부품 조달망에 활발히 이용되는 물류 거점 운영방식은 무엇인가?

① 직배송 방식
② 크로스도킹 운영방식
③ VMI 운영방식
④ 통합 물류센터 운영방식

답안 및 풀이

01 ② 물류가 상품 지향적이라면 로지스틱스는 고객 만족을 위한 고객 지향 시스템으로 원재료·반제품·완성품 이외에 정보 관리가 포함되어 있다.

02 ② 리드타임의 증가
[채찍효과의 원인]
- 잦은 수요예측 변경: 변동하는 고객 주문을 반영하여 수요예측, 생산, 발주와 일정 계획이 자주 갱신
- 배치 주문방식: 운송비·주문비의 절감을 위하여 대량의 제품을 한꺼번에 발주
- 가격 변동: 불안정한 가격 구조, 가격 할인 행사 등으로 불규칙한 구매 형태를 유발
- 리드타임 증가: 조달 리드타임이 길어지면 수요·공급의 변동성·불확실성이 확대
- 과도한 발주: 공급량 부족으로 주문량보다 적게 할당될 때, 구매자가 실제 필요량보다 확대하여 발주

03 ① 제품 생산과 공급에 소요되는 주문 리드타임과 주문처리에 소요되는 정보리드타임을 단축시킨다.
[채찍효과 대처방안]
- 공급망 전반의 수요 정보를 중앙 집중화하여 불확실성을 제거
- 안정적인 가격구조로 소비자 수요의 변동 폭을 조정
- 고객·공급자와 실시간 정보 공유
- 제품 생산과 공급에 소요되는 주문 리드타임과 주문처리에 소요되는 정보리드타임을 단축
- 공급망의 재고관리를 위하여 기업 간 전략적 파트너십 구축

04 ③
- 공급망의 경쟁능력 4요소: 비용(cost), 품질(quality), 유연성(flexibility), 시간(time)

05 ② 품질은 고객의 욕구를 만족시키는 척도이며 수요자에 의해서 결정된다.

06 ④ 물류 정보는 계절이나 지역의 수요변화에 크게 영향을 받지 않기 때문에 유연한 대응시스템의 구축은 필요치 않다.

07 ③

08 ②

09 ③

02 재고관리

2.1 재고관리의 개요

(1) 재고관리의 의의

재고란 미래의 생산 또는 판매 수요를 충족시키기 위하여 보유하고 있는 자원이다.

재고관리란 생산부문과 판매부문의 수요에 신속하고 경제적으로 대응하여 안정된 판매활동과 원활한 생산활동을 지원하고, 최적의 재고수준을 유지하도록 관리하는 절차이다. 재고는 불확실한 기업환경에서 완충역할을 위하여 필요할 수 있으나 과다한 재고는 오히려 재고관리비용을 높이는 문제점을 불러온다.

(2) 재고의 분류

1) 예상(비축)재고(anticipation stock)

계절적인 수요 급등, 가격 급등, 파업으로 인한 생산중단 등이 예상될 때, 향후 발생할 수요를 대비하여 미리 생산하여 보관하는 재고이다.

2) 안전재고(safety stock)

기업을 운영함에 있어서 발생할 수 있는 여러 가지 불확실한 상황에 대처하기 위해 미리 확보하고 있는 재고이다. 조달기간의 불확실, 생산의 불확실, 또는 그 기간 동안의 수요량이 불확실한 경우 등 예상외의 소비나 재고부족 상황에 대비한다.

품절 및 미납주문을 예방하고 납기준수와 고객서비스 향상을 위해 필요하나 재고유지비용의 부담이 크므로 재고의 적정수준으로 유지하여야 한다.

3) 순환재고(cycle stock)

비용 절감을 위하여 경제적 주문량(또는 생산량) 및 로트사이즈로 구매(또는 생산)하게 되어 당장 필요한 수량을 초과하는 잔량에 의해 발생하는 재고로서, 다음의 구매(또는 생산)시점까지 계속 보유되는 재고이다.

4) 수송(파이프라인)재고(pipeline stock)

재고비용을 부담하여 물품에 대한 소유권을 가지고 있으며, 수송 중에 있는 재고를 말한다. 수입물품 등과 같이 긴 조달(수송)기간을 갖는 재고, 유통과정의 이동 중인 재고, 정유회사의 수송용 파이프로 이동 중인 재고가 이에 해당된다.

(3) 재고관리 관련비용

재고관리의 목적을 달성하기 위해서는 적정 재고수준을 최저의 비용으로 유지하여야 한다. 재고관련비용을 최소화하기 위해 관리하여야 하는 재고관련비용은 다음과 같다.

> 재고관련 총비용 = 주문비용(생산준비비용) + 재고유지비용 + 재고부족비용

1) 주문비용(생산준비비용)

품목을 발주할 때 발생되는 비용으로서 주문서류 작성과 승인, 운송, 검사, 입고 등에 소요되는 비용을 의미한다. 직접 생산 시에는 생산을 위해 필요한 생산라인 변경, 기계공구 교체, 기타 준비작업 등에 의해 공정이 지연됨으로써 발생하는 인력과 시간에 대한 손실비용이다. 이 비용은 수량에 관계없이 발주(또는 생산준비)마다 일정하게 발생하는 고정비이므로 1회 주문량(생산량), 즉 로트사이즈를 크게 할수록 재고 한 단위당 비용이 감소한다.

2) 재고유지비용

품목 구입(또는 생산)금액에 대한 자본의 기회비용을 의미한다. 창고시설 이용 및 유지비용, 보험료, 취급 및 보관비용, 도난 감소와 파손에 따른 손실비용 등이 있다.

3) 재고부족비용

재고부족으로 인하여 발생되는 기회비용을 의미한다. 납기지연, 판매기회 상실, 거래처 신용하락, 잠재적 고객 상실 등과 관련되는 비용이다.

(4) 재고관리 기본모형

재고관리와 관련된 비용을 최소화하기 위해서는 1회 발주량(또는 생산량) 결정과 발주(또는 생산)시기를 효과적으로 결정하여야 한다. 이러한 결정은 대표적으로 고정주문량모형(Q system), 고정주문기간모형(P system), 절충형시스템(s, S system) 등의 기법들이 이용되고 있다.

1) 고정주문량모형(Q system)

고정주문량모형(Q system)은 고정주문량(FOQ: fixed order quantity)으로 표현되기도 한다. 재고수준이 정해진 수준, 즉 발주(재주문)점까지 하락하면 사전에 결정되어 있는 수량을 발주하는 방식이다. 매번 동일한 수량을 주문하는 방법으로 공급자로부터 항상 일정한 수량을 공급받는다.

발주(재주문)점(ROP: reorder point)는 품목의 조달시간과 그 기간 동안의 소요량을 고려하여 조달기간 동안 재고부족이 발생하지 않도록 결정한다.

주문량은 재고관련비용이 최소가 되는 경제적 주문량(EOQ: economic order quantity)을 산출하여 결정한다.

① 발주(재주문)점의 결정

발주(재주문)점이란 현재 보유하고 있는 재고가 일정 수준 이하로 떨어졌을 때 재주문을 내는 시점을 말한다. ROP는 다음과 같이 계산될 수 있다.

> 발주(재주문)점(ROP) = 구매 리드타임 동안의 수요(조달기간 × 일평균사용량) + 안전재고

② 경제적 주문량의 결정

경제적 주문량이란 해당 품목의 수급에 차질이 발생하지 않은 범위 내에서 재고관련비용이 최소가 되는 1회 주문량을 의미한다.

$$경제적\ 주문량(EOQ) = \sqrt{\dfrac{2SD}{H}}$$

S = 1회 주문비용
D = 연간 총수요
H = 단위당 연간 재고유지비용

2) 고정주문기간모형(P system)

고정주문기간모형(P system)은 주기적주문량(POQ: periodic order quantity)으로 표현되기도 한다. 해당 품목별로 미래의 수요를 고려하여 사전에 결정한 최대 재고수준까지 정기적으로 미리 정해 놓은 일정한 간격마다 발주하는 방식이다.

발주량은 최대 재고수준에 도달하기 위한 현재 재고수준의 부족량으로 결정되므로 수요가 일정할 경우에는 발주량이 일정하지만 수요가 수시로 변동하면 발주량도 수시로 달라진다. 또한 정기적이고 계획적인 발주는 가능하지만 발주시점에서 재고수준이 매번 달라져 이 시스템의 안정적인 운영을 위해서는 더 많은 안전재고의 유지가 필요하다.

- 발주량 = 목표재고 − 현재고
- 목표재고 = 검토 주기 동안의 수요 + 구매 리드타임 동안의 수요 + 안전재고

3) 절충형시스템(s, S system)

고정주문량모형과 고정주문기간모형의 단점을 보완하기 위한 모형으로서, 정기적으로 재고수준을 파악하지만 재고수준이 사전에 결정된 발주점(s)으로 감소하면 최대재고수준 (S)까지 부족량만큼 발주하는 방식이다.

4) 재고관리 기본모형의 특징 비교

구분	고정주문량모형 (Q system)	고정주문기간모형 (P system)	절충형시스템 (s, S system)
주문량	일정	변동	변동
주문시기	변동	일정	변동
재고수준 점검시기	수시	정기(주문시기)	정기(주문시기)
적용	재고파악이 쉽고 조달이 수월한 경우	• 정기적으로 보충하는 저가품 • 재고의 수시파악이 어려운 다품목	

개념 익히기

▣ ABC 재고관리

통계적 방법에 의하여 물품의 중요도에 따라 차별적으로 관리하는 방식이다. 관리대상을 A, B, C그룹으로 나누고, A그룹을 가장 중점적으로 관리함으로써 관리의 효율성을 높이려는 재고관리기법이다.

2.2 공급망 재고 보충

(1) 공급망 재고 보충 기법

1) 유통소요계획(DRP: distribution requirements planning)

다단계 유통체계를 갖는 공급망에서 고객·거래처의 수요에 따라 필요한 수량을 필요한 시기에 공급하는 방법으로 유통소요계획은 생산을 위한 자재소요계획(MRP)에 이용될 수도 있다.

2) 지속적보충프로그램(CRP: continuous replenishment program)

공급자가 고객의 수요 및 재고 정보를 공유하여 소매업체나 유통센터의 상품 재고량, 생산 공장의 자재 재고량을 지속적으로 보충 관리하는 방법이다.

3) 공급자관리재고(VMI: vendor managed inventory)

고객의 재고 보충 업무권한을 공급자에게 위탁하여 공급자가 고객의 재고 수준을 파악하고 재고 보충량을 결정하여 공급하는 공급자 주도 재고보충 관리 방법

4) 공동재고관리(CMI: collaborative managed inventory)

공급업체와 거래처가 수요 및 재고 정보를 공유하며, 고객(거래처)의 재고관리 업무를 고객과 공급업체가 공동으로 관리하는 방법

(2) 유통소요계획

유통소요계획(DRP: Distribution Requirement Planning)은 다단계 유통체계를 갖는 공급망에서 고객·거래처의 수요에 따라 필요한 수량을 필요한 시기에 공급이 목적이며, 여러 단계로 구성된 공급망의 하위 물류센터들에서 예측한 수요를 통합하여 상위 물류센터의 수요로 집계하고 그것을 근거로 재고 조달계획을 수립한다.

1) 유통소요계획 수립 절차

① 특정 제품에 대한 독립적인 수요인 고객 수요를 예측
② 현재 보유 재고수준을 고려하여 미래 재고를 예측
③ 입고 예정량을 반영
④ 예측된 미래 재고수준에서 입고가 필요한 시점과 수량을 결정
⑤ 단위 구매량을 고려하여 주문량을 결정
⑥ 리드타임을 고려하여 주분 시섬을 결성

2) 유통소요계획 사례

(단위: EA)

구분	이전기간	1주차	2주차	3주차	4주차	5주차	6주차	7주차	8주차
수요예측치		100	130	100	120	110	100	90	90
운송 중 재고									
재고량	450	350	220	120	300	190	390	300	210
입고예정량					300		300		
주문량			300		300				

※ 기초재고 450EA, 리드타임 2주, 안전재고 100EA, 1회 구매량 300EA로 가정

2.3 재고조사

(1) 재고조사의 목적

재고조사는 현재고의 품목과 수량을 파악하고, 재고상태를 확인하여 재고관리 활동의 유효성을 확인하는 데 그 의의가 있다.

- 재고대장에 기록된 품목의 수량과 금액이 실제 창고의 재고와 일치하는지 확인
- 창고의 물품 보관 상태를 확인하여 품질저하, 도난 등의 문제점 여부를 파악하고 개선
- 품목별 현재고 수량과 재고보유기간을 파악하여 재고수준의 적정 여부 분석

(2) 재고조사의 시기 및 방법에 따른 분류

분류	구분	내용
시기에 따른 분류	정기재고조사	정기적으로 실시하는 재고조사
	부정기재고조사	부정기적으로 실시하는 재고조사
	일일재고조사	수시 또는 매일 실시하는 일일 재고조사
구역에 따른 분류	일제재고조사	모든 보관구역에 대해 정기적으로 일제히 동시적으로 실시하는 재고조사
	구역재고조사	보관구역을 구분하여 부정기적으로 구역별로 시행하는 재고조사 (주로 소규모 기업에서 채택)
	순환재고조사	구역별로 월간 또는 주간마다 일자를 정하고 순환적으로 재고조사
	상시순환 재고조사	순환재고조사를 상시적으로 시행하며, 순환주기를 분기별, 월별, 주별, 일별로 순차적으로 계획하여 재고조사

(3) 재고기록 조정

1) 재고기록 조정의 개념

재고기록 조정이란 재고조사 결과 발견된 재고기록의 과부족수량을 일정한 절차에 따라 조정하는 과정을 의미한다.

만약 재고기록과 실제 재고가 상이하다면 재고기록을 실제 재고에 맞게 수정하여야 하고, 그 원인을 조사하여 동일한 문제가 재발하지 않도록 조치하여야 한다.

2) 재고기록의 주요 조정사항

재고수량의 과부족은 기록의 오류, 관리의 소홀, 물품 특성에 의한 파손 또는 분실 등 다양한 원인으로 발생한다. 재고기록의 조정은 재고통제 부서와 재고기록 담당자가 정해진 절차에 따라 시행하되 승인권자의 승인을 받아야 한다.

재고기록의 주요 조정사항은 다음과 같다.

- 출납기록 착오: 품목의 입출고 과정에서 담당자가 수량, 품목명, 계정과목 등을 실수로 출납대장에 잘못 기록하여 발생하며, 출납대장을 정정하여야 한다.
- 원인 미상의 오류로 과거의 기록 누락: 과거에 원인을 알 수 없는 이유로 기록이 누락되거나, 발생된 오류에 대해서는 담당자의 귀책사유를 확인하고 승인권자의 조치를 받는다.
- 조립품의 분해 또는 조립에 대한 조정: 어떠한 사유로 조립품을 분해하거나 부품을 조립한 경우 변동된 수량에 대한 재물조정보고서를 작성하여 재고기록을 조정한다.

2.4 재고자산평가

(1) 재고자산평가의 개념

재고자산은 정상적인 경영활동과정에서 판매를 위하여 보유 중인 상품과 제품, 생산 중에 있는 재공품, 반제품, 생산과정에 투입되는 원·부재료, 소모품, 저장품 등으로 구분될 수 있나.

재고자산평가란 재고자산평가 방법에 따라 기말재고자산을 금액으로 환산하는 절차이다. 평가된 기말재고자산금액은 재무제표의 다양한 항목과 연결되며, 재고자산의 당기매입액과 기초 및 기말재고액을 통하여 매출원가를 계산할 수 있다. 따라서 재고자산의 평가는 기말재고의 자산가액과 매출원가를 결정하는데 매우 중요한 활동이라 할 수 있다.

재고자산평가 결과가 이용되는 것을 도식화하면 다음과 같이 나타낼 수 있다.

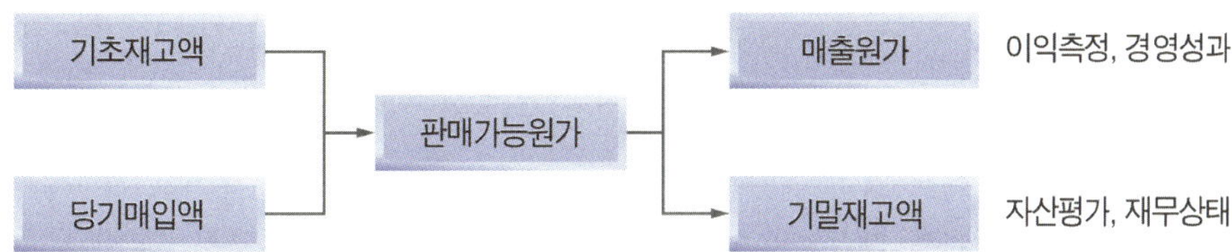

(2) 재고자산의 기록방법

1) 계속기록법

계속기록법은 재고자산의 입출고 시에 재고의 증감수량과 금액을 일일이 계속적으로 장부에 기록하는 방법이다. 거래가 빈번하지 않을 때 적용이 적합하다. 보관과정 중에 발생하는 도난, 분실, 파손 등의 감모손실이 기말재고수량에 포함되지 않아 실제 재고수량보다 기말재고수량이 많을 수 있으며, 매출원가가 과소평가되어 이익이 과대계상될 수 있다.

> • 당기매출수량 = 장부상의 매출수량
> • 기말재고수량 = 기초재고수량 + 당기매입수량 − 당기매출수량
>   = 판매가능재고수량 − 당기매출수량

2) 실지재고조사법

재고자산의 입출고를 일일이 기록하지 않고 재고조사를 통하여 기말재고수량과 당기의 매출수량을 파악한다. 출고기록이 없으므로 기말재고로 파악되지 않는 수량은 당기에 매출된 수량으로 간주하게 된다. 따라서 파악이 곤란한 감모손실 등의 수량도 매출수량에 포함되므로 매출원가가 과대평가되고, 이익이 과소계상될 수 있다.

> • 기말재고수량 = 실지재고조사로 파악한 수량
> • 당기매출수량 = 기초재고수량 + 당기매입수량 − 기말재고수량
>   = 판매가능재고수량 − 기말재고수량

(3) 재고자산 평가방법

재고자산은 매입 및 생산시점별로 단위당 원가가 다르므로 매출원가와 기말재고단가를 결정하기 위해서는 매입원가의 적절한 배분이 필요하다. 재고자산의 평가 방법은 크게 원가법과 저가법으로 구분한다.

원가법은 재고자산의 취득원가를 기준으로 자산가액을 평가하며, 저가법은 재고자산의 현실적인 가치, 즉 순실현가능가치가 취득원가보다 하락한 경우에는 순실현가능가치로 자산가액을 평가하는 방법이다. 따라서 저가법은 취득원가와 순실현가능가치 중 작은 금액으로 자산가액이 평가된다.

한편, 재고자산을 평가할 때는 재고자산별(상품, 제품, 반제품, 재공품, 원재료, 저장품 등)로 구분하고 사업장별로 각각 다른 방법에 의하여 평가할 수도 있다.

원가법에 의한 재고자산 평가방법으로는 개별법, 선입선출법, 후입선출법, 총평균법, 이동평균법 등이 있다.

1) 개별법(specific identification method)

재고자산 품목의 하나하나 단위별로 개별적인 원가를 파악하여 평가하는 방법이다. 가장 이상적이나 현실적으로 적용하기에 어려움이 많아 특정 업종에서만 사용되고 있다. 주로 귀금속이나 특별주문품 등의 고가품에 한하여 제한적으로 적용된다.

2) 선입선출법(first-in first-out method)

먼저 매입한 재고자산을 먼저 매출하는 것으로 가정하여 매입원가를 매출원가에 적용하는 방법이다. 이 방법에서 매출원가는 먼저 매입된 재고자산의 원가가 순차적으로 배분되며, 반면 기말재고자산가액은 나중에 매입된 원가가 적용된다. 매출원가가 과거 매입단가로 결정되므로 매입가격 상승기에는 매출이익이 상대적으로 크게 나타난다.

3) 후입선출법(last-in first-out method)

선입선출법과 반대로 최근에 매입한 재고자산을 먼저 매출하는 것으로 가정하여 매입원가를 매출원가에 적용하는 방법이다. 매출원가는 최근 매입된 재고자산의 원가가 순차적으로 배분된다. 반면 기말재고자산가액은 가장 먼저 매입된 원가가 적용된다. 매입가격 상승기에는 기말재고자산가액이 작게 평가되어 매출이익이 상대적으로 작게 나타난다.

4) 총평균법(total average method)

일정기간 동안의 재고자산가액의 평균을 구하여 매출원가에 적용하는 방법이다. 즉 기초재고자산가액과 당기매입 재고자산가액의 합계액을 그 합계수량으로 나누어 총평균단가를 구하여 매출원가에 적용한다. 계산이 간편하고 매출원가에 총평균단가가 동일하게 적용된다.

> 총평균단가 = (기초재고자산가액 + 당기매입액) ÷ (기초재고수량 + 당기매입수량)

5) 이동평균법(moving average method)

재고자산이 입고될 때마다 재고자산가액의 새로운 평균을 산정하여 매출원가에 적용하는 방법이다. 매출원가는 매입이 있을 때마다 달라지며, 추가 매입이 발생할 때까지는 동일한 매출원가가 유지된다.

> 이동평균단가 = (매입직전재고자산가액 + 신규매입액) ÷ (매입직전재고수량 + 신규매입수량)

(4) 재고자산 평가방법의 비교

다음의 사례 1월 한 달간의 거래내역을 통해 각 재고평가 방법의 기말재고자산가액과 매출원가를 비교해 보자(단, 매입가격 상승기(인플레이션 상황)를 전제로 함).

(단위: 원)

일자	구분	수량	단가
1월 1일	기초재고	300	1,000
1월 10일	입고	200	1,100
1월 15일	출고	300	
1월 20일	입고	500	1,200
1월 25일	출고	400	

(단위: 원)

평가방법	매출원가	기말재고자산가액
선입선출법	760,000	360,000
이동평균법	약 773,714	약 346,286
총평균법	784,000	336,000
후입선출법[1]	820,000	300,000

1) 재고자산 평가는 재고자산의 수량의 흐름이 아닌 원가의 흐름을 가정하는 것이기 때문에 실제 재고의 흐름과는 상관이 없으며, '후입선출'이라는 명칭 그대로 나중에 입고된 것이 먼저 출고되는 재고 흐름을 가정한다.

- 기말재고자산가액: 선입선출법 > 이동평균법 > 총평균법 > 후입선출법
- 매출원가: 후입선출법 > 총평균법 > 이동평균법 > 선입선출법
- 매출총이익: 선입선출법 > 이동평균법 > 총평균법 > 후입선출법

단원별 출제유형 알아보기

01 기업이 품목에 대한 안전재고(safety stock)의 수준을 결정할 때 고려하여야 할 관련 재고비용들을 적절하게 나열한 것은 무엇인가?

① 주문비용, 재고유지비용
② 주문비용, 재고부족비용
③ 재고유지비용, 생산준비비용
④ 재고유지비용, 재고부족비용

02 다음 중 재고관련비용으로 적합하지 않은 것은 무엇인가?

① 재고가 없어 수요가 취소된 품절비용
② 재고를 판매하기 위해 소요된 주문접수 인력비용
③ 재고를 보관하기 위해 이용한 창고시설 임대비용
④ 재고품목을 외부에서 구매하지 않고, 회사자체 내에서 생산할 때 발생하는 생산준비비용

03 A기업은 과거 1년간의 수요 데이터를 바탕으로 경제적 주문량(EOQ)을 분석해왔다. 내년에는 연간 수요량이 14,400개로 증가할 것으로 예상되며, 이에 따라 EOQ를 다시 산정하고자 한다. [보기]의 조건을 고려할 때, 예상되는 경제적 주문량은 얼마인가?

보기
• 1회 주문비용(S)   3,000원
• 단위당 연간 재고유지비용(H)   1,500원
• 내년 예상 연간 수요량(D)   14,400개

① 220   ② 230
③ 240   ④ 250

04 다음 중 미래의 수요를 고려하여 품목별로 사전에 결정한 최대 재고수준까지 정기적으로 발주하는 방식의 재고관리 기본모형은 무엇인가?

① 경제적 주문량(EOQ)   ② 절충형 시스템(s,S System)
③ 고정주문량모형(Q System)   ④ 고정주문기간모형(P System)

05 다음 중 재고관리의 기본모형인 절충형시스템(s,S system)과 고정주문기간모형(P−System) 의 특징적 유사점에 대한 설명으로 적절하지 않은 것은 무엇인가?

① 수요가 변동하면 발주시기마다 발주량은 달라진다.
② 재고수준 점검은 정기적으로 시행한다.
③ 발주 시의 목표재고수준은 재고수준 점검 이전에 이미 결정된다.
④ ABC품목 중 C품목의 관리에 적합하다.

06 다음 [보기]는 재고관리를 위한 기본모형들의 특징을 비교하고 있다. ㉠, ㉡, ㉢ 안에 들어갈 적절한 내용은 무엇인가?

> **보기**
>
> | 구분 | Q System | P System | s,S System |
> |---|---|---|---|
> | 주문량 | 일정 | 변동 | ㉠ |
> | 주문간격 | 변동 | 일정 | ㉡ |
> | 재고수준 점검시기 | 수시 | 정기 | ㉢ |

	㉠	㉡	㉢			㉠	㉡	㉢
①	일정	일정	수시		②	일정	변동	정기
③	변동	일정	수시		④	변동	변동	정기

07 리드타임은 3주이며 로트사이즈와 안전재고는 고려하지 않는 경우에 다음 유통소요계획을 완성하고자 한다. [보기] 괄호 (a), (b) 안에 들어갈 양은?

> **보기**
>
> | 구분 | 주(week) | | | | |
> |---|---|---|---|---|---|
> | | 2 | 3 | 4 | 5 | 6 |
> | 총 소요량 | | | | 400 | 100 |
> | 입고예정량 | | 50 | | | |
> | 현재고 | 50 | | | | |
> | 발주계획 | (a) | (b) | | | |

① a=200, b=100
② a=250, b=50
③ a=300, b=100
④ a=350, b=50

08 다음 중 재고조사에 대한 설명으로 적합하지 않은 것은 무엇인가?

① 순환재고조사는 모든 보관구역에 대해 동시에 재고조사를 시행하며, 정기적으로 조사하는 방법이다.

② 유동문서가 많으면 재고조사의 정확성이 낮아지므로 재고조사 이전에 유동문서를 가능한 줄여야 한다.

③ 현재의 재고품목과 수량을 파악하고 재고상태를 확인하여 재고관리 활동의 유효성을 확인하는 데 그 의의가 있다.

④ 창고의 물품보관 상태를 확인하여 품질 저하, 고장 등의 문제점 여부를 파악하고 개선하기 위한 목적으로 시행된다.

09 A기업의 4분기 자산변동 사항을 기록한 [보기]의 표를 근거로 총평균법, 이동평균법, 선입선출법, 후입선출법 등으로 재고자산을 평가할 경우에 대한 설명으로 적합하지 않은 것은?

┤ 보기 ├

A기업의 4분기 자산변동 현황

(단위: 개, 원)

일자	구분	수량	단가
10/01	기초재고	300	1,000
10/10	매입	200	1,100
11/25	매출	300	3,000
12/01	매입	500	1,200
12/30	매출	400	3,000

① 선입선출법에 의한 재고자산 평가 시, 매출총이익이 가장 크다.

② 총평균법에 의한 재고자산 평가 시, 총매출원가는 784,000원이다.

③ 후입선출법에 의한 재고자산 평가 시, 분기말 재고자산가액이 가장 크다.

④ 총평균법에 의한 재고자산 평가 시, 분기말 재고자산가액은 336,000원이다.

10 재고자산의 평가는 매출원가를 산정하는 데 있어서 매우 중요한 요소이다. 다음 중 원자재 가격이 지속적으로 상승하는 경제환경 하에서 기말재고자산가액이 가장 작게 나타나는 재고 평가방법부터 순서대로 나열한 것으로 옳은 것은?

① 선입선출법 〈 후입선출법 〈 총평균법　　② 후입선출법 〈 총평균법 〈 선입선출법

③ 후입선출법 〈 선입선출법 〈 총평균법　　④ 후입선출법 〈 선입선출법 〈 이동평균법

답안 및 풀이

01 ④ 주문비용 및 생산준비비용은 안전재고의 수준을 결정하는 것과는 무관하다.

02 ②

03 ③

$$\cdot \text{경제적 주문량(EOQ)} = \sqrt{\frac{2SD}{H}} = \sqrt{\frac{2 \times 1\text{회 주문비용}(S) \times \text{연간 총수요}(D)}{\text{단위당 연간 재고유지비용}(H)}}$$

$$= \sqrt{\frac{2 \times 3,000 \times 14,400}{1,500}} = 240\text{개}$$

04 ④

05 ④ ABC품목 중 C품목의 관리는 고정주문기간모형(P-System)에 적합하다.

06 ④

07 ③

08 ① 순환재고조사는 구역별로 월간 또는 주간마다 일자를 정하고 순환적으로 조사하는 방법이다.

09 ③ 물가상승(인플레이션) 상황이기 때문에 후입선출법에 의한 재고자산 평가 시, 분기말 재고자산가액이 가장 작다.

10 ②

03 창고관리

3.1 창고관리 개요

(1) 창고관리의 기본

- 창고(warehouse)란 '물품을 보관하는 시설'로 공급과 사용 시점의 시간적 효용을 증대시키는 데 주기능을 하고 있다.
- 보관(storage)이란 '물품을 물리적으로 보존하여 관리하는 것'으로 '물품을 일정한 장소에서 품질 수량 등의 유지와 적절한 관리 아래 일정 기간 저장 방치'하는 것을 말한다. 보관이라는 용어는 기능적인 면이 강하여 재고관리ㆍ창고관리 등을 포괄하는 넓은 의미로 사용하고 있다.

창고는 용도와 목적에 따라 여러 가지로 분류할 수 있는데, SCM 유통 중심의 창고는 고객소비자 입장에서 구매 시점에 결품없이 신속ㆍ정확하게 공급하는 것이 주목적이다.

창고관리의 핵심은 물품의 입출고 효율, 면적 보관 효율, 체적 보관 효율을 높이면서 최소의 재고로 결품없이 공급될 수 있도록 운영의 효율화를 꾀하는 데 있다.

1) 창고의 기능

- 주문 출하 시 신속 대응하는 서비스 기능
- 구매 조달 시점, 생산 시점, 판매 시점의 조정 완충 기능
- 대량 구매, 대량 생산, 대량 수송 능의 대량화에 따른 소량 공급에 대한 완충 기능
- 집하, 분류, 재포장, 검품, 유통 가공 등 유통 판매 지원 기능
- 성수기ㆍ비수기, 계절적 차이 등의 수급 조정 기능
- 자금 담보 신용 기관적 기능(보관 상품, 건물, 시설, 장비 등)
- 물품을 연결하는 거점적 기능
- 수요 환경 변화에 신속 대응하는 기능

(2) 창고관리시스템

1) 창고관리시스템의 정의

창고관리시스템(WMS: warehouse management system)이란 창고를 관리하는 전문 종합정보시스템으로, 창고 내에서 이루어지는 물품의 입출고 관리, 로케이션(location) 관

리, 재고 관리, 피킹(picking), 분류(sorting), 차량 관리 지원, 인원 관리, 작업 관리, 지표 관리 등을 수행하는 정보시스템이다.

창고관리시스템은 기존 ERP의 한계를 보완한 창고관리 전문 정보시스템으로 창고관리시스템, 물류센터관리시스템이라고도 한다.

2) 창고관리시스템의 기능과 목적

창고관리시스템은 창고 내의 업무와 정보를 총괄하며, 상위의 정보 시스템과 연계하여 다음 그림과 같은 주요 기능을 수행한다.

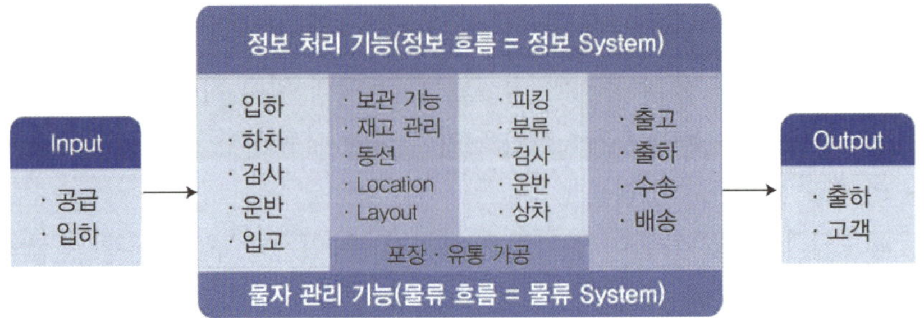

또한 창고관리시스템의 도입 목적은 다음과 같다.
- 창고관리의 효율 향상
- 재고 수량 및 금액 관리의 자동 계산 효율 향상
- 창고 보관 관리의 가시화
- 실물(현장) 재고와 장부(전산) 재고와의 차이 일치화
- 보관 면적, 체적의 효율성 극대화
- 피킹 작업의 정확도 및 효율성 향상
- 선입선출의 정확한 실시
- 창고 내 포장 · 보관 관리의 정확도 및 효율성 향상
- 다른 시스템과의 효율적인 연계 등

3.2 창고 운영하기

(1) 창고 배치와 위치관리

창고 배치(레이아웃)란 창고 내에 공간을 용도나 목적에 따라 특정한 구역과 장소로 구분하고 재고의 특성을 고려하여 적절한 구역을 구분하는 것을 의미한다.

창고 위치(로케이션) 관리는 창고 내의 재고를 효율적으로 찾기 쉽고 꺼내기 쉽도록 창고 배치 구역이나 장소에 주소를 부여하는 활동을 의미한다.

1) 창고 배치의 기본 원칙

창고 배치는 창고 내 면적과 공간을 효율적으로 배치하여 출구 쪽으로부터 출하 빈도가 많은 품목 순으로 배치하여 동선 경로가 짧아야 된다. 또한 중량물이나 오염시킬 가능성이 있는 품목은 출구와 가까우면서 아래쪽에 배치하여야 한다.

추가적으로 다음의 사항을 충분히 고려하여야 한다.

- 흐름 방향의 직진성의 원리: 물품, 통로, 운반기기 및 사람 등의 흐름 방향을 직진성에 중점
- 물품, 사람, 운반기기의 역행 및 교차 없애기: 역행이나 통로의 교차는 통로점유율이 높아지는 원인
- 자재 취급 횟수 최소화: 물품의 임시 저장 등으로 취급 횟수가 증가하지 않도록 유의
- 높낮이 차이의 최소화: 물품의 흐름 과정에서 크기 및 높낮이 차이를 최소화
- 모듈화·규격화 고려: 하역 운반기기, 랙, 통로 입구 및 기둥 간격의 모듈화 등을 시도하여 보관 및 작업효율을 높여야 함

2) 창고 위치관리 방식의 선정

① 고정 위치 보관 방식

고정 위치 보관 방식은 보관하게 될 위치가 고정되어 있다는 것으로, 정해진 위치에만 제품을 보관하는 것이다. 이때 문제가 되는 것은 보관할 제품의 수량이 예상보다 많거나 적은 경우이다. 회전율이 높은 A품목에 적합한 방법이다.

② 자유 위치 보관 방식

자유 위치 보관 방식은 보관하게 될 위치가 고정되어 있지 않고 자유롭다는 것이다. 작업자가 직접 설정하거나 자동 창고와 같이 전산에서 일정한 규칙에 의해 빈 공간을 찾아 자동 적재하고 관리한다. 저회전율 물품에 적합하며, 보관 능력과 시스템 유연성이 높다.

③ 고정 자유 병행 위치 방식

고정 위치 보관 방식과 자유 위치 보관 방식을 병행하는 방식으로, 특정 품목군에 대해 일정한 보관 구역을 설정하지만 그 범위 내에서는 자유롭게 채택하는 방법으로, 널리 이용하는 절충식 보관 방법이다.

(2) 보관의 기본 원칙

구분	세부 내용
통로 대면의 원칙	창고 내에서 제품의 입출고 작업이 쉽게 이루어지도록 창고 통로를 서로 대면, 즉 마주보게 보관하는 원칙
높이 쌓기의 원칙	창고 보관 효율, 특히 용적 효율을 높이기 위해 물품을 높게 쌓는 원칙을 말하며, 높이 쌓기 위한 대표적인 보관 설비로는 랙이 있음
선입선출의 원칙	일반적으로 물품의 재고 회전율이 낮은 경우에 많이 적용 형식의 변경이 적지 않은 물품, 라이프사이클이 짧은 물품, 보관할 때 파손·감모가 생기기 쉬운 물품 등
명료성의 원칙	창고에 보관되어 있는 물품을 쉽게 찾고 관리할 수 있도록 명료하게 보관하는 원칙
위치 표시의 원칙	보관 적치한 물품의 로케이션에 주소 번호를 표시하는 원칙으로, 위치를 표시함으로써 작업의 단순화와 재고관리 등의 작업 시 불필요한 작업이나 실수를 줄여 창고 부도 방지
회전 대응의 원칙	보관할 물품의 장소를 회전 정도에 따라 정하는 원칙 출입구가 동일한 창고의 경우 입출고 빈도가 높은 화물은 출입구에 가까운 장소에 보관하고, 낮은 경우에는 먼 장소에 보관하는 것으로 작업 동선을 줄임
동일성 및 유사성의 원칙	동일 물품은 동일 장소에 보관하고, 유사품은 가까운 장소에 보관하는 원칙
중량 특성의 원칙	보관 물품의 중량에 따라 보관 장소를 정하는 원칙으로, 출입구를 중심으로 무겁고 큰 물품은 출입구 가까운 아래쪽에 보관
형상 특성의 원칙	보관 물품의 형상에 따라 보관 장소를 정하는 원칙으로, 표준화된 물품은 랙에 보관하고, 표준화되지 않은 물품은 물건의 모양이나 상태에 따라 보관하는 원칙
네트워크 보관의 원칙	보관 물품의 상호 관련 정도에 따라 연계하여 보관 장소를 정하는 원칙

(3) 입고관리

입고란 '물건을 창고에 넣음'이라는 뜻이고, 적치(pile up)는 '물건을 쌓아 놓는 것'을 뜻하며, 재고 입고 적치는 '창고에 재고를 넣고 쌓아 두는 것'을 말한다.

입고관리란 지정된 보관 장소인 창고에 물품을 넣고 적치하는 입고 업무를 계획하고 통제하는 활동이다.

일반적인 창고 입고 업무 프로세스는 다음과 같다.

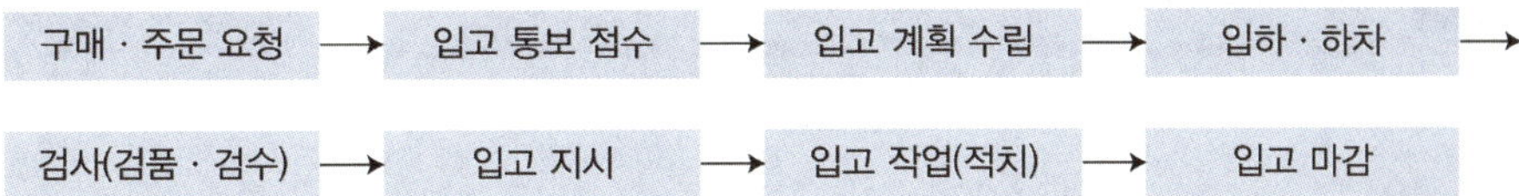

(4) 출고관리

출고란 '창고에서 물품을 꺼냄'이라는 뜻이고, 재고 출고 이동은 '창고에서 재고를 꺼내어 목적지로 옮기는 것'을 말한다.

출고관리란 '지정된 보관 장소인 창고에서 물품을 피킹, 분류, 검사, 출하하는 출고 업무를 계획하고 통제하는 활동이다.

출고 이동 프로세스는 피킹(picking), 분류(sorting), 검사, 적재, 수 · 배송과 연계되어 이동 출하됨으로써 고객과의 접점으로 연결되고 판매 실적 관리의 중요한 요소가 된다.

일반적인 창고 출고 업무 프로세스는 다음과 같다.

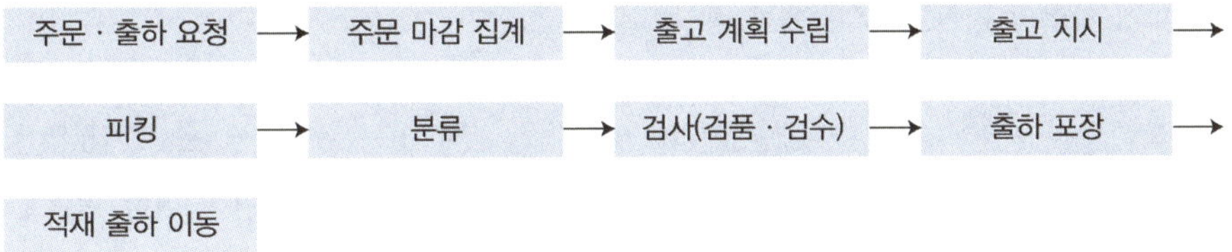

단원별 출제유형 알아보기

01 창고(warehouse)란 '물품을 보관하는 시설'로 공급과 사용 시점의 시간적 효용을 증대시키는 데 주기능을 하고 있다. 다음 중 창고의 기능에 대한 설명으로 옳지 않은 것은?

① 주문 출하 시 신속 대응하는 서비스 기능
② 성수기·비수기, 계절적 차이 등의 수급 조정 기능
③ 실물(현장) 재고와 장부(전산) 재고와의 차이 일치화
④ 물품을 연결하는 거점적 기능

02 창고관리시스템(WMS: warehouse management system)의 도입 목적으로 옳지 않은 것은?

① 창고관리의 효율 향상
② 자금 담보의 신용기관적 기능
③ 피킹 작업의 정확도 및 효율성 향상
④ 선입선출의 정확한 실시

03 다음 중에서 효율적인 창고관리를 위한 자재의 보관기준으로 적절하지 않은 것은?

① 입고 순으로 출고가 가능하도록 자재를 적재한다.
② 자재별로 저장위치를 구분하고 위치카드 등으로 관리한다.
③ 적재공간을 절약하기 위하여 파레트 사용을 우선한다.
④ 출고가 잦은 자재는 출고장에 가까운 장소에 보관한다.

04 효율적인 창고 및 재고 위치 관리를 위한 기본 원칙에 대한 내용으로 옳은 것은?

① 초보자가 창고 및 재고 위치 관리 현황을 파악하는 것은 어려우므로 되도록 숙련자가 파악할 수 있도록 관리한다.
② 창고 및 재고 위치는 수시 및 정기적으로 변경하면서 관리하는 것이 효율적이다.
③ 창고 및 재고 위치는 넓은 공간에 분포되어 있어 바코드, 무선인식 장비 등의 활용이 어렵다.
④ 물품의 보존 관리가 눈으로 보이게 이상 기준 값을 표시하여 관리한다.

05 창고를 운영하면서 물품의 적재 또는 보관 시 준수하여야 할 기본 원칙에 대한 설명으로 옳지 않은 것은?

① 통로 대면의 원칙: 창고 내에서 제품의 입출고 작업이 쉽게 이루어지도록 창고 통로를 서로 대면, 즉 마주보게 보관하는 원칙이다.

② 선입선출의 원칙: 일반적으로 물품의 재고회전율이 높은 경우에 많이 적용한다.

③ 동일성 및 유사성의 원칙: 동일 물품은 동일 장소에 보관하고, 유사품은 가까운 장소에 보관하는 원칙이다.

④ 회전 대응의 원칙: 출입구가 동일한 창고의 경우 입출고 빈도가 높은 화물은 출입구 가까운 장소에 보관한다.

답안 및 풀이

01 ③ 실물(현장) 재고와 장부(전산) 재고와의 차이 일치화는 창고관리시스템의 도입 목적에 해당한다.

02 ② 자금 담보의 신용기관적 기능은 창고기능이다. 창고의 건물 및 시설, 보관 상품 등은 자금조달 시 담보의 기능을 수행할 수 있다.

03 ③ 적재공간을 절약하기 위하여 보관 효율, 특히 용적 효율을 높이기 위해 물품을 높게 쌓아야 한다. 높게 쌓기 위한 대표적인 보관 설비는 랙이다.

04 ④
① 초보자라도 누구나 알기 쉽고 작업이 편리하도록 관리한다.
② 창고 및 재고 위치를 수시로 변경하면 혼란을 초래하므로 되도록 변경하지 않는 것이 좋다.
③ 바코드, 무선인식 등의 수단을 활용하여 효율적으로 관리할 수 있다.

05 ② 선입선출의 원칙: 일반적으로 물품의 재고회전율이 낮은 경우에 많이 적용한다.

04 운송관리

4.1 운송계획

(1) 운송의 개요

운송은 원재료의 공급자로부터 고객에게 완제품이 인도될 때까지 한 지점에서 다른 지점으로 원자재 · 반제품 · 제품 등을 이동시키는 활동을 말한다.

수송은 생산공장, 수입처에서 중앙물류센터 간, 또는 중앙물류센터에서 지역물류센터 간 등의 원거리의 거점 간에 대량의 화물을 이동시키는 활동으로 운송과 동일하게 사용하기도 한다.

배송은 지역물류센터로 부터 소량의 물품을 소형 트럭 등을 이용하여 고객 · 소비자에게 전달하는 활동이다.

1) 운송계획 수립

운송계획의 목적은 운송과 관련된 총비용을 최소화 하면서 고객 만족도를 극대화 할 수 있는 운송서비스를 제공하는 것이다. 그러나 운송비용과 재고비용은 상충관계에 있으므로 이들 간의 관계를 잘 고려하여 적절한 운송 수단을 선택하여야 한다.

운송서비스 제공은 운송비용과 재고비용 외에도 평균 운송시간(속도)과 운송시간의 변동성(신뢰성) 등이 중요한 요소로 작용된다. 따라서 운송계획 수립 시 운송의 효율화를 도모하기 위해서는 주로 다음의 사항들을 고려하여야 한다.

- 차량회전율 향상
- 적재율 향상
- 복합화물 운송시스템
- 운송수단의 적정화
- 공동 배송화
- 물류경로 단축화
- 운송업자 선택의 적정화
- 요금체계 적정화

2) 운송 방식 결정

- 직배송 방식: 생산지에서 수요지로 하나의 트럭을 할당하여 운영하는 방식으로 1회 운송량이 충분할 경우 매우 효과적인 방식
- 순환 배송 방식: 1회 운송량이 많지 않을 경우 여러 목적지의 화물을 하나의 트럭이 처리하는 방식

• 물류 거점 간 차량 공유 방식: 다수의 물류 거점이 운송 차량을 공유하여 차량의 공차
  율을 낮추는 방식

 4.2 운송수단

(1) 운송수단의 유형

화물 운송수단의 유형은 화물 차량, 철도, 항공, 선박 및 파이프라인 운송 등 다섯 가지로
구분할 수 있다.

운송수단별 특성을 비교하면 다음과 같다.

구분	화물 차량	철도	항공	선박	파이프라인
운송량	중소량 화물	대량·중량 화물	중소량 고가화물	대량·중량 화물	대량 화물
운송거리	단·중거리	원거리	원거리	중·원거리	중·원거리
운임	탄력적	경직적	경직적(비쌈)	탄력적	경직적(저렴)
기후	조금 받음	전혀 받지 않음	많이 받음	많이 받음	전혀 받지 않음
안전성	조금 낮음	높음	낮음	낮음	매우 높음
중량 제한	있음	거의 없음	있음	없음	있음
운송시간	보통	조금 느리다	매우 빠르다	매우 느리다	조금 느리다
화물 수취	편리	불편	불편	불편	불편

(2) 운송수단별 장단점

구분	장점	단점
화물 차량 운송	• 문전 배송(door to door) 가능 • 화물의 파손과 손실이 적음 • 근거리, 소량 운송의 경우 유리 • 일관 운송 가능, 자가 운송이 용이 • 운송 도중 적재 변동이 적음 • 시기에 맞는 배차가 용이 • 하역비·포장비가 비교적 저렴	• 장거리 운행 시 운임 고가 • 교통사고와 공해로 사회적 문제 발생 • 중량 제한이 많아 운송단위가 작음 • 운행 중 사고 발생률이 높음 • 대량 화물 운송에 부적합

구분	장점	단점
철도 운송	• 중·장거리 대량 운송에 적합 • 중·장거리 운송 시 운임이 저렴 • 중량에 제한을 받지 않음 • 비교적 전천후 교통수단 • 계획 운송이 가능 • 철도망을 이용한 전국적인 네트워크 구축 • 사고 발생률이 낮아 안정적임	• 고객별 자유로운 운송 요구에 적용이 곤란 • 운임의 융통성이 낮음 • 차량 운행시간의 사전 계획에 의해 적기 배차의 어려움 • 화주의 문전 수송을 위하여 부가적인 운송수단 필요 • 화차 용적에 대비한 화물의 용적에 제한
항공 운송	• 화물의 운송 속도가 매우 빠름 • 고가, 고부가가치 소형 상품의 운송에 유리 • 화물의 손상이 적고 포장이 간단하여 포장비가 저렴 • 납기가 급한 긴급 화물이나 유행에 민감한 화물, 신선도 유지가 요구되는 품목 운송에 적합	• 운임이 고가이며, 중량에 제한이 있음 • 기상의 영향이 크며, 항공기 이용 가능 지역이 제한됨 • 대량 및 대형 화물의 운송이 곤란 • 운송의 완결성이 부족함
선박 운송	• 대량 운송 시 전용선과 전용 하역 장비를 이용한 신속한 운송 및 하역 작업이 가능 • 화물의 크기나 중량에 제한을 받지 않음 • 화물 운송을 위한 설비의 투자가 불필요(도로, 선로 등) • 대량이나 중량 화물의 장거리 운송에 적합 • 장거리 운송 시 운임이 저렴	• 다른 운송수단에 비해 운항 속도가 느려 운송기간이 많이 소요 • 항구(항만)시설 구축비와 하역비가 비쌈 • 운송 중 기상 상황에 따라 화물 손상 사고가 많이 발생 • 화물 안전 운송을 위한 포장비용이 많이 듦
파이프라인 운송	• 연속하여 대량 운송이 가능 • 용지 확보가 유리하며, 유지비가 저렴 • 컴퓨터 시스템에 의한 완전 자동화로 높은 안전성을 유지 • 환경 친화적인 운송수단으로 평가	• 이용 화물의 제한(유류, 가스 등 액체, 기체 제품) • 송유관 설치 장소 등 특정 장소에 한정 • 용지 확보 및 라인 설치 등 초기시설 투자비가 많이 소요

4.3 운송경로

(1) 운송경로의 결정

경로 형태	장점	단점
공장직영운송방식	발송 화주에서 도착지 화주 직송(원스톱 운송)	운송 차량의 차량 단위별 운송물동량 확보(대량 화물 운송 적합)
중앙집중거점방식	다수의 소량 발송 화주가 단일 화주에게 일괄 운송	다수의 화주로부터 집하하여 단일 거래처(소비자) 전제
복수거점방식	화주별·권역별·품목별 집하하여 고객처별 공동 운송	물류 거점을 권역별 또는 품목별 운영이 요구됨
다단계거점방식	권역별·품목별 거래처(소비지) 밀착형 물류 거점 운영, 거래처(소비자) 물류 서비스 만족도 향상	물류 거점 및 지역별 창고 운영으로 다수의 물류 거점 확보 및 운영비 가중
배송거점방식	고객처별 물류 거점 운영으로 고객 대응 신속한 대응 가능(물류 서비스 만족도 높음)	고객 밀착형 물류 거점 설치로 다수의 물류 거점 확보 및 운영비 가중

개념 익히기

▣ 운송경로 선정 시 고려할 사항

- 운송화물의 특성
- 운송차량의 적재율
- 운송 수단의 선택
- 수배송의 비율
- 고객서비스 수준
- 리드타임
- 운송물동량 파악을 통한 차량 수단 및 필요 대수
- 수·배송 범위와 운송경로
- 운송료 산정 기준

영업관리

NCS 학습을 위한 능력단위 확인하기

능력단위	수준	능력단위 요소
영업 계약체결관리 (1001010106_20v2)	3	계약조건 검토하기 (1001010106_20v2.1)
		계약 협상하기 (1001010106_20v2.2)
		계약서 작성하기 (1001010106_20v2.3)
		계약 수주 통지하기 (1001010106_20v2.4)
영업 계약이행관리 (1001010107_20v2)	3	계약 변경 사항 관리하기 (1001010107_20v2.1)
		납품 관리하기 (1001010107_20v2.2)
		수금 관리하기 (1001010107_20v2.3)
영업 고객유지관리 (1001010110_20v2)	3	고객 정보 관리하기 (1001010110_20v2.1)
		고객 세분화하기 (1001010110_20v2.2)
		고객유지전략 수립하기 (1001010110_20v2.3)
		고객유지전략 이행하기 (1001010110_20v2.4)
		고객 반응 분석하기 (1001010110_20v2.5)

01 수요예측 및 판매예측

1.1 수요예측 및 판매예측의 개념

(1) 수요

수요란 소비자가 특정 재화나 서비스를 구매하기 위한 의지나 욕구를 의미한다. 수요는 구매능력이 갖추어지지 않아 아직 소비로 결부되지 못하는 잠재수요와 구매력이 뒷받침되어 즉시 구매할 수 있거나 확실한 구매계획이 있는 현재(유효)수요로 구분된다.

(2) 수요예측과 판매예측

수요예측이란 재화나 서비스에 대하여 일정 기간 동안에 발생할 가능성이 있는 모든 수요(잠재＋현재(유효)수요)의 규모를 추정하는 것이다.

또한 판매예측이란 수요예측의 결과를 기초로 하여 미래 일정 기간 동안의 자사 상품이나 서비스의 판매가능액을 구체적으로 예측하는 것이다. 판매예측은 기업 전체의 매출액 목표로도 설정될 수 있기 때문에 예측의 정확도를 높이기 위해 다양한 변수를 고려하여야 한다.

수요예측과 판매예측은 기업 외부환경과 기업내부 생산자원 활용의 관계를 연결시켜 주면서 경영계획의 기초가 되므로 경영활동에서 매우 중요하다. 특히 판매에 대한 수요예측은 재고계획의 기초가 되어 생산계획을 세우는 데에 중요한 역할을 한다.

수요예측이 잘못되는 경우는 다음의 도표와 같이 두 가지 측면의 결과를 초래할 수 있다.

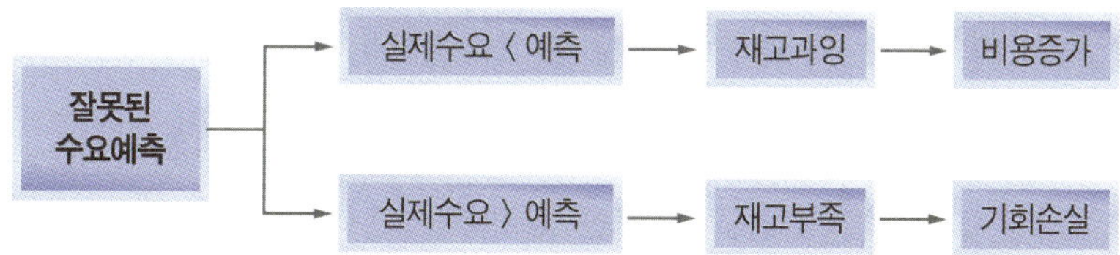

실제 수요가 예측보다 적은 경우에는 과잉시설투자가 일어나게 되고 이에 따라 막중한 재고부담을 안게 된다. 그러나 실제 수요가 예측보다 큰 경우에는 재고부족이 일어나 고객을 다른 회사에 빼앗기게 되어 판매기회 손실이 일어날 수 있다.

1.2 수요예측 및 판매예측의 특성

① 예측치는 평균기대치와 예측오차를 포함하여야 한다.

예측치는 언제나 정확하지 않으므로 평균기대치와 예측오차를 포함하여야 한다. 예측오차가 기대치에서 크게 벗어나지 않으면 정확한 예측치가 된다. 예측오차는 수요예측의 정확성에 중요한 역할을 한다.

② 장기예측보다는 단기예측이 더 정확하다.

예측기간이 짧을수록 실제치와 예측치 사이의 오차는 적어진다. 따라서 실제 판매액에 대한 예측오차를 줄이려면 예측기간을 짧게 가져야 한다.

③ 총괄예측이 개별품목예측보다 더 정확하다.

총괄예측은 개별예측보다 더 작은 오차의 변동을 가진다. 일반적으로 기업은 많은 제품을 다루기 때문에, 제품별로 수요예측을 하여 적정수준의 재고를 유지하기 위해 복잡한 정보를 다루게 된다. 점차로 짧아지는 제품수명주기에 따라서 다품종 소량생산이 이루어지는 시대에 품목별로 수요예측을 하는 일은 결코 쉽지 않은 일이다.

④ 인구통계학적인 요소가 장래의 수요 규모를 결정한다.

교육수준이 높은 30세 이상의 소비자 수가 급속하게 증가하는 경우이다. 소득, 교육, 결혼, 연령 등에 대한 계층분석도 인구통계학적인 접근 방법을 이용할 수 있다. 그리고 특정 소비자계층이 구매할 제품이나 서비스의 수량도 성장 전망을 결정하는 주요한 요인이 된다.

⑤ 수요가 안정적인 기간 또는 기존의 상품이나 서비스에 대한 예측은 불안정한 기간 또는 신규 상품이나 서비스에 대한 예측보다는 적중률이 높아진다.

⑥ 영속성이 있는 상품이나 서비스 등은 영속성이 없는 상품이나 서비스의 경우보다 지속적으로 정확한 예측이 어렵다. 그 이유는 경기변동이나 경제환경 등의 외부환경요인에 영향을 받아 수요패턴이 변화하기 때문이다.

1.3 수요예측 및 판매예측 방법

예측방법은 다음의 도표와 같이 크게 정량적 방법과 정성적 방법 두 가지로 구분된다. 정량(계량)적 방법은 계량화된 객관적인 자료를 이용하는 방법이며, 정성적 방법은 객관적인 자료가 없을 경우에 체계적으로 개인의 판단과 의견을 종합하여 분석하는 방법이다.

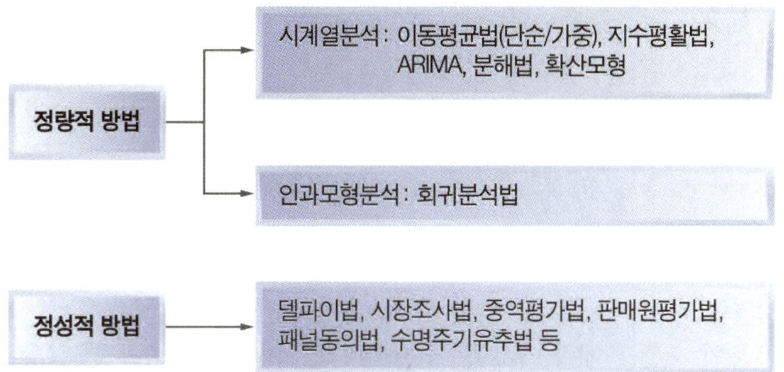

(1) 정량(계량)적 방법

1) 시계열분석

시계열분석 방법은 시간의 흐름에 따라 일정한 간격마다 기록한 시계열 데이터를 분석하여 예측하는 방법으로 주로 단기 및 중기예측에 이용된다. 대표적으로 이동평균법, 지수평활법, ARIMA, 분해법, 확산모형 등의 방법이 있다.

시계열 데이터에는 다음과 같은 변동요인이 포함되어 있으므로 분석과정에서 반드시 고려되어야 한다.

- 경향 및 추세변동: 오랜 기간 동안의 수요 경향 또는 추세적으로 나타나는 장기적인 변동
- 순환변동: 경기변동 등과 같이 1년 이상의 기간에 걸쳐 발생하는 일정한 주기의 변동
- 계절변동: 매년 반복되는 계절 변화에 따른 단기적인 변동
- 불규칙변동: 우발적으로 발생하는 불규칙적인 변동

① 이동평균법

일정 기간 동안의 제품 판매량을 기준으로 장기간의 평균적인 추세를 통해 수요를 예측하는 방법이다. 이동평균법은 과거 일정 기간의 실적치에 동일한 가중치를 부여하여 단순평균치로 계산되는 단순이동평균법과 일정 기간 중 최근의 실적치에 높은 가중치를 부여해 계산하는 가중이동평균법이 있다.

실무예제

단순이동평균법과 가중이동평균법의 계산

월간판매량이 다음과 같을 경우, 7월의 판매량 예측결과를 단순이동평균법과 가중이동평균법을 통해 계산하시오.

월	1월	2월	3월	4월	5월	6월	7월
판매량(개)	25	30	40	46	51	55	?

- 단순이동평균법

  7월의 예측판매량 $= (0.25 \times 40) + (0.25 \times 46) + (0.25 \times 51) + (0.25 \times 55) = 48$개
- 가중이동평균법

  7월의 예측판매량 $= (0.10 \times 40) + (0.20 \times 46) + (0.30 \times 51) + (0.40 \times 55) = 50.5$개

② 지수평활법

예측대상 제품의 모든 판매량 자료를 이용하여 최근의 자료일수록 더 큰 비중을, 오래된 자료일수록 더 작은 가중치를 부여하여 계산하고 그 추세를 통해 수요를 예측하는 방법이다. 이때 평활상수(계수) α 값의 범위는 $0 \leq \alpha \leq 1$이며, 평활상수 α 값이 크면 최근의 변동을 더 많이 고려한다는 의미이고, α 값이 작아지면 과거의 변동을 더 많이 고려한다는 의미이다.

- 당기예측치 = 지수평활계수(α) × 전기실적치 + (1-지수평활계수(α)) × 전기예측치
- 차기예측치 = 당기예측치 + 지수평활계수(α) × 최근의 예측오차(당기실적치-당기예측치)

실무예제

지난 8월은 총 500대의 컴퓨터를 판매하였으며, 8월의 판매예측치는 450대였다. 평활계수는 0.2일 경우에 9월의 예측치는 얼마인가?

당기예측치 = 지수평활계수(α) × 전기실적치 + (1-지수평활계수(α)) × 전기예측치

$\qquad = 0.2 \times 500 + (1-0.2) \times 450$

$\qquad = 460$대

③ ARIMA(Auto Regressive Integrated Moving Average)

판매자료 간의 상관관계를 분석하여 상관요인과 이동평균요인으로 구분하고 이를 통해 수요를 예측하는 방법이다. 계절변화에 따른 수요변화 등을 분석하는 데 주로 이용된다.

④ 분해법

과거 판매 자료가 갖고 있는 특성의 변화를 추세변동, 순환(주기)변동, 계절변동, 불규칙변동 등으로 구분하여 예측한 후 이를 종합하여 수요를 예측하는 방법이다. 계절성이 있는 소비재의 경우에는 오랜 기간의 과거자료를 이용하여 분석하는 것이 예측의 정확도를 높일 수 있다.

⑤ 확산모형

제품수명주기이론을 바탕으로 제품이 확산되는 과정을 혁신효과와 모방효과로 구분하여 추정하고 이를 통해 수요를 예측하는 방법이다. 과거 데이터의 수집이 불가능하거나 초기 데이터 일부만 활용이 가능한 상황일 때 제품수명주기 이론을 바탕으로 수요를 예측하며, 주로 신제품이나 신기술에 대한 수요예측에 많이 활용된다.

2) 인과모형분석

인과모형분석 방법에는 수요와 밀접하게 관련되어 있는 변수들과 수요와의 인과관계를 분석하여 선형모형을 만들어 수요를 예측하는 회귀분석법이 있다. 단일회귀분석과 다중회귀분석으로 구분되며, 회귀분석은 단기예측의 정확도는 떨어지나 중·장기예측에는 적합한 분석기법이다.

(2) 정성적 방법

1) 델파이(Delphi)법

예측하고자 하는 대상의 전문가그룹을 설정한 다음, 전문가들에게 여러 차례 질문지를 배부하여 의견을 수렴함으로써 수요를 예측하는 방법이다. 시간과 비용이 많이 드는 단점이 있으나, 예측에 불확실성이 크거나 과거의 자료가 없는 경우에 유용하여 제품수명주기 중 도입기에 적합한 수요예측 방법이다.

2) 시장조사법

설문지, 인터뷰, 전화조사, 시제품 발송 등 다양한 방법을 통해 소비자들의 의견 및 시장조사를 통하여 수요를 예측하는 방법이다.

- 소비자 실태조사에 의한 방법: 특정 지역에서 무작위로 추출된 소비자들에 대한 실태조사 결과를 이용
- 판매점 조사에 의한 방법: 전체 또는 특정지역의 판매점 중에서 일부를 무작위로 추출하여 조사한 결과를 이용

3) 중역 및 판매원평가법

회사의 주요 간부들의 의견을 모으거나, 판매원들의 담당지역별 수요 예측치를 집계하여 전체 수요를 예측하는 방법이다. 특히 판매현장의 경험이 풍부한 영업담당자의 판단에 의한 판매예측은 단기·중기적 예측에 적합하다.

4) 패널동의법

경영자, 판매원, 소비자 등으로 패널을 구성하여 자유롭게 의견을 제시함으로써 예측치를 구하는 방법이다.

5) 수명주기유추법

신제품의 경우와 같이 과거자료가 없을 때 이와 비슷한 기존 제품이 과거 시장에서 도입기, 성장기, 성숙기를 거치면서 어떠한 수요패턴이었는지를 유추하여 수요를 예측하는 방법이다.

(3) 제품의 수명주기(Life Cycle)에 따른 예측 방법

제품의 수명주기 각 단계에 따라 적합한 예측 방법들을 사용하여야 신뢰성이 있는 예측 결과를 도출할 수 있다. 제품수명주기 단계별 적합한 예측 방법은 다음과 같다.

구분	수요예측 방법
도입기	정성적 방법(델파이법, 중역 및 판매원평가법, 전문가 의견 등)
성장기	트랜드(추세)를 고려할 수 있는 예측방법(시장조사법, 추세분석 등)
성숙기	정량적 방법(이동평균법, 지수평활법)
쇠퇴기	트랜드(추세)를 고려할 수 있는 예측방법, 정성적 방법(사업규모 축소 및 철수 여부 결정)

단원별 출제유형 알아보기

01 다음 중 판매예측에 대한 설명으로 올바르지 않은 것은?

① 판매예측을 할 때 수주 및 판매액에 큰 영향을 미치는 내부요인만을 정확하게 파악하는 것이 중요하다.
② 판매예측이란 장래에 일정기간의 상품, 서비스의 매출액을 추정하는 것이다.
③ 판매예측이란 수요예측의 결과를 기초로 하여 당해 상품, 서비스의 판매가능액을 구체적으로 예측하는 것이다.
④ 판매예측은 과거의 수주, 판매실적 데이터를 분석하여 과거에서 현재까지의 경향을 고찰하여 추정하는 방법이다.

02 수요예측을 위한 여러 방법 중 시계열분석 방법은 시간의 흐름에 따라 일정한 간격마다 기록한 통계자료를 분석하여 예측하는 방법이다. 다음 중 시계열분석 방법과 가장 거리가 먼 것은?

① 지수평활법
② 다중회귀분석
③ 단순이동평균법
④ 가중이동평균법

03 수요예측 방법에 대한 설명 중 가장 적합하지 않은 것은?

① 상관 회귀분석 - 상품의 수요나 수요에 영향을 미칠 것이라고 생각되는 요인과의 관계를 상관계수 등으로 밝히고 관련 요소의 데이터 경향 등을 기준으로 예측하는 방법
② 순환 변동분석 - 장기적인 수요경향의 변동을 파악하여 중·장기 예측을 히는 방법
③ 소비자 실태조사 - 특정 지역을 선정하여 일정 수의 고객을 무작위로 선정 조사하고, 그 조사 결과를 토대로 수요를 추정하는 방법
④ 계절 변동분석 - 수요의 계절 변화를 파악하여 주로 단기 예측을 하는 방법

04 다음 중 대상 거래처나 고객의 가치를 종합적으로 검토하여 핵심 거래처나 고객을 효과적으로 분류하기 위한 분석방법으로 3개 이상의 요인에 대한 가중치를 이용하여 결합하고 다면적으로 분석하여 일정한 기준에 따라 범주화함으로써 범주별로 최적의 전략을 적용하기 위한 방법은?

① ABC분석
② 파레토분석
③ 매트릭스분석
④ 포트폴리오분석

05 다음 중 고객에 대한 과거 판매실적만을 근거로 중점관리 대상인 우량 거래처나 고객을 선정하는 방법은 무엇인가?

① 파레토분석

② 매트릭스 분석

③ 6 시그마 분석

④ 거래처 포트폴리오 분석

06 (주)ABC사의 제품 A에 대한 8월과 9월의 판매 예측치가 각각 22,000개와 25,000개이고 9월의 실제 판매량이 30,000개였다. 10월의 판매 예측치를 단순지수평활법(Exponential Smoothing Method)으로 계산하면 얼마인가?(지수평활계수: 0.4)

① 24,000원

② 28,200원

③ 25,000원

④ 27,000원

01 ① 판매예측 시에는 수주 및 판매액에 영향을 미치는 내·외부요인을 모두 고려하여야 한다.

02 ② 회귀분석 방법은 인과모형분석 방법이다. 시계열분석 방법으로는 이동평균법(단순/가중), 지수평활법, ARIMA, 분해법, 확산모형 등이 있다.

03 ② 순환 변동분석 – 장기적인 수요경향의 변동을 파악하여 단·중기 예측을 하는 방법이다.

04 ④

05 ①
- ABC(파레토)분석: 과거 실적데이터를 중심으로 고객을 분류
- 매트릭스(이원표)분석: 거래처/고객의 경영능력이나 판매력, 그리고 향후 성장 가능성 등을 데이터로 분석하여 분류 (서로 다른 2개의 요인을 이용하여 이원표를 구성한 후 고객을 범주화하여 분류)
- 포트폴리오분석: 3개 이상의 요인에 대한 가중치를 이용하여 결합하고 다면적으로 분석하여 일정한 기준에 따라 범주화하여 분류

06 ④ 당기예측치 = 지수평활계수(α) × 전기실적치 + (1−지수평활계수(α)) × 전기예측치
= 0.4 × 30,000 + (1−0.4) × 25,000
= 27,000개

02 판매계획

2.1 판매계획의 개념

판매계획은 기업의 판매목표 및 판매활동에 관한 계획으로서 수요예측과 판매예측의 결과를 이용하여 매출목표액을 구체적으로 수립하는 과정이다. 시장점유율은 매출목표액을 결정하는데 가장 중요한 고려요소이며, 시장점유율의 확대는 다음 사항의 영향을 많이 받는다.

- 과거의 시장점유율(과거의 데이터)
- 경쟁기업에 대한 상대적 가격·품질·기능
- 판촉활동 및 판매경로의 특성

2.2 판매계획의 구분

판매계획의 수립 기간에 따라 판매계획은 단기·중기·장기계획으로 구분된다.

구분	세부 내용
단기계획	판매예측을 이용하여 연간 목표매출액을 설정하고, 목표매출액을 달성하기 위하여 제품별 가격, 판매촉진 방안, 구체적인 판매할당 등을 결정
중기계획	제품별 수요예측과 판매예측을 통하여 제품별로 매출액을 예측하고, 제품별 경쟁력 강화를 위한 계획을 수립한다. 제품별 디자인, 원가, 품질개선, 판촉을 위한 정책 수립, 판매경로 등의 구체적인 계획 수립
장기계획	장기적인 시장분석을 통하여 기업환경의 기회와 위협을 예측하고 신제품 개발, 시장개척, 판매경로 강화 등에 관한 계획 수립

03 판매할당

판매할당은 판매계획에서 설정된 목표매출액을 달성하기 위하여 각 영업사원이나 판매점별, 판매지역별, 제품별 및 사업부문별 등으로 목표매출액을 배분하여 개별 목표매출액을 설정하는 활동이다.

3.1 판매할당의 유형

구분	세부 내용
영업거점별 할당	판매점, 영업소, 영업팀 등 영업활동을 수행하는 영역별로 목표매출액을 배분
영업사원별 할당	영업거점의 목표매출액을 해당 영업사원별로 배분
제품 및 서비스별 할당	해당 제품 및 서비스별로 목표매출액을 할당하며 다음의 사항을 고려할 필요가 있다. • 제품 및 서비스별 시장점유율 고려 • 과거 판매실적의 경향 고려 • 공헌이익 정도 고려 • 교차(주의)비율 고려
지역 및 시장별 할당	세분화된 지역과 시장에 대하여 목표매출액을 적절하게 배분하기 위하여 일반적으로 시장(잠재구매력)지수를 작성하고, 이 지수에 의하여 목표매출액을 할당
거래처(고객)별 할당	각 거래처(고객)별 과거 판매액, 판매(수주)실적 경향, 목표 수주 점유율, 고객의 영업전략 등을 고려하여 할당
월별 할당	• 연간 목표매출액을 12개월로 나누어서 1개월당 평균 목표매출액을 할당 • 월별 매출액은 항상 일정하지 않으며, 시계열분석의 계절변동과 불규칙변동 등과 같은 다양한 이유로 변동이 발생하므로 이러한 변동의 영향을 고려한 할당 필요

> **개념 익히기**
>
> ◼ 교차(주의)비율
>
> 교차비율이란 제품 및 상품에 투하한 자본(평균원가재고액)이 어느 정도 매출이익을 올렸는가를 보는 수치이며, 교차비율이 높을수록 이익을 많이 낸다. 다음과 같이 계산된다.
>
> $$\text{교차(주의)비율} = \text{재고회전율} \times \text{한계(공헌)이익률}$$
> $$= \frac{\text{매출액}}{\text{평균재고액}[(\text{기초재고} + \text{기말재고})/2]} \times \frac{\text{한계(공헌)이익}}{\text{매출액}}$$

3.2 목표매출액 결정 방법

(1) 성장성지표 활용

1) 판매경향 변동 이용

과거 판매실적의 경향을 분석하여 판매예측을 하고, 그 결과를 바탕으로 다음연도의 목표매출액을 결정한다.

2) 매출액증가율 이용

목표매출액 = 금년 매출실적 × (1 + 전년대비 매출액증가율)
목표매출액 = 금년 매출실적 × (1 + 연평균 매출액성장률)

3) 시장점유율 이용

- 목표매출액 = 당해업계 총수요예측액 × 자사 목표시장점유율
  시장점유율 = (자사매출액 ÷ 당해업계 총매출액) × 100%
- 목표매출액 = 금년도 자사 매출액 × (1 + 시장확대율) × (1 + 시장성장률)
  시장확대율 = 전년대비 자사 시장점유율 증가율
  시장성장률 = 전년대비 당해업계 총매출액 증가율

(2) 수익성지표 활용

- 목표매출액 = 목표이익 ÷ 목표이익률

  이익률 = (이익 ÷ 매출액) × 100%
- 목표매출액 = 목표한계(공헌)이익 ÷ 목표한계(공헌)이익률

  한계(공헌)이익 = 매출액 − 변동비 = 이익 + 고정비

  한계(공헌)이익률 = (한계(공헌)이익 ÷ 매출액) × 100%
- 목표매출액 = (목표매출총이익 + 매출원가) ÷ 목표매출총이익률

  매출총이익 = 매출액 − 매출원가
- 손익분기점 매출액을 목표매출액으로 설정하는 경우

  손익분기점 매출액 = 고정비 ÷ (1 − 변동비율) = 고정비 ÷ 한계(공헌)이익률

(3) 생산성지표 활용

- 판매생산성 활용

  목표매출액 = 영업사원 수 × 영업사원 1인당 평균 목표매출액

  판매생산성 = 총매출액 ÷ 영업사원 수
- 노동생산성 활용

  목표매출액 = 영업사원 수 × 1인당 목표 경상이익 ÷ 1인당 목표 경상이익률

  노동생산성 = 경상이익 ÷ 영업사원 수 = 1인당 평균 경상이익
- 거래처별 수주액 활용

  목표매출액 = 거래처 수 × 거래처별 평균 수주예상액

(4) 기타 방법

1) 부문관리자에 의한 할당액의 합계

2) 영업사원의 자율적 목표매출액의 합계

단원별 출제유형 알아보기

01 판매계획에 책정된 매출 목표량을 월별, 지역 및 시장별, 상품별, 기간별, 판매사원별로 배정하는 것은?

① 판매분석
② 판매계획
③ 판매예측
④ 판매할당

02 판매할당을 위하여 교차비율을 기준으로 상품별로 차등화하여 목표판매액을 할당하려고 한다. 다음 중 적절한 할당방법은 무엇인가?

① 총매출액이 가장 낮은 상품에 대해 가장 높은 목표판매액을 할당한다.
② 평균재고액이 가장 낮은 상품에 대해 가장 높은 목표판매액을 할당한다.
③ 교차(주의)비율이 가장 낮은 상품에 대해 가장 높은 목표판매액을 할당한다.
④ 상품회전율이 가장 낮은 상품에 대해 가장 높은 목표판매액을 할당한다.

03 판매계획은 장기계획, 중기계획, 단기계획으로 구분할 수 있다. 다음 중 장기계획에 해당하는 것은?

① 제품 연간 목표매출액 설정
② 제품별 가격, 구체적인 판매할당 결정
③ 제품 판매촉진 정책, 판매경로 및 판매자원의 구체적 계획 수립
④ 신제품 개발, 신시장 개척, 판매경로 강화 등 계획 수립

04 판매할당방법 중 지역 및 시장별 할당방법을 적용하기 위하여 작성되는 시장지수(또는 잠재구매력지수)를 계산할 때 반영되는 요소로 다음 중 가장 적합한 것은?

① 전국 인구수에 대한 해당 지역 인구의 비율
② 전국 시장점유율에 대한 해당 지역 시장점유율의 비율
③ 전국 경쟁업체 수에 대한 해당 지역 경쟁업체 수의 비율
④ 전국 영업사원 수에 대한 해당 지역 영업사원 수의 비율

05 다음 보기의 내용이 설명하고 있는 판매계획은?

> **보기**
>
> 영업거점의 매출목표는 반드시 영업사원별로 분배하며, 영업사원이 지역제를 채택할 경우에는 지역별 판매할당 수치가 그대로 반영된다.

① 거점(지점, 영업소, 영업과)별 판매계획   ② 영업사원별 판매계획

③ 거래처, 고객별 판매계획   ④ 지역, 시장별 판매계획

06 교차비율을 이용하여 목표판매액을 할당할 때, [보기]의 제품 중에서 목표판매액 할당이 가장 적은 제품으로 옳은 것은?

| 보기 |

제품	매출액	한계이익	평균재고액
A	100억원	10억원	5억원
B	200억원	15억원	10억원
C	300억원	20억원	15억원
D	400억원	30억원	20억원

① A   ② B

③ C   ④ D

답안 및 풀이

01 ④

02 ② 평균재고액이 낮은 상품은 일반적으로 상품회전율이 높기 때문에 판매량이 많은 상품으로 볼 수 있다.

03 ④
[판매계획 수립 기간]
- 단기계획: 연간 목표매출액 설정, 목표매출액 달성을 위한 제품별 가격, 판매촉진 방안, 구체적인 판매할당 등을 결정
- 중기계획: 제품별 수요예측과 판매예측을 통하여 제품별로 매출액을 예측하고, 제품별 경쟁력 강화를 위한 계획을 수립
- 장기계획: 신제품개발, 새로운 시장 개척, 판매경로 강화 등에 관한 계획 수립

04 ① 시장지수 또는 잠재구매력지수는 인구수를 반영하여 계산한다.

05 ②

06 ③
- 교차비율 = 제품회전율 × 한계이익률
  = (매출액÷평균재고액) × (한계이익÷매출액) = 한계이익 ÷ 평균재고액
- 제품 A의 교차비율 = 10 ÷ 5 = 2.00
- 제품 B의 교차비율 = 15 ÷ 10 = 1.50
- 제품 C의 교차비율 = 20 ÷ 15 = 1.33
- 제품 D의 교차비율 = 30 ÷ 20 = 1.50

교차비율이 높을수록 이익도 높아지므로, 제품 A의 목표판매액을 가장 높게 할당하는 것이 바람직하다.

04 가격전략

제품 및 서비스의 가격이란 소비자가 그 제품이나 서비스를 한 단위로 구매하기 위해 지불해야 하는 화폐의 양을 말한다. 가격은 소비자가 구매를 결정하는 데 중요한 요인으로 작용하며, 기업의 매출액과 이익에도 큰 영향을 미친다. 가격결정에 영향을 미치는 기업 내·외부적인 요인은 다음과 같다.

구분	요인	세부 내용
내부적 요인	제품특성	생산재/소비재, 필수품/사치품, 표준품/주문품, 계절품
	원가(비용)	제조원가, 직접비/간접비, 고정비/변동비, 손익분기점
	마케팅 목표	생존 목표, 이익극대화 목표, 시장점유율 확대 목표
외부적 요인	고객수요	소비자의 구매능력, 가격탄력성, 품질, 제품이미지, 용도
	유통채널	물류비용, 유통단계의 이익, 여신한도 등
	경쟁환경	경쟁기업의 가격 및 품질, 대체품의 가격 등
	법·규제 환경	독점규제 및 공정거래에 관한 법률, 각종 세금 등

개념 익히기

■ 가격탄력성

상품에 대한 수요량은 그 상품의 가격이 상승하면 감소하고, 하락하면 증가한다. 가격탄력성이란 가격이 1% 변화하였을 때 수요량은 몇 % 변화하는가를 절대치로 나타낸 크기이다. 탄력성이 1보다 큰 상품의 수요는 탄력적(elastic)이라 하고, 1보다 작은 상품의 수요는 비탄력적(inelastic)이라고 한다.

일반적으로 수요가 지속적으로 유지되는 생필품의 가격탄력성은 사치품보다 작다. 가격탄력성은 다음과 같이 계산된다.

$$|가격탄력성| = 수요변화율 \div 가격변화율$$

4.1 가격결정 방법

(1) 원가가산(코스트 플러스)에 의한 가격결정

원가가산(코스트 플러스) 방식은 원가에 이익을 부가하여 가격을 결정하는 방법으로서 다음의 도표와 같이 생산자-도매업자-소매업자-소비자로 구성되는 유통단계별 생산자가격, 도매가격, 소매가격으로 구분된다.

각 유통단계별로 구입관련 제반비용을 포함한 매입원가에서 목표이익과 세금 등을 포함한 영업비용을 원가에 가산하여 가격이 결정된다.

(2) 시장가격에 의한 가격결정

시장가격에 의한 가격결정 방법은 경쟁기업의 제품가격을 우선적으로 고려하여 자사의 제품가격을 결정하는 방법이다. 일반적으로 시장가격에 의한 가격결정은 다음의 단계를 거쳐 결정된다.

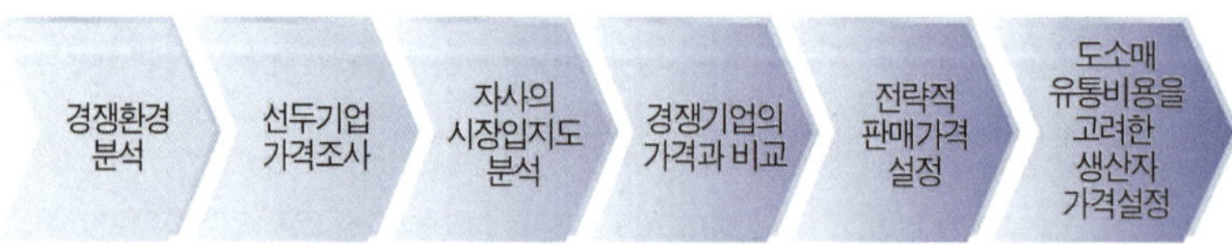

(3) 기타 가격결정 방법

1) 손익분기점 및 목표이익에 의한 가격결정

손익분기점(BEP: Break Even Point)이란 수익과 비용이 같은 상태, 즉 이익이 '0'인 점을 말한다. 손익분기점 및 목표이익에 의한 가격결정의 기초는 다음의 수식에 의해 계산된다.

> • 손익분기점 판매량 = 고정비 ÷ (단위당 판매가격 − 단위당 변동비)
> • 목표이익을 감안한 판매량 = (고정비 + 목표이익) ÷ (단위당 판매가격 − 단위당 변동비)

실무예제

손익분기점(BEP) 그래프

A기업의 고정비는 150,000원, 단위당 판매가격은 100원, 단위당 변동비가 60원일 경우, 손익분기점 그래프는 다음과 같다.

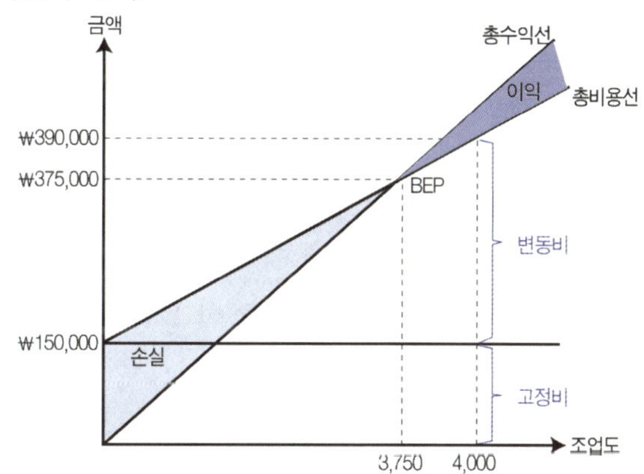

• 손익분기점 판매량 = 고정비 ÷ (단위당 판매가격 − 단위당 변동비)
  = 150,000원 ÷ (100원 − 60원) = 3,750개

2) 전략적인 가격결정 방법

① 구매자 특성에 따른 가격차별화
② 구매시기와 시간 특성에 따른 가격차별화
③ 판매지역에 따른 가격차별화
④ 제품 수명주기(Life Cycle)에 따른 가격변화
⑤ 소비자 심리에 따른 가격결정
⑥ 판매조건에 따른 가격결정

4.2 가격유지 정책

시장에서 경쟁기업은 서로 다양한 판매전략을 이용하여 이익을 높이기 위하여 경쟁하며, 대표적인 것이 자사 제품의 가격인하에 의한 시장 확대전략이다. 그러나 완전경쟁 상황의 시장에서는 이미 제품가격이 최저가격을 형성하고 있으며, 과점시장에서의 가격 경쟁은 다른 기업의 보복적 가격인하를 불러오기 쉬우므로 회피하는 경향이 있다. 경쟁 환경 하에서 적정한 이익을 추구하면서 가격을 유지하기 위한 방법으로 다음을 들 수 있다.

(1) 비가격경쟁에 의한 가격유지

비가격경쟁 방법은 광고 · 판매, 제품차별화, 판매계열화 등 가격 외적인 면에서 행하여지는 경쟁방법이다. 구체적인 방법으로는 브랜드 이미지, 수요에 대응한 신제품 개발력, 강력한 홍보력, 유리한 지급조건, 면밀한 판매망, 수요에 따른 공급능력, 차별화 상품을 통한 틈새시장 공략 등이 있다.

(2) 리베이트 전략에 의한 가격유지

리베이트는 생산업자와 판매업자 간, 또는 도매업자와 소매업자 간에 일정기간의 판매액을 기준으로 판매에 도움을 준 판매업자에게 이익의 일부를 되돌려주는 금액이다. 리베이트는 판매대금의 수금 후 별도로 환불된다는 점에서 판매금액의 일부를 깎아주는 할인과는 다르며, 일반적으로 리베이트 비율은 관습 또는 이익의 정도에 따라 달라진다. 그러므로 리베이트 전략은 가격유지 목적 이외에 판매촉진 기능, 보상적 기능, 통제 및 관리적 기능이 있다.

개념 익히기

■ 경쟁정도에 따른 시장 구분

• 완전 경쟁시장

다수의 거래자들이 참여하고 동질의 상품이 거래되며, 거래자들이 상품의 가격·품질 등에 대한 완전한 정보를 가지고 시장에 자유로이 들어가거나 나갈 수 있는 시장을 말한다.

• 과점시장

소수의 생산자, 기업이 시장을 장악하고 비슷한 상품을 생산하며 같은 시장에서 경쟁하는 시장 형태를 말한다. 우리나라의 경우 이동통신회사가 과점시장의 대표적인 예라고 할 수 있다.

• 독점시장

한 산업을 하나의 기업이 지배하는 시장 형태를 말한다. 높은 진입장벽을 활용해 장기적으로 초과이윤 확보가 가능한 시장이다. 예를 들면 우리나라의 전력 서비스를 제공하는 한국전력공사 등이 해당될 수 있다.

• 독점적 경쟁시장

시장에 다수의 기업들이 참여하고 있지만, 참여 기업들은 각기 디자인, 품질, 포장 등에 있어 어느 정도 차이가 있는 유사 상품을 생산, 공급하여 상호 경쟁하고 있는 시장 형태를 말한다. 예를 들면 미용실, 목욕탕, 병원 등의 시장이 될 수 있다.

단원별 출제유형 알아보기

01 가격은 소비자가 구매를 결정하는데 가장 중요한 요인 중 하나이며, 기업의 매출액과 이익에 커다란 영향을 미친다. 다음 가격결정에 영향을 미치는 여러 요소들 중 외부적 요인에 속하는 것은 무엇인가?

① 유통채널
② 제품의 특성
③ 마케팅 목표
④ 각종 비용금액

02 [보기]는 제품 A의 손익분기점에 관한 자료이다. 손익분기점에서의 제품 A의 매출량을 구하시오.

┤ 보기 ├
- 손익분기점의 매출액: 500만원
- 연간 고정비: 100만원
- 연간 총 매출액: 800만원
- 제품 A의 단위당 변동비: 50만원

① 6개
② 8개
③ 10개
④ 12개

03 제품A에 대한 목표매출액을 결정하기 위해 수익성 지표를 활용하려고 한다. [보기]의 예측 자료를 이용한 손익분기점에서의 매출액으로 옳은 것은?

┤ 보기 ├
- 연간 고정비: 400만원
- 제품단위당 변동비: 500원/개
- 제품단위당 판매가: 700원/개

① 1,000만원
② 1,200만원
③ 1,400만원
④ 1,600만원

04 ㈜생산은 물품가격을 원가가산 방식(Cost-Plus-Pricing)으로 결정한다. [보기]의 제시된 자료만을 참고하면, 소매가격 얼마로 책정해야 하는가?

┤ 보기 ├
- 제조원가: 5,000원
- 생산자 영업비: 1,000원
- 생산자 이익: 400원
- 도매업자 영업비: 800원
- 도매업자 이익: 400원
- 소매업자 영업비: 1,200원
- 소매업자 이익: 소매가격의 20%

① 10,800원
② 11,000원
③ 11,200원
④ 11,500원

01 ①

[가격결정에 영향을 미치는 기업 내·외부적인 요인]
- 내부적 요인: 제품특성(생산재·소비재, 표준품·사치품 등), 원가 및 비용(손익분기점, 목표이익 등), 마케팅목표(생존, 이윤극대화 등)
- 외부적 요인: 고객수요(용도, 가격탄력성 등), 유통채널(유통이익, 물류비용, 여신한도 등), 경쟁환경(대체품가격 등), 법·규제 환경(독과점금지법, 공정거래법, 각종 세금 등)

02 ②
- 손익분기점 매출액 = 고정비 + 변동비

    500만원 = 100만원 + 변동비

  따라서, 변동비 = 400만원
- 변동비 = 단위당 변동비 × 매출수량

  400만원 = 50만원 × 매출수량

  따라서, 매출수량 = 8개

03 ③
- 손익분기점 수량 = 고정비 ÷ 단위당 공헌이익(단위당 판매가−단위당 변동비)

    = 4,000,000원 ÷ (700원−500원) = 20,000개
- 손익분기점 매출액 = 손익분기점 수량 × 단위당 판매가

    = 20,000개 × 700원 = 14,000,000원

04 ②
- 생산자가격 = 제조원가 + 생산자 영업비 + 생산자 이익

    = 5,000원 + 1,000원 + 400원 = 6,400원
- 도매가격 = 생산자가격 + 도매업자 영업비 + 도매업자 이익

    = 6,400원 + 800원 + 400원 = 7,600원
- 소매가격 = 도매가격 + 소매업자 영업비 + 소매업자 이익

    = 7,600원 + 1,200원 + 소매가격의 20%

  따라서, 소매가격 = 11,000원

05 수주관리

5.1 수주관리의 개념

수주는 고객의 구매의사를 확인하고 구매를 결정한 고객으로부터 구체적인 주문내역을 확인하여 고객이 원하는 조건과 납기에 맞추어 제품이 전달되도록 하기 위한 관리활동이다.

수주관리의 주요 업무와 내용은 다음과 같이 요약할 수 있다.

구분	세부내용
견적	견적은 구매하고자 하는 물품에 대한 사양과 가격을 산출하는 단계이며, 수주 이전단계로서 일반적으로 첫 거래이거나, 거래물품이 시장가격의 변동이 있을 경우에 진행
수주	수주는 구매를 결정한 고객으로부터 구체적인 주문을 받는 과정
수주등록	수주등록은 수주 후에 고객의 주문내역을 관리시스템에 등록하는 과정이다. 수주등록 후 가용재고와 약속 가능(출고예정)재고를 조회하여 고객에게 예정 납기를 통보

5.2 고객(거래처) 중점화 전략

(1) 고객(거래처) 중점화의 개념

우량 거래처나 고객이 시장점유율이나 판매목표 달성에 미치는 영향은 매우 크다. 중점화전략은 이러한 우량 거래처나 고객을 선정하기 위한 방법으로서 거래처나 고객을 일정한 기준에 따라 등급을 부여하고 그 기준에 따라 중점관리 대상이 되는 우량 거래처나 고객을 선정하는 전략이다.

(2) 중점선정 방법

1) ABC 분석(파레토 분석)

ABC 분석은 가장 집중적으로 관리를 하여야 할 거래처나 고객이 어디인지를 결정하는 분석방법으로서, 파레토의 원리에 입각하여 중요한 거래처 및 고객을 집중적으로 관리하는 분석방법이다.

통계적 방법에 의해 관리대상을 A, B, C그룹으로 나누고, 먼저 A그룹을 고객관리의 주요 대상으로 하여 집중관리 방안을 수립하고, 다음으로 B그룹과 C그룹으로 옮겨 간다.

2) 매트릭스(이원표) 분석

ABC 분석은 중점관리 대상인 우량 거래처나 고객을 선정하는 과정에서 거래처나 고객에 대한 과거 판매실적만을 가지고 분류하고 있으며, 우량 거래처나 고객으로서의 다른 조건들, 즉 기업경쟁력, 판매능력 또는 성장가능성 등의 다양한 요인들을 고려하지 못한다는 단점이 있다.

이러한 점을 보완한 분석방법이 매트릭스 분석이다. 우량 거래처나 고객을 선정하기 위해 고려해야 할 서로 다른 2개의 요인을 가로축과 세로축의 기준으로 이용하여 매트릭스(이원표)를 구성한다. 이 방법은 대상 거래처나 고객의 특성을 평가기준에 따라 분명하게 범주화할 수 있어 중점화 목표에 대한 전략을 수립하기 쉽다는 장점이 있다.

3) 거래처 포트폴리오 분석

거래처 포트폴리오 분석이란 대상 거래처나 고객의 가치를 종합적으로 검토하여 핵심 거래처나 고객을 효과적으로 분류하기 위한 분석 방법이다. ABC 분석이나 매트릭스 분석 등과 같이 1~2개의 요인만을 분석하지 않고 3개 이상의 요인을 가중치를 이용하여 결합하고 다면적으로 분석하여 일정한 기준에 따라 범주화함으로써 범주별로 최적의 전략을 적용하기 위한 방법이다.

개념 익히기

■ 파레토 원리

파레토 원리는 흔히 80 : 20 공식이라고도 한다. 이탈리아 경제학자 파레토(Pareto)에 의해 정립된 법칙이다. 파레토는 때때로 양적으로 작은 항목들의 가치가 큰 항목들의 가치보다 중요하다는 사실을 발견했다. 예컨대, '회사 전체의 매출 80%가 20%의 고객으로부터 달성된다.'라는 이야기는 파레토 원리 적용의 사례이다.

06 대금회수

기업은 고객에게 제품을 많이 판매하는 것도 중요하지만 매출대금의 회수 또한 매우 중요하다. 매출대금의 회수가 원활하지 않으면 운전자금의 확보가 어려워져 유동성이 악화되고 차입금 의존도가 높아져 경영위기를 맞이할 수도 있다. 따라서 적절한 매출채권의 관리를 위하여 고객의 신용도 파악, 신용(여신)한도 설정, 매출채권 회수계획 및 관리 등의 활동이 중요하다.

6.1 신용거래와 신용(여신)한도

신용거래란 물품을 먼저 인도하고 물품대금은 일정기간 후에 결제하는 외상거래를 말한다. 기업은 매출채권의 원활한 회수관리를 위하여 거래처마다 외상매출을 허용할 수 있는 금액의 한도, 즉 신용(여신)한도를 부여하고 있다. 신용한도는 거래처에 외상으로 매출할 수 있는 최고한도액으로서, 신용한도와 지급보증 받은 적격어음의 합계액을 의미하나 대체로 신용한도와 동일하게 사용된다.

신용한도를 설정하는 것은 대금회수가 안전한 외상매출 금액의 상한과 허용기간을 정하는 것이다. 신용한도는 상한 범위의 금액까지는 외상매출을 하더라도 안전하다는 소극적인 의미와 이 금액까지는 판매가능하다는 적극적인 의미가 있다.

6.2 신용한도 설정법

(1) 회사의 자금운용상의 설정법

자사의 연간 총여신한도액을 설정하기 위하여 회사의 자금조달기간을 이용하는 방법이다. 다음의 예시를 통해 총여신한도 설정방법을 살펴본다.

구분	금액	비고
매출액	365,000,000원	
매출채권잔액	100,000,000원	외상매출금잔액 + 받을어음잔액
매입액	182,500,000원	
매입채무잔액	40,000,000원	외상매입금잔액 + 지급어음잔액
평균재고잔액	16,500,000원	

- 매출채권회전율 = 매출액 ÷ 매출채권잔액 = 3.65회
- 매출채권회수기간 = 매출채권잔액 ÷ 매출액 × 365일 = 100일
  = 365일 ÷ 매출채권회전율 = 100일
- 매입채무회전율 = 매입액 ÷ 매입채무잔액 = 4.5625회
- 매입채무지급기간 = 매입채무잔액 ÷ 매입액 × 365일 = 80일
  = 365일 ÷ 매입채무회전율 = 80일
- 재고회전율 = 매출액 ÷ 평균재고액 ≒ 22.1212회
- 재고회전기간 = 평균재고잔액 ÷ 매출액 × 365일 = 16.5일
  = 365일 ÷ 재고회전율 ≒ 16.5일
- 자금조달기간 = 매출채권회수기간 − 매입채무지급기간 + 재고회전기간 = 36.5일
- 자금고정율 = 자금조달기간 ÷ 365일 = 0.1
- 매출채권 한도액 = 매출액 × 자금고정율 = 36,500,000원

개념 익히기

■ 매출채권 잔액을 구하는 방법
평균적인 매출채권의 수준은 월별이동평균치 또는 기초잔액과 기말잔액의 평균치를 이용하며, 편의상 기말잔액을 그대로 사용하는 경우도 있다.

매출채권회전율이 높다는 것은 매출채권회수기간이 짧아 매출채권이 순조롭게 회수되고 있음을 나타내며, 반대로 이 회전율이 낮게 되면 매출채권의 회수기간이 길어지므로, 그에 따른 대손발생의 위험이 증가하고 수익감소의 원인이 된다.

유동자산의 총액에서 유동부채의 총액을 치감한 것을 순운전지본(유동자산 유동부채)이라고 한다. 순운전자본은 단기간에 상환을 고려하지 않고 운용할 수 있는 자본으로 자금의 유동성(지불능력)을 나타내므로 기업의 자금관리 측면에서 순운전자본의 관리를 매우 중시하고 있다. 만약 여신한도액이 순운전자본 보다 많아지는 경우에는 다음과 같은 방법으로 운전자본을 확보하여야 한다.

• 현금회수 가능 거래처 증대	• 외상매출금이나 어음의 회수기간 단축
• 상품재고 감소	• 외상매출금 감소
• 장기회수기간 거래처 감소	• 현금지급을 어음지급으로 변경
• 지급어음 기일연장	

(2) 거래처(고객)별 여신한도 설정법

거래처별 여신한도는 고객의 신용도, 판매능력, 담보 등을 종합적으로 판단하여 설정하여야 하며 정해진 한도는 반드시 지켜져야 한다. 거래처별 여신한도는 다음과 같은 방법으로 설정할 수 있다.

1) 타사 한도액의 준용법

타사 한도액의 준용법은 같은 업종의 다른 기업이 설정한 한도액에 준하여 설정한다. 이 방법은 다른 기업의 설정한도액을 구체적이고 충분하게 파악하기 곤란하다는 단점이 있다. 때로는 자사의 거래처나 고객 중에서 표준적인 거래처를 선정하여 그 거래처의 여신한도 설정액을 기준으로 하고 다른 거래처의 신용도나 판매능력 등을 비교평가하여 여신한도액을 정하기도 한다.

2) 과거 총이익액의 실적 이용법

이 방법은 해당 거래처에 대한 과거 3~5년간의 총이익액의 누계실적을 구하여 여신한도로 설정하는 방법이다.

> • 여신한도액 = 과거 3년간의 회수누계액 × 평균총이익률
> • 여신한도액 = 과거 3년간의 (총매출액 − 외상매출채권잔액) × 평균총이익률

3) 매출액 예측에 의한 방법

해당 거래처에 대한 매출예측액을 해당 거래처의 신용능력으로 보고 여신한도를 설정하는 방법이다.

> • 여신한도액 = 거래처의 총매입액 × 자사 수주점유율 × 여신기간
> • 거래처의 총매입액 = 거래처의 예상매출액 × 매입원가율

실무예제

다음의 정보를 참고하여 거래처의 매출액 예측에 의한 방법을 이용하여 A거래처에 대한 여신한도액을 계산하면 얼마인가?

> • A거래처의 예상매출액: 1,000만 원   • A거래처의 매입원가율: 50%
> • A거래처에 대한 자사의 수주점유율: 20%   • A거래처에 대한 여신기간: 90일

> − A거래처의 총매입액 = 1,000만 원 × 50% = 500만 원
> − A거래처의 여신한도액 = 500만 원 × 20% × 90일 = 9,000만 원

4) 매출목표와 회수기간에 의한 방법

기존의 계속 거래처에 대하여 영업사원이 목표매출액과 목표회수액을 설정하고 부서의 상사와 협의하여 승인을 받아 여신한도를 설정하는 방법이다.

5) 경영지표에 의한 방법

거래처의 신용능력을 평가하기 위하여 수익성, 안전성, 유동성, 회수성, 성장성 등에 관련된 경영지표의 측정치를 고려하여 여신한도액을 설정한다. 재무제표의 유무에 따라 관련 경영지표는 다음과 같다.

지표	재무제표가 있는 경우	재무제표가 없는 경우
수익성	총자본대비 경상이익률 매출액대비 총이익률 매출액대비 경상이익률	수익의 정도
안전성	자기자본비율	차입금비율
유동성	상품회전율 유동비율	지급상황, 자금수지 상황
회수성	매출채권회전율	–
성장성	–	매출액, 총이익액의 신장

6.3 대금회수 관리

일반적으로 기업은 외상거래를 전제로 하며, 거래처마다 일정한 날을 정하여 대금을 결제한다. 하지만 거래처마다 대금결제일과 회수조건이 다르므로 단순하게 관리하기는 어렵다. 대금회수 관리는 각 거래처별로 대금회수 계획을 작성하고 세분화된 기준에 의해 관리할 필요가 있다.

(1) 대금회수 계획 시 고려사항

거래처 및 거래내역별에 따라 회수조건 등이 다르기 때문에 대금회수 계획을 수립하기가 쉽지는 않다. 하지만 일반적으로 거래처별로 다음 사항을 확인한 후에 대금회수 계획을 수립하게 된다.

> - 당월 마감일
> - 지급일이 동일한 거래처의 지역분포
> - 당월 매출액
> - 수금 내용(현금, 약속어음)
> - 여신한도액
> - 당월 지급예정일
> - 당월말 외상매출금 잔액
> - 당월 청구액(회수목표)
> - 상쇄(상계)액(매입금과 매출금과의 차액)
> - 받을어음 지급예정기간

(2) 대금회수 관리법

매출대금의 회수는 주로 대금회수율이나 회수기간을 기준으로 관리한다. 대금회수의 기본적인 목표는 완전한 대금회수를 통해 기업의 자금운용을 원활하게 하고 수익성을 향상시키는 것이므로 회수율의 향상과 받을어음 회수기간의 관리를 위한 노력이 필요하다.

1) 회수율 계산방법

① 일반적인 경우(수시 회수)

$$회수율 = 당월\ 회수액 \div (전월말\ 외상매출금잔액 + 당월\ 매출액) \times 100$$

② 월차마감의 차월회수

$$회수율 = 당월\ 회수액 \div (전전월말\ 외상매출금잔액 + 당월\ 매출액) \times 100$$

③ 전월 마감일부터 당월 마감일까지의 회수(예: 전월 20일 마감의 당월 20일 회수)

$$회수율 = 전월\ 21일\sim당월\ 20일\ 회수액 \div (전월\ 20일\ 현재\ 외상매출금잔액 + 전월\ 21일\sim당월\ 20일\ 매출액) \times 100$$

④ 월중 마감일이 있고 차월말에 회수(예: 당월 20일 마감의 차월말 회수)

$$회수율 = 당월\ 회수액 \div (전월\ 20일\ 현재\ 외상매출금잔액 + 전월\ 21일\sim당월\ 20일\ 매출액) \times 100$$

이 경우 21일~월말까지의 매출액은 차월 20일 마감의 청구이므로 회수율은 100%가 되지 않는다.

2) 회수기간 계산방법

① 받을어음의 회수기간

받을어음은 거래처별로 발행어음의 금액과 기간이 서로 다르므로 여신한도액을 고려한 자금의 원활한 운용을 위하여 매출액을 기준으로 받을어음의 회수기간을 측정할 필요가 있다.

> 회수기간 = (각 받을어음 금액 × 각 어음기간)의 합계 ÷ 매출총액

② 현금 및 받을어음의 회수기간

대금회수는 어음이외의 일부는 현금으로 회수하는 경우가 있으므로 회수기간을 산출하는 과정에서 현금의 어음기간은 '0'으로 하고 계산한다. 현금이 포함된 회수기간의 계산방법은 다음과 같다.

회수유형	금액	어음기간	금액 × 어음기간
현금	50만 원	0일	0만 원
90일 어음	100만 원	90일	9,000만 원
120일 어음	150만 원	120일	18,000만 원
계	300만 원		회수기간 = (0+9,000+18,000) ÷ 300 = 90일

③ 여신잔액에 맞추어 어음기간 조정

받을어음의 회수기간이 길수록 회사의 자금운용은 비효율적일 수밖에 없다. 따라서 여신한도를 고려하여 현재 보유하고 있는 받을어음의 기간을 조정하거나 추후 받을어음을 수취할 때 여신잔액 범위 내에서 받을어음의 금액이나 회수기간을 조정할 필요가 있다.

여신잔액에 맞추어 어음기간을 조정할 경우, 어음기간은 다음과 같이 계산된다.

> 어음기간 = [(여신한도액×여신기간) − (현재까지 회수된 각 어음금액 × 각 어음기간)의 합계]
> ÷ 외상매출금잔액

3) 회수관리 방법

① 회수율 관리

매출채권의 회수율이 낮으면 매출채권의 회수기간이 길어지므로, 그에 따른 대손발생의 위험이 증가하고 수익감소의 원인이 된다. 또한 부실채권 발생의 원인이 되며 여신한도의 증가를 초래한다. 따라서 회수율을 항상 확인하여야 하며, 회수율이 낮을 경우 거래처별로 다음 항목을 조사할 필요가 있다.

• 외상매출금 잔액	• 입금일 불규칙성
• 당월의 미입금처	• 반품 수량
• 전액 중 일부금액 지급처	

② 회수기간 단축

받을어음의 회수기간을 여신기준 내로 단축하기 위해서는 현금회수 비율을 높이거나, 어음기간의 단축이 필요하다.

③ 기타 과실

외상매출금 잔액이 실제와 장부상의 차이가 발생하거나, 외상매출금의 회수가 지연되는 경우에는 거래처의 사정 이외에 영업담당자의 과실에 의한 경우가 많다. 이때에는 다음 항목을 확인하여 적절히 조치할 필요가 있다.

• 에누리의 미처리	• 단가수정의 미처리
• 상품교환 또는 반품의 미처리	• 거래처의 기장 오류의 미수정
• 크레임 수량(금액)의 미처리	• 강제판매에 의한 회수곤란
• 위탁상품대금의 미회수	

단원별 출제유형 알아보기

01 [보기]에서 설명하는 특징을 모두 가지는 분석방법은 무엇인가?

> **보기**
>
> • 우량 거래처나 고객을 중점선정하기 위한 방법
> • 이원표 분석방법에 해당한다.

① ABC 분석   ② 80:20 법칙
③ 파레토 분석   ④ 매트릭스 분석

02 [보기]의 자료를 활용하여 매출채권회전율을 구하시오.

> **보기**
>
> • 특정년도의 총매출액: 600억원   • 외상매출금 잔액: 200억원
> • 받을어음 잔액: 100억원   • 매출채권회전율: (　　　)회

① 1   ② 2
③ 3   ④ 4

03 매출액을 기준으로 받을어음의 회수기간을 산출하여 여신한도액을 운용하고자 한다. [보기]의 대금회수 내역을 활용하였을 때, 받을어음의 대금회수기간은 얼마인가?

> **보기**
>
> • 매출총액: 20억원
>
> [대금회수 내역]
> • 현금: 9억원   • 30일 어음: 3억원
> • 60일 어음: 3억원   • 90일 어음: 5억원

① 35일   ② 36일
③ 37일   ④ 38일

04 다음 중에서 "월말마감의 차월회수" 기준인 경우에 외상매출금의 회수율 계산방식으로 적절한 것은 무엇인가?

① 회수율 = 당월회수액 / (전월말 외상매출금잔액 + 당월매출액) × 100%
② 회수율 = 당월회수액 / (전전월말 외상매출금잔액 + 전월매출액) × 100%

③ 회수율 = 당월회수액 / (전전월말 외상매출금잔액 + 당월매출액) × 100%
④ 회수율 = 당월회수액 / (전전전월말 외상매출금잔액 + 전월매출액) × 100%

05 다음은 매출채권회전율에 대한 설명이다. 설명이 적절한 것은 무엇인가?

① 매출채권을 회수하는데 걸리는 시간을 의미한다.
② 매출채권회전율이 높아지면 대손발생의 위험이 낮아진다.
③ 매출채권회전율이 높아지면 매출채권회수기간도 길어진다.
④ 매출채권회전율이 낮아지면 수익이 증가된다.

06 외상매출금의 회수율을 관리함으로써 불량 외상매출금 채권의 발생 등을 조기에 발견하여 대처하는 방법으로 적합하지 않은 것은?

① 외상매출금 잔액 확인 ② 반품 수량 확인
③ 고객별 예상매출액 확인 ④ 당월의 미입금처 확인

07 '회사의 자금운용상의 설정법'은 자금조달기간을 이용하여 회사의 매출채권한도액을 결정하는 방법이다. 다음의 매출채권한도액에 대한 설명으로 바르지 않은 것은 무엇인가?

① 매출채권의 회수기간은 매출채권을 회수하는 데에 평균 며칠이 걸리는가를 나타내는 것이다.
② 매출채권의 회수기간이 길어지면 자금조달기간이 늘어나게 된다.
③ 매출채권의 회수기간이 길어지면 대손발생의 위험이 증가하고 수익감소의 원인이 된다.
④ 매출채권의 회수기간이 길어지면 매출채권의 회전율이 높아지게 된다.

08 아래는 여신한도액이 순 운전자본보다 많아진 경우에 운전자본을 확보하기 위한 방법들이다. 적절하지 않은 것은?

① 현금회수 가능 거래처 증대
② 외상매출금이나 어음의 회수기간 단축
③ 대금지급을 현금지급으로 변경
④ 판매제품에 대한 재고를 최소화함

01 ④

[고객(거래처) 중점 선정 방법]
- ABC(파레토)분석: 과거 실적데이터를 중심으로 고객을 분류
- 매트릭스(이원표)분석: 거래처/고객의 경영능력이나 판매력, 그리고 향후 성장 가능성 등을 데이터로 분석하여 분류(서로 다른 2개의 요인을 이용하여 이원표를 구성한 후 고객을 범주화하여 분류)
- 거래처포트폴리오분석: 3개 이상의 요인에 대한 가중치를 이용하여 결합하고 다면적으로 분석하여 일정한 기준에 따라 범주화하여 분류

02 ②
- 매출채권회전율 = 총매출액 ÷ 매출채권잔액
  = 600억원 ÷ 300억원 = 2회

03 ②
- 받을어음 회수기간 = (각 받을어음 금액×각 어음기간)의 합계 ÷ 매출총액
  = ((9억원×0) + (3억원×30일) + (3억원×60일) + (5억원×90일)) ÷ 20억원
  = 36일

04 ③

05 ② 매출채권회전율이 높다는 것은 매출채권이 빠르게 회수되고 있다는 것을 의미한다. 따라서 대손발생의 위험은 낮아진다. 이에 반해 매출채권회전율이 낮으면 매출채권의 회수기간이 길어지므로, 이에 따른 대손발생의 위험이 증가하고 수익성 감소의 원인이 된다.

06 ③

[외상매출금의 회수율 관리와 부실채권 방지를 위한 확인사항]
- 외상매출금 잔액
- 당월의 미입금처
- 전액 중 일부금액 지급처
- 입금일 불규칙성
- 반품 수량

07 ④ 회수기간이 길어지면 매출채권의 회전율이 낮아지게 된다.

08 ③

[여신한도액이 순운전자본(유동자산 – 유동부채)보다 많아지는 경우의 조치]
- 현금회수 가능 거래처 증대
- 상품재고 감소
- 장기회수기간 거래처 감소
- 지급어음 기일연장
- 외상매출금이나 어음의 회수기간 단축
- 외상매출금 감소
- 현금지급을 어음지급으로 변경

구매관리

NCS 학습을 위한 능력단위 확인하기

능력단위	수준	능력단위 요소
구매 발주관리 (0204010104_23v3)	3	구매 발주 사전정보 분석하기 (0204010104_23v3.1)
		구매품 발주하기 (0204010104_23v3.2)
		구매 발주 진척 관리하기 (0204010104_23v3.3)
구매품 품질관리 (0204010105_23v3)	4	구매품 품질 보증체계 수립하기 (0204010105_23v3.1)
		구매품 품질 검사하기 (0204010105_23v3.2)
		구매 부적합품 조치하기 (0204010105_23v3.3)
구매 계약 (0204010109_23v3)	4	구매 협상 전략 계획 수립하기 (0204010109_23v3.1)
		구매 협상 실시하기 (0204010109_23v3.2)
		구매 계약 체결하기 (0204010109_23v3.3)

01 구매관리 개요

 1.1 구매관리의 의의

구매는 생산과 판매 등 기업의 활동에 필요한 품목을 매입하는 활동이다. 구매의 주요 대상은 원·부재료, 소모성자재, 부품, 외주가공품, 기계설비, 상품 등이 있으며, 기타 생산 및 판매와 관련된 활동을 지원하기 위한 용역도 포함한다. 구매관리는 경영계획과 활동을 추진하기 위하여 구매조직 관리, 구매계획 및 전략, 구매실행, 구매분석 등의 구매기능에 대한 조정 및 통제활동이다.

최근에는 자재의 유리한 조달에 필요한 모든 시장정보를 수집하고 분석하여 그 결과를 생산 및 판매계획에 반영할 뿐만 아니라 제품설계 과정에도 참여하여 원가경쟁력을 가진 제품의 설계가 가능하도록 하는 등 구매관리의 영역이 경영전반에 걸쳐 확장되어가고 있다. 이러한 측면에서 구매관리의 목적(5R)은 다음과 같다.

- 좋은 품질의 물품구매(Right quality)
- 적당량의 구매(Right quantity)
- 적당한 시기의 구매(Right time)
- 적절한 가격의 구매(Right price)
- 적절한 구매처의 선정(Right vendor or supplier)

1.2 구매관리의 영역과 기능

전략적 구매를 중시하는 현대적 시각에서 볼 때 구매관리는 과거의 구매업무를 포함하면서 구매전략, 구매실무, 구매분석으로 구분되며 각 영역별로 세부내용은 다음과 같다.

구매전략	구매실무	구매분석
• 구매방침 설정 • 구매계획 수립 • 구매방법 결정	• 시장조사 및 원가분석 • 구매가격 결정 • 공급자 선정 및 평가 • 계약 및 납기관리 • 규격 및 검사관리	• 구매활동의 성과평가 • 구매활동의 감사

　과거의 구매관리는 생산활동이 중단되지 않도록 적정 품질의 자재를 조달하는 지원기능이 중시되어 왔으나, 최근에는 전략적 구매를 중시함으로써 기업이익을 적극적으로 창출하는 이익창구로서의 기능이 강조되고 있다.

전통적 시각	현대적 시각
• 단기간의 성과중시 • 획득비용(구입가격) 중심 • 비용관리센터 • 요청에 지원하는 업무(수동)	• 장기간의 전략적 구매중시 • 총원가에 집중 • 이익관리센터 • 사전 계획적인 업무(능동)

02 구매전략

 2.1 구매방침

　구매관리활동은 광범위한 경영활동과 관련되어 있으므로 효율적인 구매목적을 달성하기 위하여 아래의 구매활동 기준에 대한 사전 결정이 필요하다.

(1) 자체생산과 구매(외주) 결정

1) 기술적 권리 측면

　자사가 고유기술을 보호해야 하는 경우에는 특허권을 취득할 때까지는 자체생산을 필요로 한다. 반면 특허가 없는 품목에 대해서는 위탁 가공하거나, 특허된 부품에 맞추어 설계를 수정하여 해당 부품을 구매하여야 한다.

2) 제조기술 측면

　제품의 구성에서 전략적인 중요성을 가진 부품이라면 자체생산이 필요하며, 주요 부품이나 중요기술이 포함되지 않는다면 외주생산이 바람직하다. 자사와 타사의 제조기술능력 차이가 없는 경우에는 원가를 비교하여 결정한다.

3) 원가절감 측면

　생산제품 모델변경이 잦은 경우, 다품종 소량생산인 경우, 기술진부화가 예측되는 경우 등에는 외주생산이 바람직하다. 그리고 제조시설에 대한 신규투자와 유지 등의 고정비를 고려하면 구매(외주)를 선택하는 것이 원가절감 측면에서 유리하며, 계절적 수요를 갖는 품목의 경우에도 외주가 유리한 경우가 많다.

지속적으로 대량생산을 해야 하는 경우에는 자체생산이 바람직할 것이다. 자체 생산시설이 있는 경우에는 시설의 감가액까지도 고려하여 한계비용을 평가한 후 결정하여야 한다.

4) 생산능력 측면

자체 보유시설과 생산인력 등의 생산능력을 초과하는 수요에 대해서도 외주생산이 필요하다. 또한 납기 단축요구, 긴급주문, 일시적 주문, 불규칙한 수요에 대해서도 외주생산을 고려할 수 있다.

(2) 집중구매와 분산구매 결정

1) 본사 집중구매와 사업장별 분산구매

기업이 여러 사업장을 가지고 있는 경우에는 본사에서 기업전체의 구매를 통합하여 진행할 수 있으며, 각 사업장별로 스스로 구매하거나 본사와 사업장이 협력하여 품목에 따라 분리하여 구매하는 경우가 있다.

본사 집중구매가 유리한 품목은 대량구매품목, 고가품목, 공통 또는 표준품목 등이며, 사업장별 분산구매가 유리한 품목은 지역성 품목, 소량구매품목 등을 들 수 있다.

본사 집중구매와 사업장별 분산구매의 장점은 다음과 같이 요약될 수 있다.

본사 집중구매	사업장별 분산구매
• 대량구매로 가격이나 거래조건을 유리하게 정할 수 있음 • 공통자재를 일괄 구매하므로 단순화, 표준화하기가 쉽고 재고량이 감소 • 전문적인 구매지식과 구매기능을 효과적으로 활용 • 구매절차의 일관성 확보 및 구매비용 절감 • 구매가격 조사, 공급자 조사, 구매효과 측정 등 구매분석 용이	• 각 사업장별 구매진행으로 구매수속이 간단하고 구매기간 단축 • 긴급수요의 경우에는 유리 • 지역구매가 많으므로 물류비가 절감 • 해당 지역과 호의적인 관계를 유지

2) 거래처 집중구매와 분산구매

소수의 거래처로부터 집중구매하는 장점은 가격과 구입조건을 유리하게 결정할 수 있다는 것이며, 구입절차가 복잡한 구매의 경우 소수 거래처와 거래하는 것이 구매시간을 단축할 수 있다. 반면 분산구매는 구매기회를 안정적으로 유지할 수 있으며, 거래처간 감시와 경쟁에 의하여 구매효율과 구매윤리를 유지할 수 있다.

2.2 구매계획

구매계획을 수립할 때는 가격추세, 대용자재, 생산계획, 재고수량, 구매량 및 구매시기, 조달소요시간, 납기 등을 고려한다. 구매수량은 경제적 주문량(EOQ) 등을 이용하여 구매단가의 절감을 목표로 결정하여야 한다. 구매물품의 특성에 대하여 설계자, 구매자, 생산자, 공급자 간의 견해가 다른 경우가 많으므로 품질 규격을 표준화하고 측정 가능하도록 객관화하여 품질규격을 사전에 결정할 필요가 있다.

(1) 구매절차

구매계획의 실행을 위하여 구매과정은 구매담당자의 다양한 전문지식을 필요로 한다. 일반적인 구매절차는 다음의 과정으로 진행된다.

> 구매청구 → 공급자파악 → 견적 → 내부검토 및 승인 → 계약 → 발주서 → 물품납입 → 검수 및 입고 → 구매결과 내부통보 → 구매대금 결제

발주서에는 발주과정에서 관리하여야 할 사항을 포함하여야 한다. 중점적인 내용은 공급업체, 가격(단가), 납기일자, 수량, 기타 공급계약사항 등이며, 공급계약사항으로는 품질, 대금지불조건, 결제기간, 추가지원사항 등을 들 수 있다.

(2) 구매방법

구매방법은 구매시기와 구매목적 등에 따라 다음과 같이 구분된다.

1) 수시구매

구매청구가 있을 때마다 수시로 구매하여 공급하는 방식이며, 과잉구매를 방지하고 설계변경 등에 대응하기가 용이한 장점이 있다. 계절품목 등 일시적인 수요품목 등에 적합하다.

2) 예측구매(또는 시장구매)

미래 수요를 예측하여 시장상황이 유리할 때 일정한 양을 미리 구매하여 재고로 보유하였다가 생산계획이나 구매청구에 따라 재고에서 공급하는 방식이며, 계획구매로 조달비용을 절감하고 수량할인, 수송비의 감소 등 경제적인 구매가 가능하다. 생산시기가 일정한 품목 또는 항상 비축이 필요한 상비 저장품목 등에 적합하다.

3) 투기구매

가격인상을 대비하여 이익을 도모할 목적으로 가격이 낮을 때 장기간의 수요량을 미리 구매하여 재고로 보유하는 구매방식이다. 계속적인 가격상승이 명백한 경우에는 유리하지만 가격동향의 예측이 부정확하면 손실의 위험이 크다.

4) 장기계약구매

특정 품목에 대해 수립된 장기 생산계획에 따라 필요한 자재의 소요량을 장기적으로 계약하여 구매하는 방법이다. 자재의 안정적인 확보가 중요할 때 적용가능하며 계약방법에 따라 낮은 가격이나 충분한 수량의 확보가 가능하다.

5) 일괄구매

소량 다품종의 품목을 구매해야 하는 경우 품목별로 구매처를 선정하는데 많은 시간과 노력이 소모된다. 이 경우 품종별로 공급처를 선정하여 구매 품목을 일괄 구매함으로써 구매시간과 비용을 절감하고 구매절차를 간소화하는 방법이다.

 # 단원별 출제유형 알아보기

01 구매관리에 대한 설명으로 타당하지 않은 것은?

① 구매관리는 구매를 계획하고 조정하며 통제하고 평가하는 일련의 과정이다.
② 구매관리는 생산계획보다는 영업계획의 달성에 초점을 맞추어야 한다.
③ 구매관리에서는 자재의 공급업체, 품질, 수량, 시기 및 비용이 중요 평가요소이다.
④ 구매관리시 공급계약 사항으로 품질, 대금지불조건, 기간, 추가 지원사항 등이 고려되어야 한다.

02 구매관리의 개념은 시대의 변화에 따라 변화되어 왔다. 과거의 구매관리는 생산활동이 중단되지 않도록 적정 품질의 자재를 조달하는 지원기능이 중시되어 왔으나, 최근에는 전략적 구매를 중시함으로써 기업이익을 적극적으로 창출하는 이익창구로서의 기능이 강조되고 있다. 구매관리 기능의 변화에 대한 현대적 시각으로 적합하지 않은 것은?

① 장기간의 전략적 구매중시　　　② 획득비용(가격)중심
③ 이익관리센터　　　　　　　　　④ 사전계획적인

03 구매방침을 결정하기 위한 다음의 경우에서 구매 또는 외주가공보다 자체생산을 통한 조달방식이 유리한 경우는 무엇인가?

① 자체 생산시설의 감가상각액을 고려했을 때 한계수입이 한계비용보다 높은 경우
② 자체 보유시설과 생산인력 등의 생산능력을 초과하는 주문을 수주한 경우
③ 자사와 타사의 제조기술능력이 차이가 없으며, 제조원가보다 구매원가가 낮은 경우
④ 계절적 수요가 뚜렷하고 다품종소량생산인 경우

04 구매방식을 소수의 거래처로부터 구매하는 집중구매방식과 다수의 거래처로부터 구매하는 분산구매방식으로 구분하여 비교할 경우, 다음 중 분산구매방식의 장점과 거리가 먼 것은?

① 일반적으로 신속한 구매가 가능하다.
② 일반적으로 소량 수요 발생 시 유리하다.
③ 일반적으로 특수한 상황을 고려한 구매에 유리하다.
④ 일반적으로 구입절차가 복잡한 구매에 유리하다.

05 구매방식을 본사에서 기업 전체의 구매를 통합하여 진행하는 집중구매방식과 각 사업장별로 구매 자립성을 갖는 분산구매방식으로 구분하여 비교할 경우, 다음 중 집중구매방식에 대한 설명으로 적합하지 않은 것은?

① 공통자재를 일괄 구매하므로 단순화, 표준화하기가 쉽고 재고량이 감소된다.

② 구매가격 조사, 공급자 조사, 구매효과 측정 등이 수월해진다.

③ 구매수속이 간단하고 구매기간이 줄어든다.

④ 전문적인 구매지식과 구매기능을 효과적으로 활용할 수 있다.

06 구매방법은 구매시기와 구매목적에 따라 다양하게 구분된다. 다음 보기의 내용은 어떤 구매방법에 대한 설명인가?

> **보기**
>
> 다품종 소량 품목을 구매하는 경우 품목별로 구매처를 선정하는 데 많은 시간과 비용이 소요된다. 이 경우 구매비용과 시간을 절감하고 구매절차를 간소화하는 데 적합한 구매방법이다.

① 투기구매   ② 수시구매

③ 시장구매   ④ 일괄구매

07 구매방법은 구매시기와 구매목적 등에 따라 다르게 구분된다. 구매방법에 대한 설명 중 가장 적합하지 않은 것은 무엇인가?

① 투기구매 – 계속적인 가격상승이 명백한 경우에 유리하지만 가격동향의 예측이 부정확하면 손실의 위험이 크다.

② 일괄구매 – 소량 다품종의 품목을 구매해야 하는 경우 구매시간과 비용을 절감하고 구매절차를 간소화하는 방법이다.

③ 수시구매 – 계절품목 등 일시적인 수요품목 등에 적합한 구매방식이며, 과잉구매를 방지하고 설계변경 등에 대응하기가 용이한 장점이 있다.

④ 예측구매 – 자재를 안정적으로 충분한 수량을 확보해야 할 때 적용가능하며, 생산시기가 일정한 품목 또는 항상 비축이 필요한 상비 저장품목 등에 적합하다.

✅ 답안 및 풀이

01 ② 구매관리는 생산계획의 달성에 초점을 맞추어야 한다.

02 ② 구매관리 기능의 현대적 시각: 장기간의 전략적 구매중시, 총원가에 집중, 이익관리센터, 사전 계획적인 업무(능동)

03 ① 한계비용은 품목 한 단위 증가에 필요한 비용증가분을 의미한다. 즉 변동비의 성격이다. 자체 생산을 고려했을 때 한계수입이 한계비용보다 높은 경우에는 자체생산이 유리할 것이다.

04 ④ 일반적으로 구입절차가 간단한 구매에 유리하다.

05 ③ 분산구매방식은 구매수속이 간단하고 구매기간이 줄어든다.

06 ④

07 ④ 예측구매: 계획구매로 조달비용을 절감하고 수량할인, 수송비의 감소 등 경제적인 구매가 가능하다. 생산시기가 일정한 품목 또는 항상 비축이 필요한 상비 저장품목 등에 적합하다.

03 구매실무

3.1 시장조사와 원가분석

(1) 시장조사

시장조사는 구매시장의 정보를 수집하고 분석하는 과정이며, 공급자 선정 및 구매계약 과정에서 주도적인 협상과 적극적인 구매활동을 가능하게 하는 매우 중요한 기능이다. 시장조사는 구매가격, 품질, 조달기간, 구매수량, 공급자, 지불조건 등을 결정하기 위한 정보를 수집하여 합리적으로 구매계획을 수립하도록 하는 목적을 갖는다.

시장조사 방법은 직접조사와 간접조사가 있다. 직접조사는 해당 기업이나 판매시장에서 각종 자재의 시세와 변동에 대하여 직접 조사하는 것이며, 간접조사는 신문, 관련 잡지, 협회 및 조합 등 정부기관에서 발간되는 간행물을 통하여 파악할 수 있다.

(2) 원가분석

1) 원가분석의 목적

구매품목에 대한 구매원가의 분석은 시장가격의 적정성을 판단하고 적정한 구매가격을 결정하기 위해서 필요하다. 나아가 구매원가는 구매예산 편성, 매출원가 산정, 판매이익 계산, 재부제표 작성 등에 낳은 엉향을 미친다.

2) 원가의 구분

① 원가의 3요소

　㉠ 재료비: 제품 제조를 위하여 투입되는 재료의 원가로서 원·부재료, 매입부품, 소모품 등이 대표적이다.

　㉡ 노무비: 제품 제조에 투입된 노동력의 대가로서 임금, 급료, 잡급 등이다.

　㉢ 경비: 제품 제조를 위하여 재료비와 노무비 이외에 계속적으로 지출된 비용으로서 전력비, 운반비, 감가상각비, 보험료, 연구개발비, 세금과공과, 지급수수료 등이다.

② 직접비와 간접비

　㉠ 직접비: 제조과정에서 단위제품에 직접 투입된 비용으로서 제품단위 원가로 추적이 가능해 직접 배분할 수 있어 직접원가라고도 한다. 직접재료비, 직접노무비, 직접경비로 구분된다.

ⓒ 간접비: 다수 제품의 제조과정에 공통적으로 소비된 비용으로 생산된 제품에 인위적으로 적당하게 배분하는 간접원가이다. 간접재료비, 간접노무비, 간접경비로 구분된다.

③ 변동비와 고정비

㉠ 변동비: 생산량 또는 판매량, 즉 조업도의 증감에 따라 비례적으로 증감하는 비용이다. 직접재료비, 직접노무비 등이 대표적이다.

ⓒ 고정비: 생산량 또는 판매량, 즉 조업도의 증감과는 상관없이 항상 일정하게 지출되는 비용이다. 감가상각비, 보험료, 지급임차료 등이 대표적이다.

3) 원가의 구성

① 직접원가 = 직접재료비 + 직접노무비 + 직접경비

② 제조원가 = 직접원가 + 제조간접비

③ 판매원가(총원가) = 제조원가 + 판매비와 관리비

④ 매출가(판매가) = 판매원가 + 이익

(3) 원가의 분류

1) 표준원가

표준원가는 공정상에서의 어떠한 원가손실도 가정하지 않으며, 최적의 제조환경에서 설계도에 따라 가장 이상적으로 제조과정이 진행된 경우에 구성되는 이론적인 원가이다.

2) 예정원가

예정원가는 과거 제조경험을 고려하고 향후 제조환경을 반영하여 미래에 산출될 것으로 기대하는 추정원가이다. 공급자가 입찰 또는 견적에서 제시하는 가격은 이 예정원가를 기초로 한다.

3) 실제원가

실제원가는 완제품의 제조과정에서 실제로 발생한 원가이다. 예정원가는 예상원가이나 실제원가는 확정원가이다. 또한 실제원가는 표준원가와 비교 및 분석되어 원가개선활동의 평가요소로 활용된다.

 구매가격

(1) 가격결정 영향요인

구매가격은 매입원가의 대부분을 차지하므로 원가절감을 위하여 구매가격의 결정방식과 할인방법 등의 이해가 반드시 필요하다. 구매가격은 항상 변동되므로 구매가격의 결정을 위해서는 품목에 따라 기준가격을 설정하는 것이 필요한데, 시장에서 구매하는 시장품목의 기준가격은 시장조사를 통해 가격을 확인하고 가격변동 추세를 통계적으로 분석하여 기준가격을 설정할 수 있다. 외주품목의 기준가격은 재료비, 노무비, 경비, 관리비, 적정이익을 분석하고 적정가격을 추정하여 설정할 수 있다.

구매가격의 결정에 직접 영향을 주는 요인은 품질, 구매시점, 납기, 공급자, 구매방법, 유통경로, 지불조건 등이며, 발주 긴급성, 발주 반복성, 발주수량 등에 따라서도 구매단가가 변동된다.

(2) 가격결정 방식

구매가격은 판매가격 결정에 큰 영향을 미치므로 공급자의 판매가격결정 방법의 적정성을 평가하여 구매가격 협상에 반영하여야 한다.

1) 비용(원가) 중심적 가격결정

제품의 생산 또는 판매에 지출되는 총비용을 포함하고 목표이익을 달성할 수 있는 수준에서 가격을 결정하는 방식이다.

구분	내용
코스트 플러스 방식	제품원가에 판매비와 관리비, 목표이익을 가산함으로써 가격을 결정하는 방식
가산이익률 방식	제품단위당 매출원가에 적정이익이 가능한 가산이익률을 곱하여 가격을 결정하는 방식
목표투자이익률 방식	기업이 목표로 하는 투자이익률을 달성할 수 있도록 가격을 결정하는 방식
손익분기점분석 방식	손익분기점의 매출액 또는 매출수량을 기준으로 가격을 결정하는 방식

2) 구매자 중심적 가격결정

생산원가보다는 소비자의 제품에 대한 평가나 소비자들의 수요를 바탕으로 가격을 결정하는 방식이다.

구분	내용
구매가격 예측 방식	소비자의 구매의도, 구매능력 등을 고려하여 소비자가 기꺼이 지불할 수 있는 가격수준으로 결정하는 방식
지각가치 기준방식	소비자들이 직접 지각하는 제품의 가치를 물어보는 방법으로 소비자가 느끼는 가치를 토대로 가격을 결정하는 방식

3) 경쟁자 중심적 가격결정

경쟁환경을 고려하여 시장점유율을 높이기 위해 경쟁기업의 가격을 기준으로 가격을 결정하는 방식이다.

구분	내용
경쟁기업 가격기준 방식	자사의 시장점유율, 이미지, 제품경쟁력 등을 고려하여 판매이익보다는 경쟁기업의 가격을 기준으로 전략적으로 판매가격을 결정하는 방식
입찰경쟁 방식	입찰경쟁에서 경쟁자를 이기기 위하여 전략적으로 가격을 결정하는 방식

(3) 가격의 유형

1) 시중가격

시중가격이란 판매자와 구매자의 판단에 좌우되지 않고 시장에서 수요와 공급의 균형에 따라 가격이 변동하는 것으로, 시기나 환경에 따라 수요 또는 공급의 변동이 심한 야채, 어류, 꽃, 철광 등이다. 가격이 수시로 변동하므로 가격동향을 통하여 구입 시기를 결정하는 것이 유리하다.

2) 개정가격

개정가격이란 가격 그 자체는 명확히 결정되어 있지는 않으나 업계의 특수성이나 지역성 등으로 자연히 일정한 범위의 가격이 정해져 있는 것으로 판매자가 그 당시의 환경과 조건에 따라 가격을 정한다는 성격이 있다. 예컨대 자동차 업계에서 모델 변경 전·후의 판매가격 등이 해당된다.

3) 정가가격

정가가격이란 판매자가 자기의 판단으로 결정하는 가격이며, 서적, 화장품, 약국, 맥주 등과 같이 전국적으로 시장성을 가진 상품에 주로 적용한다.

4) 협정가격

협정가격이란 판매자 다수가 서로 협의하여 일정한 기준에 따라 가격을 결정하는 것으로서 일반적으로 공공요금 성격을 갖는 교통비, 이발료, 목욕료 등 공정거래를 위해 설정된 각종 업계의 협정가격이 있다.

5) 교섭가격

교섭가격이란 거래당사자 간의 교섭을 통하여 결정되는 가격으로 건축공사, 주문용 기계설비, 광고료 등이 이에 해당한다. 거래품목, 거래조건, 기타 거래환경에 따라 가격이 차이가 날 수 있으므로 교섭기술이 가격결정에 크게 영향을 미친다.

(4) 가격할인 방식

가격할인이란 고객을 확보하고 판매를 증진시키기 위한 차별적 가격정책의 한 유형이다. 효과적인 구매를 위해서는 다양한 가격할인 방식을 이해하고 적절한 구매조건을 제시하여 가격 교섭력을 높여야 한다.

1) 현금할인 방식

매매계약 시 연불(대금지급일을 연기) 또는 어음지불을 대금결제 조건으로 하거나 장기결제 등이 관례화되어 있는 경우에 지불기일 이전에 판매대금을 현금으로 지불하는 거래처에게 판매가의 일부를 차감해주는 방식이다. 할인폭의 결정은 일반적으로 이자, 수금비용, 대손손실 예측비 등에 해당하는 금액이며, 현금지불 거래처를 우대하고 자본회전율을 높이는 장점이 있다.

① 선일부현금할인(advanced dating)

거래일자를 늦추어 기입하여 대금지불 일자를 연기하여 현금할인의 기산일을 실제 거래일보다 늦추어 잡게 되는 방식이다. 예컨대 거래일이 10월 1일인 경우 거래일자를 10월 15일로 기입하고 '3/10 advanced'를 결제조건으로 하면 할인기산일로부터 10일 이내, 즉 10월 25일까지만 지불이 되면 3%의 현금할인이 적용되도록 하는 방식이다.

② 특인(특별)기간현금할인(extra dating)

할인판매 등의 특별히 인정된 기간 동안 현금할인기간을 추가로 적용하는 방식이다. 예컨대 '4/10−30 days extra'로 결제조건이 표시되는 경우는 거래일로부터 10일 이내의 현금지불에 대하여 4% 할인을 인정하며, 특별히 추가로 30일간 할인기간을 연장한다는 의미로서 거래일로부터 총 40일간 현금할인이 적용되는 방식이다.

③ 구매당월락현금할인(EOM : End of Month dating)

구매당월은 할인기간에 산입하지 않고 익월부터 시작하는 방식이다. 예컨대 3월 25일 거래일의 결제조건이 '3/10 EOM'인 경우 3%의 할인을 받으려면 4월 10일까지 대금을 지불하면 된다. 관습상 25일 이후의 구매는 익월에 행해진 것으로 간주되어 그 할인기간이 익월의 1일부터 기산되어지는 것이 보통이다.

④ 수취일기준현금할인(ROG : Receipt of Goods dating)

할인기간의 시작일을 거래일로 하지 않고 송장(invoice)의 인수일을 기준으로 할인하는 방식이다. 무역거래 등의 원거리 수송이 필요할 때 구매거래처의 대금지급일을 연기해주는 효과가 있다. 예컨대 '4/10 ROG'인 경우 선적화물 수취일로부터 10일 이내에 현금지급일 경우 4% 할인이 적용되는 방식이다.

⑤ 선불기일현금할인(anticipation)

현금할인 이외에도 현금할인 만기일 이전에 선불되는 기일에 비례하여 이자율을 차감해 주는 방식이다. 예컨대 30일 이내에 현금지불 시 2%의 현금할인과 더불어 이자율 1%의 선불금 할인을 적용하는 방식이다.

2) 수량할인 방식

일정 거래량 이상의 대량구매자에 대한 할인방식으로서, 대량판매의 경우 상품회전율이 높아져서 보관비용과 재고투하자본비용이 절감되므로 그 비용의 절감분을 고객에게 환원시키는 할인방식이다. 수량할인은 실질적인 판매가격 할인효과가 있어 대량구매와 계속 구매를 권장하는 판매효과가 나타날 수 있다.

① 비누적수량 할인과 누적수량 할인

비누적수량 할인은 1회 구매량을 기준으로 기준수량 이상을 일시에 구입할 때 판매금액의 일부를 할인하는 방식이다. 반면 누적수량 할인은 일정기간 동안의 총 구매량이 기준수량 이상일 때 적용하는 수량할인이다. 누적수량 할인에 비하여 비누적수량 할인이 비용의 절감효과가 크므로 비누적수량 할인 방식이 수량할인의 본래 목적에 더욱 적합한 방법이라고 할 수 있다.

② 품목별 할인과 종합적 할인

품목별 할인은 어떤 품목이 부피, 무게, 성질, 취급방법 등의 그 특성 때문에 판매과정에서 많은 비용이 발생할 때 판매비 절감효과가 큰 특정 품목에 대하여 수량할인을 적용하는 방법이다. 반면 총합적 할인은 판매비절감 차이가 품목별로 구분하기 어려운 유사한 품목으로 구성된 경우 적용하는 총 판매량에 대한 수량할인 방식이다.

③ 판매금액별 할인과 판매수량별 할인

판매금액 또는 판매수량의 단계별로 할인율을 다르게 적용하는 방식이다. 예를 들면 판매금액별 할인은 100만 원 미만까지는 할인율 0%, 100~200만 원 2%, 200만 원 이상은 3% 적용 등이다. 판매수량별 할인은 판매금액 대신 판매수량을 적용하는 방법이다. 한편 판매수량별 할인방식은 판매금액별 할인방식에 비하여 상품가격이 변화에 따라 할인금액 단계와 할인율을 조정할 필요가 없으므로 보다 적용이 수월할 뿐만이 아니라 할인율의 판매이익 기여효과에 대한 분석도 분명해지는 장점이 있다.

3.3 공급자 선정

효율적인 구매를 위해서는 구매목적에 적합한 공급자를 선정하는 것이 매우 중요한 전제조건이 된다. 최적의 공급자는 가격·품질·납기·거래조건 등에서 구매자가 요구하는 기대수준 이상의 조건, 즉 낮은 가격, 불량률, 납기준수율, 결제조건, 기타 사후관리 등을 충족하는 공급자라고 할 수 있다. 공급자를 선정하는 방법은 평점 방식과 경쟁 방식이 있다.

(1) 평점 방식

평점 방식은 공급자에 대한 여러 가지 평가요소를 마련하고 각 평가기준을 측정할 수 있는 평가항목과 평가기준이 포함된 평가표에 의하여 평가대상 기업들을 평가한 후, 최고의 평가점수를 받은 기업을 공급자로 선정하는 방식이다. 이 방식은 다양한 평가요소를 이용하여 평가하므로 종합적이고 객관적인 평가가 가능하다는 장점을 가진다.

(2) 경쟁 방식

1) 일반경쟁 방식

구매대상 물품의 규격, 시방서, 구매조건 등의 내용을 널리 공고하여 일정한 자격을 가진 불특정 다수인의 입찰 희망자를 모두 경쟁 입찰에 참여시켜 구매에 가장 유리한 조건을 제시하는 공급자를 선정하는 방법이다. 입찰이란 다수의 경쟁자가 낙찰희망 예정가격을 기입한 신청서를 각자 제출하게 하여 그 중에서 최저 판매가 등을 제시한 입찰자를 선정하는 방법이다.

2) 지명경쟁 방식

구매담당자가 과거의 신용과 실적 등을 기준으로 하여 공급자로서 적합한 자격을 갖추었다고 인정하는 다수의 특정한 경쟁참가자를 지명하여 경쟁 입찰에 참가하도록 하는 방법이다. 이 방식은 신용, 실적, 경영상태가 우량한 공급자를 지명할 수 있으므로 구매 계약이행에 대한 신뢰성을 확보하고 구매계약에 소요되는 비용과 절차를 간소화할 수 있는 장점이 있으며, 특히 긴급구매에 적합하다. 한편 입찰참가자를 지명함에 있어 공정성을 염두에 두고 지명에 신중을 기하여야 한다.

3) 제한경쟁 방식

입찰참가자의 자격을 제한하지만 자격을 갖춘 모든 대상자를 입찰참가자에 포함시키는 방법이다. 일반경쟁 방식과 지명경쟁 방식의 중간적 성격으로서 두 방식의 단점을 보완하고 경쟁의 장점을 유지시켜 구매 목적을 효과적으로 달성하기 위한 방법이다.

4) 수의계약 방식

수의계약은 경쟁 입찰 방법에 의하지 않고 특정 기업을 공급자로 선정하여 구매계약을 체결하는 방법이다. 구매 품목을 제조하는 공급자가 유일한 경우, 구매조건을 이행할 수 있는 능력을 갖춘 경쟁자가 없는 경우, 구매금액이 소액인 경우, 또는 경쟁 입찰을 할 수 없는 특별한 상황인 경우 등의 특수한 사정이 있는 경우에 한하여 적용할 수 있다.

수의계약의 장·단점을 요약하면 다음과 같다.

장점	단점
• 절차가 간편하고 구매계약 과정에서 발생하는 비용과 인원을 절감할 수 있다. • 신용이 확실하고 안정적인 공급자를 선정할 수 있다. • 공급금액에 대하여 협의가 가능하므로 공급단가가 시중물가 급등에 크게 영향을 받지 않는다.	• 공급자를 선정할 때 공정성을 잃기 쉽고 정실 계약이 될 수 있다. • 계약과정에 대한 의심을 받기 쉽다. • 불합리한 가격으로 계약이 체결될 수 있다. • 좋은 조건을 제시하는 다른 공급자를 선정할 기회가 상실된다.

3.4 구매계약

구매계약은 매매당사자간에 매매의사를 합의함으로 성립되는 법률적 행위이다. 모든 구매에서 구매계약을 반드시 해야 하는 것은 아니지만 거래금액이 클 경우, 장기간의 포괄적 거래내용을 정해야 할 필요가 있을 경우, 혹은 특별한 계약내용을 추가해야 하는 경우에는 계약의 근거를 확인하고 분쟁의 발생을 방지하기 위하여 매매계약서를 작성하는 것이 바람직하다.

(1) 구매계약의 성립

일반적으로 매매당사자가 매매계약서를 서로 교환하거나 계약서가 상대방에게 전달되면 계약이 성립된다. 또한 구매담당자의 구매통지나 주문서 전달만으로도 매매상대방이 매매를 승낙한다면 계약이 성립된 것으로 법률에 의해 규정되고 있다. 따라서 구매승낙 후의 계약서의 작성은 이미 성립한 계약내용을 문서화하는 형식적인 행위에 불과하지만 향후 거래과정에서 수량, 품질, 납기, 기타 거래조건에 대하여 문제가 발생할 가능성이 있을 경우에는 구매계약서를 작성하여 두는 것이 바람직하다. 한편 구매계약에 대한 해제는 이미 발생된 행위를 소급하여 무효로 함을 의미하며, 해지는 미래에 대해서만 법률적 효력을 무효로 함을 말한다.

(2) 거래조건

구매계약에서 구매조건은 다양한 내용을 포함할 수 있으며, 대표적인 거래조건에는 다음과 같은 사항을 들 수 있다.
- 대금지급 방법
- 가격인하 또는 할인내용
- 선급금 또는 전도금
- 물품 인도장소
- 하역 · 수송 방법 등

구매계약 시 총 계약금액을 결정할 때 총액 방식, 개별가격 방식, 희망수량 가격 방식 등을 이용하며, 계약수량을 기준으로 할 때에는 확정수량 방식이나 개산수량(수량을 개략적으로 계산) 방식에 의하여 계약금액을 결정하기도 한다.

단원별 출제유형 알아보기

01 공급자의 가격결정 방식은 가격결정 기준에 따라 비용중심적, 구매자중심적, 경쟁자중심적 가격결정 방식 등으로 구분할 수 있다. 이때 비용중심적 가격결정 방식이 아닌 것은?

① 손익분기점분석 방식
② 구매가격예측 방식
③ 코스트플러스 방식
④ 가산이익률 방식

02 비용 중심적 가격결정 방법은 제품의 생산 또는 판매에 지출되는 총비용을 포함하고 목표이익을 달성할 수 있는 수준에서 판매가격을 결정하는 방법이다. 다음 중 비용 중심적 가격결정 방법으로 적합하지 않은 것은?

① 가산이익률 방식: 제품단위당 매출원가에 적정이익이 가능한 가산이익률을 곱하여 가격을 결정하는 방식
② 목표투자이익률 방식: 기업이 목표로 하는 투자이익률을 달성할 수 있도록 가격을 결정하는 방식
③ 경쟁기업 가격기준 방식: 자사의 시장점유율, 이미지, 제품경쟁력 등을 고려하여 판매이익 보다는 경쟁기업의 가격을 기준으로 전략적으로 판매가격을 결정하는 방식
④ 손익분기점분석 방식: 손익분기점의 매출액 또는 매출수량을 기준으로 가격을 결정하는 방식

03 '경쟁자중심적 가격결정 방식'에 대한 설명으로 옳지 않은 것은?

① 경쟁환경을 고려하여 시장점유율을 높이기 위한 방법이다.
② 경쟁기업의 가격을 기준으로 전략적으로 가격을 결정한다.
③ 생산비용보다는 제품에 대한 소비자의 평가나 수요를 우선 고려한다.
④ 경쟁자를 이기기 위하여 판매이익을 고려하지 않는다.

04 [보기]의 상황에 해당하는 가격유형으로 가장 적절한 것은?

> **보기**
>
> ㈜우리교통은 우리시의 대중교통 서비스를 제공하는 시내버스 운영회사 중 하나이다. 최근 유가상승으로 인한 물가상승 등의 이유로 다음 달부터 시내버스 요금을 다른 버스회사와 함께 10% 인상하기로 결정하였다.

① 정가가격
② 교섭가격
③ 시중가격
④ 협정가격

05 다음 중 수의계약에 의한 구매계약을 체결하는 과정에서 결정되는 구매가격의 유형으로 적합한 것은?

① 정가가격
② 교섭가격
③ 시중가격
④ 협정가격

06 다음 중 공급자 선정방식에 대한 설명으로 적합하지 않은 것은?

① 제한경쟁방식은 자격을 갖춘 모든 대상자를 입찰참가자에 포함시킨다.
② 평점방식은 공급자 평가를 위하여 평가기준이 포함된 평가표가 필요하다.
③ 일반경쟁방식은 경쟁자의 제시가격을 확인한 후, 입찰가격을 다시 조정한다.
④ 지명경쟁방식은 다수의 특정한 경쟁참가자를 지명하여 경쟁입찰에 참가시킨다.

07 다음은 구매가격을 할인해 주는 방법을 설명한 것이다. 이 중 적절하게 설명되지 않은 것은?

① 비누적수량할인은 매번 구매량에 상관없이 일률적으로 할인한다.
② 누적수량할인은 일정기간 동안의 구매총량이 일정 이상에 달했을 때 적용한다.
③ 품목별할인은 전체 수주량보다는 품목별 수주량이 판매비 절감에 도움이 될 경우 적용한다.
④ 총합적할인은 품목별 수주량보다는 전체 수주량이 판매비 절감에 도움이 될 경우 적용한다.

08 현금할인 방식은 현금지불 거래처를 우대하고 자본회전율을 높이는 장점이 있다. 다음 결제조건 중 현금할인을 가장 오랫동안 받을 수 있는 방식은?

① 선적화물 수취일이 11월 15일인 경우에서 '3/10 ROG' 조건
② 거래일자를 11월 15일로 기입한 경우에서 '3/10 advanced' 조건
③ 거래일이 11월 15일인 경우에서 '3/10 EOM' 조건
④ 거래일이 11월 15일인 경우에서 '3/10 - 10 days extra' 조건

09 현금할인 방식은 지불기일 이전에 판매대금을 현금으로 지불하는 거래처에게 판매가의 일부를 차감해 주는 방식이다. 만일 거래일이 2월 25일이고 송장의 수취일이 3월 10일이면서 결제조건이 "3/10 ROG"일 경우, 현금할인을 적용받을 수 있는 최종결제일은 언제인가?

① 3월 5일
② 3월 10일
③ 3월 15일
④ 3월 20일

10 구매원가의 분석은 시장가격의 적정성을 판단하고 적정한 구매가격을 결정하는 데 중요한 역할을 한다. 다음 구매원가에 대한 설명 중 올바르지 않은 것은 무엇인가?

① 일반적으로 구매원가의 3요소는 재료비, 노무비, 경비로 구성된다.
② 직접원가는 직접재료비 등과 함께 다수의 제품에 공통적으로 소비되는 원가요소도 포함한다.
③ 총원가 또는 판매원가는 제조원가와 판매 및 일반관리비를 포함한다.
④ 고정원가는 생산량의 증가에 따라 단위원가가 감소하는 특성이 있다.

11 다음 [보기]는 원가의 유형들에 대한 설명이다. 각각을 올바르게 짝지은 것은 무엇인가?

┤ 보기 ├

A. 과거 제조경험을 고려하고, 향후 제조환경을 반영하여 미래 산출될 것으로 기대하는 추정원가
B. 완제품의 제조과정에서 발생한 원가
C. 이상적인 제조과정이 진행된 경우 발생할 수 있는 이상적인 원가

① A - 표준원가, B - 실제원가, C - 예정원가
② A - 실제원가, B - 예정원가, C - 표준원가
③ A - 표준원가, B - 예정원가, C - 실제원가
④ A - 예정원가, B - 실제원가, C - 표준원가

01 ② 비용(원가)중심적 가격결정 방식: 코스트 플러스 방식, 가산이익률 방식, 목표투자이익률 방식, 손익분기점분석 방식

02 ③ 비용(원가)중심적 가격결정 방식: 코스트 플러스 방식, 가산이익률 방식, 목표투자이익률 방식, 손익분기점분석 방식

03 ③

04 ④
[구매가격의 유형]
- 정가가격: 판매자가 자기의 판단으로 결정하는 가격이며, 서적, 화장품, 약국, 맥주 등과 같이 전국적으로 시장성을 가진 상품에 주로 적용한다.
- 개정가격: 판매자가 그 당시의 환경과 조건에 따라 결정하는 가격
- 교섭가격: 거래 당사자간의 교섭을 통하여 결정되는 가격, 예) 건축공사, 광고료 등
- 시중가격: 시장에서 수요와 공급의 균형에 따라 변동되는 가격, 예) 어류, 꽃, 철광, 견사 등
- 협정가격: 다수의 판매자가 서로 협의하여 일정한 기준에 따라 결정하는 가격, 예) 교통비, 이발료, 목욕료 등

05 ② 수의계약 시에는 계약당사자의 교섭을 통해 가격을 결정한다.

06 ③ 일반경쟁방식은 경쟁자의 제시가격을 확인한 후 입찰가격을 조정하지 않는다.

07 ① 비누적 수량할인은 매번 구매량이 일정 이상에 달했을 때 적용한다.

08 ③ 구매당월락금할인, 12월 10일까지 할인
① 수취일기준현금할인, 11월 25일까지 할인
② 선일부현금할인, 11월 25일까지 할인
④ 특별기간현금할인, 12월 5일까지 할인

09 ④ 수취일기준현금할인, 수취일이 3월 10일이므로 3월 20일까지 할인

10 ② 다수의 제품에 공통적으로 소비되는 원가요소는 간접원가에 포함된다.

11 ④
[원가의 분류]
- 표준원가: 기업이 이상적인 제조활동을 하는 경우에 소비될 원가로 경영의 목표가 될 이상적이고도 모범적인 예정원가이다.
- 예정원가: 제조작업 개시 전에 과거의 경험을 기초로 하고, 여기에 장래 발생할 추정액을 가감하여 산출한 원가이다.
- 실제원가: 제조 작업이 종료되고 제품이 완성된 후에 그 제품 제조를 위하여 생겨난 가치의 소비액을 산출한 원가이다.

제3부

생산이론

생산계획 및 통제

NCS 학습을 위한 능력단위 확인하기

능력단위	수준	능력단위 요소
작업계획수립 (0204010304_23v3)	5	작업 투입계획 수립하기 (0204010304_23v3.1)
		작업부하 조정하기 (0204010304_23v3.2)
		작업 진도관리하기 (0204010304_23v3.3)

01 생산관리의 이해

1.1 생산관리의 의의

(1) 생산관리의 개념

생산관리란, 생산시스템의 생산효율을 극대화할 수 있도록 생산활동이나 생산과정을 관리하는 것이다. 즉 생산시스템을 계획 · 지휘 · 조정 · 통제함으로써 생산효율을 극대화시키는 일련의 관리활동을 의미한다.

여기서 생산(production)이란 생산 요소(투입물)를 유 · 무형의 경제제(산출물)로 변환시킴으로써 효용을 산출하는 과정이다.

기업은 이와 같이 생산 · 운영관리 활동을 통해서 고객의 요구를 충족시킬 수 있도록 특정의 제품을 적정하게 만들어야 하며, 나아가 얼마의 원가로 만들 것인지에 관한 기업 내부적 요구를 동시에 충족시켜야 한다.

이러한 일련의 생산관리를 통해 기업은 보다 양질의 제품을 보다 신속하고 저렴하게 생산할 수 있게 된다.

(2) 생산관리의 목표

생산관리의 목표는 생산성과 경제성의 향상에 있다. 생산시스템은 일종의 투입-산출 시스템이다.

생산 · 운영관리는 이러한 시스템을 효율적으로 관리함으로써 투입에 대한 산출의 비율을 극대화하고자 하며, 산출물을 물량으로 표현할 때에는 생산성이 되지만 가치액으로 표현하면 경제성의 향상이 된다.

생산 · 운영관리의 구체적 목표는 다음과 같이 원가(비용), 품질, 시간(납기), 유연성으로 구분할 수 있다.

1) 원가(비용) - 최소의 원가 목표이다.

생산에 투입되는 재료비, 노무비, 제조경비를 적절하게 통제하며, 생산효율화를 위해 완제품과 원자재의 재고는 최소한으로 유지한다.

2) 품질 - 최고의 품질 목표이다.

높은 품질이란 경쟁업체의 품질보다 월등히 높고 비싼 가격에도 불구하고 잘 팔릴 수 있을 만큼 충분히 좋은 품질로 정의된다.

3) 시간(납기) – 최단의 시간 목표이다.

고객이 원하는 시간과 장소에 제품이나 서비스를 인도할 수 있는 생산의 능력을 의미한다.

4) 유연성 – 최대의 유연성이다.

수요의 변동에 따라 생산수량을 신속히 조절할 수 있고, 소비자의 요구나 취향에 맞추어 신속하게 신제품을 개발하거나 제품디자인을 다양하게 변경할 수 있는 능력을 말한다.

 1.2 생산성

(1) 생산성의 개념

생산성(productivity)이란 제품 생산이나 서비스 제공에 있어 투입대비 얼마만큼의 산출이 이루어졌는지를 나타내는 지표, 즉 생산을 위해서 투입된 재화와 용역에 대한 생산효과 또는 산출액의 비율로서 생산활동에 투입된 모든 경제적 자원의 효율성을 의미한다.

> 생산성 = 산출량 ÷ 투입량

(2) 생산성의 측정

생산성 측정은 단일의 투입요소로 측정되는 부분생산성, 두 가지 이상의 투입요소로 측정되는 다요소생산성, 모든 투입요소로 측정되는 총요소생산성 등으로 측정될 수 있다. 생산성 척도는 주로 측정목적에 따라 다음의 예와 같이 다르게 선택된다. 예컨대 측정목표가 노동생산성이라면 노동력이 주된 투입척도가 된다.

▌생산성 측정 유형의 예▐

부분 척도	산출량 ÷ 노동, 산출량 ÷ 기계, 산출량 ÷ 자본, 산출량 ÷ 에너지
다요소 척도	산출량 ÷ (노동 + 기계), 산출량 ÷ (노동 + 기계 + 자본)
총요소 척도	제품 혹은 서비스 ÷ 생산활동에 사용된 모든 투입량 생산된 모든 산출물 ÷ 사용된 모든 투입물

▌부분생산성 척도의 예 ▌

노동생산성	• 노동 시간당 산출량 • 교대 횟수당 산출량 • 노동 시간당 부가가치 • 노동 시간당 산출물의 화폐가치
기계생산성	• 기계작동 시간당 산출량 • 기계작동 시간당 산출물의 화폐가치
자본생산성	• 투자된 화폐 단위당 산출량 • 투자된 화폐 단위당 산출물의 화폐가치
에너지생산성	• 전력사용 시간당 산출량 • 전력사용 단위당 산출물의 화폐가치

실무예제

[생산성]

1) 3명의 작업자가 8시간 동안 페인트 공사 1,200㎡를 완성하였다.

  노동생산성 = 페인트 공사 규모 / 작업시간

  = 1,200㎡ / (3명 × 8시간)

  = 50㎡ / 시간

2) 2대의 기계가 5시간 동안 1,000개의 부품을 생산하였다.

  기계생산성 = 부품생산량 / 생산시간

  = 1,000개 / (2대 × 5시간)

  = 100개 / 시간

실무예제

[생산성 향상]

10시간의 작업시간을 들여 제품 10개를 만들었는데, 공정을 개선하여 제품 1개당 작업시간을 20% 단축시켜 같은 양의 제품을 생산할 수 있다면 이 회사의 생산성은 얼마나 향상되었는가?

• 10시간에 10개 생산하면 시간당 1개 생산

• 8시간(작업시간 20% 단축)에 10개 생산하면 시간당 1.25개 생산

  생산성 향상 = (1.25 − 1) ÷ 1 = 0.25(25% 향상)

02 생산시스템

2.1 생산시스템의 기본구조

생산시스템은 생산목표를 달성하기 위해 각종 자원을 효율적으로 결합하여 제품이나 서비스를 만들어 내는 것을 의미한다. 다음의 도표와 같이 생산시스템은 기본적으로 투입, 변환과정, 산출, 피드백이라는 구조이다.

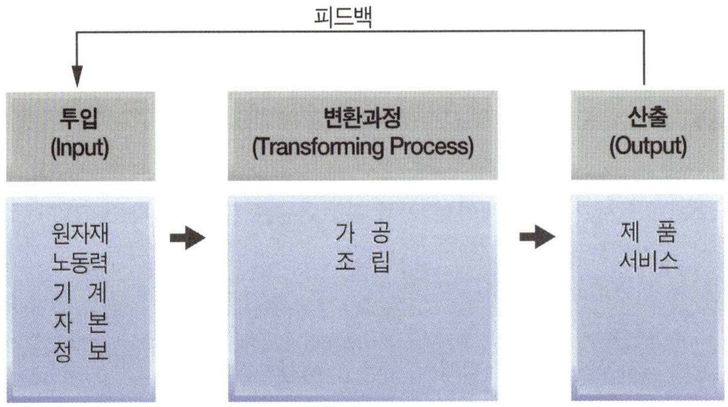

2.2 생산시스템의 설계

생산시스템 설계는 다음과 같이 제품설계, 공정설계, 생산능력 결정, 입지선정, 설비배치, 작업설계 및 측정의 단계로 진행되며, 때로는 다음 단계의 결정이 앞의 단계에 영향을 미치기도 한다.

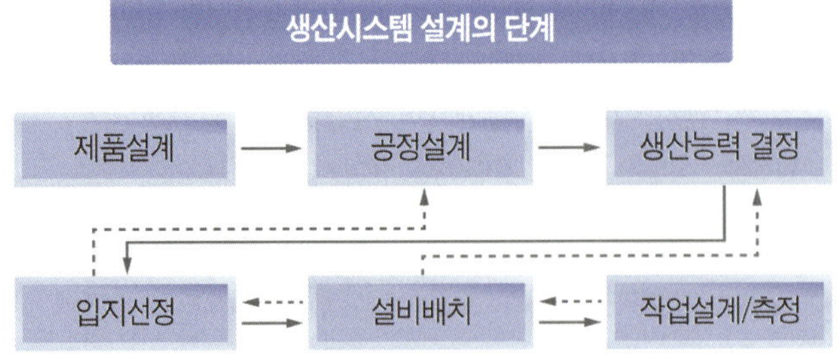

※ 실선은 단계를 나타낸다. 그러나 점선과 같이 뒷 단계의 결정이 앞의 단계에 영향을 미치기도 한다.

① 제품설계: 고객의 요구사항, 경쟁제품, 시장상황 등을 분석하여 무엇을 생산할 것인 가를 결정한다.

② 공정설계: 제조방식을 결정하는 것으로 어떻게 생산할 것인가를 결정한다. 생산공정 은 프로젝트 공정, 배치생산 공정, 대량생산 공정, 연속생산 공정 등으로 구분된다.

③ 생산능력 결정: 일정기간 동안 특정한 조직이 만들어낼 수 있는 최대의 생산량을 결 정한다.

④ 입지선정: 제품을 생산하는 물리적 공간의 결정은 생산투입요소의 공급비용을 최소 화하여야 한다.

⑤ 설비배치: 제품생산을 위한 자재의 흐름, 고객에게 서비스를 제공하기 위한 업무흐 름에 따라 시설을 배치한다.

⑥ 작업설계 및 측정: 각 공정 내에서 개별 작업 하나에 대하여 작업내용과 작업방법을 결정한다. 작업시간 측정은 동작연구(motion study)에 의해 특정 작업에 필요한 미 세한 동작을 분해한 다음, 시간연구(time study)에 의해 동작에 소요되는 시간을 측 정하여 표준작업시간을 도출한다.

2.3 생산시스템의 유형

생산시스템의 기본구조를 바탕으로 생산시스템과 공정을 설계할 때, 생산방식이나 제 조전략에 따라 다음과 같이 분류할 수 있다.

(1) 생산방식에 따른 분류

1) 프로젝트(Project Shop) 생산방식

건물이나 교량, 선박 등의 경우에 생산 장소의 제한을 받으며, 제품은 고정되어 있고 자재 투입 및 생산공정이 시기별로 변경되는 이들은 제조의 개념보다는 구축의 개념이 적합한 제품들이다.

제품구조를 중심으로 한 BOM을 만들 수는 있으나, 한번밖에 사용되지 않기 때문에 MRP를 적용하기에는 비효율적이다.

이 방식에서는 작업분류체계(WBS: Work Breakdown Structure)에 기초하여 각 행위 의 전후관계와 소요기간을 활용한 전통적 스케줄링 방식인 PERT/CPM 기법이 주로 사용 된다.

2) 개별(Job Shop) 생산방식

항공기, 치공구, 가구, 기계장비 등 개별주문에 의한 방식이다. 소량생산이 이루어지므로 공장의 구성이 유동적이다.

작업장은 여러 종류의 부품을 가공해야 하므로 범용성 있는 장비가 사용되며, 비슷한 기술이나 장비를 기준으로 만들어진다. 작업 대상물이 필요한 작업장으로만 이동되며 제품이나, 생산량의 변경이 비교적 용이하나 재공 재고가 많다.

3) 반복 생산방식

자동차, 텔레비전, 카메라, 컴퓨터 등 주로 반복생산이 이루어지고 있는 제품으로써 대량데이터 처리, 시간단축 등으로 효율화시킨 MRP가 적용되고 있으며, 부품조달과 절차개선에 JIT 기법이 광범위하게 이용되고 있다.

4) 흐름(Flow Shop) 생산방식

액체, 기체, 혹은 분말 성질을 가진 석유, 화학, 가스, 음료수, 주류, 철강 등의 제품에 적용된다.

즉 한두 종류의 원자재가 파이프라인을 통해 공정으로 이동되고, 각 공정의 옵션에 따라 몇 가지의 제품을 생산하는 방식이다. 반복생산보다 더 많은 자동화가 이루어져 거의 작업자의 손을 거치지 않는다.

개념 익히기

Job Shop, Flow Shop, Project Shop의 특징

Job Shop(개별생산)	Flow Shop(흐름생산)	Project Shop
• 단속생산 • 주문에 의한 생산 • 범용기계 • 공정별 기계배치 • 큰 유연성 • 숙련공 • 공장 내의 물자이송(물류)량이 큼	• 연속생산 • 특수기계의 생산라인 • 적은 유연성 • 물자이송(물류)량이 적음 • 전용기계 • 제품별 배치 • 비숙련공도 투입 • 대량 및 재고생산 (make-to-stock)	• 제품은 고정 • 설비나 작업자가 이동

(2) 제조전략에 따른 분류

1) 계획생산(MTS: Make-To-Stock)

Make-To-Stock은 주로 생산계획에 의해 운영되는 Push System으로 완제품을 재고로 가지고 있다가 고객의 주문에 맞추어 공급하는 전략이다. 대부분의 공산품은 이러한 전략으로 생산된다.

Make-To-Stock으로 생산되는 제품들은 일반적으로 저가품이며, 소품종 대량생산 제품으로 다양한 옵션을 가지고 있지 않다.

2) 주문생산(MTO: Make-To-Order)

Make-To-Order는 고객의 주문에 의해 운영되는 Pull System으로 고객의 주문이 들어오면 원자재의 가공, 반제품의 생산 및 완제품의 조립이 이루어지는 형태이다. 고객의 주문이 접수되기 전에는 고객의 요구사항을 정확하게 파악할 수 없기 때문에 주문접수 후 일정, 수량, 자재 등이 결정된다.

따라서 다품종 소량생산 형태를 띠게 된다.

3) 주문조립생산(ATO: Assemble-To-Order)

Assemble-To-Order는 주문생산(MTO)의 일종으로 반제품을 재고로 보관하고 있다가, 고객의 주문에 맞추어 조립한 후에 제품을 공급하는 전략이다.

주로 자동차와 같이 옵션의 종류가 많고 고가인 제품의 생산전략으로 이용된다.

4) 주문실계생산(ETO: Engineer-To-Order)

Engineer-To-Order는 주문생산(MTO)의 일종으로 고객의 주문이 들어오면, 설계부터 시작해서 자재의 구입, 생산 및 조립을 하는 생산전략이다.

주로 항공기, 선박 그리고 금형 등 고가제품이면서 고객의 요구사항이 설계단계에 반영되어야 하는 제품의 생산에 이용된다.

이러한 생산전략은 해당 업체가 생산 제품별로 다르게 선택할 수도 있으며, 복수의 전략을 선택할 수도 있고, 제품의 수명주기 상에서 어떤 위치에 있는가를 기준으로 시점에 따라 생산전략을 다르게 선택할 수도 있다.

계획생산(MTS)과 주문생산(MTO)의 비교

구분	계획생산(MTS)	주문생산(MTO)
운영방식	수요예측	고객주문
운영시스템	Push System	Pull System
주요 관심대상	수요예측, 생산계획, 재고관리	납기준수

(3) 제품의 수명주기(Life Cycle)에 따른 구현전략

신제품이 출시되면서 서서히 성장하다가 성숙기를 거쳐 쇠퇴기에 접어들게 된다. 제품의 출시부터 생산 및 판매중단까지를 제품의 수명주기(life cycle)라고 한다.

제품의 수명주기는 도입기, 성장기, 성숙기, 쇠퇴기로 구분되는데, 생산되고 있는 제품이 현재 수명주기 상에서 어떤 위치에 있는가를 기준으로 각 시점에 따른 전략을 구현하여야 한다.

구분	구현전략
도입기(Introduction)	• R&D, 제품과 공정설계(비용, 일정관리) • 공급자를 고려한 공급망 설계
성장기(Growth)	• 예측(예측오차, 시간과 비용의 최소화) • 생산능력의 전략적 결정
성숙기(Maturity)	• 경쟁기업의 출현 • 기술과 제품의 혁신이 필요 • 원가와 품질의 경쟁력 확보
쇠퇴기(Decline)	• 제품의 단종이 타 제품군에 미치는 영향 분석 후 생산규모 축소 및 철수를 전략적으로 판단

단원별 출제유형 알아보기

01 10시간의 작업시간을 들여 10대의 선풍기를 만드는 공장에서 공정을 개선하여 선풍기 1대당 작업시간을 25% 감소시켜 같은 양의 선풍기를 생산할 수 있다면, 이 공장의 생산성은 약 몇 % 향상되었는가?

① 20.2%   ② 25.5%
③ 30.9%   ④ 33.3%

02 Job Shop 생산방식에 관한 내용에 해당하지 않는 것은?

① 대량생산이 이루어지므로 공장의 구성이 유동적이지 못하다.
② 제품이나 생산량의 변경이 비교적 쉬우나 재공 재고가 많다.
③ 작업장은 여러 종류의 부품을 가공해야 하므로 범용성 있는 장비가 사용된다.
④ 항공기, 치공구, 가구, 기계장비 등 주문자 요구에 의한 방식이다.

03 생산흐름방식에 따른 생산시스템의 유형을 분류하였을 경우, 불연속생산(단속생산)과 연속생산에 대한 특징으로 잘못 설명한 것은?

① 연속생산의 경우 단위당 생산원가가 낮다.
② 연속생산의 경우 전용 설비로 기계가 설치되어 있다.
③ 불연속생산의 경우 다품종 소량 생산방식을 적용한다.
④ 예측생산은 불연속생산일 경우에 적용하는 생산방식이다.

04 다음 중에서 Flow Shop 생산방식의 특징만을 나타낸 것은?

① 주문에 의한 생산, 큰 유연성
② 범용기계, 숙련공
③ 적은 유연성, 물자 이송량이 적음
④ 공정별 기계배치, 공장 내의 물자이송(물류)량이 큼

05 다음 [보기]에 가장 적합한 생산방식은?

> **보기**
>
> 액체, 기체 혹은 분말 성질을 가진 석유, 화학, 가스, 음료수, 주류, 철강 등의 제품에 적용된다. 즉 한두 종류의 원자재가 파이프라인을 통해 공정으로 이동되고, 각 공정의 옵션에 따라 몇 가지의 제품을 생산하는 방식이다.

① 반복 생산방식　　　　　　　　② 흐름 생산방식
③ 프로젝트 생산방식　　　　　　④ Job Shop 생산방식

06 ATO(Assemble-To-Order) 환경의 생산시스템에서 중요한 사항과 가장 거리가 먼 것은?

① Planning BOM의 활용이 매우 중요하다.
② 고객이 원하는 제품을 구성하는 프로세스이다.
③ 판매담당자와 고객 간의 합의 과정이 필요하다.
④ 고객의 주문을 수요예측하고, 이를 MPS의 입력자료로 활용한다.

07 다음 중 '반제품 재고로 가지고 있다가 고객의 주문에 맞추어 조립한 후에 완제품을 공급하는 전략'과 연계될 수 있으며, 주문 옵션형 제품생산에 가장 적합한 생산시스템은 무엇인가?

① Make-to-order　　　　　　　② Make-to-stock
③ Assemble-to-order　　　　　④ Engineer-to-order

08 일반적으로 납품 리드타임이 가장 긴 제조전략은 무엇인가?

① MTS(Make-To-Stock)　　　　② ATO(Assemble-To-Order)
③ ETO(Engineer-To-Order)　　④ MTO(Make-To-Order)

01 ④
- 기존 10대/10시간 = 1대/시간
- 개선 10대/7.5시간 = 1.3333대/시간
따라서, 시간당 생산성은 33.33% 향상되었다.

02 ① Job Shop 생산방식은 주문생산으로 이루어지므로 공장 구성의 유연성이 크다.
[생산방식의 특징]
- 개별생산방식(Job Shop): 단속생산, 주문에 의한 생산, 범용기계, 공정별 기계배치, 큰 유연성, 숙련공, 공장 내의 물자이송(물류)량이 큼
- 흐름생산방식(Flow Shop): 주로 석유, 화학, 가스, 주류 등 원자재가 파이프라인을 통하여 공정으로 이동되며, 각 공정의 옵션에 따라서 몇 가지의 제품을 생산하는 방식이다. 연속생산, 특수기계의 생산라인, 적은 유연성, 물자이송(물류)량이 작음, 전용기계, 제품별 배치, 비숙련공도 투입, 대량 및 재고생산(make-to-stock)에 해당
- 프로젝트생산방식(Project Shop): 제품은 고정, 설비나 작업자가 이동
- 연속생산방식(Continuous Production): 반복생산, 제품으로써 대량데이터 처리, 시간단축 등으로 효율화시킨 MRP가 적용되고 있으며, 부품조달과 절차개선에 JIT 기법이 광범위하게 이용

03 ④ 예측생산은 연속생산일 경우에 적용하는 생산방식이다.

04 ③

05 ②

06 ④ Assemble-To-Order는 주문생산(MTO)의 일종으로 반제품을 재고로 보관하고 있다가, 고객의 주문에 맞추어 조립한 후에 제품을 공급하는 전략이다. 이를 MPS의 입력자료로 활용하지는 않는다.

07 ③
① Make-to-order: 주문생산(MTO)은 고객의 주문에 의해 운영되는 Pull System으로, 고객의 주문이 들어오면 원자재의 가공, 반제품의 생산 및 완제품의 조립이 이루어지는 형태이다.
② Make-to-stock: 계획생산(MTS)은 주로 생산계획에 의해 운영되는 Push System으로, 완제품을 재고로 가지고 있다가 고객의 주문에 맞추어 공급하는 전략이다.
④ Engineer-to-order: 주문설계생산(ETO)은 주문생산(MTO)의 일종으로 고객의 주문이 들어오면, 설계부터 시작해서 자재의 구입, 생산 및 조립을 하는 생산전략이다. 주로 항공기, 선박 그리고 금형 등 고가제품이면서 고객의 요구사항이 설계단계에 반영되어야 하는 제품의 생산에 이용된다.

08 ③ ETO(Engineer-To-Order): 고객의 주문이 들어오면 설계를 시작해서 자재의 구입 및 생산, 조립을 하는 생산전략이다.

03 수요예측

수요예측은 기업 외부환경과 기업내부 생산자원 활용의 관계를 연결시켜 주면서 경영계획의 기초가 되므로 경영활동에서 매우 중요하다. 특히 판매에 대한 수요예측은 재고계획의 기초가 되어 생산계획을 세우는 데에 중요한 역할을 한다.

수요예측이란 재화나 서비스에 대하여 일정 기간 동안에 발생할 가능성이 있는 모든 수요(잠재＋현재(유효)수요)의 규모를 추정하는 것이다.

3.1 수요예측 방법

예측방법은 다음의 도표와 같이 크게 정량적 방법과 정성적 방법 두 가지로 구분된다. 정량(계량)적 방법은 계량화된 객관적인 자료를 이용하는 방법이며, 정성적 방법은 객관적인 자료가 없을 경우에 체계적으로 개인의 판단과 의견을 종합하여 분석하는 방법이다.

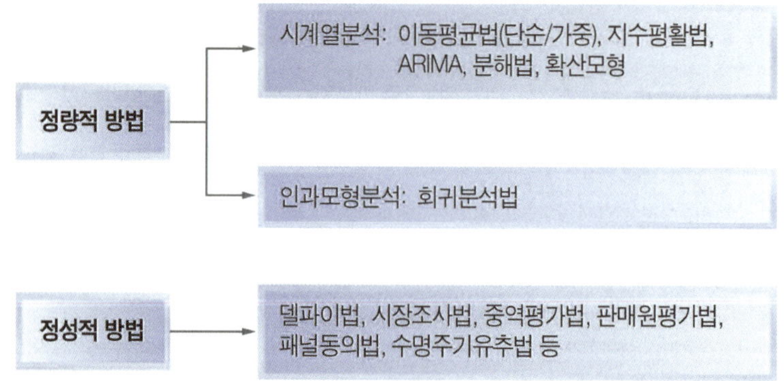

(1) 정량(계량)적 방법

1) 시계열분석

시계열분석 방법은 시간의 흐름에 따라 일정한 간격마다 기록한 시계열 데이터를 분석하여 예측하는 방법으로, 주로 단기 및 중기예측에 이용된다. 대표적으로 이동평균법, 지수평활법, ARIMA, 분해법, 확산모형 등의 방법이 있다.

시계열 데이터에는 다음과 같은 변동요인이 포함되어 있으므로 분석과정에서 반드시 고려되어야 한다.

- 경향 및 추세변동: 오랜 기간 동안의 수요 경향 또는 추세적으로 나타나는 장기적인 변동
- 순환변동: 경기변동 등과 같이 1년 이상의 기간에 걸쳐 발생하는 일정한 주기의 변동
- 계절변동: 매년 반복되는 계절 변화에 따른 단기적인 변동
- 불규칙변동: 우발적으로 발생하는 불규칙적인 변동

① 이동평균법

일정 기간 동안의 제품 판매량을 기준으로 장기간의 평균적인 추세를 통해 수요를 예측하는 방법이다. 이동평균법은 과거 일정 기간의 실적치에 동일한 가중치를 부여하여 단순평균치로 계산되는 단순이동평균법과 일정 기간 중 최근의 실적치에 높은 가중치를 부여해 계산하는 가중이동평균법이 있다.

실무예제

단순이동평균법과 가중이동평균법의 계산

월간판매량이 다음과 같을 경우, 7월의 판매량 예측결과를 단순이동평균법과 가중이동평균법을 통해 계산하시오.

월	1월	2월	3월	4월	5월	6월	7월
판매량(개)	25	30	40	46	51	55	?

- 단순이동평균법
  7월의 예측판매량 $= (0.25 \times 40) + (0.25 \times 46) + (0.25 \times 51) + (0.25 \times 55) = 48$개
  가중이동평균법
  7월의 예측판매량 $= (0.10 \times 40) + (0.20 \times 46) + (0.30 \times 51) + (0.40 \times 55) = 50.5$개

② 지수평활법

예측 대상제품의 모든 판매량 자료를 이용하여 최근의 자료일수록 더 큰 비중을, 오래된 자료일수록 더 작은 가중치를 부여하여 계산하고 그 추세를 통해 수요를 예측하는 방법이다. 이때 평활상수(계수) α값의 범위는 $0 \leq \alpha \leq 1$이며, 평활상수 α값이 크면 최근의 변동을 더 많이 고려한다는 의미이고, α값이 작아지면 과거의 변동을 더 많이 고려한다는 의미이다.

- 당기예측치 = 지수평활계수(α) × 전기실적치 + (1 − 지수평활계수(α)) × 전기예측치
- 차기예측치 = 당기예측치 + 지수평활계수(α) × 최근의 예측오차(당기실적치 − 당기예측치)

> **💭 실무예제 ⊙**
>
> **지수평활법**
> 지난 8월은 총 500대의 컴퓨터를 판매하였으며, 8월의 판매예측치는 450대였다. 평활계수는
> 0.2일 경우에 9월의 예측치는 얼마인가?
> 당기예측치 = 지수평활계수(α) × 전기실적치 + (1 − 지수평활계수(α)) × 전기예측치
> $\qquad\quad$ = 0.2 × 500 + (1 − 0.2) × 450
> $\qquad\quad$ = 460대

③ ARIMA(Auto Regressive Integrated Moving Average)

판매자료 간의 상관관계를 분석하여 상관요인과 이동평균요인으로 구분하고, 이를 통해 수요를 예측하는 방법이다. 계절변화에 따른 수요변화 등을 분석하는데 주로 이용된다.

④ 분해법

과거 판매 자료가 갖고 있는 특성의 변화를 추세변동, 순환(주기)변동, 계절변동, 불규칙변동 등으로 구분하여 예측한 후 이를 종합하여 수요를 예측하는 방법이다. 계절성이 있는 소비재의 경우에는 오랜 기간의 과거자료를 이용하여 분석하는 것이 예측의 정확도를 높일 수 있다.

⑤ 확산모형

제품수명주기이론을 바탕으로 제품이 확산되는 과정을 혁신효과와 모방효과로 구분하여 추정하고 이를 통해 수요를 예측하는 방법이다. 과거 데이터의 수집이 불가능하거나 초기 데이터 일부만 활용이 가능한 상황일 때 제품수명주기 이론을 바탕으로 수요를 예측하며, 주로 신제품이나 신기술에 대한 수요예측에 많이 활용된다.

2) 인과모형분석

인과모형분석 방법에는 수요와 밀접하게 관련되어 있는 변수들과 수요와의 인과관계를 분석하여 선형모형을 만들어 수요를 예측하는 회귀분석법이 있다. 단일회귀분석과 다중회귀분석으로 구분되며, 회귀분석은 단기예측의 정확도는 떨어지나 중·장기예측에는 적합한 분석기법이다.

(2) 정성적 방법

1) 델파이(Delphi)법

예측하고자 하는 대상의 전문가그룹을 설정한 다음, 전문가들에게 여러 차례 질문지를 배부하여 의견을 수렴함으로써 수요를 예측하는 방법이다. 시간과 비용이 많이 드는 단점

이 있으나, 예측에 불확실성이 크거나 과거의 자료가 없는 경우 유용하여 제품수명주기 중 도입기에 적합한 수요예측 방법이다.

2) 시장조사법

설문지, 인터뷰, 전화조사, 시제품 발송 등 다양한 방법을 통해 소비자들의 의견 및 시장조사를 통하여 수요를 예측하는 방법이다.

- 소비자 실태조사에 의한 방법: 특정 지역에서 무작위로 추출된 소비자들에 대한 실태조사 결과를 이용
- 판매점 조사에 의한 방법: 전체 또는 특정지역의 판매점 중에서 일부를 무작위로 추출하여 조사한 결과를 이용

3) 중역 및 판매원평가법

회사의 주요 간부들의 의견을 모으거나 판매원들의 담당지역별 수요 예측치를 집계하여 전체 수요를 예측하는 방법이다. 특히 판매현장의 경험이 풍부한 영업담당자의 판단에 의한 판매예측은 단기·중기적 예측에 적합하다.

4) 패널동의법

경영자, 판매원, 소비자 등으로 패널을 구성하여 자유롭게 의견을 제시함으로써 예측치를 구하는 방법이다.

5) 수명주기유추법

신제품의 경우와 같이 과거자료가 없을 때 이와 비슷한 기존 제품이 과거 시장에서 도입기, 성장기, 성숙기를 거치면서 어떠한 수요패턴이었는지를 유추하여 수요를 예측하는 방법이다.

(3) 제품의 수명주기(Life Cycle)에 따른 수요예측 방법

제품의 수명주기 각 단계에 따라 적합한 예측 방법들을 사용하여야 신뢰성이 있는 예측 결과를 도출할 수 있다. 제품수명주기 단계별 적합한 예측 방법은 다음과 같다.

구분	수요예측 방법
도입기	정성적 방법(델파이법, 중역 및 판매원평가법, 시장실험법, 전문가 의견 등)
성장기	트랜드(추세)를 고려할 수 있는 예측방법(시장조사법, 추세분석 등)
성숙기	정량적 방법(이동평균법, 지수평활법)
쇠퇴기	트랜드(추세)를 고려할 수 있는 예측방법, 정성적 방법(사업규모 축소 및 철수여부 결정)

3.2 예측과정과 채찍효과

(1) 예측의 과정

일반적으로 예측은 다음의 7단계를 거치면서 진행된다.

① 예측의 목적과 용도

② 예측 대상 품목과 단위 결정

③ 예측 기간의 선정

④ 적합한 예측 기법의 선정

⑤ 필요한 자료의 수집

⑥ 예측의 시행

⑦ 예측치에 대한 검증(타당성, 정확성)

(2) 채찍효과(Bullwhip Effect)

1) 채찍효과의 개념

유통경로 상의 공급자들은 불규칙적인 주문량과 판매량 등의 경험으로 소비자들의 주문이 약간 늘면 소매상들은 소비자의 주문증가량 이상으로 도매상에게 주문을 하고, 도매상 역시 그 이상으로 주문하여 제조업체는 결국 엄청난 양을 생산한다는 것이다.

다시 말하면 소비자로부터 시작된 변화가 소매상과 도매상을 거쳐 제조업체로 넘어오면서 상당량이 부풀려진다는 것이다.

채찍효과는 구체적으로 다음의 두 가지 현상을 말한다.

- 공급망에 있어서 소매상－도매상－제조업체의 주문현상이 실제 소비자가 구매하는 소매점에서의 실제수요보다 더 큰 규모의 변화를 유도하는 현상(수요왜곡)
- 주문량의 변화가 공급망을 따라가면서 증대하는 현상(변화확산)

2) 채찍효과에 대한 대처방안

- 공급망 전반의 수요 정보를 중앙 집중화하여 불확실성을 제거
- 안정적인 가격구조로 소비자 수요의 변동 폭을 조정
- 고객 및 공급자와 실시간 정보 공유
- 제품생산과 공급에 소요되는 주문리드타임과 주문처리에 소요되는 정보리드타임 단축
- 공급망의 재고관리를 위하여 기업 간 전략적 파트너십 구축

단원별 출제유형 알아보기

01 다음은 기업에서 수요예측이 가지는 역할 및 주요 기법에 대한 설명이다. 다음 설명 중 가장 사실과 부합하지 않는 것은?

① 기업의 경영전략 및 계획수립이 올바르게 수행되도록 지원한다.
② 정성적 기법에는 회귀분석모형, 계량경제모형, 투입/산출모형이 있다.
③ 정량적(계량적) 기법에는 시계열분석, 인과모형분석, 시뮬레이션 모형이 있다.
④ 소요 생산능력의 산정 및 불필요한 투자로 발생할 수 있는 비용손실의 감소를 이룰 수 있다.

02 다음 중 주로 단기 및 중기예측에 많이 쓰이는 시계열분석기법으로 가장 적합하지 않은 것은?

① 회귀분석
② 지수평활법
③ 추세분석법
④ 이동평균법

03 다음 [보기]에서 A와 B의 설명에 맞는 수요예측 기법을 바르게 나타낸 것은?

> **보기**
>
> A. 과거의 판매자료가 갖고 있는 변화를 추세변동, 주기변동, 계절변동, 불규칙변동으로 구분하여 각각 예측한 후 이를 결합하여 미래수요를 예측하는 방법
> B. 판매자료 간의 상관관계를 이용하여 상관요인과 이동평균요인으로 구분하고, 이를 통해 미래의 수요를 예측하는 방법

① A: ARIMA, B: 이동평균법
② A: 분해법, B: ARIMA
③ A: 분해법, B: 이동평균법
④ A: 지수평활법, B: ARIMA

04 제품수명주기상 도입기에 주로 사용하는 예측기법으로 바르게 짝지은 것은?

① 델파이기법, 중역평가법, 판매원평가법
② 이동평균법, 지수평활법, 추세분석법
③ 델파이기법, 이동평균법, 지수평활법
④ 회귀분석법, 지수평활법, 소비자동향조사법

05 (주)삼일의 금년도 11월의 판매 예측치 금액이 12억 원이고, 실제 판매금액이 16억 원이었다. 이 회사의 12월의 판매예측치를 단순 지수평활법(exponential smoothing)으로 계산하면 얼마인가?(단, 지수평활계수는 0.2이다.)

① 12.8억 원
② 13.6억 원
③ 14.4억 원
④ 15.2억 원

06 생산관리에 있어 채찍효과(Bullwhip Effect)란 소비자들이 약간 증가시킨 주문량이 소매상과 도매상을 거쳐 제조업체는 엄청난 양을 추가 생산하게 되는 효과로 표현할 수 있다. 다시 말하면 소비자로부터 시작된 변화가 소매상과 도매상을 거쳐서 제조업체로 넘어오면서 상당히 부풀려진다는 것이다. 다음 중 이러한 채찍효과에 대한 관리방식으로 보기 어려운 것은?

① 공급망 상의 목표와 인센티브 조정　　② 정보의 정확성 향상
③ 원가절감 전략수립　　　　　　　　　④ 가격전략 수립

답안 및 풀이

01 ② 정성적 예측방법: 델파이법, 시장조사법, 중역 및 판매원평가법, 패널동의법, 수명주기유추법 등이 있다.

02 ① 회귀분석법은 중기 및 장기예측에 주로 이용된다.

03 ②

04 ①

[제품수명주기 단계별 수요예측방법]
- 도입기: 정성적 방법(델파이법, 중역 및 판매원평가법, 시장실험법, 전문가 의견 등)
- 성장기: 트랜드(추세)를 고려할 수 있는 예측방법(시장조사법, 추세분석 등)
- 성숙기: 정량적 방법(이동평균법, 지수평활법)
- 쇠퇴기: 트랜드(추세)를 고려할 수 있는 예측방법, 정성적 방법(사업규모 축소 및 철수여부 결정)

05 ①
- 당기의 예측치 = 지수평활계수 × 전기의 실제값 + (1 − 지수평활계수) × 전기의 예측치
  = 0.2 × 16억 원 + (1 − 0.2) × 12억 원 = 12.8억 원

06 ③
- 채찍효과(Bullwhip Effect)의 관리방안: 공급망 상의 목표와 인센티브 조정, 정보의 정확성 향상, 운영효율성의 증대, 가격전략 수립, 리드타임 단축

04 총괄생산계획

총괄생산계획(APP: Aggregate Production Plan)은 연간 예측수요를 만족시키기 위해 제품군별로 월별 생산수준, 인력수준, 재고수준 등을 결정하는 것이다. 즉 총괄생산계획은 기업이 수요나 주문의 시간적·수량적 요건을 만족시키기 위하여 생산 및 재고시스템의 능력을 전체의 입장에서 파악하여 조정해 나가는 계획이라 할 수 있다.

4.1 총괄생산계획의 전략

총괄생산계획이란 향후 약 1년(12개월)에 걸친 계획 대상기간 동안 변화하는 수요를 가장 경제적으로 충족시킬 수 있도록 월별로 기업의 전반적인 생산수준, 고용수준, 잔업수준, 하청수준, 재고수준 등을 결정하는 중기계획에 해당된다.

생산 및 재고시스템을 위한 총괄계획의 수립에 있어서 변화하는 수요에 어떻게 대처할 것인가를 전략적으로 결정하여야 한다. 수요변동에 능동적으로 대처하기 위해 대표적으로 다음과 같은 전략 변수들을 효과적으로 운용하여야 한다.

구 분	주 요 내 용
고용수준 변동	수요에 맞추어 인력의 규모를 조정해 나가는 전략이다. 고용의 불안정으로 숙련자의 채용이 어려울 수 있고, 사기저하로 능률이 떨어진다.
생산율 조정	인력의 규모는 일정하게 유지하되, 생산(이용)율을 조정하여 수요의 변동에 대비하는 전략이다. 조업단축 시 유휴에 따른 유휴비용 발생할 수 있다.
재고수준 조정	수요의 변동을 극복하기 위해 재고수준을 조정하는 전략이다. 과잉 시에는 재고유지비용, 폐기비용 등이 발생되고, 부족 시에는 납기지연에 따른 고객이탈과 기회비용 등이 발생될 수 있다.
하청(외주)	반제품 등의 공급을 외주업체에 의뢰하여 조달하는 전략이다. 외주업체의 품질 및 납기 일정을 통제하기가 힘들다.
설비확장	설비확장을 통해 생산량 증대를 도모하는 전략이다. 수요가 감소될 경우 유휴설비가 발생한다.

05 기준생산계획

기준생산계획(MPS: Master Production Scheduling)은 주생산계획, 주생산일정계획이라고도 하며, 총괄생산계획을 수립한 후에 보다 구체적으로 각 제품에 대한 생산시기와 수량을 나타내기 위해 수립하는 생산계획이다.

총괄생산계획은 수요예측과 생산능력을 고려하여 중장기적으로 제품군에 대한 총괄적 단위로 종합적인 생산계획을 수립한 것이다. 그러나 MPS는 총괄생산계획을 실제 생산할 제품단위로 일정을 분해한 결과이다. MPS는 적정재고수준 유지, 생산준비시간 단축, 생산원가 절감을 위해서 완제품의 납기와 부품의 조달기간을 세밀하게 분석하여 일정을 효과적으로 수립하여야 한다.

5.1 MPS 수립 요소

1) 기간별 수요량(예측치)

2) 현재고량

3) 주문정책

① Lot for Lot(LFL, L4L)

필요한 만큼만 생산 및 구매하며, 재고를 최소화하는 방법이다.

② FOQ(Fixed Order Quantity)

고정주문량, 매번 동일한 양을 주문하는 방법으로 공급자로부터 항상 일정한 양만큼 공급받는 경우이다.

③ EOQ(Economic Order Quantity)

경제적 주문량, 주문비용과 재고유지비용 간의 관계를 이용하여 가장 합리적인 주문량을 결정하는 방법이다.

④ ROP(Reorder Point System)

재주문점, 재고가 일정수준에 이르면 주문하는 방법이다.

> 발주점(ROP) = 조달기간(리드타임) 동안의 수요 + 안전재고(안전계수 × 표준편차)

🎯 실무예제 ○

고정주문량(FOQ) 모형 하에서의 발주점

고정주문량(FOQ) 모형 하에서 A 품목의 조달기간 동안 평균 수요량은 2,000단위, 신뢰수준 95% 수준에서 표준편차가 100단위인 정규분포를 따른다고 가정하자. 안전계수가 1.5라고 할 때, 발주점(ROP)은 얼마인가?

발주점(ROP) = 2,000단위 + (1.5 × 100) = 2,150단위

⑤ POQ(Periodic Order Quantity)

주기적 주문량, 해당 품목별로 미래의 수요를 고려하여 사전에 결정한 최대 재고수준까지 정기적으로 미리 정해 놓은 일정한 간격마다 발주하는 방식이다.

5.2 MPS 계산

다음의 자료를 참고하여 MPS 수립절차에 따라 ① 배치생산에 의한 MPS 및 납품가능수량(ATP: Available to Promise) 계산과 ② Lot For Lot(LFL) 생산에 의한 MPS 및 ATP 계산을 해보자.

▌MPS 및 ATP 계산의 기초정보 ▌

현재고=1,600	1주	2주	3주	4주	5주	6주	7주	8주
예측량	1,000	1,000	1,000	1,000	2,000	2,000	2,000	2,000
실제주문량	1,200	800	300	200	100	0	0	0

* 단, 생산에 따른 리드타임은 0이고 안전재고는 고려하지 않는다. 그리고 배치생산의 크기(Lot Size)는 2,500단위로 가정한다.

(1) 기말재고와 MPS 계산

🎯 실무예제 ○

배치생산에 의한 MPS 및 ATP 계산
① 1주의 기말재고와 MPS 계산
  ㉠ 기말재고 계산
     1주의 기말재고 = 현재고 − max{1주의 예측량, 주문량}
              = 1,600 − max{1,000, 1,200} = 400
  이때 기말재고가 '0'보다 크거나 같으면 MPS는 '0'이고, '0'보다 작으면 MPS가 배치생산의 크기인 2,500이 된다.
  ㉡ MPS 계산
     기말재고가 '0'보다 크므로 1주의 생산계획은 없다.

② 2주의 기말재고와 MPS 계산

2주의 기말재고 = 1주의 기말재고 − max{2주의 예측량, 주문량}
= 400 − max{1,000, 800} = −600

기말재고가 '0'보다 작기 때문에 MPS는 배치생산의 크기인 2,500단위가 수립된다. MPS 수립 후 기말재고를 계산하면 다음과 같다.

2주의 기말재고 =(1주의 기말재고 + 2주의 MPS) − max{2주의 예측량, 주문량}
= (400 + 2,500) − 1,000 = 1,900

이와 같은 방법으로 8주까지의 기말재고와 MPS를 계산한 결과는 다음과 같다.

현재고=1,600	1주	2주	3주	4주	5주	6주	7주	8주
예측량	1,000	1,000	1,000	1,000	2,000	2,000	2,000	2,000
실제주문량	1,200	800	300	200	100	0	0	0
기말재고	400	1,900	900	2,400	400	900	1,400	1,900
MPS		2,500		2,500		2,500	2,500	2,500

(2) ATP 계산

① 1주의 ATP

현재고 + MPS − 1주의 주문량 = 1,600 + 0 − 1,200 = 400

② 2주의 ATP

2주의 MPS − (2주의 주문량 + 3주의 주문량) = 2,500 − (800 + 300) = 1,400

즉, 2주의 MPS로 2주 · 3주의 주문량을 채우고도 1,400단위의 추가적인 납품이 가능하다는 의미이다. ATP는 양의 값만 가질 수 있다.

③ 3주의 ATP

2주의 ATP에 의해 충분하다.

④ 4주의 ATP

4주의 MPS − (4주의 주문량 + 5주의 주문량) = 2,500 − (200 + 100) = 2,200

이와 같은 방법으로 8주까지의 ATP를 계산한 결과는 다음과 같다.

현재고＝1,600	1주	2주	3주	4주	5주	6주	7주	8주
예측량	1,000	1,000	1,000	1,000	2,000	2,000	2,000	2,000
실제주문량	1,200	800	300	200	100	0	0	0
기말재고	400	1,900	900	2,400	400	900	1,400	1,900
MPS		2,500		2,500		2,500	2,500	2,500
ATP	400	1,400		2,200		2,500	2,500	2,500

실무예제

Lot for Lot(LFL) 생산에 의한 MPS 및 ATP 계산

Lot for Lot(LFL) 생산방식은 예측량이나 주문량 중 큰 것을 기준으로 필요한 것만을 생산하는 방식으로, 기말재고를 보유하지 않는다.

① 1주의 MPS와 ATP

1주의 기말재고 ＝ 1,600 − 1,200 ＝ 400

기말재고가 '0'보다 크기 때문에 MPS는 수립되지 않는다.

1주의 ATP ＝ 400

② 2주의 MPS와 ATP

2주의 MPS ＝ max{2주의 예측량, 주문량} − 1주의 기말재고

$\qquad\qquad$ ＝ 1,000 − 400 ＝ 600

2주의 ATP ＝ (1주의 기말재고 ＋ 2주의 MPS) − 2주의 주문량

$\qquad\qquad$ ＝ (400 ＋ 600) − 800 ＝ 200

③ 3주의 ATP

3주의 MPS ＝ max{3주의 예측량, 주문량} − 2주의 기말재고

$\qquad\qquad$ ＝ 1,000 − 0 ＝ 1,000

3주의 ATP ＝ (2주의 기말재고 ＋ 3주의 MPS) − 3주의 주문량

$\qquad\qquad$ ＝ (0 ＋ 1,000) − 300 ＝ 700

이와 같은 방법으로 8주까지의 MPS와 ATP를 계산한 결과는 다음과 같다.

현재고＝1,600	1주	2주	3주	4주	5주	6주	7주	8주
예측량	1,000	1,000	1,000	1,000	2,000	2,000	2,000	2,000
실제주문량	1,200	800	300	200	100	0	0	0
기말재고	400							
MPS		600	1,000	1,000	2,000	2,000	2,000	2,000
ATP	400	200	700	800	1,900	2,000	2,000	2,000

 **단원별 출제유형 알아보기**

01 다음은 총괄계획에 관한 주요 사항들을 기술한 것이다. 다음 중 사실에 부합하지 않는 것은?

① 일반적으로 18개월 이상을 대상으로 하는 장기 생산용량 계획이다.
② 주요 산출물에는 고용, 산출량, 완제품 재고, 하도급, 백오더 등이 있다.
③ 총괄생산계획의 수립과정은 기간별 예측수요의 결정, 대안, 제약조건, 비용의 인식, 총괄계획의 구체화 및 확정으로 이루어진다.
④ 총괄계획과 관련된 비용에는 정규임금, 잔업비용, 채용 및 해고비용, 시간제 및 임시직 고용비용, 재고비용, 추후납품 및 품절비용이 있다.

02 총괄생산계획(APP) 하에서 고려할 수 있는 다양한 변수들에 대한 전략 중 수요가 증가하는 경우에 대비하여 사용할 수 있는 방법으로, 다음 중 적합하지 않은 것은?

① 조업시간의 증가
② 하청 및 설비확장
③ 비축된 재고에 대한 판매촉진
④ 신규채용을 통한 고용수준 증가

03 생산계획(Production Planning)에 관한 내용으로 거리가 먼 것은?

① 개별제품에 대한 생산계획을 수립하는 활동이다.
② 생산계획의 수립에 반영되는 요소들은 기업에 따라 많은 차이가 있다.
③ 주어진 기간 동안에 각 기간별의 생산량 또는 외주량을 결정하는 것이다.
④ 하위 제품에 대한 생산계획 수립은 대개 기준생산계획(MPS)의 대상이 된다.

04 총괄생산계획을 기준으로 보다 구체적으로 각 제품에 대한 생산시기와 수량을 수립하는 것을 기준생산계획(MPS)이라 한다. 다음 중 기준생산계획(MPS)의 목적과 거리가 먼 것은?

① 생산일정을 수립한다.
② 생산계획을 달성하는 데 필요한 자원과 재료의 정확한 관계를 제공한다.
③ 생산, 재고관리부문과 조직 내의 다른 부문의 계획수립과정을 연결시켜준다.
④ 기업이 귀중한 자원(노동력, 자본, 생산능력, 재료)을 효과적으로 이용할 수 있도록 해준다.

05 기준생산계획 수립에 필요한 주문정책으로 다음 [보기]에서 설명하는 것은?

> **보기**
>
> 해당기간에 X개의 수요가 있다면, X개를 만들어서 공급받을 수 있도록 계획하는 것을 의미한다.

① LFL(Lot For Lot)
② FOQ(Fixed Order Quantity)
③ EOQ(Economic Order Quantity)
④ POQ(Periodic Order Quantity)

답안 및 풀이

01 ①

총괄생산계획(APP: Aggregate Production Plan)은 연간 예측수요를 만족시키기 위해 제품군별로 월별 생산수준, 인력수준, 재고수준 등을 결정하는 것이다.

02 ③

총괄생산계획(APP: Aggregate Production Plan) 하에서 수요변동에 대비하여 사용되는 전략은 대표적으로 고용수준의 변동, 생산율 조정, 재고수준의 조정, 하청 및 설비확장 등이다.

03 ①

생산계획(production planning)이란 예측된 수요를 충족시키기 위하여 생산활동을 어떻게 운영해 나갈 것인가를 장·단기적으로 계획하는 것이다.

04 ③ 생산부문의 계획수립은 가능하지만 조직 내의 다른 부문의 계획수립 과정까지는 연결하지 못한다.

05 ①

공정관리

NCS 학습을 위한 능력단위 확인하기

능력단위	수준	능력단위 요소
공정편성 (0204010303_23v3)	5	공정 편성효율 산정하기 (0204010303_23v3.1)
		작업장 구성하기 (0204010303_23v3.2)
		작업자 배치하기 (0204010303_23v3.3)

01 공정관리

공정관리란 공정에 있어서 원재료로부터 최종제품에 이르기까지의 자재, 부품의 조립 및 완제품 조립의 흐름을 순서 정연하게 능률적인 방법으로 계획하고, 공정을 결정하고 (routing), 일정을 세워(scheduling), 작업을 할당하고(dispatching), 신속하게 처리하는(expediting) 절차로 정의할 수 있다.

1.1 공정관리의 목표와 기능

(1) 공정관리의 목표

1) 대내적인 목표

생산과정에 있어서 작업자의 대기나 설비의 유휴에 의한 손실시간을 감소시켜서 ① 가동률을 향상시키고, 또한 자재의 투입에서부터 제품이 출하되기까지의 시간을 단축함으로써 ② 재공품의 감소와 ③ 생산속도의 향상을 목적으로 한다.

2) 대외적인 목표

주문생산의 경우는 물론이고, 시장예측생산의 경우에도 수요자의 요구에 따라 생산을 해야 하므로 주문자 또는 수요자의 요건을 충족시켜야 한다. 따라서 대외적으로 납기 또는 일정기간 중에 필요로 하는 생산량 등의 요구조건을 준수하기 위해 생산과정을 합리화하는 것이다.

(2) 공정관리의 기능

1) 계획기능

생산계획을 통칭하는 것으로서 공정계획을 행하여 작업의 순서와 방법을 결정하고, 일정계획을 통해 공정별 부하를 고려한 각 작업의 착수시기와 완성일자를 결정하며 납기를 유지하게 한다.

2) 통제기능

계획기능에 따른 실제과정의 지도, 조정 및 결과와 계획을 비교하고 측정, 통제하는 기능이다.

3) 감사기능

계획과 실행의 결과를 비교 및 검토하여 차이를 찾아내고, 그 원인을 분석하여 적절한 조치를 취하며, 문제점을 개선해 나감으로써 생산성을 향상시키는 기능이다.

1.2 공정계획

(1) 공정(절차)계획

공정(절차)계획(Routing)이란 원재료를 어떻게 사용하여 어떤 공정에서 가공할 것인가를 계획하는 것이다. 즉 작업의 순서, 표준시간, 각 작업이 행해질 장소를 결정하고, 할당한다. 리드타임 및 소요되는 자원의 양을 계산하고 원가계산 시 기초자료로 활용된다.

(2) 공수계획

주어진 생산예정표에 의해 결정된 생산량에 대해서 작업량을 구체적으로 결정하고, 이것을 현재의 인원과 기계설비능력을 고려하여 양자를 조정하는 기능이다.

1) 부하계획

부하(load)는 일반적으로 할당된 작업이라 할 수 있으며, 부하계획이란 최대작업량과 평균작업량의 비율인 부하율을 최적으로 유지할 수 있는 작업량의 할당계획이다.

2) 능력계획

능력(capacity)이란 작업수행상의 능력을 말하며, 능력계획은 부하계획과 더불어 기준조업도와 실제조업도와의 비율을 최적으로 유지하기 위한 계획이다.

1.3 일정계획

일정계획(Scheduling)이란 절차계획 및 공수계획에 기초를 두고 생산에 필요한 원재료의 조달, 반입으로부터 제품을 완성하기까지 수행될 모든 작업을 구체적으로 할당하고 각 작업이 수행되어야 할 시기를 결정하는 것을 말한다.

(1) 대일정계획(Master Scheduling)

종합적인 장기계획으로 주일정계획 또는 대강일정계획이라고도 한다. 이는 납기에 따른 월별생산량이 예정되면 기준일정표에 의거한 각 직장별 또는 제품별, 부분품별로 작업개시일과 작업시간 및 완성기일을 지시하는 것이다.

(2) 중일정계획(Operation Scheduling)

대일정계획에 준해 제작에 필요한 세부작업, 즉 공정별 또는 부품별 일정계획이다. 따라서 중일정계획은 일정계획의 기본이 되는 것으로, 작업공정별 일정계획 또는 제조계획이라고도 한다.

(3) 소일정계획(Detailed Scheduling)

중일정계획의 지시일정에 따라 특정기계 내지 작업자에게 할당될 작업을 결정하고 그 작업의 개시일과 종료일을 나타낸 것이다. 이 소일정계획을 통해서 진도관리와 작업분배가 이루어진다.

개념 익히기

일정계획 수립 시 방침
- 작업흐름의 신속화: 가공로트 수를 작게 할 것, 이동로트 수를 작게 할 것, 공정계열의 병렬화
- 생산기간의 단축
- 작업의 안정화와 가동률 향상
- 애로공정의 능력 증대
- 생산활동의 동기화

1.4 공정분석

공정분석이란, 작업 대상물이 순차적(작업, 운반, 검사, 정체 등)으로 가공되어 제품이 완성되기까지의 작업 경로의 전체를 시간적·공간적으로 명백하게 설정하고, 작업의 전체적인 순서를 표준화하는 것으로 작업관리에 있어서 매우 중요하다. 공정분석 기호를 이용해 프로세스 형태로 나타냄으로써 공정 합리화를 위한 개선방안을 모색할 때 유용하다.

(1) 공정의 분류

공정분석은 소재가 가공되어 부품이 되고 부품이 조립되어 제품으로 되기까지의 생산과정을 다음과 같이 가공공정, 운반공정, 검사공정 및 정체공정으로 분석하게 된다.

1) 가공공정(Operation)

제조의 목적을 직접적으로 달성하는 공정으로 그 내용은 변질, 변형, 변색, 조립, 분해 등을 통하여 대상물을 목적에 접근시키는 공정이다. 즉 부가가치를 창출하는 공정이다.

2) 운반공정(Transportation)

특정 작업영역에서 다른 작업영역으로 이동시키기 위해 적재, 이동, 하역 등을 하고 있는 상태를 말한다. 가공을 위해 가까운 작업대에서 재료를 가져온다든지, 제품을 쌓아둔다든지 하는 경우는 가공의 일부를 하고 있는 것으로 보며, 독립된 운반으로는 볼 수 없다.

3) 검사공정(Inspection)

양적 검사와 질적 검사가 있는데 양적 검사는 수량, 중량의 측정 등이다. 질적 검사는 설정된 품질표준에 대해서 가공부품의 가공정도를 확인하거나 가공 부품을 품질 및 등급 별로 분류하는 공정이다.

4) 정체공정(Delay)

대기와 저장의 상태에 있는 것이다. 대기는 제품이나 부품이 다음의 가공 및 조립을 하기 위해 일시적으로 기다리는 상태이며, 저장은 계획적인 보관이며 다음의 가공 및 조립으로 허가 없이 이동하는 것이 금지되어 있는 상태이다.

(2) 공정분석 기호

1) 길브레스 기호와 ASME 기호

길브레스(Gilbreth) 기호는 공정분석에 있어 네 가지 기호를 활용하였으나, 그 후 미국 기계학회(ASME: American Society of Mechanical Engineers)에서는 길브레스 기호의 운반을 작은 원 대신에 화살표를 쓰고 대기(정체) 기호를 추가하여 다섯 가지를 표준으로 설정하여 사용하고 있다.

길브레스 기호		ASME 기호	
기호	명칭	기호	명칭
○	가공	○	가공
∘	운반(가공의 절반크기)	⇨	운반
□	검사	□	검사
▽	저장 또는 대기(정체)	D	대기(정체)
		▽	저장

다음은 공정의 기본분석 기호 및 보조기호, 복합기호의 표시와 의미 등을 나타내고 있다.

요소 공정	기호의 명칭	기호	의미
가공	가공	○	원료, 재료, 부품 또는 제품의 형상, 품질에 변화를 주는 과정을 나타낸다.
운반	운반	⇨	원료, 재료, 부품 또는 제품의 위치에 변화를 주는 과정을 나타낸다.
검사	수량검사	□	원료, 재료, 부품 또는 제품의 양이나 개수를 세어 그 결과를 기준과 비교하여 차이를 파악하는 과정을 나타낸다.
	품질검사	◇	원료, 재료, 부품 또는 제품의 품질특성을 시험하고 그 결과를 기준과 비교해서 로트의 합격, 불합격 또는 제품의 양, 불량을 판정하는 과정을 나타낸다.
정체	저장	▽	원료, 재료, 부품 또는 제품을 계획에 의해 쌓아두는 과정을 나타낸다.
	대기	D	원료, 재료, 부품 또는 제품이 계획의 차질로 체류되어 있는 상태를 나타낸다.
보조 기호	관리구분	∧∧∧	관리구분 또는 책임구분을 나타낸다.
	담당구분	─┼─	담당자 또는 작업자의 책임구분을 나타낸다.
	생략	╪	공정계열의 일부 생략을 나타낸다.
	폐기	↓	원재료, 부품 또는 제품의 일부를 폐기하는 것을 나타낸다.

복합기호	의미
◈	품질검사를 주로 하면서 수량검사도 한다.
◫	수량검사를 주로 하면서 품질검사도 한다.
⊡	가공을 주로 하면서 수량검사도 한다.
⬭	가공을 주로 하면서 운반도 한다.

1.5 공수계획

공수계획이란 생산예정표에 의해 결정된 생산량에 대하여 작업량을 구체적으로 결정하고, 그것을 현재 보유하고 있는 사람이나 기계의 능력을 고려하여 공정별 또는 기계별로 작업부하가 균등히 걸리도록 작업량을 할당하기 위한 것이다.

(1) 공수 단위

공수란 작업량을 시간으로 표현한 것으로, 아래와 같이 세 가지의 단위가 있다.

① 인일(Man Day): 작업자 1인이 1일 동안 하는 작업량

② 인시(Man Hour): 작업자 1인이 1시간 동안 하는 작업량

③ 인분(Man Minute): 작업자 1인이 1분 동안 하는 작업량

> **실무예제**
>
> 1개월 동안의 필요한 작업량(공수) 계산
> - 작업소요 시간: 3.3시간/개
> - 생산요구량: 300개/월
> - 불량률: 1%
> - 작업량(공수) = 단위당 작업소요 시간 × 생산량 ÷ (1−불량률)
>   = 3.3시간 × 300개 ÷ (1−0.01)
>   = 1,000시간

(2) 능력계산

1) 인적능력

인적능력 공수 인시(M/H)는 일반적으로 아래와 같이 계산된다.

$$\text{인적능력(Cp)} = \text{환산인원(M)} \times \text{실제가동시간(T)} \times \text{가동률(A)}$$

① 환산인원: 환산인원이란 실제 인원에 환산계수를 곱하여 표준능력의 인원으로 환산한 인원이다. 예컨대 남자숙련공 1명을 1로 보고, 남자비숙련공 1명은 0.6명, 여자숙련공 1명은 0.8명, 여자비숙련공 1명은 0.4명으로 계산하는 것이다.

② 실제가동시간: 정규 휴식시간을 제외한 업무시간이다. 예컨대 1개월의 근무일수를 20일, 1일 실제가동시간은 8시간이라고 한다면 실제가동시간은 160시간이 된다.

③ 가동률: 가동률이란 전체 작업자가 실제가동시간 중에서 정미작업(작업에만 투입)을 하는 시간의 비율이다. 가동률은 다음과 같이 계산한다.

$$\text{가동률(A)} = \text{출근율} \times (1 - \text{간접작업률})$$

2) 기계능력

$$\text{기계능력} = \text{기계대수} \times \text{1일 실제가동시간} \times \text{1개월 가동일수} \times \text{기계의 가동률}$$

(3) 공수계획의 기본적 방침

① 부하와 능력의 균형화: 특정된 공정에 부하가 과도하게 집중되지 않도록 조정한다.

② 가동률의 향상: 사람이나 기계가 유휴상태가 되지 않도록 알맞은 작업량을 할당한다.

③ 일정별 부하변동 방지: 일정계획과 대비하여 시간에 따라 부하의 변동방지 및 부하의 조정

④ 적성배치와 전문화 촉진: 작업의 성질이 작업자의 특성과 기계의 성능에 맞도록 할당한다.

⑤ 여유성: 부하와 능력 두 측면에 적당한 여유를 둔다.

(4) 공수체감곡선(학습곡선)

인간은 경험을 쌓아감에 따라 작업의 수행능력이 향상되며, 생산시스템에서 생산을 반복하거나 생산량을 늘림에 따라 작업능률 내지 생산능력이 향상된다. 따라서 작업을 반복함에 따라 작업소요시간, 즉 공수(man hour)가 체감되는데 이와 같은 현상을 가리켜 공수체감현상이라 한다.

작업의 반복과 생산량을 더해감에 따라 기대되는 공수체감현상 내지 능률 개선율을 그래프나 수식으로 나타낸 것을 가리켜 학습곡선(learning curve) 또는 공수체감곡선이라 하는데, 이 경우 능률개선을 가리켜 학습률(rate of learning)이라 하고, 능률 내지 생산성 향상의 성과를 가리켜 학습효과(learning effect)라고 한다.

단원별 출제유형 알아보기

01 공정관리의 목표를 대내적 및 대외적으로 구분할 때, 대외적 목표에 속하지 않는 것은?

① 가격
② 납기
③ 품질
④ 가동률 향상

02 다음 중 공정관리의 기능으로 보기 어려운 것은?

① 통제기능
② 권고기능
③ 감사기능
④ 계획기능

03 다음 공정계획(Routing)에 대한 설명으로 옳지 않은 것은?

① 절차계획은 작업순서, 표준시간, 작업 장소를 결정하고 할당하는 계획이다.
② 공수계획은 주어진 생산예정표에 의해 결정된 생산량과 작업량을 결정하고, 인원과 설비능력을 고려하여 조정하는 계획이다.
③ 일정계획에는 부하율을 최적으로 유지할 수 있는 작업량의 할당계획으로 부하계획이 있고, 기준조업도와 실제조업도의 비율을 최적화하고 유지하기 위한 능력계획이 있다.
④ 대일정계획은 종합적인 장기계획으로 납기에 따른 월별생산량이 예정되면 기준일정표에 의거한 각 직장별 또는 제품별, 부분품별로 작업개시일과 작업시간, 완성기일을 지시하는 계획이다.

04 주어진 생산예정표에 의해 결정된 생산량에 대해서 작업량을 구체적으로 결정하고, 이것을 현 인원과 기계설비능력을 고려하여 양자를 조정하는 기능은 다음 중 무엇인가?

① 부하계획
② 공수계획
③ 능력계획
④ 일정계획

05 다음 [보기]가 설명하고 있는 공정분석의 종류는 무엇인가?

> **보기**
>
> 제조의 목적을 직접적으로 달성하는 공정으로 그 내용은 변질, 변형, 변색, 조립, 분해로 되어있고 대상물을 목적에 접근시키는 유일한 상태이다.

① 정체공정(Delay)
② 가공공정(Operation)
③ 검사공정(Inspection)
④ 운반공정(Transportation)

06 다음 공정분석기호에 대한 해석이 바르게 연결된 것은?

구분	공정분석기호	공정분석기호 해석
(A)	○	저장(보관)
(B)	□	수량검사
(C)	◇	작업(가공)
(D)	⇨	품질검사

① (A)　　　　② (B)　　　　③ (C)　　　　④ (D)

07 공정의 기본분석기호 중 다음 기호에 대한 설명으로 바른 것은?

보기

◇ (안에 □)

① 저장　　　　　　　　　　　　② 운반
③ 품질검사를 주로 하면서 수량도 검사　　④ 수량검사를 주로 하면서 품질도 검사

08 다음은 공수계획에 관한 주요 설명들이다. 잘못 기술한 것은?

① 공수계획은 월단위, 주단위, 일단위, 시간단위, 분단위, 초단위의 여섯 단계로 구성된다.
② 생산계획표에 의하여 결정된 제품납기와 생산량에 대한 작업량을 구체적으로 결정하기 위한 기능이다.
③ 부하가 능력보다 큰 경우 작업의 일부를 외주히기거나 일정계획을 조정히는 방법 등으로 해결할 수 있다.
④ 합리적인 공수계획 수립을 위하여 부하와 능력의 균형화, 가동률 향상, 일정별 부하의 변동 방지 등이 필요하다.

09 R조립 작업장 작업원의 출근율이 90%이고, 작업에 소요되는 간접작업률이 30%라면 이 작업장의 가동률은 얼마인가?

① 56%　　　　　　　　　　　　② 63%
③ 72%　　　　　　　　　　　　④ 86%

답안 및 풀이

01 ④
- 공정관리의 대내적 목표: 가동률 향상, 재공품의 감소, 생산속도의 향상
- 공정관리의 대외적 목표: 고객의 요구조건(가격, 품질, 납기 등)을 충족시키기 위해 생산과정을 합리화

02 ② 공정관리의 기능은 계획기능, 통제기능, 감사기능(실시기능)으로 구분된다.

03 ③ 공수계획에는 부하율을 최적으로 유지할 수 있는 작업량의 할당계획으로 부하계획이 있고, 기준조업도와 실제조업도의 비율을 최적화하고 유지하기 위한 능력계획이 있다.

04 ②
① 부하계획: 최대작업량과 평균작업량의 비율인 부하율을 최적으로 유지할 수 있는 작업량의 할당계획
③ 능력계획: 부하계획과 더불어 기준조업도와 실제조업도와의 비율을 최적으로 유지하기 위한 계획
④ 일정계획(Scheduling): 절차계획 및 공수계획에 기초를 두고 생산에 필요한 원재료의 조달, 반입으로부터 제품을 완성하기까지 수행될 모든 작업을 구체적으로 할당하고, 각 작업이 수행되어야 할 시기를 결정하는 것

05 ②
① 정체공정(Delay): 대기와 저장의 상태에 있는 것이다. 대기는 제품이나 부품이 다음의 가공 및 조립을 하기 위해 일시적으로 기다리는 상태이며, 저장은 계획적인 보관이며, 다음의 가공 및 조립으로 허가 없이 이동하는 것이 금지되어 있는 상태
③ 검사공정(Inspection): 양적 검사와 질적 검사가 있는데 양적 검사는 수량, 중량의 측정 등이다. 질적 검사는 설정된 품질표준에 대해서 가공부품의 가공정도를 확인하거나, 가공 부품을 품질 및 등급별로 분류하는 공정
④ 운반공정(Transportation): 특정 작업영역에서 다른 작업영역으로 이동시키기 위해 적재, 이동, 하역 등을 하고 있는 상태를 말한다. 가공을 위해 가까운 작업대에서 재료를 가져온다든지, 제품을 쌓아둔다든지 하는 경우는 가공의 일부로 보며, 독립된 운반으로는 볼 수 없음

06 ②
(A) – 작업(가공), (C) – 품질검사, (D) – 운반

07 ④
[복합 공정분석 기호]
- ◇ : 품질검사를 주로 하면서 수량검사도 한다.
- ◻ : 수량검사를 주로 하면서 품질검사도 한다.
- ◯ : 가공을 주로 하면서 수량검사도 한다.
- ⇨ : 가공을 주로 하면서 운반도 한다.

08 ① 공수계획은 일단위, 시간단위, 분단위의 3단계로 구성된다.

09 ② 가동률 = 출근율 × (1 - 간접작업률) = 0.90 × (1 - 0.3) = 0.63(63%)

02 공정관리 기법

2.1 간트차트

간트차트(Gantt Chart)는 일정관리를 위한 바(bar) 형태의 도구로서, 각 업무별로 일정의 시작과 끝을 그래픽으로 표시하여 전체 일정을 한눈에 볼 수 있는 차트이다. 계획된 실제의 작업량을 작업일정이나 시간(이정표)으로 구분하여 가로선으로 표시함으로써, 계획과 통제의 기능을 동시에 수행하는 전통적인 일정관리 기법이다.

(1) 간트차트의 분류

간트차트는 사용목적에 따라 다음의 네 가지로 분류될 수 있다.

사용목적	유형	설명
작업기록	작업자 및 기계기록 도표 (Man and Machine Record Chart)	각 기계나 작업자별로 계획 작업량과 실제 작업량의 관계를 표시하는 것으로, 작업자나 기계의 유휴상태와 그 원인 파악
작업계획	작업할당 도표 (Layout Chart)	작업의 실제 상황을 기록함과 동시에 신규 작업 계획을 작업자와 기계설비에 할당할 수 있게 하는 도표
능력활용	직업부하 도표 (Load Chart)	작업지 특히 기계별로 현재 능력에 대해 어느 정도이 자업량이 부하되어 있는가를 보여주는 도표
진도관리	작업진도 도표 (Progress Chart)	작업공정이나 제품별로 계획된 작업이 실제로 어떻게 진행되고 있는가를 보여주는 도표

(2) 간트차트 정보의 유용성

① 간트차트를 이용하여 각 작업의 전체 공정시간을 알 수 있다.

② 각 작업의 완료시간을 알 수 있다.

③ 다음 작업의 시작시간을 알 수 있다.

(3) 간트차트 작성에 사용되는 기호

기호	주요 의미
└─────┐	작업개시의 일자 및 시간
┌─────┘	작업개시의 완료예정일 및 시간
└─────┘	예정된 작업시간
│ 20 │	일정기간에 대하여 계획된 작업량
│ 30 │	일정기간까지 완료할 작업량
√	체크된 일자(검토일)
▷◁	작업지연의 회복에 예정된 시간(수리, 정비 등)
■───	완료된 작업(굵은 선)

(4) 간트차트 작성을 위해 필요한 정보

① 작업 오더에 대한 정보와 현재 진행된 작업의 위치정보
② MRP 시스템으로부터 발행된 계획오더에 대한 정보
③ 이용 가능한 능력(capacity)에 대한 정보
④ 공정(routing) 데이터로부터의 표준시간
⑤ 각 작업의 시간을 알 수 있는 작업정보

(5) 간트차트의 한계

간트차트는 프로젝트 작업 진행 사항들을 달력에 대비시켜 표시하는 단순한 형태의 가로막대 차트로서 간단하고 사용하기 쉬워 여러 활동의 일정계획과 통제에 널리 사용되는 기법이지만, 다음과 같은 한계가 있다.

① 일정계획의 변경을 유연하게 수용할 수 없다.
② 복잡하고 세밀한 일정계획에 적용하기 힘들다.
③ 작업들 간의 유기적인 관련성을 파악하기 어렵다.
④ 문제점을 사전에 파악하는데 적절하지 않다. 따라서 주요 위험요소의 중점관리 및 사전 통제를 효율적으로 할 수 없다.

 2.2 네트워크 계획기법

네트워크 계획기법이란 간트차트의 결점을 보완하기 위하여 개발된 것으로, 프로젝트를 구성하는 각 분야를 보다 세분화된 작업으로 분할하여 작업의 순서, 소요기간, 기타 제반사항들을 네트워크 형태로 표시함으로써 일차적 주공정 및 여유공정을 산출하여 중점관리 대상 작업을 명확히 하는 방법이다.

PERT(Program Evaluation & Review Technique)와 CPM(Critical Path Method) 기법이 대표적이다.

(1) PERT

프로젝트를 시간적으로 관리하기 위하여 [PERT/Time]이 개발되었고, 비용절감도 동시에 고려할 수 있는 [PERT/Cost]로 개량되었다. PERT는 활동들의 소요시간에 대한 추정이 불확실한 경우에 주로 사용된다. 간트차트의 단점을 효과적으로 보완하고 있으며, 과거의 경험이 없는 불확실한 산업에서 많이 이용되고 있다.

(2) CPM

공장건설 및 설비보전에 소요되는 자원(자금, 시간, 비용 등)의 효율향상을 위하여 개발되었다. 프로젝트 내 활동들의 소요시간이 확정적인 경우에 사용되며, 주로 안정적인 산업에서 많이 이용되고 있다.

(3) 네트워크 기법의 표시 기호

기호 및 약어	주요 의미
○	작업의 완료와 새로운 작업의 시작 표시(node)
→	작업 간의 선후관계를 표시(arc)
┈┈▶	가상의 작업 간 선후관계를 점선으로 표시
di−j	i단계에서 j단계로 소요되는 기간
S(Slack)	여유시간을 의미하며, 단계여유 = TL − TE
TE(Earliest Expected Date)	각 단계에서 가장 빠른 예정일
TL(Latest Allowable Date)	각 단계에서 가장 늦은 완료일

(4) 활동 소요시간의 추정

1) PERT/Time(3점 견적법)

작업기간이 불확실한 프로젝트를 관리하기 위해 작업활동에 소요되는 시간을 비관적일 경우, 낙관적일 경우, 일반적인 경우로 구분하여 각 시간추정치의 가중평균치를 통해 작업일정을 결정하는 형태가 PERT 기법이다. 이를 3점 견적법 또는 3점 추정법이라고도 한다.

① 낙관시간치(Optimistic Time: to): 최상의 조건으로 예정대로 진행될 때의 소요시간을 의미하며, 최소시간 또는 최단시간 추정치이다.

② 정상(최빈)시간치(Most Likely Time: tm): 일반적인 조건, 즉 가장 흔하게 발생되는 정상적인 경우일 때 최선의 시간치(최빈값)이다.

③ 비관시간치(Pessimistic Time: tp): 최악의 조건, 뜻대로 되지 않을 때 소요되는 시간으로 최대시간 또는 최장시간 추정치이다.

④ 기대시간치(Expected Time: te): 일반적으로 기대되는 시간치이다.

> - 기대시간치(te) = (낙관시간치(to) + 4(정상(최빈)시간치(tm) + 비관시간치(tp)) ÷ 6
>   (단, to, tm, tp는 β 분포를 따른다는 가정)
> - 표준편차 = (tp−to) ÷ 6
> - 분산 = (tp−to)2 ÷ 6

(5) 네트워크의 계획기법의 일정계산

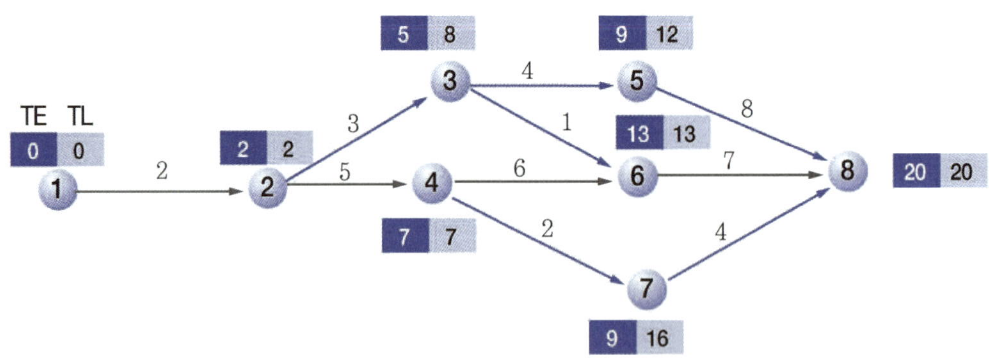

1) 후속단계 TE 계산(Forward Pass)

후속단계의 TE는 전단계의 TE에서 소요기간(d_{i-j})을 더하는 전진계산이다.

즉, $TE_j = TE_i + d_{i-j}$이다.

 **실무예제**

후속단계 TE 계산

㉠ 단계 5의 TE 계산

$TE_5 = TE_3 + d_{3-5} = 5 + 4 = 9$

㉡ 네트워크에서 단계 8의 TE는 아래의 계산 중에서 최대치인 20을 선택한다.

$TE_8 = TE_5 + d_{5-8} = 9 + 8 = 17$

$TE_8 = TE_6 + d_{6-8} = 13 + 7 = 20 \leftarrow$ 최대치 선택

$TE_8 = TE_7 + d_{7-8} = 9 + 4 = 13$

2) 전단계 TL 계산(Backward Pass)

전단계의 TL은 후속단계의 TL에서 소요기간(d_{i-j})을 빼는 후진계산이다.
즉, $TL_i = TL_j - d_{i-j}$이다.

 **실무예제**

전단계 TL 계산

㉠ 단계 5의 TL 계산

$TL_5 = TL_8 - d_{5-8} = 20 - 8 = 12$

㉡ 단계 3의 TL 계산

$TL_3 = TL_5 - d_{3-5} = 12 - 4 = 8 \leftarrow$ 최소치 선택

$TL_3 = TL_6 - d_{3-6} = 13 - 1 = 12$

3) 단계여유 S(Slack)

각 단계의 단계여유 S는 각 단계의 TL에서 TE를 뺀다. 즉, $S = TL - TE$이다.

$TL - TE > 0$, 즉 $S > 0$ 인 경우: 정여유(Positive Slack)

$TL - TE < 0$, 즉 $S < 0$ 인 경우: 부여유(Negative Slack)

$TL - TE = 0$, 즉 $S = 0$ 인 경우: '0' 여유(Zero Slack)

 **실무예제**

단계여유 S 계산

㉠ 단계 5의 여유 $S = TL_5 - TE_5 = 12 - 9 = 3$

4) 주경로의 발견

주경로(Critical Path: CP)란 네트워크상 시작단계에서 완료단계까지 가는데 시간이 가장 오래 걸리는 활동들의 경로를 주경로라고 한다.

주경로는 단계여유를 '0'으로 만드는 패스를 이으면 된다. 위의 네트워크에서는 굵은 검정색 화살표로 나타내었다.

> **실무예제**
>
> **주경로 결정**
> 주경로: 1 − 2 − 4 − 6 − 8

> **개념 익히기**
>
> 네트워크 계획기법의 일정계산 형태
> - 전진패스(Forward Pass): 후속단계의 TE를 계산하는 방식이며, 최대치를 선택한다.
> - 후진패스(Backward Pass): 전단계의 TL을 계산하는 방식이며, 최소치를 선택한다.

2.3 작업의 우선순위 결정

일정계획(scheduling)은 생산계획을 완수하기 위해 필요한 활동들의 세부적인 단기계획 수립 및 실행과 감독기능을 포함하고 있다.

수립된 일정계획은 작업인원, 설비, 시설의 효율적인 활용도를 높일 수 있어야 하며, 고객대기시간, 재고보유, 처리시간 등을 최소화 시킬 수 있어야 한다.

따라서 효율적 생산을 위해서는 작업의 우선순위를 결정하는 기준이 마련되어야 하며, 그 기준에 따라 작업의 우선순위를 결정하여야 한다.

(1) 작업의 우선순위 결정 고려원칙

- 납기 우선순위: 납기가 가장 급박한 순서로 작업을 진행한다.
- FIFO(First In First Out): 먼저 작업지시가 내려진 순서대로 작업을 진행한다.
- 전체 작업시간이 가장 짧은 순서로 진행한다.
- 최소공정수를 가지는 작업순서로 진행한다.
- 여유(slack)시간이 가장 작은 순서로 작업을 진행한다.
  최소여유시간(S) = 납기 − 잔여작업일수

- 긴급률(CR: Critical Ratio)이 가장 작은 순서로 작업을 진행한다.

$$긴급률(CR) = \frac{잔여납기일수}{잔여작업일수} = \frac{납기일 - 현재일}{잔여작업일수}$$

* 긴급률이 1보다 작으면 생산을 빨리 진행하여야 하며, 1보다 크면 납기에 여유가 있다는 것이다.

(2) 존슨 알고리즘에 의한 작업할당

n개의 작업을 동일한 순서로 2대의 기계로 가공하는 경우의 완료시간을 최소화 하는 작업의 우선순위를 구하는 방법이다.

① 1단계: 기계 M_1, M_2 순서로 작업하는 작업들을 나열한다.

작업	M_1	M_2
1	4	6
2	9	3
3	2	7
4	6	8
5	1	4
6	8	2
7	7	9
8	3	6

② 2단계: 기계 M_1, M_2에서 가장 짧은 작업을 찾는다.

M_1 기계에 속하는 작업은 맨 앞으로 보내고, M_2 기계에 속하는 작업은 맨 뒤로 보낸다. M_1 기계의 가장 작은 값 1의 작업 5는 맨 앞으로, M_2 기계의 가장 작은 값 2의 작업 6은 맨 뒤로 보내진다. 또 M_1 기계의 두 번째로 작은 값 2의 작업 3은 맨 앞 다음으로 보내진다.

(5, 3, …… 2, 6)

③ 3단계: 단계 2에서 순위가 결정된 작업은 제외시킨다.

④ 4단계: 나머지 작업이 없어질 때까지 2단계를 반복한다.

(5, 3, 8, 4, 7, 1, 2, 6)

실무예제

존슨 알고리즘에 의한 작업순서 결정 및 총작업완료시간

어느 제과점에서 다섯 종류(A~E)의 케이크를 만들려고 한다. 케이크는 두 단계를 거쳐 완성되는데, 먼저 작업장 A에서 밀가루 반죽 등 기본작업을 한 후 작업장 B에서 최종적으로 케이크를 완성한다.

각 케이크에 대한 작업시간이 다음과 같을 경우 총작업시간을 최소화하기 위한 작업순서를 결정하고 총작업완료시간을 구하여라.

구분	A	B	C	D	E
작업장 A	5	2	5	2	3
작업장 B	5	1	4	3	4

1) 작업순서

'작업장 A'와 '작업장 B'에서 작업시간(일)이 가장 짧은 작업이 '작업장 A'에 속하면 그 작업을 제일 앞으로 보내고, 만일 '작업장 B'에 속하면 그 작업을 맨 뒤로 보낸다. 순위가 결정된 작업은 제외시키면서 계속 반복한다.

구분	A	B	C	D	E
작업장 A	5	2	5	2	3
작업장 B	5	1	4	3	4
순위	3	5	4	1	2

따라서 작업순서는 D-E-A-C-B로 결정된다.

2) 총작업완료시간

시간	0	2	5	10	15	17	20
작업장 A	D	E	A	C	B	유휴	
작업장 B	유휴	D	E	유휴	A	C	B
시간	0	2	5	9 10	15	19 20	

따라서 총작업완료시간은 20시간이 소요된다.

개념 익히기

공정리드타임 구성시간

- Queue Time: 해당 공정에서 작업을 기다리는 시간
- Setup and Run Time: 실제 작업과 관련된 공구의 준비시간과 가공시간
- Wait Time: 작업이 완료된 후 다음 공정으로 이동하기 위해 대기하는 시간
- Move Time: 작업장 간 이동시간

 애로공정과 라인밸런싱

(1) 애로공정

애로공정(Bottleneck Operation)이란 특정한 작업장에 능력이상의 부하가 적용되어 전체공정의 흐름을 막고 있는 것을 말한다. 즉 병목현상이라고도 말하는데 전체라인의 생산속도를 좌우하는 작업장을 말하기도 한다.

이러한 애로공정을 해결하여야 생산성을 극대화할 수 있으며, 이를 위해 작업방법의 개선과 각 공정의 작업시간을 균일하게 하는 라인밸런싱(Line Balancing) 기법이 사용되고 있다.

(2) 라인밸런싱

라인밸런싱(Line Balancing)이란 생산가공 내지는 조립라인에서 공정 간에 균형을 이루지 못하여 상대적으로 시간이 많이 소요되는 애로공정으로 인하여 공정의 유휴율이 높아지고 능률이 떨어지는 경우에 각 공정의 소요시간이 균형이 되도록 작업장이나 작업순서를 배열하는 것이다.

1) 피치다이어그램에 의한 라인밸런싱

피치다이어그램(Pitch Diagram)이란 작업순서에 의한 각 공정의 소요시간을 공정순서대로 나열해 놓은 도표로서, 애로공정의 파악이나 공정에 소요되는 시간의 불균형을 제거하여 작업장의 균형을 유지하는 것이 목적이다.

① 라인밸런스 효율(Eb)

1인당 생산수량과 비례하여 흐름작업의 생산성을 표시하는 지수이다. 라인밸런스 효율(Eb)은 다음과 같이 계산된다.

$$\text{라인밸런스 효율(Eb)} = \frac{\text{라인(작업)의 순작업시간 합계}(\sum_{ti})}{\text{작업장수}(n) \times \text{애로공정의 시간}(t_{max})} \times 100$$

② 불균형률(d)

대표적으로 생산라인의 비능률을 나타내는 불균형률(d)은 다음과 같이 라인밸런스 효율(Eb)의 역수나 생산라인의 유휴율로 구할 수 있다.

$$\text{불균형률}(d) = 1 - Eb = \frac{\text{라인의 유휴시간}(n \times t_{\max} - \Sigma_{ti})}{\text{작업장수}(n) \times \text{애로공정의 시간}(t_{\max})} \times 100$$

실무예제

라인밸런스 효율(Eb)과 불균형률(d)

각 작업장의 작업시간이 다음과 같을 때, 라인밸런스 효율과 불균형률을 구하여라.

작업장	분 쇄	용 해	조 립	포 장
작업시간	25분	45분	30분	35분

1) 라인밸런스 효율$(Eb) = \dfrac{\text{라인(작업)의 순작업시간 합계}(\Sigma_{ti})}{\text{작업장수}(n) \times \text{애로공정의 시간}(t_{\max})} \times 100$

$\qquad = \dfrac{135}{4 \times 45} \times 100 = 75\%$

2) 불균형률$(d) = 1 - Eb = 1 - 0.75 = 0.25(25\%)$

단원별 출제유형 알아보기

01 간트차트(Gantt Chart)에 대한 설명으로 틀린 것은?

① 간헐적이고 반복적인 프로젝트의 일정을 계획하는 데 유용하다.
② 활동 간의 상호의존관계를 잘 나타내준다.
③ 대규모 복잡한 프로젝트를 계획하는 데는 부적합하다.
④ 계획과 실적을 비교하여 작업의 진행 상태를 보여주는 데 적합하다.

02 다음 [보기] 중에서 간트차트를 완성하기 위해 필요한 정보들로만 바르게 짝지은 것은?

┤ 보기 ├
ㄱ. 각 작업의 시간을 알 수 있는 작업의 List
ㄴ. 각 공정별 품질수준에 대한 정보 List
ㄷ. 작업 오더에 대한 List와 현재 진행된 작업의 위치정보
ㄹ. 이용 가능한 Capacities에 대한 List
ㅁ. 각 공정에 필요한 자재의 명세

① ㄱ-ㄴ-ㄷ
② ㄴ-ㄷ-ㄹ
③ ㄱ-ㄷ-ㄹ
④ ㄱ-ㄴ-ㅁ

03 다음은 PERT/CPM에 대한 설명이다. 부합하지 않는 것은?

① 비용을 최소화하면서 최단시간 내 계획 완성을 위한 일정방법이다.
② 프로젝트에 필요한 전체 작업의 상호관계를 노드와 간선의 형태로 나타내는 것을 PERT라 한다.
③ PERT의 경우 소요시간이 확실한 경우 사용되고, CPM의 경우 소요시간 예측이 어려운 경우 사용된다.
④ 프로젝트에 필요한 작업을 나열하고 작업에 필요한 소요기간을 노드와 간선의 형태로 나타내는 것을 CPM이라 한다.

04 PERT/Time의 3점 견적법에 의해 기대시간을 추정하고자 한다. 낙관시간치(Optimistic time)가 5일, 정상시간치(Most likely time)가 7일, 비관시간치(Pessimistic time)가 12일일 때 기대시간치(Expected time)는 며칠인가?

① 7.0일
② 7.5일
③ 8.0일
④ 9.5일

05 다음 [보기] 자료의 긴급률(CR)에 의한 작업 우선순위를 바르게 나열한 것은?

작업	납기	현재일	잔여작업일수
W	105	100	2.5
X	111	100	11.0
Y	112	100	4.0
Z	108	100	2.0

① W - X - Y - Z
② X - W - Y - Z
③ Y - W - Z - X
④ Z - Y - X - W

06 주공정(Critical Path)에 대한 다음 설명 중 적합한 것은?

① 주공정은 가장 이른 예정일을 연결한 경로를 의미한다.
② 주공정은 총여유시간의 값이 가장 큰 작업의 경로를 말한다.
③ 여유시간의 값이 '0(영)'이 되는 단계를 연결한 경로를 말한다.
④ 가장 늦은 완료일에서 가장 이른 예정일을 빼서 가장 값이 큰 단계를 연결한 경로를 의미한다.

07 아래 계획공정표에서 주공정(Critical Path)을 바르게 나타낸 것은?

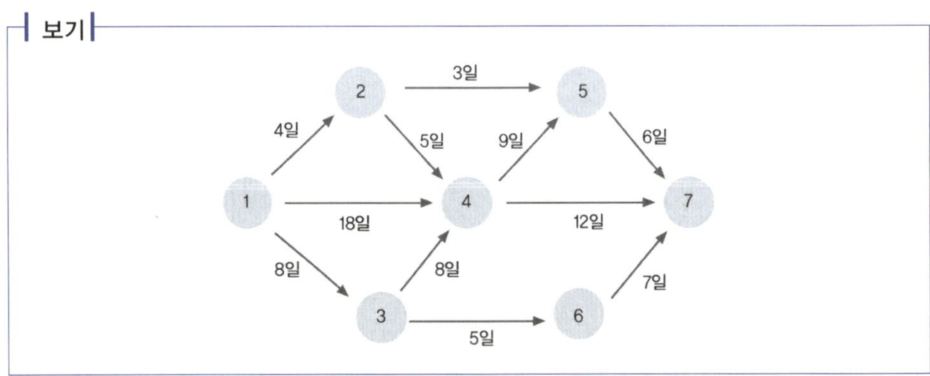

① 1 - 2 - 5 - 7
② 1 - 2 - 4 - 5 - 7
③ 1 - 3 - 4 - 5 - 7
④ 1 - 4 - 5 - 7

08 작업의 우선순위 고려원칙에 대한 설명으로 바르지 못한 것은?

① 납기우선순위: 납기일자가 가장 급박한 순서로 작업을 진행한다.
② FIFO: 마무리 되어야 할 작업시간이 가장 긴 작업순서로 진행한다.
③ 긴급률: 긴급률(Critical Ratio)이 가장 적은 순서로 작업을 진행한다.
④ 최단가공시간: 가공에 소요되는 시간이 가장 짧은 과업을 먼저 처리한다.

09 P공정에서는 기계 M1, M2순으로 가공을 하는 작업이 다음과 같이 7가지가 있다. 완료시간이 최소가 되도록 존슨의 알고리즘을 이용하여 작업순서를 바르게 결정한 것은?

> **보기**
>
> | 작업 | M1 | M2 |
> |---|---|---|
> | 1 | 5 | 8 |
> | 2 | 2 | 7 |
> | 3 | 3 | 6 |
> | 4 | 6 | 6 |
> | 5 | 7 | 4 |
> | 6 | 1 | 8 |
> | 7 | 6 | 2 |

① (6, 2, 3, 1, 4, 5, 7) ② (5, 4, 7, 1, 3, 2, 6)
③ (7, 5, 3, 4, 2, 1, 6) ④ (1, 2, 3, 4, 5, 6, 7)

10 다음 병목공정(Bottleneck Operation)관리에 대한 설명 중 적합하지 않은 것은?

① 전체 작업장의 부하량을 적정하게 조정한다.
② 라인밸런싱을 통해 병목공정으로 인한 공정의 유휴율을 낮추는 노력을 한다.
③ 공정(operation)에 있어서 최종 성과는 병목부분의 최대능력에 의해 결정된다.
④ 병목공정은 전체 라인의 생산속도를 향상시키는 가장 효율적 작업장으로 정의된다.

11 [보기] 자료를 바탕으로 라인밸런스 효율(E_b) 및 불균형률(d)을 순서대로 구하시오.

> **보기**
>
> - 작업장 1 : 27분
> - 작업장 2 : 35분
> - 작업장 3 : 22분
> - 작업장 4 : 28분

① 90%, 10% ② 85%, 15%
③ 80%, 20% ④ 75%, 25%

답안 및 풀이

01 ② 간트차트의 단점은 작업상호간 유기적인 관계를 명확하게 알 수 없다는 것이다.
　　[간트차트 정보의 유용성]
　　• 간트차트를 이용하여 각 작업의 전체 공정시간을 알 수 있다.
　　• 각 작업의 완료시간을 알 수 있다.
　　• 다음 작업의 시작시간을 알 수 있다.
　　[간트차트의 한계]
　　• 일정계획의 변경을 유연하게 수용할 수 없다.
　　• 복잡하고 세밀한 일정계획에 적용하기 힘들다.
　　• 작업들 간의 유기적인 관련성을 파악하기 어렵다.
　　• 문제점을 사전에 파악하는데 적절하지 않다. 따라서 주요 위험요소의 중점관리 및 사전 통제를 효율적으로 할 수
　　　없다.

02 ③
　　[간트차트 작성을 위해 필요한 정보]
　　• 작업 오더에 대한 정보와 현재 진행된 작업의 위치정보
　　• MRP 시스템으로부터 발행된 계획오더에 대한 정보
　　• 이용 가능한 능력(capacity)에 대한 정보
　　• 공정(routing) 데이터로부터의 표준시간
　　• 각 작업의 시간을 알 수 있는 작업정보

03 ③ PERT의 경우 소요시간이 불확실한 경우 사용되고, CPM의 경우 소요시간이 확정적인 경우에 사용된다.

04 ②
　　• 기대시간치 = (낙관시간치+4×정상(최빈)시간치+비관시간치) ÷ 6
　　　　　　　　= (5+4×7+12) ÷ 6 = 7.5일

05 ②
　　• 긴급률(CR) = 잔여납기일수 ÷ 잔여제조일수 = (납기일−현재일) ÷ 잔여제조일수

작업	납기일	현재일	잔여납기일수	잔여작업일수	긴급률
W	105	100	5	2.5	2
X	111	100	11	11.0	1
Y	112	100	12	4.0	3
Z	108	100	8	2.0	4

06 ③
　　① 주공정은 가장 늦은 예정일을 연결한 경로를 의미한다.
　　② 주공정은 총여유시간의 값이 가장 작은 작업의 경로를 말한다.
　　④ 가장 늦은 완료일에서 가장 이른 예정일을 빼서 그 값이 가장 큰 단계를 연결한 경로를 의미한다.

07 ④
　　주경로(Critical Path: CP)란 네트워크상 시작단계에서 완료단계까지 가는데 시간이 가장 오래 걸리는 활동들의 경로
　　이다.

08 ② FIFO: 먼저 작업지시가 내려진 순서로 작업을 진행한다.
　　[작업의 우선순위 결정]

- 납기 우선순위: 납기가 가장 급박한 순서로 작업을 진행한다.
- FIFO: 먼저 작업지시가 내려진 순서대로 작업을 진행한다.
- 전체 작업시간이 가장 짧은 순서로 진행한다.
- 최소공정수를 가지는 작업순서로 진행한다.
- 여유(Slack) 시간이 가장 작은 순서로 작업을 진행한다.
- 긴급률(CR: Critical Ratio)이 가장 작은 순서로 작업을 진행한다.

09 ①

'작업장 M1'과 '작업장 M2'에서 작업시간(일)이 가장 짧은 작업이 '작업장 M1'에 속하면 그 작업을 맨 앞으로 보내고, 만일 '작업장 M2'에 속하면 그 작업을 맨 뒤로 보낸다. 순위가 결정된 작업은 제외시키면서 계속 반복한다.

작업	M1	M2	순위
1	5	8	4
2	2	7	2
3	3	6	3
4	6	6	5
5	7	4	6
6	1	8	1
7	6	2	7

10 ④

애로공정(Bottleneck Operation)이란 특정한 작업장에 능력 이상의 부하가 적용되어 전체공정의 흐름을 막고 있는 것을 말한다. 즉, 병목현상이라고도 말하는데 전체라인의 생산속도를 좌우하는 작업장을 말하기도 한다.

11 ③

- 라인밸런스 효율(Eb) $= \dfrac{라인(작업)의\ 순작업시간\ 합계(\sum_{ti})}{작업장\ 수(n) \times 애로공정의\ 시간(t_{max})} \times 100$

$$= \frac{27+35+22+28}{4 \times 35} \times 100 = 80\%$$

- 불균형률(d) = 1 − 라인밸런스 효율(Eb) = 1 − 0.8 = 0.2(20%)

03 JIT(Just In Time) 생산방식

JIT 생산방식은 적시생산시스템 또는 칸반(Kanban)시스템이라고도 불리며, 일각에서는 린 생산(Lean Production)방식으로도 불린다. 이 시스템은 도요타 자동차 회사의 자동차 생산방식으로서 제조공정에서 후행공정의 작업자가 필요한 자재만을 선행공정에서 가져가도록 하고, 선행공정에서는 후행공정에 인계한 자재 수량만큼만 제조하도록 하여 필요한 품목을, 필요한 양만큼, 필요한 시간에 보유함으로써 재고를 최소화하는 방식이다.

JIT 시스템은 재고를 모든 문제점의 근원으로 보고 원가절감을 위하여 불필요한 낭비요인인 과잉재고 제거, 준비교체시간의 축소, 과다한 노동력과 실수의 최소화 그리고 지속적인 개선활동에 집중함으로써 궁극적으로는 제품의 생산단가가 줄어들게 된다.

3.1 JIT 생산방식

(1) JIT 생산방식의 특징

구분	내용
칸반(Kanban)시스템	부품을 사용하는 작업장이 요구할 때까지 부품을 공급하는 작업장에서 어떤 부품도 생산해서는 안되는 당기기(Pull)식의 생산방식
소규모 로트크기	최소한의 로트사이즈로 생산하며, 철저하게 낭비를 제거하여 생산성을 높이고 원가를 절감
생산의 표준화	부품과 작업방식 및 공정의 표준화 요구
노동력의 유연성 (다기능공)	작업자가 한 가지 일 이상을 수행하는 다기능 작업자 요구
공급자와의 유대강화	외부 공급업체와 긴밀한 관계를 유지하며, 신뢰를 바탕으로 한 장기적으로 거래
생산공정의 신축성 요구	생산공정의 신축성을 요구한다. 여기서 신축성은 생산제품을 변경할 때 필요한 설비, 공구의 교체 등에 소요되는 시간을 단축시킴

(2) JIT 생산방식 실현을 위한 11가지 개선사항

① 흐름생산　　　　② 다공정담당　　　　③ 칸반(kanban)
④ 소인화　　　　　⑤ 눈으로 보는 관리　⑥ 평준화
⑦ 준비교체작업　　⑧ 품질보증　　　　　⑨ 표준작업
⑩ 자동화　　　　　⑪ 보건·안전

(3) 칸반(Kanban)의 역할과 종류

생산시스템은 크게 생산해서 밀어내는 Push System과 후공정에서 필요한 양만큼 끌어 당기는 후공정 인수방식, 즉 Pull System으로 나눌 수 있다. 칸반시스템은 JIT를 실현하기 위하여 Pull System을 채택하면서 칸반이란 관리도구를 활용하고 있다.

1) 칸반의 정의

칸반시스템(Kanban System)이란 JIT를 실현시키기 위한 일종의 정보시스템이자 눈으로 보는 관리도구이다. 칸반은 '결품 방지와 과잉생산의 낭비 방지를 목적으로 1매의 종이에 현품표의 기능, 운반지시의 기능, 생산지시의 기능을 포함시킨 것'이라 할 수 있다.

2) 칸반의 종류

① 외주품 납품 칸반: 외주처로부터의 인수부품에 사용
② 공정인수 칸반: 공정간 부품의 인수를 위해 사용되는 칸반으로 통상 '인수칸반'이라 부른다.
③ 칸반(협의): 공정 내에서 작업을 위해 쓰이는 칸반이며, 일반적으로 칸반이라 하면 이 칸반을 의미한다.
④ 신호칸반: 프레스 등과 같이 설비금액이 많이 들어 준비교체시간이 다소 걸리는 경우, 큰 로트를 만드는 생산지시가 필요할 때 사용하는 칸반

3) 칸반시스템의 운영규칙

① 불량품은 절대로 후공정에 보내지 않는다.
② 후공정이 필요한 만큼 선행공정에 가지러 간다.
③ 선행공정은 후공정이 인수해 간 양만큼만 생산한다.
④ 생산을 평준화한다.
⑤ 칸반은 미세조종의 수단이다.
⑥ 공정을 안정화하여 합리화한다.

(4) JIT 실행을 위한 5S

5S란 JIT 생산방식을 달성하기 위한 현장개선의 기초로서 정리(SEIRI), 정돈(SEITON), 청소(SEISO), 청결(SEIKETSU), 마음가짐(SHITSUKE)의 일본어의 첫 발음 'S'를 따서 5S라 한다.

1) 정리(SEIRI)

필요한 물품과 불필요한 물품을 구분하여 불필요한 물품은 처분한다. 현장에 존재하는 불필요한 물품은 직장을 그만큼 협소하게 하여 비능률과 재해의 원인이 된다(사용하지 않는 예비품·치공구의 오사용에 의해 품질불량 및 기계고장을 일으킨다).

2) 정돈(SEITON)

필요한 물품은 즉시 끄집어 낼 수 있도록 만든다. 필요한 물품을 사용빈도에 맞게 놓는 장소를 정하고(정위치), 표시한 후 사용목적을 고려하여 놓는 방법을 표준화 한다(능률의 향상, 가공불량의 방지, 재해방지).

3) 청소(SEISO)

먼지와 더러움을 없애 직장 및 설비를 깨끗한 상태로 만든다. 기분 좋게 일할 수 있는 직장환경을 조성하여 능률을 향상시킨다(설비의 열화, 이물혼입에 의한 불량, 측정오차의 유인과 위험을 방지한다).

4) 청결(SEIKETSU)

직장을 위생적으로 하여 작업환경을 향상시킨다. 1), 2), 3)항의 3S를 유지하는 것이다.

5) 마음가짐(SHITSUKE)

4S(정리, 정돈, 청소, 청결)를 실시하여 사내에서 결정된 사항, 표준을 준수해 나가는 태도를 몸에 익힌다.

(5) JIT의 7가지 낭비

JIT 시스템은 철저한 낭비배제 방식이라고 할 수 있다. 낭비를 없앰으로써 결과적으로 생산성을 높이게 된다. 제조현장의 낭비란 '원가만을 높이는 생산의 요소'를 말한다. 제조방법 속에서 작업인가 낭비인가를 분별하는 능력이 필요하며 JIT 시스템은 낭비에 대한 인식이 가장 중요하다. JIT 시스템에서는 낭비를 다음과 같이 일곱 가지로 나누고 있다.

① 과잉 생산의 낭비: 낭비의 뿌리
② 재고의 낭비
③ 운반의 낭비
④ 불량의 낭비
⑤ 가공의 낭비
⑥ 동작의 낭비
⑦ 대기의 낭비

단원별 출제유형 알아보기

01 다음 중 JIT(Just In Time) 방식의 특징으로 볼 수 없는 것은?

① 생산통제는 밀어내기 방식(Push system)이다.
② 생산이 소시장 수요에 따라간다. 즉 계획을 일 단위로 세워 생산하는 것이다.
③ 생산공정은 유연성(flexibility)을 요구한다. 여기서 신축성은 생산제품을 바꿀 때 필요한 설비, 공구의 교체 등에 소요되는 시간을 짧게 하는 것을 말한다.
④ 현재 필요한 것만 만들고 더 이상은 생산하지 않으므로 큰 로트 규모가 필요 없으며, 생산이 시장 수요만을 따라가기 때문에 고속의 자동화는 필요치 않다.

02 칸반 또는 칸반시스템에 관한 내용으로 부적절한 것은?

① 칸반이란 간판(看板)의 일본어 발음이다.
② 부품의 생산과 운반을 지시하거나 승인하는 증표이다.
③ 칸반과 용기를 이용한 생산현장의 물리적인 통제시스템이다.
④ JIT의 핵심부분으로서 푸시 시스템을 구체적으로 실천하기 위한 수단이다.

03 JIT의 5S에서 4S를 실시하여 사내에서 결정된 사항, 표준을 준수해 나가는 태도를 몸에 익히도록 하는 것은 다음 중 무엇인가?

① 정돈(SEITON)
② 마음가짐(SHITSUKE)
③ 청소(SEISO)
④ 청결(SEIKETSU)

04 도요타 생산방식에서 말하는 7가지 낭비에 해당하지 않는 것은?

① 가공의 낭비
② 재고의 낭비
③ 과잉검사로 인한 낭비
④ 불량에 대한 재작업의 낭비

답안 및 풀이

01 ① 마지막으로 완성되어 출고되는 제품의 양에 따라 필요한 모든 재료들이 결정되므로, 생산통제는 당기기 방식(Pull system)이다.

[JIT 생산방식의 특징]
- 낭비제거(소 Lot 생산): 최소한의 로트사이즈로 생산하며, 철저하게 낭비를 제거하여 생산성을 높이고 원가를 절감
- 풀 시스템(Pull System): 후행공정의 작업자가 부품을 소비한 만큼만 선행공정에서 가져가도록 하는 시스템
- 수요에 의한 생산: 생산이 소시장 수요에 따라간다. 즉 계획을 일 단위로 세워 생산
- 공급업체의 기업내부화 외부 공급업체와 긴밀한 관계를 유지하며, 신뢰를 바탕으로 한 장기적으로 거래
- 생산공정의 신축성 요구: 생산공정의 신축성(flexibility)을 요구한다. 여기서 신축성은 생산제품을 바꿀 때 필요한 설비, 공구의 교체 등에 소요되는 시간을 짧게 함

02 ④ JIT의 핵심부분으로서 풀(Pull) 시스템을 구체적으로 실천하기 위한 수단이다.

03 ②

[JIT 시스템의 5S]
- 정리(SEIRI): 필요한 물품과 불필요한 물품을 구분하여 불필요한 물품은 처분한다.
- 정돈(SEITON): 필요한 물품은 즉시 끄집어 낼 수 있도록 만든다.
- 청소(SEISO): 먼지와 더러움을 없애 직장 및 설비를 깨끗한 상태로 만든다.
- 청결(SEIKETSU): 직장을 위생적으로 하여, 작업환경을 향상시킨다. 1), 2), 3)항의 3S를 유지하는 것이다.
- 마음가짐(SHITSUKE): 4S(정리, 정돈, 청소, 청결)를 실시하여 사내에서 결정된 사항, 표준을 준수해 나가는 태도를 몸에 익힌다.

04 ③

[JIT 시스템의 7가지 낭비]
- 과잉 생산의 낭비: 낭비의 뿌리
- 재고의 낭비
- 불량의 낭비
- 동작의 낭비
- 운반의 낭비
- 가공의 낭비
- 대기의 낭비

자재소요 및 생산능력 계획

NCS 학습을 위한 능력단위 확인하기

능력단위	수준	능력단위 요소
자재 입고관리 (0204010203_20v2)	3	자재품질 기준 파악하기 (0204010203_20v2.1)
		자재 보관 위치 관리하기 (0204010203_20v2.2)
		자재 검수하기 (0204010203_20v2.3)
		자재 입고 부적합품 처리하기 (0204010203_20v2.4)
자재 출고관리 (0204010206_20v2)	3	자재 출고계획 수립하기 (0204010206_20v2.1)
		자재 출고방법 설정하기 (0204010206_20v2.2)
		자재 출고 작업하기 (0204010206_20v2.3)
사내물류관리 (0204010207_20v2)	5	공정재고 기준 확인하기 (0204010207_20v2.1)
		자재 공급회수 방법 선정하기 (0204010207_20v2.2)
		자재운반 설비 관리하기 (0204010207_20v2.3)
		적기공급 평가 개선하기 (0204010207_20v2.4)

01 재고관리

재고관리란 생산 및 판매부문의 수요에 신속하고 경제적으로 대응하여 안정된 판매활동과 원활한 생산활동을 지원하고 최적의 재고수준을 유지하도록 관리하는 절차이다. 재고는 불확실한 기업환경에서 완충역할을 위하여 필요할 수 있으나 과다한 재고는 오히려 재고관리비용을 높이는 문제점을 불러온다. 따라서 필요한 품목을, 필요한 수량만큼, 필요한 시기에 최소의 비용으로 공급할 수 있도록 재고를 관리하는 것이 재고관리의 목적이라 할 수 있다.

(1) A. J. Arrow의 재고보유 동기

A. J. Arrow는 기업이 재고를 보유하는 이유를 다음과 같이 거래동기, 예방동기, 투기동기로 분류하였다.

구분	내용
거래동기	수요량을 미리 알고 있다. 즉 시장수요는 매일 반복되나 납품은 한 달에 한 번 한다면 대량으로 구매 후 조금씩 팔리는 동안 재고로 보유하게 됨
예방동기	수요에 대한 품절의 위험에 대비하여 보유하는 것으로서, 오늘날 많은 기업의 주된 재고보유 동기임
투기동기	가격변동을 예측하고 재고를 보유하는 것으로서, 가격 인상을 대비하여 농산물 등을 비축하는 재고 등이 해당

(2) 재고의 분류

1) 예상(비축)재고

예상(비축)재고(anticipation stock)란 계절적인 수요 급등, 가격 급등, 파업 등으로 인해 생산중단이 예상될 때, 향후 발생할 수요를 대비하여 미리 생산하여 보관하는 재고이다.

2) 안전재고

안전재고(safety stock)란 기업을 운영함에 있어서 발생할 수 있는 여러 가지 불확실한 상황에 대처하기 위해 미리 확보하고 있는 재고이다.

조달기간의 불확실, 생산의 불확실, 또는 그 기간 동안의 수요량이 불확실한 경우 등 예상외의 소비나 재고부족 상황에 대비한다.

3) 순환재고

순환재고(cycle stock)란 일시에 필요한 양보다 더 많이 주문하는 경우에 생기는 재고를 말한다. 이와 같은 유형의 재고는 주문비용이나 생산준비비용을 줄이거나 할인혜택을 얻을 목적으로 한꺼번에 많은 양을 주문할 때 발생한다.

4) 수송(파이프라인)재고

수송(파이프라인)재고(pipeline stock)란 유통과정 중에 있는 제품이나 생산 중에 있는 재공재고를 말한다. 즉 공급업체로부터 또는 작업장에서 다른 작업장으로 이동 중에 있는 재고이다.

(3) 재고비용의 분류

1) 구매/발주비용

- 주문과 관련된 비용(신용장 개설비용, 통신료)
- 가격 및 거래처 조사비용(물가조사비, 거래처 신용조회비용)
- 물품수송비, 하역비용, 입고비용
- 검사 · 시험비, 통관료

2) (생산)준비비용

- 생산공정의 변경이나 기계 · 공구의 교환 등으로 인한 비용
- 준비시간 중의 기계유휴비용
- 준비요원의 직접노무비 · 사무처리비 · 공구비용 등

3) 재고유지비용

- 자본비용: 재고자산에 투입된 자금의 금리
- 보관비용: 창고의 임대료, 유지경비, 보관료, 재고관련 보험료 · 세금
- 재고감손비: 보관 중 도난 · 변질 · 진부화 등으로 인한 손실
- 재고유지비(H) = 가격(P) × 재고유지비율(i)

(4) 경제적 발주(주문)량(EOQ)

경제적 발주(주문)량(EOQ: Economic Order Quantity)이란 해당 품목의 수급에 차질이 발생하지 않은 범위 내에서 재고관련비용이 최소가 되는 1회 주문량을 결정하는 것이다. EOQ 모형을 사용하기 위해서는 다음과 같은 가정이 필요하다.

- 구매량에 관계없이 단위당 구입가격은 일정하다.
- 구매비용은 구매량의 크기에 관계없이 항상 일정하다.

- 수요량과 조달기간이 확정적이다.
- 재고유지비는 구매량의 증가와 함께 비례적으로 증가한다.
- 단일품목을 대상으로 하며, 재고부족은 없다.
- 단위당 재고유지비용과 1회 주문비용은 항상 일정하다.
- 주문량은 전량 일시에 입고된다.
- 연간 자재사용량이 일정하고 연속적이다.

$$경제적\ 발주(주문)량(EOQ) = \sqrt{\frac{2SD}{H}} = \sqrt{\frac{2SD}{P_i}}$$

S = 1회 주문비용
H = 단위당 연간 재고유지비용
i = 연간 재고유지비율
D = 연간 총수요
P = 구입단가

🔖 실무예제

경제적 발주(주문)량(EOQ)

A 부품의 연간 수요량이 20,000개이고 1회 주문비용이 80,000원이며, 판매단가가 4,000원이고 연간 재고유지비율이 0.2일 경우 경제적 발주(주문)량은 몇 개인가?

$$경제적\ 발주(주문)량(EOQ) = \sqrt{\frac{2SD}{H}} = \sqrt{\frac{2SD}{P_i}}$$

$$= \sqrt{\frac{2 \times 80,000 \times 20,000}{4,000 \times 0.2}} = 2,000개$$

(5) 경제적 생산량(EPQ)

경제적 발주(주문)량(EOQ) 모형에서 확장되었으며, 총비용이 최소가 되는 1회 생산량을 경제적 생산량(EPQ: Economic Production Quantity)이라고 한다. ELS(Economic Lot Size)라고도 한다. EPQ 모형을 사용하기 위해서는 다음과 같은 가정이 필요하다.

- 연간 생산율(p)은 연간 수요율(d)보다 항상 크다.
- 수요량과 조달기간이 확정적이다.
- 생산이 시작된 후에 수요가 이루어지며 수요량은 생산량보다 작다.
- 생산은 일정 기간 동안 점진적으로 쌓이고 어느 정도 재고 수준에 이르면 생산을 중단하게 된다.
- 생산이 중단되면 쌓였던 재고량은 일정량씩 없어지면서 바닥이 난다.
- 재고가 모두 없어지면 즉시 생산 작업이 반복 된다.

- 재고유지비는 생산량의 크기에 정비례하여 발생한다.
- 생산단가는 생산량의 크기와 관계없이 일정하다.

$$경제적\ 생산량(EPQ) = \sqrt{\frac{2SD}{H(1-\frac{d}{p})}} = \sqrt{\frac{2SD}{P_i(1-\frac{d}{p})}}$$

S = 1회 준비비
D = 연간 총생산량
H = 단위당 연간 재고유지비용
P = 생산단가
i = 연간 재고유지비율
d = 수요율
p = 생산율

- 최소총비용(TC) = $\frac{1}{2}(1-\frac{d}{p}) \times Q \times H + \frac{D}{Q} \times S$

- 최적 사이클타임(생산주기)(T$_0$) = $\frac{Q}{d}$

- 최적 생산기간(일)(T$_1$) = $\frac{Q}{p}$

실무예제

경제적 생산량(EPQ)

㈜삼일은 스마트폰을 제조하는 데 1년에 48,000개의 6인치 액정이 필요하다. 이 액정은 자체생산 품목으로 하루에 800개를 생산할 수 있다. 이 액정은 매일 일정한 수량을 소비한다. 액정의 단위당 재고유지비는 100원, 1회 작업 준비비는 4,500원이다. 이 회사의 연간 가동일수는 240일이다.

1) 최적의 생산로트를 결정하라.

$$경제적\ 생산량(EPQ) = \sqrt{\frac{2SD}{H(1-\frac{d}{p})}} = \sqrt{\frac{2\times 4,500\times 48,000}{100(1-\frac{200}{800})}}$$

$$= 2,400개$$

* 1년에 48,000개, 가동일수 240일이므로 수요율(d)은 200개/일

2) 최소총비용(TC)은 얼마인가?

$$최소총비용(TC) = \frac{1}{2}(1-\frac{d}{p}) \times Q \times H + \frac{D}{Q} \times S$$

$$= \frac{1}{2}(1-\frac{200}{800}) \times 2,400 \times 100 + (\frac{48,000}{2,400}) \times 4,500$$

$$= 180,000원$$

3) 최적 사이클타임(생산주기)(T_0)은 몇 일인가?

$$\text{최적 사이클타임(생산주기)}(T_0) = \frac{Q}{d} = \frac{2,400}{200} = 12\text{일}$$

4) 최적 생산기간(일)(T_1)은 몇 일인가?

$$\text{최적 생산기간(일)}(T_1) = \frac{Q}{p} = \frac{2,400}{800} = 3\text{일}$$

개념 익히기

ABC 재고관리

통계적 방법에 의하여 물품의 중요도에 따라 차별적으로 관리하는 방식이다. 관리대상을 A, B, C그룹으로 나누고, A그룹을 가장 중점적으로 관리함으로써 관리의 효율성을 높이려는 재고관리기법이다.

 # 단원별 출제유형 알아보기

01 다음 재고보유동기에 대한 설명 중 가장 적합하지 않은 것은?

① A. J. Arrow는 재고보유동기를 제시한 대표적인 사람 중에 하나이다.
② 투자동기는 대표적인 가격변동을 예측하고 재고를 보유할 때의 동기를 말한다.
③ 예방동기는 위험에 대비하기 위한 것으로서, 대부분 기업의 주된 재고보유동기이다.
④ 거래동기는 수요량을 미리 알고 있고, 시장에 있어서의 가치체계가 시간적으로 변화하지 않는 경우의 동기이다.

02 재고종류에 대한 다음 설명 중 가장 적합하지 않은 것은?

① 유통과정 혹은 제품의 생산과정 중에 있는 재고를 수송재고 또는 파이프라인재고라고도 표현한다.
② 재고품목을 주기적으로 일정한 로트(LOT)단위에 의해 조달함으로 발생되는 재고를 주기재고라고 한다.
③ 주문비용이나 생산준비비용을 줄이거나 할인혜택을 얻을 목적으로 한 번에 많은 양을 주문하는 재고를 순환재고라고 한다.
④ 기업을 운영할 때 발생할 수 있는 여러 가지 불확실한 상황에 대비하기 위하여 미리 확보하는 재고를 예상재고 또는 비축재고라고도 표현한다.

03 다음의 재고비용 중 구매/발주비용에 대한 설명으로 가장 적합하지 않은 것은?

① 주문과 관련된 비용으로 신용장 개설비용, 통신료 등이 해당된다.
② 창고 임차료, 유지경비, 보관료, 세금과 같은 보관비용이 해당된다.
③ 물품수송비, 하역비, 입고비, 검사 및 시험비, 통관료 등이 여기에 해당된다.
④ 가격 및 거래처 조사비용으로 물가조사비, 거래처 신용조회비용 등이 여기에 해당된다.

04 다음 중 원자재나 상품의 구입에 따르는 제비용과 재고유지비 등을 고려해 가장 합리적이라고 판단되는 원자재 또는 상품의 주문량을 계산하는 기법은 무엇인가?

① ABC 재고관리시스템　　　　② 고정주문량(Fixed Order Quantity)
③ 안전주문량(Safety Order Quantity)　　④ 경제적 주문량(Economic Order Quantity)

05 다음 중 경제적 발주량(EOQ) 모델의 가정이 아닌 것은?

① 단일품목을 대상으로 한다.
② 수요율과 조달기간이 일정한 확정적 모델이다.

③ 구입단가는 발주량의 크기와 관계없이 일정하다.
④ 재고유지비는 발주량의 크기와 관계없이 일정하다.

06 컴퓨터를 주력상품으로 판매하는 (주)대한유통은 올해의 매출을 전년도 대비 10% 증가한 9,600대가 팔릴 것으로 예상하고 있다. 이 컴퓨터의 연간재고유지비용은 단위당 16원이고, 주문비용이 75원이다. 경제적 주문량(EOQ)은 얼마인가?

① 200
② 230
③ 300
④ 320

답안 및 풀이

01 ② 투자동기는 가격변동을 예측하고 재고를 보유하는 것으로서, 가격 인상을 대비하여 농산물 등을 비축하는 재고 등이 해당된다.

02 ④ 기업을 운영할 때 발생할 수 있는 여러 가지 불확실한 상황에 대비하기 위하여 미리 확보하는 재고를 안전재고라고 한다.
- 예상(비축)재고: 계절적 요인, 가격의 변화 등을 예상하고 대비하기 위해 보유하는 재고
- 순환재고: 비용 절감을 위하여 경제적 주문량(또는 생산량) 및 로트 사이즈(lot size)로 구매(또는 생산)하게 되어 당장 필요한 수량을 초과하는 잔량에 의해 발생하는 재고
- 안전재고: 여러 가지 불확실한 상황에 대처하기 위해 미리 확보하고 있는 재고
- 파이프라인재고: 수송재고라고도 하며 유통과정 혹은 제품의 생산과정 중에 있는 재고

03 ② 창고의 임차료, 유지경비, 보관료, 세금과 같은 보관비용은 재고유지비용에 해당된다.
[재고비용의 분류]
- 구매/발주비용(procurement cost): 주문과 관련된 비용(신용장 개설비용, 통신료), 가격 및 거래처 조사비용(물가조사비, 거래처 신용조회비용), 물품수송비, 하역비용, 입고비용, 검사·시험비, 통관료
- (생산)준비비용(production change cost): 생산공정의 변경이나 기계·공구의 교환 등으로 인한 비용, 준비시간 중의 기계휴휴비용, 준비요원의 직접노무비·사무처리비·공구비용 등
- 재고유지비용(holding cost):
  - 자본비용: 재고자산에 투입된 자금의 금리
  - 보관비용: 창고의 임대료, 유지경비, 보관료, 재고관련 보험료·세금
  - 재고감손비: 보관 중 도난·변질·진부화 등으로 인한 손실
  - 재고유지비(H) = 가격(P) × 재고유지비율(i)

04 ④
① ABC 재고관리: 통계적 방법에 의하여 물품의 중요도에 따라 차별적으로 관리하는 방식이다. 관리대상을 A, B, C그룹으로 나누고, A그룹을 가장 중점적으로 관리함으로써 관리의 효율성을 높이려는 재고관리기법
② 고정주문량(Fixed Order Quantity): 매번 동일한 양을 주문하는 방법으로 공급자로부터 항상 일정한 양만큼 공급받는 경우

05 ④
[경제적 발주(주문)량(EOQ)의 가정]
- 구매량에 관계없이 단위당 구입가격은 일정하다.
- 주문비용은 구매량의 크기에 관계없이 항상 일정하다.
- 수요량과 조달기간이 확정적이다.
- 재고유지비용은 구매량의 증가와 함께 비례적으로 증가한다.
- 단일품목을 대상으로 하며, 재고부족은 없다.

06 ③
- 경제적 발주(주문)량(EOQ) $= \sqrt{\dfrac{2SD}{H}} = \sqrt{\dfrac{2\times 1회 주문비용(S)\times 연간 총수요(D)}{단위당 연간 재고유지비용(H)}}$

$$= \sqrt{\dfrac{2\times 75\times 9,600}{16}} = \sqrt{\dfrac{1,440,000}{16}} = 300개$$

02 자재소요계획

2.1 MRP의 개념

자재소요계획(MRP: Material Requirement Planning)은 주생산일정계획을 토대로 하여 제품생산에 필요한 원자재의 종류, 수량, 주문시기 등을 결정하는 과정을 말한다. 다시 말해 자재소요계획은 재료, 부품, 반제품 등의 종속적 수요를 갖는 자재의 소요량 및 조달시기에 대한 관리를 통하여 주문과 생산계획을 효율적으로 처리하도록 만들어진 자재관리 기법이다.

자재소요계획을 효과적으로 수립하기 위해서는 주생산일정계획, 자재명세서, 재고기록철, 조달기간을 지속적으로 확보하고 검토하여야 한다.

2.2 MRP의 특징

MRP는 자재관리뿐만 아니라 일정계획과 통제를 동시에 진행시킬 수 있는 관리기법이다. MRP는 완제품의 수량과 납기가 정해지면 BOM 등을 이용하여 필요한 자재를 적시·적량 공급할 수 있도록 주문시기와 주문량을 자동적으로 계산해내며, 이에 따라 발주가 진행된다.

MRP는 재고수준을 감소시켜 자재 재고비용이 절감되고, 자재부족 최소화로 생산공정의 가동효율이 높아지고 생산소요시간이 단축되며, 납기준수를 통하여 고객에 대한 서비스가 개선되는 효과가 있다.

2.3 MRP의 입력요소

MRP산출을 위해서는 주생산일정계획(MPS: Master Production Scheduling), 자재명세서(BOM: Bill of Material) 그리고 재고기록철(IRF: Inventory Record File) 등의 세 가지 주요 입력요소가 반드시 필요하다.

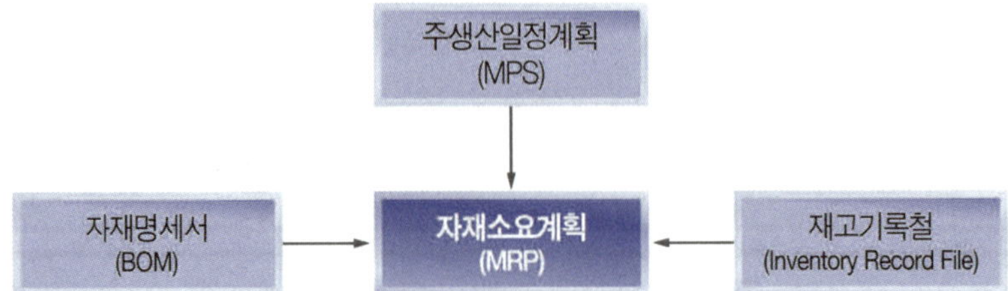

(1) 주생산일정계획(MPS)

주생산일정계획(MPS: Master Production Scheduling)은 주생산계획 또는 기준생산계획이라고도 하며, 총괄생산계획을 수립한 후에 보다 구체적으로 각 제품에 대한 생산시기와 수량을 나타내기 위해 수립하는 생산계획이다.

총괄생산계획은 수요예측과 생산능력을 고려하여 중장기적으로 제품군에 대한 총괄적 단위로 종합적인 생산계획을 수립한 것이다. 그러나 MPS는 총괄생산계획을 실제 생산할 제품단위로 일정을 분해한 결과이다. MPS는 적정재고수준 유지, 생산준비시간 단축, 생산원가 절감을 위해서 완제품의 납기와 부품의 조달기간을 세밀하게 분석하여 일정을 효과적으로 수립하여야 한다.

(2) 자재명세서(BOM)

자재명세서(BOM: Bill of Material)는 제품구조정보(Product Structure), Part List 등으로 불리며, 모품목(제품, 반제품) 한 단위를 생산하기 위해 필요한 자품목(재료, 부품, 반제품 등)의 품목, 규격, 소요량 등에 대한 명세서이다.

모품목과 자품목의 상호관계를 계층적으로 나타내며, 최상위 완제품의 계층을 'Level 0'으로 설정하고 각 계층의 부품이 더 이상 독립품목으로 분리가 어려운 최종단계까지의 자품목의 구성관계를 나타내면서 자품목의 구성수량, 변경이력, 유효일자 등의 정보가 기록된다.

BOM을 활용하여 자재소요량을 계산하는 방식은 다음과 같다. 여기서 'Level 0'은 A제품(완성품)이며, 그 아래로 모품목에 대한 자품목의 구성관계를 나타낸다.

각 수준 품목의 괄호 안 숫자는 상위품목(모품목) 한 단위 제조에 필요한 자품목의 소요 수량을 나타낸다.

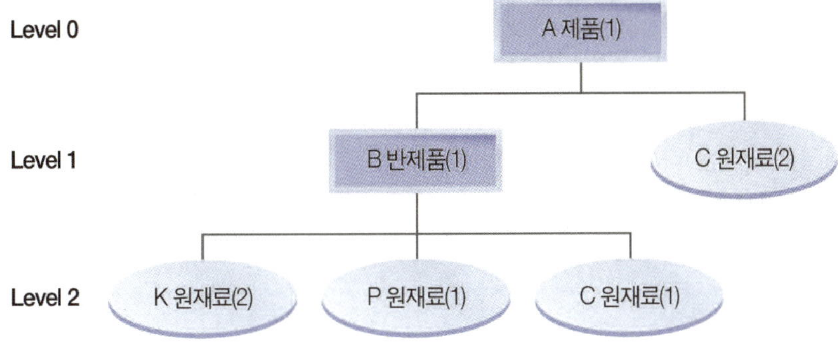

개념 익히기

BOM 종류

- Engineering BOM: 설계자의 시각에서 본 제품의 형상으로 설계의 편이성을 반영
- Manufacturing BOM 또는 Production BOM: MRP 시스템에서 사용하는 BOM으로 생산관리 및 생산현장에서 사용하며 생산공정의 순서를 담고 있다. 필요할 때 가상의 품번을 정의하여 사용하기도 한다.
- Planning BOM: Manufacturing BOM 또는 Production BOM을 근거로 주생산일정계획(MPS) 등에서 사용된다.
- Modular BOM: Option과 밀접한 관계가 있으며, 방대한 양의 BOM 데이터관리가 용이하며, MPS 수립 시에도 Option을 대상으로 생산계획을 수립한다.
- Percentage BOM: Planning BOM의 일종으로 제품을 구성하는 부품의 양을 정수로 표현하지 않고 백분율로 표현한다.
- Inverted BOM: 화학이나 제철과 같은 산업에서의 소수의 종류 또는 단일 부품(원료)을 가공하여 여러 종류의 최종제품을 만드는 데 이용된다. 나무가 뒤집힌 형태, 즉 역삼각형 형태의 BOM을 Inverted BOM이라고 한다.
- Common Parts BOM: 제품에 공통적으로 사용되는 부품들을 모아 놓은 BOM, 최상위 Item은 가상의 Item Number를 갖는다.
- Multilevel BOM: 모품목과 자품목의 관계뿐만 아니라 자품목의 자품목까지 보여준다.
- Bill of Activity: 부품정보뿐만 아니라 Routing 정보까지 포함하고, 제조·설계·구매 등의 활동까지 표현하고 있는 BOM이며, 주로 금형산업에서 많이 사용된다.
- Phantom BOM: 실제로 존재하는 품목은 아니며 포장자재 등 관리상의 중요도가 떨어지는 품목들을 모아서 가상의 품목으로 BOM을 구성하여 BOM 구조를 좀 더 간단하게 관리하고자 할 경우에 주로 이용된다.

(3) 재고기록철(IRF)

재고기록철(IRF: Inventory Record File)은 자재관리 대상품목의 입출고에 관한 내역, 재고보유품목, 발주품목, 생산품목에 관한 사항을 기록하고 있다.

재고기록은 생산예정 품목의 순소요량 등을 파악하는 데 사용되므로 품목의 재고에 대한 최신 정보를 유지하여야 하며, 입출고 및 반품 등에 관한 사항이 모두 기록되어야 한다.

또한 재고기록에는 리드타임(lead time), 로트크기(lot size), 안전재고 및 기타 특별한 사항에 대한 정보도 포함되어야 한다.

> **개념 익히기**
>
> **로트(Lot)**
> 로트는 제조단위 또는 배치(Batch)라고도 하며, 동일한 제조 조건하에서 제조되고 균일한 특성 및 품질을 갖는 완제품, 구성부품 및 원자재의 단위를 말한다.
> 일반적으로 로트번호는 쉽게 식별할 수 있도록 숫자·문자 또는 이들을 종합한 것을 사용하며, 4M(Method(작업방법), Man(작업자), Material(자재), Machine(기계)) 중 하나의 항목만 변경 및 교체되어도 그 번호를 달리 부여한다.

2.4 MRP 전개 사례

A제품의 수요예측치와 그에 따른 주생산일정계획(MPS)을 수립하였으며, MRP 전개와 관련된 정보는 다음과 같다(단, B원재료는 A제품 한 단위 생산에 3EA가 소요된다).

	주	1	2	3	4	5
Level 0 제품 A (리드타임＝2주) (안전재고＝10개)	수요예측치	−	15	25	20	30
	입고예정량	0	0	10	20	30
	현재고	40	25	10	10	10
	생산계획	10	20	30	25	40

※ 1~5주차 수요예측치, 1주차 현재고, 4~5주차 생산계획은 임의 부여한 수치임.

	주	1	2	3	4	5
Level 1 원재료 B (리드타임＝1주) (안전재고＝30개) (로트크기＝100개)	수요예측치	<u>30</u>	<u>60</u>	<u>90</u>	<u>75</u>	<u>120</u>
	입고예정량	0	<u>100</u>	<u>100</u>	<u>0</u>	<u>200</u>
	현재고	60	100	110	35	115
	발주계획	<u>100</u>	<u>100</u>	<u>0</u>	200	–

※ 1~5주차 수요예측치는 제품 A의 생산계획에 의해 산출된 총소요량이며, 1주차 입고예정량과 현재
  고는 임의 부여한 수치임.

단원별 출제유형 알아보기

01 다음 중 자재소요계획(MRP)에 대한 설명으로 적합하지 않은 것은?

① MRP의 투입요소에는 개략능력요구계획, 능력소요계획, 자재명세서가 있다.

② 통합수요품목의 재고관리를 위한 컴퓨터 시스템의 용어로 사용되기도 한다.

③ 목표생산량을 생산하기 위한 적절한 자재수급시기와 수량을 결정하도록 지원하는 도구로 사용되기도 한다.

④ 어떤 제품을 생산하는 데 있어서 생산수량에 맞춰 재료나 부품을 조달할 때 적용하는 부품 소요량 전개기법이기도 하다.

02 다음 중 자재소요계획(MRP: Material Requirement Planning)을 하기 위해서 필요한 입력 요소에 해당하지 않는 것은?

① 재고기록철(Inventory Record File)

② 자재명세서(BOM: Bill Of Material)

③ 총괄생산계획(APP: Aggregate Production Planning)

④ 주생산일정계획(MPS: Master Production Scheduling)

03 다음은 MRP(Material Requirement Planning)에 대한 설명이다. 이 중 옳지 않은 설명은?

① MRP는 '보충'의 개념보다 '소요'의 개념에 입각하여 운영되고 있다.

② 제조기업의 모든 제조자원을 계획하고 관리하는 MRP는 MRP II 이다.

③ MRP의 관리대상이 되는 종속수요 품목은 재고수준이 일정 수준 밑으로 떨어지면 주문이 된다.

④ 기준생산계획(MPS)을 달성할 수 있도록 적절한 시기에 제조주문과 구매주문을 하는 것은 MRP의 중요한 업무 중 하나이다.

04 MRP 시스템에서 필요 자재에 대한 순소요량을 산출하기 위하여 알아야 할 재고수량에 대한 분류로써 가장 거리가 먼 것은?

① 안전재고량

② 할당재고량

③ 발주예정재고량

④ 입고예정재고량

05 다음의 BOM 중 '적은 종류 또는 단일한 부품을 가공하여 여러 종류의 최종 제품을 만드는 화학이나 제철 등과 같은 산업에 적용 가능하며, 나무가 뒤집힌 형태인 역삼각형의 BOM'을 무엇이라 하는가?

① Inverted BOM
② Modular BOM
③ Engineering BOM
④ Manufacturing BOM

06 생산관리 부서 및 생산현장에서 사용되는 BOM으로, 제조공정 및 조립공정의 순서를 반영하여 E-BOM을 변형하여 만들어지며, 또한 Item이 재고로 저장될 것인지 여부와도 밀접한 관계를 가지고 있는 BOM은 다음 중 무엇인가?

① Modular BOM
② Engineering BOM
③ Manufacturing BOM
④ Percentage BOM

07 자재소요계획(MRP: Material Requirement Planning)의 입력요소인 자재명세서의 종류에 대한 설명으로 잘못된 것은?

① Planning BOM의 일종으로 제품군을 구성하는 제품 또는 제품을 구성하는 부품의 양을 백분율로 표현하는 것을 Modular BOM이라 한다.
② 설계부서에서 사용하는 BOM으로 제품설계 시 만들어지며, 제품설계 방식과 절차에 따라 만들어지는 것이 Engineering BOM이다.
③ 생산계획, 기준일정계획에서 사용되며 생산관리 부서 및 판매, 마케팅 부서에서 제품군별 생산계획을 통하여 자재의 구매계획과 생산계획을 수립하기 위하여 만들어지는 것이 Planning BOM이다.
④ 생산관리 부서 및 생산현장에서 사용되는 BOM으로 제품 생산과정을 관리하기 위하여 만들어지며 재고관리 필요성, 생산지시 여부, 품질검사대상 여부, 원가 관리 필요성에 따라 구성되는 것이 Manufacturing BOM이다.

답안 및 풀이

01 ① 자재소요계획(MRP)의 입력요소: 주생산일정계획(MPS), 자재명세서(BOM), 재고기록철(IRF)

02 ③

- MRP의 입력요소: MPS(기준생산계획 또는 주생산일정계획), BOM(자재명세서), 재고기록철(IRF)
- MRP의 출력요소: 일정계획, CRP(생산능력소요계획)

03 ③ MRP의 관리대상이 되는 종속수요 품목은 재고수준이 일정 수준 아래로 떨어져도 자동으로 주문은 되지 않는다.

04 ③

- 순소요량 = 총소요량 − 현재고 − 입고예정재고 + 할당(출고예정)된 재고 + 안전재고

05 ①

[BOM 종류]

- Engineering BOM: 설계자의 시각에서 본 제품의 형상으로 설계의 편이성을 반영
- Manufacturing BOM 또는 Production BOM: MRP 시스템에서 사용하는 BOM으로 생산관리 및 생산현장에서 사용하며 생산공정의 순서를 담고 있다. 필요할 때 가상의 품번을 정의하여 사용
- Planning BOM: Manufacturing BOM 또는 Production BOM을 근거로 주생산일정계획(MPS) 등에서 사용
- Modular BOM: Option과 밀접한 관계가 있으며, 방대한 양의 BOM 데이터관리가 용이하며, MPS 수립 시에도 Option을 대상으로 생산계획을 수립
- Percentage BOM: Planning BOM의 일종으로 제품을 구성하는 부품의 양을 정수로 표현하지 않고 백분율로 표현
- Inverted BOM: 화학이나 제철과 같은 산업에서의 소수의 종류 또는 단일 부품(원료)을 가공하여 여러 종류의 최종제품을 만드는 데 이용된다. 나무가 뒤집힌 형태, 즉 역삼각형 형태의 BOM
- Common Parts BOM: 제품에 공통적으로 사용되는 부품들을 모아 놓은 BOM, 최상위 Item은 가상의 Item Number를 갖음
- Multilevel BOM: 모품목과 자품목의 관계분만 아니라 자품목의 자품목까지 보여줌
- Bill of Activity: 부품정보분만 아니라 Routing 정보까지 포함하고, 제조·설계·구매 등의 활동까지 표현하고 있는 BOM이며, 주로 금형산업에서 많이 사용
- Phantom BOM: 실제로 존재하는 품목은 아니며 포장자재 등 관리상의 중요도가 떨어지는 품목들을 모아서 가상의 품목으로 BOM을 구성하여 BOM 구조를 좀 더 간단하게 관리하고자 할 경우에 주로 이용

06 ③

① Modular BOM: Option과 밀접한 관계가 있으며, 방대한 양의 BOM 데이터관리가 용이하고, MPS 수립 시에도 Option을 대상으로 생산계획을 수립
② Engineering BOM: 설계자의 시각에서 본 제품의 형상으로 설계의 편이성을 반영한 BOM
④ Percentage BOM: Planning BOM의 일종으로, 제품군을 구성하는 제품 또는 제품을 구성하는 부품의 양을 백분율로 표현한 BOM

07 ① Planning BOM의 일종으로 제품군을 구성하는 제품 또는 제품을 구성하는 부품의 양을 백분율로 표현하는 것을 Percentage BOM이라 한다.

03 생산능력

생산능력(Production Capacity)이란 작업자, 기계, 작업장, 공정 또는 조직이 단위시간당 산출물을 생산할 수 있는 능력을 의미한다.

기업의 생산능력이 너무 작은 경우에는 시장수요를 충족하지 못해 고객 상실 우려가 있으며, 또한 고객이 원하는 서비스를 적시에 공급할 수 없어 결국 경쟁력을 잃게 될 수도 있다.

따라서 생산계획이 달성될 수 있도록 기업의 상황에 맞는 적절한 생산능력계획 등이 필요하다.

3.1 개략생산능력계획(RCCP)

개략생산능력계획(RCCP: Rough Cut Capacity Planning)이란 기준생산계획(MPS)이 주어진 제조자원의 용량을 넘어서는지를 계산하는 모듈이다. 즉, 기준생산계획과 제조자원 간의 크기를 비교하여 자원요구량을 계산해내는 것이다.

자재소요계획 관련 활동 중에서 MRP 전개에 의해 생성된 발주계획량(Planned Order Release)들이, 기간별로 주어진 제조 자원의 용량을 넘어서는지 아닌지를 계산하는 개략생산능력계획(RCCP)은 MPS에서 수립된 생산 일정이 부하가 걸리지 않도록 계획되어 있는지를 검토하여 MPS를 조정하는 기능을 하고 있다.

3.2 능력소요계획(CRP)

자재소요계획(Material Requirement Planning)과 제조자원계획(Manufacturing Resource Planning)의 큰 차이 중의 하나가 제조 자원의 제약사항을 생산계획에 반영할 수 있는가였다.

능력소요계획(CRP: Capacity Requirement Planning)이란 자재소요계획 또는 생산계획 활동 중에서 MRP 전개에 의해 생성된 계획이 얼마만큼의 제조 자원을 요구하는지를 계산하는 모듈이다.

> **개념 익히기**
>
> 능력소요계획(CRP)의 입력정보
> - MRP에서 산출된 발주계획 정보
> - 확정주문 정보
> - 작업장 상태 정보
> - 절차계획 정보
> - 작업공정표 정보

3.3 RCCP와 CRP의 차이

계략생산능력계획(RCCP)과 능력소요계획(CRP)의 대표적인 차이를 요약하면 다음과 같다.

① RCCP의 주요 입력데이터는 MPS이지만, CRP의 주요 입력데이터는 MRP Record이다. MPS는 최종 제품과 주요 핵심 부품에 한해 작성되기 때문에, 자원요구량을 계산하는 과정에서도 CRP가 RCCP보다 정확하다.

② CRP를 계산할 때에는 생산오더가 내려간(즉, 현장에서 작업 중인) 작업도 현장의 자원을 필요로 한다는 것을 고려한다. 이러한 점은 RCCP에서는 고려하지 않는다. 따라서 CRP는 RCCP보다 더 현실적인 자원요구량계획을 생성할 수 있다.

단원별 출제유형 알아보기

01 개략생산능력계획(RCCP: Rough Cut Capacity Planning)에 대한 다음 설명 중 적합한 것은?

① MRP를 수행할 때 사용한다.
② 철저한 자원요구량을 산출한다.
③ 기준생산계획은 RCCP의 주요 입력데이터이다.
④ RCCP의 결과는 실제상황과 큰 차이를 보이지 않는다.

02 능력소요계획(CRP: Capacity Requirement Planning)에 관하여 잘못 설명한 것은?

① CRP의 주요 입력데이터는 MRP record이다.
② 현실적인 자원요구량 계획 생성에 있어서 RCCP보다 비교우위에 있다.
③ 기준생산계획이 제조 자원의 용량을 넘어서는지를 계산하는 것이 CRP이다.
④ 입력되는 정보로는 MRP상의 계획발주 정보, 절차계획 정보, 확정주문 정보 3가지 종류가 있다.

03 능력소요계획(CRP: Capacity Requirement Planning)에 대한 설명으로 잘못된 것은?

① CRP에는 MRP의 계획발주 정보, 절차계획 정보, 확정주문 정보가 입력된다.
② CRP는 각 작업장이나 기계별로 작업 부하량을 산정하기보다는 전체적으로 부하량을 산정한다.
③ 이미 주문된 예정입고와 발주 예정의 계획발주량을 완성하는 데 필요한 자업부하(능력소요량) 산정에 이용된다.
④ CRP는 공장의 생산능력에 맞추어 자재소요계획을 수립하기 위해 작업장의 능력 소요량을 시간대별로 예측하는 것이다.

04 자재소요계획 활동 중에서 MRP 전개에 의해 생성된 계획이 얼마만큼의 제조자원을 요구하는지를 계산하는 모듈은 다음 중 무엇인가?

① RP(Resource Planning)
② MPS(Master Production Scheduling)
③ CRP(Capacity Requirement Planning)
④ RCCP(Rough Cut Capacity Planning)

05 다음 [보기]의 (A)에 해당하는 설명 중 적합하지 않은 것은?

> **보기**
>
> (A)는 자재소요계획(생산계획) 활동 중에서 MRP 전개에 의해 생성된 계획이 얼마만큼의 제조자원을 요구하는지를 계산하는 모듈이다.

① 자원요구량을 계산하는 과정에서 (A)가 RCCP보다 정확하다.
② RCCP의 주요 입력데이터는 MRP Record이지만, (A)의 주요 입력데이터는 MPS Plan이다.
③ (A)의 입력데이터에는 MRP 레코드의 발주계획, 작업공정표, 작업장 상태 정보 등이 있다.
④ (A)를 계산할 때는 현장에서 작업 중인 작업이 현장의 자원을 필요로 함을 고려하여야 한다.

01 ③ 기준생산계획은 RCCP의 주요 입력데이터이다.

02 ③ 기준생산계획이 제조 자원의 용량을 넘어서는지를 계산하는 것은 개략적생산능력계획(RCCP)이다.

03 ② CRP는 구체적으로 각 작업장이나 기계별로 작업 부하량을 산정한다.

04 ③
CRP(Capacity Requirement Planning): MRP 전개에 의해 생성된 계획이 얼마만큼의 제조자원을 요구하는지를 계산하는 모듈

05 ② RCCP의 주요 입력데이터는 MPS이지만, CRP의 주요 입력데이터는 MRP Record이다.

04 공급망관리(SCM)

공급망관리(SCM: Supply Chain Management)란 기업이 제품 생산을 위한 원재료 수급에서 최종 고객에게 제품을 전달하기까지 공급망에서 일어나는 모든 행위들(구매/조달, 제조, 유통, 판매, 재고관리 등)을 정보기술(Information Technology)을 활용해서 재고를 최적화하고 리드타임을 대폭 감축하여 양질의 제품 및 서비스를 제공하는 시스템으로 정의된다.

4.1 공급사슬과 SCM의 주요 흐름

다음의 도표에서 나타나듯이 공급망(Supply Chain)은 공급자(Supplier), 제조업자(Manufacturer), 창고업자(Warehouser), 소매상(Retailers), 고객(Customer)과 같은 거래 파트너들로 구성되어 있다. SCM이란, 이러한 모든 거래 파트너들의 협력을 바탕으로 일부업무를 통합 관리하여 불확실성을 줄이고 전체적인 최적화를 달성하여 궁극적으로는 최소 비용으로 고객만족을 극대화하려는 경영전략기법이다.

SCM은 공급사슬을 기반으로 업무의 흐름을 다음의 세 가지로 구분하고 있다.

① 제품/서비스의 흐름(Product/Service Flow): 공급자들로부터 고객으로의 상품 이동, 물품반환, 애프터서비스 등으로 구성된다.

② 정보의 흐름(Information Flow): 주문전달과 배송상황의 갱신 등으로 구성된다.

③ 재정의 흐름(Funds Flow): 신용조건, 지불계획, 위탁판매, 권리소유권의 합의 등으로 구성된다.

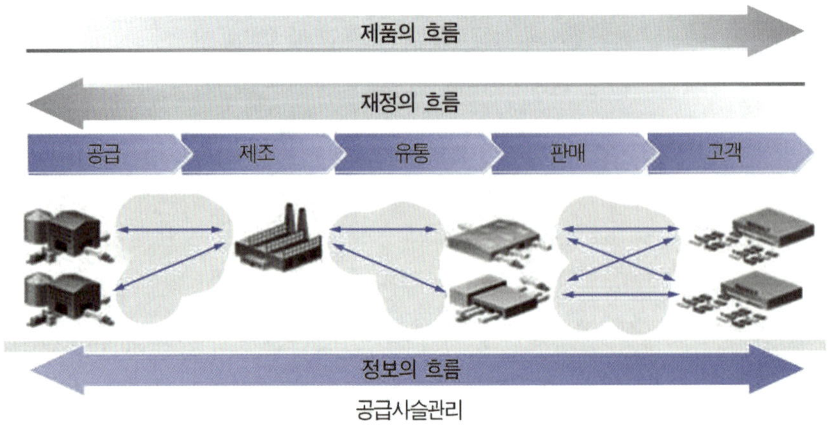

공급사슬관리

 SCM의 기능

SCM의 기능은 내재적 기능과 외재적 기능으로 구분한다.

(1) 내재적 기능

- 공급자 네트워크에 의해 공급된 원자재 등을 변형시키는데 사용하는 여러 프로세스
- 고객의 주문을 실제 생산 작업으로 투입하기 위한 생산일정계획

(2) 외재적 기능

- 올바른 공급자 선정
- 공급자와의 긴밀한 파트너십 유지

SCM 추진효과

SCM은 최근 기업들에게 높은 서비스 수준과 낮은 비용을 동시에 달성시킬 수 있는 경영 패러다임뿐만 아니라 새로운 기회를 창출할 수 있는 도구로 각광받고 있다.

SCM의 대표적인 추진효과는 다음과 같이 정리할 수 있다.

- 통합적 정보시스템 운영
- 물류비용 절감
- 고객만족, 시장변화에 대한 대응
- 구매비용 절감
- 생산효율화
- 총체적 경쟁우위 확보

단원별 출제유형 알아보기

01 다음 중 SCM(Supply Chain Management: 공급망관리)의 세 가지 주요 흐름에 해당하지 않는 것은 무엇인가?

① 제품/서비스흐름(Product/Service Flow) ② 물류흐름(Distribution Flow)
③ 정보흐름(Information Flow) ④ 재정흐름(Fund Flow)

02 다음 중 공급사슬관리(SCM: Supply Chain Management)에 대한 설명으로 잘못된 것은?

① SCM의 중요한 3가지 주요 흐름은 자재의 흐름, 정보의 흐름, 제품의 흐름이다.
② SCM은 자재와 서비스의 공급자로부터 생산자의 변환과정을 거쳐 완성된 산출물을 고객에게 인도하기까지의 상호 연결된 사슬을 말한다.
③ SCM은 공급자로부터 기업 내 변환과정, 유통망을 거쳐 최종고객에 이르기까지의 자재, 서비스 및 정보의 흐름을 전체 시스템의 관점에서 관리하는 것이다.
④ SCM은 공급사슬상에서 자재의 흐름을 효과적, 효율적으로 관리하고 불확실성과 위험을 줄임으로써 재고수준, 리드타임 및 고객 서비스수준의 향상을 목적으로 한다.

03 다음 공급사슬관리(SCM: Supply Chain Management)와 관련된 설명 중 가장 거리가 먼 것은?

① 정보와 물류의 리드타임이 길수록 공급사슬 내의 채찍효과로 인한 현상은 감소한다.
② 공급체인 내에서 소비자로부터 생산 쪽으로 갈수록 수요변동 폭이 확대되는 채찍효과는 공급사슬관리를 통해 극복될 수 있다.
③ 공급체인 내의 모든 구성요소들을 하나의 통합된 운영체계로 하여 구성요소의 부분최적화가 아닌 공급체인 전체의 최적화를 추구하는 전략이다.
④ 고객의 욕구가 빈번하게 변화하거나 고객이 유동적으로 변화하는 경우는 주문생산이나 대량고객화 등의 방법을 통한 대응적 공급사슬전략이 적절하다.

04 다음 [보기] 중 SCM의 내재적 기능을 바르게 짝지은 것은?

┤ 보기 ├

ㄱ. 올바른 공급자의 선정
ㄴ. 공급자의 긴밀한 파트너십 유지
ㄷ. 고객 주문을 실제 생산작업으로 투입하기 위한 Production Scheduling
ㄹ. 공급자 Network으로 공급된 원자재 등을 변형시키는 데 사용하는 여러 프로세스

① ㄱ, ㄴ ② ㄷ, ㄹ
③ ㄱ, ㄷ ④ ㄴ, ㄹ

답안 및 풀이

01 ②

SCM의 중요한 3가지 주요 흐름: 제품 및 서비스의 흐름(Product/Service Flow), 정보의 흐름(Information Flow), 재정의 흐름(Funds Flow)

02 ①

03 ① 정보와 물류의 리드타임이 길수록 공급사슬 내의 채찍효과로 인한 현상은 증가한다.

04 ②

[SCM의 내·외재적 기능]

- 내재적 기능: 공급자 네트워크에 의해 공급된 원자재 등을 변형시키는 데 사용하는 여러 프로세스, 고객의 주문을 실제 생산 작업으로 투입하기 위한 생산 일정계획
- 외재적 기능: 올바른 공급자 선정, 공급자와의 긴밀한 파트너십 유지

핵심ERP 이해와 활용

알고가자! **핵심ERP 설치와 DB관리**

❶ 시스템 운영환경

구　분	권장사항
설치 가능 OS	Microsoft Windows 10 이상의 OS (Mac OS X, Linux 등 설치 불가)
CPU	Intel Core2Duo / i3 1.8Ghz 이상의 CPU
Memory	4GB 이상의 Memory
DISK	10GB 이상의 C:₩ 여유 공간

※ 위 최소 요구 사양에 만족하지 못하는 경우 핵심ERP 설치 진행이 불가능합니다.

❷ 핵심ERP 설치

(1) i cube 핵심ERP 설치 파일 폴더에서 [CoreCubeSetup.exe]를 더블클릭하면 설치가 시작된다.

CoreCubeSetup

(2) 진행을 하면 아래와 같이 [핵심ERP 설치 전 사양 체크] 프로그램이 자동으로 실행된다. 설치 전 사양체크가 완료되면 바로 핵심ERP 설치가 진행된다.

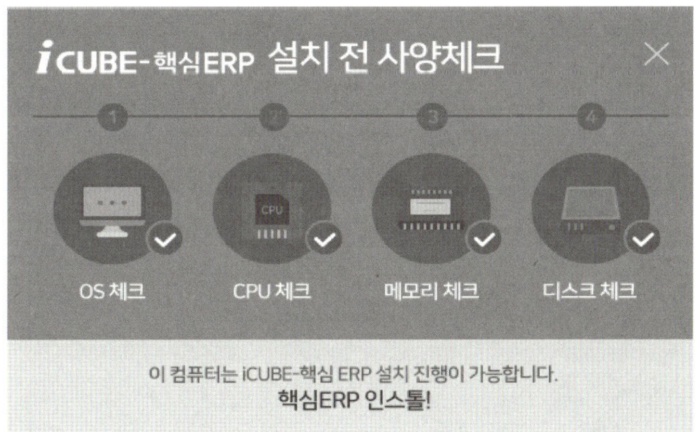

※ ①단계 ~ ④단계까지 모두 충족하지 않으면 핵심ERP 설치 진행이 불가능하다. 모두 만족하면 하단에 '이 컴퓨터는 iCUBE-핵심ERP 설치 진행이 가능합니다. 핵심ERP 인스톨!'을 확인할 수 있다.

(3) i cube 핵심ERP 사용권 계약의 동의를 위해 [예]를 클릭한다.

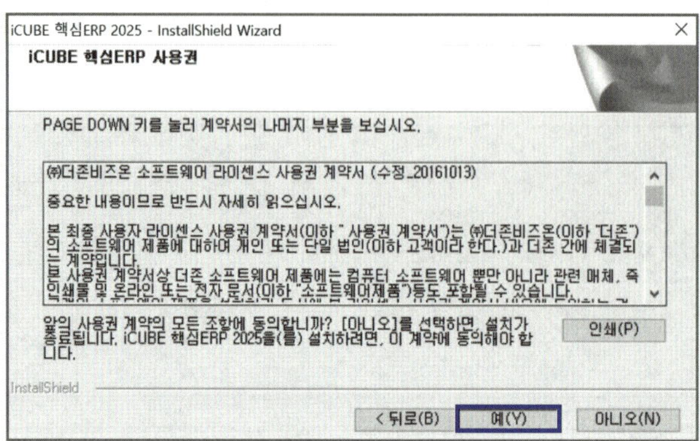

(4) DBMS(SQL Server 2017)의 설치는 시스템 환경에 따라 몇 분간 소요된다. 만약 SQL Server 2017이 설치되어 있다면 i cube-핵심ERP DB 및 Client 설치단계로 자동으로 넘어간다.

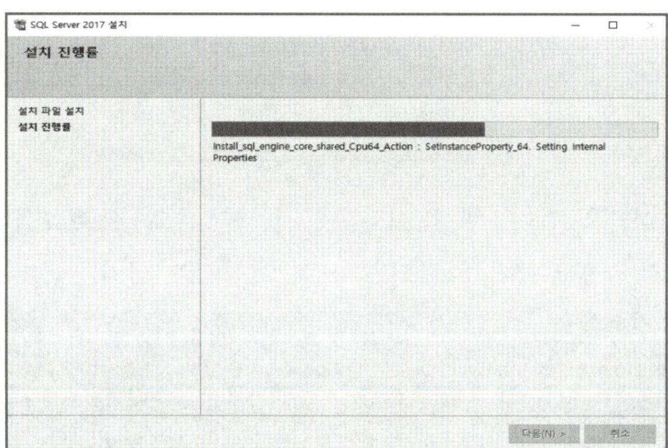

(5) i cube 핵심ERP DB 및 Client 설치가 진행된다.

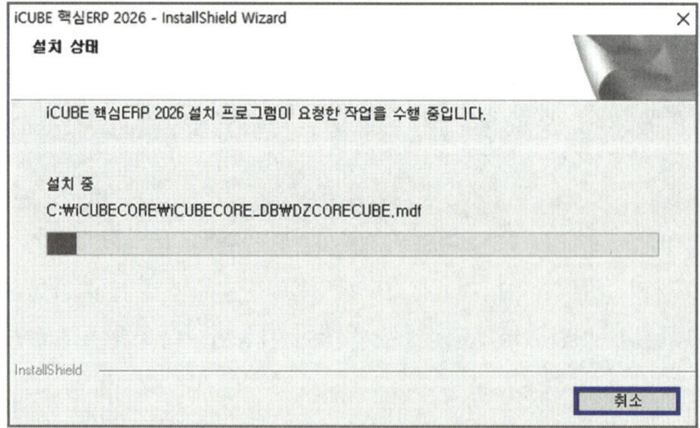

(6) i cube 핵심ERP DB 및 Client 설치가 완료되면 [완료]를 클릭한다.

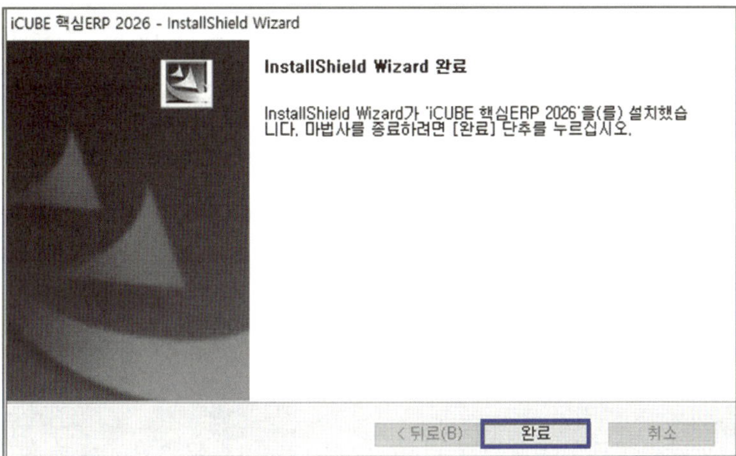

(7) i cube 핵심ERP 프로그램 로그인 화면이 실행되는지 확인한다.

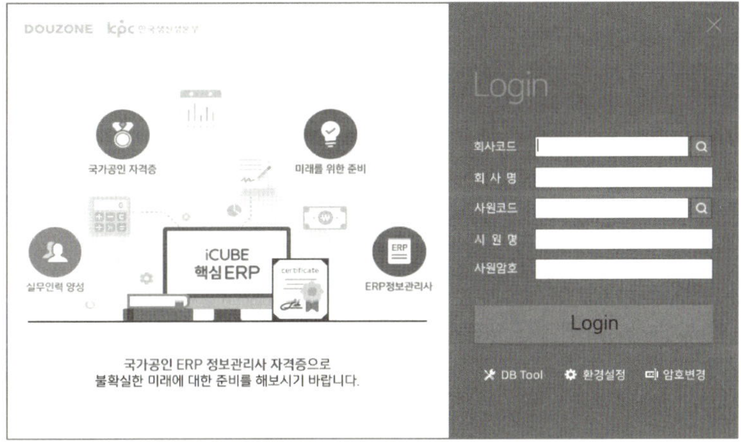

❸ 핵심ERP 실행오류 처리 방법

(1) 로그인 화면에서 회사코드 찾기 아이콘(🔍)을 클릭했을 때 아래의 오류메세지 확인

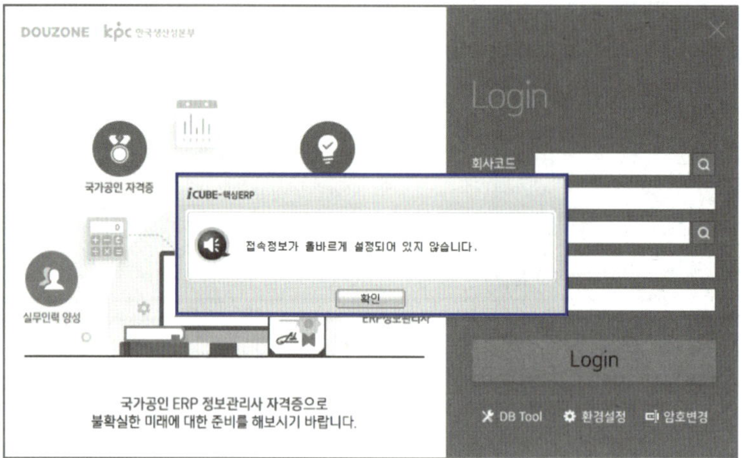

(2) i cube 핵심ERP$_{v2.0}$ 설치 파일 폴더 내 [UTIL] 폴더의 [CoreCheck.exe] 파일을 더블클릭한다. [×] 아이콘을 클릭해 모두 [○] 아이콘으로 변경한 후 프로그램을 실행하면 로그인이 가능하다.

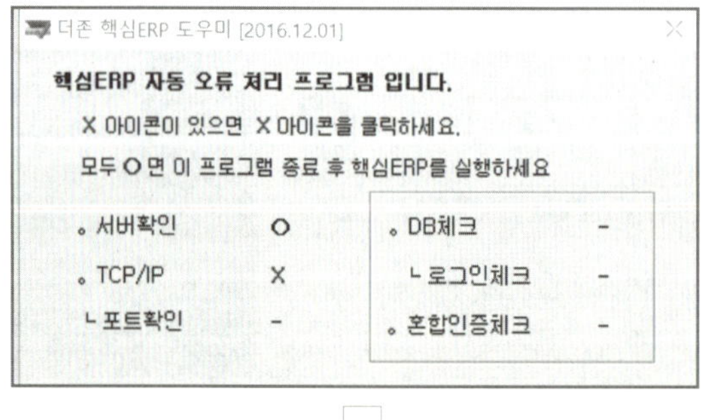

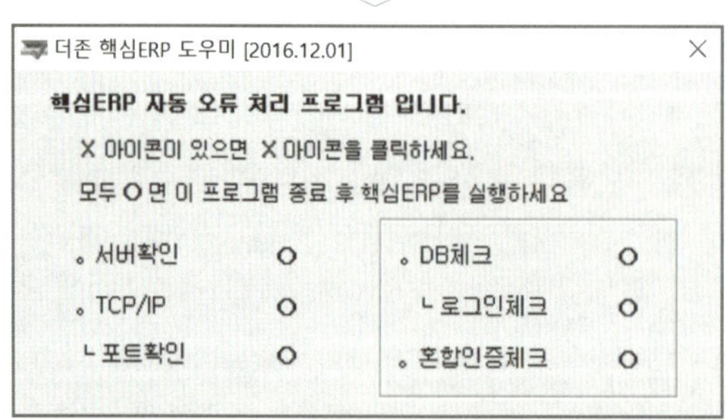

❹ 핵심ERP DB관리

(1) DB 백업 방법

① 로그인 창에서 [DB TOOL]을 클릭하여 [DB백업]을 선택한다.

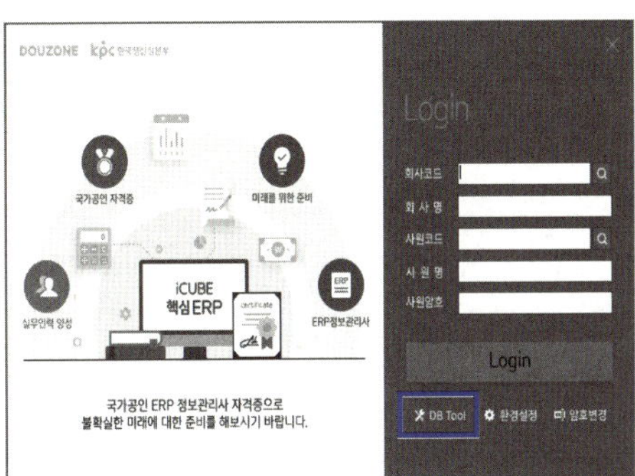
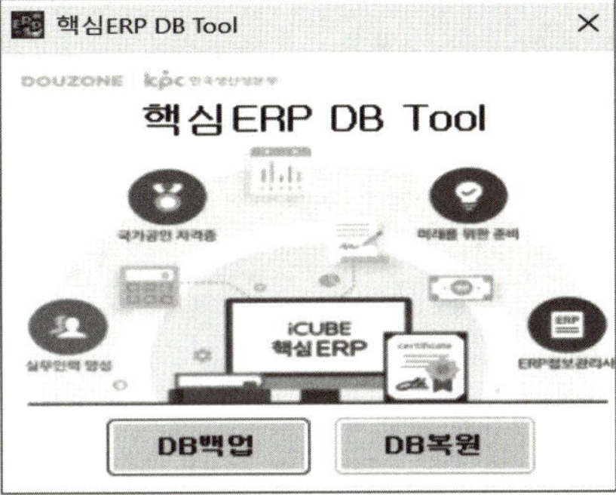

② DB를 백업할 경로를 지정한 후 [확인]을 클릭하면, 백업이 진행된다.

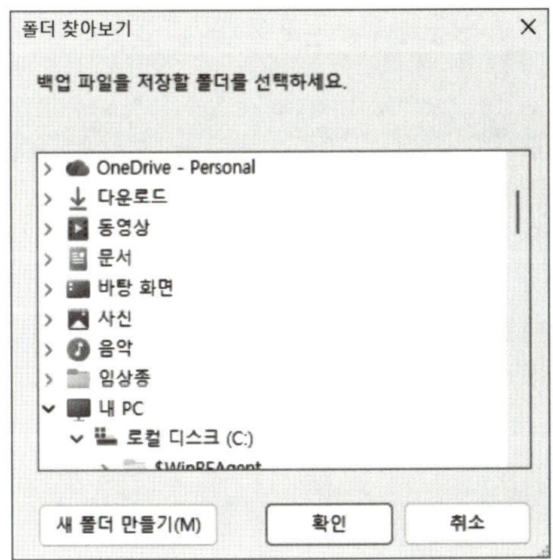

③ DB 백업이 완료된 후 [확인]을 클릭한다.

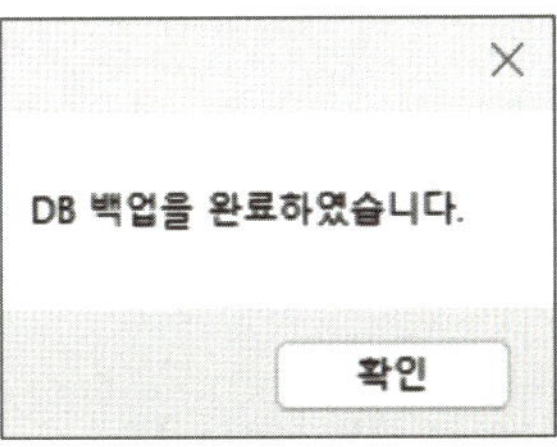

(2) DB 복원 방법

① 로그인 창에서 [DB TOOL]을 클릭하여 [DB복원]을 선택한다.

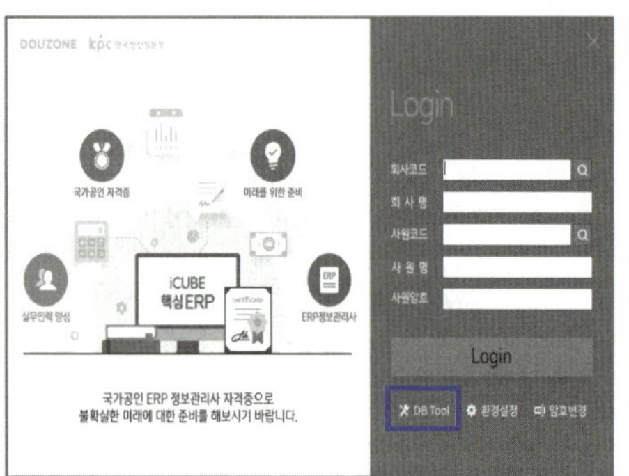
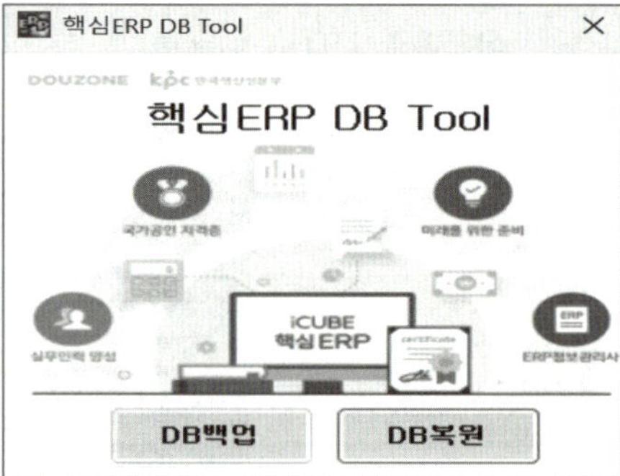

② 복원할 DB폴더를 지정한 후 [확인]을 클릭한다.

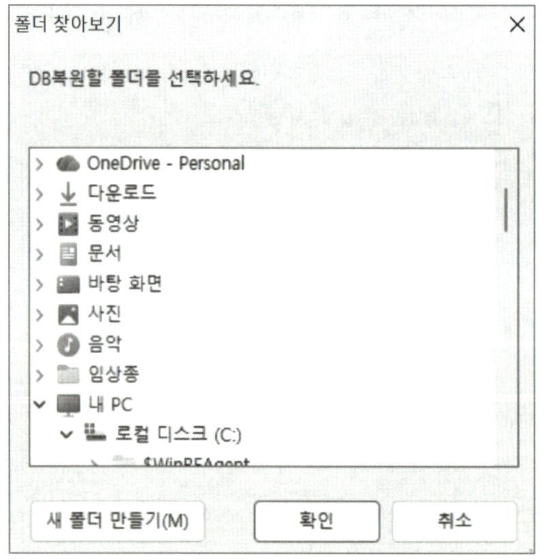

③ DB복원 완료 창이 나타나면 [확인]을 클릭한다.

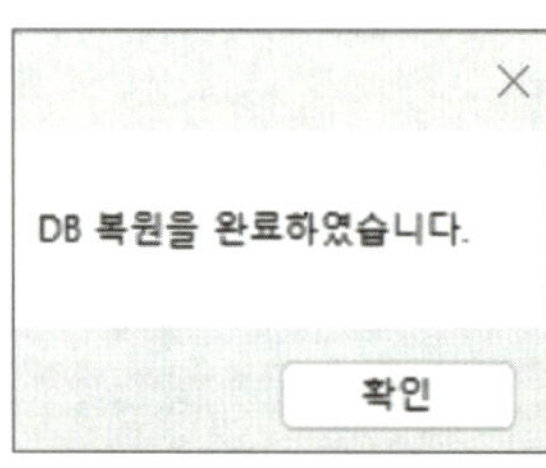

핵심ERP 구성

❶ 핵심ERP 모듈 구성

한국생산성본부에서 주관하는 ERP 정보관리사 자격시험의 수험용 프로그램인 i cube－핵심ERP는 (주)더존비즈온에서 개발하여 공급하고 있다.

교육용 버전인 i cube－핵심ERP는 실무용 버전과 기능상의 차이는 다소 있지만 모듈별 프로세스 차이는 거의 없기 때문에 혼란을 야기하지는 않는다.

i cube－핵심ERP는 아래의 그림과 같이 물류, 생산, 회계, 인사모듈로 구성되어 있으며 각 모듈의 업무프로세스와 기능들은 모듈 간 유기적으로 서로 연계되어 있다.

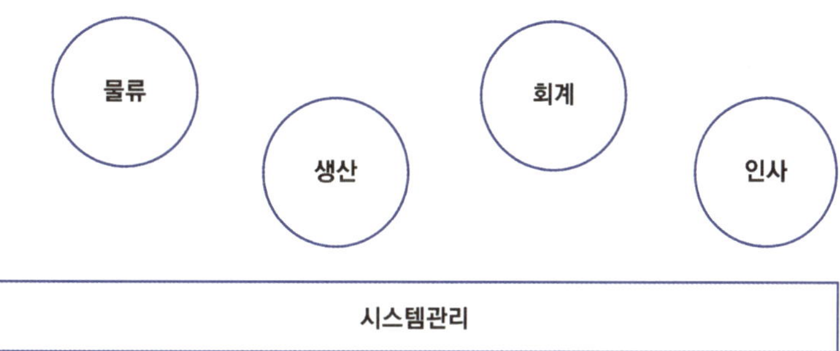

❷ 핵심ERP 화면 구성

i cube－해신ERP의 화면구성은 사용자의 관점에서 매우 편리하도록 구성되어 있다. 메인화면 좌측에는 전체 메뉴리스트와 함께 최근메뉴보기, 메뉴찾기 등 편의기능들이 위치하며, 우측 상단부에는 데이터를 검색할 수 있는 다양한 조회조건들이 존재한다. 그리고 데이터의 입력화면은 대부분 헤드(상단)부분과 디테일(하단)부분으로 나누어진다.

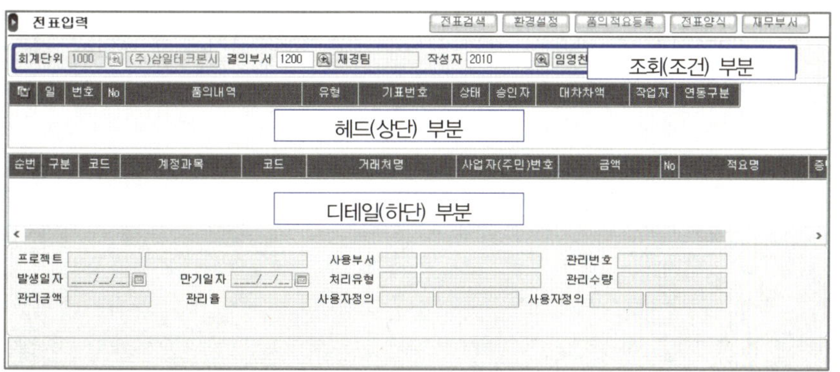

❸ 아이콘 설명

명 칭	아이콘	단축키	기능 설명
닫기	닫기	Esc	화면을 닫는다.
코드도움	코드도움	F2	해당코드 도움창이 열린다.
삭제	삭제	F5	선택한 라인을 삭제한다.
조회	조회	F12	조회조건에 해당하는 데이터를 불러온다.
인쇄	인쇄	F9	선택한 정보를 인쇄하기 위해 인쇄 도움창이 열린다.
화면분할	화면분할		현재 화면만 별도의 화면으로 분리한다.
정보	정보		현재 화면에 대한 프로그램 정보를 보여준다.

❹ 기타 특이사항

(1) 입력데이터 저장방법

핵심ERP는 몇몇 메뉴를 제외하고는 별도의 저장 아이콘을 찾아볼 수가 없다. 메뉴를 실행하였을 때 우측 상단에 저장 아이콘이 있을 경우에는 저장 아이콘을 클릭하여 저장할 수 있지만 대부분의 메뉴에서 입력된 데이터를 저장하는 방법은 다음과 같다.

① 마지막 입력 항목에서 엔터나 마우스를 이용해 다음 필드로 넘어가면 자동 저장된다.

② 데이터 입력 후 상단의 조회를 클릭하면 저장의 유무를 묻는 팝업창이 띄워진다.

(2) R-Click 기능

핵심ERP 대부분의 메뉴 실행 상태에서 마우스 오른쪽 버튼을 누르면 데이터 변환, 클립보드 복사 등 다양한 편의기능이 제공된다. 이것을 R-Click 기능이라고 한다.

핵심ERP Master 환경설정

01 실습회사 개요

(주)삼일테크는 2012년 5월에 설립되어 주로 스마트폰을 제조하여 전 세계적으로 판매하면서 스마트폰과 관련된 각종 액세서리를 판매하는 기업이다.

본점은 서울 용산구에 위치하고 있으며, 본점에서는 생산업무를 제외한 대부분의 경영활동이 이루어지고 있으며, 대구지사에서는 주로 생산업무를 담당하고 있다.

이 회사의 세부 조직구성은 다음의 그림과 같이 구성되어 있다. 조직의 구성도는 본서에서의 실습을 위한 중요한 정보이기 때문에 반드시 이해하여야 한다.

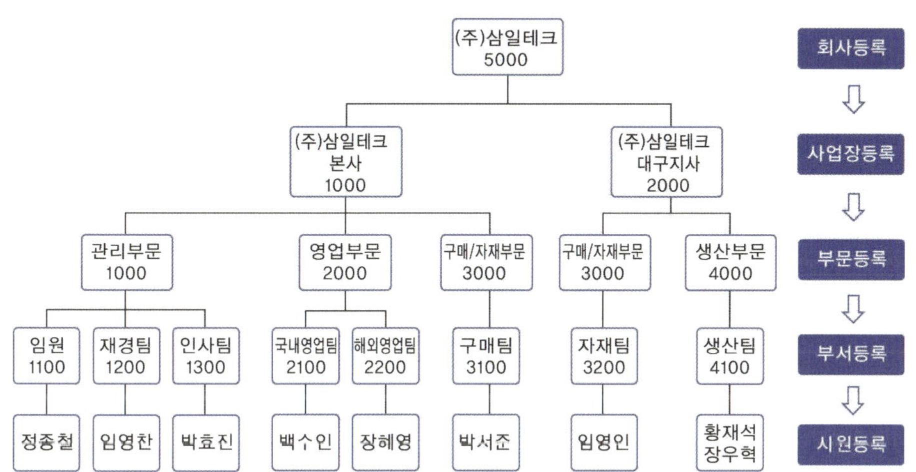

꼭 알아두기

핵심ERP의 조직구성 프로세스는 반드시 다음의 순서대로 진행하여야 한다.

회사등록 → 사업장등록 → 부문등록 → 부서등록 → 사원등록

02 회사등록정보

2.1 회사등록

핵심ERP 설치 후 최초의 회사등록을 위해서는 우선적으로 다음과 같이 시스템관리자로 로그인하여야 한다.

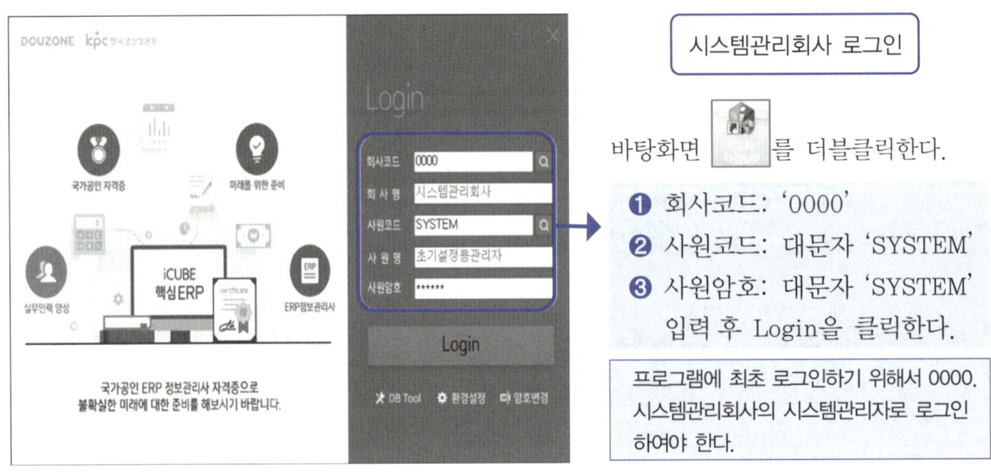

꼭 알아두기

핵심ERP 설치 후 최초 회사등록의 경우에만 회사코드 '0000'으로 로그인이 가능하다. 시스템관리자는 관리자 권한의 계정으로서 핵심ERP 운용을 위한 초기설정 등을 담당한다.

실무예제

시스템관리 ➡ 회사등록정보 ➡ 회사등록

(주)삼일테크는 전자부품 제조업을 영위하는 법인으로서 회계기간은 제15기(2026년 1월 1일 ~ 2026년 12월 31일)이다. 다음의 사업자등록증을 참고하여 회사등록을 하시오.
◦ 회사코드: 5000
◦ 대표자 주민등록번호: 750914-1927313
◦ 설립연월일과 개업연월일은 동일하다.

사업자 등록증
(법인 사업자)
등록번호: 106-81-11110

법인명(단체명): (주)삼일테크

대　　표　　자: 정종철

개 업 연 월 일: 2012년 5월 1일

법인등록번호: 100121-2711413

사업장소재지: 서울 용산구 녹사평대로11길 30(서빙고동)

사 업 의 종 류: [업태] 제조, 도소매　[종목] 전자제품 외

교 부 사 유: 정정교부

2016년 1월 4일

용산 세무서장 (인)

입력하기

❶ 핵심ERP 메인화면 좌측 상단의 시스템관리 모듈을 클릭한 후 회사등록정보 폴더의 회사등록 메뉴를 실행한다.

❷ 사업자등록증을 참고하여 [기본등록사항] TAB의 해당 항목에 입력한다.

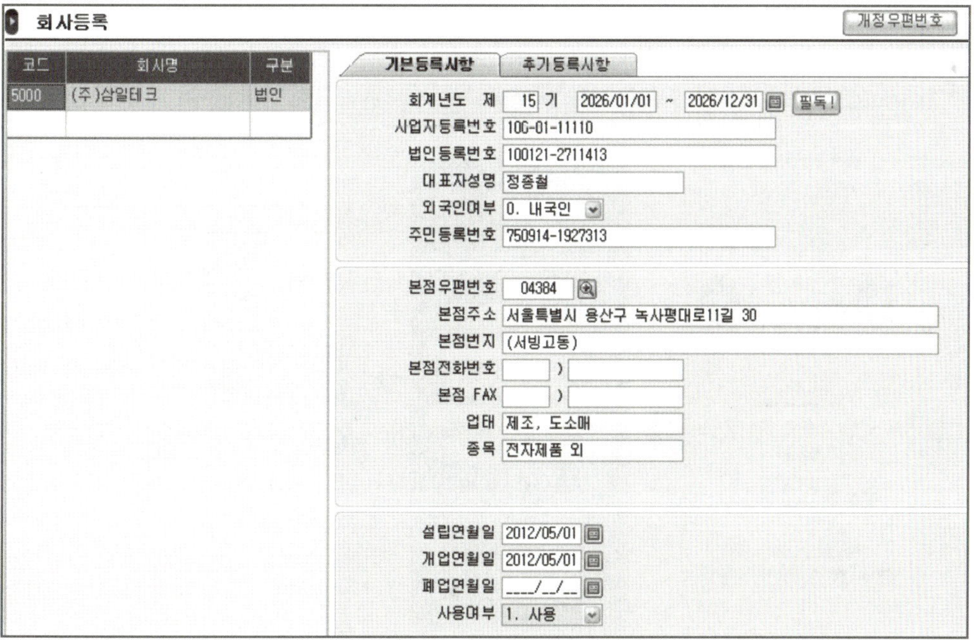

주요항목 설명

❶ 회사코드: 0101~9998 범위 내에서 숫자 4자리를 입력할 수 있다.

❷ 회계년도: 회사를 설립한 해가 1기이며, 그 다음 해는 2기로 매년 1기씩 증가한다.

❸ 사업자등록번호: 사업자등록번호 자동체크 기능이 있어 오류입력 시 빨간색으로 표시된다.

❹ 주민등록번호: 주민등록번호 자동체크 기능이 있어 오류입력 시 빨간색으로 표시된다.

꼭 알아두기

• 회사등록 정보를 저장하기 위해서는 입력화면 마지막(사용여부) 항목까지 Enter↵를 하여 5000번 다음 라인으로 넘어가야 자동저장이 된다. 그렇지 않으면 입력된 데이터가 저장되지 않고 사라진다.

• 저장 후 회사명 등 다른 내용은 수정이 가능하지만, 회사코드는 수정이 불가능하다.

• 핵심ERP 입력항목 중 배경색상이 노란색인 경우는 필수입력 항목에 해당한다.

2.2 사업장등록

법인은 사업장 소재지가 다른 복수 사업장을 운영할 수 있다. 다양한 법률이나 기업환경 등에 따라 법인의 통합관리 또는 사업장별 분리관리가 필요하다. 예컨대 우리나라 부가가치세법에서는 사업장별 과세제도를 채택하고 있다. 따라서 법인은 사업장별 사업자등록증을 근거로 핵심ERP에 사업장을 별도로 등록하여야 한다.

사업장등록을 위해 로그아웃 후 (주)삼일테크의 시스템관리자로 다시 로그인한다.

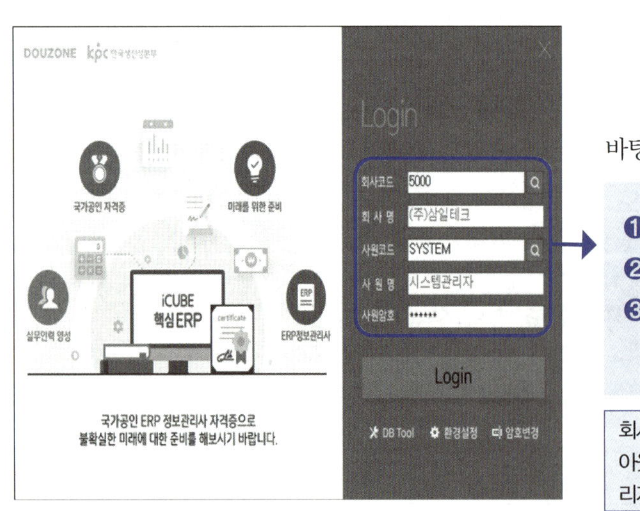

(주)삼일테크 로그인

바탕화면 를 더블클릭한다.

❶ 회사코드: '5000'

❷ 사원코드: 대문자 'SYSTEM'

❸ 사원암호: 대문자 'SYSTEM' 입력 후 로그인을 한다.

회사등록 후 사업장등록을 하기 위해서 로그아웃을 한 후, 5000.(주)삼일테크의 시스템관리자로 다시 로그인 하여야 한다.

실무예제

(주)삼일테크는 서울에 본사를 두고 대구에 지사가 있다. 대구지사(사업장코드 2000)의 사업자등록증과 아래의 사항을 참고하여 사업장을 등록하시오.

사업자 등록증
(법인 사업자)
등록번호: 514-85-27844

법인명(단체명): (주)삼일테크 대구지사

대　　표　　자: 정종철

개 업 연 월 일: 2013년 8월 1일

법인등록번호: 100121-2711413

사업장소재지: 대구 달서구 선원로10길 11(신당동)

사 업 의 종 류: 업태 제조　종목 전자제품 외

교 부 사 유: 신규

2013년 8월 1일

남대구 세무서장 (인)

입력하기

❶ (주)삼일테크 시스템관리자로 로그인 후 사업장등록 메뉴를 실행하면 기본적으로 본사 사업장 코드는 '1000'번으로 부여된다. 추가적으로 본사 관할세무서 코드를 조회하여 입력한다.

코드	사업장명	기본등록사항	신고관련사항	추가등록사항
1000	(주)삼일테크본사			

사업자등록번호 106-81-11110
법인등록번호 100121-2711413
대표자명 정종철
사업장우편번호 04384
사업장주소 서울특별시 용산구 녹사평대로11길 30
사업장번지 (서빙고동)
전화번호 　)
FAX 번호 　)
업 태 제조, 도소매
종 목 전자제품 외
관할세무서 106 용산
개업년월일 2012/05/01
폐업년월일 ___/__/__

주(총괄납부)사업장등록

❷ 대구지사의 사업장코드를 '2000'번으로 부여한 후 사업자등록증을 참고하여 입력한다.

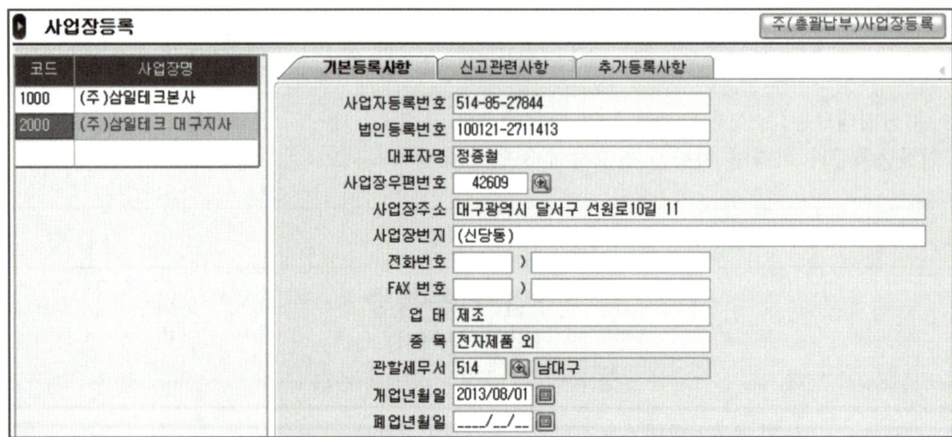

(2.3) 부서등록

부서는 회사 업무의 범주를 구분하는 중요한 그룹단위라고 할 수 있다. 핵심ERP에서 등록된 부서는 추후 부서별 판매 및 구매현황, 부서별 손익계산서 등 다양한 형태의 보고서로 집계될 수 있다.

🔖 실무예제 ●

다음의 사항을 참고하여 (주)삼일테크의 부문과 부서를 등록하시오.

구분	부문코드	부문명	사용기간
부문	1000	관리부문	2012/05/01~
	2000	영업부문	2012/05/01~
	3000	구매/자재부문	2012/05/01~
	4000	생산부문	2013/08/01~

구분	부서코드	부서명	사업장	부문명	사용기간
부서	1100	임원실	본사	관리부문	2012/05/01~
	1200	재경팀	본사	관리부문	2012/05/01~
	1300	인사팀	본사	관리부문	2012/05/01~
	2100	국내영업팀	본사	영업부문	2012/05/01~
	2200	해외영업팀	본사	영업부문	2012/05/01~
	3100	구매팀	본사	구매/자재부문	2012/05/01~
	3200	자재팀	대구지사	구매/자재부문	2013/08/01~
	4100	생산팀	대구지사	생산부문	2013/08/01~

📖 입력하기

❶ 부서등록 메뉴의 화면 우측 상단 `부문등록` 클릭하여 부문을 등록하고 확인을 누른다.

❷ 부문을 등록한 후 부서를 등록한다.

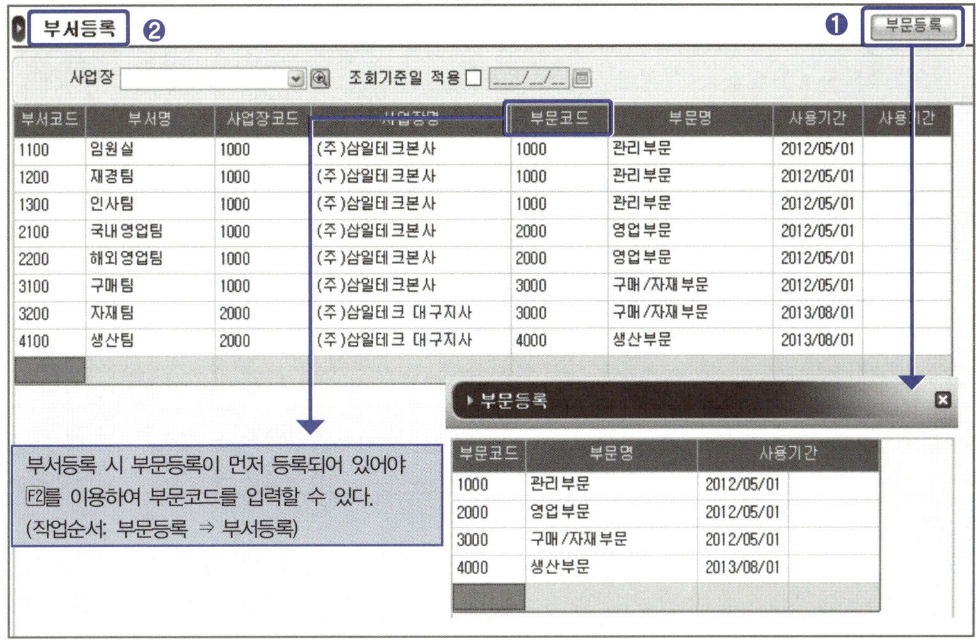

꼭 알아두기

- 핵심ERP에서 등록된 부문명 및 부서명, 사원명, 품목명 등의 명칭은 언제든지 수정할 수 있지만, 이에 따른 코드는 수정할 수 없으며, 관련 데이터가 발생한 후에는 삭제할 수도 없다.

- 저장 후 관련 데이터가 발생한 상태에서 삭제가 필요하다면, 진행되었던 프로세스의 역순으로 삭제 및 취소 후 저장한 데이터를 삭제할 수 있다.

2.4 사원등록

사원등록은 회사에 소속된 직원을 등록하는 메뉴이며, 모든 직원을 등록하여야 한다. 핵심ERP 인사모듈에서 인사관리, 급여관리 등의 업무는 사원등록 정보를 기초로 이루어지기 때문이다. 사원등록 시 소속부서, 입사일, 핵심ERP의 사용여부와 조회권한, 입력방식 등을 결정하여 등록할 수 있다.

실무예제

| 시스템관리 | ➡ | 회사등록정보 | ➡ | 사원등록 |

다음의 사항을 참고하여 (주)삼일테크의 사원을 등록하시오.

사원코드	사원명	부서명	입사일	사용자여부	인사입력방식	회계입력방식	조회권한
1010	정종철	임원실	2012/05/01	여	미결	미결	회사
2010	임영찬	재경팀	2012/05/01	여	승인	수정	회사
2020	박효진	인사팀	2012/05/01	여	승인	미결	회사
3010	백수인	국내영업팀	2013/07/01	여	미결	미결	사업장
3020	장혜영	해외영업팀	2013/07/01	여	미결	미결	사업장
4010	박서준	구매팀	2014/12/01	여	미결	미결	회사
4020	임영인	자재팀	2014/12/01	여	미결	미결	회사
5010	황재석	생산팀	2015/08/01	여	미결	미결	회사
5020	장우혁	생산팀	2015/08/01	부	미결	미결	미사용

※ 품의서권한과 검수조서권한은 '미결'로 설정

입력하기

❶ 화면상단의 부서검색 조건을 비워두고 조회한 후 사원등록 정보를 입력한다.

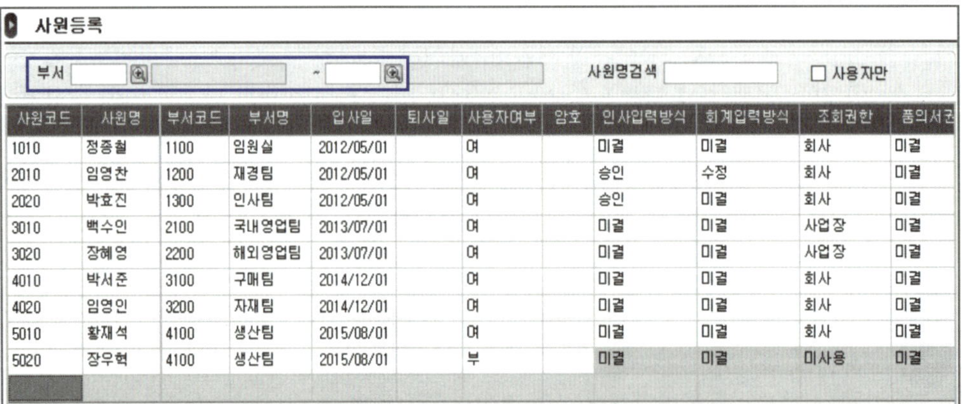

주요항목 설명

❶ 사용자여부: ERP운용자는 '여', ERP운용자가 아니면 '부'로 설정한다.

❷ 퇴사일: 퇴사일은 시스템관리자만 입력할 수 있으며, 퇴사일 이후에는 시스템 접근이 제한된다.

❸ 암호: ERP로그인 시 필요한 암호이다.

❹ 인사입력방식: 급여마감에 대한 통제권한이다. 승인권자는 최종급여를 승인 및 해제할 수 있다.

❺ 회계입력방식: 회계모듈 전표입력 방식에 대한 권한을 설정한다.

❻ 조회권한: ERP 데이터 조회권한을 설정한다.

❼ 품의서 및 검수조서권한: 실무에서 사용되는 그룹웨어나 자산모듈 운용과 관련된 기능으로서 교육용 핵심ERP에서는 활용되지 않는 기능이다.

꼭 알아두기

• **회계입력방식**

구분	세부 내용
미결	회계모듈 전표입력 시 자동으로 미결전표가 생성되며, 승인권자의 승인이 필요
승인	회계모듈 전표입력 시 자동으로 승인전표가 생성되며, 전표를 수정 및 삭제하고자 할 경우 승인해제 후 수정이 가능
수정	회계모듈 전표입력 시 자동으로 승인전표가 생성되며, 승인해제를 하지 않아도 전표를 수정 및 삭제 가능

• **조회권한**

구분	세부 내용
미사용	ERP 로그인이 불가능하여 접근이 통제된다.
회사	회사의 모든 데이터를 입력 및 조회힐 수 있다.
사업장	로그인한 사원이 속한 사업장의 데이터만 입력 및 조회할 수 있다.
부서	로그인한 사원이 속한 부서의 데이터만 입력 및 조회할 수 있다.
사원	로그인한 사원 자신의 정보만으로 입력이 가능하며, 그 데이터만 조회할 수 있다.

 2.5 시스템환경설정

　시스템환경설정 메뉴는 핵심ERP를 본격적으로 운용하기 전에 회사의 상황에 맞도록 각 모듈 및 공통적인 부문의 옵션(파라미터)을 설정하는 메뉴이다. 예컨대 본·지점회계 사용여부의 결정, 유형자산의 감가상각비 계산방식, 수량 소수점 자릿수 등 다양한 항목들에 대하여 설정하는 부분이다.

　시스템환경설정에서 설정된 항목은 추후 ERP 운용프로세스에도 영향을 미치므로 신중하게 고려하여야 한다. 시스템환경설정을 변경한 후 적용을 위해서는 반드시 재 로그인을 하여야 한다.

실무예제

다음을 참고하여 (주)삼일테크의 ERP시스템 운용을 위한 적절한 환경설정을 하시오.

구분	코드	설정 내용
공통	01	본점과 지점의 회계는 구분하지 않고 통합적으로 관리하고 있다.
	10	끝전 단수처리는 반올림으로 처리하고 있다.
물류	41, 45	제품·상품출고 전에 출고의뢰와 출고검사를 실시하겠다.
	44	구매 시에는 청구요청 후 품의 및 승인절차를 거치고 있다.
	42, 46	원부재료 등 구매품 입고 전에 입고의뢰와 입고검사를 시행하고 있다.
	51	생산팀에서는 제품 생산 후 실적검사를 시행하고 있다.
	52	외주품 입고 시에는 반드시 검사를 하고 있다.
	55	사원별로 단가, 창고 및 공정에 대한 통제를 시행하고 있다.
	62, 63	자체생산과 외주생산에서 재공을 운영하고 있다.

 입력하기

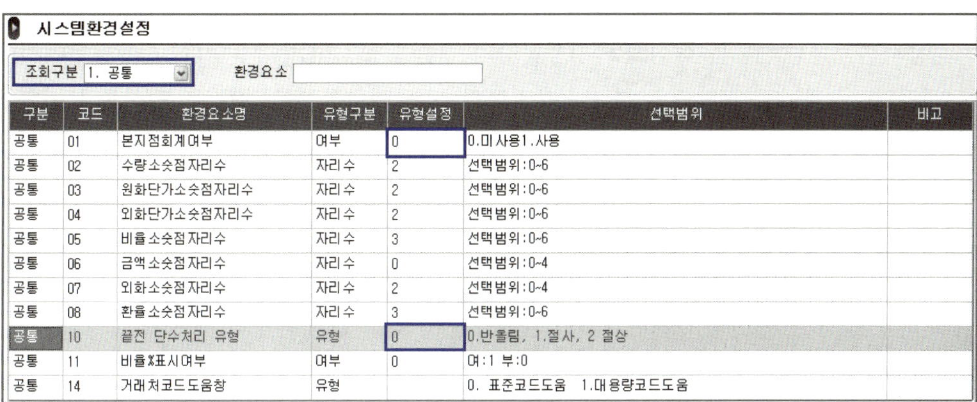

시스템환경설정

조회구분 1. 공통   환경요소

구분	코드	환경요소명	유형구분	유형설정	선택범위	비고
공통	01	본지점회계여부	여부	0	0.미사용1.사용	
공통	02	수량소숫점자리수	자리수	2	선택범위:0~6	
공통	03	원화단가소숫점자리수	자리수	2	선택범위:0~6	
공통	04	외화단가소숫점자리수	자리수	2	선택범위:0~6	
공통	05	비율소숫점자리수	자리수	3	선택범위:0~6	
공통	06	금액소숫점자리수	자리수	0	선택범위:0~4	
공통	07	외화소숫점자리수	자리수	2	선택범위:0~4	
공통	08	환율소숫점자리수	자리수	3	선택범위:0~6	
공통	10	끝전 단수처리 유형	유형	0	0.반올림, 1.절사, 2 절상	
공통	11	비율%표시여부	여부	0	여:1 부:0	
공통	14	거래처코드도움창	유형		0. 표준코드도움 1.대용량코드도움	

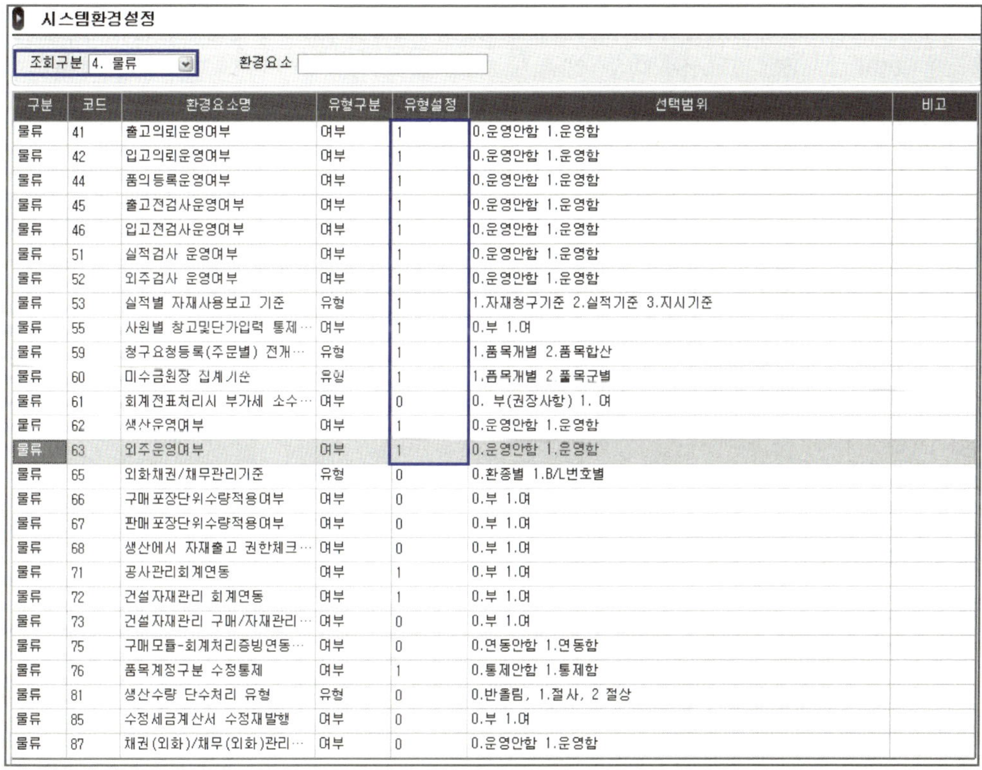

시스템환경설정

조회구분 4. 물류   환경요소

구분	코드	환경요소명	유형구분	유형설정	선택범위	비고
물류	41	출고의뢰운영여부	여부	1	0.운영안함 1.운영함	
물류	42	입고의뢰운영여부	여부	1	0.운영안함 1.운영함	
물류	44	품의등록운영여부	여부	1	0.운영안함 1.운영함	
물류	45	출고전검사운영여부	여부	1	0.운영안함 1.운영함	
물류	46	입고전검사운영여부	여부	1	0.운영안함 1.운영함	
물류	51	실적검사 운영여부	여부	1	0.운영안함 1.운영함	
물류	52	외주검사 운영여부	여부	1	0.운영안함 1.운영함	
물류	53	실적별 자재사용보고 기준	유형	1	1.자재청구기준 2.실적기준 3.지시기준	
물류	55	사원별 창고및단가입력 통제…	여부	1	0.부 1.여	
물류	59	청구요청등록(주문별) 전개…	유형	1	1.품목개별 2.품목합산	
물류	60	미수금원장 집계기순	유잉	1	1.품목개별 2 품목군별	
물류	61	회계전표처리시 부가세 소수…	여부	0	0. 부(권장사항) 1. 여	
물류	62	생산유역여부	여부	1	0.운영안함 1.운영함	
물류	63	외주운영여부	여부	1	0.운영안함 1.운영함	
물류	65	외화채권/채무관리기준	유형	0	0.환종별 1.B/L번호별	
물류	66	구매포장단위수량적용여부	여부	0	0.부 1.여	
물류	67	판매포장단위수량적용여부	여부	0	0.부 1.여	
물류	68	생산에서 자재출고 권한체크…	여부	0	0.부 1.여	
물류	71	공사관리회계연동	여부	1	0.부 1.여	
물류	72	건설자재관리 회계연동	여부	1	0.부 1.여	
물류	73	건설자재관리 구매/자재관리…	여부	0	0.부 1.여	
물류	75	구매모듈-회계처리증빙연동…	여부	0	0.연동안함 1.연동함	
물류	76	품목계정구분 수정통제	여부	1	0.통제안함 1.통제함	
물류	81	생산수량 단수처리 유형	유형	0	0.반올림, 1.절사, 2 절상	
물류	85	수정세금계산서 수정재발행	여부	0	0.부 1.여	
물류	87	채권(외화)/채무(외화)관리…	여부	0	0.운영안함 1.운영함	

2.6 사용자권한설정

사용자권한설정 메뉴는 핵심ERP 사용자들의 권한을 설정하는 메뉴이다. 사원등록에서 등록한 입력방식과 조회권한을 토대로 사용자별로 접근 가능한 세부 메뉴별 권한을 부여한다. 사용자별로 핵심ERP 로그인을 위해서는 반드시 사용자별로 권한설정이 선행되어야 한다.

🔗 실무예제 ○

시스템관리 ➡ 회사등록정보 ➡ 사용자권한설정

다음은 (주)삼일테크의 업무영역을 고려하여 사원별로 ERP 시스템 사용권한을 부여하고자 한다. 사원별로 사용자권한설정을 수행하시오.

사원코드	사원명	사용권한	조회권한
1010	정종철	전체모듈(전권)	회사
2010	임영찬	전체모듈(전권)	회사
2020	박효진	인사/급여관리(전권), 시스템관리(전권)	회사
3010	백수인	영업관리(전권), 무역관리(전권)	사업장
3020	장혜영	영업관리(전권), 무역관리(전권)	사업장
4010	박서준	영업관리(전권), 구매/자재관리(전권), 무역관리(전권)	회사
4020	임영인	영업관리(전권), 구매/자재관리(전권), 생산관리공통(전권)	회사
5010	황재석	영업관리(전권), 구매/자재관리(전권), 생산관리공통(전권)	회사

🔖 입력하기

❶ 사용자권한설정 메뉴의 모듈구분에서 권한을 부여하고자 하는 모듈을 선택한다.

❷ 권한부여 대상 사원명을 선택한다.

❸ [MENU] 항목에 나타난 메뉴가 선택한 모듈의 전체메뉴를 보여주고 있다. 부여할 권한이 '전권'이라면 [MENU] 항목의 왼쪽 체크박스를 선택하면 전체가 동시에 선택된다.

❹ 화면 우측 상단의 권한설정 아이콘을 클릭한다.

❺ 권한부여 대상자의 조회권한을 확인한 후 권한을 설정한다.

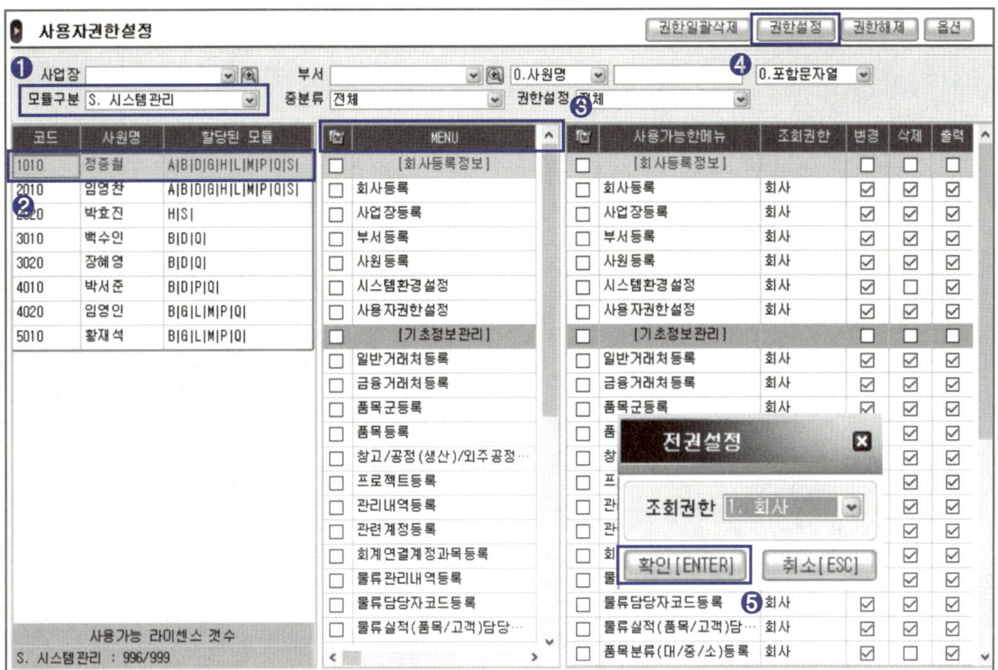

꼭 알아두기

- 사용자권한은 모듈별·사원별로 부여하며, 전권을 부여할 수도 있지만 세부 메뉴별로 부여할 수도 있다.
- 권한복사

  위의 예제에서 정종철과 임영찬은 사용권한과 조회권한이 동일하다. 권한이 동일한 사원은 기 부여된 사원의 권한을 다음의 순서에 의해 복사할 수 있다.

  > 정종철 선택 → 오른쪽마우스 클릭 → 권한복사 → 임영찬 선택 → 오른쪽 마우스 클릭 → 권한붙여넣기(전체모듈) 클릭

- 권한해제

  회사에서는 종종 인사이동, 직무변경 등으로 인하여 ERP시스템 운용의 담당영역도 변경될 수 있다. 권한해제 방법은 해제대상 모듈과 세부 메뉴를 선택한 후 권한일괄삭제 또는 권한해제 아이콘을 클릭하여 해제할 수 있다.

- 시스템환경설정과 사용자권한설정에 대한 권한은 시스템관리자만 가지고 있도록 해야 한다. 만약 다수의 사용자가 이 메뉴에 접근한다면 ERP시스템의 통제가 어려워질 수도 있다.

핵심ERP 물류·생산모듈 기초정보

01 기초정보관리(공통정보)

핵심ERP의 물류 · 생산모듈 프로세스 진행에 앞서 이에 필요한 다양한 기초정보 자료를 입력하여야 한다. 이러한 기초정보 자료는 데이터의 일관성 유지 측면에서 잦은 변경을 삼가해야 한다. 또한 추후 물류 · 생산모듈의 각 프로세스 진행에 있어 기초정보 자료는 큰 영향을 미치게 되므로 자료의 수집 및 분류, 이용방식 등을 결정할 때 신중을 기하여야 한다.

핵심ERP의 각 모듈별 기초정보관리 세부 메뉴 구성은 다음과 같다.

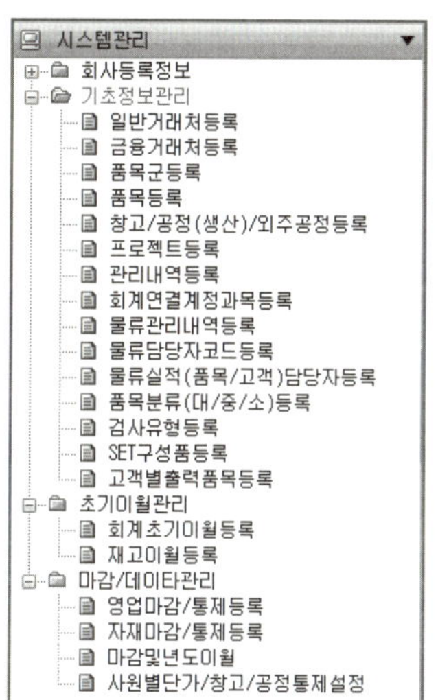
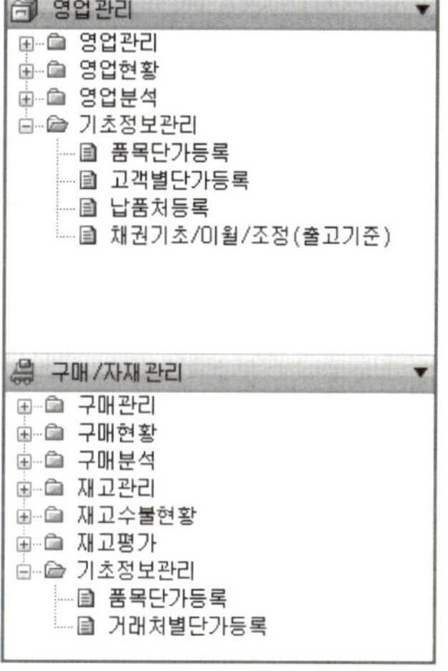
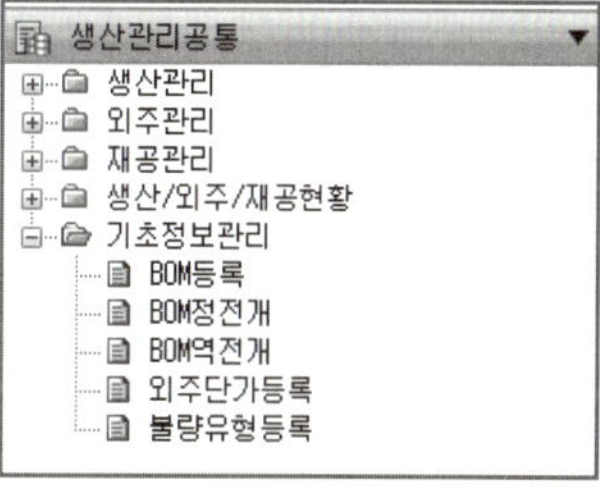

★

본 장의 물류·생산모듈 기초정보 자료의 입력은 시스템관리자 계정으로 로그인하지 않고 [조회권한]이 '회사'이면서 핵심ERP 전 모듈 사용이 가능한 '임영찬' 사원으로 로그인하여 입력한다.

1.1 거래처등록

거래과정에서 발생되는 매입처, 매출처, 금융거래처 등을 등록하여 관리하는 메뉴이다. 핵심ERP에서 거래처등록은 매입과 매출처를 등록하는 [일반거래처등록]과 금융기관, 카드사 등을 등록하는 [금융거래처등록] 메뉴로 구분된다.

🔵 실무예제 ○

시스템관리	➡	기초정보관리	➡	거래처등록

다음은 (주)삼일테크의 일반거래처와 금융거래처현황이다. 거래처를 등록하시오.

구분	코드	거래처명	구분	사업자번호	업태	주소
				대표자명	종목	
일반거래처	00001	(주)영재전자	일반	217-81-15304	도소매	서울 강북구 노해로 100 (수유동)
				임영재	전자제품 외	
	00002	(주)한국테크	일반	101-81-11527	도소매, 서비스	서울 종로구 성균관로 10 (명륜2가)
				황재원	전자제품 외	
	00003	(주)화인알텍	일반	502-86-25326	제조, 도소매	대구 동구 신덕로5길 12(신평동)
				박정우	컴퓨터 외	
	00004	IBM CO., LTD.	무역			Bennelong Point, Sydney
				LIMSANG		
	00005	(주)수민산업	일반	104-81-39257	제조, 도매	서울 중구 남대문로 11 (남대문로4가)
				임수민	전자부품 외	
	00006	(주)이솔전자	일반	122-85-11236	제조, 도매	인천 남동구 남동대로 140(고잔동)
				최이솔	전자부품 외	
	00007	(주)형진상사	일반	209-85-15510	제조, 도소매	서울 성북구 길음로 10 (길음동)
				민경진	전자기기 외	
	00008	(주)대한해운	일반	125-86-22229	운수업	경기도 평택시 가재길 127(가재동)
				장상윤	운송	
	00009	BOSH CO., LTD.	무역			
				JAKE		
	00010	인천세관	일반	109-83-02763		인천 중구 서해대로 339 (항동7가, 인천세관)
				박세관		

구분	코드	거래처명	구분	계좌/가맹점/카드번호
금융거래처	10001	기업은행	금융기관	542-754692-12-456
	10002	Citi Bank	금융기관	
	10003	국민은행	정기예금	214654-23-987654
	10004	비씨카드	카드사	0020140528
	10005	신한카드(법인)	신용카드	카드번호: 4521-6871-3549-6540 카드구분: 1. 법인 사업자등록번호: 106-81-11110 카드회원명: (주)삼일테크

입력하기 

┃일반거래처등록 화면┃

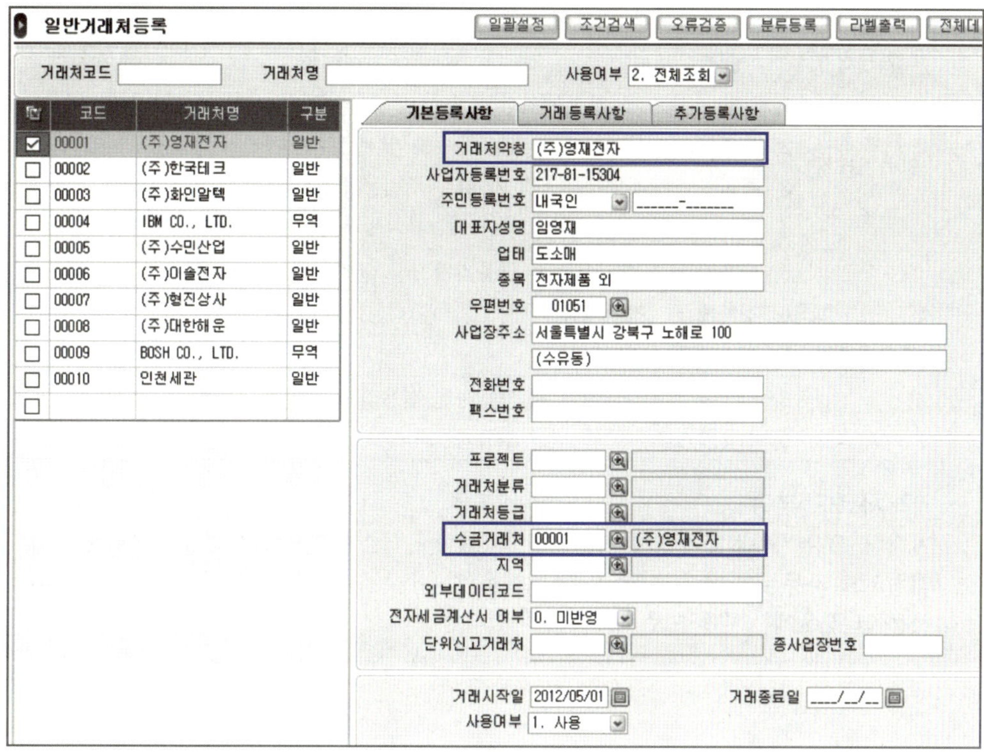

┃금융거래처등록 화면┃

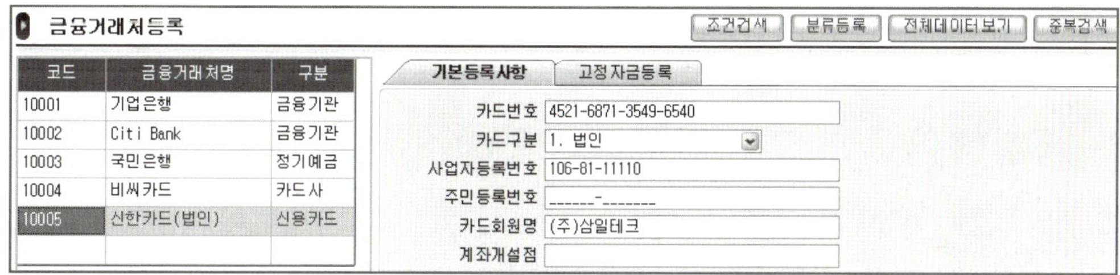

주요항목 설명

❶ 거래처약칭: 거래처명을 입력 및 조회할 때 이용되는데 동일한 상호를 가진 회사가 있을 경우에 유용하게 사용된다. 거래처명에 대한 별명 개념이다.

❷ 수금거래처: 거래처명을 입력하면 자동으로 수금거래처에 반영되지만, 매출처와 수금처가 다를 경우 변경하여 관리할 수 있다.

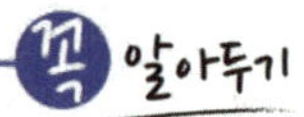

- **거래처 구분**

거래처	구분	세부내용
일반거래처	1. 일반	세금계산서(계산서) 수취 및 발급 거래처, 사업자등록번호 입력필수
	2. 무역	무역거래와 관련된 수출 및 수입거래처
	3. 주민	주민등록번호 기재분, 주민등록번호 입력필수
	4. 기타	일반, 무역, 주민이외의 거래처
금융거래처	5. 금융기관	보통예금 등 금융기관
	6. 정기예금	정기예금
	7. 정기적금	정기적금
	8. 카드사	카드매출 시 카드사별 신용카드 가맹점
	9. 신용카드	구매를 위한 신용카드

- **거래처코드 부여**

  거래처코드는 최대 10자리까지 부여할 수 있다. [시스템환경설정] 메뉴 '회계 25. 거래처코드 자동부여'에서 '사용'을 선택했을 경우에는 코드가 자동으로 부여되고, '미사용'인 경우에는 수동으로 부여할 수 있다.

 1.2 품목군등록

품목군등록 메뉴는 하위단위인 품목을 그룹화하여 관리하고자 할 때 사용된다. 품목군 별로 매입 또는 매출을 집계하거나 재고를 분석할 때 사용되며 품목등록에 앞서 선행되어야 한다.

실무예제

(주)삼일테크는 일부 품목을 그룹화하여 관리하고자 한다. 다음을 참고하여 품목군을 등록 하시오.

품목군코드	품목군명	사용 여부
S10	CPU	사용
S20	액정	사용
S30	카메라	사용
S40	기타	사용

입력하기

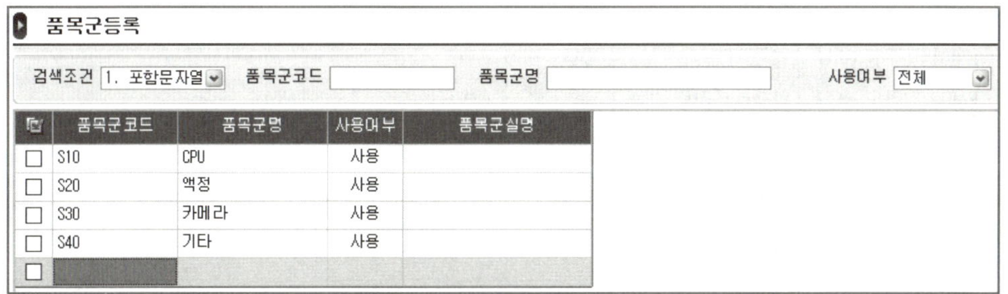

꼭 알아두기

품목군등록은 선택사항이며 반드시 등록해야 하는 것은 아니다. 품목을 그룹별로 관리 하고자 할 때만 품목군을 등록하여 사용하면 된다.

1.3 품목등록

품목등록 메뉴는 회사에서 입출고 또는 재고관리를 하고 있는 모든 품목들을 등록하는 메뉴이다. 품목등록은 핵심ERP의 물류모듈과 생산모듈을 운용하기 위해서는 필수적으로 선행되어야 하는 중요한 기초정보이다.

실무예제

시스템관리 ➡ 기초정보관리 ➡ 품목등록

(주)삼일테크의 품목정보는 다음과 같다. 품목을 등록하시오.

품번	품목명	계정	조달	재고 단위	관리 단위	환산 계수	품목군	LEAD TIME	안전 재고량	주 거래처	표준 원가	실제 원가
AE01	무선충전기	상품	구매	EA	EA	1		1일	100	(주)형진상사		
AE02	셀카봉	상품	구매	EA	EA	1		1일	20	(주)형진상사		
AE03	액정보호필름	상품	구매	EA	BOX	100		1일		(주)형진상사		
CR01	갤럭시 노트	제품	생산	EA	EA	1		3일			240,000	250,000
CR02	갤럭시 엣지	제품	생산	EA	EA	1		3일			360,000	350,000
DH01	평판 디스플레이	반제품	생산	EA	EA	1		1일			120,000	125,000
DH02	커브드 디스플레이	반제품	생산	EA	EA	1		1일			180,000	170,000
EM01	듀얼 CPU	원재료	구매	EA	EA	1	CPU	1일		(주)수민산업		
EM02	쿼드 CPU	원재료	구매	EA	EA	1	CPU	1일		(주)수민산업		
FK01	6인치 액정	원재료	구매	EA	EA	1	액정	1일		(주)이솔전자		
FK02	8인치 액정	원재료	구매	EA	EA	1	액정	1일		(주)이솔전자		
GT01	1500만화소 카메라	원재료	구매	EA	EA	1	카메라	2일	30	(주)수민산업		
GT02	1800만화소 카메라	원재료	구매	EA	EA	1	카메라	2일	30	(주)수민산업		
HE01	메모리	원재료	구매	EA	EA	1	기타	1일		(주)이솔전자		
KA01	배터리	원재료	구매	EA	EA	1	기타	1일		(주)수민산업		
LH01	터치펜	원재료	구매	EA	EA	1	기타	1일		(주)이솔전자		
SET1	여행세트	상품	구매	EA	EA	1		1일				

※ 여행세트(SET1) 품목은 SET품목에 해당됨

 입력하기

❶ 위 예제의 항목 중 품번에서부터 품목군까지는 [MASTER/SPEC] TAB에서 입력하고 LEAD TIME부터는 [ORDER/COST] TAB에서 등록한다.

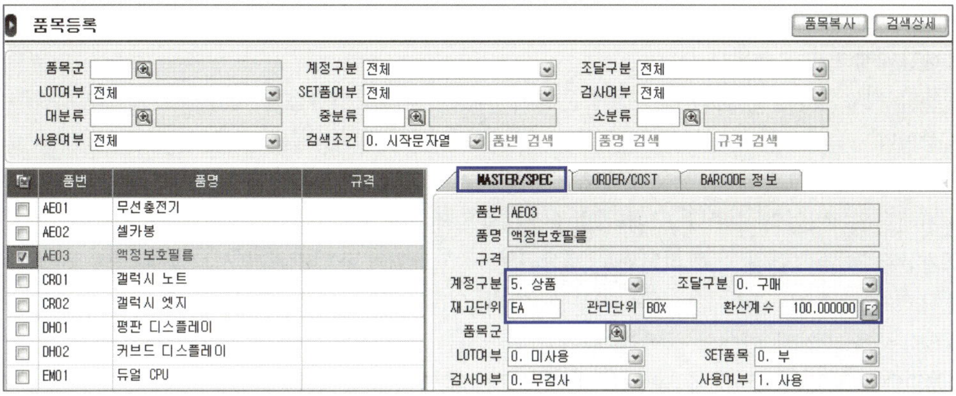

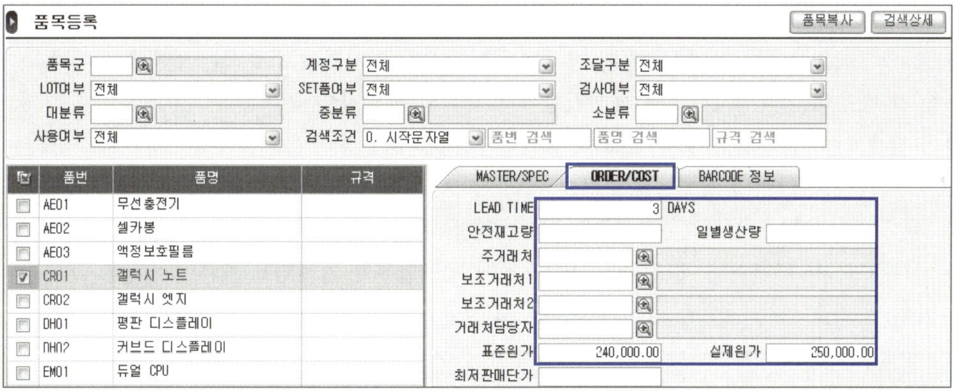

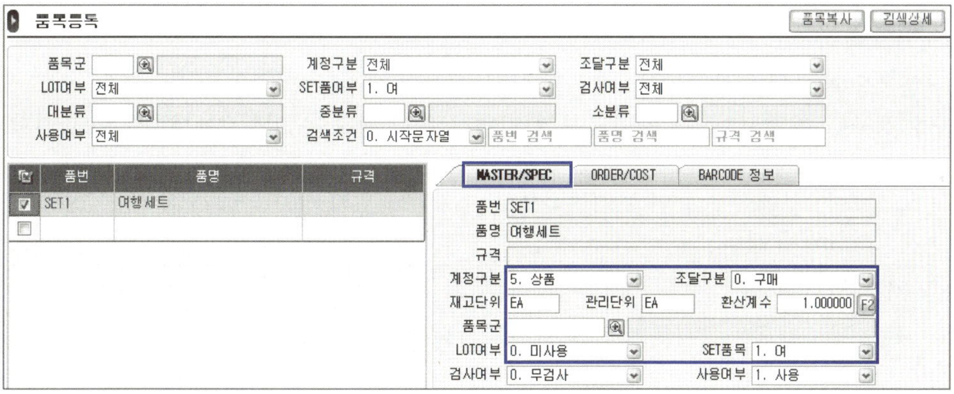

📖 주요항목 설명

❶ 품번: 품목코드의 길이는 최대 30Byte이며, 고유한 값을 가지므로 중복된 품목코드는 있을 수 없다. 숫자/영문/한글을 혼용하여 입력이 가능하다.

❷ 계정구분: 원재료, 부재료, 제품, 반제품, 상품, 저장품, 비용, 수익으로 구성되며 회계처리 시 해당계정으로 분개된다.

❸ 조달구분: 청구등록 품목 중 구매품은 발주 대상이 되고, 생산품은 작업지시 또는 외주발주 대상이다.

❹ 재고단위: 재고관리 등 사내에서 사용되는 단위

❺ 관리단위: 영업의 수주나 구매의 발주 시 사용되는 단위

❻ 환산계수: 재고단위 ÷ 관리단위로 계산되며, 재고단위와 관리단위가 서로 다른 경우 사용된다.

❼ LOT여부: LOT 관리대상 품목 여부를 결정(LOT는 1회에 최소 생산되는 특정수의 단위)

❽ SET품목: 2가지 이상의 품목을 묶어서 판매하는 경우에 사용하는 기능이다.

❾ HS CODE: Harmonized System의 약자로서 무역거래 시 품목에 대한 국제적 상품분류코드이다.

❿ LEAD TIME: 조달구분이 '구매'인 경우에는 발주에서 입고까지 소요되는 일자를 의미하고, '생산'인 경우에는 작업지시에서 생산완료까지 소요되는 일자를 의미한다.

⓫ 안전재고량: 불확실성 또는 수요와 공급을 대비한 재고량

⓬ 표준원가: 사전(미리 정해놓은)원가의 개념으로서 기업이 이상적인 제조활동을 하는 경우 소비되는 원가를 말한다. 이는 주로 판매단가 결정이나 성과평가의 기준이 된다.

⓭ 실제원가: 사후(결과 집계)원가의 개념으로서 제조업무가 완료되고 제품이 완성된 후에 그 제품의 제조를 위해 발생된 가치의 소비액을 산출한 원가이다.

꼭 알아두기

- 품목등록은 물류·생산모듈 운용을 위한 필수입력 정보이다.
- 계정구분 중 재고자산에 포함되는 계정(원재료－저장품)은 입출고를 통해 재고관리가 이루어진다. 그러나 수익과 비용계정으로 등록한 품목은 재고관리와는 무관하며, 주로 소모품 구매집계 등의 관리목적으로 사용되고 있다.
- 재고자산의 구분

구분	조달구분	개념
제품	생산	판매를 목적으로 제조과정을 거쳐 완성된 물품
반제품	생산 또는 구매	판매가 가능한 상태이나 완성되지 않고 제조과정 중에 있는 물품
원재료	구매	외부에서 구매하여 반제품 및 제품을 생산하는데 소요되는 물품

구분	조달구분	개념
부재료	구매	외부에서 구매하여 반제품 및 제품을 생산하는데 부수적으로 소요되는 물품
상품	구매	판매를 목적으로 구매한 물품

- 재고단위와 관리단위를 명확하게 이해하고 환산계수를 계산할 수 있어야 된다.
- 추후 학습을 통하여 품목등록 메뉴의 항목 중 LEAD TIME, 안전재고량, 주거래처, 표준원가, 실제원가 항목의 정보를 이용하는 기능을 반드시 이해하여야 한다.

1.4 창고/공정(생산)/외주공정등록

핵심ERP는 사업장별로 창고, 생산 및 외주공정에 관한 정보를 입력하여야 한다. 모든 수불데이터는 창고, 생산 및 외주공정마다 각각 발생되며, 추후 재고평가작업 시 중요한 기준정보가 된다.

① 창고 및 장소: 제품이나 상품, 반제품, 원재료, 부재료, 저장품 등을 보관하는 물리적 공간을 말한다.

② 생산공정 및 작업장: 생산공정이란 원료 및 재료 상태에서 제품이 완성되기까지의 제조과정에서 행해지는 일련의 작업을 말한다. 이러한 작업공간을 물리적 또는 논리적으로 구분한 것이 작입장이다.

③ 외주공정 및 작업장: 회사의 자체 생산공정을 이용하지 않고 타사의 생산공정을 이용하여 제품이나 반제품을 생산하는 작업을 말한다.

실무예제

시스템관리 ➡ 기초정보관리 ➡ 창고/공정(생산)/외주공정등록

(주)삼일테크의 물류창고와 창고별 장소 정보는 다음과 같다. 창고 및 장소를 등록하시오.

사업장	창고		사용 여부	위치(장소)		적합 여부	가용 재고 여부	사용 여부
	창고 코드	창고명		위치 코드	위치명			
본사	A100	제품창고(본사)	사용	A100	양품장소(제품)	적합	여	사용
				A101	불량품장소(제품)	부적합	부	사용
	A200	부품창고(본사)	사용	A200	양품장소(부품)	적합	여	사용
				A201	불량품장소(부품)	부적합	부	사용
대구 지사	B100	제품창고(지사)	사용	B100	양품장소(제품)	적합	여	사용
				B101	불량품장소(제품)	부적합	부	사용
	B200	부품창고(지사)	사용	B200	양품장소(부품)	적합	여	사용
				B201	불량품장소(부품)	부적합	부	사용

입력하기

❶ 사업장을 선택하여 조회 후 각 창고에 따른 위치(장소)를 등록한다.

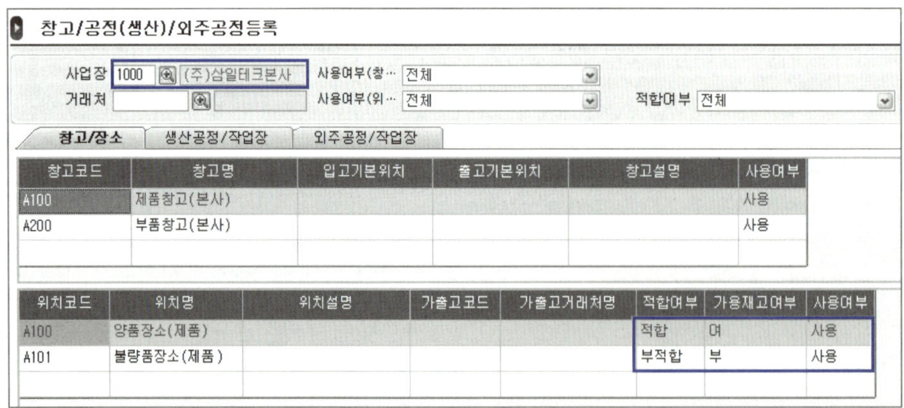

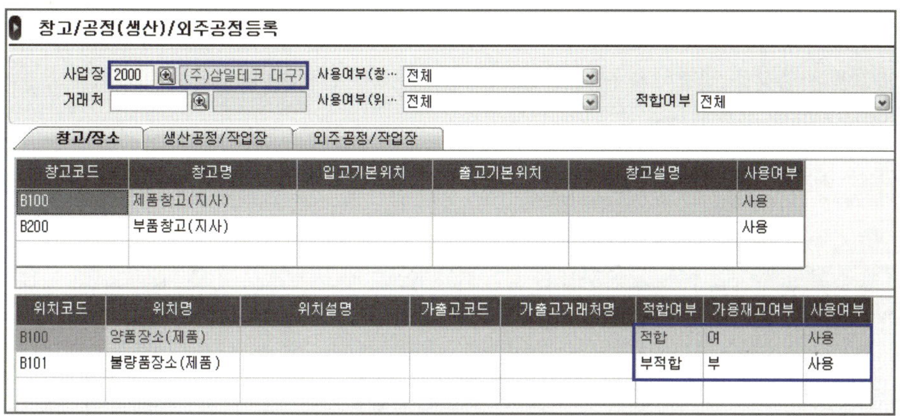

주요항목 설명

❶ 입고 및 출고기본위치: 입출고 시 창고를 선택했을 때 기 입력된 기본위치정보가 자동으로 반영된다.

❷ 가출고코드: 핵심ERP에서는 활용되지 않는 기능이다.

❸ 적합여부: 양품은 '적합', 불량품은 '부적합'

❹ 가용재고여부: 가용재고(창고의 현재고+입고예정량−출고예정량) 포함 여부를 결정한다.

꼭 알아두기

입고기본위치 및 출고기본위치는 선택사항이며 반드시 등록해야 하는 것은 아니다. 한 창고에 여러 위치를 구분할 경우에는 기본위치를 입력해 놓으면 오히려 오류를 범할 가능성이 높아진다.

실무예제

시스템관리 ➡ 기초정보관리 ➡ 창고/공정(생산)/외주공정등록

(주)삼일테크의 생산공정에 따른 작업장 정보는 다음과 같다. 생산공정 및 작업장을 등록하시오.

사업장	생산공정		사용여부	작업장		적합여부	사용여부
	공정코드	공정명		작업장코드	작업장명		
대구지사	M100	작업공정	사용	M100	제품작업장	적합	사용
				M150	반제품작업장	적합	사용

입력하기

❶ '2000'번 사업장을 선택하고 [생산공정/작업장] TAB을 클릭하여 조회 후 입력한다.

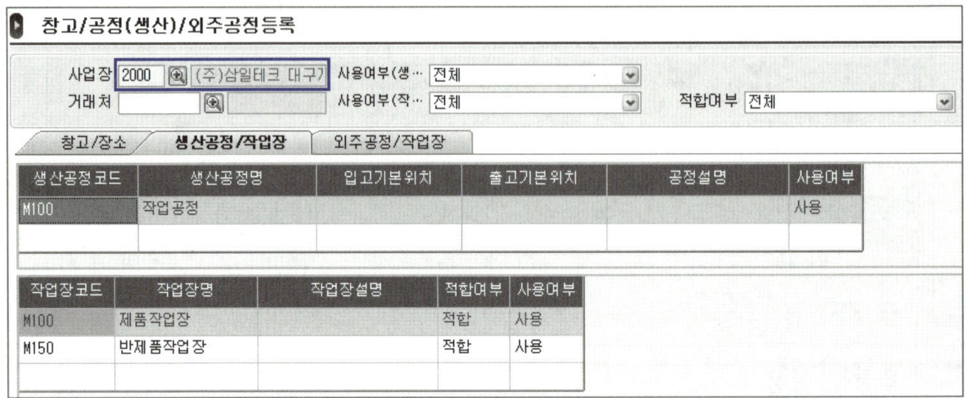

실무예제

시스템관리 ➡ 기초정보관리 ➡ 창고/공정(생산)/외주공정등록

(주)삼일테크의 외주공정에 따른 작업장 정보는 다음과 같다. 외주공정 및 작업장을 등록하시오.

| 사업장 | 외주공정 | | 사용여부 | 작업장 | | | 적합여부 | 사용여부 |
	공정코드	공정명		작업장코드	외주거래처	작업장명		
대구지사	P100	외주공정	사용	P100	(주)수민산업	수민산업 반제품작업장	적합	사용

입력하기

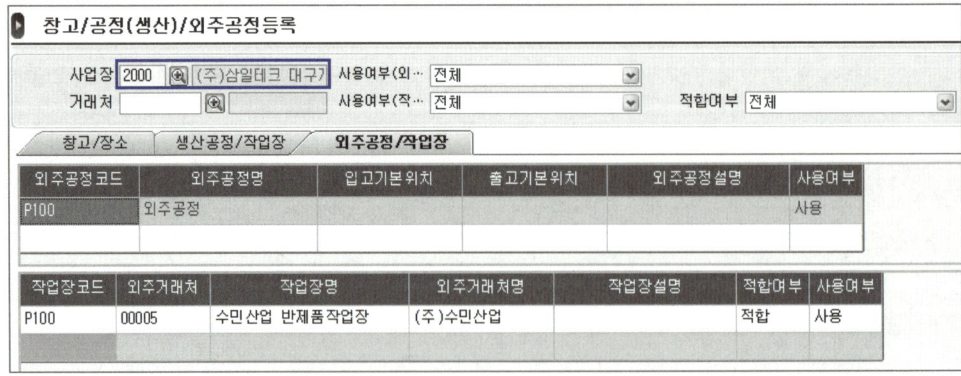

1.5 프로젝트등록

사업장과 부서 및 부문 등과 같은 조직 외에 특정한 임시 조직, 프로모션 행사 등을 별도로 관리하고자 할 때 프로젝트를 등록한다. 등록된 프로젝트는 회계모듈에서 프로젝트별 손익관리와 함께 물류모듈에서도 프로젝트별로 데이터를 집계하여 조회할 수 있다.

🎣 실무예제 ●

시스템관리 ➡ 기초정보관리 ➡ 프로젝트등록

(주)삼일테크의 프로젝트 정보는 다음과 같다. 프로젝트를 등록하시오.

코드	프로젝트명	구분	프로젝트기간	원청회사	원가구분	프로젝트유형
S600	e−book 스마트패드 개발	진행	2026/03/01 ~ 2027/12/31	(주)화인알텍	제조	직접

✒ 입력하기

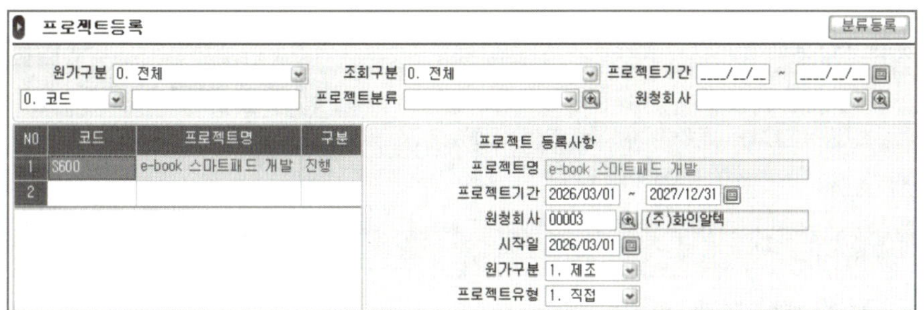

1.6 관리내역등록

관리내역등록 메뉴에서는 회사에서 주로 관리하는 항목들을 '공통'과 '회계'로 구분하여 조회하거나 변경할 수 있다. 핵심ERP 물류·생산모듈과는 관련이 없고 회계모듈에서만 사용되고 있다.

1.7 관련계정등록

관련계정등록 메뉴는 회계모듈에서 특정 여러 계정과목을 통합계정으로 등록하여 자금관리, 매출채권 관리 등을 목적으로 사용하는 메뉴이다. 핵심ERP 물류·생산모듈과는 관련이 없고 회계모듈에서만 사용되고 있다.

1.8 회계연결계정과목등록

핵심ERP 물류·생산모듈, 인사모듈에서는 경상적으로 발생되는 거래에 대하여 자동으로 회계전표를 발생시킨다. 이렇게 각 모듈에서 회계모듈로 자동으로 자료를 이관할 수 있도록 회계처리(분개) 과정을 미리 설정해 놓은 메뉴가 [회계연결계정과목등록]이다.

실무예제

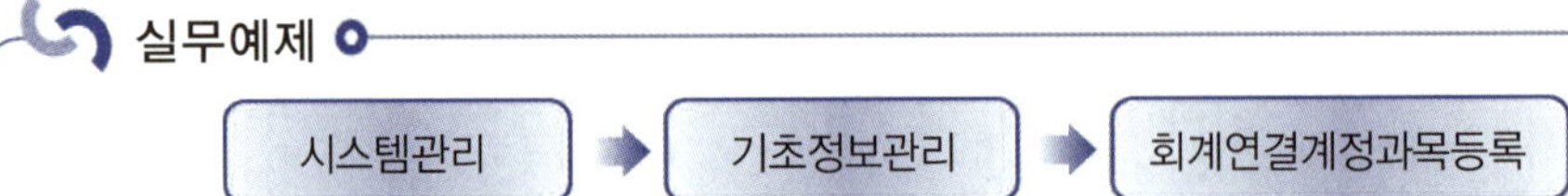

시스템관리 ➡ 기초정보관리 ➡ 회계연결계정과목등록

영업관리, 구매/자재관리, 무역관리, 생산관리, 인사/급여관리 모듈의 세부 전표코드별로 회계연결계정과목을 초기설정 하시오.

입력하기

❶ 회계연결계정과목등록 메뉴 실행 후 화면 우측 상단의 [초기설정] 아이콘을 클릭해서 전체 선택 후 '연결계정을 초기화 하시겠습니까?'라는 메시지가 뜨면 [예]를 선택한다.

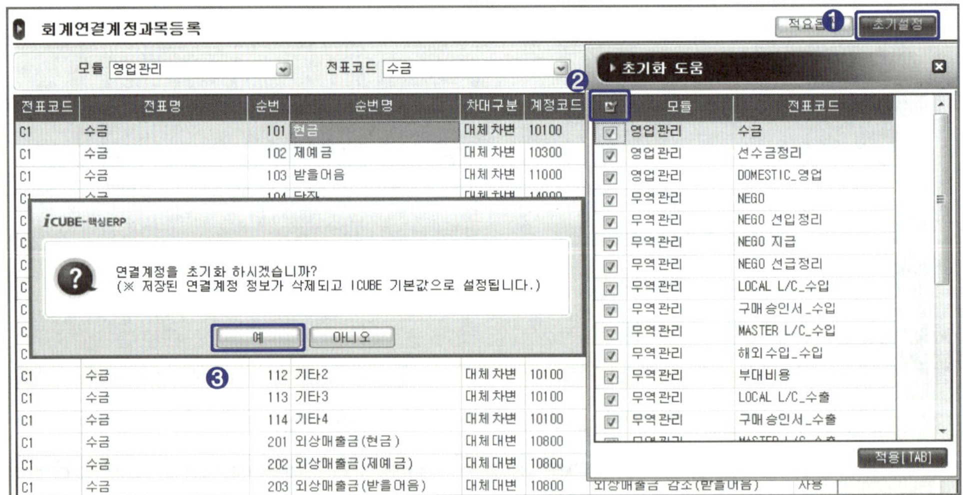

꼭 알아두기

• 회계연결계정이 설정되어 있지 않다면 자동 회계전표 발행이 불가능하다. 초기설정으로 적용된 차·대변 계정과목은 회사의 상황에 맞추어 변경이 가능하다.
• 초기 설정된 항목은 삭제가 되지 않으므로 회사에서 사용하지 않는 항목이 있을 경우에는 '사용' 항목을 '미사용'으로 설정한다.

 1.9 물류관리내역등록

물류관리내역등록 메뉴는 물류모듈과 생산모듈에서 사용하는 관리항목을 관리하는 메뉴이다. 핵심ERP의 물류관리 항복은 시스템에서 자동으로 제공되며 관리항목의 수정 및 삭제는 불가능하다. 다만 항목별 관리내역은 입력 및 수정, 삭제가 가능하다.

실무예제

(주)삼일테크의 물류관리항목별 관리내역은 다음과 같다. 물류관리내역을 등록하시오.

코드	관리항목명	관리내역코드	관리내역명	사용여부
LE	수입 제비용구분	100	수입관세	사용
		200	보관료	사용
		300	하역료	사용
LQ	품질검사구분	100	성능검사	사용
		200	외관검사	사용
LS	영업관리구분	100	정상판매	사용
		200	할인판매	사용
Z1	품목 대분류	100	스마트폰	사용
		200	스마트패드	사용

입력하기

❶ 수입 제비용구분 입력

물류관리내역등록						초기설정
코드	관리항목명	코드	관리내역명	사용여부 전체		재조회
AG	지역그룹구분	관리내역코드	관리항목명		비고	사용여부
AM	지역관리구분	100	수입관세			사용
LA	재고조정구분	200	보관료			사용
LE	수입 제비용 구분	300	하역료			사용
LP	구매 자재구분					
LQ	품질검사구분					

❷ 품질검사구분 입력

❸ 영업관리구분 입력

❹ 품목 대분류 입력

꼭! 알아두기

- 화면 우측 상단의 ［초기설정］ 아이콘을 클릭하면 기 등록된 관리내역은 모두 삭제되어 초기화되기 때문에 주의하여야 한다.
- 물류관리내역등록 메뉴는 핵심ERP에서 반드시 등록할 필요는 없다. 관리항목별 별도의 관리가 필요한 회사만 적용하면 된다.

 물류담당자코드등록

대부분의 회사는 경영상황에 따라 사원별 업무의 영역도 변경될 수 있다. 즉 인사이동 등으로 인해 현재 사원의 업무가 다른 사원으로 변경되므로 업무실적관리는 사원코드가 아닌 별도의 담당자코드를 부여하여 관리하는 것이 바람직하다.

실무예제

시스템관리 ➡ 기초정보관리 ➡ 물류담당자코드등록

(주)삼일테크의 물류담당 그룹과 물류담당자 내역은 다음과 같다. 물류담당자코드를 등록하시오.(기준일자 2013/08/01)

그룹코드	담당그룹	시작일	종료일	사용여부
10	영업	2013/08/01	9999/12/31	사용
20	구매/자재	2013/08/01	9999/12/31	사용
30	생산	2013/08/01	9999/12/31	사용

담당자코드	담당자코드명	사원명	담당그룹	시작일	종료일	사용여부
100	국내영업담당	백수인	영업	2017/01/01	9999/12/31	사용
200	해외영업담당	장혜영	영업	2017/01/01	9999/12/31	사용
300	구매담당	박서쥰	구매/자재	2018/01/01	9999/12/31	사용
400	자재담당	임영인	구매/자재	2018/01/01	9999/12/31	사용
500	생산담당	황재석	생산	2018/01/01	9999/12/31	사용

입력하기

❶ 먼저 화면 우측 상단의 `담당그룹등록` 아이콘을 클릭하여 담당그룹을 등록한다.

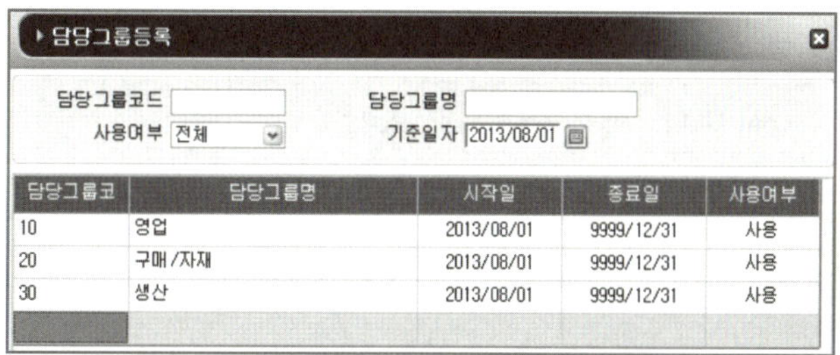

❷ 물류담당자코드 등록

□	담당자코드	담당자코드명	사원코드	사원명	전화번호	팩스번호	휴대폰	담당그룹	시작일	종료일	사용여부
□	100	국내영업담당	3010	백수인					2017/01/01	9999/12/31	사용
□	200	해외영업담당	3020	장혜영					2017/01/01	9999/12/31	사용
□	300	구매담당	4010	박서준					2018/01/01	9999/12/31	사용
□	400	자재담당	4020	임영인					2018/01/01	9999/12/31	사용
□	500	생산담당	5010	황재석					2018/01/01	9999/12/31	사용
□											

꼭 알아두기

물류담당자코드 등록은 핵심ERP에서 반드시 진행하여야 하는 프로세스는 아니다.

1.11 물류실적(품목/고객)담당자등록

물류실적담당자등록은 물류담당자코드등록 메뉴에서 등록한 코드를 조회하여 거래처나 품목별로 실적담당자를 등록하는 메뉴이다.

[거래처] TAB에서는 거래처별로 영업, 구매, 외주담당자를 등록하고 지역과 지역그룹, 거래처분류 등은 물류관리내역에서 등록된 데이터를 조회하여 선택한다. [품목] TAB에서는 품목별로 영업, 구매, 자재, 생산담당자를 등록한다.

실무예제

시스템관리 ➡ 기초정보관리 ➡ 물류실적(품목/고객)담당자등록

(주)삼일테크의 거래처별 및 품목별 실적담당자는 다음과 같다. 물류실적담당자를 등록하시오.

구분	거래처	영업담당자	구매담당자	외주담당자
거래처별	(주)화인알텍	국내영업담당	–	–
	IBM CO., LTD.	해외영업담당	–	–
	(주)수민산업	–	구매담당	생산담당

구분	품명	영업담당자	구매담당자	자재담당자	생산담당자
품목별	셀카봉	–	구매담당	자재담당	–
	평판 디스플레이	–	–	자재담당	생산담당

🐟 입력하기

❶ 물류실적담당자 등록(거래처별)

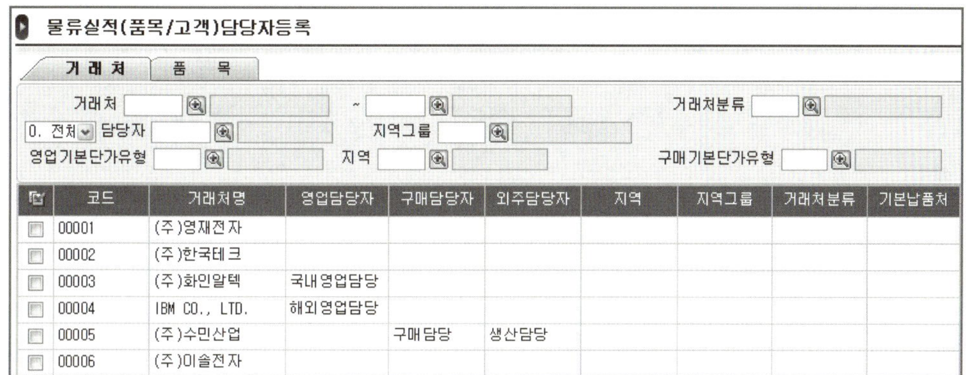

❷ 물류실적담당자 등록(품목별)

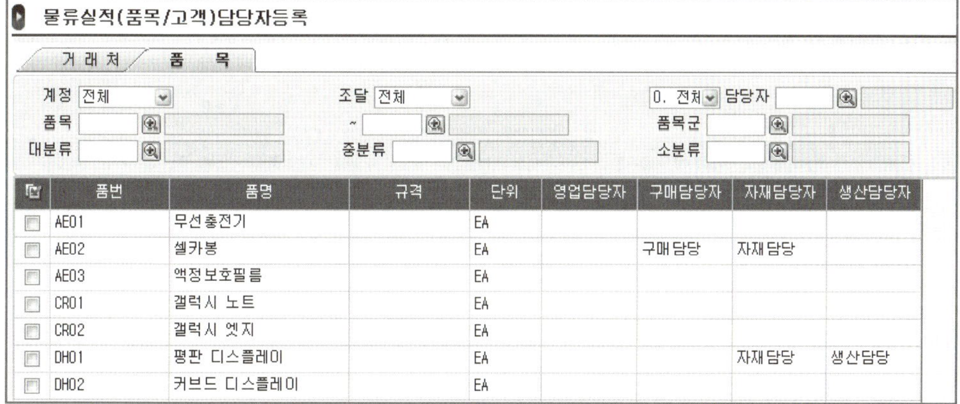

꼭 알아두기

물류실적담당자 등록은 핵심ERP에서 반드시 등록할 필요는 없다.

 품목분류(대/중/소)등록

세부 품목을 그룹화하여 데이터를 관리하기 위하여 품목군을 등록하였지만 보다 더 세분화된 분류를 위하여 품목분류를 등록한다. 품목의 특성에 따라 대분류, 중분류, 소분류별로 데이터를 관리할 수 있다.

실무예제

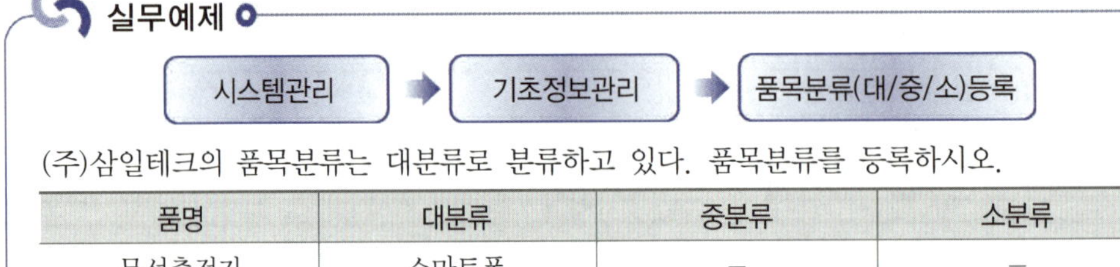

(주)삼일테크의 품목분류는 대분류로 분류하고 있다. 품목분류를 등록하시오.

품명	대분류	중분류	소분류
무선충전기	스마트폰	–	–
셀카봉	스마트폰	–	–
갤럭시 노트	스마트폰	–	–
갤럭시 엣지	스마트패드	–	–

입력하기

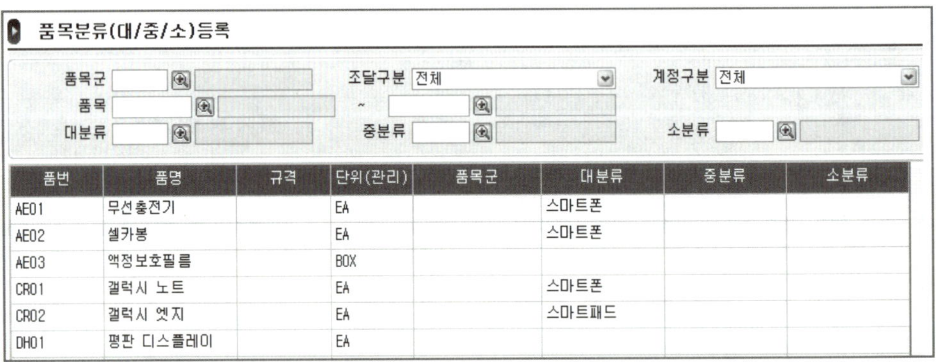

품번	품명	규격	단위(관리)	품목군	대분류	중분류	소분류
AE01	무선충전기		EA		스마트폰		
AE02	셀카봉		EA		스마트폰		
AE03	액정보호필름		BOX				
CR01	갤럭시 노트		EA		스마트폰		
CR02	갤럭시 엣지		EA		스마트패드		
DH01	평판 디스플레이		EA				

 **알아두기**

품목분류 등록은 핵심ERP에서 반드시 등록할 필요는 없다.

 1.13 검사유형등록

검사유형등록 메뉴는 물류·생산모듈의 프로세스를 진행함에 있어 검사구분(구매검사, 외주검사, 공정검사, 출하검사)별 검사유형과 그에 따른 항목을 등록하는 메뉴이다.

실무예제

시스템관리 ➡ 기초정보관리 ➡ 검사유형등록

(주)삼일테크의 검사구분별 검사유형과 그에 따른 확인사항은 다음과 같다. 검사유형을 등록하시오.

검사구분	코드	검사유형명	사용여부	검사유형질문	입력필수
구매검사	100	입고검사	사용	1. 입고수량은 정확한가?	필수
				2. 포장상태는 이상이 없는가?	선택
외주검사	100	품질검사	사용	1. 파손되거나 긁힘은 없는가?	필수
				2. 식별표가 잘 부착되어 있는가?	선택
공정검사	100	성능검사	사용	1. 세부기능은 모두 작동되는가?	필수
				2. 조립상태는 이상이 없는가?	선택
출하검사	100	외관검사	사용	1. 구성품의 누락은 없는가?	필수
				2. 식별표가 잘 부착되어 있는가?	선택

입력하기

검사유형등록

검사구분 11. 구매검사 　　사용여부 [　] 　　입력필수 [　]

NO		코드	검사유형명	비고	사용여부
1	☐	100	입고검사		사용
2	☐				

	NO.	검사유형질문	비고	입력필수
☐	1	입고수량은 정확한가?		필수
☐	2	포장상태는 이상이 없는가?		선택
☐				

꼭 알아두기

핵심ERP에서 검사구분은 '구매검사', '외주검사', '공정검사', '출하검사'로 구분된다. 검사유형별로 검사할 항목을 등록한 후 각 모듈 검사 프로세스에서 합격 또는 불합격을 판정한다.

1.14　SET구성품등록

　　SET구성품등록메뉴는 단품이 아닌 둘 이상의 상품 또는 제품을 묶음으로 구성하여 판매하고자 할 경우, SET구성품별 구성품 수량을 등록하여 관리하는 메뉴이다.

실무예제

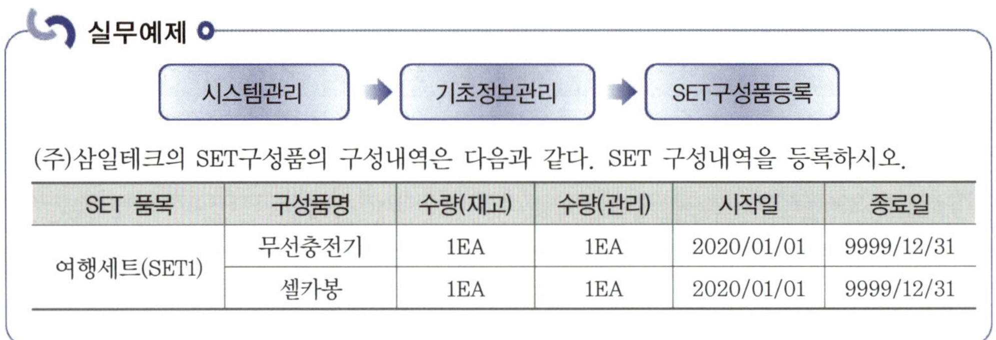

시스템관리　➡　기초정보관리　➡　SET구성품등록

(주)삼일테크의 SET구성품의 구성내역은 다음과 같다. SET 구성내역을 등록하시오.

SET 품목	구성품명	수량(재고)	수량(관리)	시작일	종료일
여행세트(SET1)	무선충전기	1EA	1EA	2020/01/01	9999/12/31
	셀카봉	1EA	1EA	2020/01/01	9999/12/31

입력하기

SET구성품등록

셋트품	0.품번		품목군		계정구분	전체
구성품	0.품번		품목군		계정구분	전체
구성품유무	전체		기준일자	___/__/__		

셋트품 등록

	품번	품명	규격	단위(관리)	계정구분	조달구분
☑	SET1	여행세트		EA	상품	구매

구성품 등록

	순번	품번	품명	규격	단위(재고)	수량(재고)	단위(관리)	수량(관리)	시작일	종료일
☐	1	AE01	무선충전기		EA	1.00	EA	1.00	2020/01/01	9999/12/31
☐	1	AE02	셀카봉		EA	1.00	EA	1.00	2020/01/01	9999/12/31
☐										

 ## 1.15 고객별출력품목등록

고객별출력품목등록 메뉴는 동일한 상품 또는 제품을 판매할 경우에도 고객별로 품명이나 단위 등의 표시를 다르게 요청할 수도 있다. 이 경우 회사 내부에서는 동일한 품목으로 관리되지만 대외적인 거래명세서, 세금계산서 등에는 고객이 원하는 표기사항으로 출력될 수 있도록 설정하는 메뉴이다.

실무예제

시스템관리 ➡ 기초정보관리 ➡ 고객별출력품목등록

다음의 자료를 참고하여 고객별출력품목등록 메뉴에 등록하시오.

품번	품명	고객명	출력품번	출력품명	단위	출력환산계수	사용여부
AE02	셀카봉	(주)영재전자	AE02	블루투스 셀카봉	EA	1	사용
		(주)한국테크	KTS-147	인공지능 셀카봉	EA	1	사용

입력하기

핵심ERP실무

02 초기이월관리

2.1 회계초기이월등록

회계초기이월등록 메뉴는 회계모듈과 관련성이 있으며, 회계단위별 전기분 재무상태표, 전기분 손익계산서, 전기분 원가보고서를 입력하는 메뉴이다. ERP 운용을 시작하는 회계연도에만 전기분 재무제표 자료를 수동으로 입력하고 그 후부터는 마감 및 연도이월 메뉴를 통해 자동으로 이월작업이 이루어진다.

2.2 재고이월등록

당해 기말재고 정보를 차기년도의 기초재고 정보로 이월작업을 수행하는 메뉴이다. 본서의 실습은 기초재고 정보를 수동으로 입력한 후 당해 거래자료를 입력하기 때문에 재고이월등록 메뉴를 활용할 필요는 없다.

> **꼭 알아두기**
>
> 이월작업 후에는 대상년도의 재고가 수정되지 않도록 영업·자재마감/통제등록 메뉴에서 물류의 흐름을 통제하여야 한다. 만약 이월작업 후 대상년도의 재고가 변경되었을 경우에는 당해 기말재고와 차기 기초재고의 일치를 위해 이월작업을 다시 수행한다.

03 마감/데이타관리

3.1 영업마감/통제등록

영업마감/통제등록 메뉴는 핵심ERP의 영업모듈에 대한 마감 및 입력통제일자, 판매단가 정책 등과 관련된 주요한 사항을 회사의 상황에 맞도록 설정하는 메뉴이다.

실무예제

(주)삼일테크의 판매단가 정책 등 영업모듈 운용을 위한 주요한 사항을 영업마감/통제등록 메뉴에서 등록하시오.

사업장	판매단가	일괄마감 후 출고변경 통제	마감일자	입력통제일자
본사	품목단가	통제	2025/12/31	2025/12/31
대구지사	품목단가	통제	2025/12/31	2025/12/31

※ 본 예제에서 제시되지 않는 항목은 기본 설정 값으로 유지함

입력하기

❶ 사업장별로 예제에서 제시된 항목들을 적절하게 선택한 후 반드시 화면 우측 상단의 [저장] 아이콘을 클릭하여 저장하여야 한다.

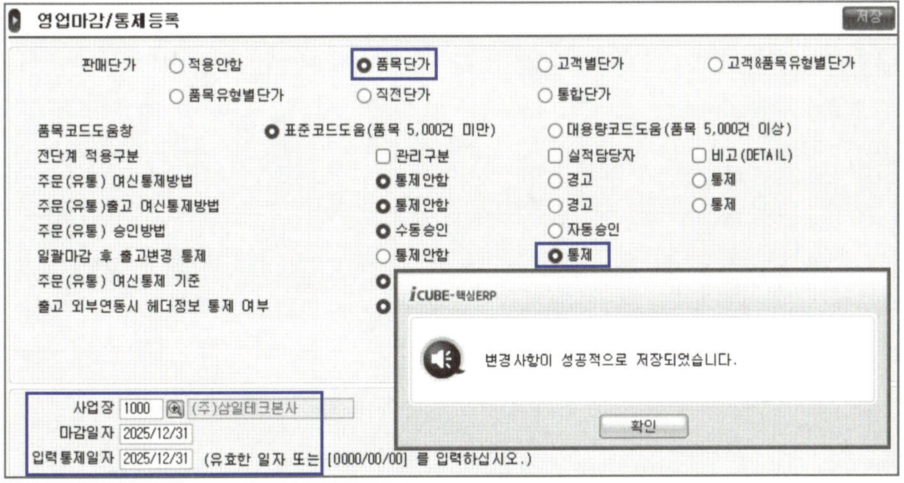

주요항목 설명

❶ 판매단가: 견적 또는 수주등록 시 자동으로 적용할 단가의 유형을 선택한다. 단가유형이 선택되었더라도 영업모듈에서 판매단가 정보가 등록되어 있어야 견적 또는 수주등록 시 해당 단가가 자동으로 적용된다. 교육용 핵심ERP 버전에서는 품목단가와 고객별단가만 적용되고 나머지 단가유형은 적용되지 않는다.

❷ 품목코드 도움창: 조회속도를 빠르게 하기 위하여 품목 수 5,000건을 기준으로 선택구분

❸ 전단계 적용구분: 전 단계(전 프로세스)에서 입력한 관리구분, 실적담당자, 비고 사항을 다음 단계(후 프로세스)에도 복사되도록 하는 기능이다.

❹ 주문(유통) 여신통제방법, 주문(유통)출고 여신통제방법, 주문(유통) 승인방법, 주문(유통) 여신통제기준 기능은 교육용 핵심ERP 버전에서는 적용되지 않는다.

❺ 일괄마감 후 출고변경 통제: 출고처리 시 마감구분은 '일괄'과 '건별'로 구분되는데, 이미 '일괄'로 매출마감 처리된 내역과 관계없이 전 단계(전 프로세스)인 출고처리에서 수량 및 금액의 변경가능 여부를 결정하는 기능이다.

❻ 마감일자: 마감일자를 포함한 그 이전 일자로 품목의 입출고(수불)를 발생시키는 매출이나 매출반품 등의 입출고(수불)를 통제한다.

❼ 입력통제일자: 입출고(수불)와 관련이 없는 메뉴(견적등록, 수주등록, 출고의뢰등록 등)에 대하여 입력통제일자를 포함한 그 이전 일자로의 입력, 수정 및 삭제를 통제한다.

> **꼭 알아두기**
>
> - 마감일자는 품목의 입출고(수불)를 통제하며, 입력통제일자는 품목의 입출고(수불)와 관련이 없는 일부 입력메뉴에 대하여 통제한다.
> - 마감일자는 직접 변경할 수도 있지만, 구매/자재모듈에서 재고평가를 수행하였을 경우 재고평가 기간 내의 입출고(수불) 정보를 통제하기 위해 마감일자는 자동으로 재고평가 기간 종료 월의 말일자로 변경된다.

 자재마감/통제등록

자재마감/통제등록 메뉴는 핵심ERP의 구매/자재모듈에 대한 마감 및 입력통제일자, 구매단가 정책, 재고평가방법 등과 관련된 주요한 사항을 회사의 상황에 맞도록 설정하는 메뉴이다.

실무예제

(주)삼일테크의 구매단가 정책 등 구매/자재모듈 운용을 위한 주요한 사항을 자재마감/통제등록 메뉴에서 등록하시오.

사업장	구매단가	재고평가방법	사업장 이동평가	재고(−) 통제여부	일괄마감 후 입고변경 통제	마감일자	입력통제 일자
본사	품목단가	총평균	표준원가	통제안함	통제	2025/12/31	2025/12/31
대구지사	품목단가	총평균	표준원가	통제안함	통제	2025/12/31	2025/12/31

※ 본 예제에서 제시되지 않는 항목은 기본 설정 값으로 유지함

입력하기

❶ 사업장별로 예제에서 제시된 항목들을 적절하게 선택한 후 반드시 화면 우측 상단의 저장 아이콘을 클릭하여 저장하여야 한다.

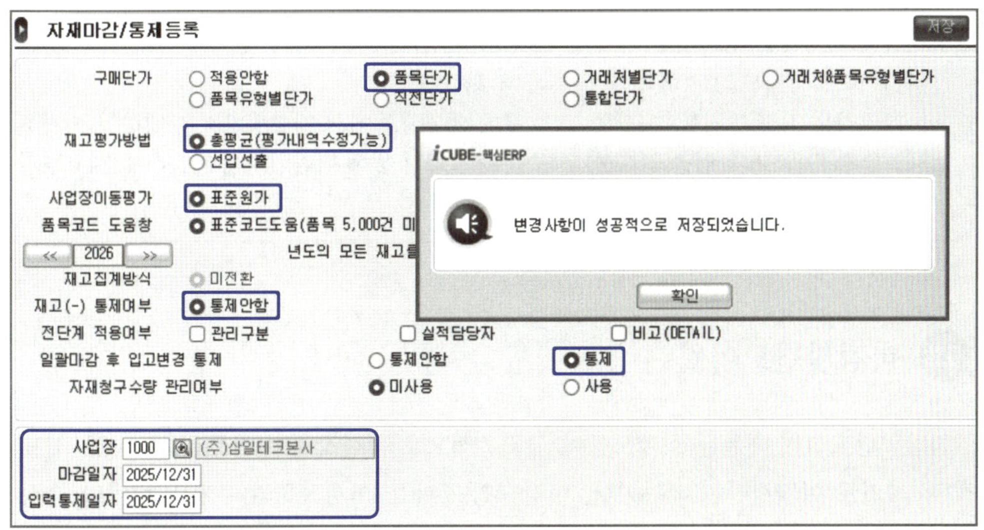

🗝 주요항목 설명

❶ 구매단가: 발주등록 시 자동으로 적용할 단가의 유형을 선택한다. 단가유형이 선택되었더라도 구매/자재모듈에서 구매단가 정보가 등록되어 있어야 발주등록 시 해당 단가가 자동으로 적용된다. 교육용 핵심ERP 버전에서는 품목단가와 거래처별단가만 적용되고 나머지 단가유형은 적용되지 않는다.

❷ 재고평가방법: 핵심ERP에서는 총평균, 이동평균, 선입선출, 후입선출 네 가지의 평가방법을 지원한다.

❸ 사업장이동평가: 핵심ERP는 기본적으로 재고평가가 사업장별로 이루어지기 때문에 사업장별 재고이동 시 적용되는 단가유형을 선택한다.

❹ 품목코드 도움창: 조회속도를 빠르게 하기 위하여 품목 수 5,000건을 기준으로 선택구분

❺ 재고(-) 통제여부: 실물재고는 있는데 장부(ERP)상의 재고가 없을 경우, 출고처리를 할 것인지에 대한 통제 여부이다.

❻ 전단계 적용구분: 전 단계(전 프로세스)에서 입력한 관리구분, 실적담당자, 비고 사항을 다음 단계(후 프로세스)에도 복사되도록 하는 기능이다.

❼ 일괄마감 후 입고변경 통제: 입고처리 시 마감구분은 '일괄'과 '건별'로 구분되는데, 이미 '일괄'로 매입마감 처리된 내역과 관계없이 전 단계(전 프로세스)인 입고처리에서 수량 및 금액의 변경가능 여부를 결정하는 기능이다.

❽ 마감일자: 마감일자를 포함한 그 이전 일자로 품목의 입출고(수불)를 발생시키는 매입이나 매입 반품 등의 입출고(수불)를 통제한다.

❾ 입력통제일자: 입출고(수불)와 관련이 없는 메뉴(발주등록, 청구등록, 입고의뢰등록 등)에 대하여 입력통제일자를 포함한 그 이전 일자로의 입력, 수정 및 삭제를 통제한다.

> **꼭 알아두기**
>
> - 마감일자는 품목의 입출고(수불)를 통제하며, 입력통제일자는 품목의 입출고(수불)와 관련이 없는 일부 입력메뉴에 대하여 통제한다.
> - 마감일자는 직접 변경할 수도 있지만, 구매/자재모듈에서 재고평가를 수행하였을 경우 재고평가 기간 내의 입출고(수불) 정보를 통제하기 위해 마감일자는 자동으로 재고평가 기간 종료 월의 말일자로 변경된다.

③③ 마감및년도이월

마감및년도이월 메뉴는 회계모듈에서 최종적으로 결산작업이 마무리되고 재무제표 확정 후 차기로 이월시키는 메뉴이다. 마감작업 후에는 회계전표의 추가 입력이나 수정 및 삭제가 불가능해 자료의 일관성과 안정성을 확보할 수 있다.

 3.4 사원별단가/창고/공정통제설정

사원별단가/창고/공정통제설정 메뉴는 보다 민감한 일부 메뉴 항목들에 대해 ERP 사용자별로 조회 및 입력/변경의 권한을 통제 설정하는 메뉴이다.

예를 들면 동일한 메뉴에 대해 팀장과 팀원의 권한을 다르게 부여할 때도 이용될 수 있다. 그리고 입고 및 출고 시의 창고담당자를 각각 지정할 수도 있으며, 생산공정의 담당자를 각각 지정하여 관리할 수도 있다.

실무예제

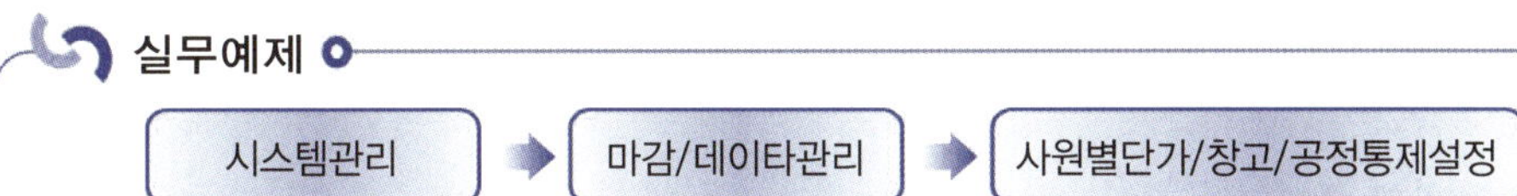

(주)삼일테크 본사는 일부 ERP 사용자에 대해 단가통제를 하고 있다. 사원별단가/창고/공정통제설정 메뉴에 등록하시오.

구분	사업장	모듈	메뉴	사원	단가통제
단가통제	본사	영업	세금계산서처리	정종철	입력/변경통제
				박서준	조회통제
				임영인	조회통제
				황재석	조회통제

입력하기

❶ 단가통제

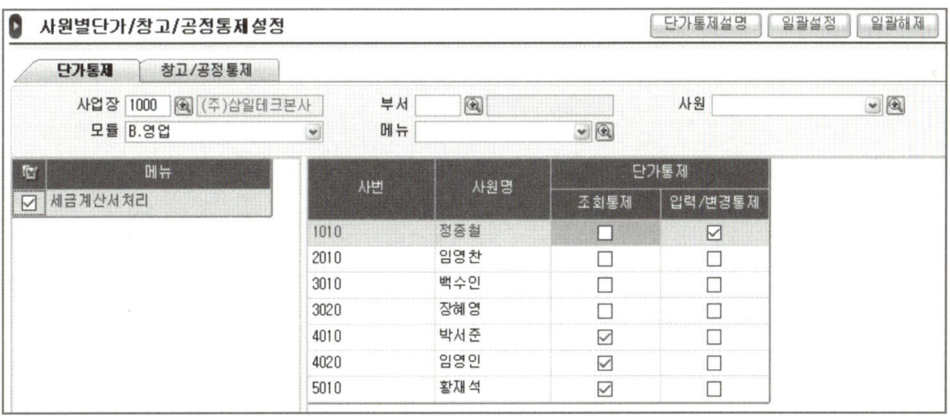

04 영업모듈 기초정보관리

 4.1 품목단가등록

품목등록에서 등록한 판매대상(제품, 반제품, 상품) 품목에 대해 판매단가를 입력하는 메뉴이다. 판매단가유형 중 품목단가는 단일 품목에 대해 모든 고객에게 동일 단가를 적용하는 경우이며, 영업마감/통제등록의 단가유형에서 '품목단가'로 설정되어 있어야 견적 및 수주등록 등에 단가가 자동으로 반영된다.

실무예제

(주)삼일테크의 품목별 판매단가를 등록하시오.

(세액별도)

계정구분	품명	최저 판매가	판매단가
상품	무선충전기	85,000	90,000
	셀카봉	45,000	50,000
	여행세트	130,000	140,000
제품	갤럭시 노트	530,000	560,000
	갤럭시 엣지	750,000	780,000
반제품	평판 디스플레이	220,000	240,000
	커브드 디스플레이	350,000	370,000

입력하기

❶ [판매단가] TAB에서 해당 품목별로 예제에서 주어진 단가를 입력한다.

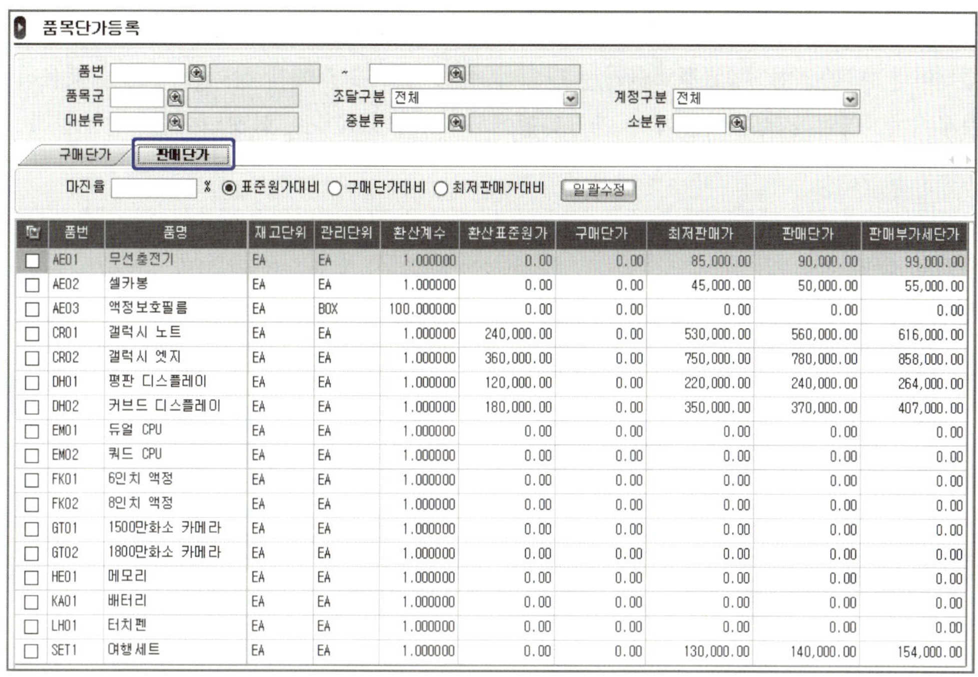

품번	품명	재고단위	관리단위	환산계수	환산표준원가	구매단가	최저판매가	판매단가	판매부가세단가
AE01	무선충전기	EA	EA	1.000000	0.00	0.00	85,000.00	90,000.00	99,000.00
AE02	셀카봉	EA	EA	1.000000	0.00	0.00	45,000.00	50,000.00	55,000.00
AE03	액정보호필름	EA	BOX	100.000000	0.00	0.00	0.00	0.00	0.00
CR01	갤럭시 노트	EA	EA	1.000000	240,000.00	0.00	530,000.00	560,000.00	616,000.00
CR02	갤럭시 엣지	EA	EA	1.000000	360,000.00	0.00	750,000.00	780,000.00	858,000.00
DH01	평판 디스플레이	EA	EA	1.000000	120,000.00	0.00	220,000.00	240,000.00	264,000.00
DH02	커브드 디스플레이	EA	EA	1.000000	180,000.00	0.00	350,000.00	370,000.00	407,000.00
EM01	듀얼 CPU	EA	EA	1.000000	0.00	0.00	0.00	0.00	0.00
EM02	쿼드 CPU	EA	EA	1.000000	0.00	0.00	0.00	0.00	0.00
FK01	6인치 액정	EA	EA	1.000000	0.00	0.00	0.00	0.00	0.00
FK02	8인치 액정	EA	EA	1.000000	0.00	0.00	0.00	0.00	0.00
GT01	1500만화소 카메라	EA	EA	1.000000	0.00	0.00	0.00	0.00	0.00
GT02	1800만화소 카메라	EA	EA	1.000000	0.00	0.00	0.00	0.00	0.00
HE01	메모리	EA	EA	1.000000	0.00	0.00	0.00	0.00	0.00
KA01	배터리	EA	EA	1.000000	0.00	0.00	0.00	0.00	0.00
LH01	터치펜	EA	EA	1.000000	0.00	0.00	0.00	0.00	0.00
SET1	여행세트	EA	EA	1.000000	0.00	0.00	130,000.00	140,000.00	154,000.00

주요항목 설명

❶ 환산표준원가: 품목등록 메뉴 [ORDER/COST] TAB에서 입력된 표준원가에서 환산계수를 곱해 환산된 표준원가이다.

❷ 구매단가: 구매품(원재료, 부재료, 상품, 저장품)인 경우 [구매단가] TAB 또는 구매/자재모듈 기초정보관리에서 등록한 품목단가가 조회된다.

❸ 최저판매가: 품목등록 메뉴 [ORDER/COST] TAB에서 입력된 최저 판매단가가 조회된다. 본 메뉴에서 수동으로 입력할 수도 있다.

꼭 알아두기

• 판매단가는 표준원가, 구매단가, 최저판매가 대비 마진율을 입력하여 일괄적으로 수정할 수 있다.
• 구매/자재모듈 기초정보관리의 [품목단가등록] 메뉴와 동일한 메뉴이다.

4.2 고객별단가등록

품목등록에서 등록한 판매대상(제품, 반제품, 상품) 품목에 대해 판매단가를 입력하는 메뉴이다. 단가유형 중 고객별단가는 단일 품목에 대해 고객에게 상이한 단가를 적용하는 경우이며, 영업마감/통제등록의 단가유형에서 '고객별단가'로 설정되어 있어야 견적 및 수주등록 등에 단가가 자동으로 반영된다.

(주)삼일테크의 판매단가 정책은 '품목단가'이므로 고객별단가등록 메뉴의 실습은 생략하기로 한다.

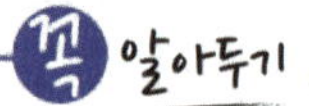

꼭 알아두기

구매/자재모듈 기초정보관리의 [거래처별단가등록] 메뉴와 동일한 메뉴이다.

4.3 납품처등록

납품처등록 메뉴는 판매 후 세금계산서는 핵심ERP 일반거래처등록 메뉴에 등록된 사업자와 주소지로 발급하나, 납품장소가 등록된 거래처의 주소지가 아닌 다른 장소로 납품하는 경우에 실제 납품하는 장소를 등록하는 메뉴이다.

실무예제

(주)삼일테크의 매출처 중 (주)화인알텍의 납품처를 등록하시오.

코드	납품처명	주소	담당자명	사용여부
10	부산 전시장	부산 해운대구 해운대로 105(재송동)	박민영	사용
20	일산 물류창고	경기도 고양시 일산서구 구산로 110 (구산동)	정상호	사용

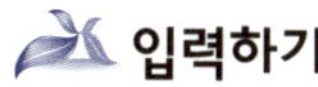 **입력하기**

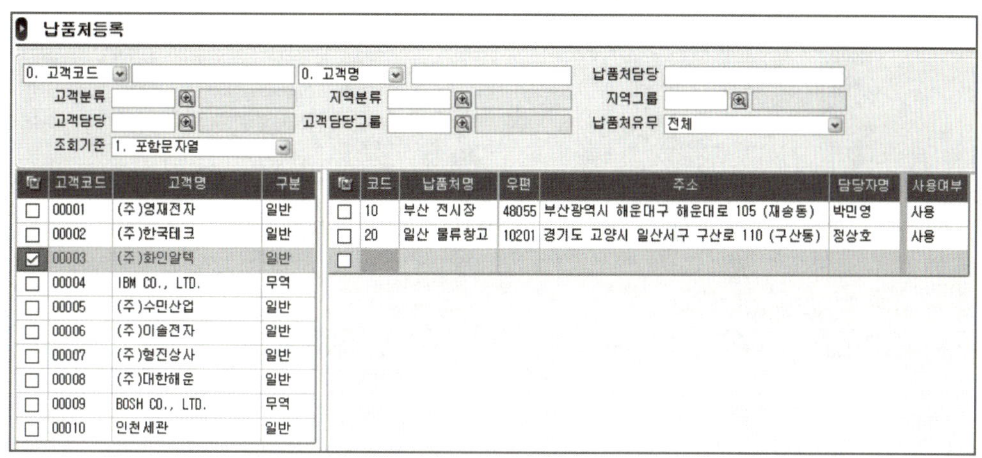

(4.4) 채권기초/이월/조정(출고기준)

이 메뉴는 사업장별로 기초 미수채권과 채권조정 및 채권을 차기로 이월시키는 메뉴이다. 미수채권은 '출고기준'과 '마감기준'에 의한 차이가 발생하기 때문에 일반적으로 많은 회사들이 회계부서와 영업부서에서 별도로 관리하고 있다. 그리고 영업모듈의 미수채권과 관련된 데이터는 회계모듈과 공유되지는 않는다.

실무예제

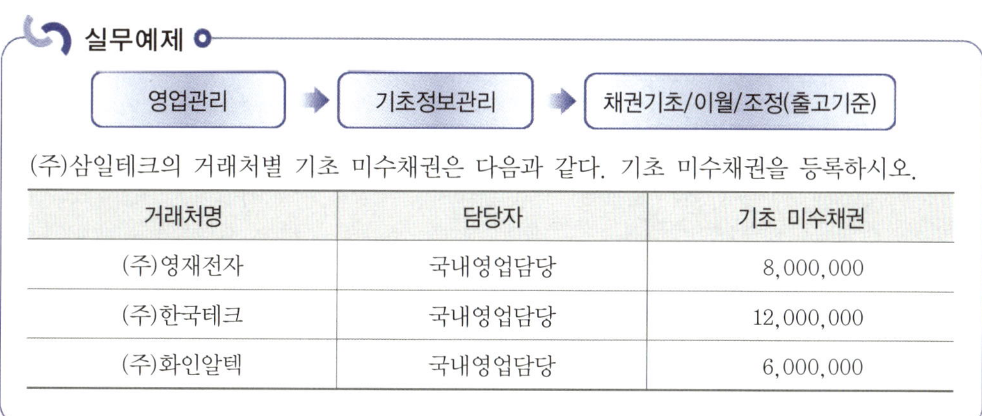

(주)삼일테크의 거래처별 기초 미수채권은 다음과 같다. 기초 미수채권을 등록하시오.

거래처명	담당자	기초 미수채권
(주)영재전자	국내영업담당	8,000,000
(주)한국테크	국내영업담당	12,000,000
(주)화인알텍	국내영업담당	6,000,000

🔖 입력하기

채권기초/이월/조정(출고기준)

사업장	1000	(주)삼일테크본사	부서	1200	재경팀	사원	2010	임영찬
해당년도	2026		고객			고객분류		
지역			지역그룹			담당자		
담당그룹			프로젝트			비고		

[채권기초] 채권이월 채권조정

	코드	고객	No.	프로젝트	담당자	기초미수채권	비고
☐	00001	(주)영재전자	1		국내영업담당	8,000,000	
☐	00002	(주)한국테크	1		국내영업담당	12,000,000	
☐	00003	(주)화인알텍	1		국내영업담당	6,000,000	
☐							

🔖 주요항목 설명

❶ [채권기초] TAB: 핵심ERP 영업모듈에서 최초 채권관리를 시작하는 시점에만 입력한다.

❷ [채권이월] TAB: 해당년도의 미수채권 금액을 차기년도로 이월할 때 사용된다.

❸ [채권조정] TAB: 거래처의 실제 미수채권과 장부(ERP)상의 미수채권이 차이가 있을 때 조정한다. 조정미수채권 금액을 '+'로 입력하면 장부(ERP)상의 금액이 증가되고, '-'로 입력하면 장부(ERP)상의 금액이 감소된다.

05 구매/자재모듈 기초정보관리

 5.1 품목단가등록

품목등록에서 등록한 구매대상(원재료, 부재료, 상품, 저장품) 품목에 대해 구매단가를 입력하는 메뉴이다. 구매단가유형 중 품목단가는 단일 품목에 대해 모든 구매처에게 동일 단가로 구매하는 경우이며, 자재마감/통제등록의 단가유형에서 '품목단가'로 설정되어 있어야 발주등록 등에 단가가 자동으로 반영된다.

실무예제

구매/자재관리 ➡ 기초정보관리 ➡ 품목단가등록

(주)삼일테크의 품목별 구매단가를 등록하시오.

(세액별도)

계정구분	품명	구매단가
상품	무선충전기	50,000
	셀카봉	30,000
	액정보호필름	8,000
원재료	듀얼 CPU	50,000
	쿼드 CPU	70,000
	6인치 액정	60,000
	8인치 액정	80,000
	1500만화소 카메라	70,000
	1800만화소 카메라	90,000
	메모리	30,000
	배터리	50,000
	터치펜	15,000

입력하기

❶ 품목단가등록 메뉴 검색조건에서 '조달구분'을 '구매'로 설정하고 상단의  아이콘을 클릭하면 [구매단가] TAB에 구매 대상품만 조회된다.

❷ 해당 품목별로 예제에서 주어진 단가를 입력한다.

품목단가등록

품번	품명	규격	재고단위	관리단위	환산계수	환산표준원가	구매단가
AE01	무선충전기		EA	EA	1.000000	0.00	50,000.00
AE02	셀카봉		EA	EA	1.000000	0.00	30,000.00
AE03	액정보호필름		EA	BOX	100.000000	0.00	8,000.00
EM01	듀얼 CPU		EA	EA	1.000000	0.00	50,000.00
EM02	쿼드 CPU		EA	EA	1.000000	0.00	70,000.00
FK01	6인치 액정		EA	EA	1.000000	0.00	60,000.00
FK02	8인치 액정		EA	EA	1.000000	0.00	80,000.00
GT01	1500만화소 카메라		EA	EA	1.000000	0.00	70,000.00
GT02	1800만화소 카메라		EA	EA	1.000000	0.00	90,000.00
HE01	메모리		EA	EA	1.000000	0.00	30,000.00
KA01	배터리		EA	EA	1.000000	0.00	50,000.00
LH01	터치펜		EA	EA	1.000000	0.00	15,000.00
SET1	여행세트		EA	EA	1.000000	0.00	0.00

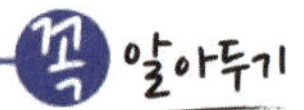

> 영업모듈 기초정보관리의 [품목단가등록] 메뉴와 동일한 메뉴이다.

5.2 거래처별단가등록

품목등록에서 등록한 구매대상(원재료, 부재료, 상품, 저장품) 품목에 대해 구매단가를 입력하는 메뉴이다. 구매단가유형 중 거래처별단가는 단일 품목에 대해 구매처마다 상이한 단가를 적용하는 경우이며, 자재마감/통제등록의 단가유형에서 '거래처별단가'로 설정되어 있어야 발주등록 등에 단가가 자동으로 반영된다.

(주)삼일테크의 구매단가 정책은 '품목단가'이므로 거래처별단가등록 메뉴의 실습은 생략하기로 한다.

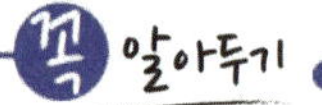

> 영업모듈 기초정보관리의 [고객별단가등록] 메뉴와 동일한 메뉴이다.

06 생산모듈 기초정보관리

6.1 BOM등록

BOM(Bill of Materials: 자재명세서)등록은 특정 제품이 어떠한 부품으로 구성되어 있는지에 대한 정보를 등록하는 메뉴이다. 즉 모품목을 만들기 위해 소요되는 자품목들의 구성과 소요량을 나타내어 준다. 이러한 BOM 정보는 자재소요량전개(MRP) 시 중요한 입력항목 중 하나이다.

실무예제

생산관리공통 ➡ 기초정보관리 ➡ BOM등록

다음은 (주)삼일테크의 제품과 반제품에 대한 자재명세서이다. BOM을 등록하시오.

1) 제품 갤럭시 노트(CR01)의 BOM 구조

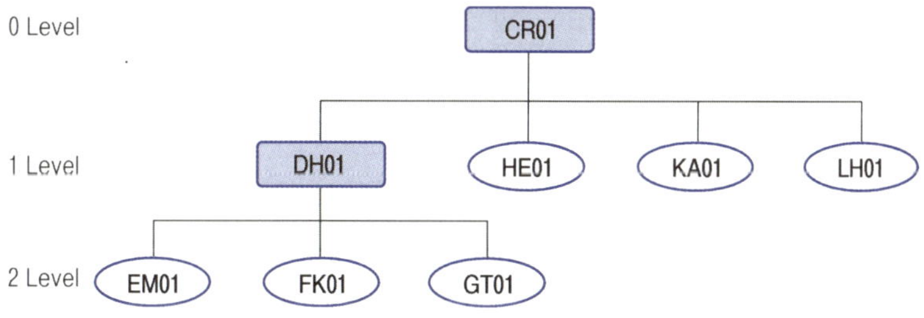

구분	품번	품명	정미수량	LOSS(%)	필요수량	사급구분	외주구분	사용여부
제품 (CR01)	DH01	평판 디스플레이	1	10	1.1	자재	무상	사용
	HE01	메모리	1	0	1	자재	무상	사용
	KA01	배터리	2	0	2	자재	무상	사용
	LH01	터치펜	1	0	1	자재	무상	사용
반제품 (DH01)	EM01	듀얼 CPU	1	0	1	자재	무상	사용
	FK01	6인치 액정	1	0	1	자재	무상	사용
	GT01	1500만화소 카메라	1	0	1	자재	무상	사용

※ 시작일자와 종료일자는 1111/11/11 ~ 9999/12/31

2) 제품 갤럭시 엣지(CR02)의 BOM 구조

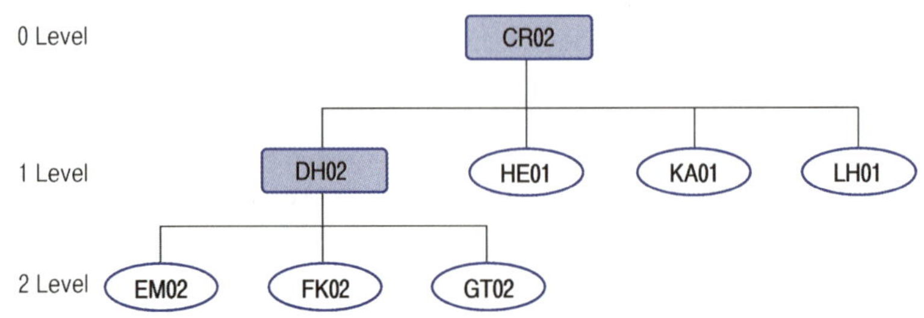

구분	품번	품명	정미수량	LOSS(%)	필요수량	사급구분	외주구분	사용여부
제품 (CR02)	DH02	커브드 디스플레이	1	10	1.1	자재	무상	사용
	HE01	메모리	1	0	1	자재	무상	사용
	KA01	배터리	2	0	2	자재	무상	사용
	LH01	터치펜	1	0	1	자재	무상	사용
반제품 (DH02)	EM02	쿼드 CPU	1	0	1	자재	무상	사용
	FK02	8인치 액정	1	0	1	자재	무상	사용
	GT02	1800만화소 카메라	1	0	1	자재	무상	사용

※시작일자와 종료일자는 1111/11/11 ~ 9999/12/31

입력하기

❶ 화면 검색조건에서 모품목을 입력한 후 상단의 [조회] 아이콘을 클릭한다.

❷ 모품목에 해당하는 제품과 반제품의 자품목을 각각 등록한다.

▌제품(CR01) BOM등록 화면 ▌

BOM등록   BOM 복사[F10]   일괄자재변경[F11]

모품목 CR01   갤럭시 노트   EA

기준일자 ____/__/__   사용여부 1.사용   ☐ LOCATION 등록창 보기

	순번	품번코드	품명	단위	정미수량	LOSS(%)	필요수량	시작일자	종료일자	사급구분	외주구분	사용여부
☐	1	DH01	평판 디스플레이	EA	1.000000	10.000000	1.100000	1111/11/11	9999/12/31	자재	무상	사용
☐	2	HE01	메모리	EA	1.000000	0.000000	1.000000	1111/11/11	9999/12/31	자재	무상	사용
☐	3	KA01	배터리	EA	2.000000	0.000000	2.000000	1111/11/11	9999/12/31	자재	무상	사용
☐	4	LH01	터치펜	EA	1.000000	0.000000	1.000000	1111/11/11	9999/12/31	자재	무상	사용

▌반제품(DH01) BOM등록 화면▐

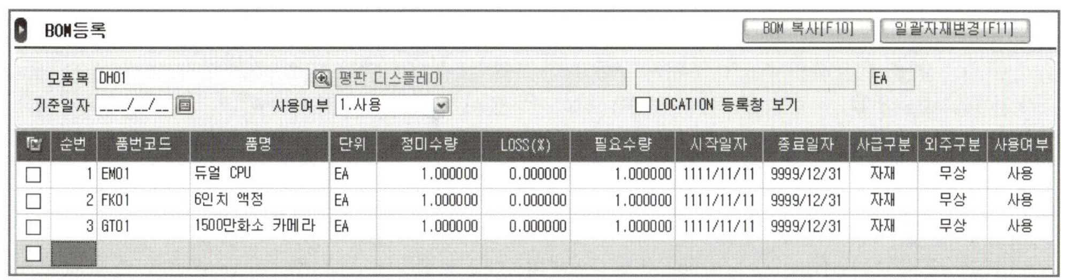

▌제품(CR02) BOM등록 화면▐

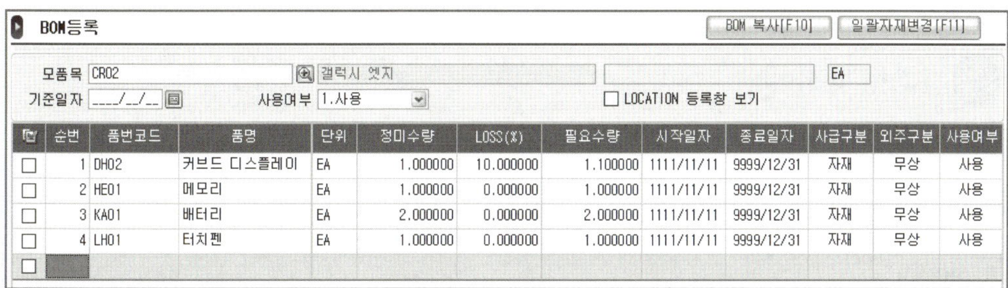

▌반제품(DH02) BOM등록 화면▐

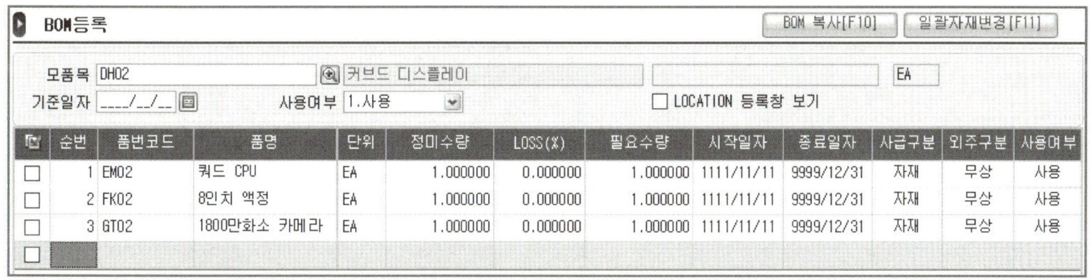

주요항목 설명

❶ 정미수량: 이론적인 소요수량을 의미하며, 로스(Loss)를 감안하지 않은 수량이다.

❷ LOSS(%): 자품목 1단위를 투입하였을 때 모품목에 반영되지 않고 유실되는 비율

❸ 필요수량: 로스율을 감안한 실제 필요한 수량(정미수량×(100+로스율)/100)

❹ 사급구분: 임가공작업의 경우 자재의 사급구분을 나타낸다. 해당 품목이 당사 재고이면 '자재'로 선택하며, 타사 재고이면 '사급'으로 선택한다.

❺ 외주구분: 외주작업의 경우 자재의 사급구분을 나타낸다. 외주처에 자재를 공급할 때 금전을 수취할 경우에는 '유상'으로 선택하며, 무상으로 공급할 경우에는 '무상'으로 선택한다.

꼭 알아두기

- BOM 구성 시 원재료, 부재료, 상품, 저장품은 모품목이 될 수 없다.
- BOM등록 정보는 소요량전개(MRP) 시에 반드시 필요한 입력정보이며, 소요량계산 시에는 BOM등록 화면의 '필요수량' 항목을 참조하여 계산된다.
- 유상사급과 무상사급
  발주회사에서 외주처로 원재료 및 부재료 등의 자재 반출(사급) 시 유상으로 제공하는 것을 유상사급이라고 하며, 무상으로 공급하는 것을 무상사급이라고 한다. 무상으로 공급한 자재는 당사의 재고자산에 포함되어야 한다.

6.2 BOM정전개

BOM정전개는 모품목을 기준으로 자품목을 계층적으로 전개하는 것이다. 즉 모품목을 생산하기 위해 투입되는 자품목의 소요량 등을 구성 Level별로 보여준다.

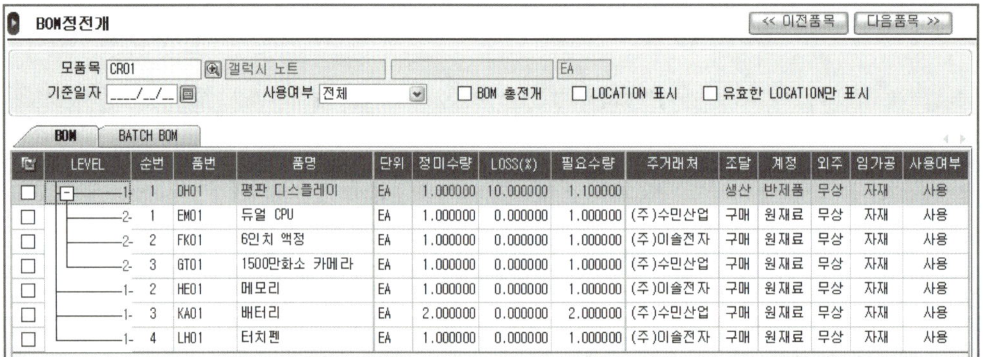

꼭 알아두기

BOM 정전개 [BOM] TAB의 'LEVEL' 항목에 '+' 표시가 있으면 그 품목은 하위 자품목이 있음을 의미한다.

 BOM역전개

BOM역전개는 자품목을 기준으로 모품목을 전개하는 것이다. BOM역전개는 자품목의 조달문제, 모델변경 등으로 인해 어떠한 모품목들에게 영향을 미치는지에 대한 정보를 쉽게 파악하고자 할 때 사용된다.

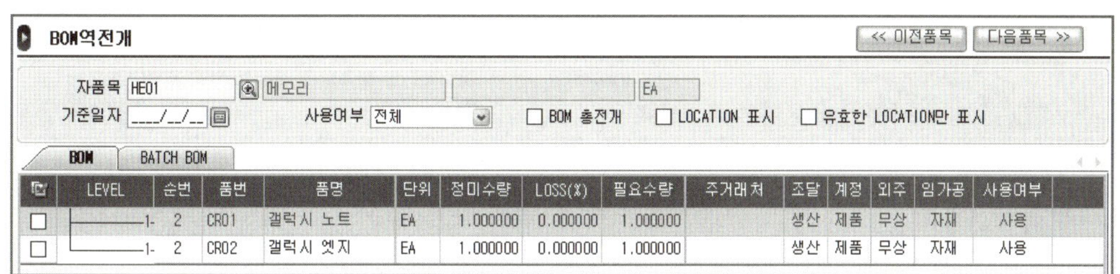

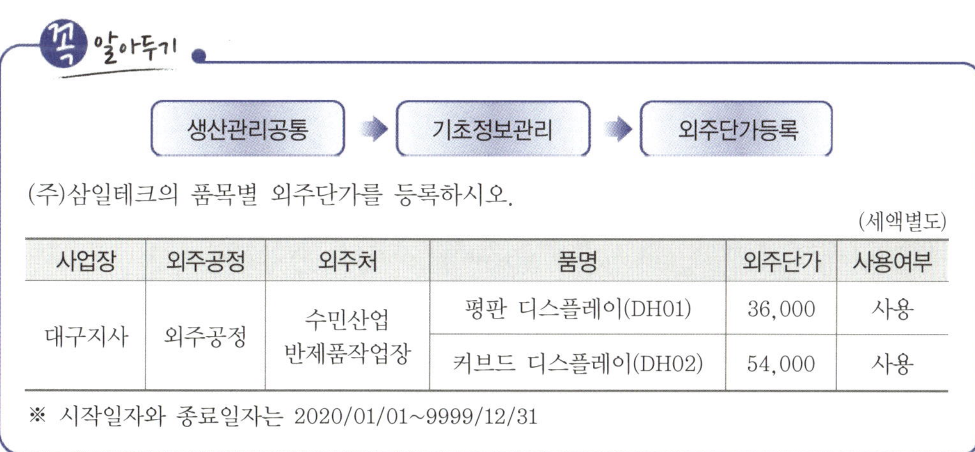 외주단가등록

외주단가등록 메뉴는 외주대상 품목에 대하여 외주공정에 따른 외주처별로 외주단가를 입력하는 메뉴이다. 입력된 외주단가는 외주발주등록 시 외주처별 해당 품목의 단가가 자동으로 반영된다.

(주)삼일테크의 품목별 외주단가를 등록하시오.

(세액별도)

사업장	외주공정	외주처	품명	외주단가	사용여부
대구지사	외주공정	수민산업 반제품작업장	평판 디스플레이(DH01)	36,000	사용
			커브드 디스플레이(DH02)	54,000	사용

※ 시작일자와 종료일자는 2020/01/01~9999/12/31

입력하기

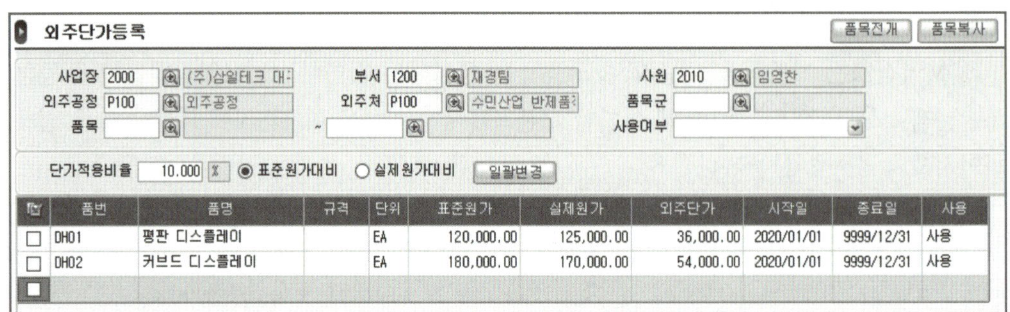

꼭 알아두기

- 표준원가와 실제원가는 품목등록 메뉴의 [ORDER/COST] TAB에서 입력한 데이터가 자동으로 반영된다.
- 외주단가의 변경은 개별품목마다 수동으로 변경할 수 있지만, 표준원가 또는 실제원 가대비 적용비율을 입력하여 일괄변경도 가능하다.

6.5 불량유형등록

핵심ERP 생산모듈의 실적검사 시에 품질판정 결과에 따라 선택할 불량유형을 등록하는 메뉴이다.

꼭 알아두기

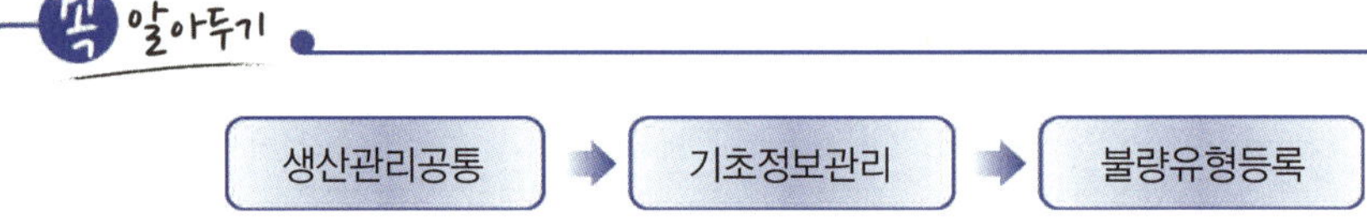

(주)삼일테크의 생산실적 및 외주실적검사 시 구분되는 불량유형은 다음과 같다. 불량유형을 등록하시오.

불량군코드	불량군명	사용여부	불량코드	불량유형명	사용여부
100	성능불량	사용	101	화면불량	사용
			102	전원불량	사용
200	외관불량	사용	201	도색불량	사용
			202	조립불량	사용

 입력하기

❶ 화면 우측 상단 불량군등록 아이콘을 클릭한 후 불량군부터 등록하고 불량유형을 등록한다.

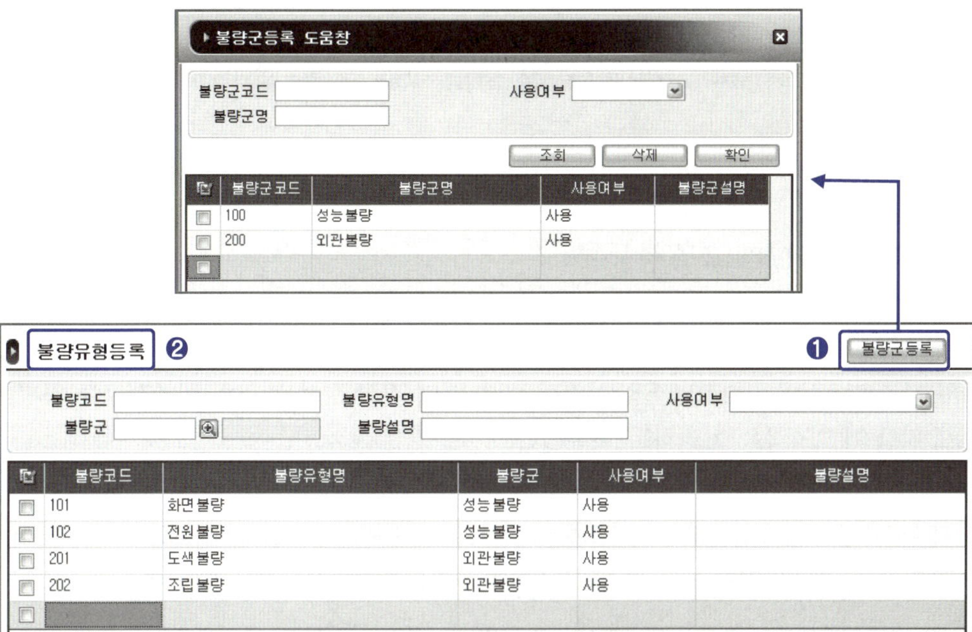

07 기초재고등록

★ 우선적으로 핵심ERP 물류 · 생산모듈 프로세스 실습을 위하여 품목별로 임의의 수량을 기초재고로 등록하고자 한다.

7.1 기초재고/재고조정등록

기초재고/재고조정등록 메뉴는 핵심ERP 물류 · 생산모듈을 운용하기 전에 대상품목 전체의 기초수량을 입력하거나 ERP시스템 운용 중에 전산(장부)재고와 실물재고를 일치시키기 위한 재고조정을 처리하는 메뉴이다.

실무예제

구매/자재관리 ➡ 재고관리 ➡ 기초재고/재고조정등록

다음은 (주)삼일테크 본사와 대구지사의 창고별 기초재고 수량이다. 기초재고를 등록하시오.

사업장	조정일자	창고명	장소명	품번	품명	조정수량	단가
본사	2026/01/01	제품창고 (본사)	양품장소 (제품)	CR01	갤럭시 노트	500	250,000
				CR02	갤럭시 엣지	700	350,000
	2026/01/01	부품창고 (본사)	양품장소 (부품)	AE01	무선충전기	200	50,000
				AE02	셀카봉	1,000	30,000
				SET1	여행세트	250	80,000
대구 지사	2026/01/01	부품창고 (지사)	양품장소 (부품)	DH01	평판 디스플레이	30	125,000
				DH02	커브드 디스플레이	20	170,000
				EM01	듀얼 CPU	150	50,000
				EM02	쿼드 CPU	230	70,000
				FK02	8인지 액정	180	80,000
				GT01	1500만화소 카메라	30	70,000
				GT02	1800만화소 카메라	250	90,000
				HE01	메모리	170	30,000
				KA01	배터리	350	50,000
				LH01	터치펜	200	15,000

 입력하기

❶ 화면의 검색조건에서 '조정기간'을 입력한 후 상단의 🔍조회 아이콘을 클릭한다.

❷ 위의 예제정보를 입력한 후 상단(헤드)입력부분의 다음 라인을 클릭하거나 상단의 🔍조회 아이콘을 클릭하면 '조정번호'가 자동으로 부여되면서 저장이 완료된다.

▌본사 기초재고 등록화면▌

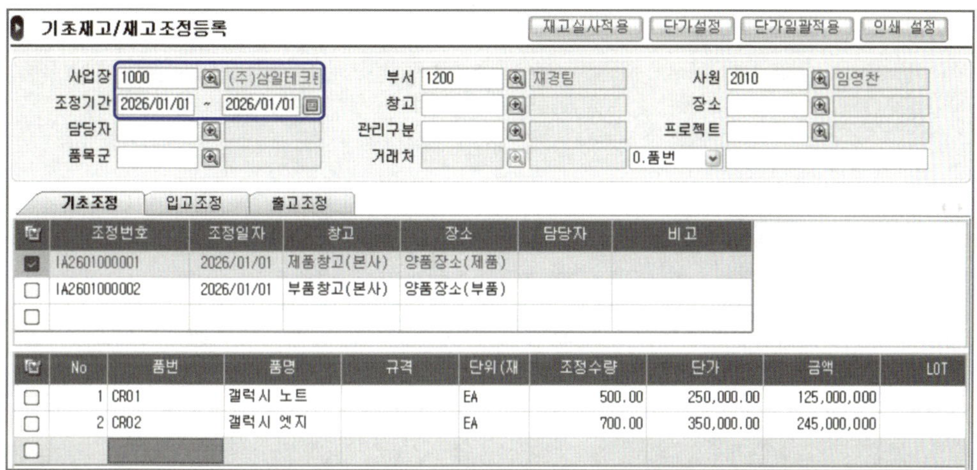

▌대구지사 기초재고 등록화면▌

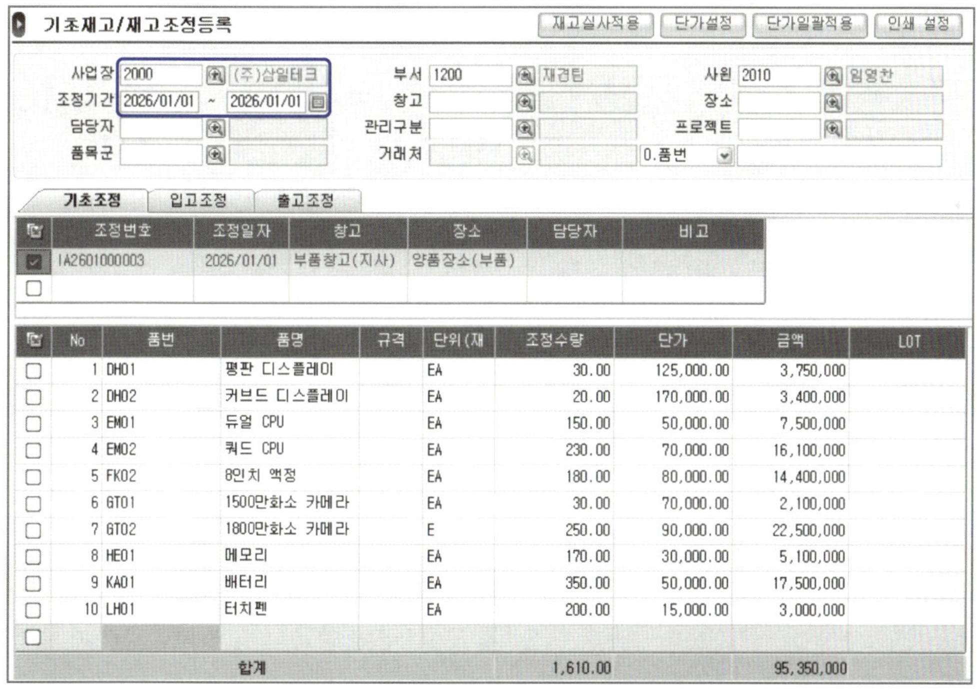

제3장

핵심ERP 영업프로세스 실무

01 업무프로세스의 이해

핵심ERP의 영업프로세스는 크게 두 가지로 구분할 수 있다. 고객으로부터 견적을 요청받아 출고하는 정상적인 매출프로세스와 이미 매출하였던 품목이 다양한 이유로 반품될 경우에 처리하는 반품프로세스로 구분된다.

1.1 매출프로세스

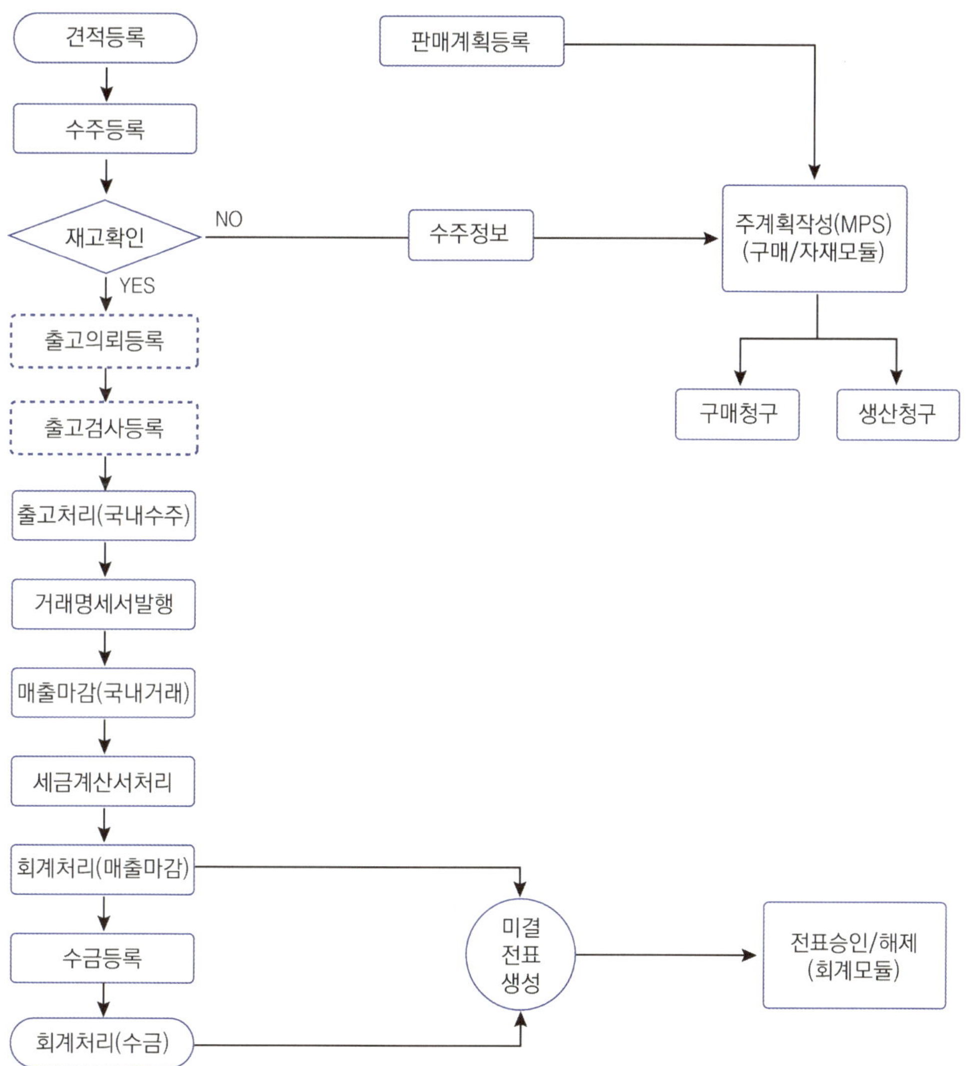

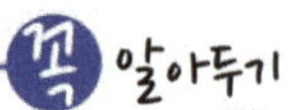

> **꼭 알아두기**
>
> - '출고의뢰등록'과 '출고검사등록'은 시스템환경설정 메뉴에서 '출고의뢰운영여부'와 '출고전검사운영여부'가 '사용'으로 설정되어 있어야 처리가 가능한 프로세스이다.
> - 매출프로세스 중 '판매계획등록'과 '견적등록'은 반드시 수행하여야 하는 프로세스가 아니며, 회사 자체적으로 탄력적인 운영이 가능하다.

1.2 반품프로세스

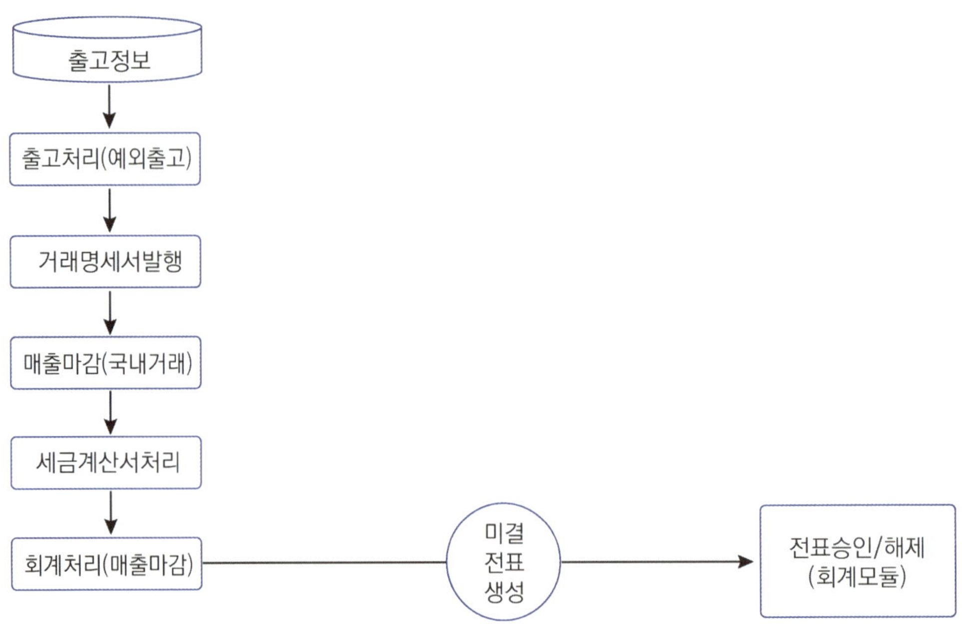

02 영업관리

핵심ERP 영업프로세스 진행을 위하여 본사의 국내영업팀 '백수인' 사원으로 로그인하여 진행하고자 한다.

2.1 판매계획등록

월별 판매계획을 품목을 기준으로 수량과 예상단가를 등록한다. [기초계획] TAB에서는 최초의 판매계획 수립내역을 등록하며, [수정계획] TAB에서는 기초계획에서 수량이나 단가의 변동이 있는 경우에 수정 등록한다.

 실무예제

(주)삼일테크는 다음과 같이 당초 8월 20일 월간회의에서 9월 판매계획이 수립되었으나, 며칠 후 시장상황의 변동으로 9월 판매계획이 수정되었다.

구분	품번	품명	계획수량	환종	예상단가
기초계획	CR01	갤럭시 노트	700EA	KRW	560,000
	CR02	갤릭시 엣지	900EA	KRW	780,000
수정계획	CR01	갤럭시 노트	800EA	KRW	560,000
	CR02	갤럭시 엣지	1,000EA	KRW	780,000

※ 계획수량이 수정되었다.

입력하기

❶ [기초계획] TAB에서 당초계획 정보를 입력한다.

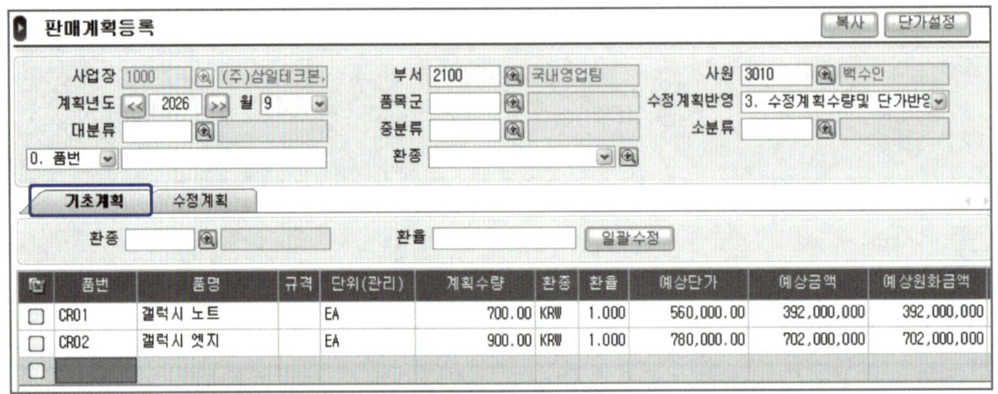

❷ [수정계획] TAB에서 수정계획 정보를 입력한다.

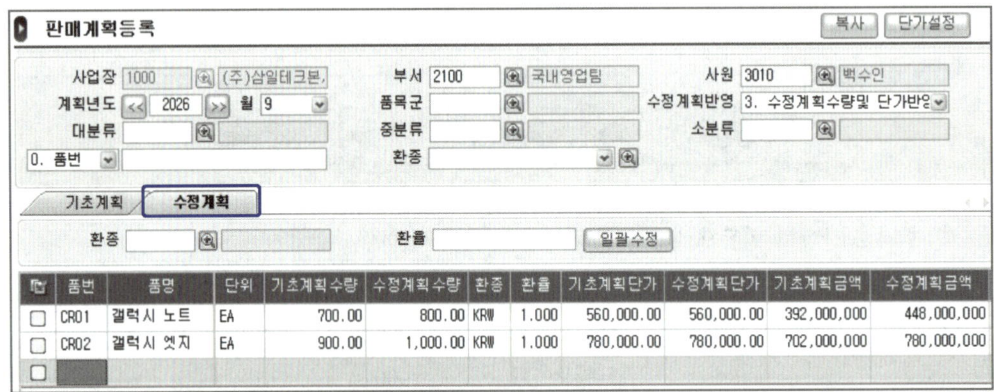

주요항목 설명

❶ 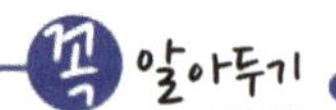 : 판매단가는 수동으로 입력할 수도 있으며, 우측 상단 [단가설정] 아이콘을 클릭하여 반영할 단가의 유형을 선택할 수 있다.

> **꼭 알아두기**
>
> 판매계획과 관련된 다양한 조회현황이나 주계획작성(MPS) 시에는 기초계획에 등록된 데이터가 조회되지 않고, 수정계획에 등록된 데이터가 기준이 된다.

 **2.2 판매계획등록(고객별상세)**

판매계획을 고객별로 상세하게 등록할 경우에 사용할 수 있으며, 매출예상액과 수금예
상액까지 판매계획에 포함하여 관리할 수 있는 메뉴이다.

실무예제

영업관리 ➡ 영업관리 ➡ 판매계획등록(고객별상세)

(주)삼일테크는 일부 매출처에 대해 9월 판매계획을 품목별로 상세하게 수립하였다. 매출처
별 판매계획을 등록하시오.

고객	실적담당	계획부서	품번	수량	단가	수금예상금액
(주)영재전자	국내영업담당	국내영업팀	CR01	300	530,000	159,000,000
			CR02	450	750,000	337,500,000
(주)한국테크	국내영업담당	국내영업팀	AE01	100	90,000	9,000,000
			AE02	150	50,000	7,500,000

입력하기

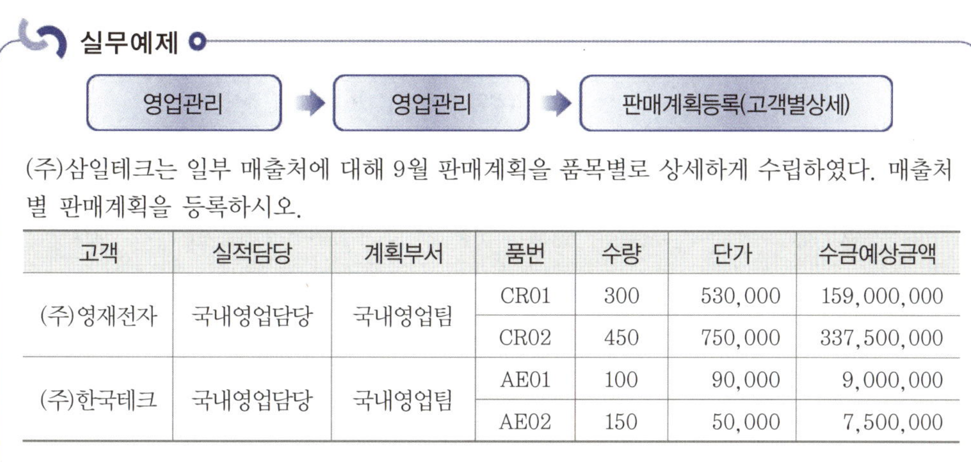

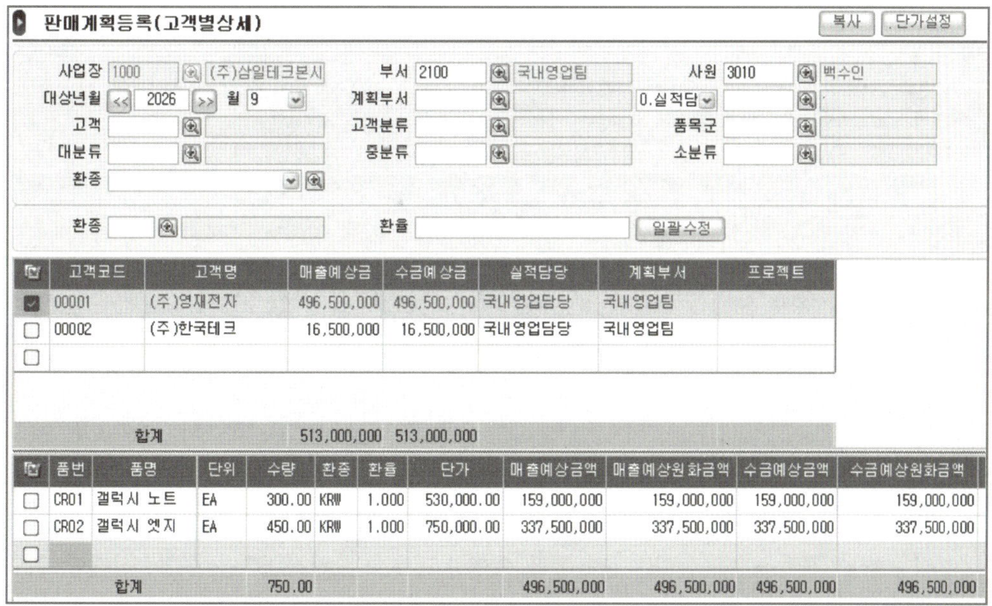

2.3 견적등록

견적등록은 고객으로부터 요청받은 품목에 대하여 수량, 단가, 납품일정 등의 견적조건을
등록하여 고객에게 전달하고 관리하는 메뉴이다.

실무예제

영업관리 ➡ 영업관리 ➡ 견적등록

(주)삼일테크 본사에서 (주)영재전자로부터 요청받은 제품의 견적을 작성하여 전달하시오.

견적일자	고객	과세 구분	단가 구분	품번	납기일	견적 수량	단가
2026/09/05	(주)영재전자	매출 과세	부가세 미포함	CR01	2026/09/10	400	560,000
				CR02	2026/09/10	600	780,000

입력하기

❶ 예제를 참고하여 견적과 관련된 항목을 입력 후 상단의 조회 아이콘을 클릭하면 견적번호가 자
동으로 생성되면서 저장이 완료된다.

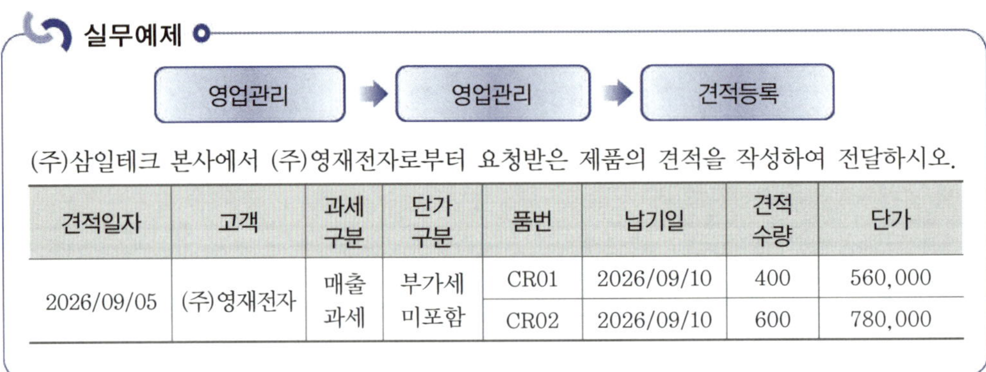

꼭 알아두기

견적등록 후 견적을 적용받아 수주등록을 수행한 경우에는 견적내역을 수정·삭제할 수
없으며, 만약 데이터의 수정·삭제를 원한다면 진행한 프로세스 역순으로 삭제처리 후
견적을 수정·삭제할 수 있다.

 2.4 수주등록

수주등록은 고객으로부터 주문받은 내역을 등록하는 메뉴이다. 견적을 근거로 수주하였을 경우에는 등록된 견적내역을 적용받아 처리하며, 견적 절차 없이 수주하였을 경우에는 수주등록에서 그 내역을 직접 등록할 수도 있다. 수주등록 데이터는 구매/자재모듈 주계획작성(MPS) 시에도 참고한다.

실무예제

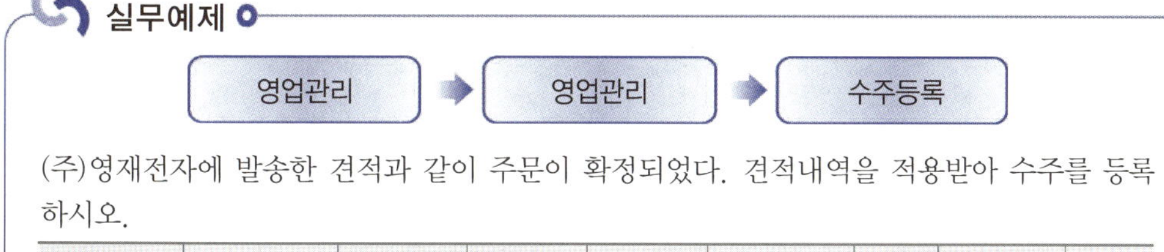

(주)영재전자에 발송한 견적과 같이 주문이 확정되었다. 견적내역을 적용받아 수주를 등록하시오.

주문일자	고객	과세구분	단가구분	품번	납기일/출하예정일	주문수량	단가	검사
2026/09/05	(주)영재전자	매출과세	부가세미포함	CR01	2026/09/10	400	560,000	검사
				CR02	2026/09/10	600	780,000	무검사

※ 품목별 검사대상 유무를 선택한다.

입력하기

❶ 주문기간 입력 후 상단의 [조회] 아이콘을 클릭한 후 우측 상단 [견적적용 조회] 아이콘을 클릭하여 견적내역을 조회한 후 선택하여 견적정보를 적용받는다.

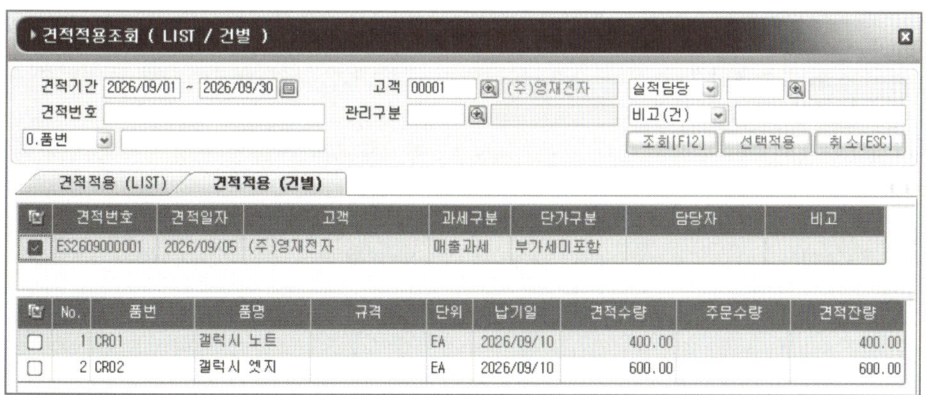

❷ 주문일자와 납기일 및 출하예정일을 추가로 입력하고, 품목별 검사대상 유무를 선택한다.

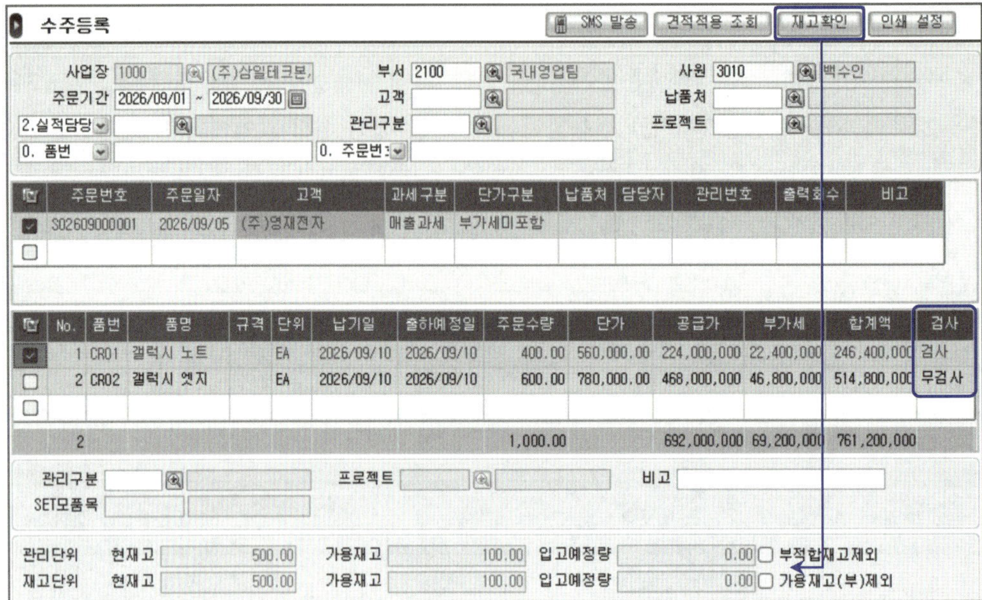

꼭 알아두기

- 수주등록 절차 없이 출고처리는 할 수 있으나, 미납관리가 필요하다면 반드시 수주를 등록하여야 한다.
- 특정 품목을 선택한 후 화면 우측 상단의 재고확인 아이콘을 클릭하면, 화면 하단에 그 품목의 현재고, 가용재고, 입고예정량이 조회된다.
- 등록된 수주를 적용받아 출고처리를 수행한 경우에는 수주 내역을 수정·삭제할 수 없다. 만약 데이터의 수정·삭제를 원한다면 진행한 프로세스 역순으로 삭제처리 후 수주 내역을 수정·삭제할 수 있다. 핵심ERP의 프로세스 기능 메뉴는 이전 프로세스 데이터를 적용받아 다음 프로세스가 진행된 경우에는 이전 프로세스의 데이터는 수정·삭제할 수 없다.

 수주등록(유상사급)

수주등록(유상사급) 메뉴는 생산모듈 외주관리 프로세스와 관련되어 있으며, 외주생산 시에 사용될 자재(원재료, 부재료 등)를 외주처에 유상(판매)으로 공급하는 경우에 사용되는 메뉴이다.

사급자재란 외주발주 시 외주처에 제공하는 자재를 말한다. 이러한 사급자재는 채권·채무발생 유무에 따라 유상사급자재와 무상사급자재로 구분된다.

핵심ERP에서 사급자재의 구분이 '유상사급'일 경우에는 영업모듈 수주등록(유상사급) 메뉴에서 그 내역을 등록 후 출고처리(국내수주) 메뉴 [유상사급] TAB에서 출고처리한다.

2.6 출고의뢰등록

출고의뢰등록은 옵션설정 메뉴로서 수주받은 품목에 대하여 출고담당자에게 출고를 요청하는 메뉴이다. 수주등록 또는 수주등록(유상사급) 메뉴에서 등록한 주문내역을 적용받아 출고의뢰를 할 수 있다. 시스템환경설정 메뉴에서 '출고의뢰운영여부'가 '사용'으로 설정되어 있어야 된다.

🔖 실무예제

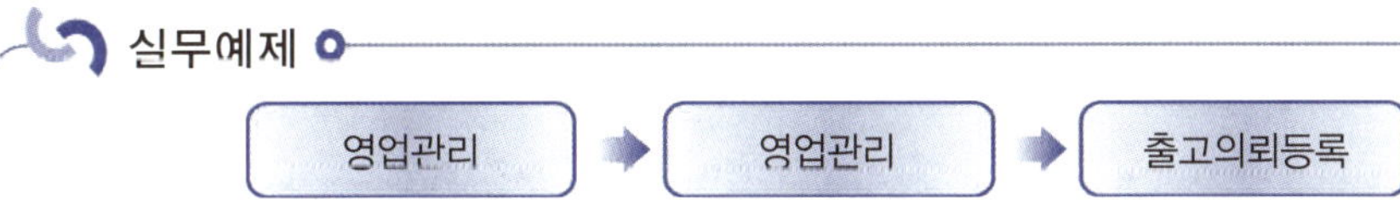

(주)영재전자로부터 주문받은 내역을 적용받아 출고담당에게 다음과 같이 출고의뢰 하시오.

의뢰일자	고객	의뢰창고	의뢰담당자	품번	납기일/ 출하예정일	의뢰 수량	검사
2026/09/08	(주)영재전자	제품창고 (본사)	자재담당	CR01	2026/09/10	350	검사
				CR02	2026/09/10	500	무검사

※ 수주대비 출고의뢰수량을 확인한다.

입력하기

❶ 의뢰기간을 입력하고 상단의 [조회] 아이콘을 클릭한 후 우측 상단 [주문적용 조회] 아이콘을 클릭하여 해당 주문내역을 조회하여 체크한 후 수주정보를 적용받는다.

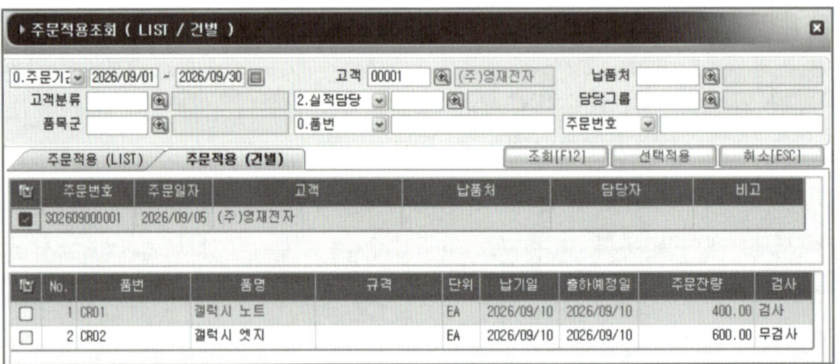

❷ 의뢰일자와 의뢰창고, 의뢰담당자 등을 추가로 입력하고, 출고의뢰내역이 주문내역과 다를 경우에는 수정입력 후 저장한다.

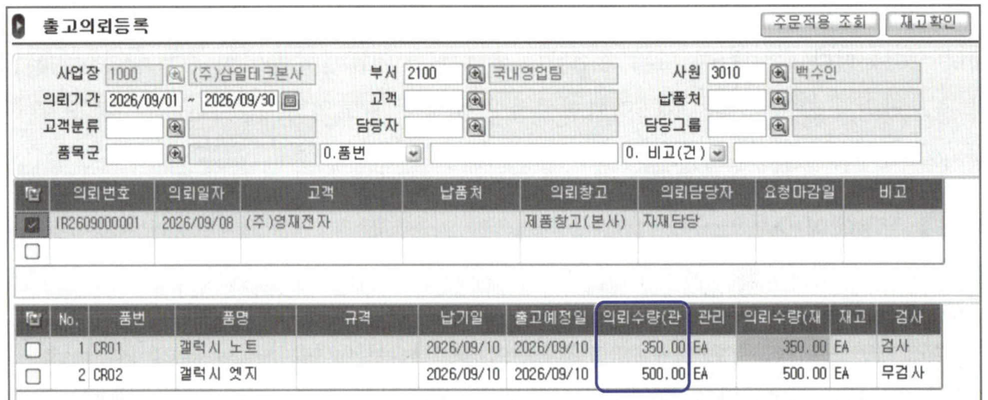

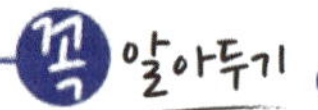 알아두기

핵심ERP에서 출고의뢰등록 프로세스는 업무처리 시 반드시 수행하여야 하는 것은 아니다. 각 회사의 상황에 맞도록 시스템환경설정 메뉴에서 사용여부를 설정하여 운영할 수 있다.

 출고검사등록

출고검사등록은 옵션설정 메뉴로서 수주받은 품목을 고객에게 출고하기 전에 출고검사를 실시한 후 검사결과를 등록하는 메뉴이다. 수주등록 또는 출고의뢰등록 내역을 적용받아 검사결과를 등록한다. 시스템환경설정 메뉴에서 '출고전검사운영여부'가 '사용'으로 설정되어 있어야 된다.

실무예제

영업관리 ➡ 영업관리 ➡ 출고검사등록

출고의뢰한 내역을 적용받아 다음과 같이 출고검사결과를 등록하시오.

검사일자	고객	출고창고	품번	검사유형	검사구분	합격여부	합격수량
2026/09/09	(주)영재전자	제품창고(본사)	CR01	외관검사	전수검사	합격	350

입력하기

❶ 의뢰기간을 입력하고 상단의 [조회] 아이콘을 클릭한 후 우측 상단 [출고의뢰 적용] 아이콘을 클릭하여 출고의뢰내역을 조회하면 검사대상 품목만 조회되며, 출고의뢰정보를 적용받는다.

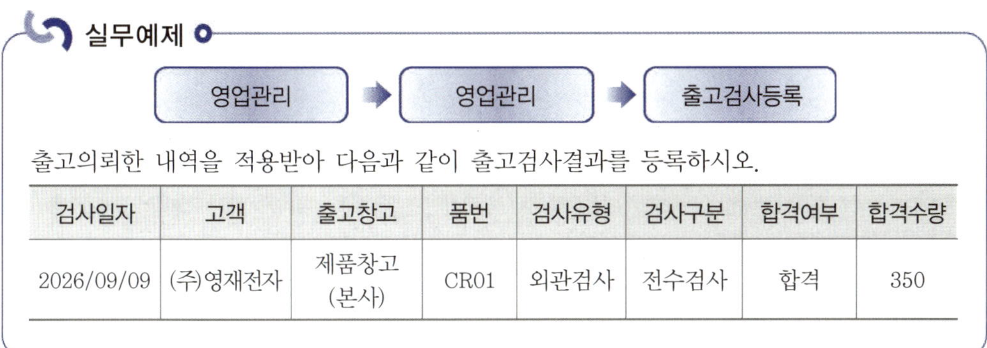

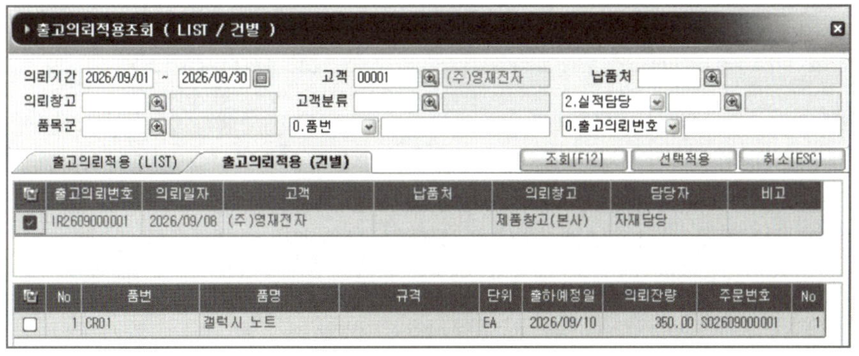

❷ 검사일자와 출고창고, 검사유형, 검사구분 등 출고검사 결과를 입력한 후 저장한다.

🔲	검사번호	검사일자	고객	출고창고	검사담당자	비고
☑	QC2609000001	2026/09/09	(주)영재전자	제품창고(본사)		
☐						

🔲	No	품번	품명	검사수량	검사유형	검사구분	시료수	시료합격수량	시료불합격수량	합격여부	합격수량	불합격수량
☐	1	CR01	갤럭시 노트	350.00	외관검사	전수검사	350.00			합격	350.00	0.00
				350.00			350.00	0.00	0.00		350.00	0.00

관리구분 [　] 　프로젝트 [　] 　비고 [　]

검사내역

No	Description	판정	비고
1	구성품의 누락은 없는가?	합격	
2	식별표가 잘 부착되어 있는가?	합격	

불량내역 〔불량수량적용〕

🔲	불량코드	불량유형명	불량수량	비고
☐				
			0.00	

주요항목 설명

❶ 검사유형: 시스템관리 모듈 검사유형등록 메뉴에서 '출하검사'에 해당하는 검사유형이 조회되며, 검사유형에 등록된 '검사유형질문'이 좌측 하단 검사내역에 조회된다.

❷ 검사구분: 검사구분에는 '전수검사'와 '샘플검사'가 있다. 검사구분을 '샘플검사'로 선택했을 때에는 '시료수'에 샘플 수량을 입력하고, '전수검사'를 선택하면 '시료수'는 전량이 자동으로 반영된다.

꼭 알아두기

핵심ERP에서 출고검사등록 프로세스는 업무처리 시 반드시 수행하여야 하는 프로세스는 아니다. 각 회사의 상황에 맞도록 시스템환경설정에서 사용여부를 설정하여 운영할 수 있다. '출고전검사운영여부'가 '사용'으로 설정되어 있더라도 수주등록 또는 출고의뢰등록 시 각 품목별로 검사유무를 '검사'로 선택한 경우에만 출고검사를 수행한다.

 출고처리(국내수주)

출고처리(국내수주)는 고객에게 납품 또는 반품처리 시 등록하는 메뉴이다. 출고처리 시점에 재고 및 수불관리에 실질적인 영향을 미치며 재고증감이 발생된다.

수주 내역을 적용받아 출고처리하는 경우에는 [주문출고] TAB을 이용하며, 수주 없이 샘플출고, 긴급출고 등을 처리할 경우와 반품처리의 경우에는 [예외출고] TAB에서 처리한다. 또한 [유상사급] TAB은 수주등록(유상사급)에 등록한 내역을 적용받아 출고처리할 때 이용된다.

🔖 실무예제

영업관리 ➡ 영업관리 ➡ 출고처리(국내수주)

다음 자료를 참고하여 출고의뢰정보와 출고검사결과 정보를 적용받아 출고처리등록을 하시오.

출고일자	고객	출고창고	장소	마감	의뢰(검사)일자	검사유무	품번	수량	단가
2026/09/09	(주)영재전자	제품창고(본사)	양품장소(제품)	일괄	2026/09/08	무검사	CR02	500	780,000
2026/09/10	(주)영재전자	제품창고(본사)	양품장소(제품)	일괄	2026/09/09	검사	CR01	350	560,000

🗒 입력하기

❶ 출고기간과 출고창고를 선택하고 상단의 [조회] 아이콘을 클릭한 후 우측 상단 [의뢰적용] 아이콘을 클릭하여 [주문출고] TAB에서 출고의뢰내역을 조회한 후 출고의뢰정보를 적용받는다. '무검사' 품목일 경우에만 [의뢰적용] 아이콘을 클릭하여 조회할 수 있다.

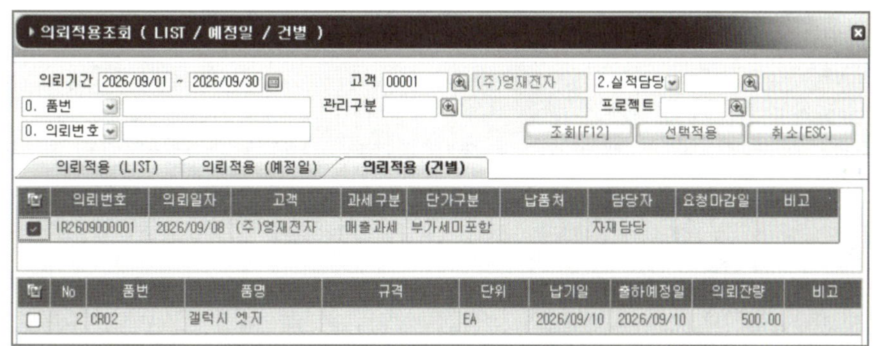

❷ 출고일자와 마감구분, 장소 등을 입력한 후 저장한다.

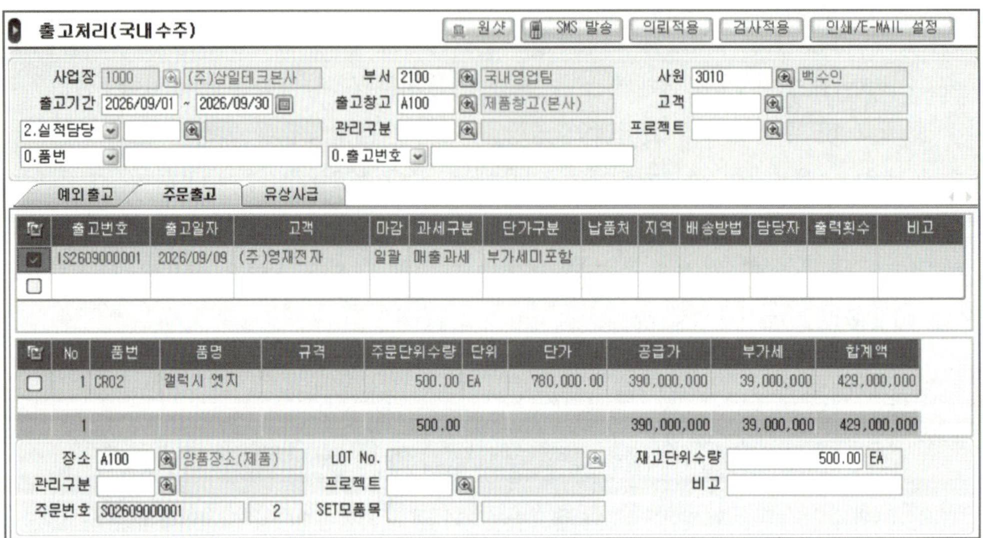

❸ 우측 상단 [검사적용] 아이콘을 클릭하여 [주문출고] TAB에서 출고검사등록내역을 조회한 후 출고
검사정보를 적용받는다. '검사' 품목일 경우에만 [검사적용] 아이콘을 클릭하여 조회할 수 있다.

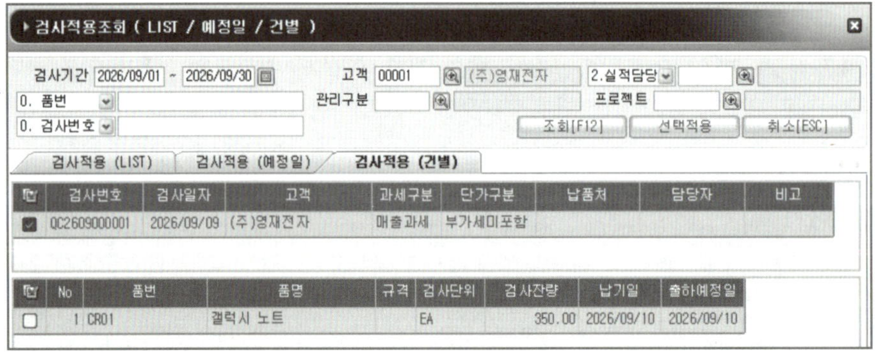

❹ 출고일자와 마감구분, 장소 등을 입력한 후 저장한다.

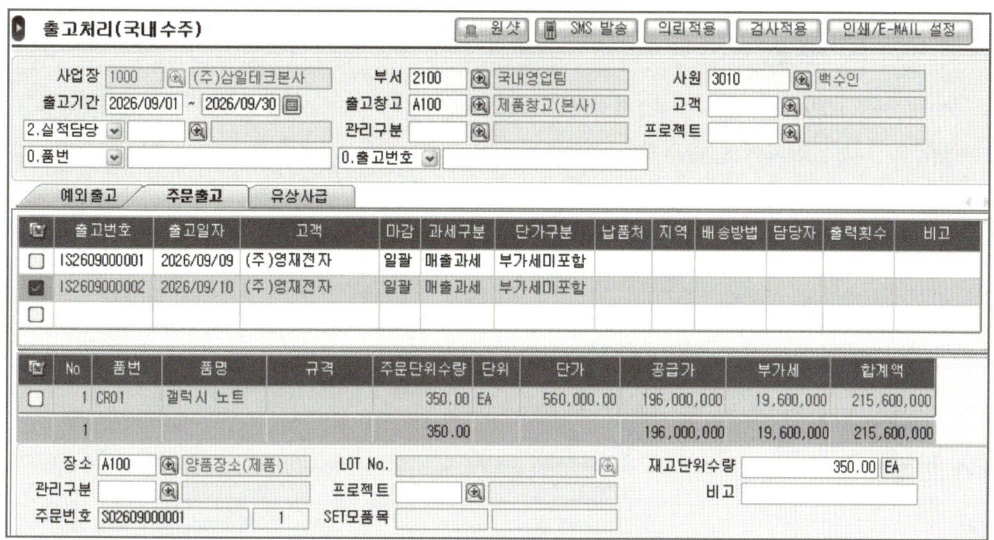

	출고번호	출고일자	고객	마감	과세구분	단가구분	납품처	지역	배송방법	담당자	출력횟수	비고
☐	IS2609000001	2026/09/09	(주)영재전자	일괄	매출과세	부가세미포함						
☑	IS2609000002	2026/09/10	(주)영재전자	일괄	매출과세	부가세미포함						
☐												

	No	품번	품명	규격	주문단위수량	단위	단가	공급가	부가세	합계액
☐	1	CR01	갤럭시 노트		350.00	EA	560,000.00	196,000,000	19,600,000	215,600,000
	1				350.00			196,000,000	19,600,000	215,600,000

🔖 주요항목 설명

❶ **의뢰적용** : 출고의뢰등록 시 검사유무를 '무검사'로 설정한 품목의 출고처리를 위해 출고의뢰등록 데이터를 조회한다.

❷ **검사적용** : 수주등록 또는 출고의뢰등록 시 품목 검사유무를 '검사'로 설정한 경우에 출고검사 정보를 적용받아 출고처리 한다.

꼭 알아두기

- [예외출고] TAB에서는 수주 없이 출고할 경우와 반품처리 시에 이용된다.
- 예외출고 시에는 수주에 대한 잔량관리가 이루어지지 않는다.
- 마감구분

구분	주요 사항
일괄	• 거래가 빈번하여 1개월 내의 마감기간을 정하여 마감하는 방식이며, 매출마감 메뉴에서 별도의 마감처리가 필요 • 영업마감/통제등록 메뉴에서 '일괄마감 후 출고변경 통제' 항목이 '통제'로 설정되어 있고, 매출마감이 되어 있다면 출고처리 데이터의 수정·삭제는 불가능하다. 그러나 '통제안함'으로 설정되어 있다면 출고처리 데이터의 수정은 가능하나 삭제는 불가
건별	• 출고처리와 동시에 건별마다 자동으로 매출마감이 이루어짐 • 매출마감의 수정·삭제를 위해서는 출고처리 내역을 수정·삭제하여야 한다.

실무예제

영업관리 ➡ 영업관리 ➡ 출고처리(국내수주)

(주)한국테크에서 주문한 내역이 누락된 것을 발견하였다. 수주등록 정보를 이용하지 않고 다음의 자료를 참고하여 출고처리를 등록하시오.

출고일자	고객	출고창고	장소	마감	과세구분	단가구분	품번	수량	단가
2026/09/13	(주)한국테크	부품창고 (본사)	양품장소 (부품)	건별	매출 과세	부가세 미포함	AE01	50	90,000
							AE02	100	50,000

입력하기

❶ 출고기간과 출고창고를 선택하고 상단의 [조회] 아이콘을 클릭한 후 [예외출고] TAB에서 예제의 항목을 참고하여 수동으로 입력 후 저장한다.

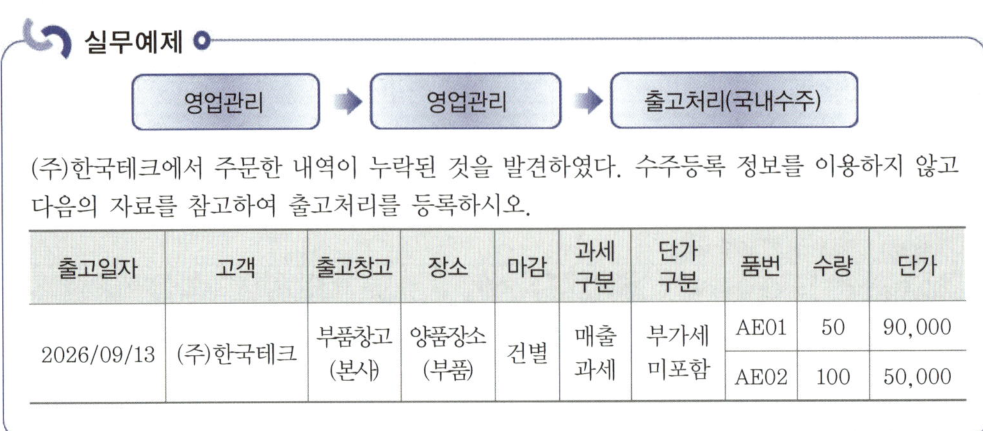

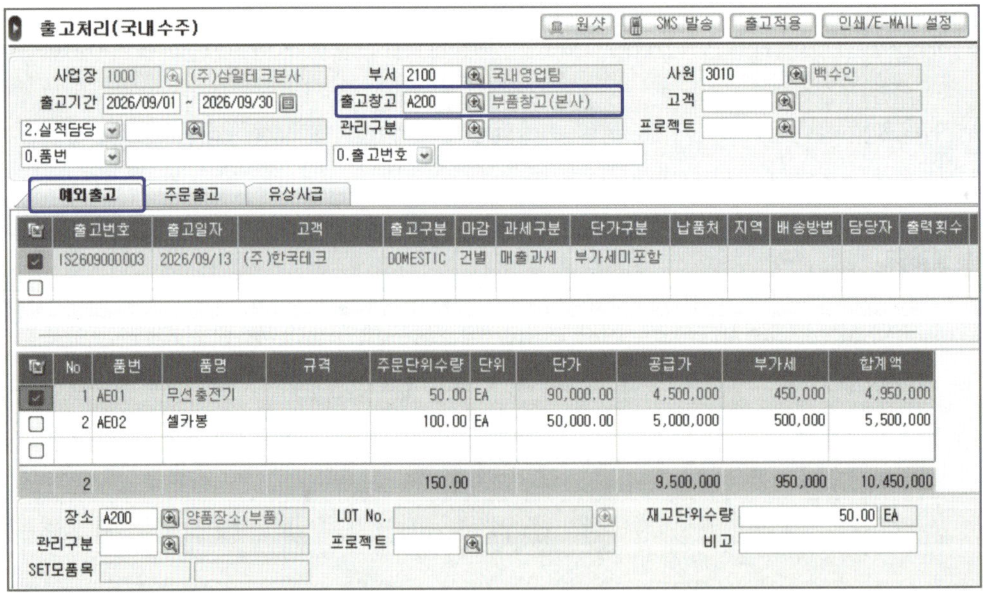

실무예제

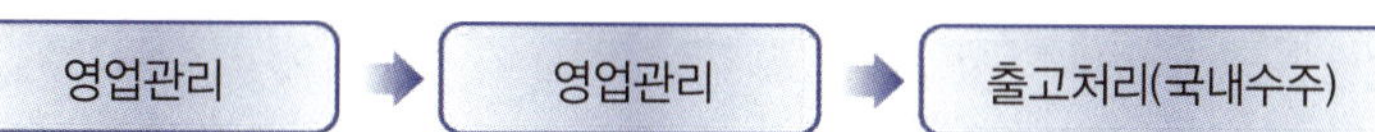

9월 13일 (주)한국테크에 판매하였던 상품 중 일부의 파손으로 인해 반품되었다. 다음의 자료를 참고하여 반품을 처리하시오.

반품출고 일자	고객	출고창고	장소	마감	과세 구분	단가 구분	품번	수량	단가
2026/09/25	(주)한국테크	부품창고 (본사)	불량품장소 (부품)	건별	매출 과세	부가세 미포함	AE02	−5	50,000

※ 반품수량을 반드시 확인한다.

입력하기

❶ 출고기간과 출고창고를 선택하고 상단의  조회 아이콘을 클릭한 후 [예외출고] TAB에서 우측 상단 출고적용 아이콘을 클릭하여 반품대상 품목의 과거 출고정보를 조회한 후 선택적용 한다.

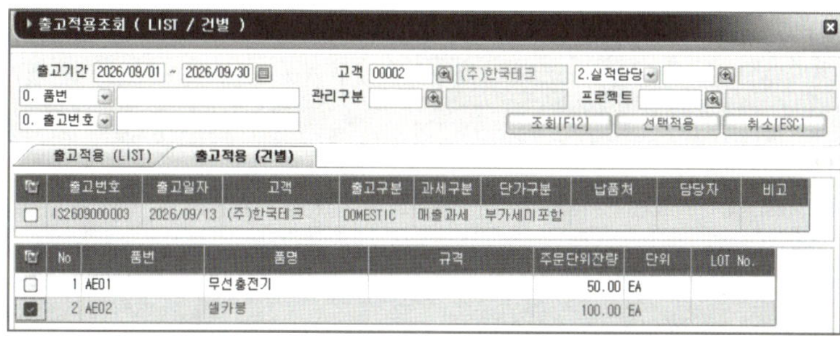

❷ 출고(반품)일자와 주문단위수량(반품수량)을 반드시 재입력 후 저장한다.

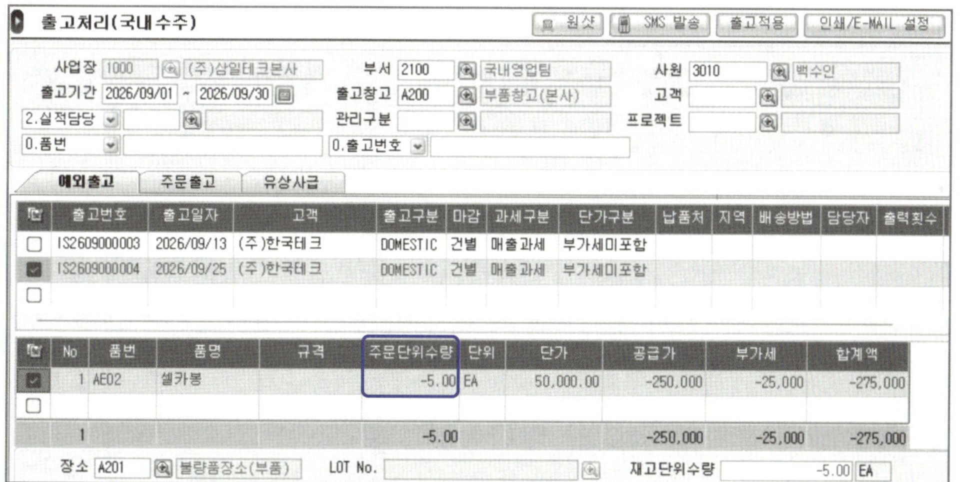

2.9 매출마감(국내거래)

매출마감은 출고에 대한 수량과 금액을 확정하는 작업으로 출고처리 정보를 적용받아
마감처리 한다. 매출마감이 이루어져야 세금계산서를 발급할 수 있으며, 재고평가의 대상이
된다.

↪ 실무예제 ●

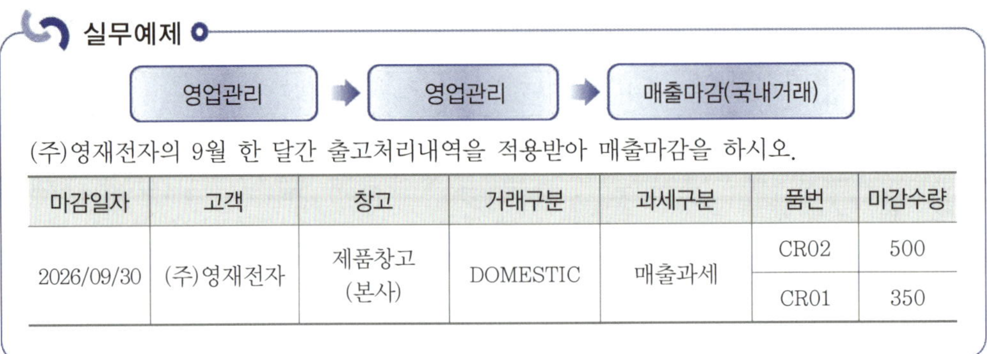

영업관리 ➡ 영업관리 ➡ 매출마감(국내거래)

(주)영재전자의 9월 한 달간 출고처리내역을 적용받아 매출마감을 하시오.

마감일자	고객	창고	거래구분	과세구분	품번	마감수량
2026/09/30	(주)영재전자	제품창고 (본사)	DOMESTIC	매출과세	CR02	500
					CR01	350

⚒ 입력하기

❶ 마감기간을 입력하고 상단의 [조회] 아이콘을 클릭한 후 우측 상단 [출고적용] 아이콘을 클릭하여
출고처리내역을 조회한 후 출고처리정보를 적용받는다.

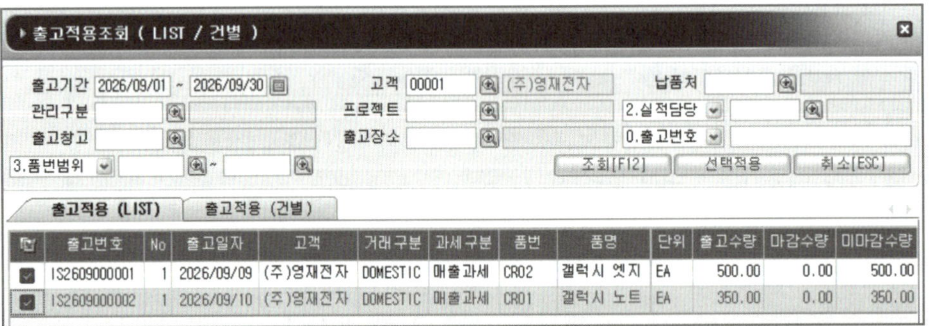

❷ 마감일자를 입력하고 마감수량을 수정한 후 저장한다.

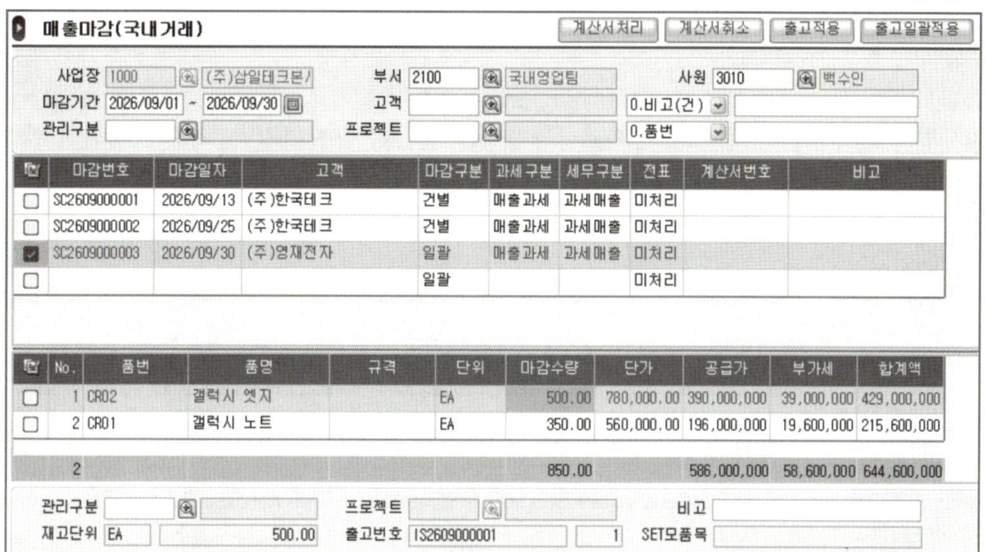

	마감번호	마감일자	고객	마감구분	과세구분	세무구분	전표	계산서번호	비고
☐	SC2609000001	2026/09/13	(주)한국테크	건별	매출과세	과세매출	미처리		
☐	SC2609000002	2026/09/25	(주)한국테크	건별	매출과세	과세매출	미처리		
☑	SC2609000003	2026/09/30	(주)영재전자	일괄	매출과세	과세매출	미처리		
☐				일괄			미처리		

	No.	품번	품명	규격	단위	마감수량	단가	공급가	부가세	합계액
☐	1	CR02	갤럭시 엣지		EA	500.00	780,000.00	390,000,000	39,000,000	429,000,000
☐	2	CR01	갤럭시 노트		EA	350.00	560,000.00	196,000,000	19,600,000	215,600,000
	2					850.00		586,000,000	58,600,000	644,600,000

꼭 알아두기

- 매출마감이 되지 않은 출고 데이터는 '매출미마감현황' 메뉴에서 조회할 수 있으며, 재고의 감소에는 영향을 미치지만 재고평가 시에는 제외되고 세금계산서발행 대상도 아니다.
- 출고처리 시 '마감구분'을 '일괄'로 처리한 자료에 대해서만 매출마감 작업이 가능하며, 여러 건의 출고처리 건을 1건으로 매출마감하거나 1건의 출고 건에 대해 마감수량을 분할하여 여러 건으로 매출마감을 할 수 있다.

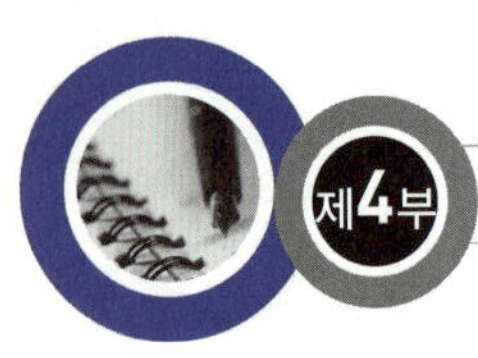

2.10 세금계산서처리

매출마감 된 내역을 근거로 세금계산서 또는 계산서를 발급하는 메뉴이다. 현행 부가가 치세법상 법인은 의무적으로 전자세금계산서를 발급하여야 하지만 교육용 버전인 핵심 ERP는 전자세금계산서 발급 기능을 지원하지 않고 있다.

꼭 알아두기

영업관리 ➡ 영업관리 ➡ 세금계산서처리

다음의 거래처에 대하여 매출마감내역을 적용받아 세금계산서를 처리하시오.

발행일자	고객	과세구분	영수/청구	품번	마감수량	단가
2026/09/13	(주)한국테크	매출과세	청구	AE01	50	90,000
				AE02	100	50,000
2026/09/25	(주)한국테크	매출과세	청구	AE02	-5	50,000
2026/09/30	(주)영재전자	매출과세	청구	CR02	500	780,000
				CR01	350	560,000

입력하기

❶ 발행기간을 입력하고 상단의 [조회] 아이콘을 클릭한 후 우측 상단 [마감적용] 아이콘을 클릭하여 매출마감내역을 조회한 후 건별로 매출마감정보를 적용받는다.

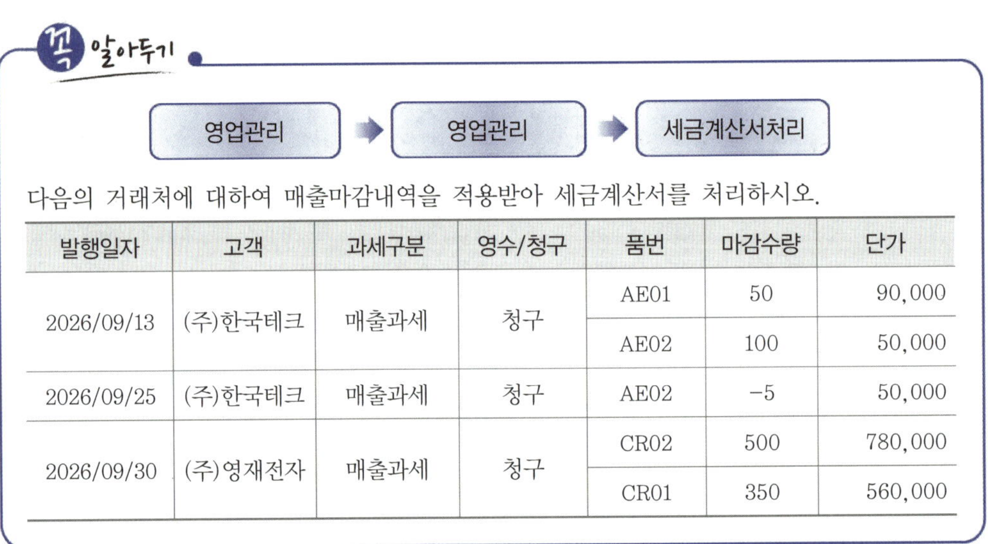

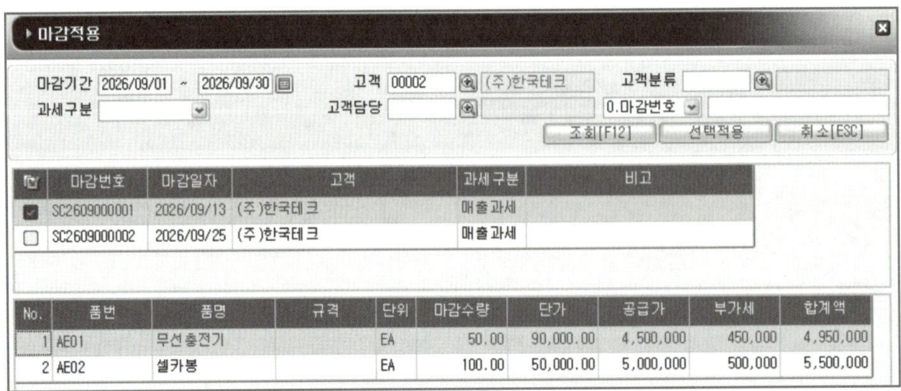

❷ 발행일자 입력과 영수/청구 구분을 입력하고 저장한다.

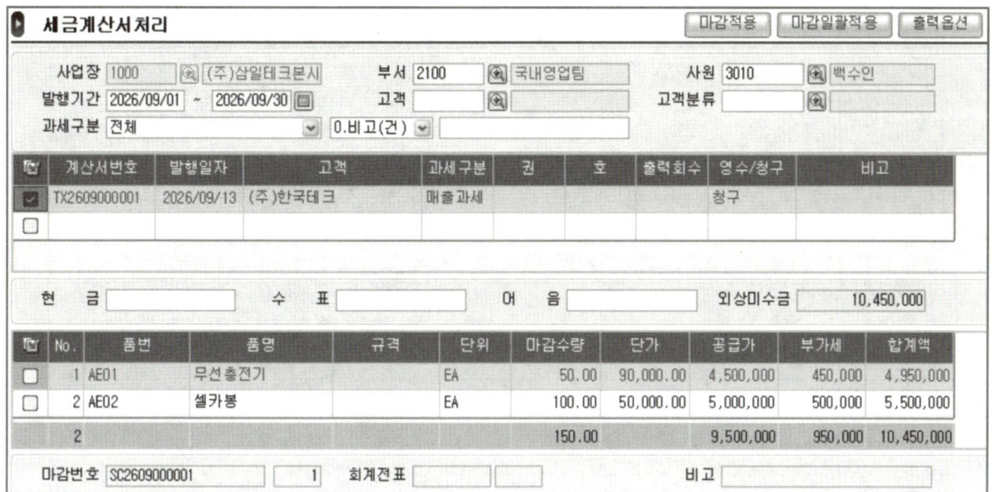

❸ 9월 25일 (주)한국테크 [세금계산서처리]

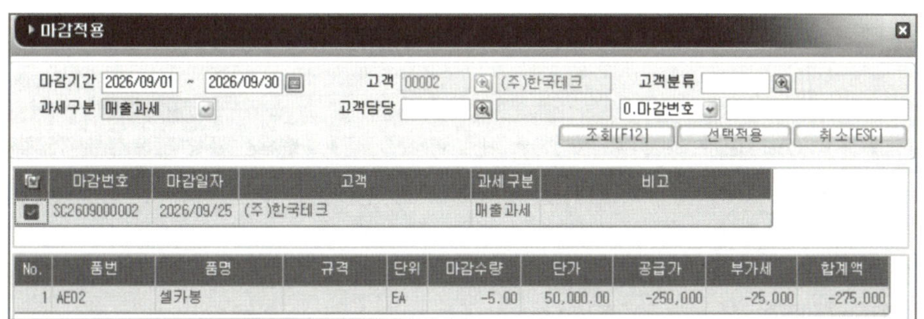

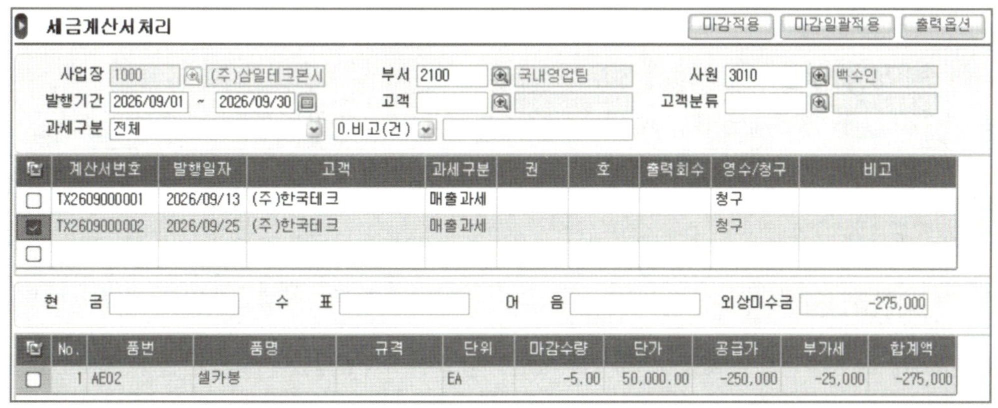

❹ 9월 30일 (주)영재전자 [세금계산서처리]

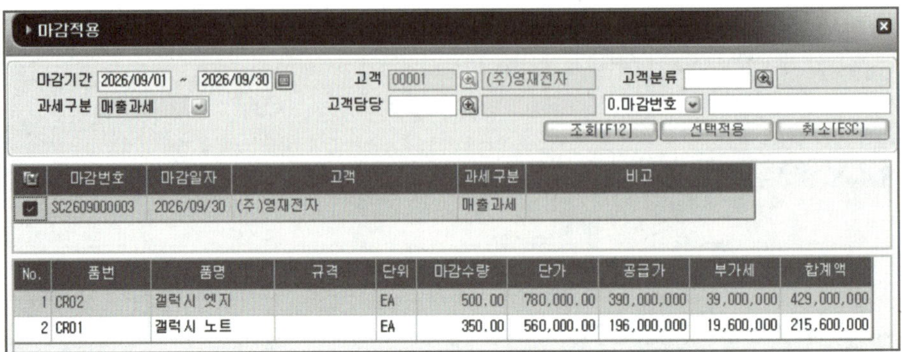

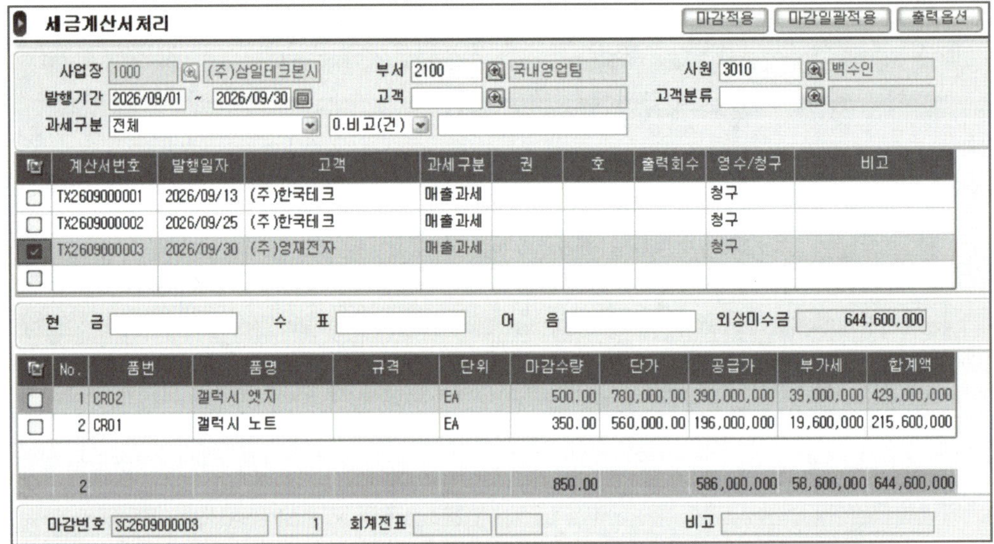

주요항목 설명

❶ 마감일괄적용: 세금계산서를 일괄 발행할 조건을 입력하고 [확인]을 클릭하면 해당 매출마감 내역이 일괄적으로 세금계산서처리가 된다.

❷ 권/호: 세금계산서 우측 상단에 표시하는 세금계산서 번호이다. 사용자가 직접 입력해야 하며, '마감일괄적용' 기능을 사용할 경우에는 시작번호를 입력해 놓으면 자동으로 번호가 입력된다.

❸ 출력회수: 세금계산서 처리를 한 후 인쇄 및 발송을 하지 않으면 매출누락 등의 문제가 발생할 수도 있으므로 인쇄한 횟수를 관리한다.

❹ 영수/청구: 세금계산서 발행일자를 기준으로 대금회수가 완료되었다면 '영수', 아니면 '청구'를 선택한다. '영수'일 경우에는 현금/수표/어음란에 금액을 입력하고 '청구'일 경우에는 외상미수금 란에 금액이 자동으로 반영된다.

 2.11 회계처리(매출마감)

매출마감 내역을 근거로 회계전표를 생성하는 메뉴이다. 본 메뉴에서 회계전표의 생성을 위해서는 먼저 회계전표연결계정과목등록 메뉴의 회계연결계정이 설정되어 있어야 한다.

실무예제

영업관리 ➡ 영업관리 ➡ 회계처리(매출마감)

다음의 매출마감 데이터를 참고하여 회계전표를 생성하시오.

마감일자	고객	과세구분	세무구분	품번	마감수량
2026/09/13	(주)한국테크	매출과세	과세매출	AE01	50
				AE02	100
2026/09/25	(주)한국테크	매출과세	과세매출	AE02	−5
2026/09/30	(주)영재전자	매출과세	과세매출	CR02	500
				CR01	350

입력하기

❶ 검색기간을 입력하고 상단의 [조회] 아이콘을 클릭하여 [매출마감] TAB에서 매출마감내역을 조회한다. 마감번호 앞 체크박스를 선택하고 우측 상단 [전표처리] 아이콘을 클릭하면 전표처리 팝업화면이 뜬다. 부가세사업장 등을 선택하고 회계전표를 생성한다.

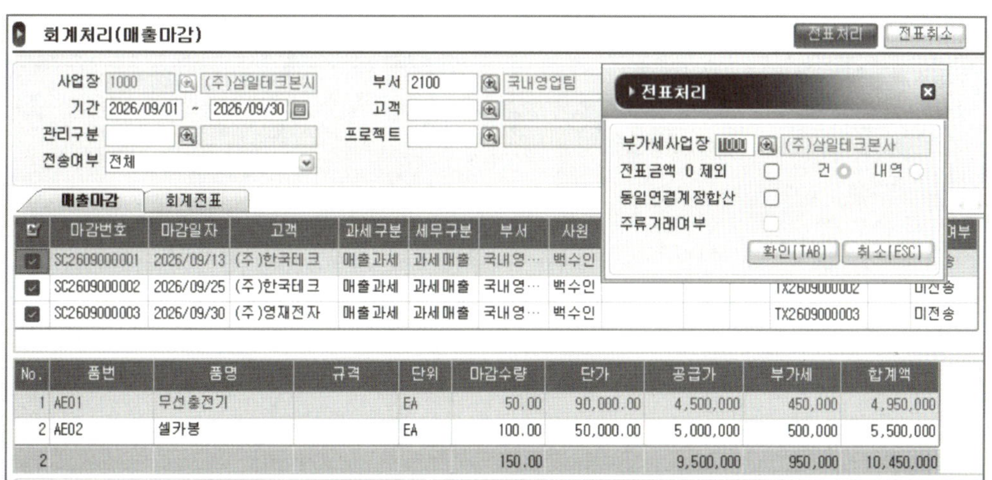

❷ [회계전표] TAB을 선택하여 상단의 〔조회〕 아이콘을 클릭하면 매출마감 건별로 '미결' 상태인 회계전표가 발행되어 있는 것을 확인할 수 있다.

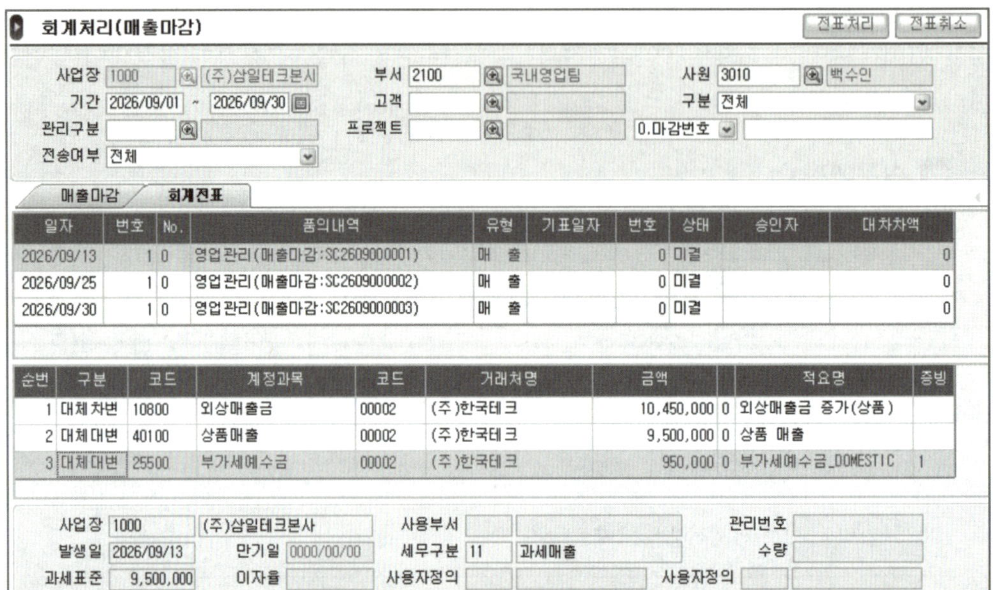

일자	번호	No.	품의내역	유형	기표일자	번호	상태	승인자	대차차액
2026/09/13	1	0	영업관리(매출마감:SC2609000001)	매출		0	미결		0
2026/09/25	1	0	영업관리(매출마감:SC2609000002)	매출		0	미결		0
2026/09/30	1	0	영업관리(매출마감:SC2609000003)	매출		0	미결		0

순번	구분	코드	계정과목	코드	거래처명	금액		적요명	증빙
1	대체차변	10800	외상매출금	00002	(주)한국테크	10,450,000	0	외상매출금 증가(상품)	
2	대체대변	40100	상품매출	00002	(주)한국테크	9,500,000	0	상품 매출	
3	대체대변	25500	부가세예수금	00002	(주)한국테크	950,000	0	부가세예수금_DOMESTIC	1

꼭 알아두기

• 물류 · 생산모듈에서 생성된 회계전표는 모두 '미결' 상태이며, 회계모듈 전표승인해제 메뉴에서 승인권자가 확인 후 전표를 승인하여야 한다.
• [매출마감] TAB에서 생성된 전표가 회계모듈에서 승인이 되면 [매출마감] TAB의 〔전표취소〕 아이콘을 이용하여 삭제할 수 없다. 삭제가 필요하다면 회계모듈 전표승인해제 메뉴에서 전표승인해제 후 미결전표 상태에서 삭제를 하여야 한다.

 수금등록

고객으로부터 받은 수금(정상수금, 선수금) 내역을 등록하는 메뉴이다. 일반적으로 수금은 매출인식 후 수금이 이루어지는 정상수금과 매출인식 전에 계약금 형태 등으로 받은 선수금으로 구분된다.

🌱 실무예제

영업관리	➡	영업관리	➡	수금등록

9월에 출고한 매출대금 중 일부를 다음과 같이 회수하였다. 수금등록을 하시오.

수금일자	고객	실적담당	수금구분	관리번호	정상수금	금융기관
2026/10/10	(주)영재전자	국내영업담당	제예금	기업은행	300,000,000	기업

🖋 입력하기

❶ 수금기간을 입력하고 상단의 [조회] 아이콘을 클릭하여 수금정보를 입력한다.

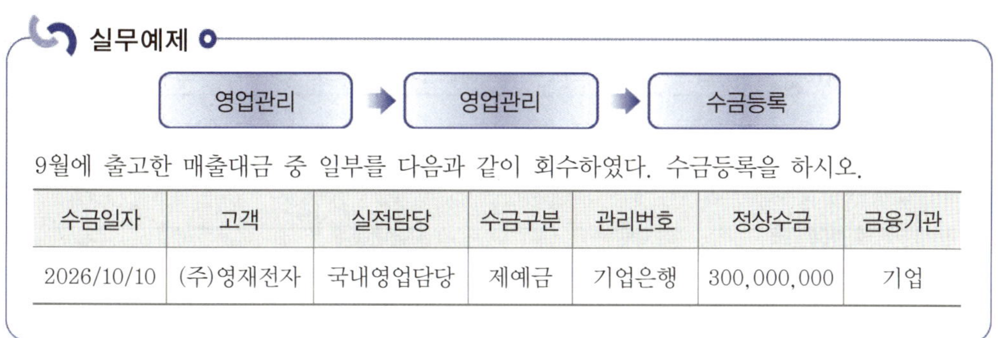

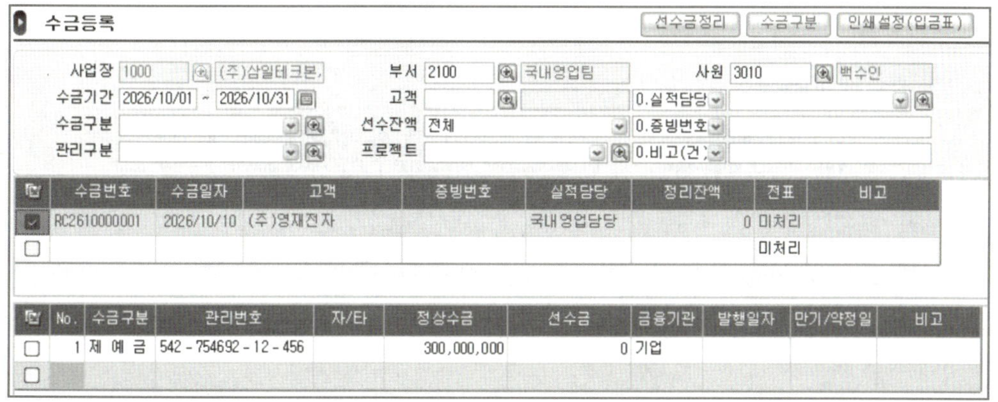

🖋 주요항목 설명

❶ [선수금정리] : 선수금내역을 선택한 후 우측 상단 [선수금정리] 아이콘을 클릭하여 선수금 정리금액을 입력한다. 선수금 정리잔액은 화면 상단의 정리잔액에 표시된다.

❷ [수금구분] : 화면 하단의 '수금구분'에서 선택할 구분이 등록되어 있으며, 현금~잡손실까지는 수금구분명을 수정할 수 없으나 기타 1~기타 4는 수정이 가능하다. 회계연결계정과목등록 메뉴와 연계되어 회계처리가 이루어진다.

❸ 전표: 회계처리(수금) 메뉴에서 전표생성 여부에 따라 '처리'와 '미처리'로 표시된다.

❹ 관리번호: 수금구분이 현금일 경우에는 기록하지 않고, 제예금 등일 경우에는 계좌번호를 선택한다.

❺ 자/타: 받을어음, 당좌, 가계수표의 경우에 자수 및 타수를 선택하며, 배서가 있으면 '타수', 배서가 없으면 '자수'로 선택한다.

❻ 금융기관: 제예금, 받을어음, 당좌, 가계수표일 경우에 금융기관을 선택한다.

❼ 발행일자, 만기/약정일: 받을어음, 당좌, 가계수표의 경우에 해당일자를 입력한다.

> 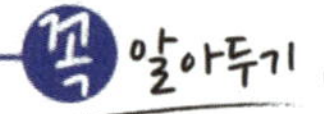 알아두기
>
> 수금등록 화면 하단의 '수금구분'에 항목이 조회되지 않을 경우에는 우측 상단 수금구분 아이콘을 한 번 클릭해주면 해결된다.

2.13 회계처리(수금)

수금등록 내역을 근거로 회계전표를 생성하는 메뉴이다. 본 메뉴에서 회계전표의 생성을 위해서는 먼저 회계전표연결계정과목등록 메뉴의 회계연결계정이 설정되어 있어야 한다.

실무예제

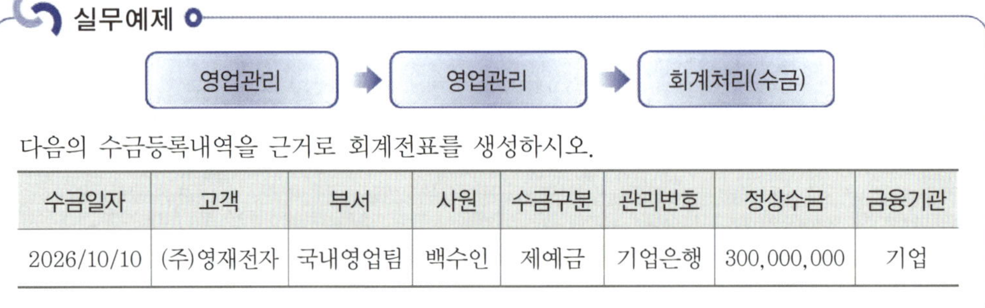

영업관리 ➡ 영업관리 ➡ 회계처리(수금)

다음의 수금등록내역을 근거로 회계전표를 생성하시오.

수금일자	고객	부서	사원	수금구분	관리번호	정상수금	금융기관
2026/10/10	(주)영재전자	국내영업팀	백수인	제예금	기업은행	300,000,000	기업

 입력하기

❶ 검색기간을 입력하고 상단의 [조회] 아이콘을 클릭하여 [수금] TAB에서 수금내역을 확인하고 '수금번호' 앞 체크박스를 선택한 후 우측 상단 [전표처리] 아이콘을 클릭하여 회계전표를 생성한다.

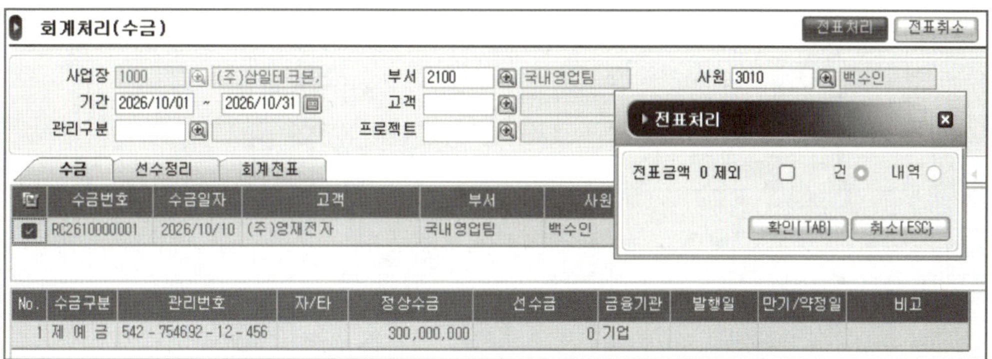

❷ [회계전표] TAB을 선택하여 상단의 [조회] 아이콘을 클릭하면 수금내역이 '미결' 상태인 회계전표로 발행되어 있는 것을 확인할 수 있다.

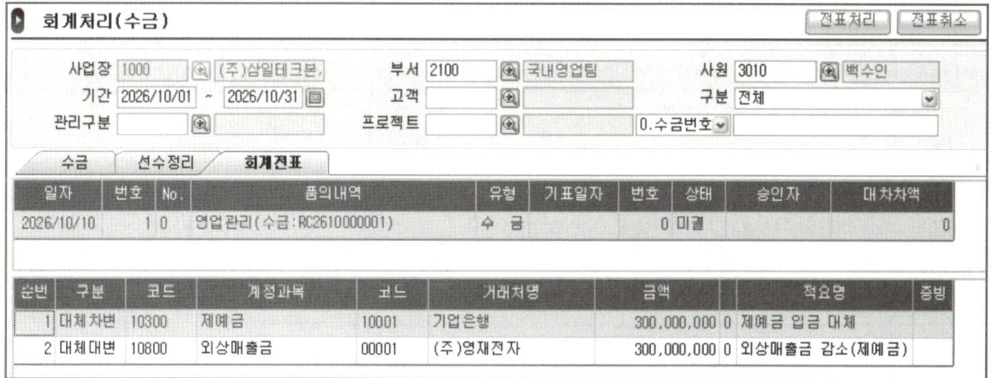

🪢 알아두기

• 물류 · 생산모듈에서 생성된 회계전표는 모두 미결상태이며, 회계모듈 전표승인해제 메뉴에서 승인권자가 확인 후 전표를 승인하여야 한다.
• [수금] 및 [선수정리] TAB에서 생성된 전표가 회계모듈에서 승인이 되면 [수금] 및 [선수정리] TAB의 [전표취소] 아이콘을 이용하여 삭제할 수 없다. 삭제가 필요하다면 회계모듈 전표승인해제 메뉴에서 전표승인해제 후 미결전표 상태에서 삭제를 하여야 한다.

2.14 선수금 등록 및 정리

선수금은 추후 매출이 발생되면 매출금액과 대체되며, 핵심ERP에서의 선수금처리 프로세스는 다음과 같다.

계약금 등 수취 시		매출발생 시
선수금 등록	⇒	선수금 정리
회계처리(수금)		회계처리(선수정리)

실무예제

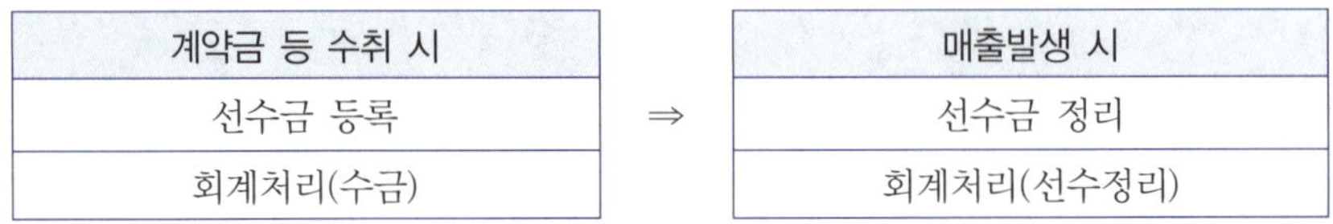

(주)한국테크로부터 9월 1일에 상품매출 계약금 7,000,000원을 받았다. 선수금내역을 등록하시오.

수금일자	고객	실적담당	수금구분	선수금
2026/09/01	(주)한국테크	국내영업담당	현금	7,000,000

입력하기

❶ 수금기간을 입력하고 상단의 조회 아이콘을 클릭하여 선수금정보를 입력한다.

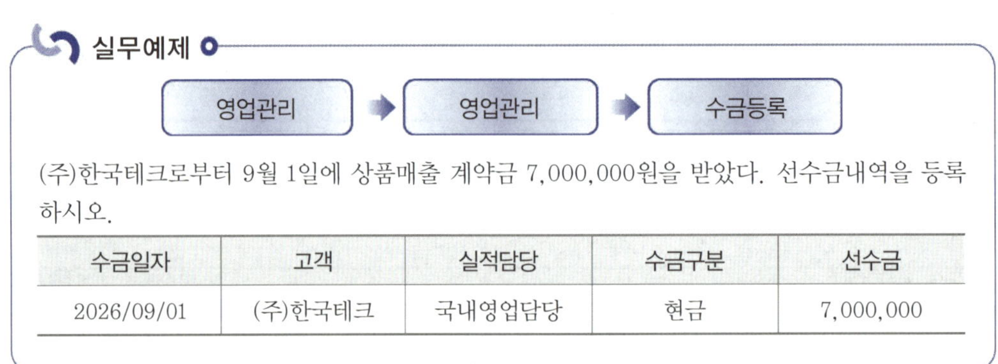

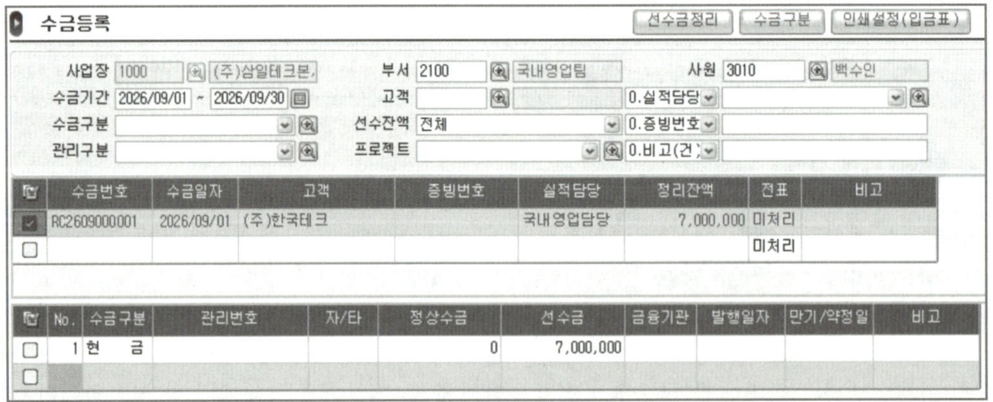

실무예제

영업관리 ➡ 영업관리 ➡ 회계처리(수금)

(주)한국테크로부터 9월 1일에 받은 상품매출 계약금 7,000,000원에 대하여 회계전표를 생성하시오.

수금일자	고객	수금구분	선수금
2026/09/01	(주)한국테크	현금	7,000,000

입력하기

❶ 검색기간을 입력하고 상단의 조회 아이콘을 클릭하여 [수금] TAB에서 선수금내역을 확인하고 '수금번호' 앞 체크박스를 선택한 후 우측 상단 전표처리 아이콘을 클릭하여 회계전표를 생성한다.

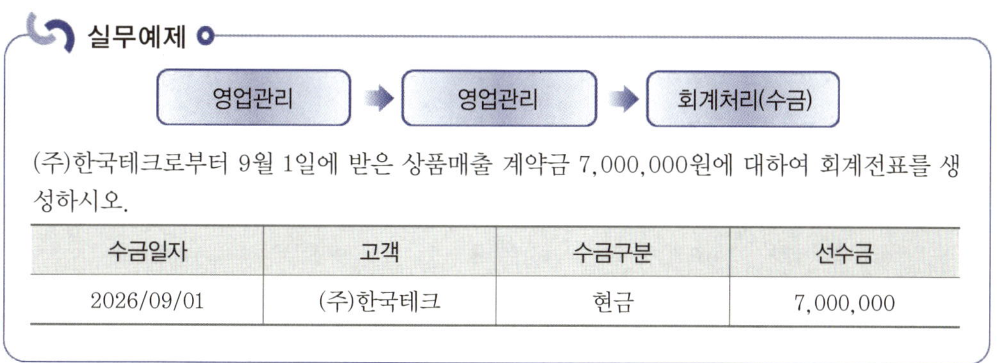

❷ [회계전표] TAB을 선택하여 상단의 조회 아이콘을 클릭하면 매출마감 건별로 '미결' 상태인 회계전표가 발행되어 있는 것을 확인할 수 있다.

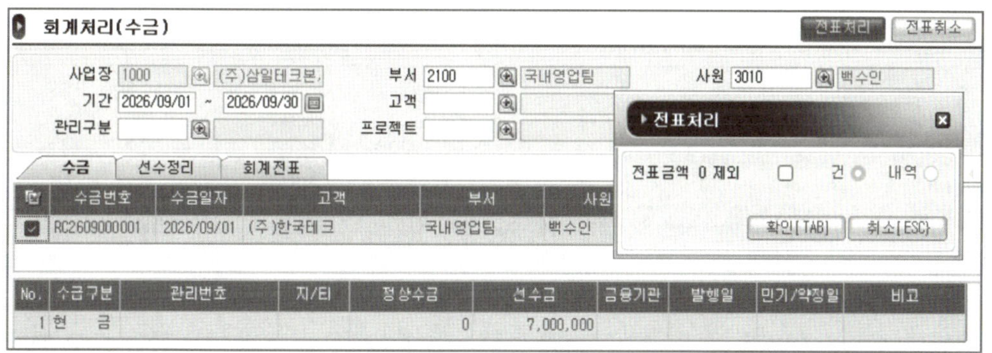
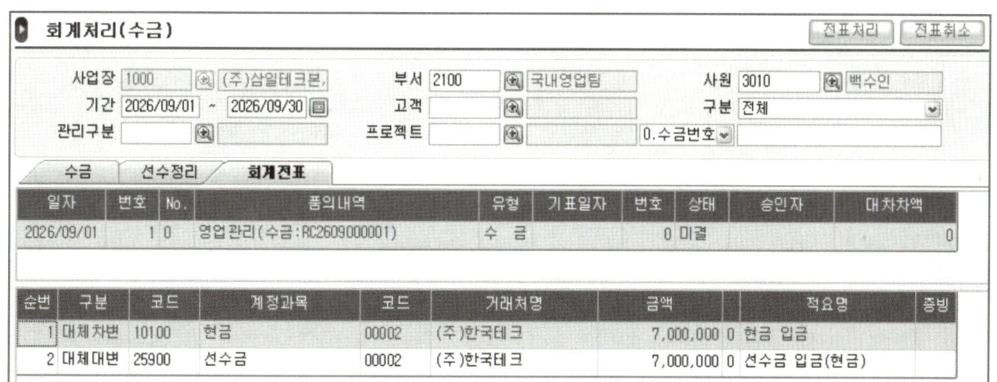

실무예제

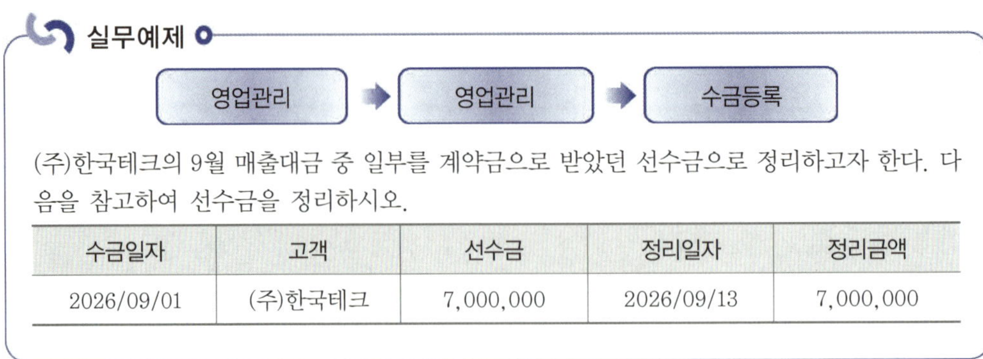

(주)한국테크의 9월 매출대금 중 일부를 계약금으로 받았던 선수금으로 정리하고자 한다. 다음을 참고하여 선수금을 정리하시오.

수금일자	고객	선수금	정리일자	정리금액
2026/09/01	(주)한국테크	7,000,000	2026/09/13	7,000,000

입력하기

❶ 수금기간을 입력하고 상단의 조회 아이콘을 클릭하여 이전의 선수금내역을 선택한 후 우측 상단 선수금정리 아이콘을 클릭하여 팝업창이 뜨면 정리일자와 정리금액을 입력한다. 입력이 완료되면 선수금 정리 잔액이 감소된 것을 확인할 수 있다.

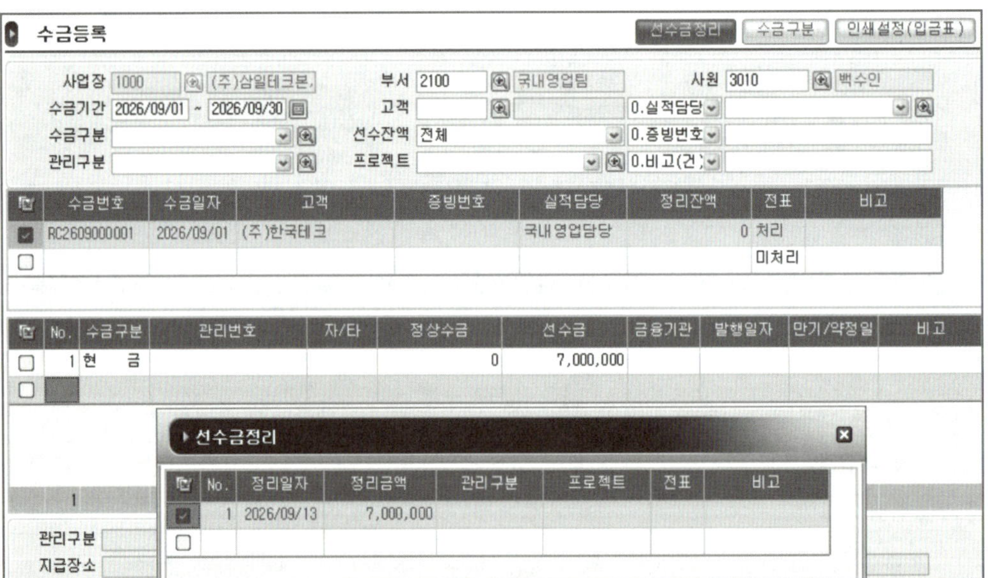

실무예제

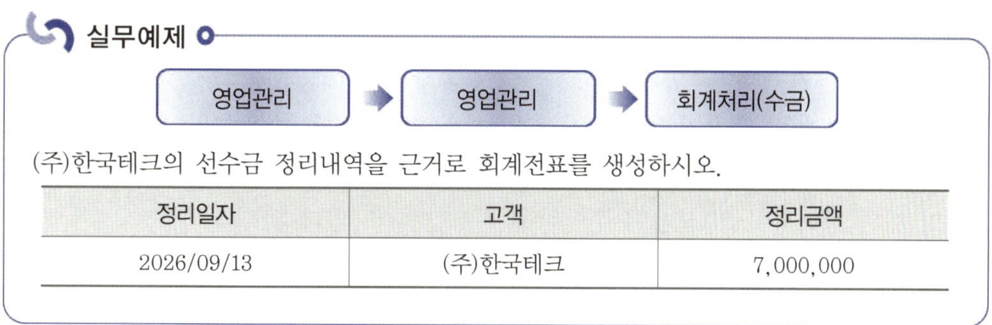

(주)한국테크의 선수금 정리내역을 근거로 회계전표를 생성하시오.

정리일자	고객	정리금액
2026/09/13	(주)한국테크	7,000,000

입력하기

❶ 검색기간을 입력하고 상단의 조회 아이콘을 클릭하여 [선수정리] TAB에서 선수금 정리내역을 확인하고 '정리일자' 앞 체크박스를 선택한 후 우측 상단 전표처리 아이콘을 클릭하여 회계전표를 생성한다.

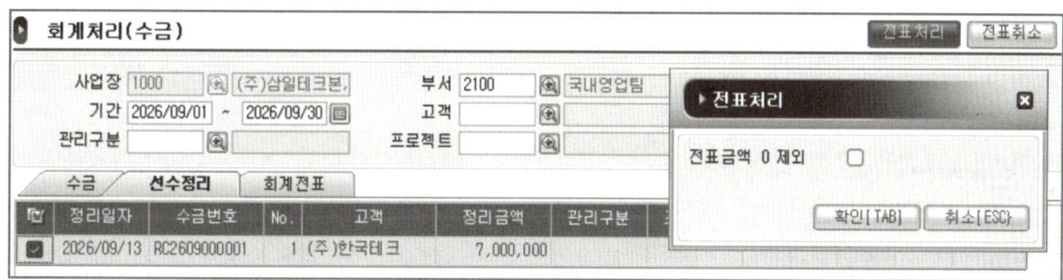

❷ [회계전표] TAB을 선택하여 상단의 조회 아이콘을 클릭하면 선수금 정리내역이 '미결' 상태의 회계전표로 발행되어 있는 것을 확인할 수 있다.

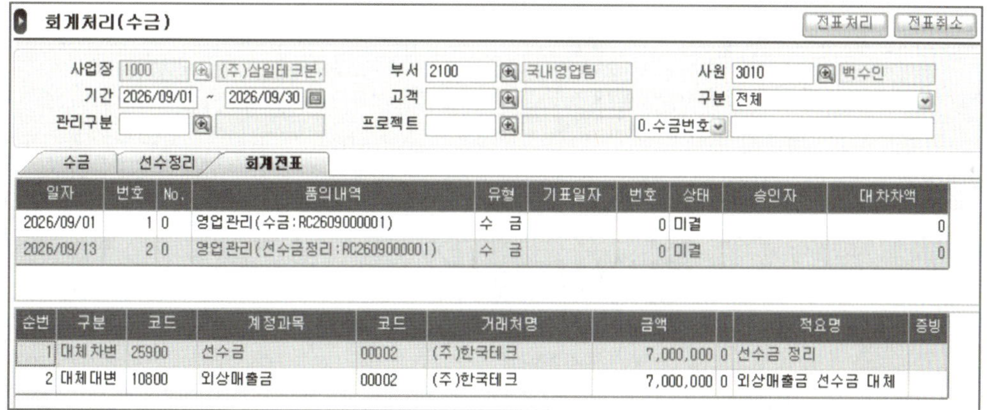

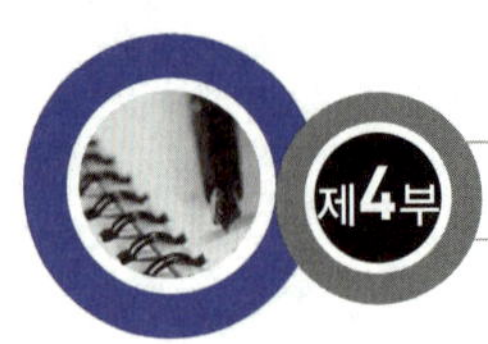

2.15 수주마감처리

수주 등록된 내역 중 수주잔량이 남아 있는 상태에서 주문취소 등의 사유로 더 이상 진행되지 않는 내역을 선택하여 마감처리하는 메뉴이다. 이미 마감처리된 내역에 대하여 고객의 재 납품요청이 있다면, 수주마감을 취소할 수도 있다.

실무예제

영업관리 ➡ 영업관리 ➡ 수주마감처리

(주)영재전자에서 주문잔량에 대한 주문취소 통보를 받았다. 다음을 참고하여 수주마감처리를 등록하시오.

주문일자	고객	과세구분	단가구분	품번	주문수량	주문잔량	마감일자	마감사유
2026/09/05	(주)영재전자	매출과세	부가세미포함	CR01	400	50	2026/10/15	고객의 요청
				CR02	600	100		

입력하기

❶ 수주마감처리 메뉴 화면에서 주문기간과 고객을 입력하고 상단의 조회 아이콘을 클릭한 후 주문정보를 조회한다. '주문번호' 앞 체크박스를 선택한 후 우측 상단 일괄마감처리 아이콘을 클릭하여 마감일자와 마감사유를 입력한 후 마감처리 한다.

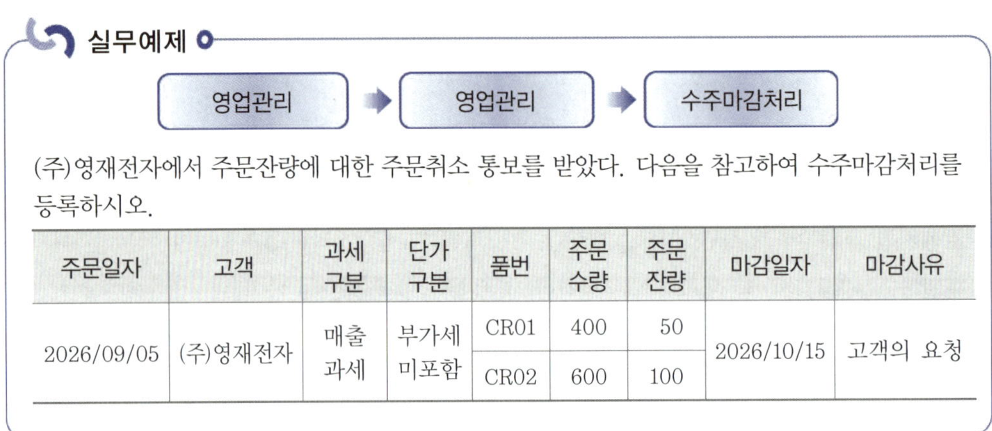

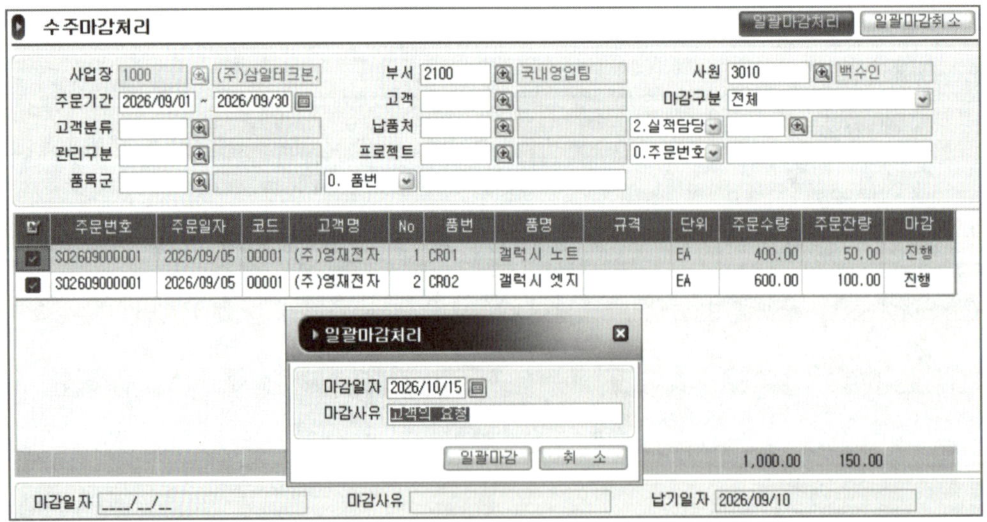

03 영업현황

[조회메뉴 설명]

메뉴명	주요 내용
판매계획현황	월별 판매계획 등록 정보를 품목별, 품목군별, 월별로 조회하는 메뉴
판매계획대비출고현황	판매계획 대비 출고내역을 품목, 품목군, 월별로 조회하는 메뉴
견적현황	견적등록 내역을 견적일자, 고객별 등의 조건으로 조회하는 메뉴
견적대비수주현황	견적을 근거로 수주를 받은 경우에 견적 대비 수주내역을 조회하는 메뉴
수주현황	수주등록 내역을 근거로 다양한 조회기준에 따라 수주현황을 조회하는 메뉴
수주대비출고현황	수주등록 정보를 적용받아 출고처리한 경우에 수주 대비 출고현황을 조회하는 메뉴
수주미납현황	수주는 받았으나 기타 사유로 인해 기준일자 현재 출고되지 않은 품목의 미납수량, 경과일수 등의 정보를 조회하는 메뉴
출고현황	출고처리 된 내역을 다양한 정렬조건에 따라 조회하는 메뉴
출고반품현황	출고 후 반품처리된 내역을 조회하는 메뉴
매출마감현황	출고 또는 반품처리 후 매출마감 내역을 조회하는 메뉴
매출미마감현황	출고 또는 반품처리는 되었으나, 매출마감이 되지 않은 내역을 조회하는 메뉴
세금계신서발행대장	매출마감 후 세금계산시처리가 이루어진 내역을 조회하는 메뉴
수금현황	정상수금 및 선수금으로 등록된 내역을 조회하는 메뉴
받을어음현황	대금회수 시 어음으로 회수한 경우에 받을어음 내역을 조회하는 메뉴
미수채권집계	미수채권 내역을 고객별, 담당자, 프로젝트별 등으로 조회할 수 있는 메뉴
미수채권상세현황	미수채권 내역을 고객별, 담당자, 프로젝트별 등으로 조회할 수 있으며, 일자별 세부 거래내역을 상세하게 조회할 수 있는 메뉴

꼭 알아두기

[미수채권집계]

미수채권의 조회기준 중 '국내(출고기준)'은 매출마감을 하지 않아도 출고처리 기준으로 조회되며, '국내(마감기준)'은 매출마감 후 마감기준으로 조회된다.

04 영업분석

[조회메뉴 설명]

메뉴명	주요 내용
수주미납집계	수주는 받았으나 기타 사유로 인해 기준일자 현재 출고되지 않은 품목의 미납수량, 미납금액 등의 정보를 조회하는 메뉴
출고실적집계표(월별)	출고실적을 월별로 수량, 원화금액, 외화금액 형태로 조회하는 메뉴
매출현황(부서별)	매출현황을 입력부서, 담당부서별 등으로 조회하는 메뉴
매출집계표(월별)	매출실적을 월별로 수량, 원화금액, 외화금액 형태로 조회하는 메뉴
매출집계표(관리분류별)	매출실적을 관리분류별(고객분류 등)로 수량, 원화금액, 외화금액 형태로 조회하는 메뉴
매출순위표(마감기준)	매출마감 내역을 근거로 다양한 기준에 따라 순위를 상세하게 조회하는 메뉴
매출채권회전율	고객별로 평균매출채권과 매출액, 매출채권회전율을 조회하는 메뉴
추정매출원가보고서	매출액에 대한 추정원가를 계산하여 이익과 점유율 등을 추정하는 메뉴
미수채권연령분석표	미수채권의 연령을 출고기준 또는 마감기준으로 조회하는 메뉴

꼭 알아두기

[매출채권회전율]

매출채권회전율이란 매출채권(외상매출금, 받을어음)의 회수속도를 측정하는 지표이다. 매출채권회전율과 관련된 항목별 계산방법은 다음과 같다.

- 일평균매출액 = 순매출액 ÷ 대상일수
- 매출채권회전율 = 순매출 ÷ 평균매출채권
- 회수기간 = 평균매출채권 ÷ 순매출액 × 대상일수

[추정매출원가보고서]

추정매출원가 계산 시 추정매출원가보고서 메뉴 우측 상단 [OPTION]을 클릭하여 원가계산에 적용되는 단가를 선택하여 적용할 수 있다.

제4장

핵심ERP
구매/자재프로세스 실무

01 업무프로세스의 이해

핵심ERP의 구매프로세스는 크게 두 가지로 구분할 수 있다. 당사가 공급처에게 발주하여 입고되는 정상적인 구매프로세스와 이미 매입이 완료된 품목을 공급처에게 반품할 경우에 처리하는 반품프로세스로 구분된다.

1.1 구매프로세스

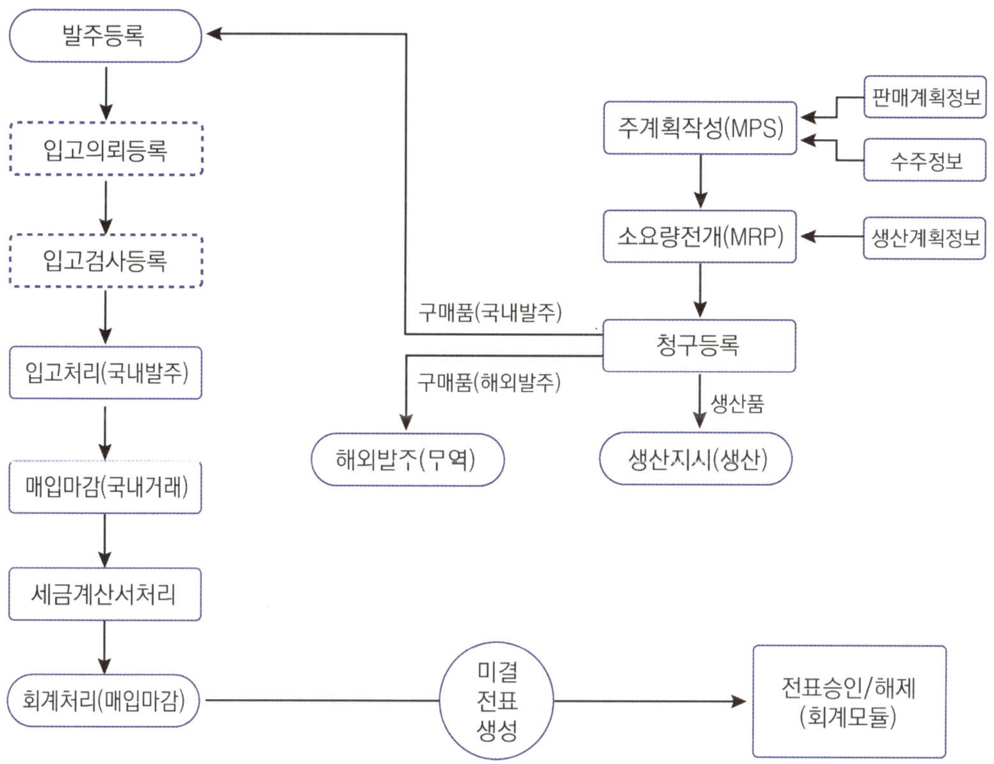

1.2 반품프로세스

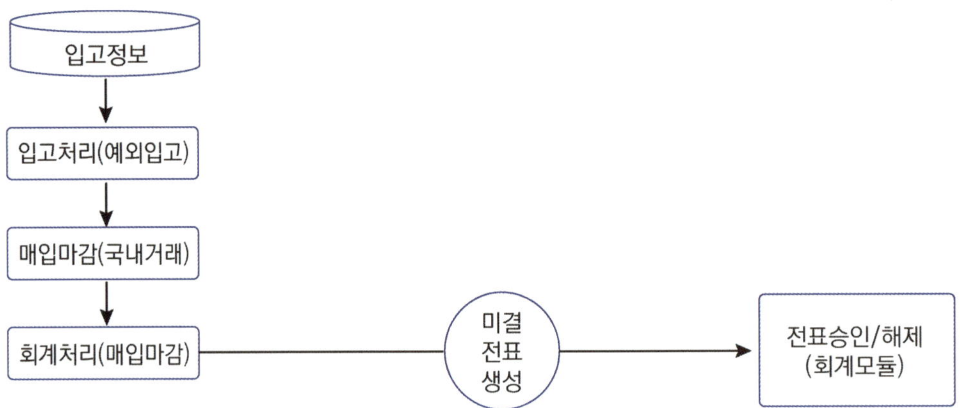

02 구매관리

구매/자재모듈 실습을 위해 영업모듈에서 주문을 등록하여 그 주문 건에 따른 주계획작성(MPS), 소요량전개(MRP), 발주등록 등에 대해 학습할 것이다.

★
핵심ERP 구매/자재프로세스 진행을 위하여 본사의 구매팀 '박서준' 사원으로 로그인하여 진행하고자 한다.

🔄 실무예제 ○

(주)삼일테크 본사는 별도의 견적절차 없이 다음과 같은 주문을 접수하였다. 수주를 등록하시오.

주문일자	고객	과세구분	단가구분	품번	납기일/출하예정일	주문수량	단가	검사
2026/11/01	(주)화인알텍	매출과세	부가세미포함	CR02	2026/11/20	200	780,000	무검사

📋 입력하기

❶ 수주등록 메뉴 화면에서 주문기간을 입력하고 상단의 📄조회 아이콘을 클릭한 후 주문정보를 입력 후 저장한다.

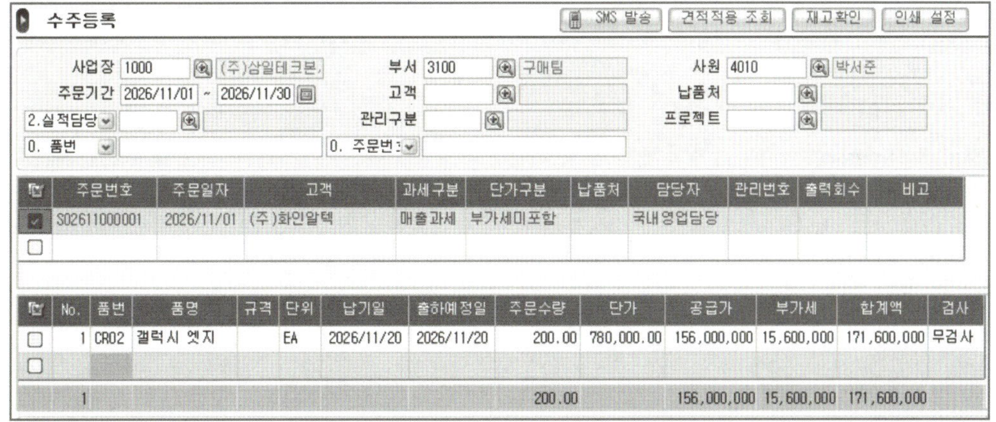

2.1 주계획작성(MPS)

핵심ERP에서 주계획작성(MPS)은 판매계획, 주문정보, 모의계획(simulation)을 근거로 해당 품목의 수급량을 산출하여 생산일정과 수량을 등록하는 메뉴이다. MPS(Master Production Scheduling)란 일반적으로 1주일 단위의 구체화된 생산계획이라는 의미이다.

실무예제

구매/자재관리 ➡ 구매관리 ➡ 주계획작성(MPS)

(주)화인알텍의 주문과 관련하여 정상적인 납품을 위한 해당 품목의 재고량을 파악하여 주생산계획(MPS)을 등록하시오.

사업장	계획구분	계획일	품번	품명	계획수량	고객
본사	주문	2026/11/10	CR02	갤럭시 엣지	200	(주)화인알텍

입력하기

❶ 계획기간과 계획구분 등을 선택하고 상단의 조회 아이콘을 클릭한 후 우측 상단 주문적용 아이콘을 클릭하여 해당 주문내역을 조회하여 선택한다.

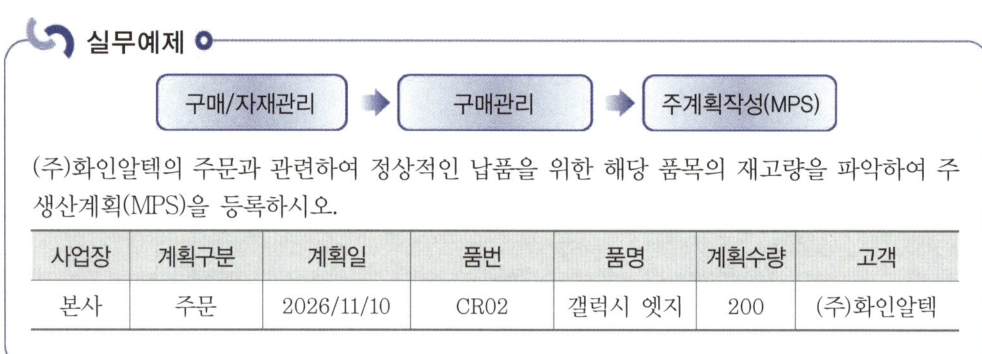

❷ 계획일과 계획수량을 확인한다.

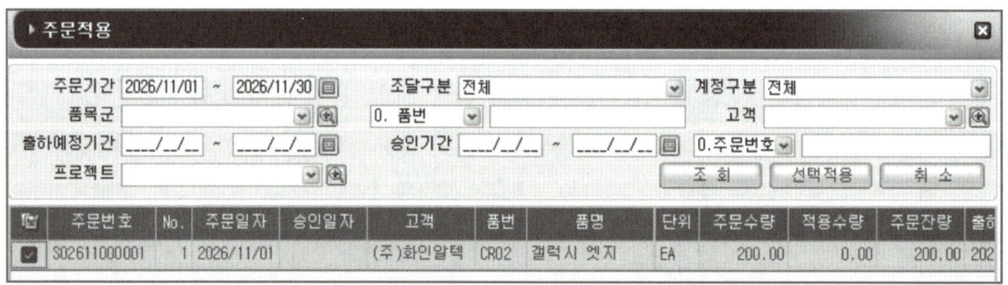

주요항목 설명

❶ 계획구분: 주생산계획(MPS)은 판매계획, 주문정보, 모의계획(simulation)을 근거로 해당 품목의 수급량을 산출하여 생산일정과 수량을 결정한다.

2.2 소요량전개(MRP)

소요량전개(MRP)는 주생산계획(MPS)에서 작성된 정보 또는 생산모듈에서 수립된 생산계획 정보를 근거로 각 품목의 소요일자, 발주 예정시기 및 예정수량 등을 산출하는 메뉴이다.

소요량전개(MRP) 결과정보를 이용하여 생산품 및 구매품 청구를 각각 할 수 있다.

🔖 실무예제 ●

다음과 같이 주생산계획(MPS)에 등록된 제품 CR02(갤럭시 엣지)에 대한 소요량을 산출하시오.

사업장	전개구분	계획기간	전개기준
본사	주문전개	2026/11/10 ~ 2026/11/10	• 일반 BOM • 현재고량 적용 • 안전재고량 적용

꼭 알아두기 ●

소요량전개(MRP) 시 계획기간이 현재 컴퓨터의 시스템일자보다 빠르면 전개결과의 '예정발주일'이 모두 동일한 일자로 표시된다. 이러한 결과는 소요량전개를 하는 목적이 미래의 결과를 예측하기 위함이므로 계획기간이 컴퓨터 시스템일자보다 빠르면 정상적으로 계산되지 않는다.

🐟 입력하기

❶ 전개구분을 '주문전개'로 선택하고 계획기간은 주생산계획(MPS) 일자와 동일하게 입력한다.

❷ 우측 상단 전개기준 아이콘을 클릭하여 예제에서 주어진 전개기준을 선택한다.

❸ 우측 상단 소요량전개 아이콘을 클릭하면 품목별 소요량이 산출된다.

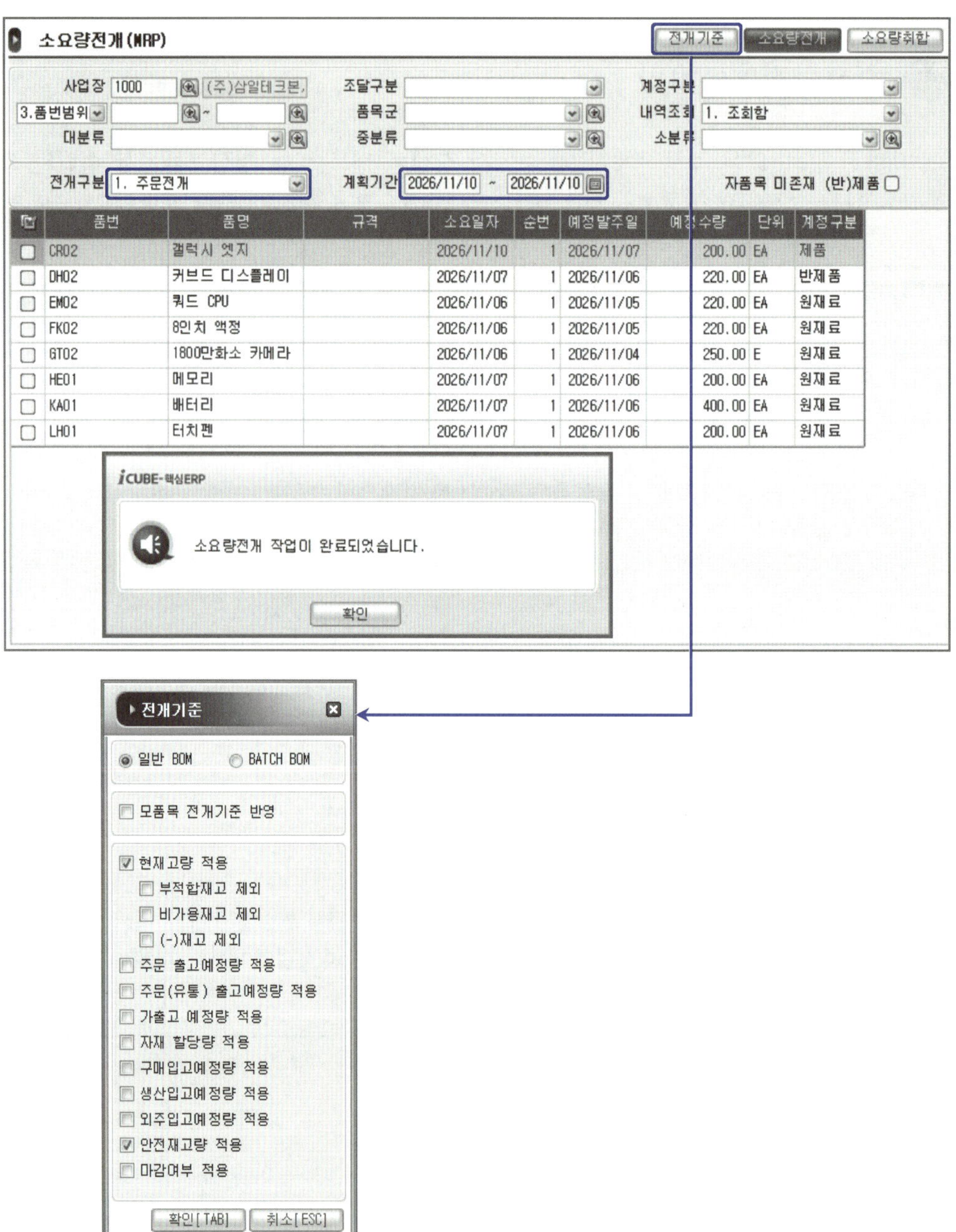

품번	품명	규격	소요일자	순번	예정발주일	예정수량	단위	계정구분
CR02	겔럭시 엣지		2026/11/10	1	2026/11/07	200.00	EA	제품
DH02	커브드 디스플레이		2026/11/07	1	2026/11/06	220.00	EA	반제품
EM02	쿼드 CPU		2026/11/06	1	2026/11/05	220.00	EA	원재료
FK02	8인치 액정		2026/11/06	1	2026/11/05	220.00	EA	원재료
GT02	1800만화소 카메라		2026/11/06	1	2026/11/04	250.00	E	원재료
HE01	메모리		2026/11/07	1	2026/11/06	200.00	EA	원재료
KA01	배터리		2026/11/07	1	2026/11/06	400.00	EA	원재료
LH01	터치펜		2026/11/07	1	2026/11/06	200.00	EA	원재료

주요항목 설명

❶ `전개기준` : 총소요량이 아닌 순소요량 방식으로 전개기준을 설정하여 소요량을 산출할 때 이용한다.

❷ `소요량전개` : 주생산계획(MPS) 또는 생산계획에 등록된 정보를 근거로 BOM과 품목별 리드타임을 감안하여 계획된 품목을 생산하기 위해 필요한 품목, 소요일자, 예정발주일, 예정수량을 산출한다.

❸ `소요량취합` : 소요량전개 후 품목이 같으면 소요량을 합산한다. 이때 소요일자와 예정발주일은 빠른 일자로 처리된다.

❹ 전개구분

구 분	내 용
판매계획	영업모듈 판매계획등록 정보를 근거로 작성된 주생산계획(MPS)
주문전개	영업모듈 수주등록 정보를 근거로 작성된 주생산계획(MPS)
모의전개	특정한 정보에 근거하지 않고 임의로 작성된 주생산계획(MPS)
생산계획	생산모듈의 생산계획등록 정보

❺ 소요일자: 품목의 조달구분이 '생산'이면 작업완료일을 의미하고, '구매'이면 납기일을 의미한다.

❻ 예정발주일: 품목의 조달구분이 '생산'이면 작업시작일을 의미하고, '구매'이면 발주일을 의미한다.

❼ 예정수량: 주생산계획(MPS) 또는 생산계획에 등록된 품목의 수량을 근거로 BOM에 의한 필요수량을 산출한다. 산출된 수량은 우측 상단의 `전개기준` 의 설정에 의해 변경될 수 있다.

꼭 알아두기

- 소요량전개(MRP) 시 참조하는 리드타임은 품목등록 메뉴 [ORDER/COST] TAB에 등록되어 있다.
- 소요량전개(MRP) 시에는 자재명세서(BOM) 정보를 근거로 총소요량이 산출되는 총소요량 방식과 현재고, 입고예정량, 출고예정량, 안전재고 등을 감안한 순소요량 방식이 있다.

2.3 청구등록

청구등록은 제품 생산 및 상품의 판매 시 필요한 품목과 각 품목별 수급량을 작업지시 또는 외주발주, 구매발주 할 수 있도록 청구하는 메뉴이다. 소요량전개(MRP) 결과정보를 적용받아서 입력할 수도 있고, 수동으로 직접 청구등록도 가능하다.

실무예제

구매/자재관리 ➡ 구매관리 ➡ 청구등록

11월의 소요량전개(MRP) 결과를 적용받아 구매품에 대하여 청구등록을 하시오.

사업장	청구일자	청구구분	품번	소요량	조달구분	주거래처
본사	2026/11/03	구매	EM02	220	구매	(주)수민산업
			FK02	220	구매	(주)이솔전자
			GT02	250	구매	(주)수민산업
			HE01	200	구매	(주)이솔전자
			KA01	400	구매	(주)수민산업
			LH01	200	구매	(주)이솔전자

입력하기

❶ 요청일자를 입력하고 상단의 [조회] 아이콘을 클릭한 후 우측 상단 [소요량적용] 아이콘을 클릭하여 소요예정일 입력과 조달구분을 '구매'로 선택한 후 소요량전개 내역을 적용받아 선택적용 한다.

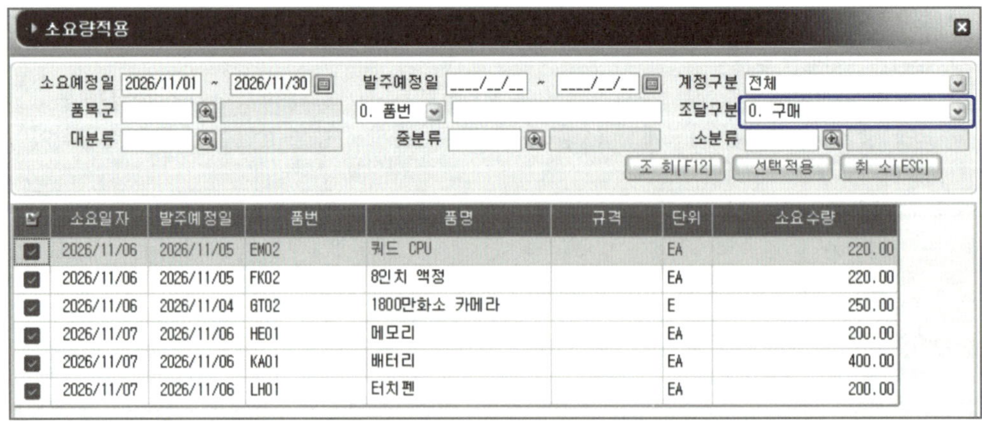

❷ 청구일자와 청구구분을 입력 후 저장한다.

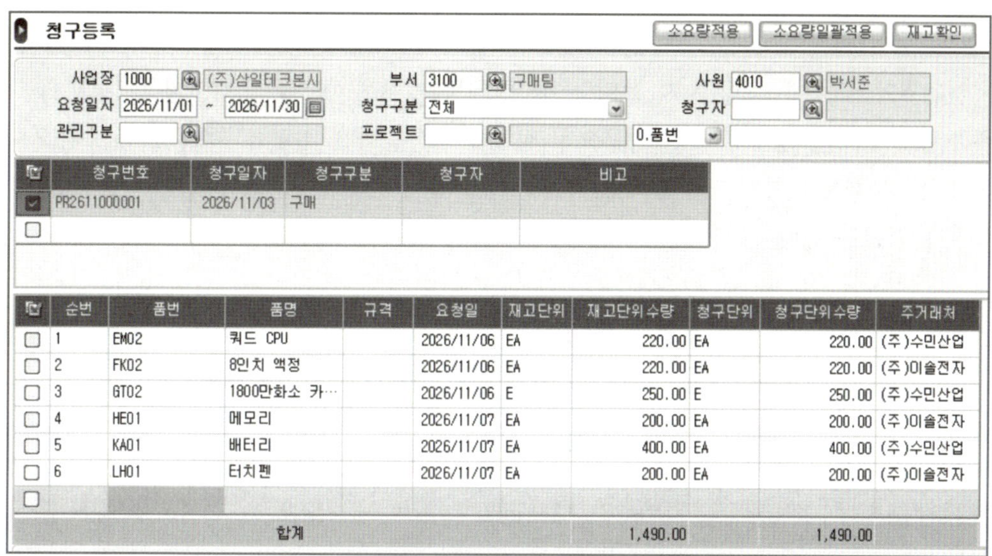

	청구번호	청구일자	청구구분	청구자	비고
☑	PR2611000001	2026/11/03	구매		
☐					

	순번	품번	품명	규격	요청일	재고단위	재고단위수량	청구단위	청구단위수량	주거래처
☐	1	EM02	쿼드 CPU		2026/11/06	EA	220.00	EA	220.00	(주)수민산업
☐	2	FK02	8인치 액정		2026/11/06	EA	220.00	EA	220.00	(주)이솔전자
☐	3	GT02	1800만화소 카…		2026/11/06	E	250.00	E	250.00	(주)수민산업
☐	4	HE01	메모리		2026/11/07	EA	200.00	EA	200.00	(주)이솔전자
☐	5	KA01	배터리		2026/11/07	EA	400.00	EA	400.00	(주)수민산업
☐	6	LH01	터치펜		2026/11/07	EA	200.00	EA	200.00	(주)이솔전자
☐			합계				1,490.00		1,490.00	

🔖 주요항목 설명

❶ 청구구분: '구매'로 입력하면 화면 하단의 품목들이 발주등록 메뉴와 연계되고, '생산'으로 입력하면 화면 하단의 품목들이 작업지시등록 또는 외주발주등록 메뉴와 연계된다.

> **꼭 알아두기**
>
> 소요량 적용을 받은 화면 하단의 품목별 청구수량과 주 거래처는 변경할 수도 있다.

2.4 청구품의등록

청구품의등록은 구매발주 시 품의(결재) 단계를 거쳐 구매발주를 하고자 할 경우에 사용하는 메뉴이다. 청구등록 된 청구요청 정보를 적용받아서 입력할 수도 있고, 수동으로 직접 품의등록도 가능하다. 시스템환경설정 메뉴에서 '품의등록운영여부'가 '사용'으로 설정되어 있어야 된다.

🔗 실무예제

11월의 청구내역을 적용받아 구매품에 대한 청구품의등록을 하시오.

사업장	청구일자/품의일자	과세구분	품의자	입고예정일	품번	소요량	조달구분	주거래처
본사	2026/11/03	매입과세	박서준	납기일과 동일	EM02	220	구매	(주)수민산업
					GT02	250	구매	(주)수민산업
					KA01	400	구매	(주)수민산업
본사	2026/11/03	매입과세	박서준	납기일과 동일	FK02	220	구매	(주)이솔전자
					HE01	200	구매	(주)이솔전자
					LH01	200	구매	(주)이솔전자

꼭 알아두기

- 핵심ERP에서 청구품의와 관련된 프로세스는 업무처리 시 반드시 수행하여야 하는 프로세스는 아니다. 각 회사의 상황에 맞도록 시스템환경설정에서 사용여부를 설정하여 운영할 수 있다.
- 청구품의등록 시 청구수량과 품의수량, 승인수량은 모두 다를 수도 있다. 다를 경우에는 수정입력이 가능하다.

 **입력하기**

❶ 품의기간을 입력하고 상단의 [조회] 아이콘을 클릭한 후 우측 상단 [청구적용] 아이콘을 클릭하여
 청구기간 입력 후 [일괄적용] 아이콘을 클릭하여 '과세구분, 품의자, 입고예정일'을 입력한 후
 확인하여 청구내역을 적용 받는다.

❷ 구매처별 품의일자와 품의수량, 승인수량을 확인한 후 저장한다.

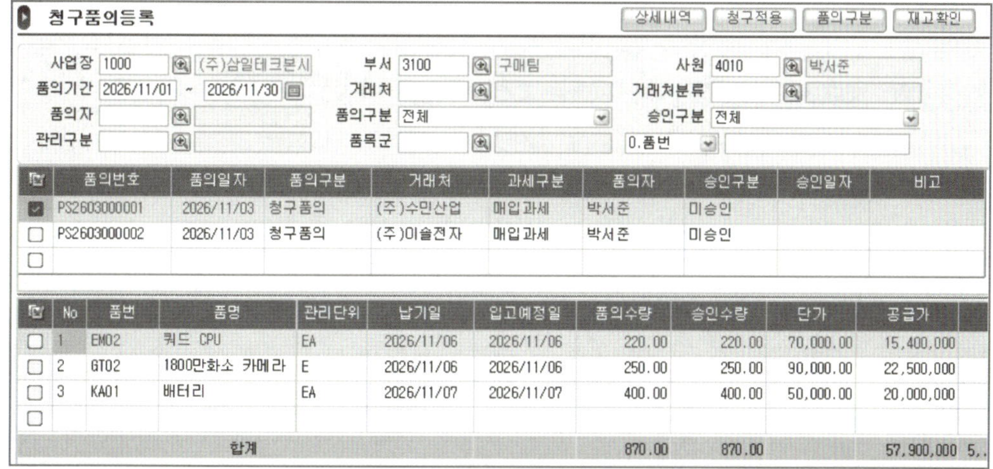

2.5 청구품의승인등록

청구품의등록된 자료를 조회하여 구매발주를 위해 승인을 처리하는 메뉴이다.

실무예제

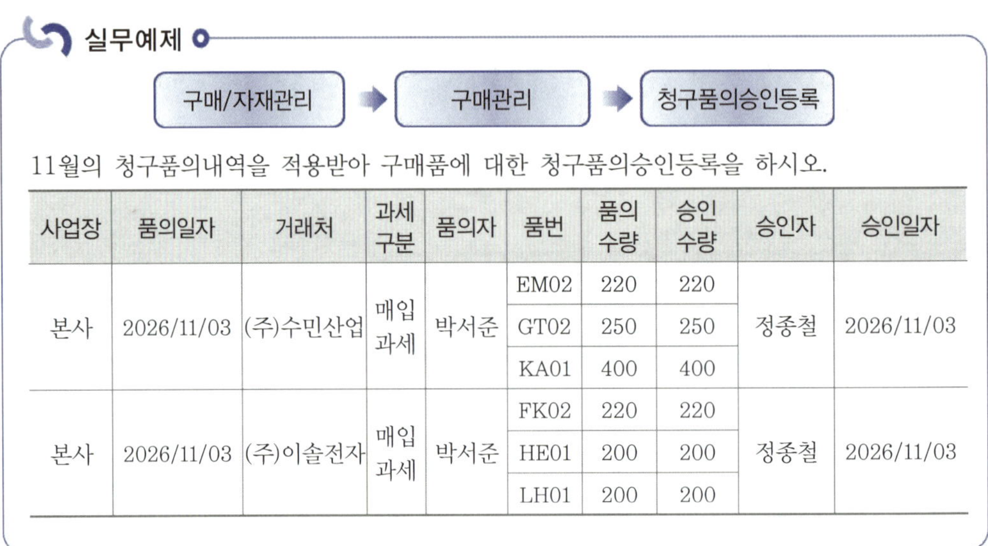

구매/자재관리 ➡ 구매관리 ➡ 청구품의승인등록

11월의 청구품의내역을 적용받아 구매품에 대한 청구품의승인등록을 하시오.

사업장	품의일자	거래처	과세구분	품의자	품번	품의수량	승인수량	승인자	승인일자
본사	2026/11/03	(주)수민산업	매입과세	박서준	EM02	220	220	정종철	2026/11/03
					GT02	250	250		
					KA01	400	400		
본사	2026/11/03	(주)이솔전자	매입과세	박서준	FK02	220	220	정종철	2026/11/03
					HE01	200	200		
					LH01	200	200		

입력하기

❶ 품의기간을 입력하고 상단의 조회 아이콘을 클릭한 후 해당 데이터를 조회한다. 품의수량과 승인수량을 확인하고 해당 품의 건을 선택 후 우측 상단 승인처리 아이콘을 클릭하여 승인처리 한다.

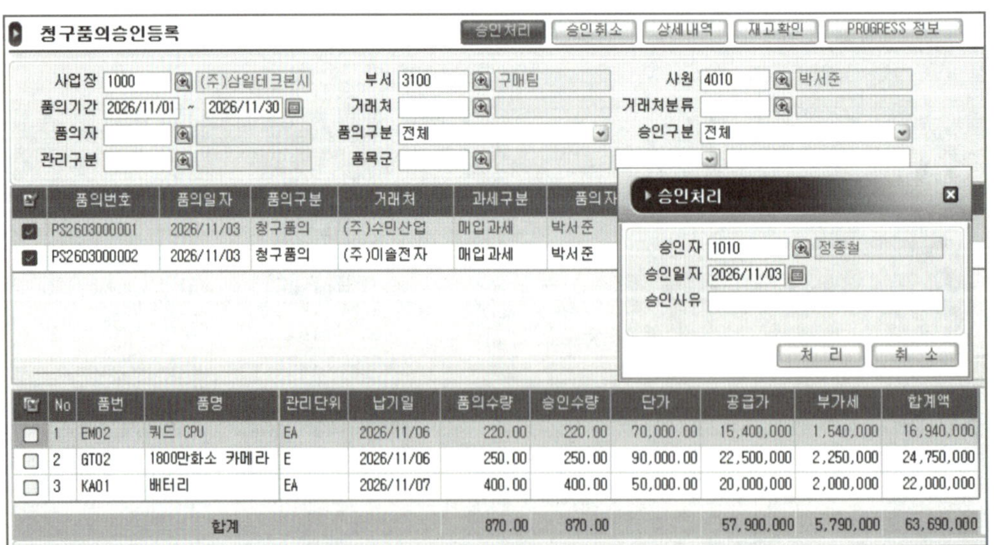

 2.6 청구품의마감등록

청구품의승인등록 된 내역 중 승인잔량이 남아 있거나 청구취소 등의 사유로 더 이상 진행되지 않는 내역을 선택하여 마감처리 하는 메뉴이다.

실무예제

구매/자재관리 ▶ 구매관리 ▶ 청구품의마감등록

다음의 청구품의 승인잔량에 대하여 청구품의마감등록을 하시오.

품의일자	거래처	품번	승인잔량	마감일자	마감사유
2026/11/03	(주)이솔전자	HE01	200	2026/11/03	재고수량 확보로 인한 청구 취소

입력하기

❶ 품의기간을 입력하고 상단의 [조회] 아이콘을 클릭한 후 품의승인 정보를 조회한다. '품의번호' 앞 체크박스를 선택한 후 우측 상단 [일괄마감처리] 아이콘을 클릭하여 마감일자와 마감사유를 입력한 후 마감처리 한다.

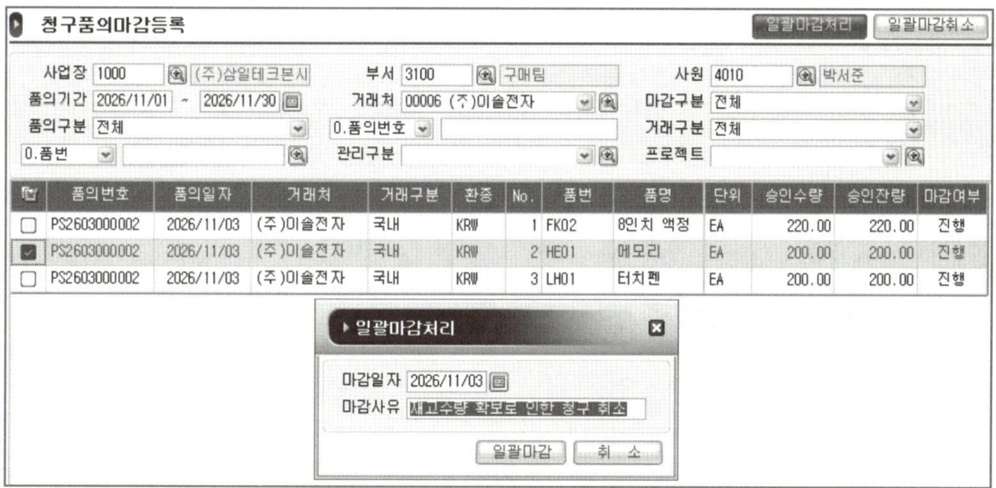

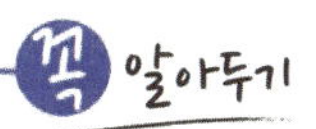 꼭 알아두기

청구품의 승인잔량에 대해 마감처리를 하면 발주등록 프로세스에서 조회되지 않는다. 추후 필요 시 마감취소도 가능하다.

2.7 발주등록

발주등록은 상품, 원재료, 부재료, 저장품 등을 다양한 공급처에서 구매하기 위하여 핵심ERP에 등록하는 메뉴이다.

발주등록은 청구등록 내역을 적용받아 등록하거나 직접 발주등록을 할 수도 있다. 청구등록 내역을 적용받아 발주등록을 하면 청구내역에 대한 잔량을 관리할 수 있다.

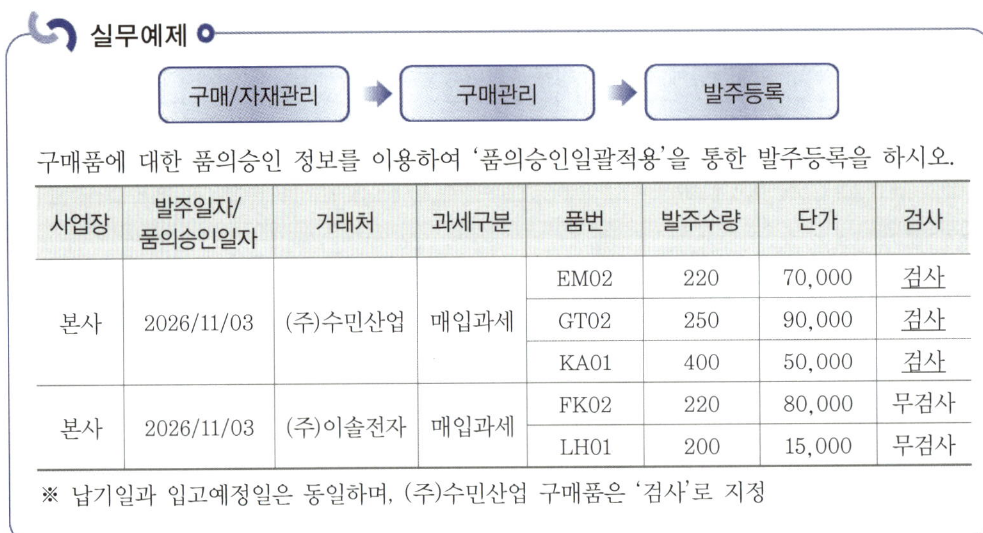

실무예제

구매/자재관리 ➡ 구매관리 ➡ 발주등록

구매품에 대한 품의승인 정보를 이용하여 '품의승인일괄적용'을 통한 발주등록을 하시오.

사업장	발주일자/ 품의승인일자	거래처	과세구분	품번	발주수량	단가	검사
본사	2026/11/03	(주)수민산업	매입과세	EM02	220	70,000	검사
				GT02	250	90,000	검사
				KA01	400	50,000	검사
본사	2026/11/03	(주)이솔전자	매입과세	FK02	220	80,000	무검사
				LH01	200	15,000	무검사

※ 납기일과 입고예정일은 동일하며, (주)수민산업 구매품은 '검사'로 지정

입력하기

❶ 발주기간을 입력하고 상단의 [조회] 아이콘을 클릭한 후 우측 상단 품의승인일괄적용 아이콘을 클릭하여 '발주일자, 품의승인일자, 과세구분' 등을 입력하고 확인한다.

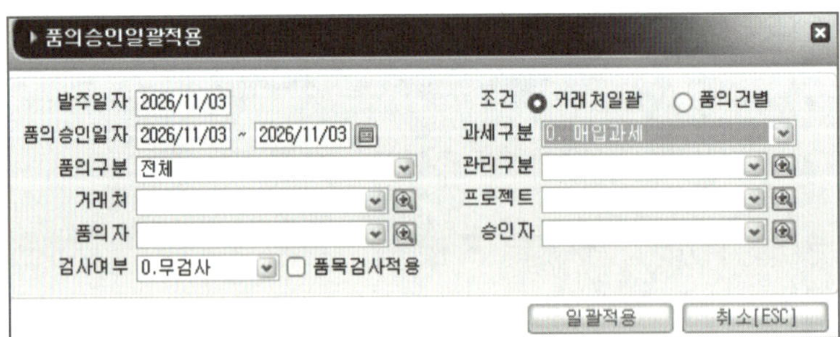

❷ 발주수량을 확인하고 검사품에 해당하는 품목은 검사유무를 '검사'로 지정한 후 저장한다.

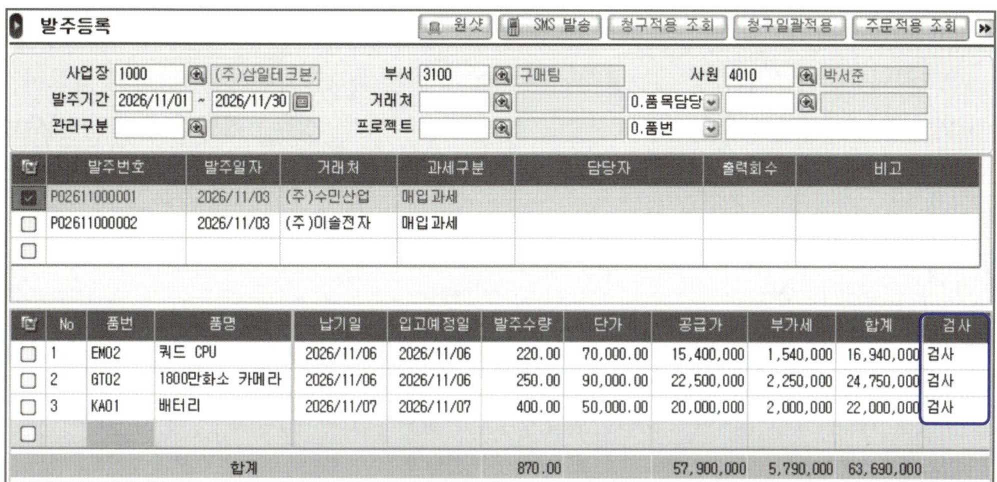

주요항목 설명

❶ **청구적용 조회** : 청구등록 메뉴에서 등록한 내역을 선택하여 발주등록을 할 수 있다.

❷ **품의승인적용 조회** : 청구품의승인등록 메뉴에서 등록한 내역을 선택하여 발주등록을 할 수 있다.

❸ **주문적용 조회** : 수주등록 메뉴에서 등록한 내역을 선택하여 발주등록을 할 수 있다.

꼭 알아두기

- 일괄적용 기능을 이용하여 주문내역을 일괄적으로 발주등록하려면 각 품목에 주 거래 처가 등록되어 있어야 된다.
- 발주등록 없이 입고처리 할 수는 있으나, 발주에 대한 미납관리를 하고자 한다면 발주 등록을 반드시 하여야 한다.

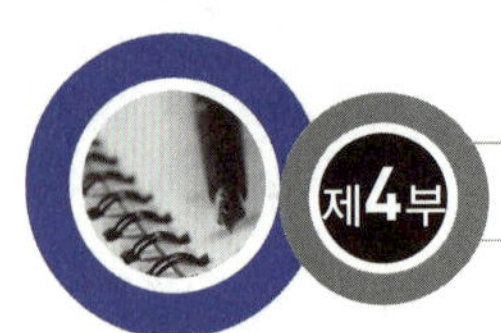

2.8 입고의뢰등록

입고의뢰등록은 옵션설정 메뉴로서 구매처에 발주한 품목을 납품받아 창고에 입고시키기 위하여 물류담당자에게 입고요청을 등록하는 메뉴이다. 발주등록에서 등록한 발주내역을 적용받아 입고의뢰를 할 수 있다. 시스템환경설정 메뉴에서 '입고의뢰운영여부'가 '사용'으로 설정되어 있어야 된다.

실무예제

| 구매/자재관리 | ➡ | 구매관리 | ➡ | 입고의뢰등록 |

발주내역을 적용받아 물류담당자에게 입고요청을 하려고 한다. 입고의뢰등록을 하시오.

사업장	의뢰일자	거래처	의뢰창고	의뢰담당자	품번	의뢰수량	검사
본사	2026/11/06	(주)수민산업	부품창고 (본사)	자재담당	EM02	220	검사
					GT02	250	검사
					KA01	400	검사
본사	2026/11/06	(주)이솔전자	부품창고 (본사)	자재담당	FK02	220	무검사
					LH01	200	무검사

입력하기

❶ 발주기간을 입력하고 상단의 [조회] 아이콘을 클릭한 후 우측 상단 [발주적용조회] 아이콘을 클릭하여 발주기간과 거래처를 입력하여 검색한다. '발주번호' 앞 체크박스를 선택하여 적용한다.

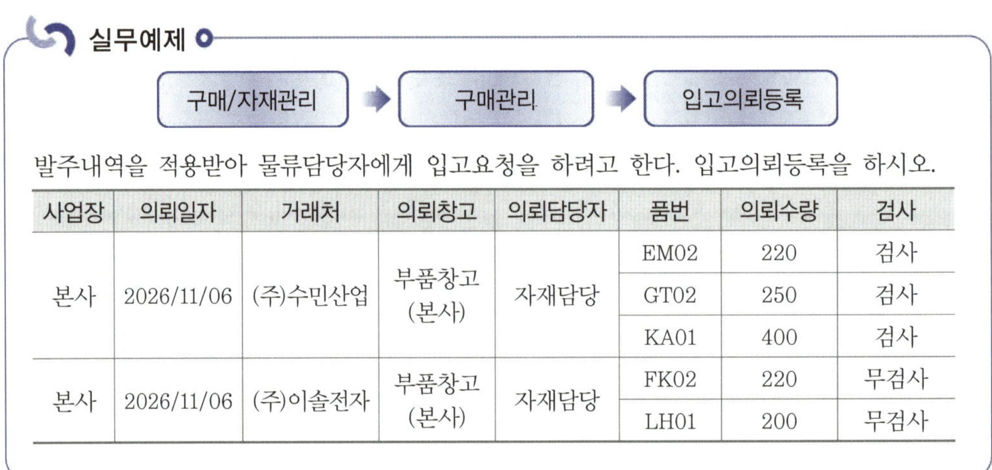

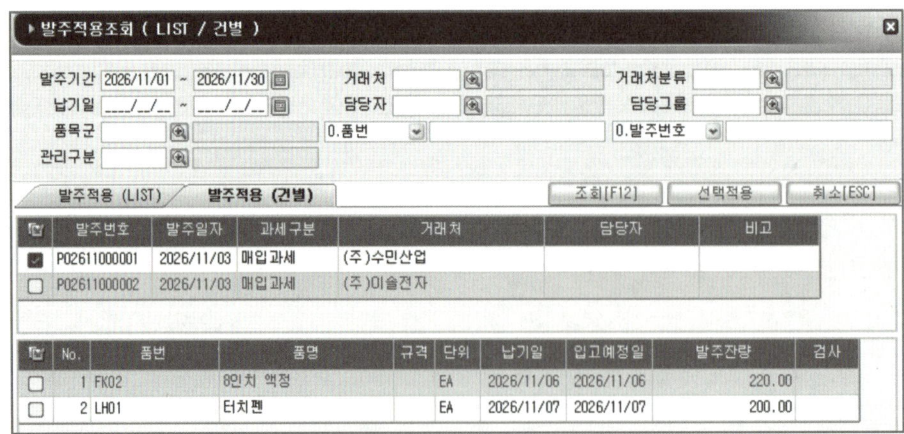

❷ 의뢰일자와 의뢰창고, 의뢰담당자 등의 정보를 입력한 후 저장한다.

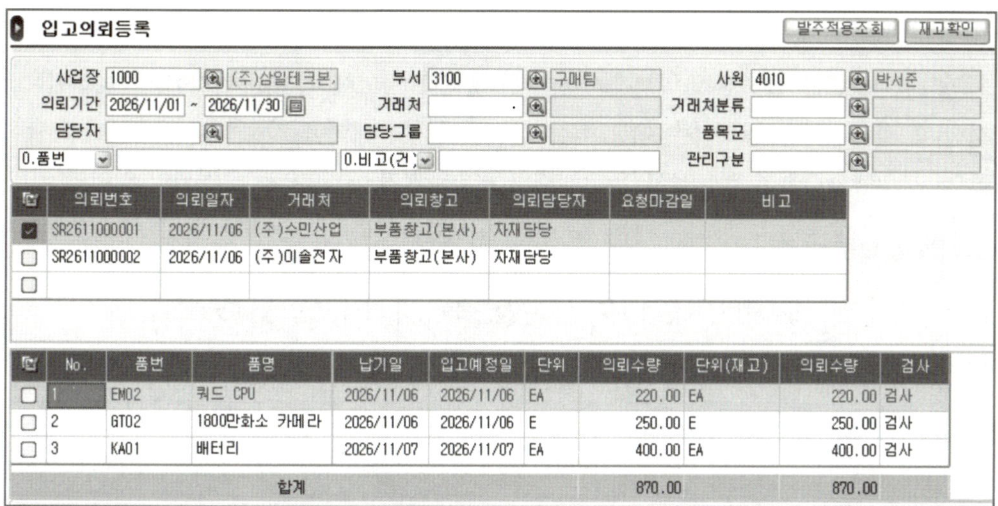

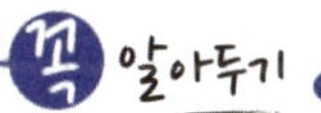

- 핵심ERP에서 입고의뢰등록 프로세스는 업무처리 시 반드시 수행하여야 하는 프로세스는 아니다. 각 회사의 상황에 맞도록 시스템환경설정에서 사용여부를 설정하여 운영할 수 있다.
- 입고의뢰등록 시 발주수량과 의뢰수량은 다를 수도 있다. 다를 경우에는 수정입력이 가능하다.

2.9 입고검사등록

입고검사등록은 옵션설정 메뉴로서 발주한 품목을 창고에 입고하기 전에 입고검사를 실시한 후 검사결과를 등록하는 메뉴이다. 입고의뢰등록 내역을 적용받아 검사결과를 등록한다. 시스템환경설정 메뉴에서 '입고전검사운영여부'가 '사용'으로 설정되어 있어야 된다.

실무예제

구매/자재관리 ➡ 구매관리 ➡ 입고검사등록

입고의뢰한 내역을 적용받아 다음과 같이 입고검사결과를 등록하시오.

사업장	검사일자	거래처	입고창고	품번	검사 유형	검사 구분	시료수	합격 여부	합격 수량	불합격 수량
본사	2026/11/06	(주)수민산업	부품창고 (본사)	EM02	입고 검사	전수 검사		합격	220	–
				GT02	입고 검사	전수 검사		합격	248	2
				KA01	입고 검사	샘플 검사	40	합격	400	–

※ GT02(1800만화소 카메라)의 불량내역은 화면불량 1EA, 도색불량 1EA임.

입력하기

❶ 검사기간을 입력하고 상단의 조회 아이콘을 클릭한 후 우측 상단 입고의뢰 적용 아이콘을 클릭하여 [입고의뢰적용(건별)] TAB에서 '의뢰번호' 앞 체크박스를 선택하여 적용한다.

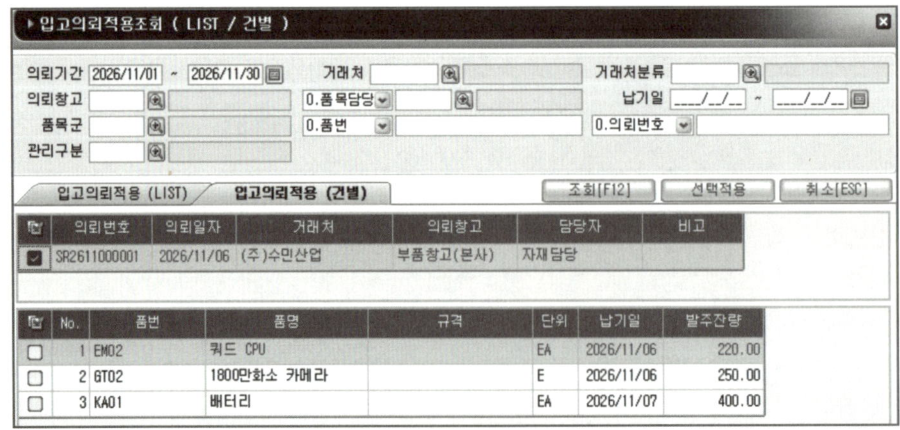

❷ 검사일자와 입고창고, 검사유형, 검사구분, 합격/불합격 수량 등의 정보를 입력한 후 저장한다. 불합격 수량의 입력은 우측 하단 불량내역에서 불량유형에 따른 불량수량을 입력한 후 '불량수량적용'을 클릭하여 입력할 수도 있다.

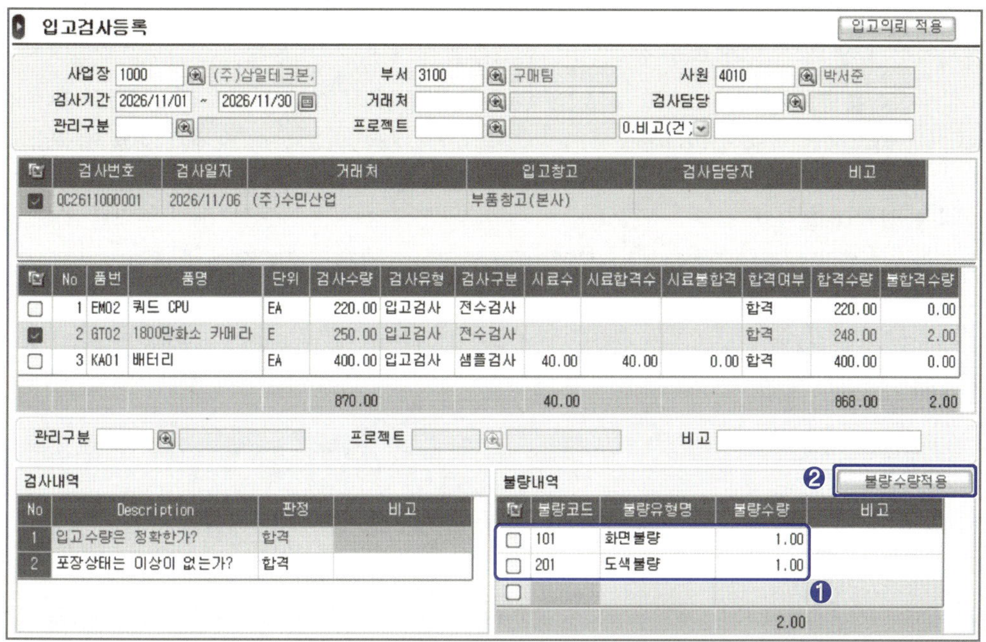

주요항목 설명

❶ 검사유형: 시스템관리 모듈 검사유형등록 메뉴에서 '입고검사'에 해당하는 검사유형이 조회되며, 검사유형에 등록된 '검사유형질문'이 좌측 하단 검사내역에 조회된다.

❷ 검사구분: 검사구분에는 '전수검사'와 '샘플검사'가 있다. 검사구분을 '샘플검사'로 선택했을 때에는 '시료수'에 샘플 수량을 입력하고, '전수검사'를 선택하면 '시료수'는 전량이 자동으로 반영된다.

> **꼭 알아두기**
>
> 핵심ERP에서 입고검사등록 프로세스는 업무처리 시 반드시 수행하여야 하는 프로세스는 아니다. 각 회사의 상황에 맞도록 시스템환경설정 메뉴에서 사용여부를 설정하여 운영할 수 있다.
>
> '입고전검사운영여부'가 '사용'으로 설정되어 있더라도 입고의뢰등록 시 각 품목별로 검사유무를 '검사'로 선택한 경우에만 입고검사를 수행한다.

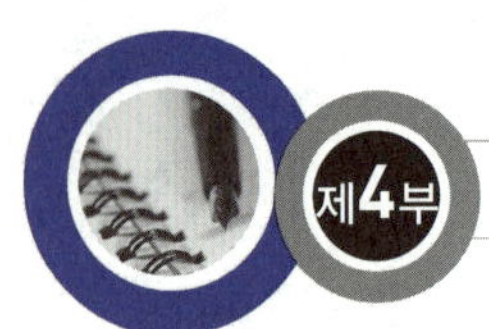

2.10 입고처리(국내발주)

입고처리(국내발주)는 발주한 품목이 입고처리 되어 물품을 창고에 입고시키는 메뉴이다. 입고처리가 완료되면 재고가 증감되어 재고수불에 영향을 미친다.

발주내역을 적용받아 입고처리 하는 경우에는 [발주입고] TAB을 이용하며, 발주 없이 샘플입고, 긴급입고 등을 처리할 경우와 반품처리의 경우에는 [예외입고] TAB에서 처리한다.

실무예제

구매/자재관리 ➡ 구매관리 ➡ 입고처리(국내발주)

다음의 자료를 참고하여 입고의뢰정보와 입고검사결과 정보를 적용받아 입고처리등록을 하시오.

사업장	입고일자	거래처	마감	과세구분	입고창고	장소	품번	입고수량	단가
본사	2026/11/06	㈜수민산업 (검사적용)	일괄	매입과세	부품창고 (본사)	양품장소 (부품)	EM02	220	70,000
							GT02	248	90,000
							KA01	400	50,000
본사	2026/11/06	㈜이솔전자 (의뢰적용)	건별	매입과세	부품창고 (본사)	양품장소 (부품)	FK02	220	80,000
							LH01	200	15,000

입력하기

❶ 입고기간과 입고창고를 선택하고 상단의 [조회] 아이콘을 클릭한 후 우측 상단 [검사적용] 아이콘을 클릭하여 [검사적용(건별)] TAB에서 입고검사등록내역을 조회한 후 입고검사정보를 적용받는다. '검사' 품목일 경우에만 [검사적용] 아이콘을 클릭하여 조회할 수 있다.

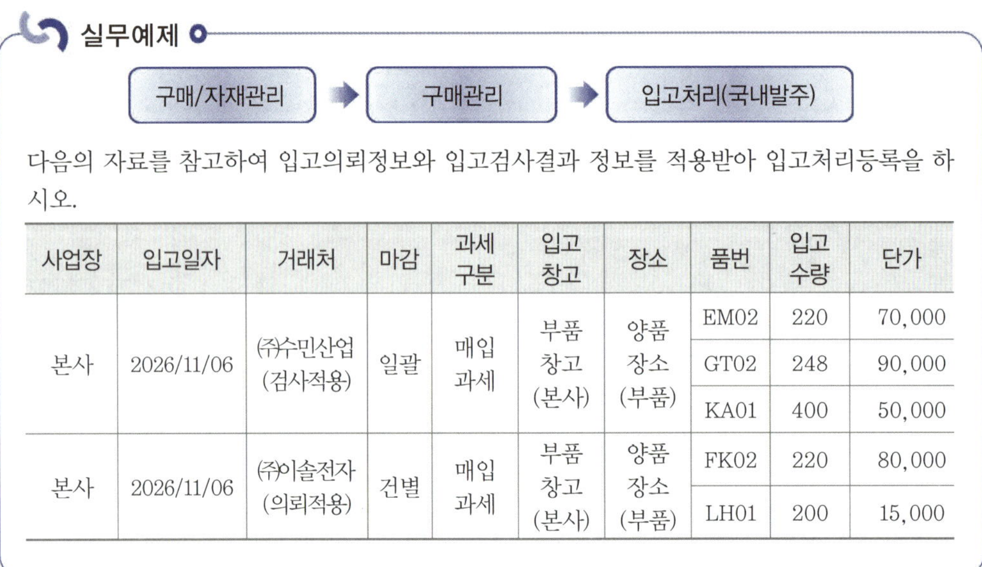

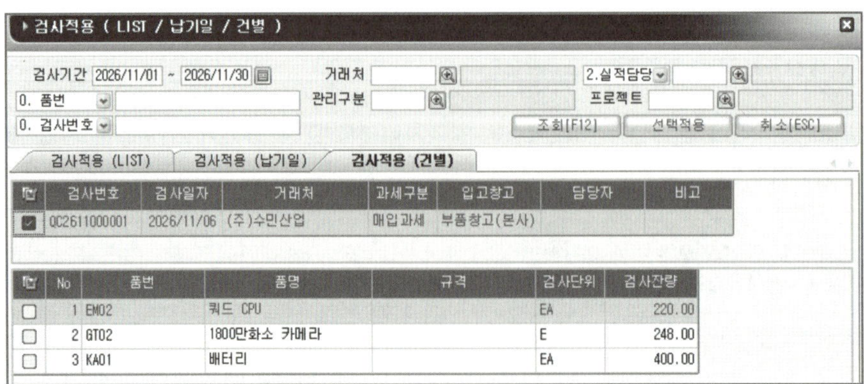

❷ 입고일자와 마감구분, 장소 등을 입력한 후 저장한다.

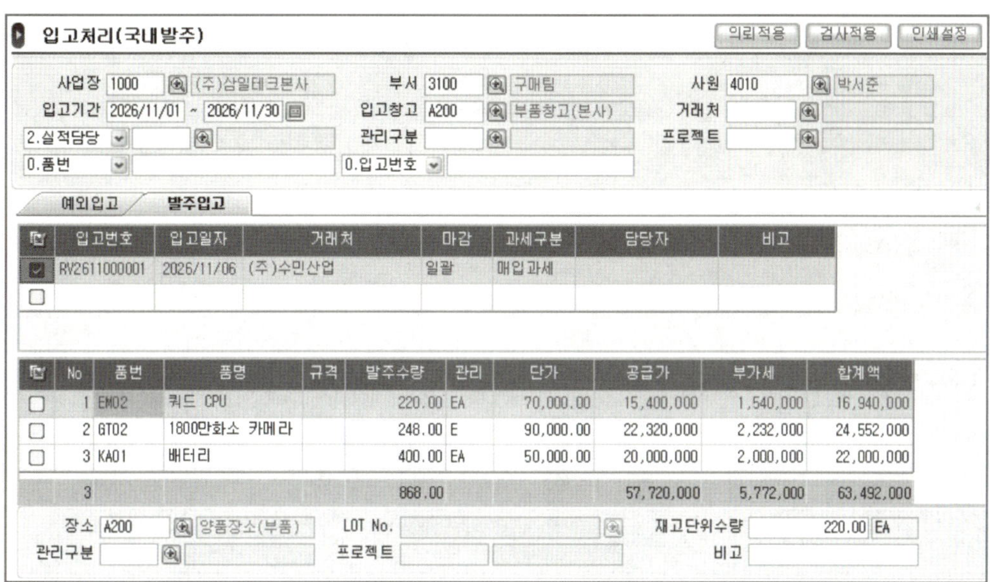

❸ 우측 상단 의뢰적용 아이콘을 클릭하여 [의뢰적용(건별)] TAB에서 입고의뢰내역을 조회한 후 입고의뢰정보를 적용받는다. '무검사' 품목일 경우에만 의뢰적용 아이콘을 클릭하여 조회할 수 있다.

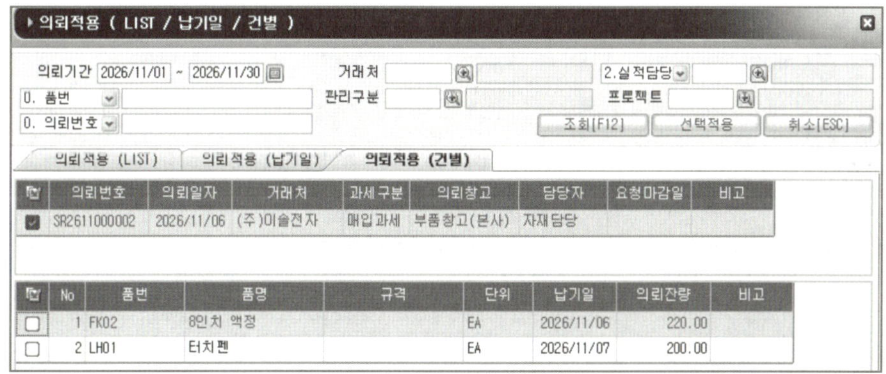

❹ 입고일자와 마감구분, 장소 등을 입력한 후 저장한다.

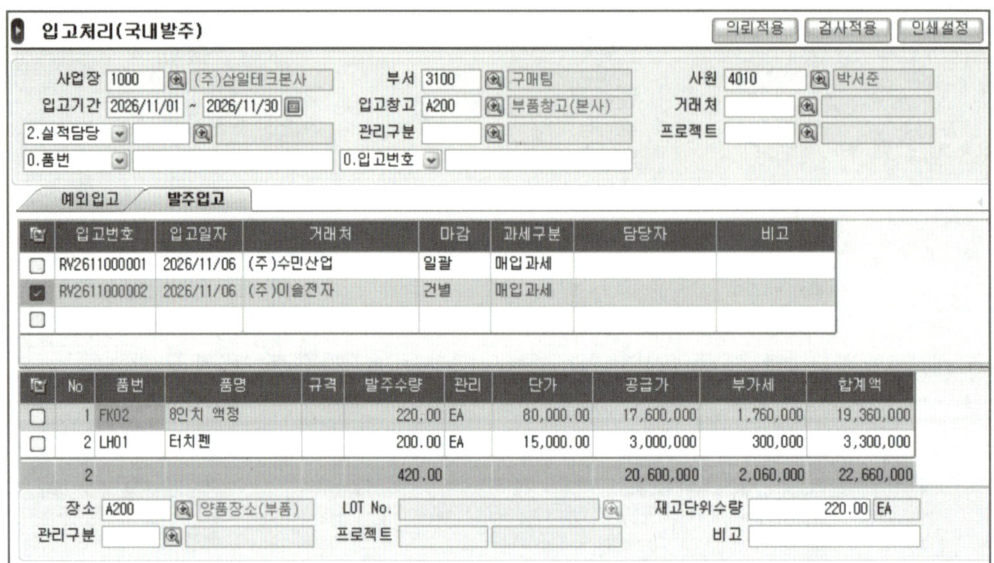

주요항목 설명

❶ **의뢰적용** : 입고의뢰등록 시 검사유무를 '무검사'로 설정한 품목의 입고처리를 위해 입고의뢰등록 데이터를 조회한다.

❷ **검사적용** : 발주등록 또는 입고의뢰등록 시 품목 검사유무를 '검사'로 설정한 경우에 입고검사 정보를 적용받아 입고처리를 한다.

꼭 알아두기

- [예외입고] TAB에서는 발주 없이 입고할 경우와 반품처리 시에 이용된다.
- 예외입고 시에는 발주에 대한 잔량관리가 이루어지지 않는다.
- 마감구분

구분	주요 사항
일괄	• 거래가 빈번하여 1개월 내의 마감기간을 정하여 마감하는 방식이며, 매입마감 메뉴에서 별도의 마감처리가 필요하다. • 자재마감/통제등록 메뉴에서 '일괄마감 후 입고변경 통제' 항목이 '통제'로 설정되어 있고, 매입마감이 되어 있다면 입고처리 데이터의 수정·삭제는 불가능하다. 그러나 '통제안함'으로 설정되어 있다면 입고처리 데이터의 수정은 가능하나 삭제는 할 수 없다.
건별	• 입고처리와 동시에 건별마다 자동으로 매입마감이 이루어진다. • 매입마감의 수정·삭제를 위해서는 입고처리 내역을 수정·삭제하여야 한다.

실무예제

(주)수민산업에서 11월 6일 구매하였던 원재료 중 일부가 품질이상으로 판정되어 반품하였다. 입고정보를 적용받아 반품을 처리하시오.

입고(반품)일자	거래처	입고창고	장소	마감	과세구분	품번	수량	단가
2026/11/16	(주)수민산업	부품창고 (본사)	양품장소 (부품)	일괄	매입과세	KA01	−4	50,000

입력하기

❶ 입고기간과 입고창고를 선택하고 상단의 [조회] 아이콘을 클릭한 후 [예외입고] TAB에서 우측 상단 [입고적용] 아이콘을 클릭하여 반품대상 품목의 과거 입고정보를 조회한 후 선택적용 한다.

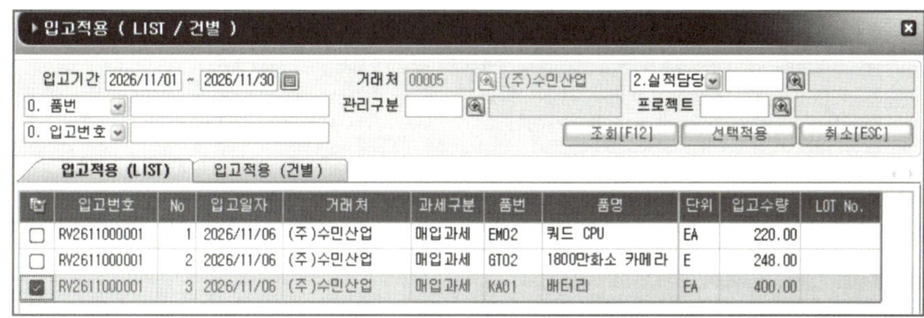

❷ 입고(반품)일자와 발주수량(반품수량)을 반드시 확인하고 수정입력 후 저장한다.

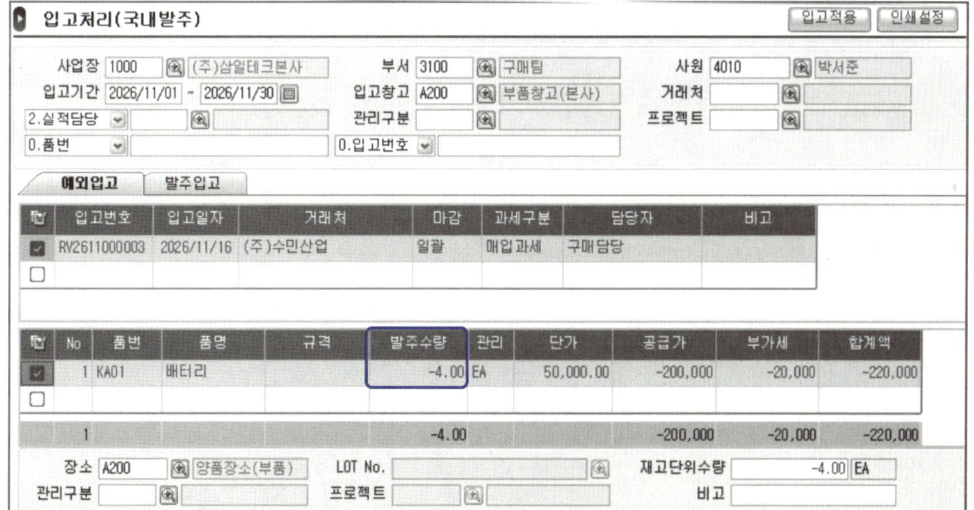

2.11 매입마감(국내거래)

매입마감은 입고에 대한 수량과 금액을 확정하는 메뉴로서 입고처리 정보를 적용받아 마감처리한다. 입고처리는 되었으나 매입마감이 이루어지지 않았다면 재고수불의 증감은 발생하지만 재고평가의 대상은 되지 않는다.

실무예제

구매/자재관리 ➡ 구매관리 ➡ 매입마감(국내거래)

11월의 입고처리내역을 적용받아 매입마감을 하시오.

마감일자	거래처	마감구분	과세구분	세무구분	입고일자	품번	마감수량	단가
2026/11/30	(주)수민산업	일괄	매입과세	과세매입	2026/11/06	EM02	220	70,000
						GT02	248	90,000
						KA01	400	50,000
					2026/11/16	KA01	-4	50,000

입력하기

❶ 마감기간을 입력하고 상단의 [조회] 아이콘을 클릭한 후 우측 상단 [입고적용] 아이콘을 클릭하여 입고처리내역을 조회한 후 입고처리정보를 적용받는다.

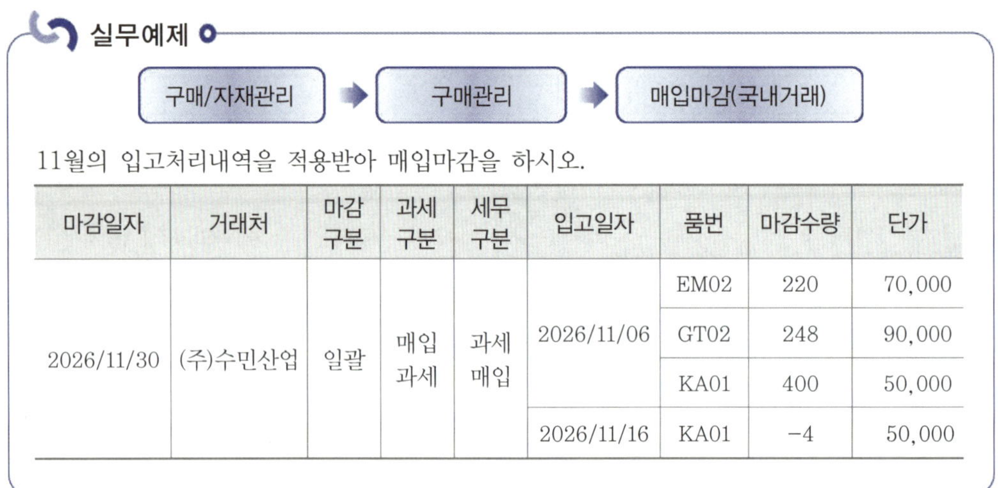

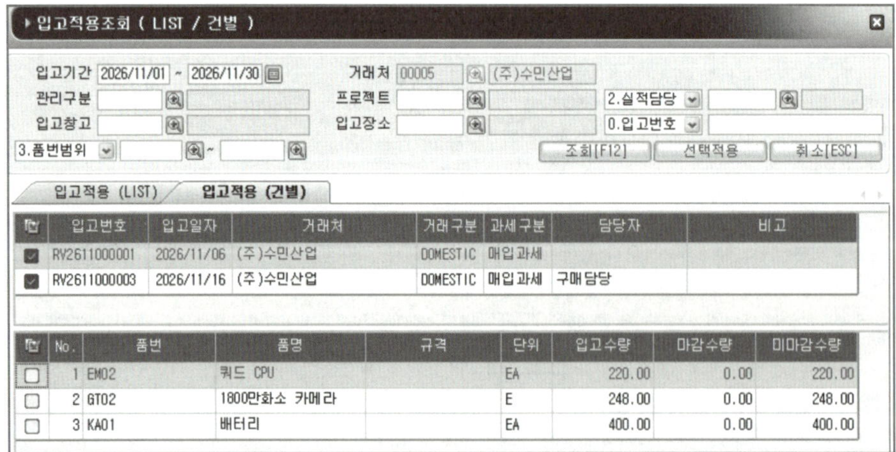

❷ 마감일자를 입력하고 마감수량을 수정한 후 저장한다.

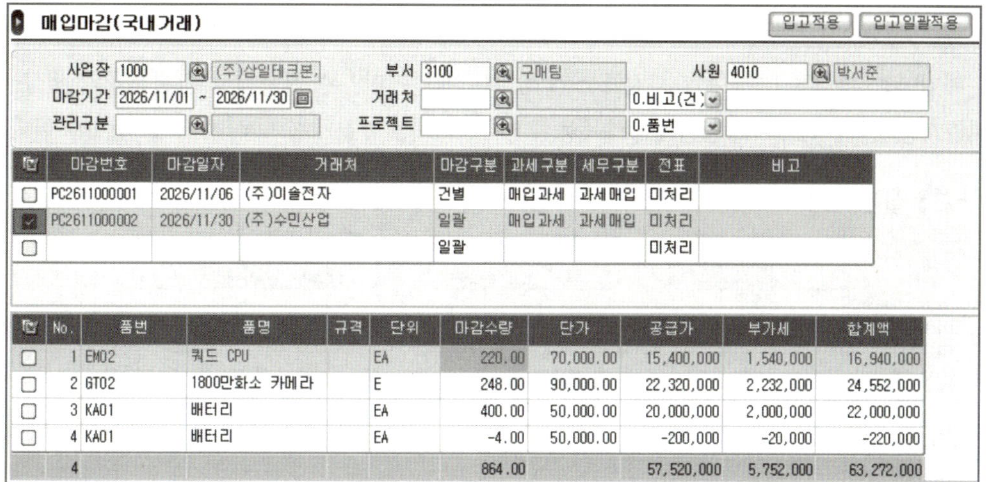

	마감번호	마감일자	거래처	마감구분	과세구분	세무구분	전표	비고
☐	PC2611000001	2026/11/06	(주)이솔전자	건별	매입과세	과세매입	미처리	
☑	PC2611000002	2026/11/30	(주)수민산업	일괄	매입과세	과세매입	미처리	
☐				일괄			미처리	

	No.	품번	품명	규격	단위	마감수량	단가	공급가	부가세	합계액
☐	1	EM02	쿼드 CPU		EA	220.00	70,000.00	15,400,000	1,540,000	16,940,000
☐	2	GT02	1800만화소 카메라		E	248.00	90,000.00	22,320,000	2,232,000	24,552,000
☐	3	KA01	배터리		EA	400.00	50,000.00	20,000,000	2,000,000	22,000,000
☐	4	KA01	배터리		EA	-4.00	50,000.00	-200,000	-20,000	-220,000
	4					864.00		57,520,000	5,752,000	63,272,000

꼭 알아두기

- 매입마감이 되지 않은 입고 데이터는 재고의 증가에는 영향을 미치지만 재고평가 시에는 제외된다.
- 입고처리 시 '마감구분'을 '일괄'로 처리한 자료에 대해서만 매입마감 작업이 가능하며, 여러 건의 입고처리 건을 1건으로 매입마감하거나 1건의 입고처리 건을 여러 건으로 매입마감을 할 수 있다.

핵심ERP실무

2.12 회계처리(매입마감)

매입마감 내역을 근거로 회계전표를 생성하는 메뉴이다. 본 메뉴에서 회계전표의 생성을 위해서는 먼저 회계전표연결계정과목등록 메뉴의 회계연결계정이 설정되어 있어야 한다.

 실무예제

| 구매/자재관리 | ➡ | 구매관리 | ➡ | 회계처리(매입마감) |

11월의 매입마감 내역을 참고하여 회계전표를 생성하시오.

마감일자	거래처	과세구분	세무구분	품번	마감수량
2026/11/06	(주)이솔전자	매입과세	과세매입	FK02	220
				LH01	200
2026/11/30	(주)수민산업	매입과세	과세매입	EM02	220
				GT02	248
				KA01	400
				KA01	−4

입력하기

❶ 검색기간을 입력하고 상단의 [조회] 아이콘을 클릭하여 [매입마감] TAB에서 매입마감내역을 조회한다. 마감번호 앞 체크박스를 선택하고 우측 상단 [전표처리] 아이콘을 클릭하면 전표처리 팝업화면이 뜬다. 부가세사업장 등을 선택하고 회계전표를 생성한다.

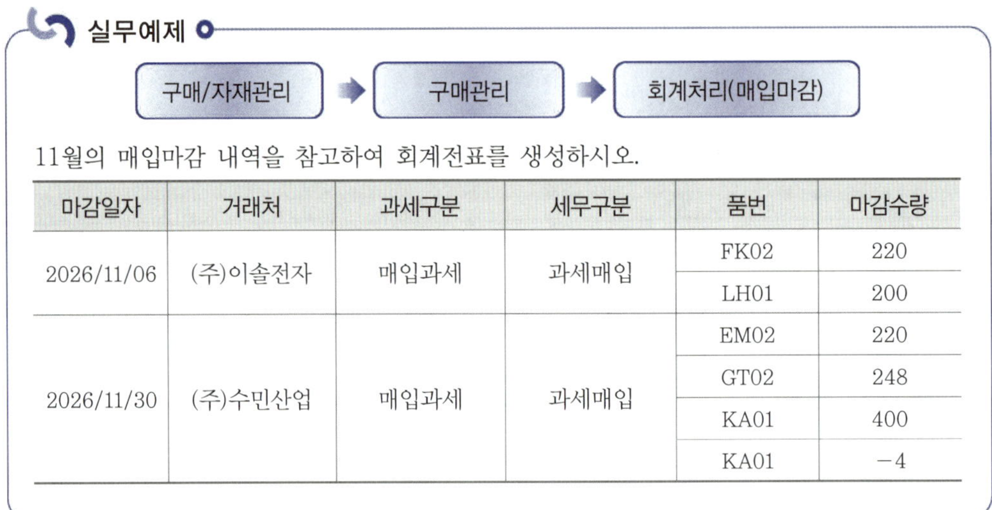

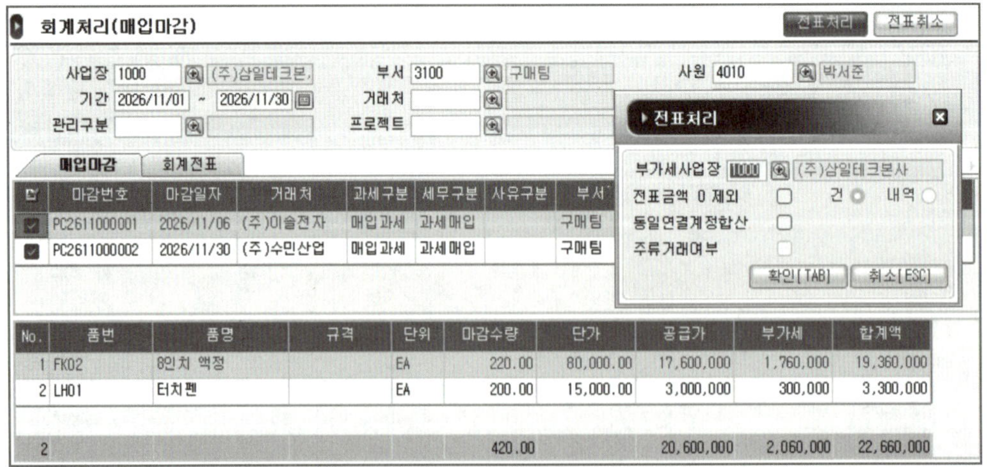

❷ [회계전표] TAB을 선택하여 상단의 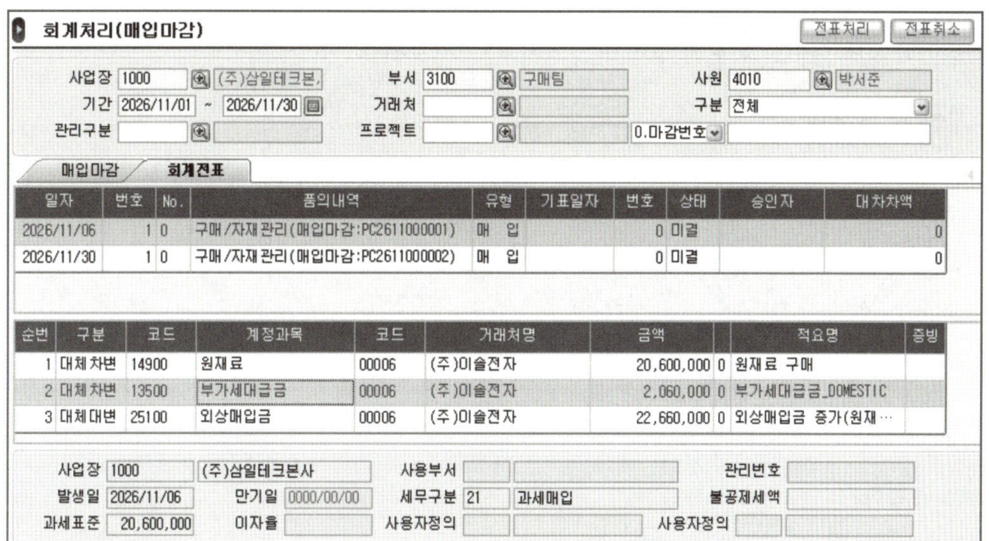 아이콘을 클릭하면 매입마감 건별로 '미결' 상태인 회계전표가 발행되어 있는 것을 확인할 수 있다.

일자	번호	No.	품의내역	유형	기표일자	번호	상태	승인자	대차차액
2026/11/06	1	0	구매/자재 관리(매입마감:PC2611000001)	매 입		0	미결		0
2026/11/30	1	0	구매/자재 관리(매입마감:PC2611000002)	매 입		0	미결		0

순번	구분	코드	계정과목	코드	거래처명	금액		적요명	증빙
1	대체차변	14900	원재료	00006	(주)이슬전자	20,600,000	0	원재료 구매	
2	대체차변	13500	부가세대급금	00006	(주)이슬전자	2,060,000	0	부가세대급금_DOMESTIC	
3	대체대변	25100	외상매입금	00006	(주)이슬전자	22,660,000	0	외상매입금 증가(원재…	

꼭 알아두기

- 물류·생산모듈에서 생성된 회계전표는 모두 미결상태이며, 회계모듈 전표승인해제 메뉴에서 승인권자가 확인 후 전표를 승인하여야 한다.
- [매입마감] TAB에서 생성된 전표가 회계모듈에서 승인이 되면 [매입마감] TAB의 전표취소 아이콘을 이용하여 삭제할 수 없다. 삭제가 필요하다면 회계모듈 전표승인해제 메뉴에서 전표승인해제 후 미결전표 상태에서 삭제를 하여야 한다.

2.13 발주마감처리

발주 등록된 내역 중 발주 잔량이 남아 있는 상태에서 구매취소 등의 사유로 더 이상 진행되지 않는 내역을 선택하여 마감처리하는 메뉴이다.

실무예제

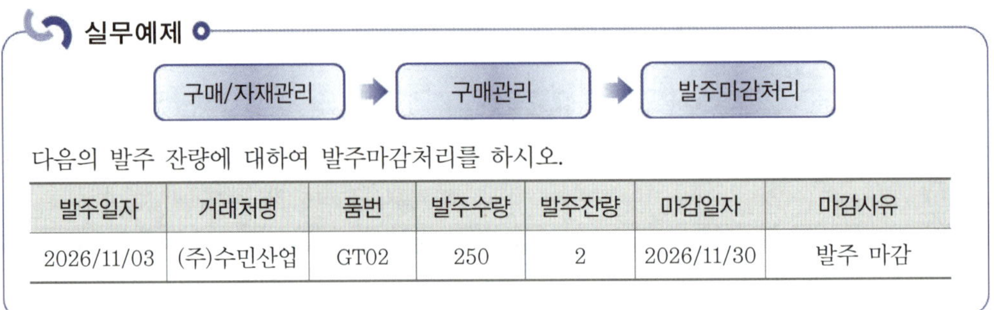

구매/자재관리 ▶ 구매관리 ▶ 발주마감처리

다음의 발주 잔량에 대하여 발주마감처리를 하시오.

발주일자	거래처명	품번	발주수량	발주잔량	마감일자	마감사유
2026/11/03	(주)수민산업	GT02	250	2	2026/11/30	발주 마감

입력하기

❶ 발주기간을 입력하고 상단의 조회 아이콘을 클릭한 후 발주정보를 조회한다. '발주번호' 앞 체크 박스를 선택한 후 우측 상단 일괄마감처리 아이콘을 클릭하여 마감일자와 마감사유를 입력한 후 마감처리 한다.

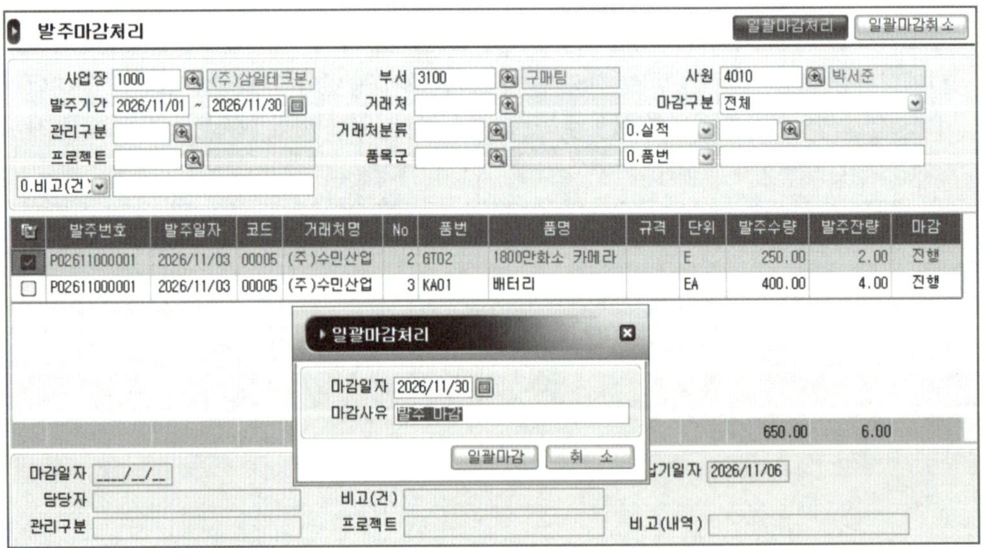

03 구매현황

[조회메뉴 설명]

메뉴명	주요 내용
소요량전개현황	전개구분(판매계획, 주문전개, 모의전개, 생산계획)별로 적용받아 소요량전개(MRP) 작업 후 산출된 소요량을 조회하는 메뉴
청구현황	소요량전개(MRP) 작업 후 구매품 또는 생산품 청구현황을 조회하는 메뉴
발주현황	발주등록 내역을 근거로 다양한 조회기준에 따라 발주현황을 조회하는 메뉴
발주대비입고현황	발주등록 정보를 적용받아 입고처리한 경우에 발주대비입고현황을 조회하는 메뉴
발주미납현황	발주는 하였으나 기타 사유로 인해 기준일자 현재 입고되지 않은 품목의 미납수량, 경과일수 등의 정보를 조회하는 메뉴
입고현황	입고처리 된 내역을 다양한 정렬조건에 따라 조회하는 메뉴
매입마감현황	입고 또는 반품처리 후 매입마감 내역을 조회하는 메뉴
매입미마감현황	입고 또는 반품처리는 되었으나, 매입마감이 되지 않은 내역을 조회하는 메뉴

04 구매분석

[조회메뉴 설명]

메뉴명	주요 내용
발주미납집계	발주는 하였으나 기타 사유로 인해 기준일자 현재 입고되지 않은 품목의 미납수량, 미납금액 등의 정보를 조회하는 메뉴
입고집계표(월별)	입고실적을 월별로 수량, 원화금액, 외화금액 형태로 조회하는 메뉴
매입집계표(월별)	매입실적을 월별로 수량, 원화금액, 외화금액 형태로 조회하는 메뉴
매입집계표(관리분류별)	매입실적을 관리분류별(거래처분류 등)로 수량, 원화금액, 외화금액 형태로 조회하는 메뉴
매입순위표(마감기준)	매입마감 내역을 근거로 다양한 기준에 따라 순위를 상세하게 조회하는 메뉴

05 재고관리

5.1 재고이동등록(창고)

재고이동등록(창고)은 동일 사업장 내의 다른 창고와 장소로 품목의 이동을 등록하는 메뉴이다.

★

> 프로세스 진행을 위하여 대구지사 자재팀 '임영인' 사원으로 로그인하여 진행한다.

실무예제

구매/자재관리 ➡ 재고관리 ➡ 재고이동등록(창고)

(주)삼일테크 대구지사는 다음과 같이 창고 간 재고이동을 실시하였다. 재고이동을 등록하시오.

이동일자	출고창고	출고장소	입고창고	입고장소	품번	이동수량
2026/11/30	부품창고 (지사)	양품장소 (부품)	제품창고 (지사)	양품장소 (제품)	KA01	10

입력하기

❶ 이동기간을 입력하고 상단의 조회 아이콘을 클릭한 후 재고이동 정보를 입력한다.

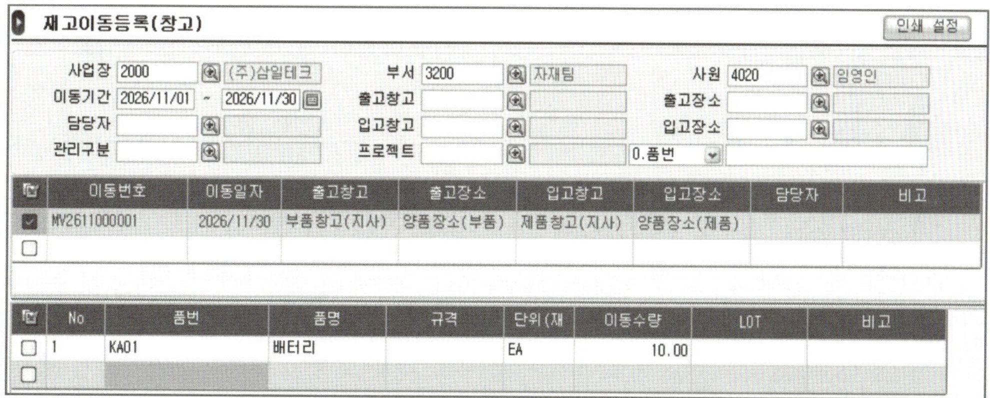

5.2 재고이동등록(사업장)

다른 사업장의 창고와 장소로 품목의 이동을 등록하는 메뉴이다.

실무예제

```
구매/자재관리  ➡  재고관리  ➡  재고이동등록(사업장)
```

(주)삼일테크는 다음과 같이 사업장 간 재고이동을 실시하였다. 재고이동을 등록하시오.

이동일자	출고 사업장	출고창고	출고장소	입고 사업장	입고창고	입고장소	품번	이동수량	이동단가
2026/11/30	본사	부품창고 (본사)	양품장소 (부품)	대구 지사	제품창고 (지사)	양품장소 (제품)	AE01	50	50,000

입력하기

❶ 이동기간을 입력하고 상단의 [조회] 아이콘을 클릭한 후 재고이동 정보를 입력한다.

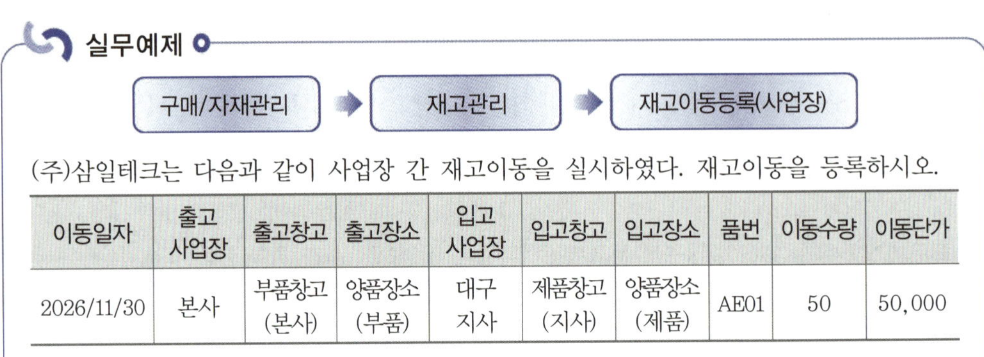

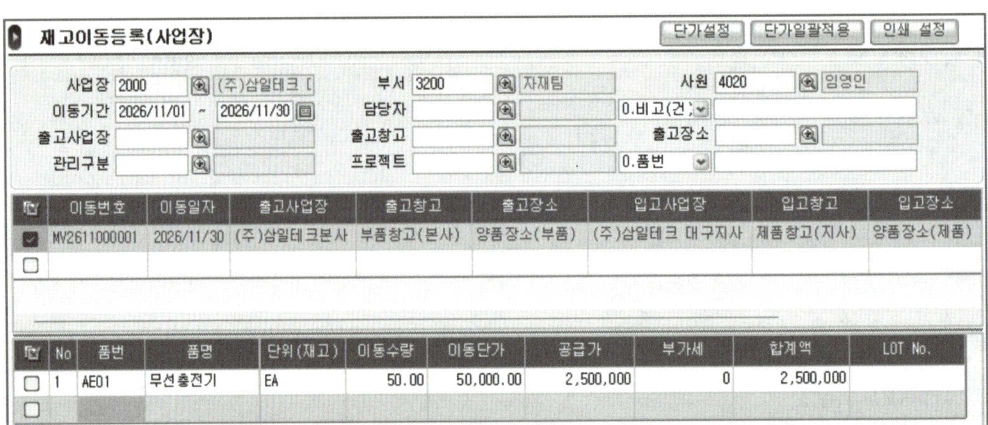

꼭 알아두기

- 자재마감/통제등록의 '마감일자'를 포함한 이전 일자로는 재고이동을 할 수 없으며, 데이터의 수정 · 삭제도 불가능하다.
- 사업장 간 재고이동 시에는 이동단가를 입력하여야 추후 사업장별 재고평가 결과에 해당 품목의 금액이 반영된다.

 **재고실사등록**

재고실사등록을 통하여 실제창고에 있는 수량과 전산(장부)상 수량의 차이를 확인할 수 있다. 실물재고와 전산재고의 차이가 있을 경우에는 실물재고를 기준으로 조정되어야 한다.

실무예제

(주)삼일테크 대구지사는 다음과 같이 재고실사를 실시하였다. 재고실사 자료를 등록하시오.

사업장	부서	사원	실사/재고 기준일	창고	장소	실사 구분	품번	전산 재고	실사 재고
대구 지사	자재팀	임영인	2026/ 12/31	부품창고 (지사)	양품장소 (부품)	정기	DH01	30	30
							DH02	20	20
							EM01	150	150
							EM02	**230**	**228**
							FK02	180	180
							GT01	30	30
							GT02	250	250
							HE01	170	170
							KA01	340	340
							LH01	200	200
							합계	**1,600**	**1,598**

입력하기

❶ 실사기간과 창고 등을 입력하고 상단의 [조회] 아이콘을 클릭한 후 헤더 부분의 정보를 입력한다.

❷ 디테일에 커서가 위치하면 우측 상단 [일괄전개] 아이콘을 클릭하여 전산재고를 불러온다.

❸ 실사재고를 수동으로 입력하면서 차이수량을 확인하고 저장한다.

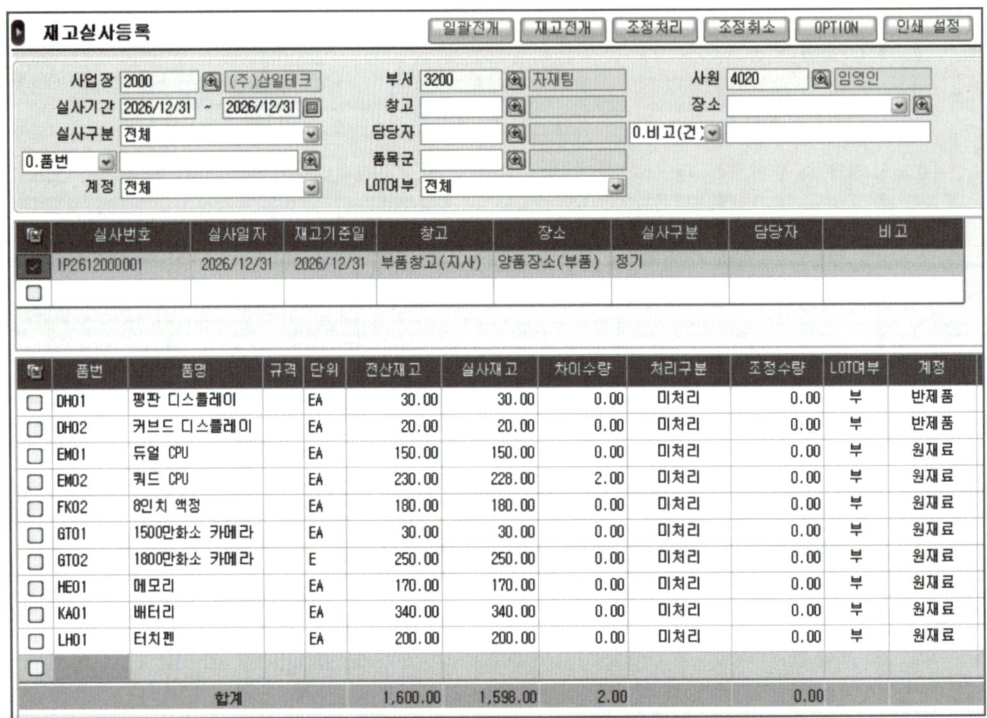

	실사번호	실사일자	재고기준일	창고	장소	실사구분	담당자	비고
☑	IP2612000001	2026/12/31	2026/12/31	부품창고(지사)	양품장소(부품)	정기		
☐								

	품번	품명	규격	단위	전산재고	실사재고	차이수량	처리구분	조정수량	LOT여부	계정
☐	DH01	평판 디스플레이		EA	30.00	30.00	0.00	미처리	0.00	부	반제품
☐	DH02	커브드 디스플레이		EA	20.00	20.00	0.00	미처리	0.00	부	반제품
☐	EM01	듀얼 CPU		EA	150.00	150.00	0.00	미처리	0.00	부	원재료
☐	EM02	쿼드 CPU		EA	230.00	228.00	2.00	미처리	0.00	부	원재료
☐	FK02	8인치 액정		EA	180.00	180.00	0.00	미처리	0.00	부	원재료
☐	GT01	1500만화소 카메라		EA	30.00	30.00	0.00	미처리	0.00	부	원재료
☐	GT02	1800만화소 카메라		E	250.00	250.00	0.00	미처리	0.00	부	원재료
☐	HE01	메모리		EA	170.00	170.00	0.00	미처리	0.00	부	원재료
☐	KA01	배터리		EA	340.00	340.00	0.00	미처리	0.00	부	원재료
☐	LH01	터치펜		EA	200.00	200.00	0.00	미처리	0.00	부	원재료
☐											
	합계				1,600.00	1,598.00	2.00		0.00		

주요항목 설명

❶ [일괄전개] : 선택한 실사창고의 실사장소에 있는 품목을 화면 하단에 일괄적으로 나타낸다.

❷ [재고전개] : 일괄전개 기능을 사용하지 않고 각 품목별로 실사재고를 등록하여 차이수량을 계산한다.

(5.4) 기초재고/재고조정등록

기초재고/재고조정등록 메뉴는 핵심ERP 물류·생산모듈을 운용하기 전에 대상품목 전체의 기초수량을 입력하거나 ERP시스템 운용 중에 전산(장부)재고와 실물재고를 일치시키기 위한 재고조정을 처리하는 메뉴이다.

실무예제

(주)삼일테크 대구지사의 정기 재고실사의 차이수량을 출고조정 처리하시오.

사업장	부서	사원	조정일자	창고	장소	품번	조정수량	단가
대구지사	자재팀	임영인	2026/12/31	부품창고(지사)	양품장소(부품)	EM02	2	70,000

입력하기

❶ 조정기간과 창고 등을 입력하고 상단의 🔍 조회 아이콘을 클릭한 후 [출고조정] TAB을 선택해 우측 상단 재고실사적용 아이콘을 클릭하여 재고실사 결과 차이수량 내역을 조회하여 선택한다.

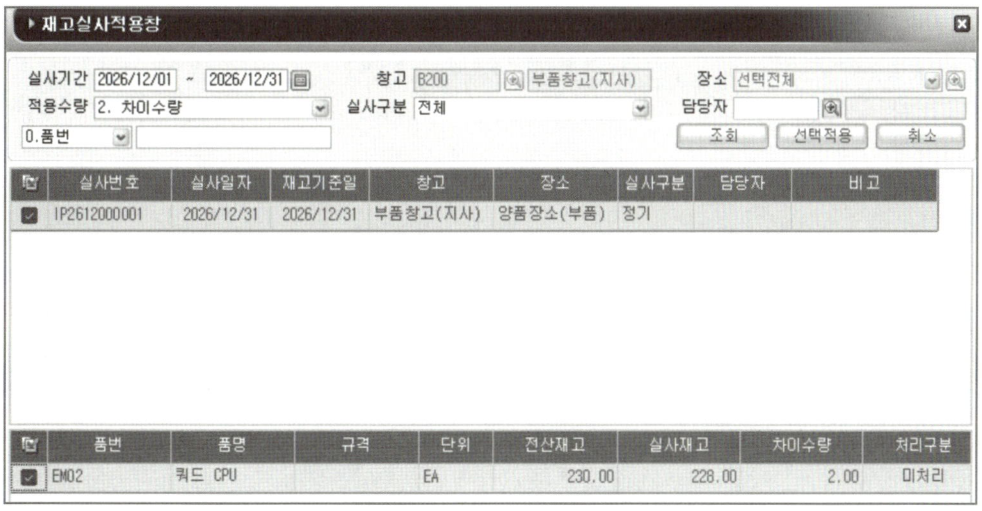

❷ 조정일자, 단가 등을 입력한 후 저장한다.

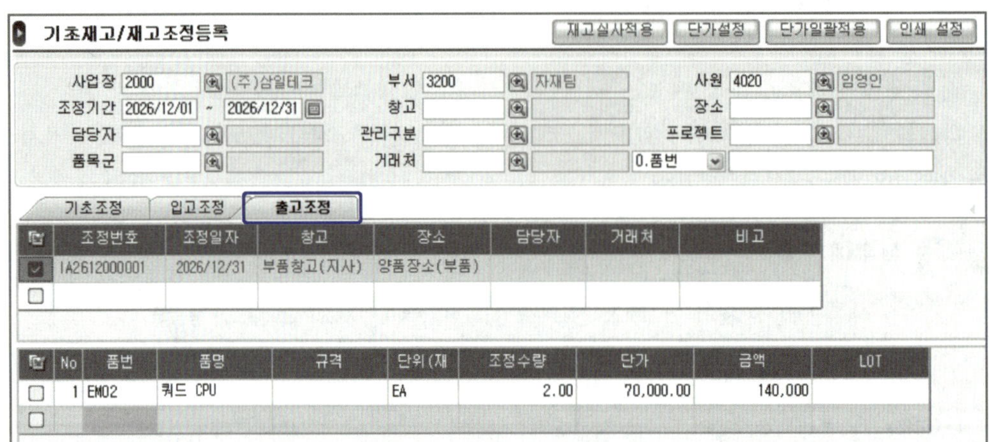

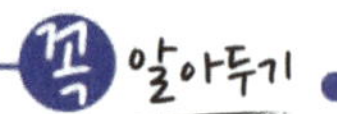

재고조정은 [입고조정] TAB 또는 [출고조정] TAB 모두에서 등록이 가능하다.
[출고조정] TAB에서 조정수량이 양수(+)이면 전산재고를 감소시키고, 음수(−)이면 전산재고를 증가시킨다. [입고조정] TAB에서는 [출고조정] TAB과 반대로 조정된다.

 SET품 수불조정등록

SET품목에 대해 SET모품의 입고수량 조정과 SET구성품의 출고수량 조정을 등록하는 메뉴이다.

★
프로세스 진행을 위하여 본사 구매팀 '박서준' 사원으로 로그인하여 진행한다.

🐾 실무예제 ●

(주)삼일테크 본사는 SET품목 구성을 다음과 같이 실시하였다. SET품 수불조정등록을 하시오.

사업장	부서	사원	입고창고 /출고창고	입고장소 /출고장소	조정 일자	SET 모품목	입고 수량	단가	구성 품번	출고 수량
본사	구매팀	박서준	부품창고 (본사)	양품장소 (부품)	2026/ 12/31	SET1	10	80,000	AE01	10
									AE02	10

🦅 입력하기

❶ 조정기간과 창고 및 장소 등을 입력하고 상단의 [조회] 아이콘을 클릭한 후 조정일자, SET모품목의 입고조정수량과 단가 등을 입력한다.

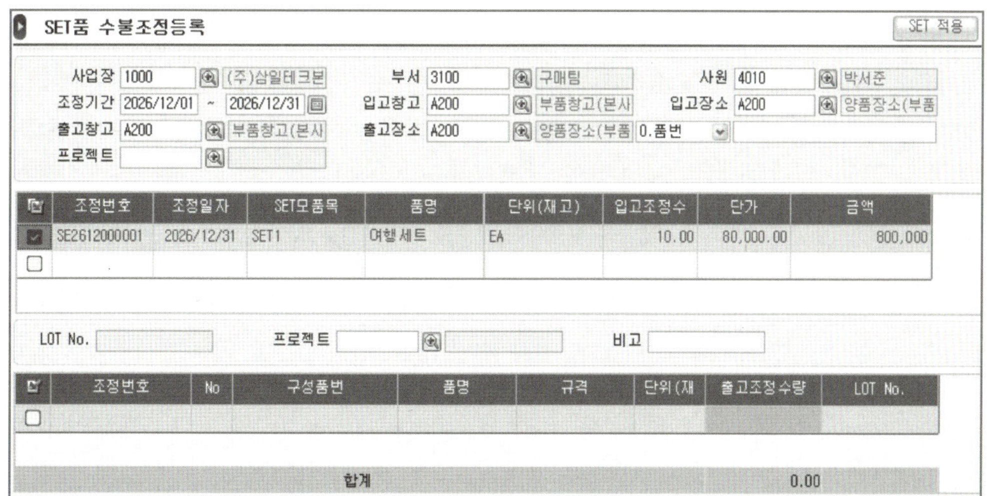

❷ 저장된 SET모품목 선택 후 우측 상단의 `SET 적용` 아이콘을 클릭하여 SET품목의 구성품을 조회한 후 확인한다.

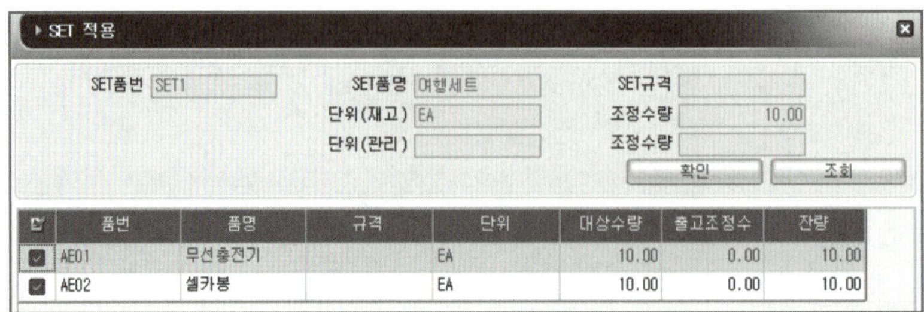

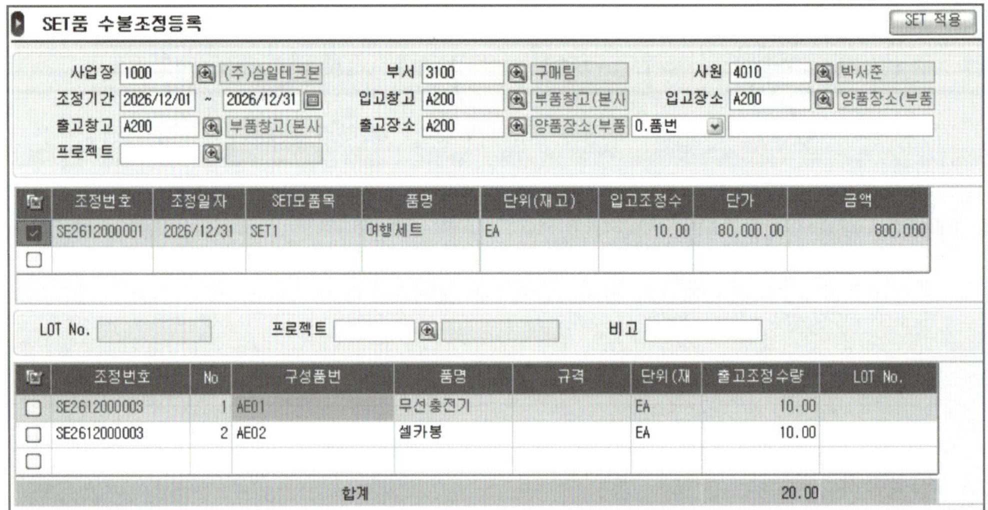

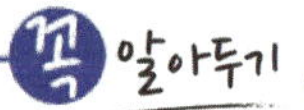

SET품 수불조정등록을 완료하면 SET모품은 해당 창고 및 장소에 입고되며, SET 구성품목은 해당 창고 및 장소에서 출고된다.

[조회메뉴 설명]

메뉴명	주요 내용
재고이동현황(창고)	동일 사업장 내에서 창고 간 재고이동현황을 조회하는 메뉴
재고이동현황(사업장)	사업장 간 재고이동현황을 조회하는 메뉴
SET품수불조정현황	SET품목에 대한 입고조정 수량과 금액을 확인할 수 있는 메뉴
재고실사현황	재고실사를 통해 등록된 재고현황을 조회하며, 전산재고와 실물재고의 차이수량을 확인하는 메뉴
기초재고/재고조정현황	기초조정등록 또는 입고·출고조정등록에서 처리한 내역을 조회하는 메뉴

꼭 알아두기

- **재고이동현황(창고)**
  동일 사업장 내에서 창고 간 재고이동은 재고평가 시 대체 입출고에 적용되지 않는다.
- **재고이동현황(사업장)**
  사업장 간 재고이동은 재고평가 시 대체 입출고의 적용대상이 된다.

06 재고수불현황

[조회메뉴 설명]

메뉴명	주요 내용
현재고현황 (전사/사업장)	연도별로 전사(회사전체) 또는 사업장별 재고현황을 조회하는 메뉴
재고수불현황(일자별)	특정기간 동안의 사업장별 입출고현황 및 재고를 일계와 누계로 조회하는 메뉴
재고수불현황(유형별)	일자별로 선택된 사업장의 입출고현황을 수불유형 및 입출고유형별로 조회하는 메뉴
재고수불상세현황 (일자별)	사업장, 창고 및 장소의 일자별 재고와 입출고 상세현황을 조회하는 메뉴
과다재고명세서	재고평가 후 평가배수에 따른 재고자산 과다 및 과소 수량을 계산하는 메뉴
부동재고명세서 (사업장)	기준일자를 기준으로 사업장별 부동재고자산을 조회하는 메뉴
부동재고명세서 (창고/장소)	기준일자를 기준으로 창고 및 장소별 부동재고자산을 조회하는 메뉴
사업장/창고/장소별재고(금액)현황	사업장, 창고, 장소별 입출고에 따른 수량과 금액을 상세하게 조회하는 메뉴
현재고현황(LOT) (전사/사업장)	전사 또는 사업장별로 품목의 LOT별 입출고 및 재고수량을 조회하는 메뉴
현재고현황(LOT) (창고/장소)	창고 또는 장소별로 품목의 LOT별 입출고 및 재고수량을 조회하는 메뉴

꼭 알아두기

- 재고수불현황(일자별), 재고수불상세현황(일자별)
  수불기간의 시작일자는 누계기간의 일자보다 빠른 일자가 입력되어서는 안 된다.
- 과다재고명세서
  과다수량 = 마감수량 − (평균사용량 × 평가배수)

07 재고평가

7.1 생산품표준원가등록

재고평가를 수행하기 위해 생산품의 표준원가를 등록하는 메뉴이다. 상품 및 원재료 등과 같은 구매품의 경우에는 매입금액을 원가로 처리하지만 제품이나 반제품과 같은 생산품은 입고금액(생산원가)이 명확하지 않기 때문이다.

실무예제

구매/자재관리 ➡ 재고평가 ➡ 생산품표준원가등록

(주)삼일테크 본사에서 보유 중인 생산품의 표준원가이다. 생산품표준원가를 등록하시오.

사업장	해당년월	품번	표준원가(품목등록)	실제원가(품목등록)	표준원가
본사	2026/01	CR01	240,000	250,000	240,000
		CR02	360,000	350,000	360,000

입력하기

❶ 사업장과 해당년월을 선택한 후 상단의 조회 아이콘을 클릭하여 하난에서 식섭 품목을 선택하여 입력할 수도 있고 일괄전개 아이콘을 클릭하여 품목전개와 표준원가를 동시에 입력할 수 있다.

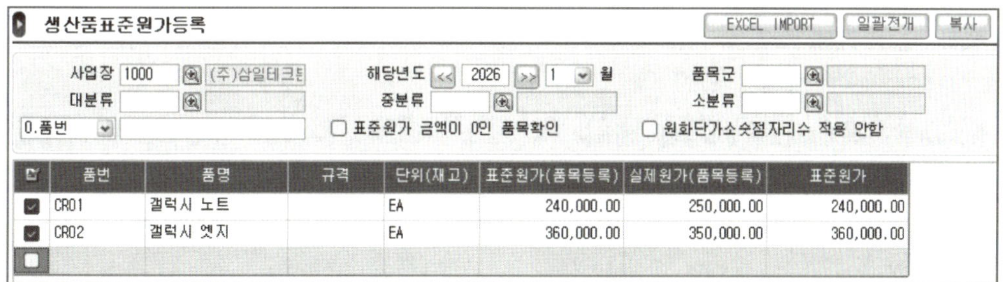

알아두기

생산품표준원가등록에 등록된 표준원가는 생산품에 대한 생산원가로 사용되고 사업장 별 재고이동 시 입고사업장의 매입원가로 사용된다.

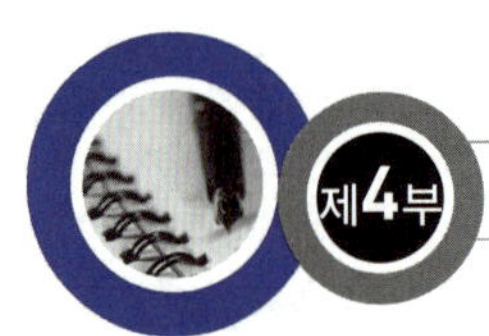

7.2 재고평가작업

재고자산에 대해 설정된 재고평가방법을 적용하여 재고평가를 실시하여 매출원가와 재고금액 등을 산출하는 메뉴이다.

🔖 실무예제

구매/자재관리 ➡ 재고평가 ➡ 재고평가작업

(주)삼일테크 본사의 재고자산 구매품과 생산품에 대하여 각각 다음과 같이 재고평가 작업을 하시오.

사업장	기수	구분	시작년월	종료년월
본사	15기	구매품	2026/01	2026/11
		생산품	2026/01	2026/11

📝 입력하기

❶ 사업장과 기수를 선택하고 [구매품] 및 [생산품] TAB을 선택한 후 상단의 조회 아이콘을 클릭하여 재고평가 대상기간을 입력하고 우측 상단의 재고평가 아이콘을 클릭하면 재고평가가 완료된다.

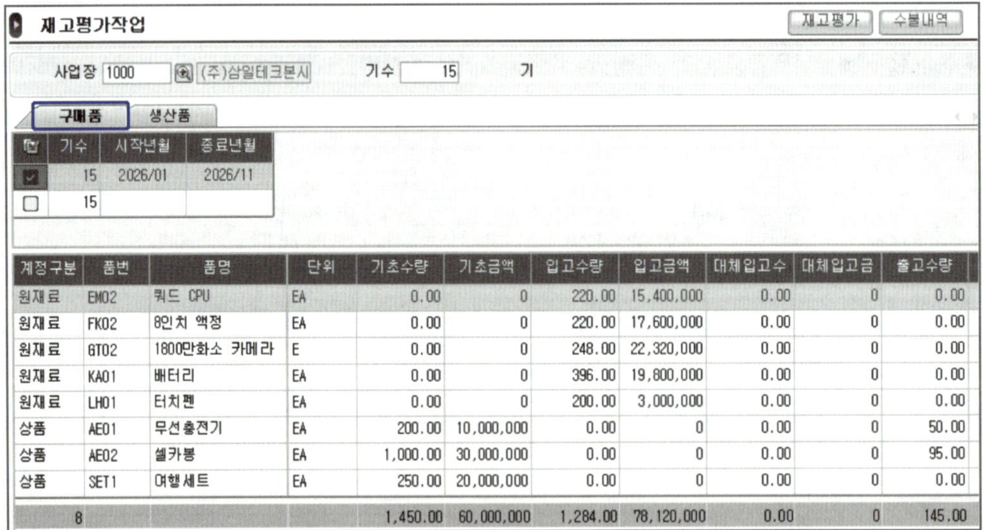

계정구분	품번	품명	단위	기초수량	기초금액	입고수량	입고금액	대체입고수	대체입고금	출고수량
원재료	EM02	쿼드 CPU	EA	0.00	0	220.00	15,400,000	0.00	0	0.00
원재료	FK02	8인치 액정	EA	0.00	0	220.00	17,600,000	0.00	0	0.00
원재료	GT02	1800만화소 카메라	E	0.00	0	248.00	22,320,000	0.00	0	0.00
원재료	KA01	배터리	EA	0.00	0	396.00	19,800,000	0.00	0	0.00
원재료	LH01	터치펜	EA	0.00	0	200.00	3,000,000	0.00	0	0.00
상품	AE01	무선충전기	EA	200.00	10,000,000	0.00	0	0.00	0	50.00
상품	AE02	셀카봉	EA	1,000.00	30,000,000	0.00	0	0.00	0	95.00
상품	SET1	여행세트	EA	250.00	20,000,000	0.00	0	0.00	0	0.00
8				1,450.00	60,000,000	1,284.00	78,120,000	0.00	0	145.00

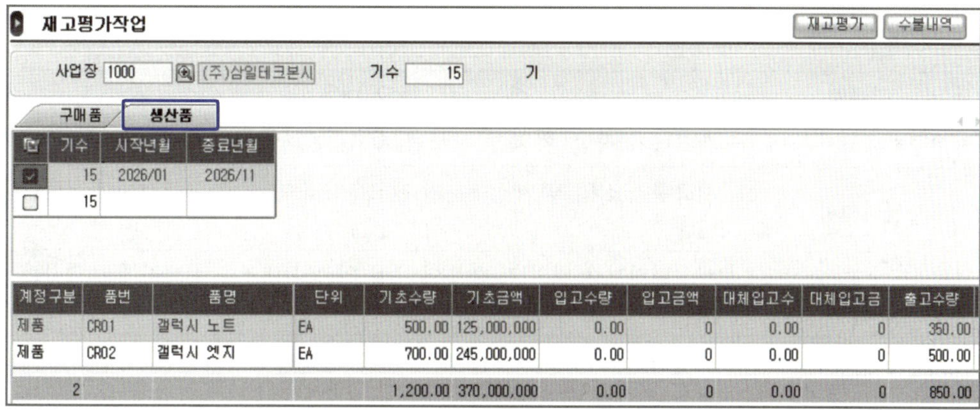

알아두기

- 재고평가 작업을 수행하면 영업마감/통제등록 및 자재마감/통제등록 메뉴의 마감일이 평가기간 종료년월로 자동 변경되어 재고의 입출고가 통제된다.
- 재고평가는 매입·매출마감이 이루어진 품목만을 대상으로 한다.
- 재고평가는 반드시 회계기간 초월이 포함되고 특정 월이 누락되어서는 안 된다. 예컨대 7월 재고평가를 하려고 한다면 1월에서 6월까지의 재고평가 작업이 이루어져 있어야 된다는 것이다.

[조회메뉴 설명]

메뉴명	주요 내용
재고평가보고서	재고평가 작업 후 세부 품목별 재고평가내역을 조회하는 메뉴
재고자산명세서	재고평가 작업 후 계정구분별 재고수량과 단가, 재고금액을 조회하는 메뉴
재고자산수불부	재고평가기간 내의 각 품목별 수불(입출고)내역을 상세하게 조회하는 메뉴
대체출고내역현황	조정대체/계정대체/사업장대체별로 재고평가에 나타난 대체출고 내역을 조회할 수 있다.

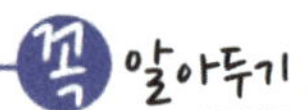

[대체출고내역현황]

- 조정대체: 기초재고/재고조정등록 메뉴 [출고조정] TAB에서 출고조정한 내역이 조회된다.
- 계정대체: 계정의 본래 목적을 사용하지 않은 경우의 내역이 조회된다. 판매용으로 구입한 상품을 생산공정에 투입하여 원재료로 사용한 경우이다.
- 사업장대체: 사업장 간 재고이동을 수행하였을 때 발생한다.
- SET조정대체: SET 품목에 대해 재고를 조정한 내역이 조회된다.

제5장

핵심ERP 생산프로세스 실무

01 업무프로세스의 이해

1.1 생산프로세스(자체생산)

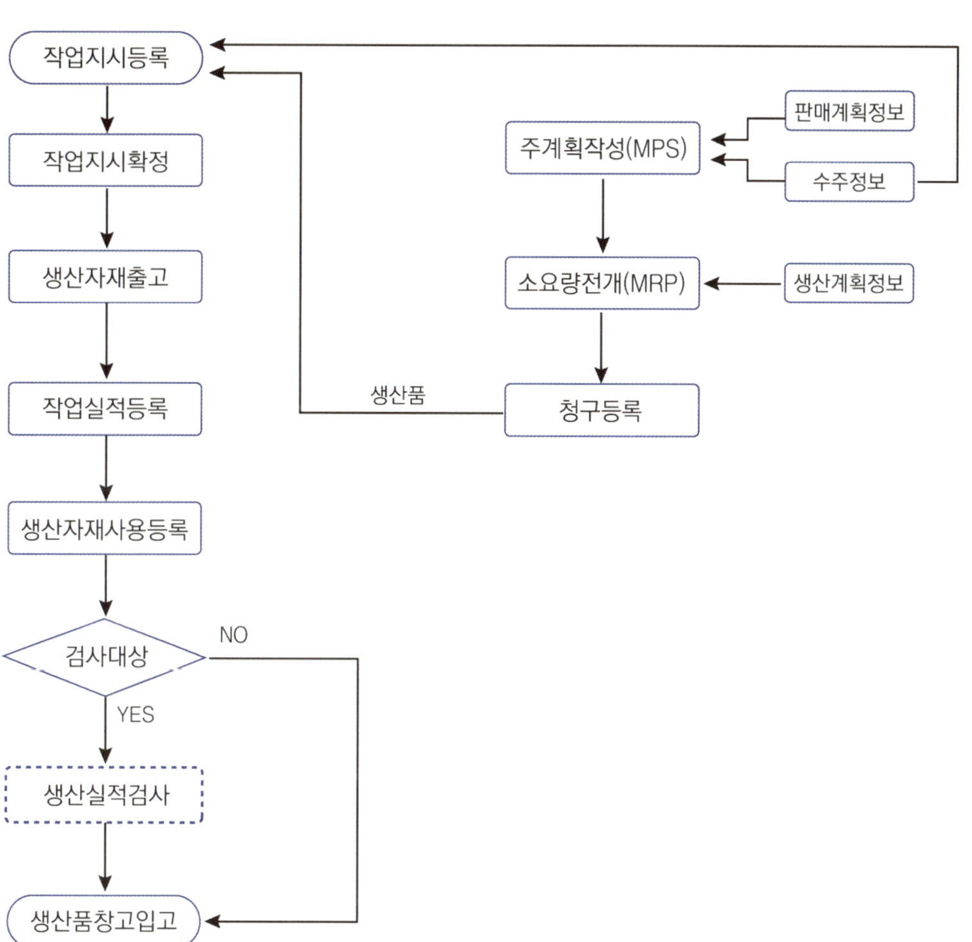

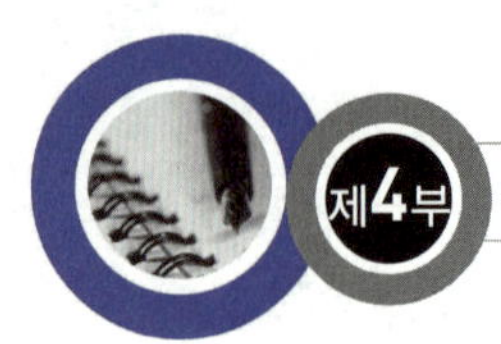

1.2 외주프로세스(외부생산)

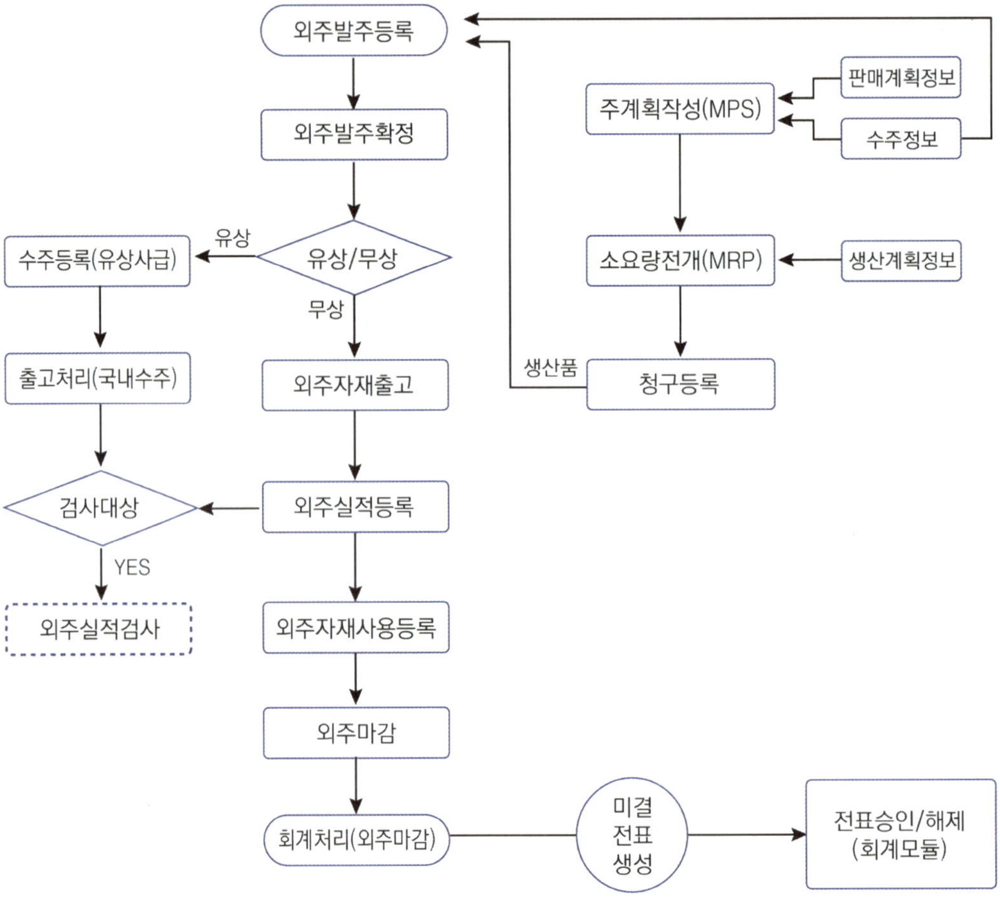

02 생산관리

★

핵심ERP 생산프로세스 진행을 위하여 대구지사의 생산팀 '황재석' 사원으로 로그인하여 진행하고자 한다.

2.1 생산계획등록

생산계획등록은 생산할 제품 및 반제품에 대한 생산계획을 등록하는 메뉴이다. 생산계획등록 메뉴에서 등록된 생산계획 정보는 판매계획이나 수주정보에 의해 작성되는 주생산계획(MPS)과 함께 소요량전개(MRP) 시 산출근거로 이용된다.

실무예제

(주)삼일테크 대구지사는 제품 및 반제품에 대한 생산계획을 자체적으로 수립하였다. 품목별 생산계획을 등록하시오.

사업장	품번	품명	작업예정일	수량
대구지사	CR02	갤럭시 엣지	2026/11/02	100
	DH02	커브드 디스플레이	2026/11/02	90

입력하기

❶ 사업장 확인 후 상단의 [조회] 아이콘을 클릭하여 해당 품목을 선택한 후 작업예정일과 수량을 입력하면 작업순서가 부여된다.

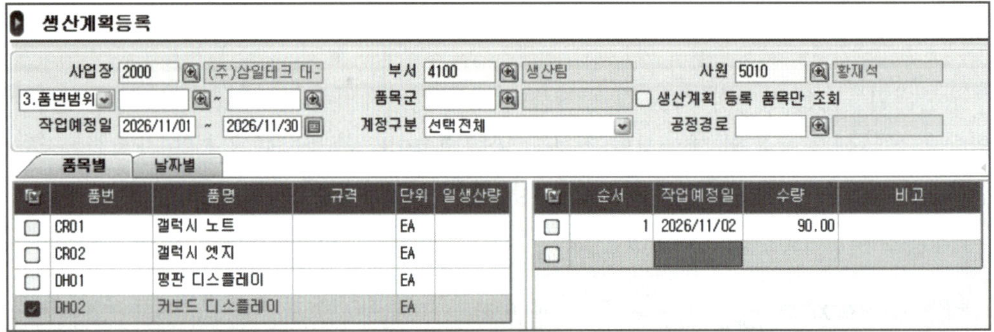

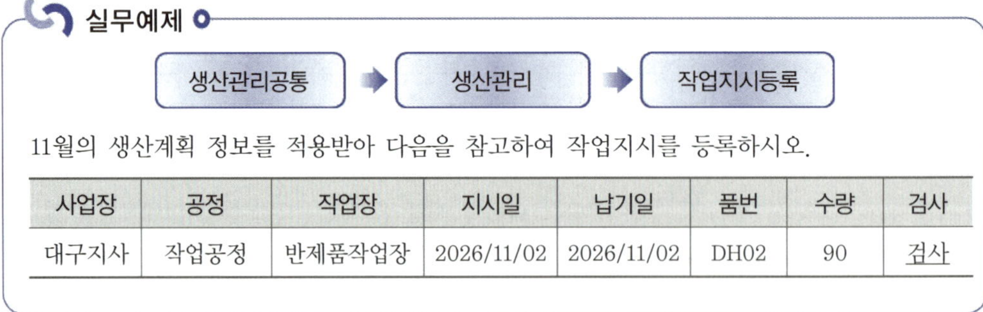

2.2 작업지시등록

작업지시등록은 생산할 품목과 수량, 생산완료일을 등록하는 메뉴이다. 생산품 청구정
보, 수주정보, 생산계획정보를 적용받아 등록할 수 있으며, 직접 입력할 수도 있다.

실무예제

생산관리공통 ➡ 생산관리 ➡ 작업지시등록

11월의 생산계획 정보를 적용받아 다음을 참고하여 작업지시를 등록하시오.

사업장	공정	작업장	지시일	납기일	품번	수량	검사
대구지사	작업공정	반제품작업장	2026/11/02	2026/11/02	DH02	90	검사

 입력하기

❶ 사업장, 공정과 작업장을 입력하고 상단의 조회 아이콘을 클릭한 후 우측 상단 생산계획조회 아이콘을 클릭한다.

❷ 팝업 창에서 계획기간을 입력하고, 생산계획 정보를 조회하여 해당 품목 선택 후 적용한다.

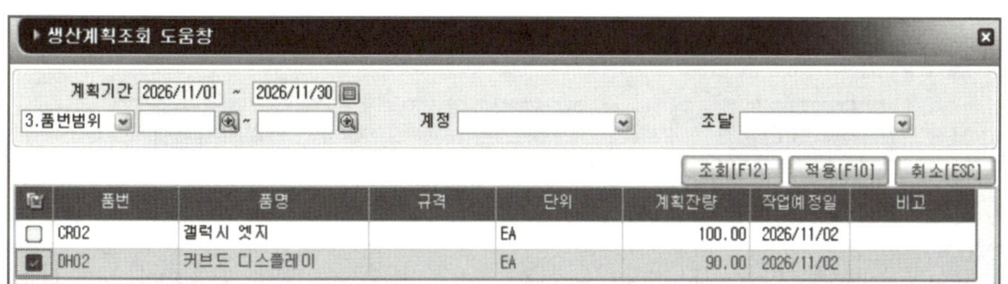

❸ 적용된 품목의 수량과 검사유무를 확인 후 저장한다. 생산계획 정보를 적용받은 지시수량은 변경이 가능하다.

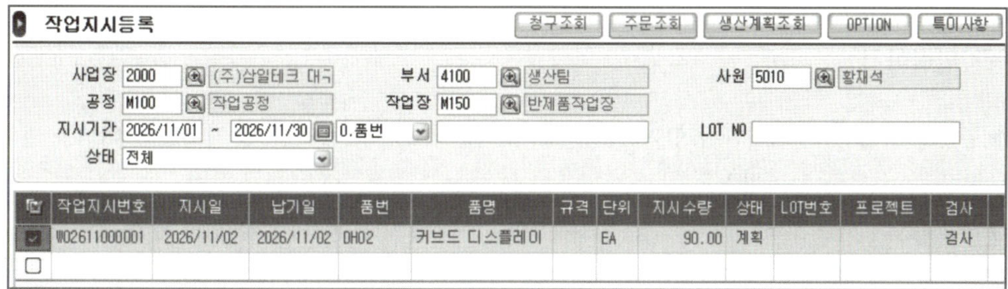

주요항목 설명

❶ 청구조회 : 구매/자재모듈 청구정보에 의한 작업지시등록 시에 적용한다.

❷ 주문조회 : 영업모듈 수주정보에 의한 작업지시등록 시에 적용한다.

❸ 생산계획조회 : 생산모듈 생산계획정보에 의한 작업지시등록 시에 적용한다.

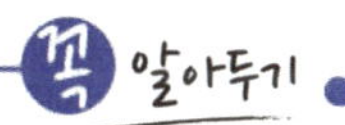 알아두기

[작업지시 상태]

구분	설명
계획	작업지시등록 후 확정되지 않은 등록 상태
확정	작업지시등록 후 작업지시를 확정한 상태
마감	강제적으로 작업지시를 마감처리한 상태

작업지시등록은 수주나 청구정보, 생산계획정보를 적용받지 않고 직접 입력하는 것도 가능하다.

2.3 작업지시확정

계획상태의 작업지시를 확정하는 메뉴이다. 작업지시 확정과 동시에 BOM등록 정보를 근거로 모품목에 대한 자품목의 필요수량이 자동으로 산출된다.

💬 실무예제

생산관리공통 ➡ 생산관리 ➡ 작업지시확정

등록된 작업지시를 확정하고, 작업지시서를 생산현장에 배포하시오.

사업장	지시일	납기일	품번	지시수량	상태	검사	사용일
대구지사	2026/11/02	2026/11/02	DH02	90	확정	검사	2026/11/02

🖎 입력하기

❶ 공정과 작업장, 지시기간을 입력하고 상단의 [조회] 아이콘을 클릭한 후 작업지시 내역을 확인한다.

❷ 해당 작업지시를 선택하고 우측 상단 [확정] 아이콘을 클릭하여 청구일자 입력 팝업 창에서 자재 사용일자를 입력 후 확인하면, 자품목의 소요정보가 자동으로 전개된다.

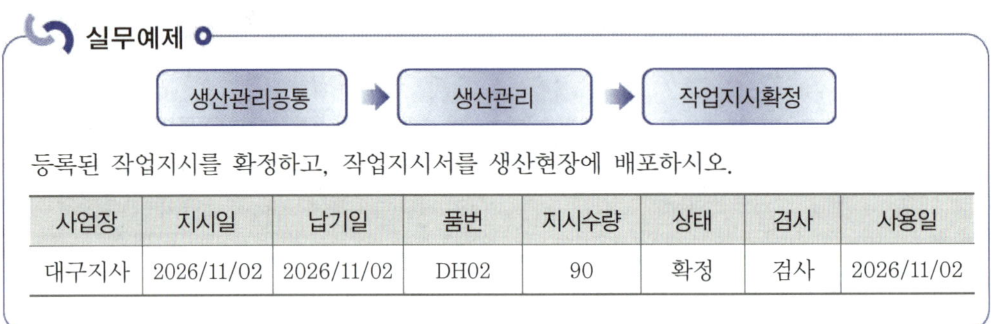

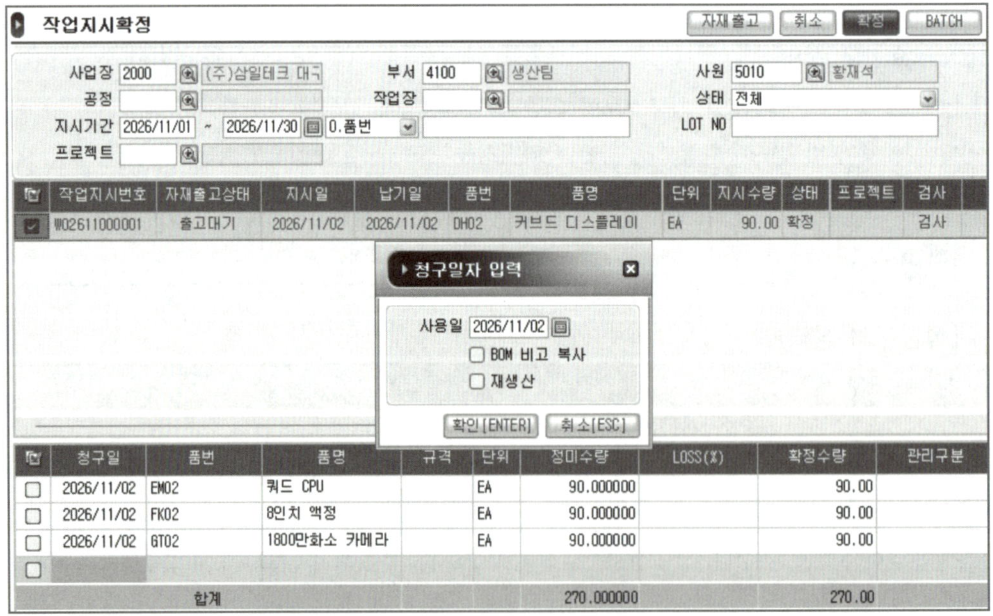

주요항목 설명

❶ `자재출고` : 작업지시 확정 후 자재출고 아이콘을 클릭하여 출고일자와 출고장소를 입력한 후 생산자재 출고처리를 할 수 있다.

❷ `BATCH` : 교육용 핵심ERP에서는 활용되지 않는 기능이다.

꼭 알아두기

- 작업지시 확정 후 BOM 정보에 근거하여 자동으로 전개된 자품목의 LOSS율과 수량은 변경할 수도 있다.
- 생산자재출고 또는 생산실적등록 데이터가 발생된 작업지시는 '확정' 상태를 '취소'할 수 없다.

2.4 생산자재출고

생산자재출고는 제품 및 반제품을 생산하기 위해 필요한 자재를 공정으로 출고처리하는 메뉴이다. 작업지시확정 메뉴에서 자재를 출고처리 하였다면, 이 메뉴에서는 조회만 가능하다.

실무예제

작업지시가 확정된 건에 대해 다음을 참고하여 생산자재를 출고 처리하시오.

사업장	출고일자	출고창고	출고장소	공정	작업장
대구지사	2026/11/02	부품창고(지사)	양품장소(부품)	작업공정	반제품작업장

모품목	품번	요청수량	출고수량
커브드 디스플레이 (DH02)	EM02	90	90
	FK02	90	90
	GT02	90	90

입력하기

❶ 출고기간을 입력하고 상단의 [조회] 아이콘을 클릭한 후 우측 상단 [출고요청] 아이콘을 클릭하여 자재출고요청 내역을 조회한다. 해당 요청품목을 선택하여 적용한다.

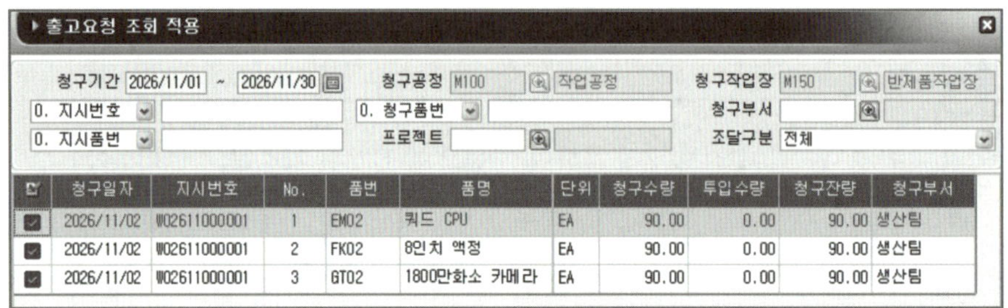

❷ 출고일자, 출고창고 및 출고장소를 입력하고 출고수량의 변경여부를 확인 후 저장한다.

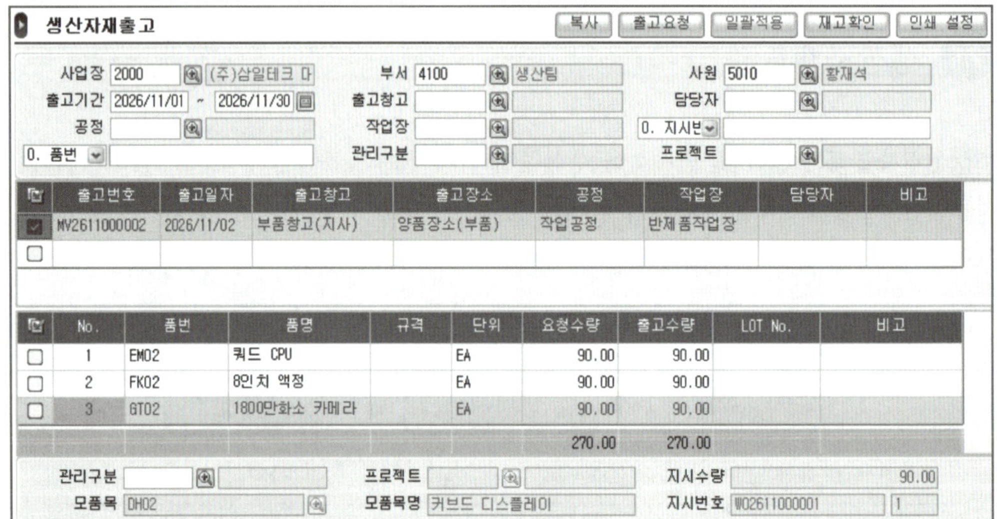

꼭 알아두기

- 작업지시 확정을 통해 산출된 자품목의 소요량을 기준으로 출고처리를 하며, 출고처리 시 품목 및 수량을 변경할 수도 있다.
- 자재출고처리가 완료되면 창고의 재고는 출고수량만큼 감소하고, 공정의 재공은 그 수량만큼 증가한다.

 작업실적등록

작업실적등록은 작업지시로 인한 제품 및 반제품의 생산이 일부 또는 전부가 완료된 실적을 등록하는 메뉴이다. 작업실적이 등록되더라도 생산품에 대해 창고입고처리가 되지 않았기 때문에 작업공정에 머물러 있는 재공으로 인식된다.

실무예제

생산관리공통 ➡ 생산관리 ➡ 작업실적등록

대구지사에서 생산이 완료된 커브드 디스플레이(DH02)의 작업실적을 등록하시오.

지시공정	지시일	품번	실적일	공정	작업장
작업공정	2026/11/02	DH02	2026/11/02	작업공정	반제품작업장

구분	실적구분	실적수량	검사	입고창고	입고장소
입고	적합	70	검사	부품창고(지사)	양품장소(부품)

※ 재작업은 하지 않는다.

입력하기

❶ 지시기간과 지시공정을 선택한 후 상단의 조회 아이콘을 클릭하면 화면 상단에 작업지시 내역이 조회된다. 예제의 실적정보를 참고하여 입력 후 저장한다.

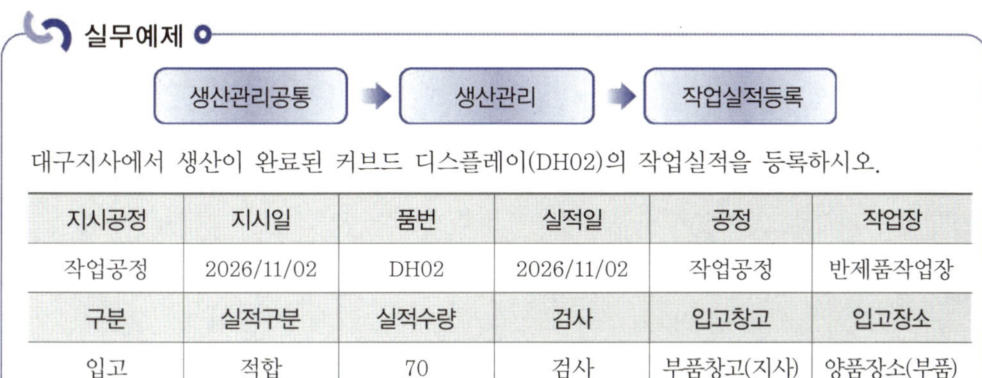

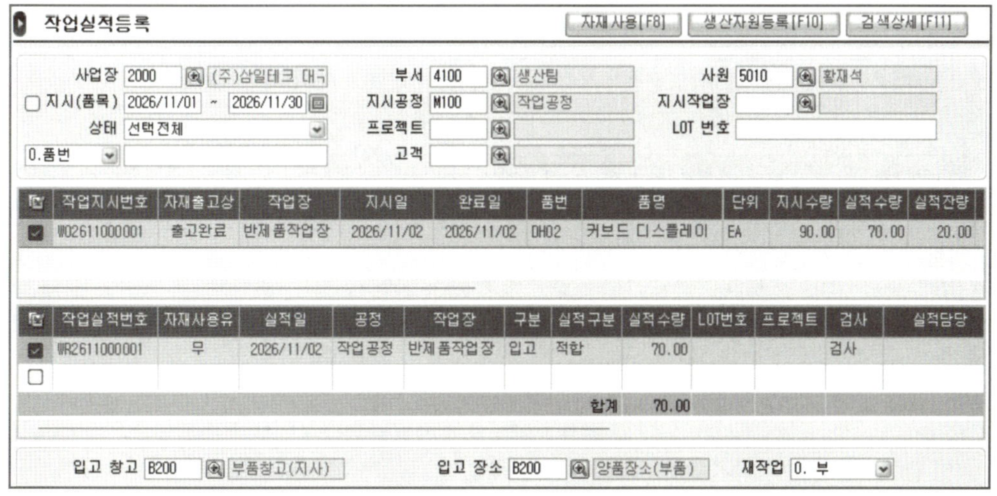

주요항목 설명

❶ 자재사용[F8] : 작업실적별로 사용자재를 보고하는 기능이다.

❷ 생산자원등록[F10] : 해당 작업실적에 대해 자원사용량을 등록하는 기능이다.

꼭 알아두기

- 작업실적이 등록되면 제품 및 반제품의 재공이 증가된다. 그 후 생산품 창고입고처리가 이루어지면 제품 및 반제품의 재고는 증가하고 재공은 감소하게 된다.
- 한 건의 작업지시에 대해 수차례 나누어 실적 잔량관리를 하면서 작업실적을 등록할 수 있다.

2.6 생산자재사용등록

생산자재사용등록은 작업실적별 제품 및 반제품의 생산에 투입된 자재의 사용량을 등록하는 메뉴이다.

실무예제

반제품 커브드 디스플레이(DH02)의 생산에 사용된 자재를 등록하시오.

사업장	실적일	실적공정	품번	실적수량	사용일자	품번	사용수량
대구지사	2026/11/02	작업공정	DH02	70	2026/11/02	EM02	70
						FK02	70
						GT02	70

※ 출고창고: 부품창고(지사), 출고장소: 양품장소(부품)

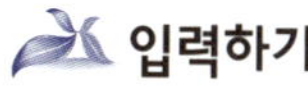 입력하기

❶ 실적공정과 실적작업장, 실적기간을 입력하고 상단의 [조회] 아이콘을 클릭하면 작업실적 내역이 조회된다. 우측 상단 [일괄적용[F7]] 아이콘을 클릭하여 사용정보와 출고정보를 입력한 후 확인한다.

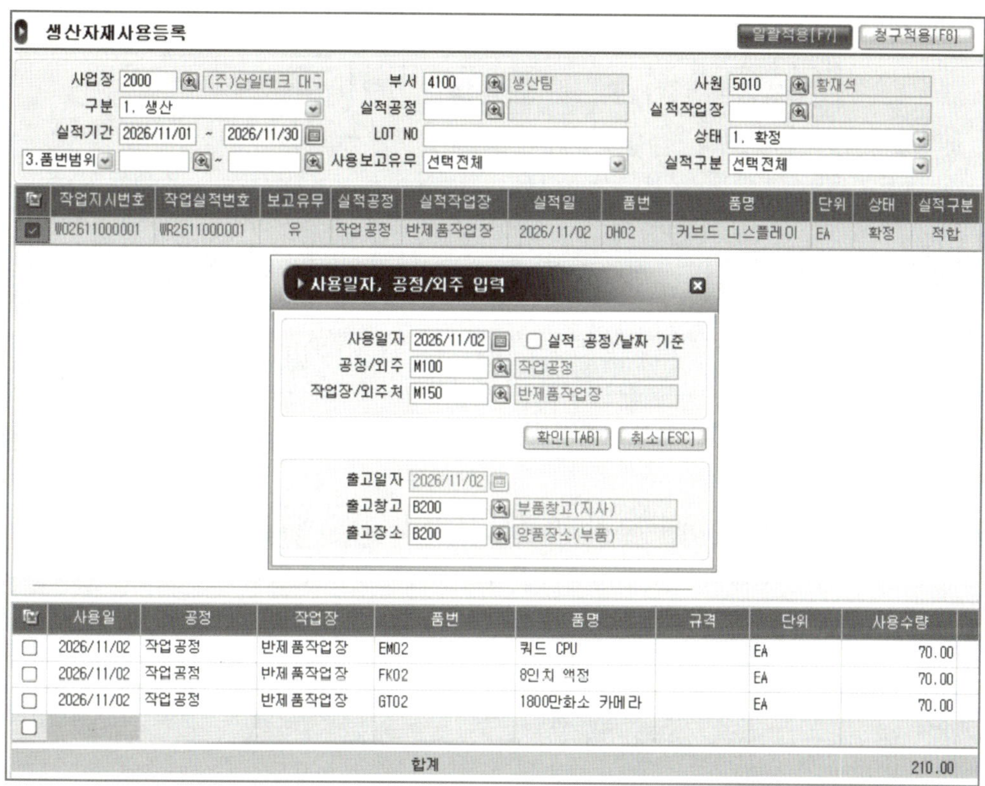

주요항목 설명

❶ [일괄적용[F7]] : 자재의 사용정보와 출고정보를 입력 후 일괄적으로 적용한다.

❷ [청구적용[F8]] : 작업지시 확정을 통해 청구한 자재내역을 적용받는 기능이다.

> **꼭 알아두기**
>
> 생산자재 출고된 자재는 재공으로 남아 있다가 생산자재사용등록을 하면 자재의 재공은 감소된다.

2.7 생산실적검사

생산실적검사는 옵션설정 메뉴로서 생산실적 품목에 대한 검사결과를 등록하는 메뉴이다. 시스템환경설정 메뉴에서 '실적검사운영여부'가 '운영함'으로 설정되어 있어야 된다.

실무예제

생산관리공통 ➡ 생산관리 ➡ 생산실적검사

반제품 커브드 디스플레이(DH02)의 생산실적검사 결과를 등록하시오.

공정	작업장	품번	검사일	검사구분	검사유형	합격여부	합격수량	불합격 수량
작업공정	반제품 작업장	DH02	2026/11/02	성능검사	전수검사	합격	69	1

※ 불합격 수량 1EA는 조립불량으로 판정되었다.

입력하기

❶ 실적일, 공정 및 작업장을 선택하고 상단의 [조회] 아이콘을 클릭하면 화면 상단에 작업실적 내역이 조회된다. 화면 하단에서 검사일자, 검사구분, 합격여부 등을 입력한 후 저장한다.

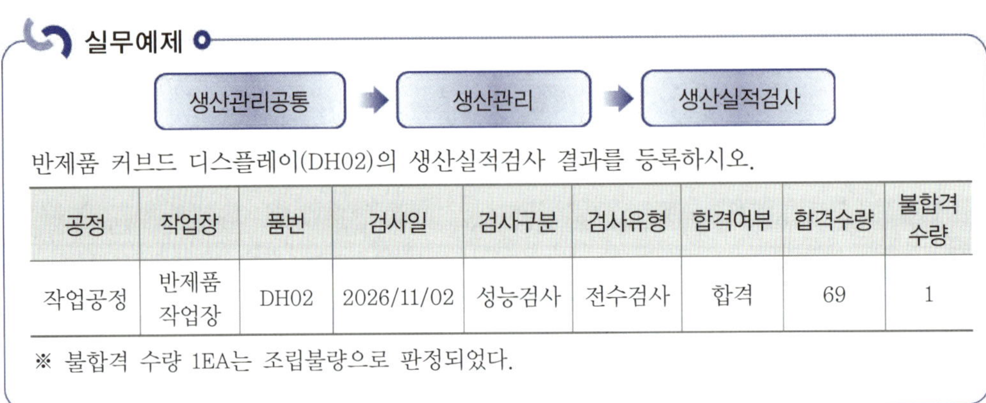

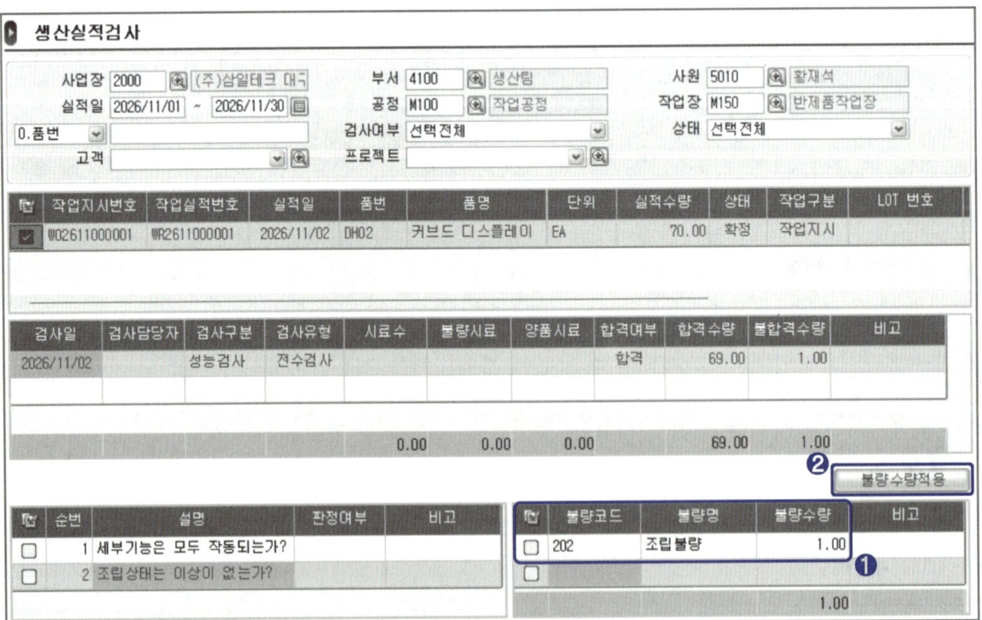

 28 생산품창고입고처리

생산품창고입고처리는 재공을 운영하는 경우에 생산품을 창고에 입고처리하는 메뉴이다.

실무예제

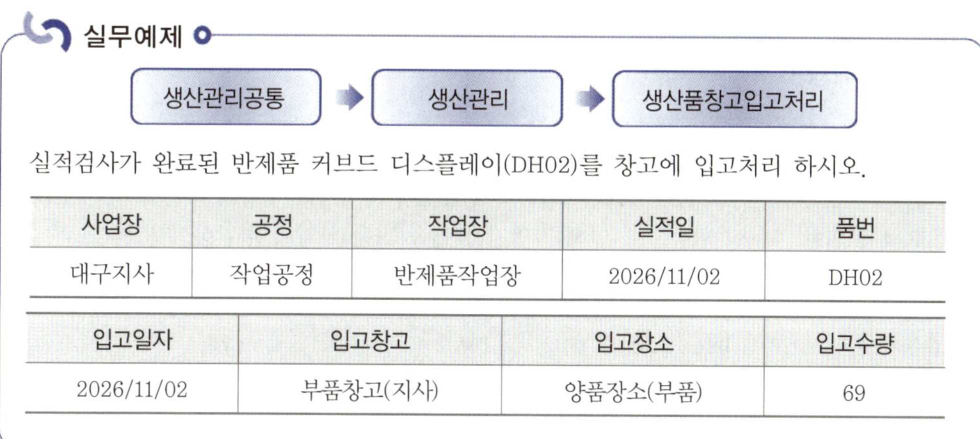

생산관리공통 ➡ 생산관리 ➡ 생산품창고입고처리

실적검사가 완료된 반제품 커브드 디스플레이(DH02)를 창고에 입고처리 하시오.

사업장	공정	작업장	실적일	품번
대구지사	작업공정	반제품작업장	2026/11/02	DH02

입고일자	입고창고	입고장소	입고수량
2026/11/02	부품창고(지사)	양품장소(부품)	69

입력하기

❶ 실적기간과 공정을 입력하고 상단의 [조회] 아이콘을 클릭하면 화면 상단에 작업지시 내역이 조회된다. 화면 하단에서 입고정보를 입력 후 저장한다.

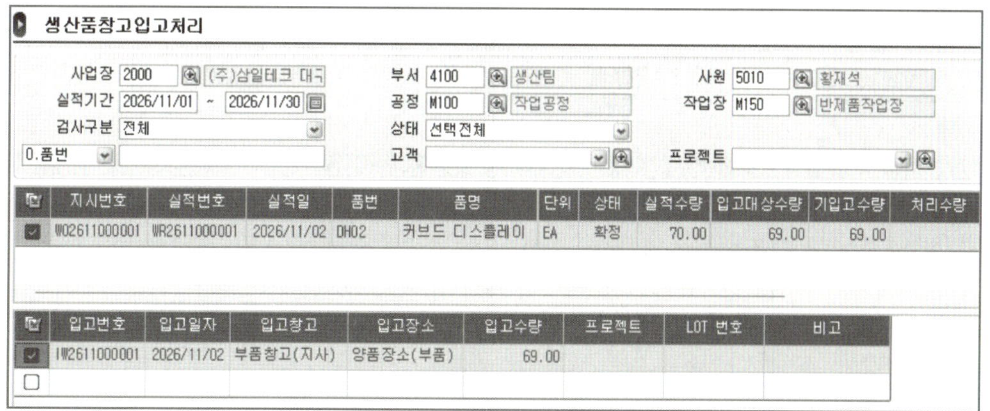

꼭 알아두기

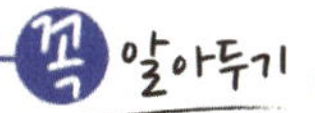

생산품을 창고에 입고처리하면 재공은 감소하고, 재고는 증가한다.

29 작업지시마감처리

작업지시 잔량이 남아 있는 상태에서 작업을 더 이상 진행하지 않는 경우에 작업지시마 감처리를 하면 생산대상으로 관리되지 않는다. 필요하다면 마감처리하였다가 취소할 수도 있다.

실무예제

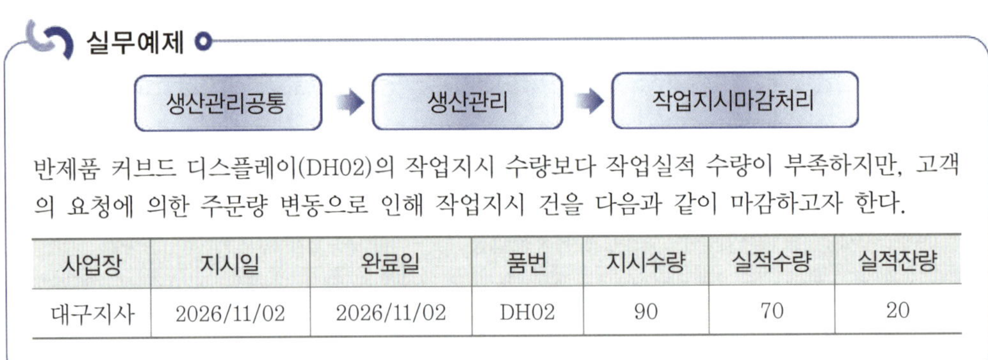

반제품 커브드 디스플레이(DH02)의 작업지시 수량보다 작업실적 수량이 부족하지만, 고객 의 요청에 의한 주문량 변동으로 인해 작업지시 건을 다음과 같이 마감하고자 한다.

사업장	지시일	완료일	품번	지시수량	실적수량	실적잔량
대구지사	2026/11/02	2026/11/02	DH02	90	70	20

입력하기

❶ 지시를 입력하고 상단의 〔조회〕 아이콘을 클릭하면 화면 상단에 작업지시 내역이 조회된다. 해당 작업지시 건을 선택하여 우측 상단 〔마감처리[F6]〕 아이콘을 클릭하여 마감처리 한다.

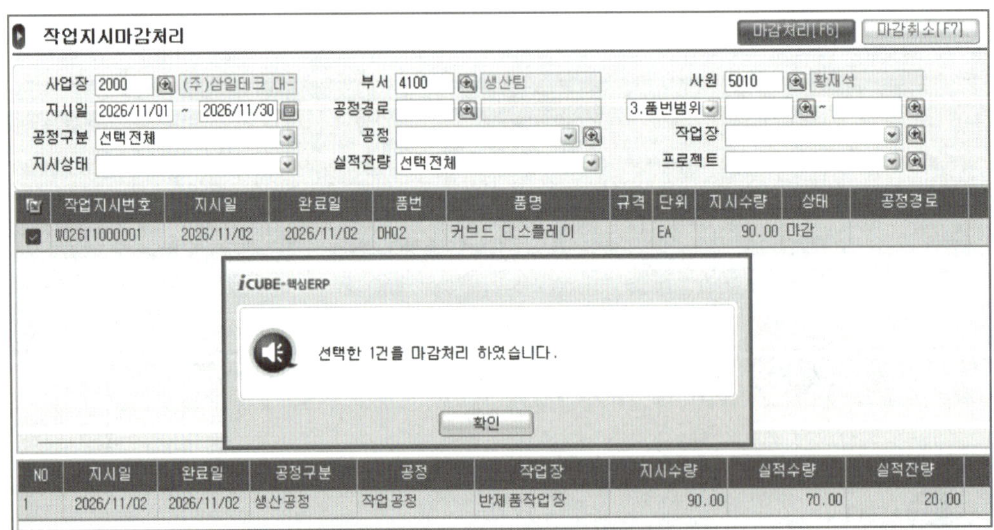

 **제품생산 실습**

실무예제

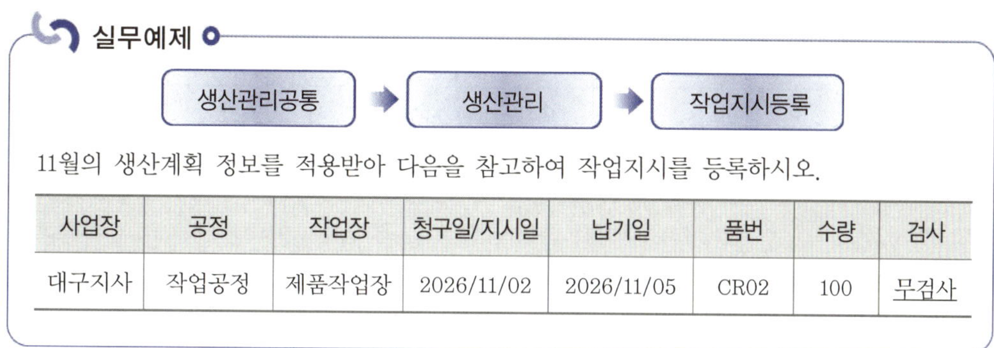

11월의 생산계획 정보를 적용받아 다음을 참고하여 작업지시를 등록하시오.

사업장	공정	작업장	청구일/지시일	납기일	품번	수량	검사
대구지사	작업공정	제품작업장	2026/11/02	2026/11/05	CR02	100	무검사

입력하기

❶ 공정과 작업장, 지시기간을 입력하고 상단의 조회 아이콘을 클릭한 후 우측 상단 생산계획조회 아이콘을 클릭한다.

❷ 팝업 창에서 계획기간을 입력하고, 생산계획 정보를 조회하여 해당 품목 선택 후 적용한다.

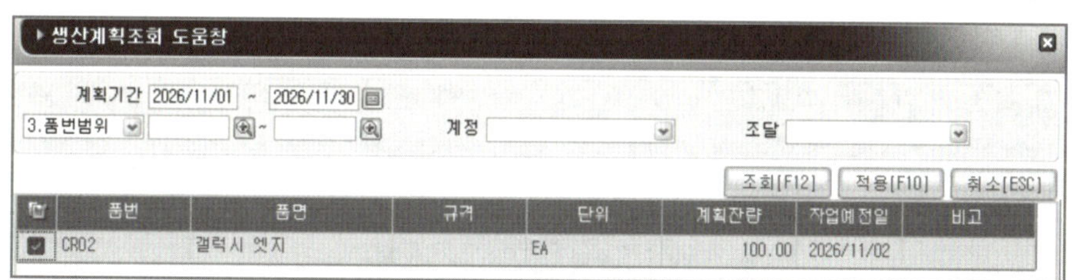

❸ 적용된 품목의 수량과 검사유무를 확인 후 저장한다. 청구정보를 적용받은 지시수량은 변경이 가능하다.

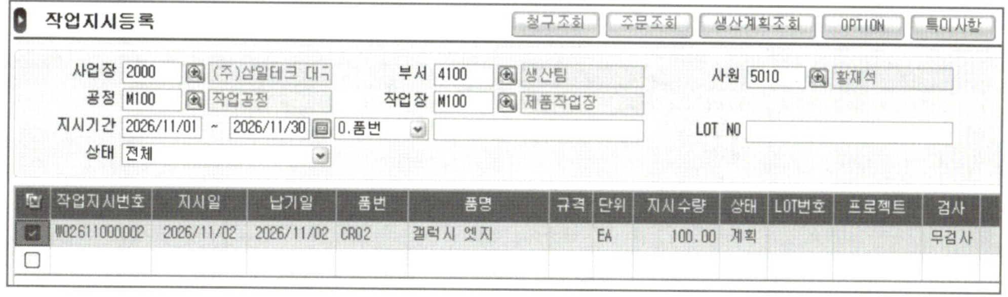

실무예제

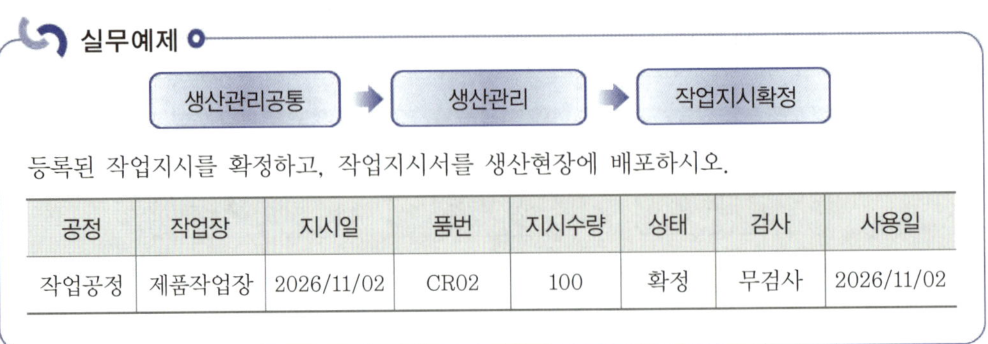

등록된 작업지시를 확정하고, 작업지시서를 생산현장에 배포하시오.

공정	작업장	지시일	품번	지시수량	상태	검사	사용일
작업공정	제품작업장	2026/11/02	CR02	100	확정	무검사	2026/11/02

입력하기

❶ 공정과 작업장, 지시기간을 입력하고 상단의 [조회] 아이콘을 클릭한 후 작업지시 내역을 확인한다.

❷ 해당 작업지시를 선택하고 우측 상단 [확정] 아이콘을 클릭하여 청구일자 입력 팝업 창에서 자재청구일자를 입력 후 확인하면, 자품목의 소요정보가 자동으로 전개된다.

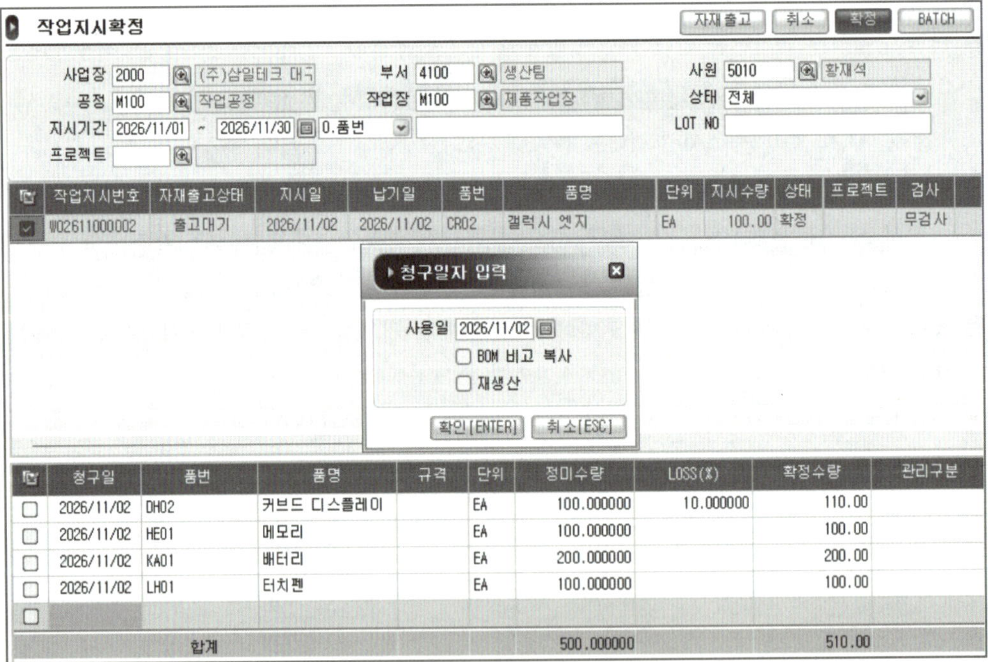

실무예제

작업지시가 확정된 갤럭시 엣지(CR02)건에 대해 다음을 참고하여 작업지시확정 메뉴에서 생산자재를 출고처리 하시오.

출고일자	출고창고	출고장소	품번	확정수량
2026/11/02	부품창고(지사)	양품장소(부품)	DH02	110
			HE01	100
			KA01	200
			LH01	100

입력하기

❶ 작업지시확정 메뉴에서 공정, 작업장, 지시기간 등을 입력하고, 상단의 조회 아이콘을 클릭한 후 우측 상단 자재출고 아이콘을 클릭하여 출고일자 등을 입력한다.

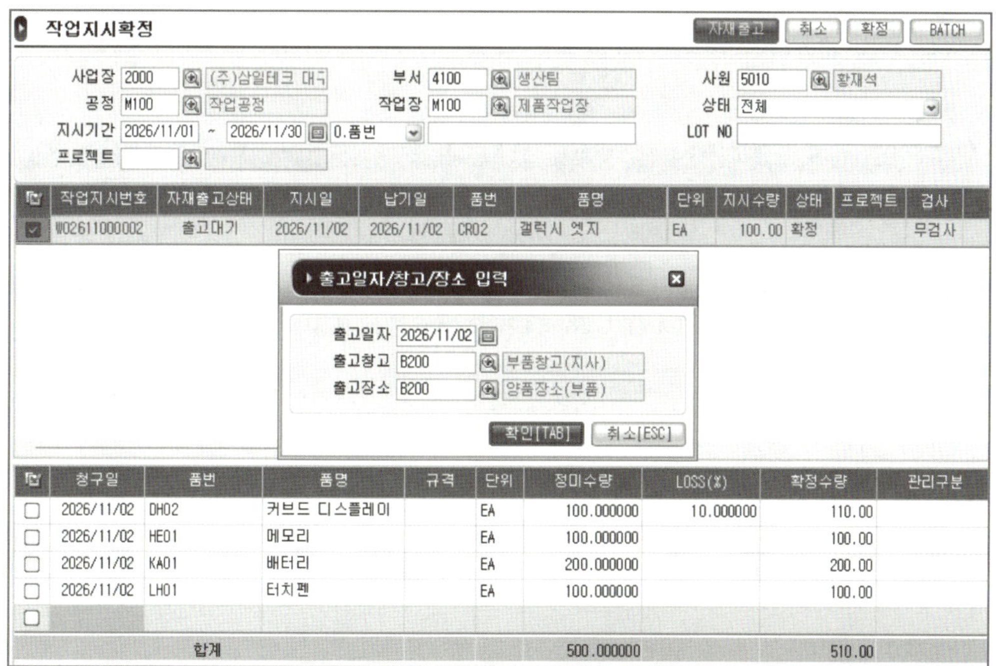

실무예제

생산관리공통 ➡ 생산관리 ➡ 작업실적등록

생산이 완료된 갤럭시 엣지(CR02)의 작업실적 등록과 창고에 입고 처리하시오.

지시공정	지시일	품번	실적일	공정	작업장
작업공정	2026/11/02	CR02	2026/11/04	작업공정	제품작업장
구분	실적구분	실적수량	검사	입고창고	입고장소
입고	적합	50	무검사	제품창고(지사)	양품장소(제품)

※ 재작업은 하지 않는다.

입력하기

❶ 지시기간과 지시공정을 선택한 후 상단의 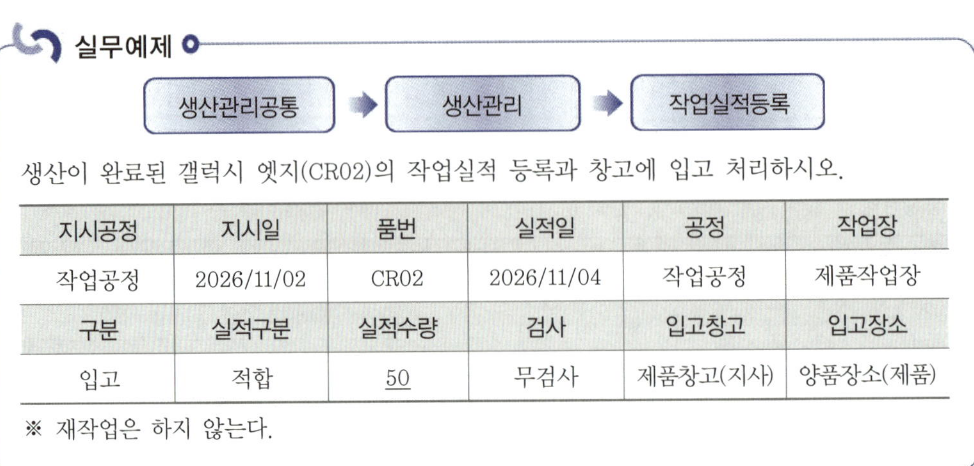 아이콘을 클릭하면 화면 상단에 작업지시 내역이 조회된다. 예제의 실적정보를 참고하여 입력 후 저장한다.

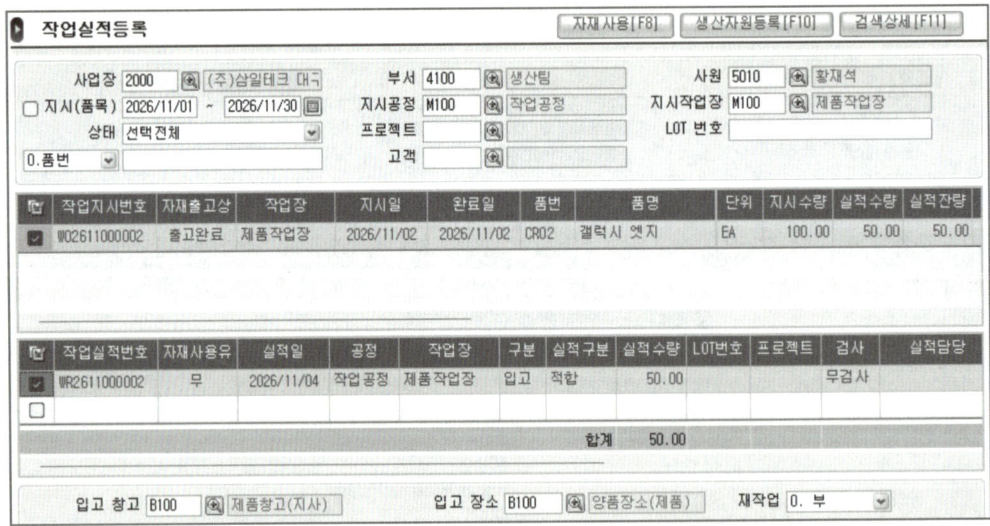

❷ 생산품창고입고처리 메뉴에서 정상적으로 처리되었는지 확인한다.

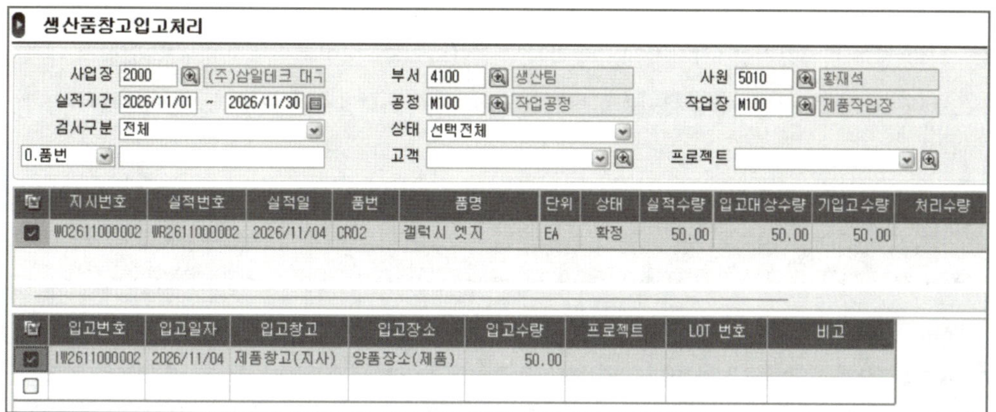

알아두기

검사여부가 '무검사'인 품목은 작업실적이 등록되면서 지정한 창고 및 장소로 즉시 입고 처리된다. 즉 생산품창고입고처리 메뉴에서 별도로 입고처리를 하지 않는다.

실무예제

생산관리공통 ➡ 생산관리 ➡ 작업실적등록

갤럭시 엣지(CR02)의 생산에 사용된 자재를 작업실적등록 메뉴에서 사용등록 하시오.

실적일	실적공정	품번	실적수량	사용일자	품번	사용수량
					DH02	55
					HE01	50
2026/11/04	작업공정	CR02	50	2026/11/04	KA01	100
					LH01	50

※ 공정/외주: 작업공정, 작업장/외주처: 제품작업장

🗡 입력하기

❶ 실적공정과 실적작업장, 실적기간을 입력하고 상단의 아이콘을 클릭하면 작업실적 내역이
조회된다. 우측 상단 자재사용[F8] 아이콘을 클릭하여 사용일자와 출고정보를 입력한 후 확인
한다.

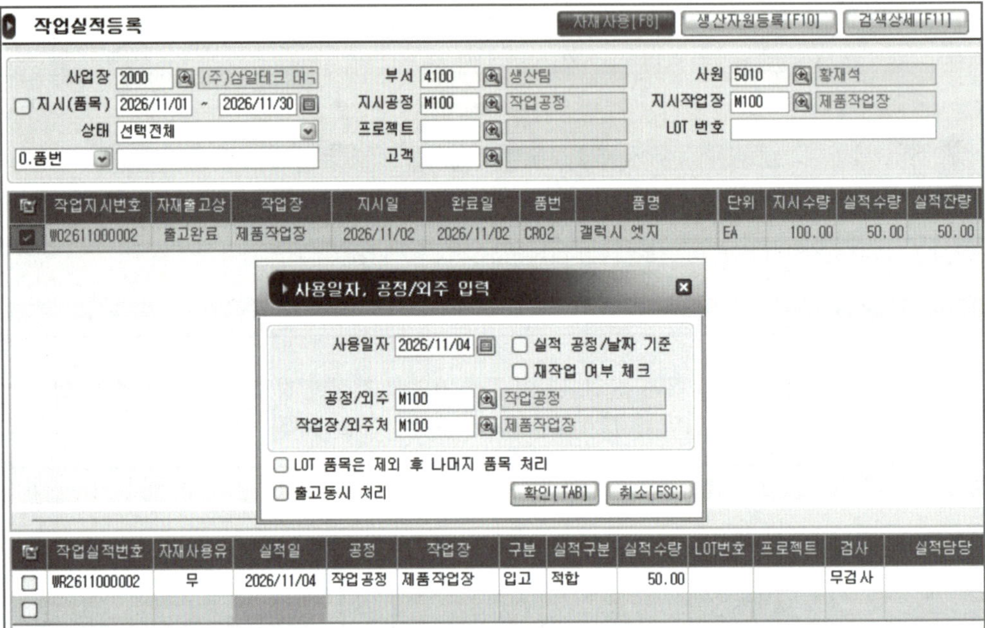

❷ 생산자재사용등록 메뉴에서 정상적으로 처리되었는지 확인한다.

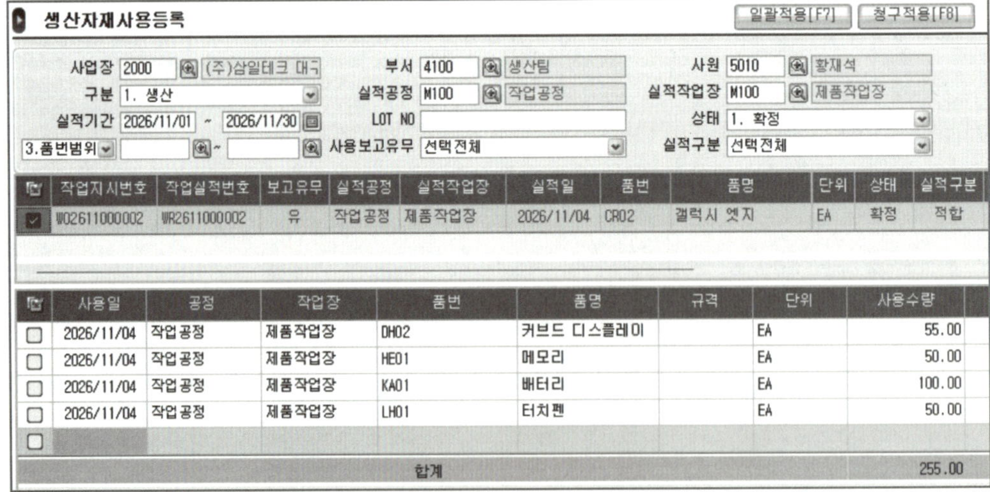

03 외주관리

 3.1 외주발주등록

외주발주등록은 반제품 생산을 외부에 요청하는 경우 발주를 등록하는 메뉴이다. 외주란 외부 업체에 자재를 유상 또는 무상으로 공급하여 반제품의 생산을 의뢰하는 것이다. 청구내역과 수주내역, 생산계획 정보를 적용받아 발주를 등록할 수 있으며, 직접 입력할 수도 있다.

실무예제

생산관리공통 ➡ 외주관리 ➡ 외주발주등록

반제품 평판 디스플레이(DH01)의 외주발주를 등록하시오.

공정	외주처	발주일	납기일	품번	지시수량	단가	검사
외주공정	수민산업 반제품작업장	2026/11/15	2026/11/20	DH01	30	36,000	무검사

입력하기

❶ 공정 및 외주처, 지시기간을 입력하고 상단의 조회 아이콘을 클릭한 후 발주일, 검사여부 등을 입력한 후 저장한다.

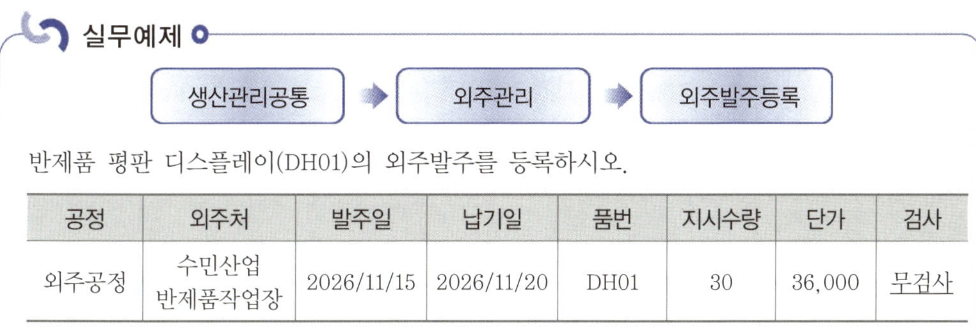

3.2 외주발주확정

계획상태의 외주발주를 확정하는 메뉴이다. 외주발주 확정과 동시에 BOM등록 정보를 근거로 모품목에 대한 자품목의 필요수량이 자동으로 산출된다.

실무예제

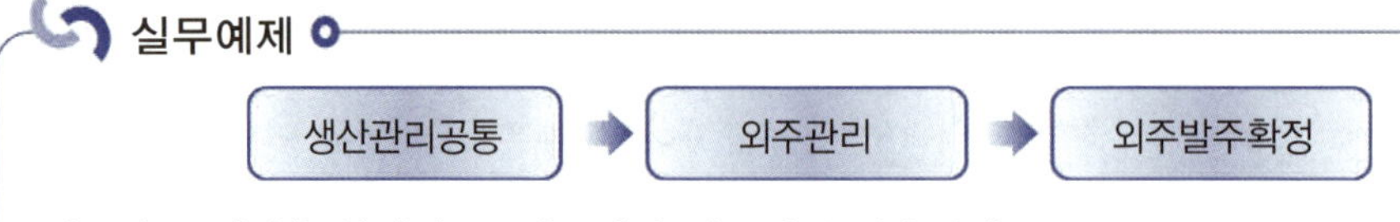

외주발주 내역을 확정하고, 외주처에 발주서를 발송하시오.

공정	외주처	발주일	납기일	품번	지시수량	상태	검사	사용일
외주공정	수민산업 반제품작업장	2026/11/15	2026/11/20	DH01	30	확정	무검사	2026/11/15

※ 1500만화소 카메라(GT01)는 본 건에 한해서 유상 사급자재로 분류하며, 외주자재출고 대상 품목이 아니고 추후 수주등록(유상사급) 대상 품목임

입력하기

❶ 공정과 외주처, 지시기간을 입력하고 상단의 [조회] 아이콘을 클릭한 후 외주발주 내역을 확인한다.

❷ 해당 발주내역을 선택하고 우측 상단 [확정] 아이콘을 클릭하여 청구일자 입력 팝업 창에서 자재청구일자를 입력 후 확인하면, 자품목의 소요정보가 자동으로 전개된다.

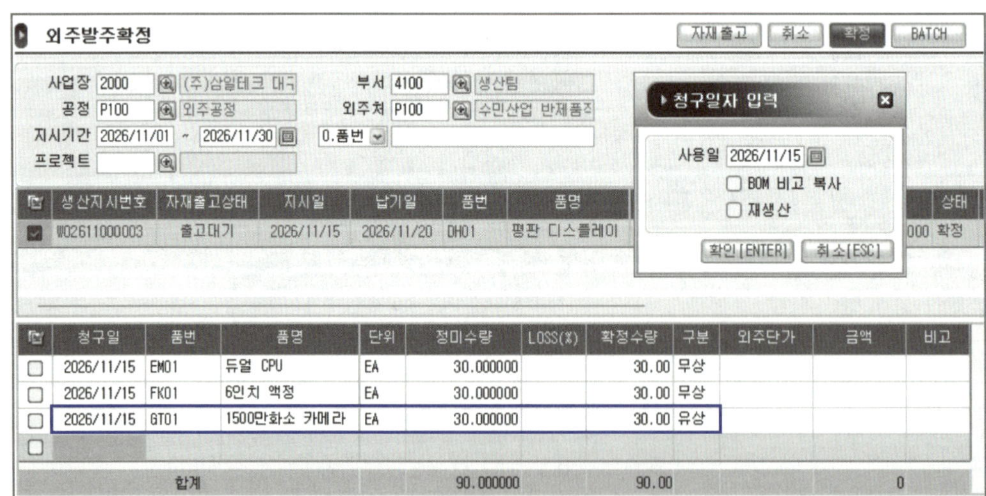

주요항목 설명

❶ `자재출고` : 외주발주 확정 후 자재출고 아이콘을 클릭하여 출고일자와 출고장소를 입력한 후 외주자재 출고처리를 할 수 있다.

❷ `BATCH` : 교육용 핵심ERP에서는 활용되지 않는 기능이다.

> **꼭 알아두기**
>
> 외주발주 확정 후 BOM 정보에 근거하여 자동으로 전개된 자품목의 LOSS율과 수량은 변경할 수도 있다.

3.3 외주자재출고

외주자재출고는 외주처에서 반제품을 생산하기 위해 무상 사급자재를 외주공정으로 출고처리하는 메뉴이다. 외주발주확정 메뉴에서 자재를 출고처리 하였다면, 이 메뉴에서는 조회만 가능하다.

실무예제

반제품 평판 디스플레이(DH01)의 생산에 따른 외주자재를 출고처리 하시오.

출고일자	출고창고	출고장소	외주공정	외주처
2026/11/15	부품창고(지사)	양품장소(부품)	외주공정	수민산업 반제품작업장

모품목	품번	요청수량	출고수량
DH01	EM01	30	30
	FK01	30	30

입력하기

❶ 출고기간을 입력하고 상단의 **조회** 아이콘을 클릭한 후, 우측 상단 **출고요청** 아이콘을 클릭하여 자재출고요청 내역을 조회한다. 해당 요청품목을 선택하여 적용한다.

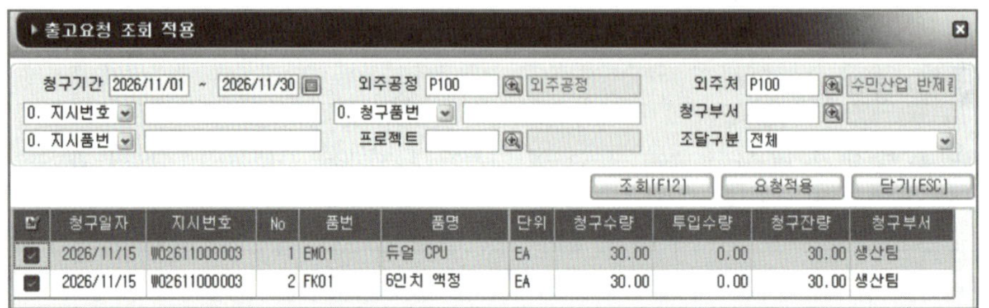

❷ 출고일자, 출고창고 및 출고장소를 입력하고 출고수량의 변경 여부를 확인 후 저장한다.

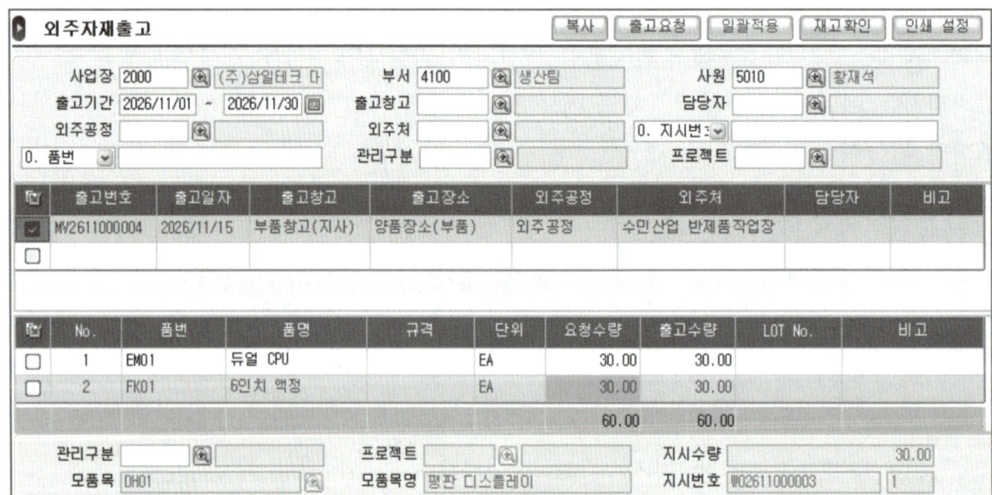

꼭 알아두기

- 외주발주 확정을 통해 산출된 자품목의 소요량을 기준으로 출고처리를 하며, 출고처리 시 품목 및 수량을 변경할 수도 있다.
- 자재출고처리가 완료되면 창고의 재고는 출고수량만큼 감소하고, 외주공정의 재공은 그 수량만큼 증가한다.
- 사급자재의 구분이 '무상'인 품목은 외주자재출고 메뉴에서 출고처리하며, '유상'인 품목은 영업모듈 수주등록(유상사급) 메뉴에서 자재청구 내역을 적용받아 영업프로세스를 따라야 한다.

 3.4 수주등록(유상사급)

외주자재 청구내역 중 유상 사급자재를 적용받아 주문을 등록하는 메뉴이다.

실무예제

영업관리 ➡ 영업관리 ➡ 수주등록(유상사급)

(주)수민산업에 유상으로 공급할 외주자재를 적용받아 수주를 등록하시오.

주문일자	외주처	과세구분	단가구분	품번	납기일/ 출하예정일	주문수량	단가
2026/11/15	(주)수민산업	매출과세	부가세미포함	GT01	2026/11/15	30	80,000

입력하기

❶ 주문기간 입력 후 상단의 조회 아이콘을 클릭한 후 우측 상단 요청적용 조회 아이콘을 클릭하여 외주자재 청구내역을 조회한 후, 자재청구 정보를 적용받는다.

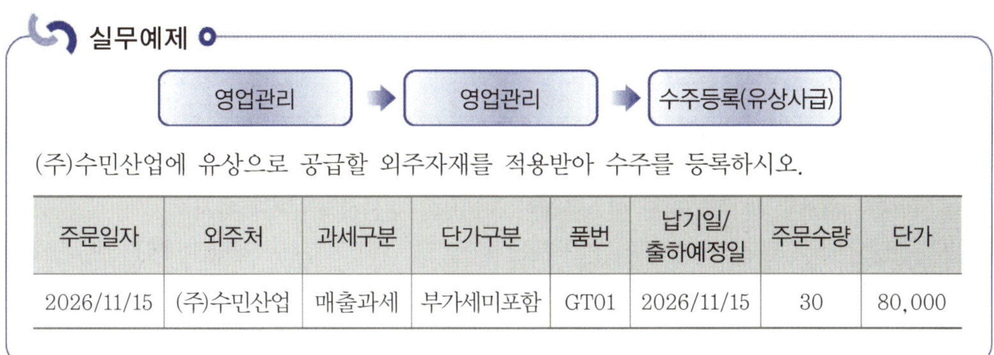

❷ 주문일자와 납기일 및 출하예정일을 추가로 입력하고, 수주내역이 변경되거나 다를 경우에는 수정입력 후 저장한다.

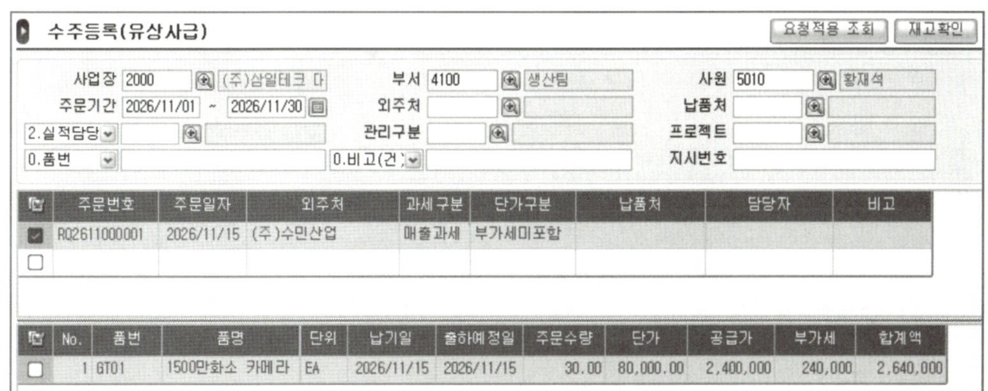

3.5 외주실적등록

외주처에서 생산한 반제품의 실적을 등록하는 메뉴이다. 별도의 창고입고처리 프로세스 없이 실적등록과 동시에 창고로 입고처리 된다.

실무예제

생산관리공통 ➡ 외주관리 ➡ 외주실적등록

외주처에서 생산된 반제품 평판 디스플레이(DH01)의 생산실적을 등록하시오.

외주공정	지시일	품번	실적일	공정	작업장
외주공정	2026/11/15	DH01	2026/11/20	외주공정	수민산업 반제품작업장

구분	실적구분	실적수량	검사	입고창고	입고장소
입고	적합	30	무검사	부품창고(지사)	양품장소(부품)

※ 재작업은 하지 않는다.

입력하기

❶ 지시기간과 외주공정을 선택한 후 상단의 [조회] 아이콘을 클릭하면 화면 상단에 외주발주 내역이 조회된다. 예제의 외주실적정보를 참고하여 입력 후 저장한다.

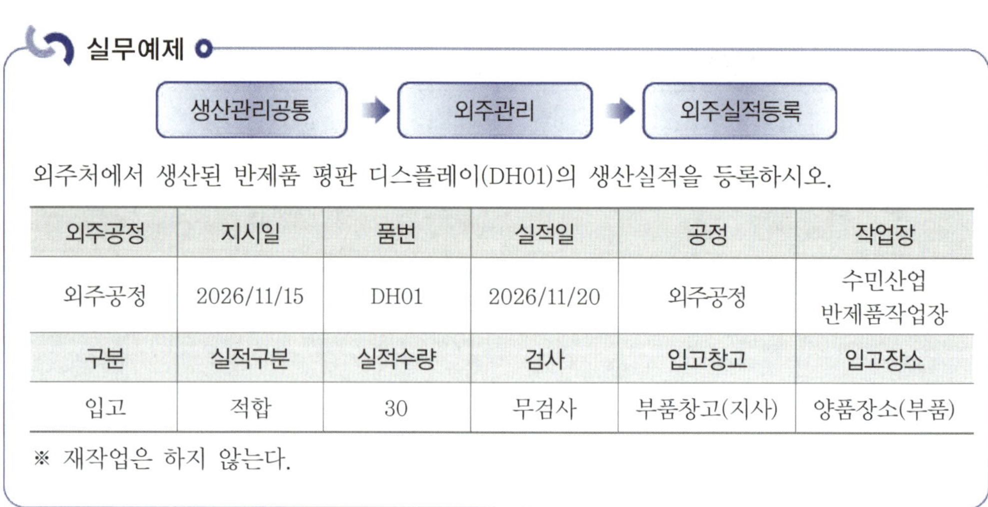

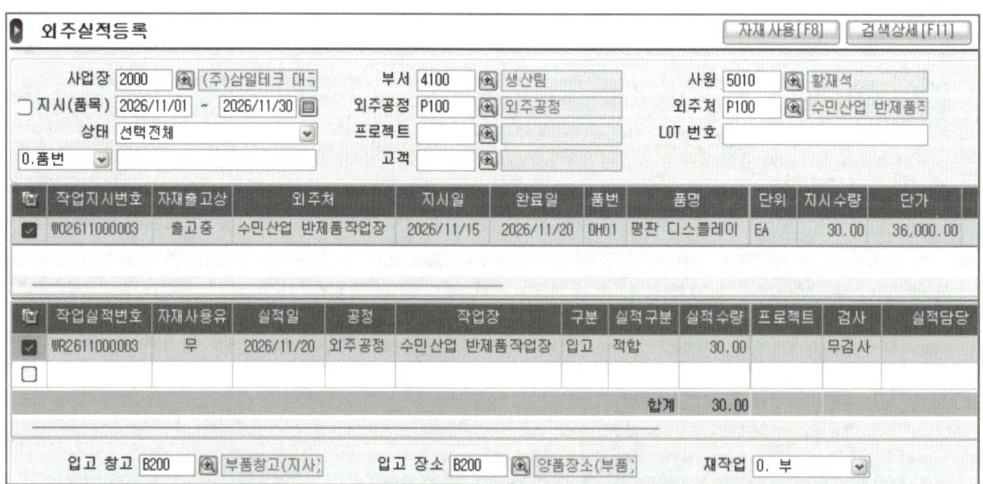

주요항목 설명

❶ 자재사용[F8] : 외주실적별로 사용자재를 보고하는 기능이다.

> **꼭 알아두기**
>
> - 외주실적등록 결과 재공은 감소하고, 재고는 증가한다.
> - 한 건의 외주발주에 대해 수차례 나누어 실적 잔량관리를 하면서 외주실적을 등록할 수 있다.

3.6 외주자재사용등록

외주자재사용등록은 외주실적별 반제품의 생산에 투입된 무상 사급자재의 사용량을 등록하는 메뉴이다.

실무예제

반제품 평판 디스플레이(DH01)의 생산에 사용된 자재를 등록하시오.

실적일	외주공정	외주처	품번	실적수량	사용일	품번	사용수량
2026/11/20	외주공정	수민산업 반제품작업장	DH01	30	2026/11/20	EM01	30
						FK01	30

※ 출고창고: 부품창고(지사), 출고장소: 양품장소(부품)

🦅 입력하기

❶ 구분 항목을 '외주'로 설정하고 외주공정과 실적기간을 입력하고 상단의 [조회] 아이콘을 클릭하면 외주실적 내역이 조회된다. 우측 상단 [일괄적용[F7]] 아이콘을 클릭하여 사용정보와 출고정보를 입력한 후 확인한다.

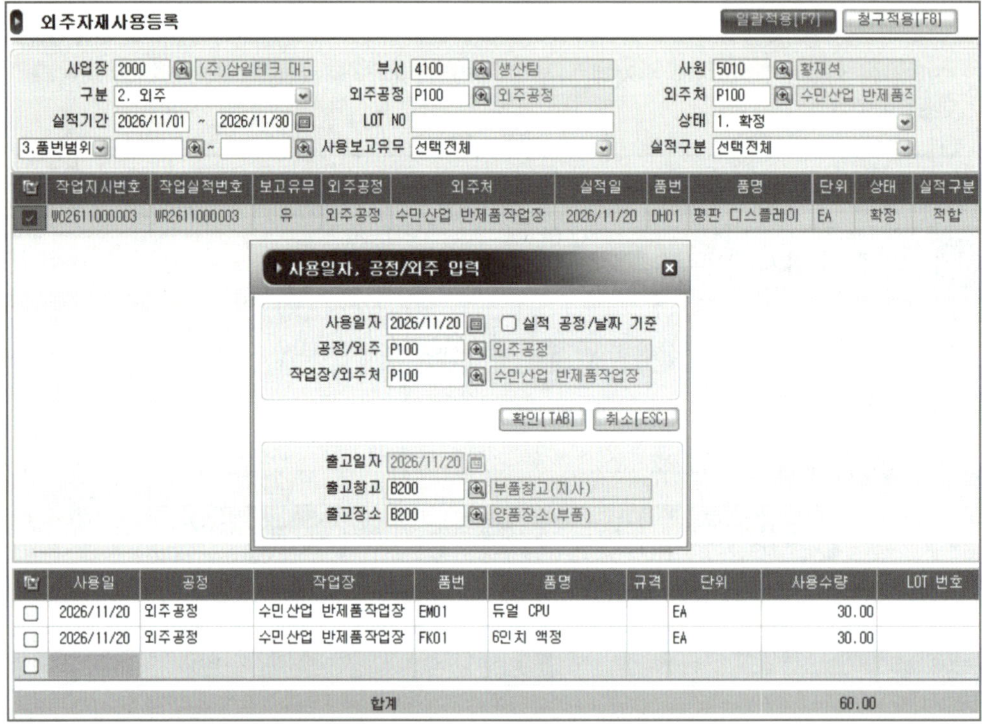

🦅 주요항목 설명

❶ [일괄적용[F7]] : 자재의 사용정보와 출고정보를 입력 후 일괄적으로 적용한다.

❷ [청구적용[F8]] : 외주발주 확정을 통해 청구한 자재내역을 적용받는 기능이다.

꼭 알아두기

외주처에 무상으로 출고된 자재는 재공으로 남아 있다가 외주자재 사용등록을 하면 자재의 재공은 감소된다.

 3.7 외주실적검사

외주실적검사는 옵션설정 메뉴로서 외주실적 품목에 대한 검사결과를 등록하는 메뉴이다. 시스템환경설정 메뉴에서 '외주검사운영여부'가 '운영함'으로 설정되어 있어야 된다.

외주프로세스 진행 예제에서 검사여부를 '무검사'로 등록하였기 때문에 본 외주실적검사 메뉴의 입력요령은 생략하기로 한다.

3.8 외주마감

외주마감은 외주처에 지급하여야 할 외주가공비를 마감하는 메뉴이다.

실무예제

생산관리공통 ➡ 외주관리 ➡ 외주마감

반제품 평판 디스플레이(DH01)의 11월 외주생산에 대한 마감처리를 하시오.

마감일자	외주공정	외주처	과세구분	세무구분	품번	수량	단가
2026/11/30	외주공정	수민산업 반제품작업장	매입과세	과세매입	DH01	30	36,000

입력하기

❶ 마감일, 외주공정을 입력하고 상단의 [조회] 아이콘을 클릭한 후 우측 상단 [실적적용[F9]] 아이콘을 클릭하여 마감대상 외주실적 정보를 조회하여 선택 적용한다.

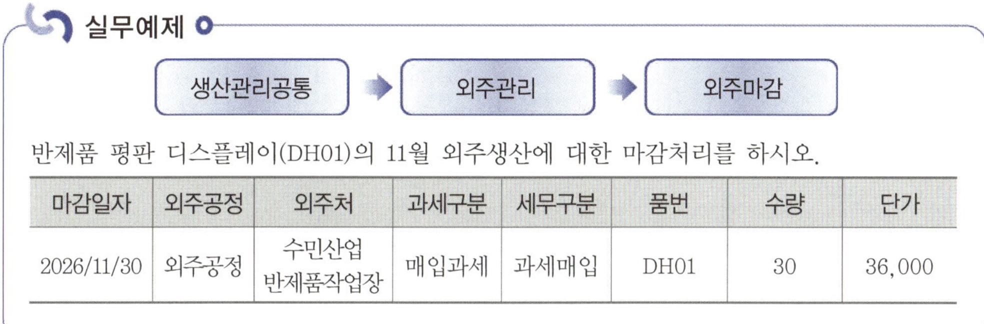

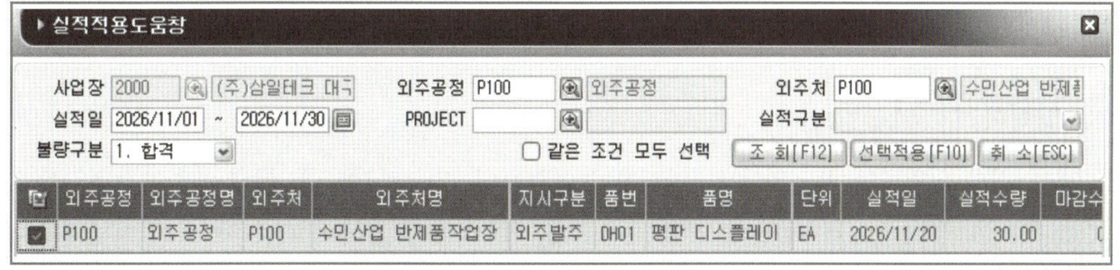

❷ 마감일자, 외주처, 과세구분 등을 입력 및 확인하고 저장한다.

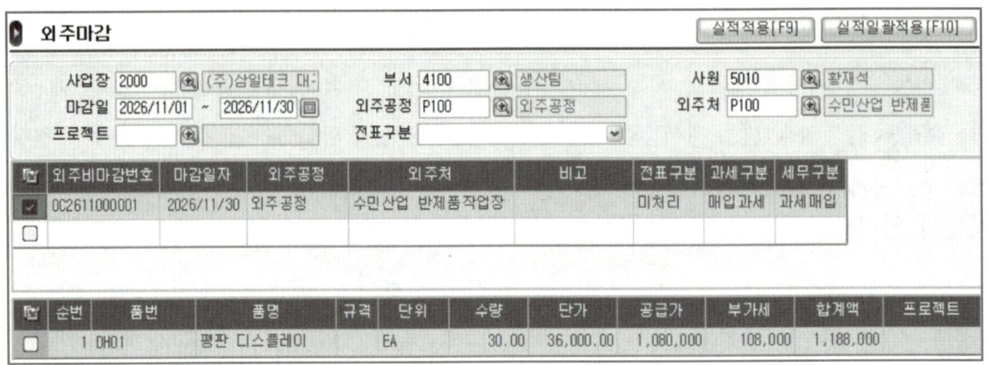

3.9 회계처리(외주마감)

외주마감 내역을 근거로 회계전표를 생성하는 메뉴이다. 본 메뉴에서 회계전표의 생성을 위해서는 먼저 회계전표연결계정과목등록 메뉴의 회계연결계정이 설정되어 있어야 한다.

실무예제

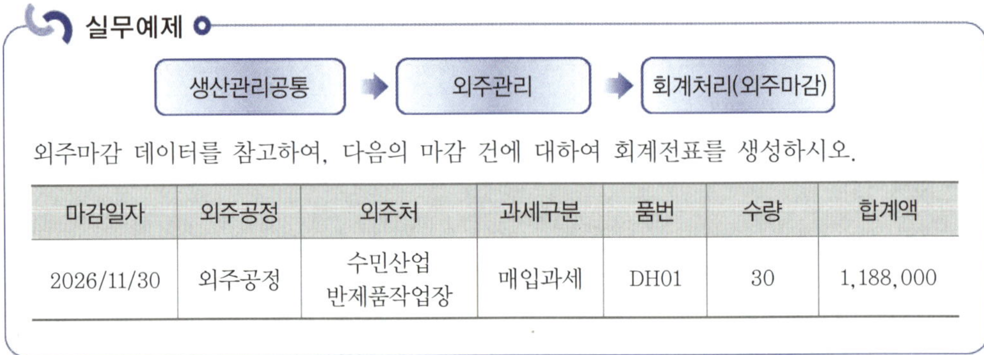

생산관리공통 ➡ 외주관리 ➡ 회계처리(외주마감)

외주마감 데이터를 참고하여, 다음의 마감 건에 대하여 회계전표를 생성하시오.

마감일자	외주공정	외주처	과세구분	품번	수량	합계액
2026/11/30	외주공정	수민산업 반제품작업장	매입과세	DH01	30	1,188,000

입력하기

❶ 검색기간을 입력하고 상단의 조회 아이콘을 클릭하여 [외주마감] TAB에서 매출마감내역을 조회한다. 마감번호 앞 체크박스를 선택하고 우측 상단 전표처리 아이콘을 클릭하면 전표처리 팝업화면이 뜬다. 부가세사업장 등을 선택하고 회계전표를 생성한다.

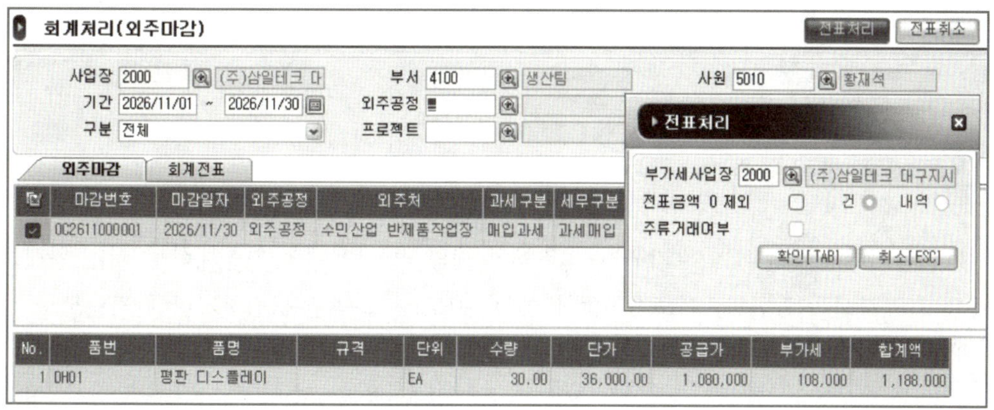

❷ [회계전표] TAB을 선택하여 상단의 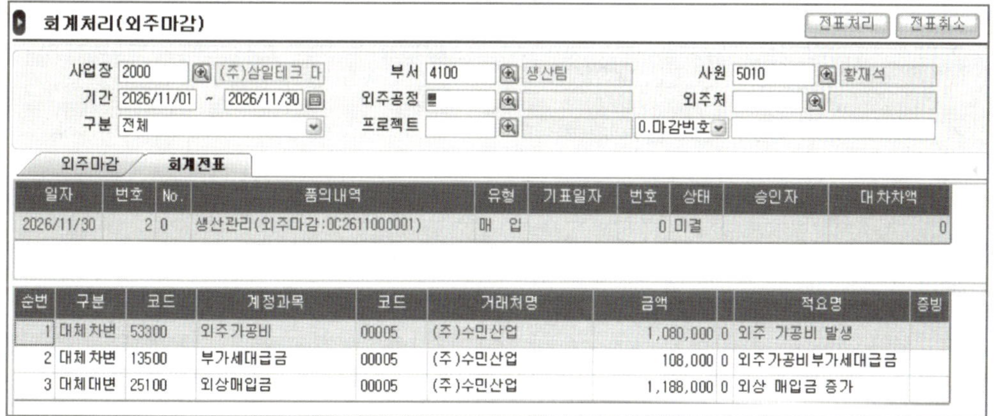 아이콘을 클릭하면 '미결' 상태인 회계전표가 발행되어 있는 것을 확인할 수 있다.

꼭! 알아두기

- 물류·생산모듈에서 생성된 회계전표는 모두 미결상태이며, 회계모듈 전표승인해제 메뉴에서 승인권자가 확인 후 전표를 승인하여야 한다.
- [외주마감] TAB에서 생성된 전표가 회계모듈에서 승인이 되면 [외주마감] TAB의 전표취소 아이콘을 이용하여 삭제할 수 없다. 삭제가 필요하다면 회계모듈 전표승인해제 메뉴에서 전표승인해제 후 미결전표 상태에서 삭제하여야 한다.

04 재공관리

4.1 기초재공등록

재공품이란 완성품에 이르기까지 제조공정 중의 각 단계에서 가공대상이 되는 원재료 등의 재고자산을 말한다. 기초재공등록 메뉴는 ERP시스템을 도입하거나 차기년도로 재공을 이월할 때 사용되는 메뉴이다.

실무예제

생산관리공통 ➡ 재공관리 ➡ 기초재공등록

(주)삼일테크 대구지사의 기초재공은 다음과 같다. 기초재공을 등록하시오.

등록일자	공정/외주	장소/외주처	품번	기초수량	단가
2026/01/01	작업공정	반제품작업장	DH01	30	120,000
			DH02	20	180,000

입력하기

❶ 등록기간을 입력하고 상단의 [조회] 아이콘을 클릭한 후, 예제 항목을 참고하여 입력 후 저장한다.

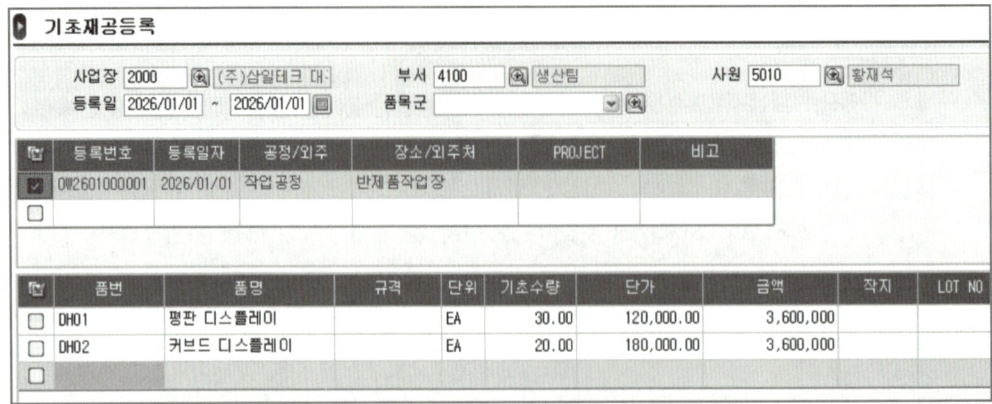

 4.2 재공창고입고/이동/조정등록

재공창고 입고는 공정에 남아 있는 재공을 창고로 입고처리하는 기능이며, 재공이동은 공정에 남아 있는 재공을 다른 공정 또는 작업장으로 이동할 경우에 입력한다. 그리고 재공조정 등록은 공정에 남아 있는 재공을 실제 수량으로 조정하는 경우에 사용된다.

실무예제

생산관리공통 ➡ 재공관리 ➡ 재공창고입고/이동/조정등록

대구지사 작업공정에 있는 재공재고 중 일부를 입고하려고 한다. 다음의 자료를 참고하여 재공을 입고처리 하시오.

입고일자	출고공정	출고작업장	입고창고	입고장소	품번	입고수량
2026/11/07	작업공정	반제품작업장	부품창고(지사)	양품장소(부품)	DH01	15

입력하기

❶ 사업장 선택 후 상단의 조회 아이콘을 클릭하여 조회한 후, [재공입고] TAB에서 예제 항목을 참고하여 입력 후 저장한다.

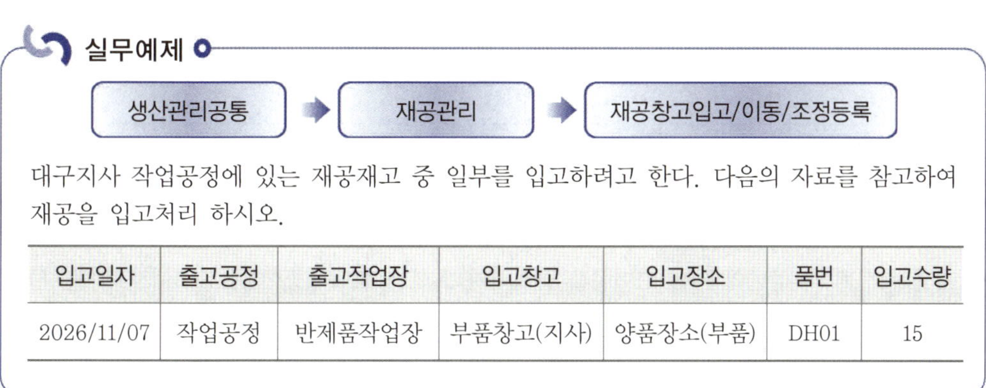

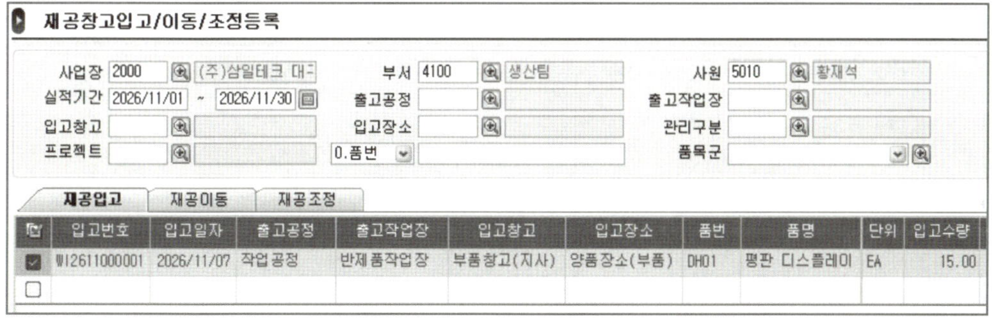

실무예제

대구지사 작업공정에 있는 재공을 외주공정으로 이동하려고 한다. 다음의 자료를 참고하여 재공을 이동처리 하시오.

이동일자	출고공정	출고작업장	입고공정	입고작업장	품번	이동수량
2026/11/09	작업공정	반제품작업장	외주공정	수민산업 반제품작업장	DH01	7

입력하기

❶ 사업장 선택 후 상단의 ![조회] 아이콘을 클릭하여 조회한 후, [재공이동] TAB에서 예제 항목을 참고하여 입력 후 저장한다.

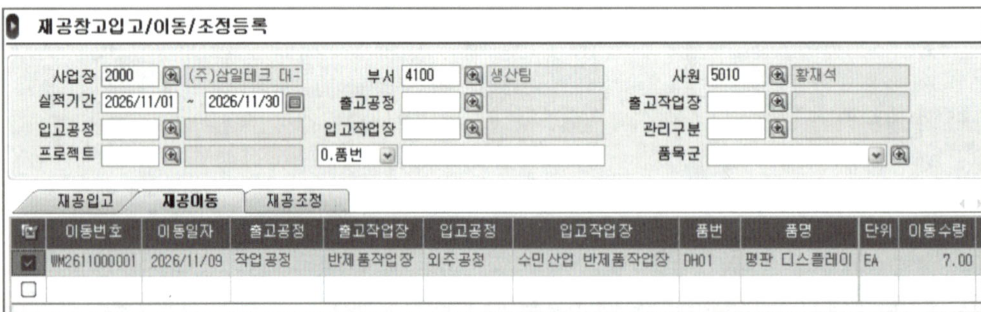

실무예제

대구지사의 실제 재공재고가 장부(ERP)상 재고보다 많은 것으로 파악되었다. 다음의 자료를 참고하여 재공을 조정하시오.

조정일자	조정공정	조정작업장	품번	조정수량
2026/11/30	작업공정	반제품작업장	DH02	2

입력하기

❶ 사업장 선택 후 상단의 [조회] 아이콘을 클릭하여 조회한 후, [재공조정] TAB에서 예제 항목을 참고하여 입력 후 저장한다.

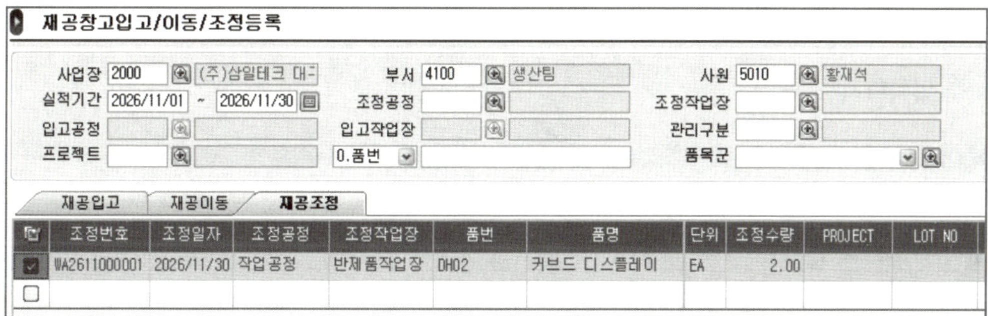

꼭 알아두기

- 재공품(work in process)이란 제조 공정라인에 대기하고 있는 재고자산을 의미한다.
- 완성된 제품이라 하더라도 창고에 입고되기 전까지는 재공으로 분류되며, 제품을 생산하기 위해 필요한 자재를 생산공정으로 출고하면 해당 자재의 재고는 감소되고, 재공은 증가한다. 또한 완성된 제품을 창고에 입고처리하면 제품의 재공은 감소하고, 재고는 증가하게 되는 것이다.

4.3 부산물실적등록

실무예제

생산관리공통 ➡ 재공관리 ➡ 부산물실적등록

대구지사 제품작업장에서 제품을 생산하는 과정에 추가적인 확인이 필요한 부산물이 발생되었다. 다음의 자료를 참고하여 부산물실적을 등록하시오.

공정	작업장	실적일	품명	상태	실적수량
작업공정	제품작업장	2026/11/04	갤럭시 엣지	확정	50

실적일	실적구분	품명	수량	검사	입고창고	입고장소
2026/11/05	적합	쿼드 CPU	1	검사	부품창고(지사)	양품장소(부품)

입력하기

❶ 사업장, 공정, 작업장 선택 후 상단의 조회 아이콘을 클릭하여 조회한 후, 해당 작업지시 건을 선택한 후 예제 항목을 참고하여 입력 후 저장한다.

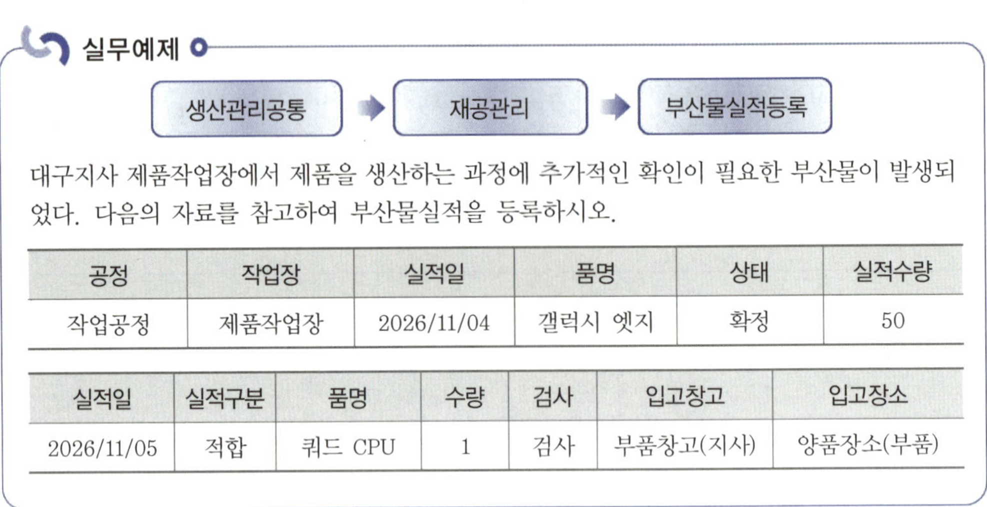

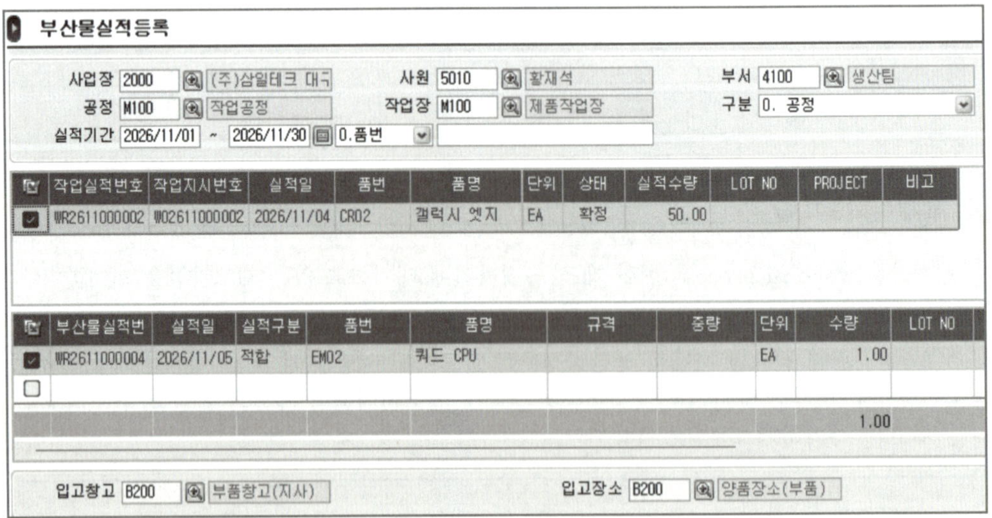

05 생산/외주/재공현황

[조회메뉴 설명]

메뉴명	주요 내용
작업지시/외주발주현황	작업지시 및 외주발주 건별로 지시정보와 실적정보 등의 진행상황을 조회하는 메뉴
수주대비지시현황	수주대비 작업지시 현황을 조회하는 메뉴이다. 수주 정보를 적용받지 않고 작업지시가 이루어졌다면 조회되지 않는다.
청구대비지시현황	생산품목에 대한 청구내역 대비 작업지시 및 외주발주 현황과 이에 따른 진행상황을 조회하는 메뉴
지시대비실적현황	작업지시와 외주발주 대비 실적수량, 잔량 등의 현황을 조회할 수 있는 메뉴
자재청구대비투입/ 사용현황	작업지시 및 외주발주별로 지시확정을 통해 청구된 자재수량과 자재 출고, 사용내역을 확인할 수 있는 메뉴
실적현황	자체 생산에 따른 작업실적과 외주실적 현황 모두를 조회할 수 있는 메뉴
생산계획대비실적현황 (월별)	생산계획대비실적현황을 월별로 조회할 수 있는 메뉴
실적대비입고현황	작업실적 또는 외주실적대비 창고 및 장소 입고현황을 조회하는 메뉴
자재사용현황(작업별)	작업지시 또는 외주발주별로 생산품의 생산에 사용된 자재의 사용내역을 조회하는 메뉴
자재사용현황(제품별)	작업지시 또는 외주발주별 및 품목별로 생산에 사용된 자재의 사용내역을 조회하는 메뉴
부산물실적현황	부산물실적등록 메뉴에서 입력된 내역을 조회하는 메뉴
품목별품질현황(전수검사)	실적검사 내역 중 '전수검사'에 해당하는 품목의 합격수량 및 불량수량 등을 확인할 수 있는 메뉴
품목별품질현황(샘플검사)	실적검사 내역 중 '샘플검사'에 해당하는 품목의 합격수량 및 불량수량 등을 확인할 수 있는 메뉴
자재사용현황(모품목별)	모품목별로 자재사용 등록한 내역을 조회할 수 있는 메뉴

메뉴명	주요 내용
생산일보	품목별로 특정기간(일별)동안 생산이 완료된 수량 및 금액현황을 '실적기준' 또는 '실적검사기준'으로 조회할 수 있는 메뉴이다. 조회 시 반영되는 단가는 품목등록의 표준원가가 자동으로 반영된다.
생산월보	품목별로 특정기간(월별)동안 생산이 완료된 수량현황을 월별로 '실적기준' 또는 '실적검사기준'으로 조회할 수 있는 메뉴
현재공현황(전사/사업장)	전사 및 사업장별 생산 중인 재공현황을 수량기준으로 조회하는 메뉴
현재공현황(공정/작업장)	공정 및 작업장별 생산 중인 재공현황을 수량기준으로 조회하는 메뉴

제5부

합격 문제풀이

물류 2급 기출문제

물류 2급 | 2026년 1회 (2026년 1월 24일 시행)

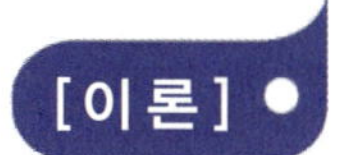

01 [보기]의 사례를 보고 판단하였을 때, (주)생산이 위반했을 가능성이 높은 인공지능 윤리 규범 원칙은 무엇인가?

> ┤ 보기 ├
>
> (주)생산은 고객 맞춤형 추천 시스템을 위한 인공지능 기술을 도입하였다. 그러나 최근 고객 불만이 제기되었다. (주)생산의 인공지능 시스템이 고객 데이터를 수집하면서 고객의 동의 없이 구매 이력, SNS 활동, 위치 정보 등을 분석해 개인 맞춤형 광고를 제공한 것이다.

① 인공지능은 데이터 권리 또는 개인정보를 침해해서는 안 된다.
② 인공지능은 인간을 속이는 자율적 판단을 수행해서는 안 된다.
③ 인공지능은 인류 기업의 이익을 위한 방향으로 개발되어야 한다.
④ 인공지능 솔루션 제공 기업은 고객의 번영을 위해 교육적 권리를 보장해야 한다.

02 기계학습에 대한 설명으로 옳은 것은?

① 기계학습이란 데이터가 부족한 상황에서 알고리즘을 활용해 미래를 예측하는 기술로, 생성된 데이터를 정보와 지식으로 변환하는 알고리즘을 의미한다.
② 비지도학습(Unsupervised Learning)은 데이터가 어떻게 구성되어 있는지 알아내는 문제의 범주에 속하며, 대표적인 방법에는 분류모형과 클러스터링이 있다.
③ 강화학습(Reinforcement Learning)은 선택 가능한 행동들 중 보상을 최대화하는 행동 혹은 순서를 선택하는 방법으로, 게임 플레이어 생성, 로봇 학습 알고리즘, 공급망 최적화 등의 영역에서 활용되고 있다.
④ 데이터를 수집하고 머신러닝을 수행하는 과정인 머신러닝 워크플로우(Machine Learning Workflow)의 처리 순서는 데이터 수집 → 점검 및 탐색 → 전처리 → 정제 → 평가 → 모델링 및 훈련 → 배포 순으로 진행된다.

03 상용화 ERP 패키지 시스템 구축의 성공과 실패를 결정짓는 주요 요인으로 적절하지 않은 것은?

① 시스템 공급자와 기업 내부 인력의 역량
② ERP를 직접 개발할 수 있는 자체 개발 인력의 보유 여부
③ ERP 시스템을 효과적으로 활용하기 위한 사용자 교육과 반복훈련
④ ERP 패키지의 기능이 기업의 업무 환경에 얼마나 잘 적용되는지 여부

04 차세대 ERP의 비즈니스 애널리틱스(Business Analytics)에 관한 설명으로 적절하지 않은 것은?

① ERP시스템의 방대한 데이터 분석을 위해 비즈니스 애널리틱스가 차세대 ERP의 핵심요소가 되고 있다.

② 비즈니스 애널리틱스는 정형 데이터만을 대상으로 하며, 비정형 데이터는 분석 대상에 포함되지 않는다.

③ 비즈니스 애널리틱스는 기존 리포팅을 넘어 통계 기반의 고급 분석과 미래 예측 기능을 제공할 수 있다.

④ 비즈니스 애널리틱스는 대시보드나 리포트처럼 단순한 시각화뿐만 아니라 예측·시나리오 분석 기능도 포함한다.

05 [보기]에서 가중이동평균법을 이용해 7월의 수요를 예측할 경우 몇 개인가?

> **보기**
>
> - 박대리: 최근 출고량이 꾸준히 증가하고 있습니다. 3월 100개, 4월 120개, 5월 140개, 6월 160개입니다.
> - 김과장: 이번 7월 예측은 최근 데이터를 더 반영하는 방식으로 해보죠. 가중치를 1:2:3:4로 적용해 4개월 평균을 구해봅시다. 가장 최근인 6월이 가중치 4입니다.

① 136개　　　　　　　　　　　② 140개
③ 144개　　　　　　　　　　　④ 148개

06 제품A에 대한 목표매출액을 결정하기 위해 수익성 지표를 활용하려고 한다. [보기]의 예측자료를 이용한 손익분기점에서의 매출액으로 옳은 것은?

> **보기**
>
> - 연간 고정비: 400만원
> - 제품단위당 변동비: 500원/개　　　　　- 제품단위당 판매가: 700원/개

① 1,000만원　　　　　　　　　② 1,200만원
③ 1,400만원　　　　　　　　　④ 1,600만원

07 [보기]의 내용에서 거래처 및 고객별로 판매를 할당하고자 할 때 필요한 정보만 짝지은 것은?

> **보기**
>
> ㉠ 시장지수　　　　　　　　　　㉡ 잠재구매력지수
> ㉢ 목표 수주점유율　　　　　　　㉣ 판매(수주)실적 경향
> ㉤ 고객별 과거 판매액

① ㉠, ㉡, ㉢　　　　　　　　　② ㉡, ㉢, ㉣
③ ㉢, ㉣, ㉤　　　　　　　　　④ ㉠, ㉡, ㉢, ㉣

08 (주)생산은 물품가격을 원가가산 방식(Cost-Plus-Pricing)으로 결정한다. [보기]의 제시된 자료만을 참고하면, 소매가격 얼마로 책정해야 하는가?

| 보기 |

- 제조원가: 5,000원
- 생산자 영업비: 1,000원
- 도매업자 영업비: 800원
- 소매업자 영업비: 1,200원
- 생산자 이익: 400원
- 도매업자 이익: 400원
- 소매업자 이익: 소매가격의 20%

① 10,800원　　　　　　② 11,000원
③ 11,200원　　　　　　④ 11,500원

09 [보기] 중에서 가격탄력성에 대한 설명으로 적합한 것을 모두 나열한 것은?

| 보기 |

㉠ 가격탄력성은 가격 변화에 대한 수요의 민감도를 나타내는 값이다.
㉡ 일반적으로 수요가 지속적으로 유지되는 생필품의 가격탄력성이 사치품보다 작아 비탄력적이다.
㉢ 가격탄력성이란 가격이 1% 변화하였을 때 수요량은 몇 % 변화하는가를 절대치로 나타낸 크기이다.
㉣ 가격탄력성이 1보다 큰 상품의 수요는 탄력적(elastic)이라 하고, 1보다 작은 상품의 수요는 비탄력적(inelastic)이라고 한다.

① ㉠, ㉡, ㉢　　　　　　② ㉠, ㉢, ㉣
③ ㉡, ㉢, ㉣　　　　　　④ ㉠, ㉡, ㉢, ㉣

10 (주)생산은 거래처인 A사로부터 외상매출액 1,000만원 중 800만원을 [보기]와 같이 받을어음으로 회수하였다. [보기]에 주어진 정보를 활용하여 잔액 200만원에 대해 가능한 최대 어음기간을 산출하면 얼마인가?

| 보기 |

[거래처 A사의 여신관련 자료]
- 여신기간 50일, 여신한도액 1,000만원, 외상매출액 1,000만원
- 회수된 어음 현황
  - 받을어음: 600만원 (어음기간: 30일)
  - 받을어음: 200만원 (어음기간: 90일)

① 40일　　　　　　② 50일
③ 60일　　　　　　④ 70일

11 공급망 운영전략의 유형을 효율적 공급망 전략과 대응적 공급망 전략으로 구분할 경우, [보기]의 내용 중 효율적 공급망 전략의 특징에 대한 설명으로 짝지어 놓은 것으로 가장 옳은 것은?

> **보기**
>
> ㉠ 신속하게 대응하는 운송을 선호한다.
> ㉡ 비용과 품질에 근거하여 공급자를 선정한다.
> ㉢ 리드타임을 단축시키기 위해 공격적으로 투자한다.
> ㉣ 높은 가동률을 통해 낮은 비용을 유지하고자 한다.
> ㉤ 공급망에서 높은 재고회전율과 낮은 재고수준을 유지하고자 한다.

① ㉠, ㉡, ㉢　　　　　　　　　② ㉠, ㉢, ㉣
③ ㉡, ㉢, ㉣　　　　　　　　　④ ㉡, ㉣, ㉤

12 [보기]에서 재고관리 관련비용 중 재고부족비용 관련 항목으로만 묶인 것을 고르시오.

> **보기**
>
> ㉠ 운송 및 검사 비용　　　　㉡ 취급 및 보관비용
> ㉢ 납기지연　　　　　　　　㉣ 판매기회 상실
> ㉤ 거래처 신용하락

① ㉠, ㉡, ㉢　　　　　　　　　② ㉠, ㉢, ㉣
③ ㉡, ㉢, ㉣　　　　　　　　　④ ㉢, ㉣, ㉤

13 (주)생산은 여러 차례에 걸쳐 곡물을 구매하고 있다. 이 회사는 원가법에 따라 재고자산을 평가하고 있으며, 최근 곡물 가격의 변동이 심화됨에 따라 재고평가방식을 검토하고 있다. 최근 분기 동안의 곡물 구매내역은 [보기]와 같다. 5월 말까지 (주)생산은 총 1,000톤의 곡물을 출고한 바 있다. (주)생산은 5월 24일에 구매한 재고부터 우선 출고하는 기준에 따라 재고자산을 평가하였다. (주)생산의 재고자산 평가방법은 무엇인가?

> **보기**
>
> • 3월 7일: 600톤을 톤당 400,000원에 구매함
> • 4월 13일: 700톤을 톤당 450,000원에 구매함
> • 5월 24일: 600톤을 톤당 550,000원에 구매함

① 개별법　　　　　　　　　　② 총평균법
③ 후입선출법　　　　　　　　④ 선입선출법

14 [보기]에서 설명하는 특징을 갖는 운송경로 유형으로 가장 적절한 것은?

> **보기**
>
> • 권역별·품목별로 거래처(소비자) 밀착형 물류거점을 운영하는 방식
> • 물류거점 및 지역별 창고 운영으로 다수의 물류거점 확보가 필요

① 복수 거점방식 ② 배송 거점방식
③ 다단계 거점방식 ④ 공장 직송 운송방식

15 [보기]는 운송 화물의 이력 추적 관리에 대한 설명이다. 이에 대한 직접적인 기대 효과로 적절하지 않은 것은?

> **보기**
>
> 운송 화물의 이력 추적 관리는 물류 흐름 전반에 걸쳐 화물의 위치, 상태, 이동 경로 등을 실시간으로 확인할 수 있는 시스템이다.

① 납기 준수율 향상 ② 고객 서비스 수준 증대
③ 물류센터의 보관 용량 확대 ④ 운송비의 체계적 관리 가능

16 [보기]에서 설명하는 정량적 예측기법은 무엇인가?

> **보기**
>
> 최근 N개의 시계열 자료로부터 단순 평균을 구하고, 이 값을 미래 시계열의 예측치로 사용하는 방법으로 기간이 지남에 따라 평균계산에 포함되는 대상이 바뀐다.

① 이동평균법 ② 시장조사법
③ 델파이분석법 ④ 시뮬레이션 모델

17 [보기]의 사례에 나타난 가격의 유형으로 가장 적절한 것은?

> **보기**
>
> (주)생산은 신제품 생산에 필요한 자동화 설비를 도입하기 위해 여러 업체를 대상으로 제안서를 받았다. (주)생산 성능, 가격, 설치 조건, A/S 등을 종합 검토하며 업체들과 여러 차례 협상을 진행하였고, 상호 조건을 조율한 끝에 개별 계약을 체결하였다.

① 교섭가격 ② 개정가격
③ 정가가격 ④ 협정가격

18 현금할인(cash discount) 방식 중 "특인기간 현금할인(extra dating)"으로 "4/15 – 20 days extra"로 표시되는 경우의 할인적용 기간을 구하시오.

① 4일
② 15일
③ 19일
④ 35일

19 직접노무비가 직접원가의 40%를 차지하고, 제조간접비가 제조원가의 30%를 차지하는 경우에 제조원가가 5,000원이라면 직접노무비는 얼마인가?

① 1,200원
② 1,400원
③ 1,600원
④ 1,800원

20 [보기]에서 (주)생산의 구매방법으로 가장 적절한 것은?

| 보기 |

국제 유가가 하락세를 보이던 중, (주)생산은 향후 유가 상승 가능성에 대비하여 대량의 석유 원재료를 미리 확보하였다. 당시 실제로 유가는 2개월 뒤 급등하였고, (주)생산은 시세보다 저렴한 단가로 장기간 안정적인 원가관리를 할 수 있었다.

① 투기구매
② 수시구매
③ 일괄구매
④ 장기계약구매

[실무]

❖❖ 실무문제는 [실기메뉴]를 활용하여 답하시오.
웹하드(http://www.webhard.co.kr)에서 Guest(ID: samil3489, PASSWORD: samil3489)로
로그인하여 백데이터를 다운받아 설치한 후 물류 2급 2026년 1회로 로그인한다.

01 다음 중 품목에 대한 설명으로 옳지 않은 것을 고르시오.

① [21-1030600. FRONT FORK(S)] 조달구분은 [0. 구매]이다.
② [21-1060700. FRAME-NUT] 품목군은 [R100. FRAME]이다.
③ [21-1060850. WHEEL FRONT-MTB] LEAD TIME 은 2 DAYS이다.
④ [21-1060950. WHEEL REAR-MTB] 품목의 검사여부는 [1. 검사]이다.

02 다음 거래처 중 수주등록 메뉴에서 고객 입력 시 자동으로 불러오는 실적담당자가 '김종욱'인 거래처를 고르시오.

① (주)대흥정공　　　　　　　　　　② (주)하나상사
③ (주)빅파워　　　　　　　　　　　④ (주)제동기어

03 다음 중 (주)한국자전거본사 사업장에서 사용하는 재고평가 방법을 고르시오.

① 총평균　　　　　　　　　　　　　② 이동평균
③ 선입선출　　　　　　　　　　　　④ 후입선출

04 (주)한국자전거에서는 월별로 고객별 판매계획을 등록하고 있다. 다음 중 2026년 01월에 실적담당이 '김종욱'인 고객 중 매출예상금액이 가장 큰 곳을 고르시오.

① (주)대흥정공　　　　　　　　　　② (주)하나상사
③ (주)빅파워　　　　　　　　　　　④ (주)제동기어

05 아래 [조회조건]으로 데이터를 조회한 후 물음에 답하시오.

> ┤ 조회조건 ├
>
> • 사업장: [1000. (주)한국자전거본사]　　　• 견적기간: 2026/01/02 ~ 2026/01/02

다음 국내 견적 건 중 프로젝트 '특별할인판매'로 등록된 내역이 있는 고객을 고르시오.

① (주)대흥정공　　　　　　　　　　② (주)하나상사
③ (주)빅파워　　　　　　　　　　　④ (주)제동기어

06 아래 [조회조건]으로 데이터를 조회한 후 물음에 답하시오.

┤ 조회조건 ├
- 사업장: [1000. (주)한국자전거본사]
- 주문기간: 2026/01/03 ~ 2026/01/03

다음 국내 수주 내역 중 등록된 실적담당자가 '박용덕'이면서, '검사' 과정을 거치는 고객을 고르시오.

① (주)대흥정공
② (주)하나상사
③ (주)빅파워
④ (주)제동기어

07 아래 [조회조건]으로 데이터를 조회한 후 물음에 답하시오.

┤ 조회조건 ├
- 사업장: [1000. (주)한국자전거본사]
- 주문기간: 2026/01/05 ~ 2026/01/05

다음 국내 주문 내역 중 마감 처리된 내역에 사유가 다른 고객을 고르시오.

① (주)대흥정공
② (주)하나상사
③ (주)빅파워
④ (주)제동기어

08 아래 [조회조건]으로 데이터를 조회한 후 물음에 답하시오.

┤ 조회조건 ├
- 사업장: [1000. (주)한국자전거본사]
- 출고기간: 2026/01/07 ~ 2026/01/07
- 출고창고: [P100. 제품창고]

다음 국내 출고내역 중 출고 장소가 나머지와 다른 품목을 고르시오.

① [NAX-A400. 싸이클]
② [NAX-A420. 산악자전거]
③ [ATECK-3000. 일반자전거]
④ [ATECX-2000. 유아용자전거]

09 (주)한국자전거본사에서 2026년 01월 10일 국내 매출거래에 대해 매출마감을 등록하였다. 다음 국내 매출마감 입력 내역 중 마감수량을 수정할 수 있는 고객을 고르시오.

① (주)대흥정공
② (주)하나상사
③ (주)빅파워
④ (주)제동기어

10 아래 [조회조건]으로 데이터를 조회한 후 물음에 답하시오.

> **조회조건**
>
> • 사업장: [1000. (주)한국자전거본사]　　• 수금기간: 2026/01/10 ~ 2026/01/10

다음 중 수금내역 중 2026년 01월 15일 일자로 선수금정리 내역이 존재하는 고객을 고르시오.

① (주)대흥정공　　　　　　　　　② (주)하나상사
③ (주)빅파워　　　　　　　　　　④ (주)제동기어

11 (주)한국자전거본사는 2026년에 대한 고객별 기초미수채권 정보를 확인하고자 한다. 다음 중 기초미수채권 금액이 가장 큰 고객을 고르시오. (미수채권 정보 기준은 '출고기준'으로 한다.)

① (주)대흥정공　　　　　　　　　② (주)하나상사
③ (주)빅파워　　　　　　　　　　④ (주)제동기어

12 아래 [조회조건]으로 데이터를 조회한 후 물음에 답하시오.

> **조회조건**
>
> • 사업장: [1000. (주)한국자전거본사]
> • 계획기간: 2026/01/02 ~ 2026/01/02　　• 계획구분: SIMULATION

다음 중 '(주)중앙전자' 고객으로 등록된 주계획작성(MPS)의 품목을 고르시오.

① BODY-알미늄(GRAY-WHITE)　　② 전장품 ASS'Y
③ POWER TRAIN ASS'Y(MTB)　　④ BREAK SYSTEM

13 아래 [소회소건]으로 데이터를 조회한 후 물음에 답하시오.

> **조회조건**
>
> • 사업장: [1000. (주)한국자전거본사]　　• 내역조회: [1. 조회함]
> • 전개구분: [2. 모의전개]　　　　　　　• 계획기간: 2026/02/01 ~ 2026/02/01

2026년 02월 01일에 등록된 주계획작성(MPS) 내역을 바탕으로 소요량을 분석하였다. 다음 조회된 품목 중 계정구분이 '반제품'이며 예정 발주일이 가장 빠른 품목을 고르시오.

① BODY-알미늄(GRAY-WHITE)　　② 전장품 ASS'Y
③ POWER TRAIN ASS'Y(MTB)　　④ PRESS FRAME-W

14 아래 [조회조건]으로 데이터를 조회한 후 물음에 답하시오.

> ┤ 조회조건 ├
>
> • 사업장: [1000. (주)한국자전거본사]　　　• 요청일자: 2026/01/02 ~ 2026/01/02

다음 청구 내역 중 입력된 주거래처와 품목등록에 설정된 주거래처가 다른 품목을 고르시오.

① FRONT FORK(S)　　　　　　　② FRAME-NUT
③ WHEEL FRONT-MTB　　　　　④ WHEEL REAR-MTB

15 아래 [조회조건]으로 데이터를 조회한 후 물음에 답하시오.

> ┤ 조회조건 ├
>
> • 사업장: [1000. (주)한국자전거본사]　　　• 발주기간: 2026/01/05 ~ 2026/01/05

다음 국내 발주 내역에 대한 설명 중 옳은 것을 고르시오.

① 청구적용을 통해 등록된 발주 내역이다.
② 납기일과 입고예정일은 입력된 일자가 같다.
③ 관리구분 '일반구매'로 등록된 발주 내역이다.
④ 구매검사 과정을 거쳐 입고를 진행하는 발주 내역이다.

16 (주)한국자전거본사는 2026년 01월 08일, (주)형광램프 거래처로부터 발주를 진행하여 전달받은 물품을 상품창고에 입고하기 전에 검사를 진행하였다. 다음 중 진행된 입고검사의 검사유형으로 올바른 것을 고르시오.

① 외관검사　　　　　　　　　　② 성능검사
③ 내구력검사　　　　　　　　　④ 통합검사

17 아래 [조회조건]의 조건으로 데이터를 조회한 후 물음에 답하시오.

> ┤ 조회조건 ├
>
> • 사업장: [1000. (주)한국자전거본사]
> • 입고기간: 2026/01/10 ~ 2026/01/10　　　• 입고창고: [M100. 부품창고]

다음 국내 입고 내역에 대한 설명 중 옳은 것을 고르시오.

① 마감 구분이 '건별'로 등록된 입고 내역이다.
② 검사 과정을 거쳐 등록된 발주입고 내역이다.
③ 발주수량과 재고단위수량이 동일하게 입력된 입고 내역이다.
④ 별도의 프로젝트가 등록되지 않은 입고 내역이다.

18 다음의 [조회조건]의 내용을 읽고 질문에 답하시오.

| 조회조건 |

- 사업장: [1000. (주)한국자전거본사]　　　　　• 입고기간: 2026/01/11 ~ 2026/01/11

다음 국내 입고 내역 중, 매입 미마감 잔량이 가장 적은 품목을 고르시오. (관리단위 기준)

① FRONT FORK(S)　　　　　　　② FRAME-NUT
③ WHEEL FRONT-MTB　　　　　④ WHEEL REAR-MTB

19 아래 [조회조건]의 조건으로 데이터를 조회한 후 물음에 답하시오.

| 조회조건 |

- 사업장: [1000. (주)한국자전거본사]　　　　　• 기간: 2026/01/15 ~ 2026/01/15

다음 회계처리를 진행한 국내 매입마감 데이터 중 관리구분 '할인구매' 내역이 포함된 건의 전표번호와 순번을 고르시오.

① 전표번호: 2026/01/15 순번: 1　　　　② 전표번호: 2026/01/15 순번: 2
③ 전표번호: 2026/01/15 순번: 3　　　　④ 전표번호: 2026/01/15 순번: 4

20 아래 [조회조건]의 조건으로 데이터를 조회한 후 물음에 답하시오.

| 조회조건 |

[작업내역]
(주)한국자전거본사는 2026/01/02에 유아용자전거 1 EA 를 점검할 목적으로 특정창고로 입고 이동 시켰다. 해당 특정창고의 적합여부는 '부적합'이며, 가용재고는 '여'로, 양품이 아니지만 사용하는 물품을 관리하기 위한 곳이다.

(주)한국자전거본사는 작업내역을 처리하기 위하여 재고이동등록(창고) 메뉴를 사용하였다. 다음 창고 이동 내역 중 위 작업내역을 만족하는 이동번호를 고르시오.

① MV2601000001　　　　　　　② MV2601000002
③ MV2601000003　　　　　　　④ MV2601000004

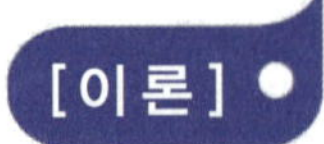

물류 2급 2025년 6회 (2025년 11월 22일 시행)

[이론]

01 [보기]는 무엇에 대한 설명인가?

> **보기**
>
> (주)스마트물류는 발주-출고지시-사전 출하통지(ASN)-배송증명(POD)까지 거래 건별 정보가 시간 순서대로 연결되고, 모든 참여자에게 분산·공유되는 저장 방식의 도입을 검토한다.

① 데이터 마이닝
② TMS 기능 확장
③ 중앙집중형 거래원장
④ 블록체인 기반 분산원장(공공거래장부)

02 인공지능 비즈니스 적용 프로세스의 순서를 고르시오.

① 비즈니스 목표 수립 → 데이터 수집 및 적재 → 인공지능 모델 개발 → 인공지능 배포 및 프로세스 정비 → 비즈니스 영역 탐색
② 비즈니스 목표 수립 → 비즈니스 영역 탐색 → 데이터 수집 및 적재 → 인공지능 모델 개발 → 인공지능 배포 및 프로세스 정비
③ 비즈니스 영역 탐색 → 비즈니스 목표 수립 → 데이터 수집 및 적재 → 인공지능 모델 개발 → 인공지능 배포 및 프로세스 정비
④ 비즈니스 영역 탐색 → 비즈니스 목표 수립 → 데이터 수집 및 적재 → 인공지능 배포 및 프로세스 정비 → 인공지능 모델 개발

03 클라우드 컴퓨팅 서비스 유형에 대한 설명으로 가장 적절하지 않은 것은?

① PaaS는 데이터베이스와 스토리지 등을 제공하는 서비스이다.
② ERP 소프트웨어 개발을 위한 플랫폼을 클라우드 서비스로 제공받는 것을 PaaS라고 한다.
③ ERP 구축에 필요한 IT인프라 자원을 클라우드 서비스로 빌려 쓰는 형태를 IaaS라고 한다.
④ ERP, CRM 솔루션 등의 소프트웨어를 클라우드 서비스를 통해 제공받는 것을 SaaS라고 한다.

04 [보기]에서 가장 성공적인 ERP 도입이 기대되는 회사를 고르시오.

> **┤ 보기 ├**
>
> - 회사 A: 시스템의 전문지식이 풍부한 IT 및 전산 관련 부서 구성원으로 도입 TFT를 결성하였다.
> - 회사 B: 현재 업무 방식이 최대한 반영될 수 있도록 업무 단위에 맞추어 ERP 도입을 추진 중이다.
> - 회사 C: ERP 도입 과정에서 부서 간 갈등 발생 시, 최고경영층의 개입이 최소화 될 수 있도록 하향식의사결정을 배제한다.
> - 회사 D: 프로세스 개선을 위해 효율적인 업무 프로세스를 재정립하고, 성공적인 ERP 도입을 위해 유능한 컨설턴트를 고용하고자 한다.

① 회사 A

② 회사 B

③ 회사 C

④ 회사 D

05 수요예측에 대한 설명으로 적절하지 않은 것은?

① 수요예측은 시장 상황, 경쟁사의 동향, 지역경제 등 외부 환경을 고려해야 한다.

② 수요예측은 설정된 예측오차 범위 안에서 실제 수요를 반드시 정확히 예측해야 한다.

③ 수요예측은 다양한 요인으로 인해 예측오차가 발생할 수밖에 없다.

④ 개별 품목보다 전체 수요에 대한 예측이 더 정확할 수 있다.

06 판매계획을 단기, 중기, 장기계획으로 구분할 때 중기 판매계획 요소로 적절하지 않은 것은?

① 신제품 개발

② 제품별 디자인

③ 판매촉진을 위한 정책

④ 판매경로 및 판매자원의 구체적인 계획

07 (주)생산은 2025년 상반기 전체 목표 매출액 60억 원을 설정한 후, 시장규모, 잠재구매력지수 등을 종합적으로 분석하여 권역별로 매출 목표를 할당하기로 하였다. 이에 해당되는 판매할당 방법으로 가장 적절한 것은?

① 월별 할당

② 영업거점별 할당

③ 지역 및 시장별 할당

④ 거래처 및 고객별 할당

08 (주)생산성은 제품가격 결정을 경쟁기업의 제품가격을 우선적으로 고려하여 자사의 제품가격을 결정하는 방법을 채택하고 있다. 따라서, (주)생산성은 제품가격을 결정할 경우 아래 [보기]에 제시된 단계에 따라 진행할 경우 괄호안에 들어갈 내용을 순서대로 나열한 것으로 가장 옳은 것은?

> **┤ 보기 ├**
>
> 경쟁환경분석 ⇒ 선발기업의 상품 가격조사 ⇒ (㉠) ⇒ (㉡) ⇒ (㉢) ⇒ 도소매 유통비용을 고려한 생산자 가격결정

① ㉠ 자사의 시장 입지도 분석, ㉡ 전략적 판매가격 결정, ㉢ 경쟁기업의 가격과 비교
② ㉠ 경쟁기업의 가격과 비교, ㉡ 전략적 판매가격 결정, ㉢ 자사의 시장 입지도 분석
③ ㉠ 경쟁기업의 가격과 비교, ㉡ 자사의 시장 입지도 분석, ㉢ 전략적 판매가격 결정
④ ㉠ 자사의 시장 입지도 분석, ㉡ 경쟁기업의 가격과 비교, ㉢ 전략적 판매가격 결정

09 ABC 분석에 대한 설명으로 가장 적절한 것은?

① C그룹은 매출 기여도가 가장 높기 때문에 중점적으로 관리해야 할 고객이다.
② A그룹은 전체 매출의 약 70~80%를 차지하는 핵심 고객으로, 집중 관리가 필요하다.
③ 고객의 성장 가능성과 관계의 질을 기준으로 고객을 정성적으로 분류하는 방법이다.
④ A그룹은 전체 고객 수의 약 70~80%를 차지하며, 중요도가 낮아 관리 우선순위에서 제외된다.

10 [보기]의 자료를 활용하여 매출채권회전율을 구하시오.

> **┤ 보기 ├**
>
> • 특정년도의 총매출액: 750억 원 • 외상매출금 잔액: 250억 원
> • 받을어음 잔액: 50억 원 • 매출채권회전율: (　　) 회

① 2　　　　　　　　　　　② 2.5
③ 3　　　　　　　　　　　④ 3.5

11 공급망 프로세스의 경쟁능력 4요소 중 [보기]의 내용에서 시간 요소에 대한 설명으로 짝지워 놓은 것으로 가장 옳은 것은?

> **┤ 보기 ├**
>
> ㉠ 정시 제품 배달 능력
> ㉡ 신속한 제품 배달능력
> ㉢ 경쟁사보다 빠른 신제품 개발능력
> ㉣ 설계변화와 수요변화에 효율적으로 대응할 수 있는 능력
> ㉤ 적은 자원으로 제품이나 서비스를 창출할 수 있는 능력

① ㉠, ㉡, ㉢　　　　　　　② ㉠, ㉢, ㉣
③ ㉡, ㉢, ㉣　　　　　　　④ ㉡, ㉣, ㉤

12 물류거점을 설계할 때 고려되어야 할 비용지표에 대한 설명으로 옳지 않은 것은?

① 고정투자비용은 1회성 고정비용이다.
② 재고비용은 안전재고가 증가함에 따라 발생한다.
③ 물류거점 수가 증가하면 1회당 수송거리도 길어진다.
④ 개별 물류거점의 규모가 커지면 변동운영비용도 커진다.

13 유통소요계획(DRP: Distribution Requirement Planning)에 대한 설명으로 가장 옳지 않은 것은?

① 공급자가 고객, 거래처의 재고수준을 파악하고 재고 보충량을 결정하여 공급하는 방법이다.
② 기업들은 자재를 효율적으로 관리함으로써 유동부채를 감소시킬 수 있으며 업무 성과를 개선할 수 있다.
③ 다단계 유통체계를 갖는 공급망에서 고객, 거래처의 수요에 따라 필요한 수량을 필요한 시기에 공급하는 방법이다.
④ 여러 단계로 구성된 공급망의 하위 물류센터들에서 예측한 수요를 통합하여 상위 물류센터의 수요로 집계하고 그것을 근거로 재고 조달계획을 수립한다.

14 일반화물자동차운송에 비해 철도운송의 특징에 관한 설명으로 옳지 않은 것은?

① 화물수취가 편리하다.   ② 이원적 운송이 이루어진다.
③ 장거리 운송에 경제적이다. ④ 대량의 화물운송이 가능하다.

15 창고배치(layout)의 기본 원리 중 화물의 형태나 건축 구조의 제약이 있을 경우 공간 효율을 높이기 위한 방법으로 가장 적절한 것은?

① 모듈화·규격화 고려
② 높낮이 차이의 최대화
③ 흐름방향의 직진성으로만 경로 설계
④ 물품, 사람, 운반 기기의 역행·교차 없애기

16 [보기]의 내용에 해당하는 출고 업무 프로세스로 가장 적절한 것은?

> **보기**
>
> 출고 지시서에 따라 창고에 보관된 재고에서 해당 물품을 꺼내는 활동

① 분류   ② 출고 지시
③ 출고 피킹   ④ 출하 포장

17 [보기]는 가격의 결정 방식에 대한 사례이다. 이와 같은 사례에 해당하는 가격의 유형으로 가장 적절한 것은?

> **보기**
>
> A자동차는 1년 전 출시한 '그랜토' 모델의 새로운 버전을 곧 출시할 예정이다. 이에 따라 기존 모델의 재고 차량은 제조업체와 판매 대리점 간 협의 없이도 일정 수준으로 가격이 인하되었으며, 이는 동일 업계 전반에서 자연스럽게 형성된 가격 범위 내에서 이루어졌다.

① 시중가격 ② 교섭가격
③ 협정가격 ④ 개정가격

18 [보기]에서 원가계산의 목적을 모두 나열한 것을 고르시오.

> **보기**
>
> ㉠ 가격결정 ㉡ 개별원가산정
> ㉢ 원가관리 ㉣ 예산편성

① ㉠, ㉡ ② ㉡, ㉢
③ ㉡, ㉢, ㉣ ④ ㉠, ㉡, ㉢, ㉣

19 구매가격을 결정하고, 합리적 구매계획을 수립하기 위한 목적으로 구매시장 조사를 실시할 경우 고려해야 할 사항으로 가장 적절하지 않은 것은?

① 조사적시성 ② 조사정확성
③ 비용의 경제성 ④ 공급자의 수주능력

20 [보기]는 (주)생산의 구매 방식에 대한 설명이다. 이 사례에서 나타나는 구매 방식의 특징에 대한 설명으로 가장 적절한 것은?

> **보기**
>
> (주)생산은 각 사업장별로 구매팀을 별도로 운영하고 있다. 각 사업장은 구매 자율권을 바탕으로 인근 지역의 납품업체를 통해 필요 자재를 직접 소량 구매한다. 최근 한 사업장은 현지 납품업체와의 장기 협력을 통해 납품 지연 없이 원활히 자재를 확보하고 있으며, 또 다른 사업장은 거래처 부족으로 원자재 확보에 어려움을 겪고 있다.

① 구매 일원화를 통해 협상력이 향상된다.
② 자재 품목별로 전문 구매 전담 조직을 둘 수 있다.
③ 중앙 통제가 가능하여 전체 자재 운영이 표준화된다.
④ 긴급 대응에는 유리하나 공급처 부족 시 문제가 생길 수 있다.

[실 무]

> :: 실무문제는 [실기메뉴]를 활용하여 답하시오.
> 웹하드(http://www.webhard.co.kr)에서 Guest(ID: samil3489, PASSWORD: samil3489)로
> 로그인하여 백데이터를 다운받아 설치한 후 물류 2급 2025년 6회로 로그인한다.

01 (주)한국자전거에 등록된 일반거래처 중 사업장 주소지가 '경기 화성시'에 위치한 거래처를 고르시오.

① (주)대흥정공
② (주)하나상사
③ (주)빅파워
④ (주)제동기어

02 (주)한국자전거에 등록된 품목 [88-1001000. PRESS FRAME-W]에 설정된 계정구분으로 옳은 것을 고르시오.

① 원재료
② 반제품
③ 제품
④ 상품

03 (주)한국자전거에서는 제품 출하 시 검사항목을 관리하고 있다. 다음 중 사용 중인 검사유형이면서, 출하 검사 시 '필수' 검사유형질문 항목이 포함된 검사유형을 고르시오.

① 도색검사
② 포장검사
③ 작동검사
④ A/S검사

04 (주)한국자전거본사는 2025년 11월 고객별 판매 계획을 등록하였다. 다음 고객 중 매출예상금액이 가장 큰 고객을 고르시오.

① (주)대흥정공
② (주)하나상사
③ (주)빅파워
④ (주)제동기어

05 아래 [조회조건]으로 데이터를 조회한 후 물음에 답하시오.

> ┤ 조회조건 ├
>
> • 사업장: [1000. (주)한국자전거본사]   • 견적기간: 2025/11/01 ~ 2025/11/01

(주)한국자전거본사에서 2025년 11월 01일, (주)대흥정공으로부터 요청받은 견적 내역에 대해 수주 진행이 완료되었다. 다음 중 요청받은 견적내역에 적용된 주문번호로 옳은 것을 고르시오.

① SO2511000001
② SO2511000002
③ SO2511000003
④ SO2511000004

06 아래 [조회조건]으로 데이터를 조회한 후 물음에 답하시오.

> **조회조건**
> • 사업장: [1000. (주)한국자전거본사]　　　• 주문기간: 2025/11/03 ~ 2025/11/03

다음 국내 수주내역 중 '특별할인판매' 프로젝트로 등록된 수주 수량의 합을 고르시오. (관리단위 기준)

① 0EA
② 10EA
③ 15EA
④ 20EA

07 아래 [조회조건]으로 데이터를 조회한 후 물음에 답하시오.

> **조회조건**
> • 사업장: [1000. (주)한국자전거본사]
> • 출고기간: 2025/11/05 ~ 2025/11/05　　　• 출고창고: [P100. 제품창고]

다음 국내 출고내역 중 출고 장소가 나머지와 다른 품목을 고르시오.

① [NAX-A400. 일반자전거(P-GRAY WHITE)]
② [NAX-A420. 산악자전거(P-20G)]
③ [ATECK-3000. 일반자전거]
④ [ATECX-2000. 유아용자전거]

08 아래 [조회조건]으로 데이터를 조회한 후 물음에 답하시오.

> **조회조건**
> • 사업장: [1000. (주)한국자전거본사]　　　• 마감기간: 2025/11/06 ~ 2025/11/06

다음 매출마감 등록 내역에 대한 설명으로 올바르지 않은 것을 고르시오.

① 마감 과세구분 '매출과세'에 대한 매출마감 처리 내역이다.
② 매출마감 후 전표처리로 진행이 완료되었다.
③ 출고번호 'IS2511000002'의 마감 내역이다.
④ 관리단위 수량과 재고단위 수량이 다르게 등록되었다.

09 (주)한국자전거본사는 2025년 11월 07일에 세금계산서를 발행하였다. 다음 일자의 세금계산서 내역 중 포함되지 않은 매출 마감번호를 고르시오.

① SC2511000002
② SC2511000003
③ SC2511000004
④ SC2511000005

10 아래 [조회조건]으로 데이터를 조회한 후 물음에 답하시오.

> **조회조건**
>
> • 사업장: [1000. (주)한국자전거본사]　　• 수금기간: 2025/11/01 ~ 2025/11/01

다음 중 수금 내역 중 2025년 11월 05일 일자로 선수금정리 내역이 존재하는 고객을 고르시오.

① (주)대흥정공　　　　　　　　　　② (주)하나상사
③ (주)빅파워　　　　　　　　　　　④ (주)제동기어

11 아래 [조회조건]의 조건으로 데이터를 조회한 후 물음에 답하시오.

> **조회조건**
>
> • 조회기간: 2025/11/01 ~ 2025/11/30
> • 조회기준: 0. 국내(출고기준)　　　• 미수기준: 0. 발생기준

(주)한국자전거본사는 고객별 미수채권 정보를 확인하고자 한다. 다음 중 미수채권의 잔액이 가장 많은 거래처는 어디인가?

① (주)대흥정공　　　　　　　　　　② (주)하나상사
③ (주)빅파워　　　　　　　　　　　④ (주)제동기어

12 아래 [조회조건]으로 데이터를 조회한 후 물음에 답하시오.

> **조회조건**
>
> • 사업장: [1000. (주)한국자전거본사]
> • 계획기간: 2025/11/28 ~ 2025/11/28　　• 계획구분: SIMULATION

다음 중 품목군이 'WHEEL'이면서 주계획작성(MPS)의 계획수량이 가장 적은 품목을 고르시오.

① FRONT FORK(S)　　　　　　　　② FRAME-NUT
③ WHEEL FRONT-MTB　　　　　　④ WHEEL REAR-MTB

13 2025년 11월 01일 청구등록 내역 중 입력된 주거래처와 품목의 주거래처가 다른 품목을 고르시오.

① FRONT FORK(S)　　　　　　　　② FRAME-NUT
③ WHEEL FRONT-MTB　　　　　　④ WHEEL REAR-MTB

14 아래 [조회조건]으로 데이터를 조회한 후 물음에 답하시오.

> **조회조건**
> - 사업장: [1000. (주)한국자전거본사]
> - 발주기간: 2025/11/03 ~ 2025/11/03

다음 중 고객의 주문에 의해 등록된 발주번호를 고르시오.

① PO2511000001
② PO2511000002
③ PO2511000003
④ PO2511000004

15 2025년 11월 입고 내역인 입고번호 RV2511000001에 대한 설명이다. 다음 중 잘못 설명한 것을 고르시오.

① 실적담당자는 노희선이다.
② 입고일자는 2025/11/05이다.
③ 입고창고는 '부품창고'이다.
④ 거래처는 (주)세림와이어이다.

16 다음의 [조회조건]의 내용을 읽고 질문에 답하시오.

> **조회조건**
> - 사업장: [1000. (주)한국자전거본사]
> - 입고기간: 2025/11/10 ~ 2025/11/10

다음 국내 입고 내역 중, 매입 미마감 잔량이 가장 적은 품목을 고르시오. (관리단위 기준)

① FRONT FORK(S)
② FRAME-NUT
③ WHEEL FRONT-MTB
④ WHEEL REAR-MTB

17 아래 [조회조건]의 조건으로 데이터를 조회한 후 물음에 답하시오.

> **조회조건**
> - 사업장: [1000. (주)한국자전거본사]
> - 기간: 2025/11/15 ~ 2025/11/15

다음 회계처리를 진행한 국내 매입마감 데이터 중 관리구분 '기타구매' 내역이 포함된 건의 전표번호와 순번을 고르시오.

① 전표번호: 2025/11/15 순번: 1
② 전표번호: 2025/11/15 순번: 2
③ 전표번호: 2025/11/15 순번: 3
④ 전표번호: 2025/11/15 순번: 4

18 (주)한국자전거본사는 품목별 안전재고량을 등록하여 현재 재고수량을 고려한 가용재고를 관리한다. 다음 중 계정구분이 '반제품'인 품목 중 안전재고량의 고려로 인하여 가용재고가 존재하지 않는 것을 고르시오. (재고 기준은 2025년 전사 기준으로 확인한다.)

① BODY-알미늄(GRAY-WHITE)
② 전장품 ASS`Y
③ POWER TRAIN ASS`Y(MTB)
④ BREAK SYSTEM

19 아래 [조회조건]의 조건으로 데이터를 조회한 후 물음에 답하시오.

> **조회조건**
>
> • 작업내역: (주)한국자전거본사는 2025/11/01에 유아용자전거 1EA 를 점검할 목적으로 특정창고로 입고 이동시켰다. 해당 특정창고의 적합여부는 '부적합'이며, 가용재고는 '여'로, 양품이 아니지만 사용하는 물품을 관리하기 위한 곳이다.

(주)한국자전거본사는 작업내역을 처리하기 위하여 재고이동등록(창고) 메뉴를 사용하였다. 다음 창고 이동 내역 중 위 작업내역을 만족하는 이동번호를 고르시오.

① MV2511000001 ② MV2511000002
③ MV2511000003 ④ MV2511000004

20 (주)한국자전거본사에서 2025년 10월 31일 원재료창고/원재료장소 에서 재고실사를 실시하였다. 전산재고와 실사재고가 차이나는 항목들은 재고조정을 통하여 두 수량을 맞추려고 한다. 수량을 모두 양수로 입력하기 위하여 입고할 품목은 입고조정으로 출고할 품목은 출고조정에 입력할 예정이다. 다음 중 출고조정수량이 가장 적은 품목을 고르시오.

① WHEEL FRONT-MTB ② WHEEL REAR-MTB
③ FRAME-티타늄 ④ FRAME-알미늄

물류 2급 2025년 5회 (2025년 9월 27일 시행)

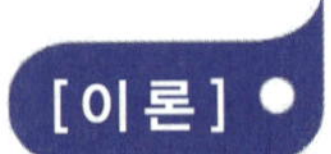

[이론]

01 [보기]에서 (주)대한의 부서(부문)별 RPA 도입 사례이다. 적용 단계로 가장 적절한 것은?

> **보기**
>
> - 인사부문: 이력서 PDF에서 이름·학력·자격증을 자동 추출 후 ERP 인사모듈에 등록
> - 회계부문: 영수증 이미지에서 금액·날짜·거래처를 자동 인식해 경비 전표로 변환
> - 생산부문: 설비 점검표 이미지에서 수치값을 자동 추출해 ERP 설비관리 모듈에 반영
> - 물류부문: 고객이 메일이나 채팅으로 보낸 배송지 변경 요청을 NLP로 인식하여 ERP 배송정보 자동 수정

① 인지자동화
② 기초프로세스 자동화
③ 데이터 기반의 머신러닝 활용
④ 네트워크 참여자들에게 분산 및 공유하는 분산원장

02 제품, 공정, 생산설비와 공장에 대한 실제 세계와 가상 세계의 통합시스템이며 제조 빅데이터를 기반으로 사이버모델을 구축하고 이를 활용하여 최적의 설계 및 운영을 수행하는 것을 무엇이라 하는가?

① 비즈니스 애널리틱스(Business Analytics)
② 사이버물리시스템(Cyber Physical System, CPS)
③ 전사적 자원관리(Enterprise Resource Planning, ERP)
④ 고장 진단 및 예지 시스템(Prognostics and Health Management, PHM)

03 차세대 ERP의 비즈니스 애널리틱스(Business Analytics)에 관한 설명으로 적절하지 않은 것은?

① 비즈니스 애널리틱스는 구조화된 데이터(structured data)만 분석대상으로 한다.
② ERP시스템의 방대한 데이터 분석을 위해 비즈니스 애널리틱스가 차세대 ERP의 핵심요소가 되고 있다.
③ 비즈니스 애널리틱스는 리포트, 쿼리, 대시보드, 스코어카드뿐만 아니라 예측모델링과 같은 진보된 형태의 분석기능도 제공한다.
④ 비즈니스 애널리틱스는 질의 및 보고와 같은 기본적 분석기술뿐만 아니라 예측 모델링과 같은 수학적으로 정교한 수준의 분석을 지원한다.

04 세계경제포럼(World Economic Forum)에서 발표한 인공지능 규범(AI code)의 5개 원칙에 해당하지 않는 것은?

① 인공지능은 투명성과 공정성의 원칙에 따라 작동해야 한다.
② 인공지능은 인류의 공동 이익과 이익을 위해 개발되어야 한다.
③ 인공지능이 개인, 가족, 지역 사회의 데이터 권리 또는 개인정보를 감소시켜야 한다.
④ 인간을 해치거나 파괴하거나 속이는 자율적 힘을 인공지능에 절대로 부여하지 않는다.

05 지수평활법을 이용하여 예측 판매량의 변화를 파악하고자 한다. 실제 판매량과 예측 판매량이 [보기]와 같을 때, 8월 대비 9월의 예측 판매량의 변화로 옳은 것은? (단, 지수평활상수 α = 0.4이다)

┤ 보기 ├

- 7월 실제 판매량: 400
- 8월 실제 판매량: 500
- 7월 예측 판매량: 450

① 27 증가
② 28 증가
③ 29 증가
④ 30 증가

06 판매계획을 단기, 중기, 장기계획으로 구분할 때, [보기]의 내용에서 장기 판매계획 요소에 대해 가장 올바르게 짝지은 것은?

┤ 보기 ├

- ㉠ 품질개선
- ㉢ 신제품 개발
- ㉤ 구체적인 판매할당
- ㉡ 신시장 개척
- ㉣ 판매경로 강화

① ㉠, ㉡, ㉢
② ㉡, ㉢, ㉣
③ ㉢, ㉣, ㉤
④ ㉠, ㉡, ㉣, ㉤

07 제품A에 대한 목표매출액을 결정하기 위해 수익성 지표를 활용하려고 한다. [보기]의 예측자료를 이용한 손익분기점에서의 매출액으로 옳은 것은?

┤ 보기 ├

- 연간 고정비: 270만원
- 제품단위당 변동비: 450원/개
- 제품단위당 판매가: 600원/개

① 900만원
② 1,000만원
③ 1,050만원
④ 1,080만원

08 가격결정에 영향을 미치는 기업 내·외적 요인 중 "가격이 1% 변화하였을 때 수요량은 몇 % 변화하는가"를 절대치로 나타낸 크기의 내용을 포함하는 요인으로 가장 옳은 것은?

① 경쟁환경
② 고객수요
③ 유통채널
④ 원가(비용)

09 [보기]에서 나타나는 가격유지 정책으로 가장 적절한 것은?

┤ 보기 ├

(주)KPC는 제품A의 가격유지를 위해 도매업체와 계약 시 일정 판매 목표를 설정하고, 목표 달성 시 해당 판매액의 일정 비율을 사후 환급해주는 조건을 적용하였다.

① 리베이트 전략으로, 관습에 따라 리베이트 비율이 달라질 수 있다.
② 리베이트 전략으로, 도매업체에 판매 전 일정 금액을 할인해 주는 방식이다.
③ 비가격경쟁 전략으로, 도매업체의 마진을 보장하여 유통단가를 낮추는 방식이다.
④ 비가격경쟁에 의한 가격유지로, 제품 외적 요소를 강조하여 가격을 유지하는 방식이다.

10 [보기]에 나타난 대금회수 관리 방법으로 가장 적절한 것은?

┤ 보기 ├

(주)KPC는 최근 매출채권 회수율이 저조하여 거래처별 외상매출금 잔액과 외상매출처를 집중적으로 점검하고 있다. 회계팀은 실제 회수가 가능한 금액을 정확히 파악하기 위해 잔액 및 거래처별 매출 현황을 검토하고 있다.

① 회수기간을 단축하는 관리 방법에 해당한다.
② 대금 미회수 사유를 분석하여 반품 여부를 확인하는 방식이다.
③ 선결제 조건을 계약서에 명시하여 회수율을 사전에 확보하는 방식이다.
④ 외상매출금 잔액과 거래처별 내역을 확인하여 회수 가능성을 점검하는 방식이다.

11 [보기]에서 설명하는 공급사슬관리의 물류활동으로 옳은 것은?

┤ 보기 ├

소비자가 교환, 환불 또는 수리를 위하여 구입한 제품을 판매자에게 되돌려 보내기까지의 물류

① 반품물류
② 생산물류
③ 조달물류
④ 판매물류

12 공급망 물류거점의 구축 시 질적인 고려사항으로 가장 적절하지 않은 것은?

① 고객만족
② 수요 창출
③ 고정 투자비용
④ 참여기업 경쟁력 향상

13 재고관리 기법의 하나인 고정주문기간 모형에 대한 설명으로 옳은 것은?

① 주문량이 항상 일정하다.
② 재고의 수시파악이 어렵다.
③ 주문시기가 일정하지 않다.
④ 재고수준을 수시로 점검하게 된다.

14 재고자산 기록방법 중 계속기록법에 대한 설명으로 적절하지 않은 것은?

① 거래가 빈번하지 않을 때 적합한 방법이다.
② 감모손실이 기말재고수량에 포함되지 않는다.
③ 매출원가가 과대평가되고 당기매출이익이 작게 나타난다.
④ 재고의 증감수량과 금액을 일일이 장부에 기록하는 방법이다.

15 운송 공급 모형에 관한 설명으로 [보기]의 내용에 적합한 모형으로 가장 옳은 것은?

┤ 보기 ├

1회의 편도 운송 거리가 1일 이상 소요되는 운송이나 일정한 도시를 순회하며 집화·배달하는 경우의 운송에서 일정 시간을 운행한 후 운전자를 교대하여 차량을 계속 운행시킴으로써 차량의 가동 시간을 최대화한다.

① 왕복 운송 시스템
② 환결 운송 시스템
③ 중간 환승 시스템
④ 릴레이식 운송 시스템

16 창고 관리자 A와 B의 대화를 바탕으로 이들이 고려하고 있는 창고보관의 기본 원칙으로 가장 적절한 것은?

┤ 보기 ├

A: 이쪽은 회전율이 낮은 재고니까 안쪽 구석에 두자.
B: 그래, 자주 꺼낼 필요 없는 물품은 안쪽에 두고, 자주 꺼내는 건 바깥쪽에 놓는 게 효율적이야.

① 중량 특성의 원칙
② 높이 쌓기의 원칙
③ 회전 대응의 원칙
④ 동일성 및 유사성의 원칙

17 [보기] 사례에서 설명하고 있는 업무 방식의 개념으로 가장 적절한 것은?

┤ 보기 ├

현우는 자재구매팀 신입사원이다. 그는 생산부서의 요청에 따라 동일한 품질의 원재료를 필요한 수량만큼, 적정한 가격으로, 정해진 기한 내에 납품될 수 있도록 조율하였다. 또한 여러 공급처를 비교하여 신뢰할 수 있는 거래처를 선정하였다.

① JIT 방식에 따른 재고 최소화
② 5R 원칙에 따른 구매관리 실행
③ 5S 활동을 통한 구매현장 개선
④ EOQ에 따른 경제적 주문수량 계산

18 [보기]의 내용을 적절하게 나타내고 있는 현금할인조건 표기로 옳은 것은?

> **│ 보기 │**
>
> 가격할인 방식 중 거래일이 9월 1일이지만 할인기산일을 9월 15일로 하고, 9월 25일까지 현금지불이 되면 5%의 할인이 적용되는 경우

① 5/10 Advanced

② 5/15 Advanced

③ 10/5 Advanced

④ 15/25 Advanced

19 [보기]는 (주)생산성의 A제품의 원가구성 자료이다. 제품 A의 총원가를 구하시오.

> **│ 보기 │**
>
> • 직접노무비: 3,000원
> • 직접재료비: 4,500원
> • 직접경비는 직접노무비의 50%
> • 제조간접비는 직접원가의 40%
> • 판매비: 2,000원
> • 관리비: 2,000원
>
> ※ "총원가 = 제조원가 + 판매비 + 관리비로 정의한다."
> ※ "직접원가 = 직접재료비 + 직접노무비 + 직접경비로 본다."

① 13,200원

② 15,600원

③ 16,600원

④ 18,200원

20 [보기]에 해당하는 공급자 선정 방식으로 가장 적절한 것은?

> **│ 보기 │**
>
> 입찰 참가자의 자격을 제한하지만 특정한 자격을 갖춘 모든 대상자를 입찰 참가자에 포함시키는 방식

① 일반경쟁방식

② 지명경쟁방식

③ 제한경쟁방식

④ 수의계약방식

> ∷ 실무문제는 [실기메뉴]를 활용하여 답하시오.
> 웹하드(http://www.webhard.co.kr)에서 Guest(ID: samil3489, PASSWORD: samil3489)로
> 로그인하여 백데이터를 다운받아 설치한 후 물류 2급 2025년 5회로 로그인한다.

01 다음 [보기]는 품목에 대한 설명이다.

> **┤ 보기 ├**
>
> 가. [16-102800. RECTANGLE PIPE]의 계정구분은 [5. 상품]이다.
> 나. [21-1060950. WHEEL REAR-MTB]는 조달구분이 [0. 구매]이다.
> 다. [21-3001500. PEDAL(S)]와 [21-3001600. PEDAL]의 환산계수는 동일하다.
> 라. [85-1020400. POWER TRAIN ASS'Y(MTB)]의 LEAD TIME은 5 DAYS이다.

올바른 설명으로 짝지은 것을 고르시오.

① 가, 나   ② 가, 다
③ 가, 라   ④ 다, 라

02 다음 거래처 중 수주등록 메뉴에서 거래처 입력시 자동으로 불러오는 실적담당자가 [3000. 박용덕]인 거래처를 고르시오.

① [00001. (주)대흥정공]   ② [00002. (주)하나상사]
③ [00003. (주)빅파워]   ④ [00004. (주)제동기어]

03 (주)한국자진거본사의 창고 [M400. 상품창고]에 속한 장소 중 적합여부는 '부적합'이며 가용재고여부는 '여'인 장소를 고르시오.

① [M102. 부재료장소]   ② [M104. 진열장소]
③ [M402. 상품적재장소]   ④ [M403. 상품대기장소]

04 (주)한국자전거본사는 2025년 09월 고객별 판매 계획을 등록하였다. 다음 고객 중 매출예상금액이 가장 큰 고객을 고르시오.

① (주)대흥정공   ② (주)하나상사
③ (주)빅파워   ④ (주)제동기어

05 아래 [조회조건]으로 데이터를 조회한 후 물음에 답하시오.

| 조회조건 |

- 사업장: [1000. (주)한국자전거본사]
- 견적기간: 2025/09/01 ~ 2025/09/01

다음 국내 견적 중 단가구분이 "부가세포함"으로 등록된 견적번호를 고르시오.

① ES2509000001 ② ES2509000002
③ ES2509000003 ④ ES2509000004

06 아래 [조회조건]으로 데이터를 조회한 후 물음에 답하시오.

| 조회조건 |

- 사업장: [1000. (주)한국자전거본사]
- 주문기간: 2025/09/03 ~ 2025/09/03

다음 국내 수주내역 중 [S40. 정기매출] 관리구분으로 등록된 수주 수량의 합을 고르시오. (관리단위 기준)

① 15EA ② 40EA
③ 50EA ④ 60EA

07 (주)한국자전거본사의 2025년 9월 8일 수주내역 중 수주마감 처리되어 출고처리할 수 없는 수주번호를 고르시오.

① SO2509000005 ② SO2509000006
③ SO2509000007 ④ SO2509000008

08 아래 [조회조건]으로 데이터를 조회한 후 물음에 답하시오.

| 조회조건 |

- 사업장: [1000. (주)한국자전거본사]
- 출고기간: 2025/09/10 ~ 2025/09/10
- 출고창고: [M400. 상품창고]

다음 중 견적 번호 ES2509000004에 대한 출고 내역을 고르시오.

① IS2509000001 ② IS2509000002
③ IS2509000003 ④ IS2509000004

09 아래 [조회조건]으로 데이터를 조회한 후 물음에 답하시오.

> **조회조건**
>
> • 사업장: [1000. (주)한국자전거본사]　　• 마감기간: 2025/09/29 ~ 2025/09/29

다음 중 2025년 9월 5일 출고에 대한 매출마감 내역을 고르시오.

① SC2509000001　　　　　　　② SC2509000002
③ SC2509000003　　　　　　　④ SC2509000004

10 2025년 9월 9일 수금 내역 중 수금금액이 가장 큰 고객을 고르시오.

① (주)대흥정공　　　　　　　② (주)하나상사
③ (주)빅파워　　　　　　　　④ (주)제동기어

11 아래 [조회조건]의 조건으로 데이터를 조회한 후 물음에 답하시오.

> **조회조건**
>
> • 조회기간: 2025/09/01 ~ 2025/09/30
> • 조회기준: 0. 국내(출고기준)　　• 미수기준: 0. 발생기준

(주)한국자전거본사는 고객별 미수채권 정보를 확인하고자 한다. 다음 고객 중 미수채권의 잔액이 가장 적은 고객을 고르시오.

① (주)대흥정공　　　　　　　② (주)하나상사
③ (주)세림와이어　　　　　　④ (주)영동바이크

12 아래 [조회조건]으로 데이터를 조회한 후 물음에 답하시오.

> **조회조건**
>
> • 사업장: [1000. (주)한국자전거본사]
> • 계획기간: 2025/09/03 ~ 2025/09/03　　• 계획구분: [2. SIMULATION]

(주)한국자전거본사는 고객 요청에 따라 2025년 09월 03일 제품의 출하 진행을 위해 자재 소요량 계획(MRP)을 수립하고, 필요한 자재를 원활하게 수급하기 위해 주계획을 작성하였다. 다음 중 주계획에 등록되지 않은 고객을 고르시오.

① (주)세림와이어　　　　　　② (주)제일물산
③ (주)한라상사　　　　　　　④ (주)성진테크원

13 2025년 9월 2일 청구등록 내역 중 입력된 주거래처와 품목의 주거래처가 다른 품목을 고르시오.

① [21-1030600. FRONT FORK(S)]

② [21-3000300. WIRING-DE]

③ [21-3065700. GEAR REAR C]

④ [25-3005000. MOTOR & SW LEADFRAME RH]

14 아래 [조회조건]으로 데이터를 조회한 후 물음에 답하시오.

┤ 조회조건 ├

• 사업장: [1000. (주)한국자전거본사]   • 발주기간: 2025/09/03 ~ 2025/09/03

다음 중 고객의 수주에 의해 등록된 발주번호를 고르시오.

① PO2509000001   ② PO2509000002

③ PO2509000003   ④ PO2509000004

15 2025년 9월 입고내역인 입고번호 RV2509000004에 대한 설명이다. 다음 중 잘못 설명한 것을 고르시오.

① 실적담당자는 박용덕이다.   ② 입고일자는 2025/09/10이다.

③ 입고창고는 [D100. 분배창고]이다.   ④ 거래처는 [00037. (주)성진테크원]이다.

16 다음의 [조회조건]의 내용을 읽고 질문에 답하시오.

┤ 조회조건 ├

• 사업장: [1000. (주)한국자전거본사]   • 입고기간: 2025/09/11 ~ 2025/09/11

다음 국내 입고 내역 중, 매입 미마감 잔량이 가장 많은 것을 고르시오. (관리단위 기준)

① [16-102800. RECTANGLE PIPE]   ② [21-3065700. GEAR REAR C]

③ [21-9000200. HEAD LAMP]   ④ [90-9001000. FRAME GRAY]

17 다음의 [조회조건]의 내용을 읽고 질문에 답하시오.

┤ 조회조건 ├

• 사업장: [1000. (주)한국자전거본사]   • 기간 : 2025/09/15 ~ 2025/09/18

매입마감번호 PC2509000003의 전표번호를 고르시오.

① 전표번호: 2025/09/15   ② 전표번호: 2025/09/16

③ 전표번호: 2025/09/17   ④ 전표번호: 2025/09/18

18 (주)한국자전거본사에서 2025년 9월 25일에 상품창고/상품장소에서 재고실사를 실시하였다. 전산 재고와 실사재고가 차이나는 항목들은 재고조정을 통하여 두 수량을 맞추려고 한다. 수량을 모두 양수로 입력하기 위하여 입고할 품목은 입고조정으로 출고할 품목은 출고조정에 입력할 예정이다. 다음 중 출고조정수량이 가장 큰 품목을 고르시오.

① [21-1060700. FRAME-NUT]
② [21-1060850. WHEEL FRONT-MTB]
③ [40-2525000. LEAD FRAME]
④ [90-9001000. FRAME GRAY]

19 전사기준 2025년 재고를 조회하고 계정구분이 원재료인 품목 중 가용재고량이 가장 많은 품목을 고르시오.

① [21-1060850. WHEEL FRONT-MTB]
② [21-1080800. FRAME-알미늄]
③ [21-3065700. GEAR REAR C]
④ [21-9000200. HEAD LAMP]

20 (주)한국자전거본사에서 생산품에 대하여 2025년 9월 재고평가를 할 때, [NAX-A400. 싸이클]의 입고단가를 고르시오.

① 188,000 원 　　　　　　　② 190,000 원
③ 191,000 원 　　　　　　　④ 193,000 원

물류 2급 | 2025년 4회 (2025년 7월 26일 시행)

[이론]

01 [보기]에서 (주)생산로직의 스마트ERP의 활용 효과로 적절하지 않은 것은?

> **보기**
>
> (주)생산로직은 스마트ERP를 도입하여 AI 기반 빅데이터 분석 기능과 연계된 비즈니스 애널리틱스를 활용하고 있다. 이를 통해 물류센터에서는 실시간 출고 데이터를 분석하여 적정 재고 수준을 예측하고, IoT 센서를 통해 수집한 운송 상태 데이터를 ERP에 자동 반영하고 있다. 또한, 판매 패턴과 계절 요인을 바탕으로 제품별 적정 발주량을 사전에 도출하고, 과잉 재고와 긴급 발주 발생을 줄이는 데 성공하였다.

① 실시간 출고 데이터를 분석하여 재고 최적화를 지원할 수 있다.
② AI 분석을 통해 계절별 수요를 예측하고 발주량을 사전 산정할 수 있다.
③ IoT를 활용해 운송 상태 데이터를 ERP 시스템에 실시간으로 반영할 수 있다.
④ 정형 데이터 위주의 수작업 분석을 통해 신속한 물류 의사결정을 수행할 수 있다.

02 (주)생산로직이 ERP 시스템의 물류 모듈에 머신러닝 기능을 도입하여 수행하고 있는 업무로 적절하지 않은 것은?

> **보기**
>
> (주)생산로직은 ERP 시스템의 물류 모듈에 기계학습(머신러닝) 기반 분석 기능을 도입하였다. 이를 통해 물류 창고의 입출고 데이터를 수집·전처리하고, 분류 및 회귀모델을 적용하여 상품별 재고 소진 시점을 예측하고 있다. 또한, 과거 발주 패턴을 학습한 AI가 향후 발주 수요를 예측하여, 수동 계획 없이도 적정 재고 확보가 가능해졌다.
>
> 현재 시스템은 데이터 수집 → 탐색 → 정제 → 모델 학습 → 예측값 평가 → 시스템에 반영의 순서를 통해 자동으로 운영되고 있으며, AI는 공급망 내 다양한 변수(계절, 지역, 요일 등)를 반영한 예측 결과를 제공하고 있다.

① 상품별 재고 소진 시점을 예측해 적시 재고 확보에 기여한다.
② 발주 수요를 예측해 수동 계획 없이도 재고 운영이 가능해진다.
③ 계절, 지역, 요일 등 공급망 변수들을 고려해 예측의 정밀도를 높인다.
④ 예측정확도 향상을 위하여 데이터의 이상치나 결측값을 제거하지 않는다.

03 [보기]는 (주)생산의 ERP 도입 사례이다. Best Practice 기반 ERP 패키지 도입을 목표로 할 경우 가장 부적절한 접근 방식은 무엇인가?

> **보기**
>
> (주)생산로직은 글로벌 선진기업의 경영 프로세스를 벤치마킹하고자 Best Practice 기반 ERP 패키지를 도입하기로 결정하였다. 이를 위해 ERP 벤더에서 제공하는 표준 프로세스에 맞추어 자사의 물류, 생산, 회계 등 업무를 전반적으로 개선하고 있으며, 가능한 한 시스템 수정(customization)은 최소화하는 전략을 선택하였다.
> ERP 도입 태스크포스(TFT)는 BPR(Business Process Reengineering)을 병행하며 업무 절차를 표준화하고, 시스템 구현은 Best Practice 프로세스에 최대한 부합하도록 설정 중심(configuration) 방식으로 진행하고 있다. 그러나 일부 부서에서는 기존 업무 방식 유지를 전제로 시스템을 수정하자는 의견이 제기되었다.

① ERP 도입 시 BPR을 병행하여 업무 프로세스를 개선한다.
② ERP 패키지에 내장된 표준 프로세스에 맞춰 업무 재설계를 추진한다.
③ 기존 방식에 맞추어 ERP 패키지를 수정하여 운영 방식을 그대로 유지한다.
④ BPR을 완료한 후, 재설계된 프로세스에 맞춰 ERP 시스템을 설정하여 구축한다.

04 ERP의 특징에 대한 설명으로 가장 옳지 않은 것은?

① 통합업무시스템: 각 부서의 데이터를 하나의 시스템에서 실시간으로 공유하고 관리할 수 있다.
② Parameter 설정에 의한 단기간의 도입과 개발이 가능: Parameter 설정에 의해 각 기업과 부문의 업무방식을 반영할 수 있다.
③ Open Multi-vendor: 특정 H/W 업체의 기술과 시스템에 의존하는 형태를 채용하여 비호환적인 C/S 시스템으로 구축할 수 있다.
④ 다국적, 다통화, 다언어: 각 나라의 법률과 대표적인 상거래 습관, 생산방식이 시스템에 입력되어 있어서 사용자는 이 가운데 선택하여 설정할 수 있다.

05 [보기]는 시장가격에 의한 가격결정방법의 각 단계를 사례로 설명하고 있다. 가격결정을 위한 각 단계를 순서대로 나열한 것은?

보기

- A: (주)생산은 소형 생활가전 시장에 진입하려 한다. 우선 국내외 주요 생활가전 시장의 규모, 성장률, 진입장벽, 경쟁강도 등을 분석하였다. 특히 소형 청소기 시장이 연 5%의 성장세를 보이며, 중소기업의 진입이 활발함을 파악하였다.
- B: 시장점유율 1위인 A사와 2위인 B사의 소형 청소기 판매가격대를 조사한 결과, A사는 15만 원, B사는 12만 원 수준의 소비자 가격을 형성하고 있었다.
- C: (주)생산은 브랜드 인지도가 낮고, 첫 출시 제품이라는 점을 감안하여, 가격 면에서 경쟁력이 있어야 한다고 판단하였다. 기술력은 평균 이상이지만 AS망이 부족한 점도 고려하였다.
- D: A사와 B사의 가격뿐 아니라, 유사한 중소 브랜드의 가격도 분석한 결과, 10만~11만 원 사이가 경쟁이 가장 치열한 가격대임을 확인하였다.
- E: (주)생산은 초기 시장 침투를 목표로, 소비자가격을 9만 9천 원으로 설정하기로 결정하였다. 이는 가격심리 효과와 경쟁 대비 우위를 확보하기 위한 전략적 결정이다.
- F: 판매수수료, 유통마진, 물류비용 등을 반영한 결과, 최종적으로 도매가는 7만 원, 출고가는 6만 원으로 설정하였다. 이를 통해 적정 이익률과 유통업체의 수익성도 확보할 수 있도록 하였다.

① A → B → C → D → E → F
② A → B → E → C → D → F
③ A → C → B → E → D → F
④ A → C → D → B → E → F

06 시장점유율을 이용하여 목표매출액을 결정하려고 한다. [보기]에서 필요한 정보만을 고른 것은?

보기

- ㉠ 목표한계이익률
- ㉡ 금년도 자사 매출액
- ㉢ 거래처 1사당 평균 수주예상액
- ㉣ 전년대비 자사 시장점유율 증가율
- ㉤ 전년대비 당해업계 총매출액 증가율

① ㉠, ㉡, ㉢
② ㉠, ㉢, ㉣
③ ㉠, ㉣, ㉤
④ ㉡, ㉣, ㉤

07 원가가산에 의한 가격 결정법에 따라 제품의 소매가격을 12,000원으로 결정하였다. [보기]의 원가구성자료를 참고할 때, 소매업자의 이익으로 옳은 것은?

보기

- 도매매입원가: 5,000원
- 도매업자 영업비: 1,000원
- 도매업자 이익: 2,000원
- 소매업자 영업비: 1,000원
- 소매업자 이익: (?)

① 1,000원
② 2,000원
③ 3,000원
④ 4,000원

08 (주)생산성은 과거 총이익액의 실적을 이용하여 거래처의 여신한도를 설정하려고 한다. 거래처 A에 대한 과거 3년간의 총매출액은 100억원, 외상매출채권 잔액은 20억원, 그리고 평균 총 이익율은 20%이다. 거래처 A에 대한 여신한도 설정액은 얼마인가?

① 4억원

② 16억원

③ 20억원

④ 24억원

09 [보기]는 에어컨 회사의 판매계획 수립절차에 따른 단계별 회의내용이다. 단계별 회의내용을 순서대로 적절하게 나열한 것은?

> **보기**
>
> • A단계
>   - 경쟁사 판매전략, 브랜드 특징 분석
>   - 소비자 구매 선호도(기능, 디자인, 가격대) 조사
> • B단계
>   - 내년도 폭염예보기간, 전기요금 인상폭 고려
>   - 내년도 에어컨 총 수요는 120만대로 예상
> • C단계
>   - 내년도 목표매출액은 전략적으로 1,500억원으로 설정
> • D단계
>   - 작년도 자사의 시장점유율은 10%
>   - 신제품 출시와 유통망 강화로 내년도 시장점유율 12% 예상
>   - 내년도 판매량은 14만4천대로 예상
> • E단계
>   - 서울수도권 지역은 700억원, 기타 지역은 400억원으로 판매 목표할당함
>   - 각 지역별로 유통경로별 세부 전략을 별도 수립함

① A → B → C → D → E

② A → C → B → D → E

③ A → B → D → C → E

④ A → C → D → B → E

10 (주)생산성의 연간 매출액은 1억 2,000만원, 매출채권의 평균회수기간이 45일이라면, 기말 매출채권 잔액은 얼마인가? 단, 1년은 360일로 가정한다.

① 1,000만원

② 1,500만원

③ 2,000만원

④ 2,500만원

11 [보기]는 (주)생산의 재고 관련 상황과 그에 대한 해결 방법을 제시한 것이다. 제시된 ⓐ ~ ⓔ 중에서 현상에 대한 해결 방법으로 적절한 것끼리 짝지은 것을 고르시오.

보기

국내 가전제품 제조사 (주)생산은 최근 신형 공기청정기의 재고 부족과 과잉 생산이 번갈아 나타나고 있다. 이 회사는 전국 대리점에서 매주 수요예측 정보를 수집해 생산 계획을 수립한다.

최근에는 경쟁사 판촉행사에 대응하기 위해 일부 대리점이 실제 수요보다 30% 많은 수량을 선주문했으며, 본사 영업부는 이를 근거로 생산량을 급격히 늘렸다. 이후 판매가 예상보다 부진하자 각 대리점은 주문량을 줄였고, 본사는 생산계획을 다시 축소했다.

결과적으로 본사 창고에는 2개월치 초과재고가 발생했고, 일부 부품 협력사는 주문 취소로 심각한 재무 손실을 입었다. 이러한 문제 해결을 위해 컨설팅팀은 아래와 같이 의견을 제시하였다.

ⓐ 대리점 데이터를 본사와 공유하고, 재고정보를 실시간 통합관리하는 SCM 시스템 도입을 통해 공급망 전반의 수요 정보를 집중화한다.

ⓑ 제품 생산 및 운송 리드타임을 충분히 증가시켜 재고 축적을 최소화 하고 수요 변동에 대응력을 높힐 수 있도록한다.

ⓒ 적정재고 수준을 유지하고 재고 관리시스템을 효율적으로 운영하여 과잉 재고나 품절을 방지한다.

ⓓ 일괄 주문 방식을 통해 주문 시기를 월 1회로 제한하고 주기와 주문량을 고정하여 업무의 효율성을 높인다.

---

① ⓐ, ⓑ   ② ⓐ, ⓒ

③ ⓑ, ⓒ   ④ ⓑ, ⓓ

12 [보기]는 효율적 공급망 전략과 대응적 공급망 전략 비교에 관한 설명이다. [보기]의 ㉠~㉣에 적절한 내용으로 짝지어진 것을 고르시오.

| 보기 |

구분	효율적 공급망 전략	대응적 공급망 전략
목표	가능한 가장 낮은 비용으로 예측 가능한 수요에 대응	품질문제, 가격인하 압력, 불용재고를 최소화하기 위해 예측이 어려운 수요에 신속 대응
생산 전략	(㉠)	(㉡)
재고 전략	(㉢)	(㉣)
리드타임 전략	비용을 증가시키지 않는 범위 내에서 리드타임 최소화	리드타임을 단축시키기 위해 공격적인 투자

① ㉠ – 높은 가동률을 통한 낮은 비용 유지
　㉡ – 불확실성에 대비한 최저 생산능력 유지
　㉢ – 불확실한 수요를 대비하여 여유 재고를 유지
　㉣ – 공급망에서 높은 재고회전율과 높은 재고수준을 유지
② ㉠ – 불확실성에 대비한 초과 생산능력 유지
　㉡ – 높은 가동률을 통한 고비용 유지
　㉢ – 공급망에서 높은 재고회전율과 낮은 재고수준을 유지
　㉣ – 불확실한 수요를 대비하여 여유 재고를 유지
③ ㉠ – 높은 가동률을 통한 고비용 유지
　㉡ – 불확실성에 대비한 최저 생산능력 유지
　㉢ – 공급망에서 높은 재고회전율과 높은 재고수준을 유지
　㉣ – 불확실한 수요를 대비하여 여유 재고를 유지
④ ㉠ – 높은 가동률을 통한 낮은 비용 유지
　㉡ – 불확실성에 대비한 초과 생산능력 유지
　㉢ – 공급망에서 높은 재고회전율과 낮은 재고수준을 유지
　㉣ – 불확실한 수요를 대비하여 여유 재고를 유지

13 공급망 거점 설계에서 고려되어야 할 비용에 대한 설명으로 옳지 않은 것은?

① 개별 물류 거점의 규모가 커지면 변동운영비용은 감소한다.
② 운송비용은 물류 거점 수 증가함에 따라 서서히 감소하다가 어느 수준을 넘어서게 되면 오히려 증가한다.
③ 고정투자비용에는 인건비 및 초기 설비투자 비용 등이 포함되며, 물류 거점 수에 비례하여 증가하는 경향을 보인다.
④ 재고비용은 물류거점 수 증가함에 따라 초기 증가폭이 크다가 일정 수준 이상이 되면 완만히 증가하는 경향을 보인다.

14 [보기]는 (주)생산의 1분기 재고자산변동 현황이다. 재고자산평가방법에서 선입선출법과 후입선출법의 매출원가가 동일하게 산출되었을 경우에 3월 5일의 입고단가로 적절한 것은 무엇인가?

일자	구분	수량	단가
1월 1일	기초재고	300	1,000
1월 20일	입고	200	1,100
2월 15일	출고	300	
3월 5일	입고	500	??
3월 20일	출고	400	

① 1,000
② 1,100
③ 1,200
④ 2,100

15 운송수단에 대한 설명으로 가장 적절하지 않은 것은?

① 운송화물의 특성, 리드타임, 적재율, 중량 등을 고려하여 화물별 적합한 운송수단을 선택해야 한다.

② 파이프라인 운송은 액체·기체 화물의 연속수송에 적합하며 초기 건설비가 크며, 기후에 영향을 적게 받는다.

③ 화물운송은 Door to Door 운송이 가능하며 소량·다빈도 운송에 적합하며, 철도운송은 대량화물 운송에 유리하며 기상 영향이 적고 노선 유연성이 높다.

④ 항공운송은 운송속도가 가장 빠르며 긴급·고부가가치 화물 운송에 적합하며, 선박운송은 단위당 운송비용이 저렴하여 국제간 대량화물 운송에 주로 이용된다.

16 [보기]는 출고 프로세스에 대한 일부 과정의 내용이다. 순서로 적절한 것을 고르시오.

> **보기**
>
> A: 6월 30일 오전 10시 온라인 쇼핑몰을 통해 헤드폰 주문
> B: 헤드폰은 "전자제품 구역"에서 1차 출고 대상에 포함됨
> C: 창고관리시스템을 통해 피킹담당자 PDA에 "헤드폰 1개 출고지시" 표시
> D: 담당자가 지정된 위치에서 상품을 꺼냄
> E: 바코드 스캔으로 품목·수량·주문정보 일치 여부 확인
> F: 에어캡으로 헤드폰을 포장 후, 송장 라벨 부착
> G: 출고품 배송지 이동 시작, 배송센터로 이동

① A → B → C → D → E → F → G
② A → C → D → B → G → E → F
③ A → B → D → E → C → G → F
④ A → B → F → D → C → E → G

17 관습상 25일 이후의 구매는 익월에 행해진 것으로 간주되어, 그 할인기간이 익월의 1일부터 기산되어지는 가격할인 방식을 무엇이라 하는가?

① 선불기일 현금할인

② 특인기간 현금할인

③ 구매당월락 현금할인

④ 수취일기준 현금할인

18 [보기]의 원가 자료를 활용하여 제조원가를 구하시오.

┤ 보기 ├

- 직접재료비: 30원
- 직접노무비: 20원
- 직접경비: 30원
- 제조간접비: 40원
- 판매비와 일반관리비: 20원

① 50

② 80

③ 120

④ 140

19 [보기] 중에서 사업장별 분산구매가 유리한 품목으로 적합한 것을 모두 나열한 것은?

┤ 보기 ├

㉠ 고가품목

㉡ 표준품목

㉢ 지역성 품목

㉣ 소량구매품목

① ㉠, ㉡

② ㉡, ㉢

③ ㉢, ㉣

④ ㉠, ㉡, ㉢, ㉣

20 [보기]에서 설명하는 구매방식으로 가장 적절한 것은?

┤ 보기 ├

(주)생산성의 구매팀은 각 사업장에 소화기, 공업용 세척제, 안전보호구 등 필수 비축 품목이 일정 재고 이하로 떨어지지 않도록 관리하고 있다. 이들 품목은 비상상황이나 정기보수 시 반드시 사용되어야 하며, 재고가 부족할 경우 즉시 추가 구매가 이루어진다. 이러한 구매 방식은 공급업체와의 단가 계약 및 정해진 로트크기와 관계없이, 필요할 때마다 주문을 반복하는 특징이 있다.

① 수시구매

② 일괄구매

③ 예측구매

④ 투기구매

기출문제

[실무]

실무문제는 [실기메뉴]를 활용하여 답하시오.
웹하드(http://www.webhard.co.kr)에서 Guest(ID: samil3489, PASSWORD: samil3489)로
로그인하여 백데이터를 다운받아 설치한 후 물류 2급 2025년 4회로 로그인한다.

01 (주)한국자전거에 등록된 품목 [45-78050. BATTERY TS-50]의 계정구분으로 옳은 것을 고르시오.

① 원재료　　　　　　　　　　　　　② 상품
③ 반제품　　　　　　　　　　　　　④ 제품

02 다음 중 품목군의 사용여부 설정이 나머지와 다른 것을 고르시오.

① [Z100. 산악용]　　　　　　　　　② [Z150. 험지용]
③ [Z200. 비포장용]　　　　　　　　④ [Z250. 특수용]

03 다음 (주)한국자전거에 등록된 일반거래처 중 업태가 '제조외'로 등록된 거래처를 고르시오.

① (주)대흥정공　　　　　　　　　　② (주)하나상사
③ (주)빅파워　　　　　　　　　　　④ (주)제동기어

04 아래 [조회조건]으로 데이터를 조회한 후 물음에 답하시오.

> **조회조건**
>
> • 사업장: [1000. (주)한국자전거본사]　　　• 대상년월: 2025년 07월

(주)한국자전거본사는 2025년 07월 고객별 판매 계획을 등록하였다. 다음 판매 계획 중 매출 예상
금액이 가장 큰 고객을 고르시오.

① (주)대흥정공　　　　　　　　　　② (주)하나상사
③ (주)빅파워　　　　　　　　　　　④ (주)제동기어

05 아래 [조회조건]으로 데이터를 조회한 후 물음에 답하시오.

> **조회조건**
>
> • 사업장: [1000. (주)한국자전거본사]　　　• 견적기간: 2025/07/01 ~ 2025/07/01

다음 국내 견적 건 중 프로젝트 '특별할인판매'로 등록된 견적번호를 고르시오.

① ES2507000001　　　　　　　　　② ES2507000002
③ ES2507000003　　　　　　　　　④ ES2507000004

06 아래 [조회조건]으로 데이터를 조회한 후 물음에 답하시오.

┤ 조회조건 ├
- 사업장: [1000. (주)한국자전거본사]
- 견적기간: 2025/07/02 ~ 2025/07/02

다음 견적 내역 중 계정구분 '반제품'으로 설정된 품목들의 견적 수량 합계를 고르시오.
(관리단위 기준)

① 45EA
② 50EA
③ 55EA
④ 60EA

07 아래 [조회조건]으로 데이터를 조회한 후 물음에 답하시오.

┤ 조회조건 ├
- 사업장: [1000. (주)한국자전거본사]
- 주문기간: 2025/07/03 ~ 2025/07/03

다음 국내 수주 내역 중 실적 담당자가 '이종현'으로 등록되어 있고, '검사' 과정을 포함하는 수주번호를 고르시오.

① SO2507000001
② SO2507000002
③ SO2507000003
④ SO2507000004

08 아래 [조회조건]으로 데이터를 조회한 후 물음에 답하시오.

┤ 조회조건 ├
- 사업장: [1000. (주)한국자전거본사]
- 출고기간: 2025/07/04 ~ 2025/07/04
- 출고창고: [M400. 상품창고]

다음 국내 출고 내역 중 재고단위수량의 합이 가장 큰 고객을 고르시오.

① (주)대흥정공
② (주)하나상사
③ (주)빅파워
④ (주)제동기어

09 (주)한국자전거본사는 2025년 07월 05일에 세금계산서를 발행하였다. 아래 세금계산서 내역 중, 해당 일자의 발행 목록에 포함되지 않은 매출마감번호를 고르시오.

① SC2507000002
② SC2507000003
③ SC2507000004
④ SC2507000005

기출문제

10 아래 [조회조건]으로 데이터를 조회한 후 물음에 답하시오.

┤ 조회조건 ├
- 사업장: [1000. (주)한국자전거본사]
- 수금기간: 2025/07/01 ~ 2025/07/01

다음 수금 내역 중 2025년 07월 05일에 선수금정리 등록된 고객을 고르시오.

① (주)대흥정공
② (주)하나상사
③ (주)빅파워
④ (주)제동기어

11 아래 [조회조건]의 조건으로 데이터를 조회한 후 물음에 답하시오.

┤ 조회조건 ├
- 조회기간: 2025/07/01 ~ 2025/07/31
- 조회기준: 0. 국내(출고기준)
- 미수기준: 0. 발생기준

(주)한국자전거본사는 고객별 미수채권 정보를 확인하고자 한다. 다음 중 미수채권의 잔액이 가장 적은 고객을 고르시오.

① (주)대흥정공
② (주)하나상사
③ (주)빅파워
④ (주)제동기어

12 아래 [조회조건]으로 데이터를 조회한 후 물음에 답하시오.

┤ 조회조건 ├
- 사업장: [1000. (주)한국자전거본사]
- 계획기간: 2025/08/01 ~ 2025/08/01
- 계획구분: SIMULATION

다음 중 품목군이 '반조립품'으로 등록되어 있으며, 주계획작성(MPS)의 계획수량이 가장 적은 품목을 고르시오.

① WHEEL FRONT-MTB
② BREAK SYSTEM
③ PRESS FRAME-W
④ 일반자전거(P-GRAY WHITE)

13 아래 [조회조건]으로 데이터를 조회한 후 물음에 답하시오.

┤ 조회조건 ├
- 사업장: [1000. (주)한국자전거본사]
- 요청일자: 2025/07/05 ~ 2025/07/05

다음 청구 내역 중 '발주등록' 메뉴의 '청구적용 조회'를 통해 적용 가능한 청구 건을 고르시오. (이력 확인 시 수량 전량이 적용된 내역이 존재하는 경우는 적용 가능하지 않은 항목으로 판단한다.)

① PR2507000001
② PR2507000002
③ PR2507000003
④ PR2507000004

14 아래 [조회조건]으로 데이터를 조회한 후 물음에 답하시오.

> **조회조건**
>
> • 사업장: [1000. (주)한국자전거본사]　　　• 발주기간: 2025/07/06 ~ 2025/07/06

다음 중 고객의 주문에 의해 등록된 발주번호를 고르시오.

① PO2507000006　　　　　　　　② PO2507000007

③ PO2507000008　　　　　　　　④ PO2507000009

15 아래 [조회조건]으로 데이터를 조회한 후 물음에 답하시오.

> **조회조건**
>
> • 사업장: [1000. (주)한국자전거본사]　　　• 발주기간: 2025/07/07 ~ 2025/07/07

(주)한국자전거본사는 거래처에 요청한 발주 내역을 마감 처리하였다. 다음 발주 내역 중 마감 사유가 나머지와 다른 내역을 고르시오.

① PO2507000010　　　　　　　　② PO2507000011

③ PO2507000012　　　　　　　　④ PO2507000013

16 (주)한국자전거본사는 2025년 07월 08일, (주)영동바이크로 발주한 물품을 상품창고에 입고하기 전, 입고 검사를 진행하였다. 다음 중 입고검사에 진행된 검사 유형으로 올바른 것을 고르시오.

① 수량검사　　　　　　　　② 성능검사

③ 도색검사　　　　　　　　④ 외관검사

17 아래 [조회조건]으로 데이터를 조회한 후 물음에 답하시오.

> **조회조건**
>
> • 사업장: [1000. (주)한국자전거본사]
> • 입고기간: 2025/07/10 ~ 2025/07/10　　　• 입고창고: [M100. 부품창고]

다음 국내 입고 내역 중 입고 장소가 나머지와 다른 품목을 고르시오.

① WHEEL FRONT-MTB　　　　　② WHEEL REAR-MTB

③ FRAME-티타늄　　　　　　　　④ FRAME-알미늄

18 아래 [조회조건]으로 데이터를 조회한 후 물음에 답하시오.

┤ 조회조건 ├

- 사업장: [1000. (주)한국자전거본사]
- 입고기간: 2025/07/11 ~ 2025/07/11

다음 국내 입고 내역 중 매입 미마감 잔량의 합이 가장 많은 거래처를 고르시오. (관리단위 기준)

① (주)세림와이어
② (주)형광램프
③ (주)제일물산
④ YK PEDAL

19 아래 [조회조건]의 조건으로 데이터를 조회한 후 물음에 답하시오.

┤ 조회조건 ├

작업내역: (주)한국자전거본사는 2025년 7월 15일, 유아용 자전거 1EA를 점검 목적으로 특정 창고-장소로 입고 이동시켰다. 해당 특정 창고-장소는 적합여부가 '부적합'이며, 가용재고는 '여'로 설정되어 있어 양품은 아니나 사용하는 물품을 관리하는 곳이다.

(주)한국자전거본사는 작업 내역을 처리하기 위하여 재고이동등록(창고) 메뉴를 사용하였다. 다음 창고 이동 내역 중 해당 작업 내역에 해당하는 이동번호를 고르시오.

① MV2507000001
② MV2507000002
③ MV2507000003
④ MV2507000004

20 아래 [조회조건]으로 데이터를 조회한 후 물음에 답하시오.

┤ 조회조건 ├

- 사업장: [1000. (주)한국자전거본사]
- 품목군: [N100. WIRING]
- 해당년도: 2025
- 대분류: [2000. PIPE 205]

위 조건에 해당하는 사업장 내 품목의 가용재고량으로 옳은 것을 고르시오. (재고단위 기준)

① 530
② 500
③ 30
④ 20

물류 2급 | 2025년 3회 (2025년 5월 24일 시행)

[이론]

01 (주)생산은 매월 수백 개의 거래 명세서를 수작업으로 입력하고 있었다. 업무생산성 향상을 위하여 기업은 로봇 프로세스 자동화(RPA)를 도입하기로 했다. (주)생산이 RPA 도입을 통해 기대할 수 있는 효과로 옳지 않은 것은?

① 문서 처리 시간을 단축하고, 거래관리 프로세스를 개선할 수 있다.
② 사람이 수행하는 창의적인 사고와 전략적 의사결정을 자동화할 수 있다.
③ 단순 반복 업무를 자동화하여 직원들이 고부가가치 업무에 집중할 수 있다.
④ 반복적인 데이터 입력 업무에 대한 오류를 줄이고, 정확도를 향상할 수 있다.

02 [보기]에서 설명하는 디지털 전환(Digital Transformation)의 개념으로 가장 적절한 것은?

> **보기**
>
> (주)생산컨설팅의 인사팀에서 근무하는 홍과장은 최근 회사가 '디지털 전환(Digital Transformation)' 전략을 추진한다는 발표를 들었다. 이에 따라, 인사팀에서도 기존 종이 기반의 평가 및 급여 관리 시스템을 클라우드 기반의 HR 시스템으로 전환하고, AI를 활용한 직원 성과 분석 및 맞춤형 교육 추천 시스템을 도입할 계획이다. 또한, 회사 전체적으로 빅데이터 분석을 활용한 고객 맞춤형 서비스 제공, 비대면 협업 플랫폼 확대, AI 챗봇을 통한 고객 응대 자동화 등을 추진하고 있다. 이를 통해 기업 내부뿐만 아니라, 고객과의 접점에서도 디지털 기술을 활용한 혁신이 이루어지고 있다.

① 클라우드 컴퓨팅을 적용하여 기업 데이터관리를 최적화하는 과정
② 디지털 기술을 활용하여 기업 내부의 IT 부서 업무를 개선하는 과정
③ 스마트폰 보급과 같은 개인 디지털 기기의 활용에 초점을 맞춘 과정
④ 디지털 기술을 활용하여 기업의 전통적인 업무방식과 비즈니스모델을 혁신하는 과정

03 (주)생산은 ERP시스템 도입 후 생산 모듈과 물류 모듈을 연계하여 자재 수불관리와 완제품 재고 이동을 자동화하고자 한다. 그러나 생산 공정에서 완제품이 생산되었음에도 불구하고, ERP 물류 모듈의 재고 정보에는 반영되지 않아 실제 재고보다 시스템상 재고가 부족하게 나타나고 있다. 이 문제를 해결하기 위한 가장 적절한 방법은?

① ERP 시스템을 중단하고 기존 수작업 방식으로 재고 관리를 진행한다.
② 생산작업 종료마다 재고수량의 일치여부를 업무담당자가 직접 확인한다.
③ ERP 시스템의 물류 모듈을 사용하지 않고 생산 모듈 내에서 재고를 개별 관리한다.
④ ERP 시스템의 실시간 데이터 업데이트 기능을 점검하고 데이터 연계프로세스를 수정한다.

04 (주)생산은 ERP 시스템을 클라우드 기반으로 전환하면서, AI와 빅데이터 기술을 활용하여 고객 수요 예측과 생산 계획을 최적화하고 있다. 이와 같은 클라우드 ERP 도입의 주요 장점으로 적절한 것은?

① 데이터 실시간 접근성이 감소하여 정보 활용이 제한된다.
② 기업 내 IT 인프라 유지 비용이 증가하여 운영 부담이 커진다.
③ 초기 구축 비용이 절감되며, 확장성이 강화되어 유연한 운영이 가능하다.
④ 클라우드 ERP 도입 후 시스템의 유연성이 저하되어 업무 효율성이 낮아진다.

05 3개월 단순이동평균법을 활용하여 산출한 4월의 수요예측치가 110개일 때, 3월의 실제수요값은 얼마인가?

| 보기 |

- 1월 수요: 90개
- 3월 수요: ? 개
- 2월 수요: 100개

① 110개
② 120개
③ 130개
④ 140개

06 [보기]는 판매계획에 대한 내용이다. ㉠과 ㉡에 들어갈 내용으로 가장 적절한 것은?

| 보기 |

판매계획은 크게 ㉠과(와) 중기 판매계획, 단기 판매계획으로 구분할 수 있다. ㉠에는 주로 신시장 개척, ㉡, 판매경로 강화 등이 해당된다.

① ㉠ 반기 판매계획 / ㉡ 제품별 가격
② ㉠ 장기 판매계획 / ㉡ 신제품 개발
③ ㉠ 일일 판매계획 / ㉡ 판매촉진 실행방안
④ ㉠ 초기 판매계획 / ㉡ 구체적인 판매할당

07 교차비율을 이용하여 목표판매액을 할당할 때, [보기]의 제품 중에서 목표판매액 할당이 가장 큰 제품으로 옳은 것은?

| 보기 |

제품	매출액	한계이익	평균재고액
A	100억원	10억원	5억원
B	200억원	15억원	10억원
C	300억원	20억원	15억원
D	400억원	30억원	20억원

① A
② B
③ C
④ D

08 [보기]에서 설명하는 특징을 모두 가지는 중점관리 대상 고객을 선정하는 방법은 무엇인가?

> **보기**
>
> • 파레토의 원리에 따라 중요한 고객이나 거래처를 그룹별로 나누어 집중적으로 관리하는 방법
> • 중점 관리 대상을 선정하는 과정에서 과거 판매실적 한 가지만을 근거로 한다.

① ABC 분석
② SWOT 분석
③ 매트릭스 분석
④ 거래처 포트폴리오 분석

09 (주)생산프로는 거래처인 (주)비즈생산으로부터 외상매출액 1,000만원 중 900만원을 [보기]와 같이 받을어음으로 회수하였다. [보기]에 주어진 정보를 활용하여 잔액 100만원에 대해 가능한 최대 어음 기간을 산출하면 얼마인가?

> **보기**
>
> [(주)비즈생산의 여신관련 자료]
> • 여신기간 50일, 여신한도액 1,000만원, 외상매출액 1,000만원
> • 회수된 어음 현황
>   - 받을어음: 600만원 (어음기간: 30일)
>   - 받을어음: 300만원 (어음기간: 90일)

① 50일
② 90일
③ 100일
④ 130일

10 (주)생산로직스의 주니어 사원 김길동씨는 (주)메타생산으로부터 발주서를 받고 수주 등록을 준비하고 있다. ERP시스템에 수주 정보를 등록하는 과정에서 아래 정보를 입력하였다.

> 제품명, 수량, 단가, 납기일, 배송지, 결제조건

부서의 담당 선배인 박그래씨는 김길동씨의 입력 내용을 검토하는 중 수주 등록에 필요한 핵심 정보가 빠졌다고 지적하였다. 선배가 언급한 누락된 정보로 가장 적절한 것은?

① 고객사 CI 이미지 파일
② 고객사 SNS 계정 정보
③ 제품 사진 및 카탈로그 링크
④ 고객사의 이름, 주소 등 기본정보

11 [보기] 중에서 공급망 프로세스의 경쟁능력 4요소 중, 시간(time) 요소에 대한 내용을 모두 나열한 것은?

> **보기**
>
> ㉠ 신속한 제품 배달능력
> ㉡ 경쟁사보다 빠른 신제품 개발능력
> ㉢ 적은 자원으로 제품·서비스를 창출할 수 있는 능력
> ㉣ 설계변화와 수요변화에 효율적으로 대응할 수 있는 능력
> ㉤ 고객의 욕구를 만족시키는 척도이며 소비자에 의해서 결정

① ㉠, ㉡
② ㉠, ㉢, ㉣
③ ㉡, ㉢, ㉣, ㉤
④ ㉠, ㉡, ㉢, ㉣, ㉤

12 [보기]의 자료를 활용하여 고정주문량 모형으로 재발주점(ROP)을 구하시오.

> **보기**
>
> • 조달기간: 5일
> • 일평균사용량: 10
> • 안전재고: 3

① 13
② 15
③ 53
④ 55

13 (주)생산성농업회계법인은 여러 차례에 걸쳐 곡물을 구매하고 있다. 이 회사는 원가법에 따라 재고자산을 평가하고 있으며, 최근 곡물 가격의 변동이 심화됨에 따라 재고평가방식을 검토하고 있다. 최근 분기 동안의 곡물 구매내역은 [보기]와 같다. 5월 말까지 (주)생산성농업회계법인는 총 1,200톤의 곡물을 출고한 바 있다. (주)생산성농업회계법인는 가장 먼저 구매한 재고부터 우선 출고하는 기준에 따라 재고자산을 평가하였다. (주)생산성농업회계법인가 사용한 재고자산 평가방법은 무엇인가?

> **보기**
>
> • 3월 7일: 600톤을 톤당 400,000원에 구매함
> • 4월 13일: 700톤을 톤당 450,000원에 구매함
> • 5월 24일: 600톤을 톤당 550,000원에 구매함

① 개별법
② 총평균법
③ 후입선출법
④ 선입선출법

14 화물차량 운송수단의 특징에 관한 설명으로 옳지 않은 것은?

① 문전 배송이 가능하다.
② 운행 중 사고 발생률이 높다.
③ 근거리, 소량 운송의 경우에 유리하다.
④ 용지 확보 및 라인설치 등 초기시설 투자비가 많이 든다.

15 [보기] 중에서 창고보관의 기본 원칙에 대한 설명으로 적합한 것을 모두 나열한 것은?

> **┤ 보기 ├**
>
> ㉠ 용적 효율을 높이기 위해 물품을 높게 쌓는다.
> ㉡ 동일 물품은 동일 장소에 보관하고 유사품은 가까운 장소에 보관한다.
> ㉢ 출입구를 중심으로 무겁고 대형의 물품은 출입구 먼 쪽에, 그리고 아래쪽에 보관한다.
> ㉣ 출입구가 동일한 창고의 경우 입출고 빈도가 높은 화물은 출입구에 가까운 장소에 보관하고, 낮은 경우에는 먼 장소에 보관한다.

① ㉠, ㉡, ㉢   ② ㉠, ㉡, ㉣
③ ㉠, ㉢, ㉣   ④ ㉡, ㉢, ㉣

16 입고 관리에 대한 설명으로 가장 적절한 것은?

① 현재 재고 품목과 수량을 파악하는 활동
② 소량의 물품을 고객·소비자에게 전달하는 활동
③ 재고를 출고 지시서와 주문서를 근거로 꺼내는 활동
④ 창고에 물품을 넣고 적치하는 업무를 계획하고 통제하는 활동

17 [보기]는 가격결정 방식에 대한 대화이다. 대화에 나타난 가격결정 방식으로 가장 적절한 것은?

> **┤ 보기 ├**
>
> • 원대리: 부장님! A품목의 가격결정 방식은 어떻게 할까요?
> • 정부장: 생산원가보다는 소비자의 평가나 수요를 바탕으로 가격을 결정하는 게 좋겠습니다.
> • 원대리: 조금 더 구체적으로 말씀해주실 수 있을까요?
> • 정부장: 소비자의 구매의도나 구매능력을 고려하여 소비자가 기꺼이 지불할 수 있는 가격수준을 결정합시다.
> • 원대리: 네, 알겠습니다.

① 입찰경쟁 방식   ② 구매가격 예측방식
③ 코스트플러스 방식   ④ 경쟁기업 가격기준 방식

18 [보기]의 내용을 적절하게 나타내고 있는 현금할인조건 표기는 무엇인가?

> **┤ 보기 ├**
>
> 가격할인 방식 중 거래일이 5월 1일이지만 거래일자를 5월 15일로 기입하여 늦추고 5월 25일까지 현금지불이 되면 10%의 할인이 적용되는 경우

① 10/10 Advanced   ② 10/15 Advanced
③ 15/10 Advanced   ④ 10/25 Advanced

19 구매계약의 성립에 대한 설명 중 옳지 않은 것은?

① 구매 승낙 후 계약서 작성은 계약 내용과 무관하다.
② 구매 당자자가 구매 계약서를 교환하면 계약이 성립된다.
③ 구매계약은 매매 당자자 간에 거래의사를 합의함으로써 성립된다.
④ 구매담당자의 구매 통지나 주문서 전달만으로 상대방이 이를 승낙하면 계약이 성립된 것으로 본다.

20 [보기]는 (주)생산성 자재부 직원들의 대화이다. 대화에 나타난 구매방법으로 가장 적절한 것은?

> **┤ 보기 ├**
>
> - 직원 A: 이번에 수립한 ○○품목의 장기 제조계획에 따라 필요한 자재의 소요량을 작성한 보고서입니다.
> - 직원 B: 자재의 안정적인 확보가 필요한 상황입니다.
> - 직원 A: 계약방법에 따라 저렴한 가격으로 확보할 수 있습니다.
> - 직원 B: 뿐만 아니라 충분한 수량의 확보도 가능합니다.

① 수시구매
② 예측구매
③ 투기구매
④ 장기계약구매

> ✷ 실무문제는 [실기메뉴]를 활용하여 답하시오.
> 웹하드(http://www.webhard.co.kr)에서 Guest(ID: samil3489, PASSWORD: samil3489)로
> 로그인하여 백데이터를 다운받아 설치한 후 물류 2급 2025년 3회로 로그인한다.

01 (주)한국자전거에 등록된 품목 [87-1002001. BREAK SYSTEM]의 계정구분을 고르시오.

① 원재료　　　　　　　　　　　② 반제품
③ 제품　　　　　　　　　　　　④ 상품

02 아래 [조회조건]으로 데이터를 조회한 후 물음에 답하시오.

┤ 조회조건 ├

• 셋트품 품목: [TK-201. 가족하이킹세트]

다음 중 가족하이킹세트의 구성품에 포함되지 않은 품목을 고르시오.

① [ATECK-3000. 일반자전거]　　　② [ATECX-2000. 유아용자전거]
③ [31-1010003. 바구니]　　　　　④ [31-1010004. 타이어]

03 다음 [보기]는 일반거래처에 대한 설명이다.

┤ 보기 ├

가. (주)대흥정공의 업태는 '제조외'이다.
나. (주)하나상사는 2016년 9월부터 거래하였다.
다. (주)제동기어는 서울 소재 기업이다.
라. YK PEDAL의 대표자는 MICHAEL CHOI이다.

올바른 설명으로 짝지은 것을 고르시오.

① 가, 나　　　　　　　　　　　② 가, 다
③ 가, 라　　　　　　　　　　　④ 다, 라

04 (주)한국자전거에서는 고객별로 판매계획을 등록하고 있다. 다음 중 2025년 05월에 실적담당이 '정
영수'인 고객 중 매출예상금액이 가장 큰 거래처를 고르시오.

① (주)대흥정공　　　　　　　　② (주)하나상사
③ (주)빅파워　　　　　　　　　④ (주)제동기어

05 아래 [조회조건]으로 데이터를 조회한 후 물음에 답하시오.

> **조회조건**
>
> • 사업장: [1000. (주)한국자전거본사]　　　• 견적기간: 2025/05/01 ~ 2025/05/05

[조회조건]을 만족하는 견적내역 중 결제조건이 '익월 말일 결제'인 견적번호를 고르시오.

① ES2505000001　　　　　　　② ES2505000002

③ ES2505000003　　　　　　　④ ES2505000004

06 아래 [조회조건]으로 데이터를 조회한 후 물음에 답하시오.

> **조회조건**
>
> • 사업장: [1000. (주)한국자전거본사]　　　• 주문기간: 2025/05/02 ~ 2025/05/02

다음 국내 수주내역 중 '특별할인판매' 프로젝트로 등록된 수주 수량을 고르시오. (관리단위 기준)

① 30　　　　　　　　　　　② 45

③ 50　　　　　　　　　　　④ 75

07 (주)한국자전거본사의 2025년 5월 6일 수주내역 중 수주마감 처리되어 출고처리할 수 없는 수주번호를 고르시오.

① SO2505000009　　　　　　② SO2505000010

③ SO2505000011　　　　　　④ SO2505000012

08 아래 [조회조건]으로 데이터를 조회한 후 물음에 답하시오.

> **조회조건**
>
> • 사업장: [1000. (주)한국자전거본사]
> • 출고기간: 2025/05/06 ~ 2025/05/06　　　• 출고창고: [M400. 상품창고]

다음 국내 출고내역 중 출고 장소가 나머지와 다른 품목을 고르시오.

① [56-2500100. ASSY KEY SWITCH LEADFRAME]

② [56-2600100. ASSY KEY SWITCH LEADFRAME LH]

③ [NAX-A400. 싸이클]

④ [NAX-A420. 산악자전거]

09 아래 [조회조건]으로 데이터를 조회한 후 물음에 답하시오.

> **조회조건**
>
> • 사업장: [1000. (주)한국자전거본사]　　　• 마감기간: 2025/05/07 ~ 2025/05/07

다음 매출마감 등록 내역에 대하여 잘못 설명한 것을 고르시오.

① SC2505000001은 매출마감 메뉴에서 마감수량을 수정할 수 없다.
② SC2505000002의 출고처리 메뉴에서 주문단위 수량을 수정할 수 있다.
③ SC2505000003은 출고번호 IS2505000001의 매출마감 건이다.
④ SC2505000004는 2025/05/07의 출고 건에 대한 매출마감 건이다.

10 아래 [조회조건]으로 데이터를 조회한 후 물음에 답하시오.

> **조회조건**
>
> • 사업장: [1000. (주)한국자전거본사]　　　• 수금기간: [2025/05/02 ~ 2025/05/02]

다음 [조회조건]의 입력된 수금내역 중 금융기관 신한의 제예금으로 수금된 수금번호를 고르시오.

① RC2505000001　　　　　　　② RC2505000002
③ RC2505000003　　　　　　　④ RC2505000004

11 아래 [조회조건]으로 데이터를 조회한 후 물음에 답하시오.

> **조회조건**
>
> • 사업장 : [1000. (주)한국자전거본사]
> • 조회기간: 2025/05/01 ~ 2025/05/06　　　• 조회기준: [0. 국내(출고기준)]

'(주)대흥정공' 고객의 2025년 5월 6일 기준의 미수채권 잔액은 얼마인가?

① 5,000,000　　　　　　　② 5,625,625
③ 6,365,650　　　　　　　④ 8,800,000

12 아래 [조회조건]으로 데이터를 조회한 후 물음에 답하시오.

> **조회조건**
>
> • 사업장: [1000. (주)한국자전거본사]
> • 계획기간: 2025/05/02 ~ 2025/05/02　　　• 계획구분: [2. SIMULATION]

(주)한국자전거본사는 고객 요청에 따라 2025년 5월 제품의 출하 진행을 위해 자재 소요량 계획(MRP)을 수립하고, 필요한 자재를 원활하게 수급하기 위해 주계획을 작성하였다. 다음 중 주계획에 등록된 고객을 고르시오.

① (주)세림와이어　　　　　　　② (주)형광램프
③ (주)제일물산　　　　　　　④ YK PEDAL

13 아래 [조회조건]으로 데이터를 조회한 후 물음에 답하시오.

┤ 조회조건 ├

- 사업장: [1000. (주)한국자전거본사]
- 전개구분: [2. 모의전개]
- 내역조회: [1. 조회함]
- 계획기간: 2025/05/01 ~ 2025/05/10

다음 중 계정구분이 '반제품'인 품목의 소요량전개(MRP)된 내역을 확인하였을 때 예정 발주일이 가장 빠른 일자를 고르시오.

① 2025/04/19
② 2025/04/23
③ 2025/04/24
④ 2025/05/01

14 아래 [조회조건]으로 데이터를 조회한 후 물음에 답하시오.

┤ 조회조건 ├

- 사업장: [1000. (주)한국자전거본사]
- 요청일자: 2025/05/02 ~ 2025/05/02

다음 청구내역 중 입력된 주거래처와 품목등록에 설정된 주거래처가 다른 건을 고르시오.

① [21-1060700. FRAME-NUT]
② [21-1060850. WHEEL FRONT-MTB]
③ [21-1070700. FRAME-티타늄]
④ [21-3000300. WIRING-DE]

15 아래 [조회조건]으로 데이터를 조회한 후 물음에 답하시오.

┤ 조회조건 ├

- 사업장: [1000. (주)한국자전거본사]
- 발주기간: 2025/05/06 ~ 2025/05/06

다음 국내 발주내역 중 수주로 접수된 내역을 적용하여 등록된 건을 고르시오.

① PO2505000001
② PO2505000002
③ PO2505000003
④ PO2505000004

16 다음의 [조회조건]의 내용을 읽고 질문에 답하시오.

┤ 조회조건 ├

- 사업장: [1000. (주)한국자전거본사]
- 입고기간: 2025/05/09 ~ 2025/05/09
- 입고창고: [M400. 상품창고]

다음 국내 입고내역 중 관리구분 [P20. 일반구매]로 입고되지 않은 장소를 고르시오.

① 상품장소
② 상품적재장소
③ 상품대기장소
④ 상품출하장소

17 다음의 [조회조건]의 내용을 읽고 질문에 답하시오.

┤ 조회조건 ├

- 사업장: [1000. (주)한국자전거본사]
- 입고기간: 2025/05/09 ~ 2025/05/09

다음 국내 입고 내역 중 매입 미마감 잔량이 가장 많은 것을 고르시오. (관리단위 기준)

① [21-1060700. FRAME-NUT]
② [21-1060850. WHEEL FRONT-MTB]
③ [21-3000300. WIRING-DE]
④ [21-9000200. HEAD LAMP]

18 다음 [보기]의 데이터를 조회 후 답하시오.

┤ 보기 ├

- 사업장: [1000. (주)한국자전거본사]
- 기간: 2025/05/09 ~ 2025/05/09

[보기]의 기간 내의 매입마감 내역의 전표 중 사용되지 않은 계정코드를 고르시오.

① [13500. 부가세대급금]
② [14600. 상품]
③ [25100. 외상매입금]
④ [25300. 미지급금]

19 아래 [조회조건]으로 데이터를 조회한 후 물음에 답하시오.

┤ 조회조건 ├

- 사업장: [1000. (주)한국자전거본사]
- 조정기간: 2025/05/02 ~ 2025/05/02

(주)한국자전거본사는 재고 조정을 등록하고 그 사유를 상세 내역 비고에 기재한다. 입고조정의 상세 내역 비고에 기재되지 않은 내용은 무엇인가?

① 반품재고 입고
② 분실재고 회수
③ 불량재고 수리조정
④ 안전재고량 보충

20 아래 [조회조건]으로 데이터를 조회한 후 물음에 답하시오.

┤ 조회조건 ├

- 작업내역: (주)한국자전거본사에서 2025년 05월 02일에 [TK-201. 가족하이킹세트] 1EA 를 관리할 목적으로 특정 창고-장소로 이동시켰다. 특정 창고-장소의 적합여부는 '적합'이지만, 가용재고는 '부'로 양품이지만 판매할 수 없도록 물품을 관리하기 위한 곳이다.

다음 재고이동등록(창고) 메뉴를 사용하는 경우 작업내역의 조건을 만족하는 이동번호를 고르시오.

① MV2505000001
② MV2505000002
③ MV2505000003
④ MV2505000004

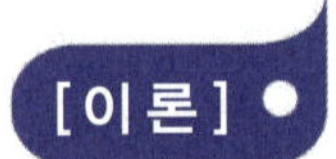

물류 2급 2025년 2회 (2025년 3월 22일 시행)

[이론]

01 [보기]의 (주)생산글로벌이 활용하는 빅데이터의 5V 특성에 해당하지 않는 것은?

> **보기**
>
> (주)생산글로벌은 글로벌 물류기업으로, 최신 빅데이터(Big Data) 기술을 활용하여 물류 프로세스를 최적화하고 있다. 특히, 실시간 배송 추적, 고객 수요 예측, 재고 관리 최적화 등을 위해 데이터를 분석하고 있으며, 이를 통해 정확하고 빠른 의사결정을 내리고 있다.

① 규모(Volume): A사는 대량의 배송 데이터와 고객 데이터를 처리하고 있다.
② 속도(Velocity): 실시간 데이터 분석을 통해 즉각적인 배송 상태를 파악할 수 있다.
③ 정확성(Veracity): A사는 신뢰할 수 있는 데이터를 바탕으로 물류 계획을 수립하고 있다.
④ 보안(Vaccine): 빅데이터 분석 과정에서 기업 내부 데이터 보호를 위한 보안이 필수적이다.

02 [보기]의 (주)생산플로우의 사물인터넷(IoT)에 대한 설명으로 적절한 것은?

> **보기**
>
> (주)생산플로우는 물류 창고 운영의 효율성을 높이기 위해 사물인터넷(IoT) 기술을 도입하였다. 기존에는 수작업으로 창고 내 재고를 관리하고, 물류 흐름을 추적하는 데 시간이 오래 걸렸다. 도입 후 IoT 기반 스마트 센서와 RFID 기술을 활용하면서 실시간 재고 모니터링, 자동 입·출고 기록, 물류 흐름 최적화가 가능해졌다.

① 사물인터넷 기술은 물류업무에 적용할 수 없으며, 제조업에서만 사용된다.
② IoT 도입으로 물류 데이터는 별도로 저장되며, 다른 시스템과 연계할 수 없다.
③ IoT 기반의 실시간 모니터링을 통해 창고 내 재고 변동 사항을 자동으로 감지할 수 있다.
④ 사물인터넷 기술을 도입하면 물류 데이터가 수동으로 입력되어야 하므로, 인력 투입이 증가한다.

03 ERP 시스템 도입 시 발생하는 비용을 평가할 때, 시스템의 전체 라이프사이클(life cycle) 동안 발생하는 총 비용을 계량화하여 분석하는 개념을 무엇이라고 하는가?

① 유지보수 비용(Maintenance Cost)
② 시스템 구축 비용(Construction Cost)
③ 총소유비용(Total Cost of Ownership)
④ 소프트웨어 라이선스 비용(Software License Cost)

04 ERP 시스템은 기업의 경영 효율성을 높이기 위해 다양한 기능을 제공한다. ERP의 기능적 특징으로 옳은 것은?

① 실시간 정보 처리를 통해 기업의 의사결정을 지원할 수 있다.
② ERP는 기업 내부에서만 운영되며 외부 시스템과 연동이 불가능하다.
③ ERP는 고정된 프로세스만 제공하며, 기업의 업무 방식을 반영할 수 없다.
④ ERP는 단순한 회계 관리 시스템으로, 생산 및 물류 관리에는 활용되지 않는다.

05 실제 수요가 수요예측치보다 적은 경우에 초래될 수 있는 결과로 가장 적절하지 않은 것은?

① 재고과잉
② 과잉시설투자
③ 생산비용증가
④ 판매기회손실

06 지수평활법에 대한 내용으로 적절하지 않은 것은?

① 평활계수(α) 값의 범위는 $0 \leq \alpha \leq 1$이다.
② 차기의 예측값은 [당기의 예측값 $+ \alpha \times$ 당기의 예측오차]로 구해진다.
③ 예측치를 계산할 때 최근 수요에 더 많은 가중치를 부과하는 기법이다.
④ 당기의 예측값은 [$\alpha \times$ 전기의 예측값 $+ (1-\alpha) \times$ 전기의 실제값]으로 구해진다.

07 (주)생산은 상품에 대한 목표매출액을 결정하기 위해 수익성 지표를 활용하려고 한다. [보기]의 예측 자료를 이용하여 손익분기점에서의 매출액을 구하시오.

> **┤ 보기 ├**
>
> • 연간 고정비: 600만원
> • 제품단위당 변동비: 400원/개
> • 제품단위당 판매가: 700원/개

① 1,100만원
② 1,200만원
③ 1,300만원
④ 1,400만원

08 [보기] 중에서 가격탄력성에 대한 설명으로 적합한 것을 모두 나열한 것은?

> **┤ 보기 ├**
>
> ㉠ 가격탄력성은 가격 변화에 대한 수요의 민감도를 나타내는 값이다.
> ㉡ 일반적으로 수요가 지속적으로 유지되는 생필품의 가격탄력성은 사치품보다 크다.
> ㉢ 가격탄력성이란 가격이 1% 변화하였을 때 수요량은 몇 % 변화하는가를 절대치로 나타낸 크기이다.
> ㉣ 가격탄력성이 1보다 큰 상품의 수요는 탄력적(elastic)이라 하고, 1보다 작은 상품의 수요는 비탄력적(inelastic)이라고 한다.

① ㉠, ㉡, ㉢
② ㉠, ㉢, ㉣
③ ㉡, ㉢, ㉣
④ ㉠, ㉡, ㉢, ㉣

09 수주관리에 대한 내용으로 적절하지 않은 것은?

① 견적, 수주 모두 수주관리에 해당한다.
② 제품의 생산과 배송을 관리하는 활동이다.
③ 고객의 구매 의사와 구체적인 주문 내역을 확인하는 활동이다.
④ 고객이 원하는 조건과 납기에 맞추어 제품이 전달되도록 하는 활동이다.

10 신용거래와 신용한도에 대한 내용으로 적절하지 않은 것은?

① 여신한도는 거래처에 외상매출 할 수 있는 최저한도액을 말한다.
② 신용거래란 물품을 먼저 인도하고 물품대금은 일정기간 후에 결제하는 외상 거래를 말한다.
③ 신용한도(여신한도)를 설정하는 것은 대금회수가 안전한 외상매출 금액의 상한과 허용기간을 정하는 것이다.
④ 신용한도는 상한 범위의 금액까지는 외상매출을 하더라도 안전하다는 소극적인 의미와 이 금액까지는 판매가능하다는 적극적인 의미가 있다.

11 공급망관리에 대한 설명으로 적절하지 않은 것은?

① 정보 시스템을 활용한 기업 간 전략적 협업의 관점이다.
② 원자재, 부품, 제품, 정보, 서비스 등의 흐름과 활동을 포함한다.
③ 공급망은 수요와 공급 관계의 물자, 정보, 자금의 연결망을 의미한다.
④ 공급망에 참여하는 제조기업의 효율을 중점적으로 관리하고 극대화하는 전략이다.

12 물류거점을 설계할 때 고려되어야 할 비용지표에 대한 설명으로 가장 옳지 않은 것은?

① 수송비용은 수송거리에 비례하여 증가한다.
② 고정투자비용에는 인건비 및 초기 설비투자 비용 등이 포함되며, 물류거점 수에 비례하여 증가하는 경향을 보인다.
③ 재고비용은 물류거점 수가 증가함에 따라 초기 증가폭이 크다가 일정 수준 이상이 되면 완만히 감소하는 경향을 보인다.
④ 물류거점 수가 증가하게 되면 수송비용은 서서히 감소하다가 일정 수준을 넘어서게 되면 오히려 증가하는 경향을 보인다.

13 (주)생산성화학이 재고관리를 최적화하기 위해 주문비용, 재고유지비용, 재고부족비용을 분석하였다. 최근 주문비용을 줄이기 위해 주문 빈도를 줄였더니 재고유지비용이 증가했다는 결과가 나타났다. 그 영향으로 재고부족비용도 증가할 가능성이 예상되고 있다. (주)생산성화학의 재고비용 문제를 해결하기 위한 가장 적절한 조치는 무엇인가?

① 주문 빈도를 더 줄여 주문비용을 더욱 절감한다.
② 재고유지비용을 줄이기 위해 창고시설을 축소한다.
③ 재고부족비용을 줄이기 위해 더 많은 재고를 보유한다.
④ 주문 빈도를 적절히 조정하여 재고유지비용과 재고부족비용의 균형을 맞춘다.

14 [보기] 중에서 일반화물자동차운송에 비해 철도운송의 특징에 대한 설명으로 적합한 것을 모두 나열한 것은?

> **보기**
>
> ㉠ 장거리 운송에 경제적이다.
> ㉡ 대량의 화물운송이 가능하다.
> ㉢ 운송 도중에 적재변동이 적다.
> ㉣ 사고 발생률이 낮아 안정적이다.
> ㉤ 화주의 문전 수송을 위하여 부가적인 운송수단이 필요하다.

① ㉠, ㉡, ㉢　　　　　　　　② ㉡, ㉢, ㉣
③ ㉠, ㉡, ㉢, ㉣　　　　　　④ ㉠, ㉡, ㉣, ㉤

15 [보기]의 상황에서 (주)생산컴포넌트가 조치사항으로 가장 적절하지 않은 것은?

> **보기**
>
> 전자부품 제조업체 (주)생산컴포넌트는 ERP시스템을 활용하여 재고를 조사하고 있다. 최근 감사 과정에서 시스템상의 재고 수량과 실제 창고 재고 수량이 일치하지 않는 문제가 발생했다. 이에 따라 물리적 재고조사를 수행한 결과, 일부 부품이 예상보다 부족하거나 초과하는 현상이 확인되었고, 입출고 기록에도 오류가 있는 것으로 나타났다.

① 기록된 재고량과 실제 재고량 간의 차이를 조정한다.
② 판매된 제품의 출고 내역을 기반으로 시스템 적용사항과 확인비교해본다.
③ 실제 보유하고 있는 재고를 확인하고 기록된 수량과 비교하여 불일치를 분석한다.
④ 원인을 알 수 없는 이유로 발생된 오류에 대해서는 담당자의 귀책사유를 확인할 필요없이 바로 승인권자의 조치를 받는다.

16 창고배치(layout)의 기본 원리로 적절하지 않은 것은?

① 모듈화·규격화 고려　　　　　② 높낮이 차이의 최소화
③ 흐름방향의 곡선성에 중점　　④ 물품, 사람, 운반 기기의 역행·교차 없애기

17 [보기] 중에서 구매관리 기능을 전통적 시각과 현대적 시각으로 구분할 때, 전략적 구매를 중시하는 현대적 시각에 대한 내용끼리 묶인 것은?

> **보기**
>
> ㉠ 비용관리센터　　㉡ 이익관리센터
> ㉢ 총원가에 집중　　㉣ 획득 비용 중심
> ㉤ 사전계획적인 업무　㉥ 요청에 지원하는 업무

① ㉠, ㉢, ㉤　　　　　　　　② ㉠, ㉣, ㉥
③ ㉡, ㉢, ㉤　　　　　　　　④ ㉡, ㉣, ㉥

18 직접노무비가 직접원가의 50%를 차지하고, 제조간접비가 제조원가의 40%를 차지하는 경우에 제조원가가 4,000원이라면 직접노무비로 옳은 것은?

① 1,200원 ② 2,200원
③ 2,400원 ④ 3,400원

19 [보기] 중 원가절감 측면에서 외주생산이 유리한 경우를 모두 고르시오.

┤ 보기 ├

㉠ 다품종 소량생산인 경우　　㉡ 기술진부화가 예측되는 경우
㉢ 계절적 수요를 갖는 품목의 경우　　㉣ 생산제품 모델변경이 잦은 경우
㉤ 지속적으로 대량생산을 해야 하는 경우　　㉥ 단위당 자체생산 한계비용이 낮은 경우

① ㉠, ㉡, ㉢, ㉣ ② ㉡, ㉢, ㉣, ㉤
③ ㉠, ㉡, ㉢, ㉣, ㉤ ④ ㉠, ㉡, ㉢, ㉣, ㉥

20 공급자 선정방식 중 수의계약방법에 대한 설명으로 가장 적절한 것은?

① 불특정 다수를 입찰에 참여시켜 가장 유리한 조건을 제시한 공급자를 선정하는 방식
② 경쟁입찰 방법에 따르지 않고 특정기업을 공급자로 선정하여 구매계약을 체결하는 방식
③ 입찰참가자의 자격을 정하여, 일정 자격을 갖춘 모든 대상자를 입찰참가자에 포함시키는 방법
④ 공급자로서 적합한 자격을 갖추었다고 인정하는 다수의 특정한 경쟁참가자를 선정하여 경쟁입찰에 참가하도록 하는 방법

[실무]

실무문제는 [실기메뉴]를 활용하여 답하시오.
웹하드(http://www.webhard.co.kr)에서 Guest(ID: samil3489, PASSWORD: samil3489)로
로그인하여 백데이터를 다운받아 설치한 후 물류 2급 2025년 2회로 로그인한다.

01 (주)한국자전거에 등록된 품목 [PS-ZIP01. PS-DARKGREEN]에 설정된 계정구분으로 옳은 것을 고르시오.

① 원재료 ② 반제품

③ 제품 ④ 상품

02 아래 [조회조건]으로 데이터를 조회한 후 물음에 답하시오.

┤ 조회조건 ├

• 셋트품 품목: [20-1025000. 유아용자전거세트]

다음 중 유아용자전거세트의 구성품에 포함되지 않은 품목을 고르시오.

① [21-3001500. PEDAL(S)] ② [31-1010004. 타이어]

③ [31-1010005. 자물쇠] ④ [ATECX-2000. 유아용자전거]

03 다음 중 (주)한국자전거본사 사업장에서 사용하는 재고평가 방법을 고르시오.

① 총평균 ② 이동평균

③ 선입선출 ④ 후입선출

04 (주)한국자전거본사는 2025년 03월 고객별 판매 계획을 등록하였다. 다음 고객 중 매출예상금액이 가장 적은 고객을 고르시오.

① (주)대흥정공 ② (주)하나상사

③ (주)빅파워 ④ (주)제동기어

05 아래 [조회조건]으로 데이터를 조회한 후 물음에 답하시오.

> **조회조건**
> • 사업장: [1000. (주)한국자전거본사]   • 견적기간: 2025/03/01 ~ 2025/03/01

(주)한국자전거본사에서 2025년 03월 01일, (주)대흥정공으로부터 요청받은 견적 내역에 대해 수주 진행이 완료되었다. 다음 중 요청받은 견적내역에 적용된 주문번호로 옳은 것을 고르시오.

① SO2503000001   ② SO2503000002
③ SO2503000003   ④ SO2503000004

06 아래 [조회조건]으로 데이터를 조회한 후 물음에 답하시오.

> **조회조건**
> • 사업장: [1000. (주)한국자전거본사]   • 주문기간: 2025/03/03 ~ 2025/03/03

다음 국내 수주내역 중 '특별할인판매' 프로젝트로 등록된 수주 수량의 합을 고르시오. (관리단위 기준)

① 3EA   ② 5EA
③ 7EA   ④ 10EA

07 아래 [조회조건]으로 데이터를 조회한 후 물음에 답하시오.

> **조회조건**
> • 사업장: [1000. (주)한국자전거본사]   • 주문기간: 2025/03/05 ~ 2025/03/05

(주)한국자전거본사는 접수된 수주내역에 대한 각 사유별로 마감 처리를 진행하였다. 다음 중 마감처리 사유가 다른 건을 고르시오.

① SO2503000007   ② SO2503000008
③ SO2503000009   ④ SO2503000010

08 아래 [조회조건]으로 데이터를 조회한 후 물음에 답하시오.

> **조회조건**
> • 사업장: [1000. (주)한국자전거본사]
> • 출고기간: 2025/03/08 ~ 2025/03/08   • 출고창고: [X100. 반제품창고]

다음 국내 출고내역 중 주문단위수량과 일치하지 않게 재고단위수량 입력이 누락된 품목을 고르시오. (입력된 품목의 환산 계수는 1이다.)

① [81-1001000. BODY-알미늄(GRAY-WHITE)]
② [83-2000100. 전장품 ASS`Y]
③ [85-1020400. POWER TRAIN ASS`Y(MTB)]
④ [87-1002001. BREAK SYSTEM]

09 아래 [조회조건]으로 데이터를 조회한 후 물음에 답하시오.

> **조회조건**
>
> • 사업장: [1000. (주)한국자전거본사]   • 마감기간: 2025/03/10 ~ 2025/03/10

다음 국내 매출마감에 대한 설명으로 옳지 않은 것을 고르시오.

① SC2503000001은 전표처리가 완료된 매출마감 내역이다.
② SC2503000002는 세금계산서처리가 완료된 매출마감 내역이다.
③ SC2503000003은 출고번호 IS2503000004 내역이 적용되었다.
④ SC2503000004는 출고일자와 동일한 일자로 매출마감이 등록되었다.

10 아래 [조회조건]으로 데이터를 조회한 후 물음에 답하시오.

> **조회조건**
>
> • 사업장: [1000. (주)한국자전거본사]   • 기간: 2025/03/15 ~ 2025/03/15

전표 처리된 선수정리 내역을 조회하여 선수금이 등록된 건을 찾은 후, 해당 선수금 등록 건에 입력된 실적 담당자를 고르시오.

① 김종욱   ② 이종현
③ 박용덕   ④ 정영수

11 아래 [조회조건]으로 데이터를 조회한 후 물음에 답하시오.

> **조회조건**
>
> • 사업장: [1000. (주)한국자전거본사]
> • 기간: 2025/03/01 ~ 2025/03/31   • 조회기준: [0. 국내(출고기준)]

(주)한국자전거본사는 '(주)대흥정공' 고객의 2025년 03월 일자별 미수채권에 대한 상세 정보를 확인하고자 한다. 다음 중 2025년 03월 09일 기준 미수채권 잔액을 고르시오.

① 1,443,000   ② 2,026,000
③ 2,576,300   ④ 2,813,300

12 아래 [조회조건]으로 데이터를 조회한 후 물음에 답하시오.

┤ 조회조건 ├
- 사업장: [1000. (주)한국자전거본사]
- 계획기간: 2025/04/03 ~ 2025/04/03
- 계획구분: [2. SIMULATION]

(주)한국자전거본사는 고객 요청에 따라 2025년 04월 03일 제품의 출하 진행을 위해 자재 소요량 계획(MRP)을 수립하고, 필요한 자재를 원활하게 수급하기 위해 주계획을 작성하였다. 다음 중 주계획에 등록된 고객을 고르시오.

① (주)세림와이어
② (주)형광램프
③ (주)제일물산
④ YK PEDAL

13 아래 [조회조건]으로 데이터를 조회한 후 물음에 답하시오.

┤ 조회조건 ├
- 사업장: [1000. (주)한국자전거본사]
- 내역조회: [1. 조회함]
- 전개구분: [2. 모의전개]
- 계획기간: 2025/04/03 ~ 2025/04/03

2025년 04월 03일에 등록된 주계획작성(MPS) 내역을 바탕으로 소요량을 분석하였다. 다음 조회된 품목 중 계정구분이 '반제품'이며 예정 발주일이 가장 빠른 품목을 고르시오.

① [81-1001000. BODY-알미늄(GRAY-WHITE)]
② [83-2000100. 전장품 ASS`Y]
③ [85-1020400. POWER TRAIN ASS`Y(MTB)]
④ [88-1001000. PRESS FRAME-W]

14 아래 [조회조건]으로 데이터를 조회한 후 물음에 답하시오.

┤ 조회조건 ├
- 사업장: [1000. (주)한국자전거본사]
- 요청일자: 2025/03/01 ~ 2025/03/01

다음 청구내역 중 입력된 주거래처와 품목등록에 설정된 주거래처가 다른 건을 고르시오.

① PR2503000001
② PR2503000002
③ PR2503000003
④ PR2503000004

15 아래 [조회조건]으로 데이터를 조회한 후 물음에 답하시오.

┤ 조회조건 ├

- 사업장: [1000. (주)한국자전거본사]
- 발주기간: 2025/03/05 ~ 2025/03/05

다음 국내 발주내역 중 수주로 접수된 내역을 적용하여 등록된 건을 고르시오.

① PO2503000001　　　　　　② PO2503000002
③ PO2503000003　　　　　　④ PO2503000004

16 다음의 [조회조건]의 내용을 읽고 질문에 답하시오.

┤ 조회조건 ├

- 사업장: [1000. (주)한국자전거본사]
- 입고기간: 2025/03/06 ~ 2025/03/10

다음 국내 입고내역 중, 프로젝트 '일반용자전거'로 등록된 품목이 입고되지 않은 장소를 고르시오.

① 반제품장소　　　　　　② 부품장소
③ 상품장소　　　　　　④ 원재료장소

17 다음의 [조회조건]의 내용을 읽고 질문에 답하시오.

┤ 조회조건 ├

- 사업장: [1000. (주)한국자전거본사]
- 입고기간: 2025/03/15 ~ 2025/03/15

다음 국내 입고 내역 중, 매입 미마감 잔량이 가장 많은 것을 고르시오. (관리단위 기준)

① [21-1060850. WHEEL FRONT-MTB]
② [21-1060950. WHEEL REAR-MTB]
③ [21-1070700. FRAME-티타늄]
④ [21-1080800. FRAME-알미늄]

18 아래 [조회조건]의 조건으로 데이터를 조회한 후 물음에 답하시오.

┤ 조회조건 ├

- 사업장: [1000. (주)한국자전거본사]
- 기간: 2025/03/18 ~ 2025/03/18

다음 국내 매입마감의 전표내역을 확인한 후, 사용되지 않은 계정과목을 고르시오.

① [13500. 부가세대급금]　　　　　　② [14900. 원재료]
③ [25100. 외상매입금]　　　　　　④ [25200. 지급어음]

19 아래 [조회조건]의 조건으로 데이터를 조회한 후 물음에 답하시오.

┤ 조회조건 ├

- 사업장: [1000. (주)한국자전거본사]　　　　· 이동기간: 2025/03/05 ~ 2025/03/05

(주)한국자전거본사는 수불 내역을 파악하기 위해 창고 기준으로 재고 이동내역을 확인하였다. 다음 중 재고 이동내역에 대한 올바른 설명을 고르시오.

① 검사장소 기준으로 입력된 품목의 수량이 증가하였다.
② 제품장소 기준으로 입력된 품목의 수량이 증가하였다.
③ 제품창고 기준으로 입력된 품목의 수량에 증가하였다.
④ (주)한국자전거본사 사업장 기준으로 입력된 품목의 수량이 증가하였다.

20 아래 [조회조건]으로 데이터를 조회한 후 물음에 답하시오.

┤ 조회조건 ├

- 사업장: [1000. (주)한국자전거본사]　　　　· 해당년도: 2025년

(주)한국자전거본사는 사업장 기준으로 현재 재고 상황을 파악하고자 한다. 다음 중 품목 [81-1001000. BODY-알미늄(GRAY-WHITE)]의 가용재고량으로 옳은 것을 고르시오. (재고단위 기준) (가용재고량은 재고 수량에서 품목의 안전재고량을 제외한 수량이다.)

① 0EA　　　　　　　　　　　　② 10EA
③ 20EA　　　　　　　　　　　　④ 30EA

생산 2급 기출문제

생산 2급 2026년 1회 (2026년 1월 24일 시행)

[이론]

01 (주)생산은 10년 전에 ERP를 도입했지만, 현재 사용 중인 버전은 최신 트렌드(예: AI, 빅데이터 분석)를 지원하지 않아 데이터 분석 및 자동화 기능이 부족한 상태이다. 이러한 상황에서 가장 적절한 해결책은 무엇인가?

① 기존 ERP를 계속 사용하고 추가 기능은 엑셀(Excel)로 대체
② 최신 기술이 포함된 ERP로 업그레이드 또는 모듈 추가 도입
③ ERP 시스템을 제거하고 기존 종이 문서 기반으로 업무 전환
④ 기술 부족 문제를 해결하기 위해 추가 모듈 도입 없이 인력만 증원

02 (주)생산성은 ERP 시스템을 도입하면서 SCM(공급망 관리) 모듈을 적극 활용하고 있다. 이를 통해 실시간으로 원자재 발주 및 생산계획을 최적화할 수 있게 되었고, 공급망의 가시성이 향상되었다. (주)생산성이 SCM 모듈을 활용하면서 얻을 수 있는 주요 기대 효과는 무엇인가?

① 생산 지연 문제 악화
② 공급망 비효율성 확대
③ 재고 부족 사태 발생 증가
④ 실시간 데이터 활용을 통한 원가 절감

03 [보기]의 (주)생산의 사물인터넷(IoT)에 대한 설명으로 적절한 것은?

> **보기**
>
> (주)생산은 생산라인 운영 효율을 높이기 위해 사물인터넷(IoT) 기술을 도입하였다. 기존에는 작업자가 설비 가동 상태와 생산량, 불량 발생 정보를 수기로 기록해 ERP에 입력하느라 시간이 오래 걸렸고, 이상 징후를 늦게 파악하는 문제가 있었다. 도입 후 설비에 부착된 스마트 센서가 온도·진동·가동시간 등을 실시간으로 수집하고, 생산 실적과 설비 상태가 ERP로 자동 전송되어 실시간 모니터링과 이상 알림, 예방정비 계획 수립이 가능해졌다.

① 사물인터넷 기술은 생산업무에 적용할 수 없으며, 물류에서만 사용된다.
② IoT 도입으로 생산 데이터는 별도로 저장되며, ERP 등 다른 시스템과 연계할 수 없다.
③ IoT 기반의 실시간 모니터링을 통해 설비 상태 변화 및 이상 징후를 자동으로 감지할 수 있다.
④ 사물인터넷 기술을 도입하면 생산 데이터가 수동으로 입력되어야 하므로, 인력 투입이 증가한다.

04 [보기]의 사례에서 빅데이터 5V 요소를 올바르게 짝지은 것은?

> **│ 보기 │**
>
> 제조기업 (주)생산은 ERP 생산모듈 데이터를 활용해 불량 감소 및 납기 준수율 향상을 위한 AI 분석 프로젝트를 추진한다. 추진 과정에서 다음과 같은 상황이 발생하였다.
>
> 가. ERP에 축적된 5년치 작업지시, 생산실적, 불량, 재공, 재고, 설비가동 데이터가 너무 방대하여 분석 저장공간과 처리 시간이 크게 늘어났다.
> 나. IoT 센서와 MES에서 설비 상태 데이터(온도·진동·가동률)가 초 단위로 지속 유입되어 실시간 분석과 빠른 처리 체계가 필요해졌다.
> 다. ERP 정형 데이터 외에도 설비 로그(반정형), 작업자 점검 메모(텍스트), 품질 검사 이미지(비정형)까지 함께 분석하려 하자 데이터 형태가 다양해 통합이 어렵다.
> 라. 일부 라인에서 불량 코드가 입력 기준이 제각각이거나 생산실적이 중복 저장되는 등 데이터 신뢰성 문제가 발견되어 표준화·검증을 강화했다.
> 마. AI가 불량 위험 LOT을 사전 예측해 작업지시 단계에서 점검 항목을 자동 추천하도록 하여 재작업이 감소하고 납기 준수율이 개선되었다.

① 가-Variety, 나-Volume, 다-Velocity, 라-Value, 마-Veracity
② 가-Volume, 나-Velocity, 다-Variety, 라-Veracity, 마-Value
③ 가-Value, 나-Veracity, 다-Variety, 라-Volume, 마-Velocity
④ 가-Volume, 나-Variety, 다-Velocity, 라-Value, 마-Veracity

05 50명의 작업자가 근무하는 현장에서 작업자의 출근율이 80%이고 간접작업율이 20%일 때 가동률(%)은?

① 52% ② 56%
③ 60% ④ 64%

06 [보기]에서 설명하는 BOM의 종류로 가장 적절한 것은?

> **│ 보기 │**
>
> (주)생산은 공기청정기를 생산한다. 고객 주문에 따라 화이트/블랙 색상, 표준형/프리미엄형, 필터 등급, Wi-Fi 모듈 유무 등 옵션 조합이 매우 다양해지면서 BOM(자재명세서) 데이터가 급격히 늘어 관리가 어려워졌다. 생산팀은 옵션별 부품을 모두 따로 관리하는 대신, 공통 부품(본체·모터·전원부 등)을 묶고 옵션 부품(필터, 커버 색상, 통신모듈 등)을 모듈 단위로 구성하여, BOM 데이터를 효율적으로 관리하면서도 MPS(기준생산계획) 수립에 활용할 수 있는 BOM 체계를 도입하려 한다.

① Production BOM ② Planning BOM
③ Modular BOM ④ Inverted BOM

07 [보기]의 수요예측 기법중에서 정성적(비계량적) 기법에 해당 되지 않는 것은?

| 보기 |

- A: 신제품 에너지드링크 출시 전, 마케팅팀·영업팀·유통MD·제품개발팀이 모여 "초기 월 판매량은 30만 캔 수준"처럼 전문가 집단이 토론으로 합의해 수요를 잡는다.
- B: 전국 출시 전, 부산/대전 2개 지역에만 4주간 시험 판매를 하고 구매전환율·재구매율·매대 반응을 보고 "전국 확장 시 주당 5만 개"처럼 실험 결과를 근거로 예측한다.
- C: 에어컨 수요를 예측하면서 과거 3년 데이터를 활용해 회귀모형을 만들고, 다음 달 기온 예보·광고비 계획을 넣어 수요를 계산한다.
- D: 자율주행 부품처럼 미래 수요가 불확실한 제품에 대해 외부 전문가 15명에게 설문을 여러 라운드로 돌려(익명) "2027년 수요는 연 20만 세트"처럼 의견을 수렴·수정하며 합의치를 만든다.

① A

② B

③ C

④ D

08 [보기]의 자료를 바탕으로 8월의 수요예측치를 4기간 단순이동평균법으로 구하시오.

| 보기 |

- 3월 수요량: 120개
- 4월 수요량: 130개
- 5월 수요량: 100개
- 6월 수요량: 120개
- 7월 수요량: 130개

① 100개

② 120개

③ 140개

④ 160개

09 생산시스템의 기본적인 구조 중 [보기]에서 의미하는 기능에 대한 설명으로 적절하지 않은 것은?

| 보기 |

(주)생산은 자동차 부품을 생산한다. 완제품 출하 전 검사에서 불량률, 치수 편차, 설비 이상 알람, 작업시간(사이클타임) 등의 데이터를 수집하여 시스템에 기록하고, 그 결과를 작업 표준 수정, 공정 조건 조정, 설비 점검 및 부문 간 공유에 활용하고 있다. 이는 생산시스템의 기본 구조에서 산출 결과를 다시 공정에 반영하여 통제·개선하는 기능에 해당한다.

① 지속적인 개선

② 문제의 조기 발견

③ 타 부문과의 정보 공유

④ 제품수요의 예측도 향상

10 [보기]에서 (주)생산의 공기청정기에 해당하는 제품수명주기 단계로 가장 적절한 것은?

> **보기**
>
> (주)생산은 출시 후 6년째 판매 중인 공기청정기를 주력으로 생산하고 있다. 현재 시장은 이미 포화 상태에 가까워 신규 수요 증가가 크지 않고, 경쟁사 제품도 다양해 제품 간 성능 차이가 크지 않다. 최근 1년간 판매량은 큰 변동 없이 안정적이지만, 업체 간 가격 경쟁이 심해져 수익성이 낮아지고 있다. 이에 (주)생산은 원가 절감(부품 단가 인하, 공정 개선과 품질 안정화(불량률 감소, A/S 비용 절감)를 통해 경쟁력을 유지하려 한다.

① 도입기 ② 성장기
③ 성숙기 ④ 쇠퇴기

11 일정계획 중 주일정계획이라고 하며, 납기에 따른 월별 생산량이 예정되면 기준 일정표를 수립하는 계획에 해당하는 것을 고르시오.

① 공정(절차)계획(Routing) ② 소일정계획(Detailed Scheduling)
③ 중일정계획(Operation Scheduling) ④ 대일정계획(Master Scheduling)

12 공수를 계획할 때 정규휴식을 제외한 취업시간(작업시간)을 의미하는 시간을 고르시오.

① 실제가동시간 ② 표준가동시간
③ 이론가동시간 ④ 정상가동시간

13 가공공정의 설명으로 적절하지 않은 것은?

① 제품 품질에 변화가 발생하지 않는 과정이다.
② 제조의 목적을 직접적으로 달성하는 공정이다.
③ 대상물을 목적에 접근시키는 유일한 상태이다.
④ 변질, 변형, 변색, 조립, 분해 등의 내용으로 되어 있다.

14 JIT 생산방식에 대한 설명으로 적절하지 않은 것은?

① 불량을 허용하지 않는다. ② 큰 로트 규모가 필요 없다.
③ 당기기 생산방식이다(Pull System). ④ High - Speed 자동화가 필요하다.

15 [보기]의 작업장에 대한 이용률(Utilization, %)을 구하시오.

> **보기**
>
> - 기계 대수: 4대 · 교대 수: 4교대/일
> - 1교대 작업시간: 6시간 · 주당 작업일 수: 5일
> - 기계 불가동시간: 96시간 · 작업 표준시간: 480시간

① 50% ② 60%
③ 70% ④ 80%

16 각 작업장의 작업시간이 [보기]와 같을 때, 라인밸런싱의 효율(%)은 얼마인가? (단, 각 작업장의 작업자는 모두 1명이다.)

> **보기**
>
> - 작업장 A: 6분
> - 작업장 C: 8분
> - 작업장 E: 9분
> - 작업장 B: 6분
> - 작업장 D: 7분

① 50%
② 60%
③ 70%
④ 80%

17 경제적주문량(EOQ; Economic Order Quantity)를 구하기 위한 가정으로 적절하지 않은 것은?

① 단위당 구입가격은 일정하다.
② 연간 자재사용량이 연속적이다.
③ 단일품목에 대해 적용 가능하다.
④ 품목단가, 유지비용은 가변적이다.

18 생산시스템의 능력을 전체의 입장에서 파악하여 조정해 나가는 계획은?

① 기준생산계획(MPS)
② 총괄생산계획(APP)
③ 자재소요계획(MRP)
④ 생산능력소요계획(CRP)

19 자재소요계획(MRP)의 효과로 적절하지 않은 것은?

① 생산소요시간이 단축된다.
② 재고수준이 감소하여 자재재고비용이 감소한다.
③ 납기준수를 통해 고객에 대한 서비스가 개선된다.
④ 자재의 부족으로 생산공정의 가동효율이 저하된다.

20 생산능력소요계획(CRP: Capacity Requirement Planning)을 작성하는 데 필요한 자료로 적절하지 않은 것은?

① 자재명세서 원본
② 작업 공정표 정보
③ 작업장 상태 정보
④ MRP에서 산출된 발주계획 정보

[실무] ●

실무문제는 [실기메뉴]를 활용하여 답하시오.
웹하드(http://www.webhard.co.kr)에서 Guest(ID: samil3489, PASSWORD: samil3489)로
로그인하여 백데이터를 다운받아 설치한 후 생산 2급 2026년 1회로 로그인한다.

01 아래 [보기]의 조건으로 데이터를 조회한 후 물음에 답하시오.

> **보기**
>
> - 계정구분: [4. 반제품]
> - 검사여부: [1. 검사]
> - 조달구분: [1. 생산]

[보기] 조건으로 조회한 품목 중 옳지 않은 설명을 고르시오.

① 품목 [81-1001000. BODY-알미늄(GRAY-WHITE)]의 안전재고량은 20이다.
② 품목 [83-2000110. 전장품 ASS'Y(TYPE A)]의 표준원가와 실제원가는 같다.
③ 품목 [87-1002001. BREAK SYSTEM]의 품목군은 [Y100. 일반용]이다.
④ 품목 [88-1001010. PRESS FRAME-W(TYPE A)]의 주거래처는 [00009. (주)영동바이크]이다.

02 아래 [보기]의 조건으로 데이터를 조회한 후 물음에 답하시오.

> **보기**
>
> - 사업장: [2000. (주)한국자전거지사]

[보기] 조건으로 조회된 창고/공정(생산)/외주공정등록에 대한 설명으로 옳지 않은 것을 고르시오.

① 생산공정 [L300. 작업공정(도색)]의 입고기본위치는 [L303. 도색작업장(반제품)]이다.
② 생산공정 [L200. 작업공정]의 작업장[L202. 반제품작업장]의 사용여부는 '미사용'이다.
③ 창고 [M200. 부품창고_인천지점]의 위치[M201. 부품/반제품_부품장소]의 위치설명은 '김포공항'이다.
④ 창고 [P200. 제품창고_인천지점]의 위치 [P202. 제품장소_대전대기]의 적합 여부는 '적합'이다.

03 아래 [보기]의 조건으로 데이터를 조회한 후 물음에 답하시오.

> **보기**
>
> • 계정: [2. 제품]
> • 영업담당자: [A100. 이혜리]　　　　　　• 생산담당자: [A500. 김유리]

[보기]의 조건으로 조회된 품목으로 옳은 것을 고르시오.

① [NAX-A420. 산악자전거(P-20G)]

② [NAX-A422. 산악자전거(P-21G,A422)]

③ [NAX-A401. 일반자전거(P-GRAY RED)]

④ [NAX-A402. 일반자전거(P-GRAY BLACK)]

04 아래 [보기]의 조건으로 데이터를 조회한 후 물음에 답하시오.

> **보기**
>
> • 검사구분: [41. 공정검사]　　　　　　• 사용여부: [1. 사용]

검사유형등록 메뉴에서 [보기] 조건으로 조회 시 검사유형질문에 입력필수 항목이 '필수'가 있는 검사유형명으로 옳은 것을 고르시오.

① 바디조립검사　　　　　　　　② 휠조립검사

③ 핸들조합검사　　　　　　　　④ 자전거 Ass'y 최종검사

05 아래 [보기]의 조건으로 데이터를 조회한 후 물음에 답하시오.

> **보기**
>
> • 모품목: [NAX-A420. 산악자전거(P-20G)]
> • 기준일자: 2026/01/31　　　　　　• 사용여부: [1.사용]

[보기]의 조건에 해당하는 모품목[NAX-A420. 산악자전거(P-20G)]의 자재명세서에 대한 설명으로 옳지 않은 것을 고르시오.

① 자품목[21-3001600. PEDAL]의 사급구분은 '사급'이다.

② 자품목[21-9000200. HEAD LAMP]의 계정구분은 '원재료'이다.

③ 자품목[83-2000100. 전장품 ASS'Y]의 주거래처는 없다.

④ 자품목[85-1020400. POWER TRAIN ASS'Y(MTB)]의 LOSS(%)이 가장 높다.

06 아래 [보기]의 조건으로 데이터를 조회한 후 물음에 답하시오.

> **보기**
>
> - 사업장: [2000. (주)한국자전거지사]
> - 생산계획 등록 품목만 조회: 체크함
> - 작업예정일: 2026/01/01 ~ 2026/01/31
> - 계정구분: [4. 반제품]

[보기] 조건의 생산계획등록 내역에 대한 설명으로 옳지 않은 것을 고르시오.

① 품목[85-1020400. POWER TRAIN ASS'Y(MTB)]의 계획수량의 합은 680EA이다.
② 품목[88-1001000. PRESS FRAME-W]의 작업예정일 2026/01/03은 일생산량을 초과하였다.
③ 품목[87-1002001. BREAK SYSTEM]은 일생산량이 초과되는 날짜가 없다.
④ 품목[88-1002000. PRESS FRAME-Z] 계획수량의 합이 가장 작다.

07 아래 [보기]의 조건으로 데이터를 조회한 후 물음에 답하시오.

> **보기**
>
> - 사업장: [2000. (주)한국자전거지사]
> - 공정: [L300. 작업공정(도색)]
> - 지시기간: 2026/01/01 ~ 2026/01/05

[보기] 조건의 작업지시 내역 중 지시수량의 합이 가장 많이 등록된 작업장으로 옳은 것을 고르시오.

① [L301. 제품작업장(완성품)]
② [L302. 반제품작업장(조립품)]
③ [L303. 도색작업장(반제품)]
④ [L304. 도색작업장(반제품)_부적합]

08 아래 [보기]의 조건으로 데이터를 조회한 후 물음에 답하시오.

> **보기**
>
> - 사업장: [2000. (주)한국자전거지사]
> - 작업장: [L201. 제품작업장]
> - 공정: [L200. 작업공정]
> - 지시기간: 2026/01/05 ~ 2026/01/10

[보기]의 조건으로 작업지시확정 내역 조회시 출고상태가 출고대기인 것은 제외하고 확정수량의 합이 가장 많은 작업지시번호를 고르시오.

① WO2501000022
② WO2501000023
③ WO2501000024
④ WO2501000025

09 아래 [보기]의 조건으로 데이터를 조회한 후 물음에 답하시오.

> **보기**
>
> - 사업장: [2000. (주)한국자전거지사]   · 출고기간: 2026/01/15 ~ 2026/01/15
> - 청구공정: [L200. 작업공정]   · 청구작업장: [L201. 제품작업장]

[보기]의 조건으로 생산자재출고 조회시 출고번호별로 요청수량의 합과 출고수량의 합이 올바르지 않는 출고번호를 고르시오.

① MV2601000001 요청수량: 200, 출고수량: 150
② MV2601000002 요청수량: 200, 출고수량: 190
③ MV2601000003 요청수량: 150, 출고수량: 230
④ MV2601000004 요청수량: 216, 출고수량: 216

10 아래 [보기]의 조건으로 데이터를 조회한 후 물음에 답하시오.

> **보기**
>
> - 사업장: [2000. (주)한국자전거지사]   · 지시(품목): 2026/01/20 ~ 2026/01/20
> - 지시공정: [L200. 작업공정]   · 지시작업장: [L201. 제품작업장]

(주)한국자전거지사 홍길동 사원은 작업실적등록 시 실적 품목에 대하여 장소를 제품장소_서울지점으로 입고시켜야 하는데 하나의 품목만 제품장소_대전지점으로 입고되도록 입력하였다. 잘못 입고된 작업지시번호를 고르시오.

① WO2601000001   ② WO2601000002
③ WO2601000003   ④ WO2601000004

11 아래 [보기]의 조건으로 데이터를 조회한 후 물음에 답하시오.

> **보기**
>
> - 사업장: [2000. (주)한국자전거지사]   · 실적일: 2026/01/20 ~ 2026/01/20
> - 공정: [L200. 작업공정]   · 작업장: [L201. 제품작업장]

[보기] 조건에 해당하는 생산실적검사 내역에 대한 설명으로 옳지 않은 것을 고르시오.

① 작업실적번호 WR2601000001의 검사담당자는 '이혜리'이며, '샘플검사'를 진행하였다.
② 작업실적번호 WR2601000002는 '휠조립검사'를 진행하였으며, 판정여부가 모두 '합격'이다.
③ 작업실적번호 WR2601000003는 '샘플검사'를 진행하였으며, 불량내역은 [A10. 바디(BODY)불량]으로 5EA 발생 하였다.
④ 작업실적번호 WR2601000004는 '자전거 Ass'y 최종검사'를 진행하였으며, 시료수 100EA 중 불량시료가 10EA 발생하여 합격여부를 '불합격' 처리 하였다.

12 아래 [보기]의 조건으로 데이터를 조회한 후 물음에 답하시오.

| 보기 |

- 사업장: [2000. (주)한국자전거지사]
- 실적공정: [L200. 작업공정]
- 실적기간: 2026/01/20 ~ 2026/01/20
- 사용보고유무: 선택전체
- 구분: [1. 생산]
- 실적작업장: [L201. 제품작업장]
- 상태: [1. 확정]
- 실적구분: 선택전체

[보기] 조건에 대한 자재사용 내역 중 청구적용 도움창으로 잔량 확인시 잔량의 합이 가장 작은 작업지시번호를 고르시오.

① WO2601000001
② WO2601000002
③ WO2601000003
④ WO2601000004

13 아래 [보기]의 조건으로 데이터를 조회한 후 물음에 답하시오.

| 보기 |

- 사업장: [2000. (주)한국자전거지사]
- 공정: [L200. 작업공정]
- 실적기간: 2026/01/07 ~ 2026/01/08
- 작업장: [L201. 제품작업장]

(주)한국자전거지사 홍길동 사원은 생산품창고 입고처리 시 생산실적검사를 진행한 실적내역에 대하여서는 직접 입고처리를 등록하고 있다. [보기] 조건으로 생산품창고입고처리 메뉴에서 생산실적검사를 진행한 실적번호로 옳게 짝지어진 것을 고르시오.

① WR2601000007, WR2601000008
② WR2601000011, WR2601000012
③ WR2601000007, WR2601000011
④ WR2601000008, WR2601000012

14 아래 [보기]의 조건으로 데이터를 조회한 후 물음에 답하시오.

| 보기 |

- 사업장: [2000. (주)한국자전거지사]
- 지시일: 2026/01/04 ~ 2026/01/04
- 공정: [L300. 작업공정(도색)]
- 공정구분: [1. 생산]
- 작업장: [L301. 제품작업장(완성품)]

작업지시마감처리 메뉴에서 [보기] 조건으로 조회시 작업지시번호 중 실적잔량이 가장 많이 남아 있으면서 마감처리가 가능한 작업지시번호로 옳은 것을 고르시오.

① WO1909000032
② WO1909000033
③ WO1909000034
④ WO1909000035

15 아래 [보기]의 조건으로 데이터를 조회한 후 물음에 답하시오.

> **보기**
> • 사업장: [2000. (주)한국자전거지사]　　　• 등록일: 2026/01/01 ~ 2026/01/01

[보기]의 조건에 해당하는 기초재공에 대한 설명으로 옳지 않은 것을 고르시오.

① 작업공정, 제품작업장에는 LOT NO를 관리하는 품목이 있다.
② 작업공정(도색), 제품작업장(완성품)의 기초재공으로 등록 된 품목들의 수량의 합이 가장 작다.
③ 작업공정(포장), 기본작업장(포장)의 기초재공으로 등록 된 품목들은 계정구분이 모두 제품들이다.
④ 반제품공정, 반제품조립작업장의 기초재공으로 등록 된 품목들의 금액의 합이 가장 크다.

16 아래 [보기]의 조건으로 데이터를 조회한 후 물음에 답하시오.

> **보기**
> • 사업장: [2000. (주)한국자전거지사]　　　• 지시기간: 2026/01/20 ~ 2026/01/20
> • 공정: [L200. 작업공정]　　　　　　　　　• 작업장: [L201. 제품작업장]

[보기] 조건의 자재에 대한 청구대비 사용금액을 확인하려고 한다. 품목별로 청구금액 합, 사용금액 합이 옳지 않게 연결된 것을 고르시오. (단가OPTION: 구매, 생산 모두 실제원가[품목등록])

① 일반자전거(P-GRAY WHITE) 청구금액 합: 32,550,000, 사용금액 합: 19,290,000
② 일반자전거(P-GRAY BLACK) 청구금액 합: 49,520,000, 사용금액 합: 21,640,000
③ 산악자전거(P-21G,A421) 청구금액 합: 73,550,000, 사용금액 합: 41,760,000
④ 산악자전거(P-21G,A422) 청구금액 합: 7,812,000, 사용금액 합: 2,472,000

17 아래 [보기]의 조건으로 데이터를 조회한 후 물음에 답하시오.

> **보기**
> • 사업장: [2000. (주)한국자전거지사]　　　• 지시기간: 2026/01/01 ~ 2026/01/31

[보기] 조건으로 실적현황에서 품목별로 실적 수량 총합을 확인하였을 때 실적수량 총합이 가장 작은 품목을 고르시오.

① [NAX-A400. 일반자전거(P-GRAY WHITE)]
② [NAX-A402. 일반자전거(P-GRAY BLACK)]
③ [NAX-A421. 산악자전거(P-21G,A421)]
④ [NAX-A422. 산악자전거(P-21G,A422)]

18 아래 [보기]의 조건으로 데이터를 조회한 후 물음에 답하시오.

> **보기**
>
> - 사업장: [2000. (주)한국자전거지사] · 실적기간: 2026/01/01 ~ 2026/01/31
> - 구분: [1. 공정] · 공정: [L200. 작업공정]
> - 작업장: [L201. 제품작업장] · 수량조회기준: [0. 실적입고기준]
> - 단가 OPTION: 조달구분 구매, 생산 모두 표준원가[품목등록] 체크함

[보기] 조건의 실적기준에 대한 생산일보를 조회시 양품금액이 가장 작은 품목으로 옳은 것을 고르시오.

① [NAX-A400. 일반자전거(P-GRAY WHITE)]
② [NAX-A402. 일반자전거(P-GRAY BLACK)]
③ [NAX-A421. 산악자전거(P-21G,A421)]
④ [NAX-A422. 산악자전거(P-21G,A422)]

19 아래 [보기]의 조건으로 데이터를 조회한 후 물음에 답하시오.

> **보기**
>
> - 사업장: [2000. (주)한국자전거지사] · 사용기간: 2026/01/01 ~ 2026/01/31

홍길동 사원은 작업별로 자재사용현황을 확인하려고 한다. [보기] 조건으로 조회시 실적번호별 사용수량의 합이 가장 큰 실적번호를 고르시오.

① WR2601000001 ② WR2601000002
③ WR2601000003 ④ WR2601000004

20 아래 [보기]의 조건으로 데이터를 조회한 후 물음에 답하시오.

> **보기**
>
> - 사업장: [2000. (주)한국자전거지사]
> - 해당년도: 2026 · 재공유무: [1. 유]

(주)한국자전거지사에서는 계정구분에 상관없이 작업장에 마이너스수량(-)의 재공(재고단위 기준)을 0으로 맞추고자 한다. [보기]의 조건으로 현재공현황에서 조회되는 현재공 내역 중 마이너스수량(-)의 재공이 있는 작업장을 고르시오.

① 제품작업장 ② 제품작업장(완성품)
③ 기본작업장(포장) ④ 반제품조립작업장

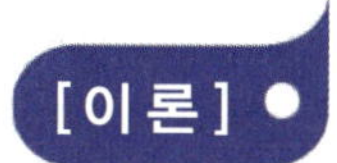

생산 2급	2025년 6회 (2025년 11월 22일 시행)

[이론]

01 ERP와 인공지능(AI), 빅데이터(Big Data), 사물인터넷(IoT) 등 혁신기술과의 관계에 대한 설명으로 가장 적절하지 않은 것은?

① 제조업에서는 빅데이터 기술을 기반으로 생산자동화를 구현하고 ERP와 연계하여 선제적 예측과 실시간 의사결정이 가능하다.

② 현재 ERP는 기업 내 각 영역의 업무프로세스를 분리 운영하도록 지원하여 독립적으로 단위별 업무처리를 추구하는 시스템으로 발전하고 있다.

③ ERP에서 생성되고 축적된 빅데이터를 활용하여 기업의 새로운 업무개척이 가능해지고, 비즈니스 간 융합을 지원하는 시스템으로 확대가 가능하다.

④ 현재 ERP는 인공지능 및 빅데이터 분석기술과의 융합으로 전략경영 등의 분석도구를 추가하여 상위계층의 의사결정을 지원할 수 있는 지능형시스템으로 발전하고 있다.

02 e-Business 지원 시스템을 구성하는 단위 시스템에 해당되지 않는 것은?

① EC(전자상거래)

② 성과측정관리(BSC)

③ 의사결정지원시스템(DSS)

④ 고객관계관리(CRM) 시스템

03 [보기]에서 (주)생산이 도입한 빅데이터 기반 ERP 생산 분석 플랫폼의 특성 및 처리 과정에 대한 설명으로 적절한 것은?

> **│ 보기 │**
>
> (주)생산은 ERP(생산·자재·품질 모듈)와 연동되는 빅데이터 분석 플랫폼을 도입하였다.
> - 공정 IoT 센서 데이터, 설비 로그, 작업지시/실적, 재고 흐름, 외부 수요·원자재 가격, 검사 카메라 영상 등 다양한 데이터를 수집하여 ERP와 연계
> - 수집 데이터를 기반으로 수요·재고 예측(MPS/MRP 정합성 검증), 설비 고장 예지(PdM), 불량·클레임 발생 가능성 예측 등을 수행
> - 분석 결과는 실시간 시각화 대시보드로 생산·품질·자재 부서장 및 경영진에게 제공됨
> 경영진은 "ERP 연동 빅데이터 플랫폼을 통해 전사 생산 데이터를 통합 분석하여 계획-실적 관리와 예측 정확도가 개선되었다."고 평가하였다.

① (주)생산은 데이터의 정확성(Veracity)보다 속도와 양(Volume, Velocity)을 중시한다.
② 빅데이터 처리 단계에는 수집, 저장, 처리, 분석, 시각화 과정이 포함되어 있다.
③ 정보보안을 위해 ERP 생산 데이터는 빅데이터 분석 플랫폼과 분리되어 독립적으로 운영되어야 한다.
④ 빅데이터는 대량의 수치 데이터만이 분석 대상이며, 이미지나 영상과 같은 비정형 데이터는 분석 대상이 아니다.

04 클라우드 ERP와 관련된 설명으로 가장 적절하지 않은 것은?

① 클라우드를 통해 ERP도입에 관한 진입장벽을 높일 수 있다.
② IaaS 및 PaaS 활용한 ERP를 하이브리드 클라우드 ERP라고 한다.
③ 서비스형 소프트웨어 형태의 클라우드로 ERP를 제공하는 것을 SaaS ERP라고 한다.
④ 클라우드 ERP는 고객의 요구에 따라 필요한 기능을 선택·적용한 맞춤형 구성이 가능하다.

05 총괄생산계획(APP)의 전략을 수립하기 위한 변수로 고려되지 않는 것은?

① 하청
② 생산율 조정
③ 고용수준 변동
④ 제조원가 조정

06 생산프로세스의 정의로 가장 적절한 것은?

① 기업이 고객을 위해 광고를 기획하고 실행하는 일련의 과정
② 유통단계에서 상품의 가격을 결정하여 이익을 극대화하는 과정
③ 다양한 소비자 조사 결과를 바탕으로 신제품의 마케팅 전략을 수립하는 활동
④ 원자재, 부품, 노동력, 자본 등 투입요소를 일련의 절차를 거쳐 유·무형의 상품이나 서비스로 변환하는 체계적 활동의 집합

07 (주)생산의 제품 A의 연간 판매량을 평활상수 0.3으로 지수평활법에 의해 예측하고자 한다. 전기의 예측치가 12,000이고, 실제값이 14,000이라고 할 때, 다음 후기의 수요 예측치를 구하시오.

① 11,600　　　　　　　　② 12,100

③ 12,600　　　　　　　　④ 13,100

08 BOM 정보를 이용하여 Level 0의 제품 A를 10개 만들려고 한다. 이때 필요한 원자재 E의 순소요량은 얼마인가?

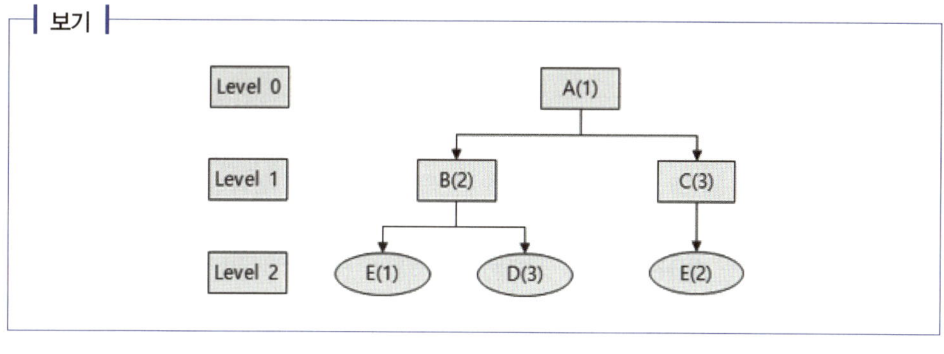

① 50개　　　　　　　　② 60개

③ 70개　　　　　　　　④ 80개

09 PERT와 CPM에 대한 설명으로 가장 적합한 것은?

① 네트워크를 사용하므로 부분적인 활동만 파악이 가능하다.
② 네트워크를 작성하여 분석하므로 상세한 계획수립은 어렵다.
③ 주일정공정이 포함된 계획내용은 일정관리에 활용할 수 없다.
④ 대규모 공사관리에 적합한 방법으로 주로 토목/건설공사에 활용한다.

10 생산에 필요한 원재료의 조달, 반입부터 제품을 완성하기까지 수행될 모든 작업을 구체적으로 할당하고 각 작업이 수행되어야 할 시기를 결정하는 것은?

① 일정계획　　　　　　　② 자재수급계획

③ 원가분석계획　　　　　④ 품질관리계획

11 공수계획의 기본적인 방침에 대한 설명으로 적절하지 않은 것은?

① 여유성　　　　　　　　② 적정배치

③ 가동률의 향상　　　　④ 부하와 능력의 표준화

12 반복되는 작업이나 생산량이 늘어남에 따라 기대할 수 있는 공수체감현상 또는 능률개선율을 그래프나 수식으로 나타낸 것은?

① 향상곡선 ② 변수곡선
③ 학습곡선 ④ 효율곡선

13 [보기]의 내용은 무엇을 설명하는 것인가?

> **보기**
>
> 생산 가공이나 조립 라인에서 공정 간에 균형을 이루지 못할 때 각 공정의 소요 시간이 균형이 되도록 작업장이나 작업 순서를 배열하는 것을 말한다.

① 사이클타임 ② 칸반시스템
③ 라인밸런싱 ④ 공장자동화

14 JIT(Just-In-Time) 시스템과 MRP(Material Requirements Planning) 시스템에 대한 설명으로 옳지 않은 것은?

① JIT 시스템은 실제 수요에 따라 필요한 만큼만 생산하여 재고를 최소화하는 Pull 시스템이다.
② JIT 시스템은 대량 생산과 생산라인의 안정성을 중시하며, 대규모 재고를 통한 비용 절감에 초점을 둔다.
③ MRP 시스템은 생산 일정에 맞추어 필요한 자재를 미리 확보하고 수요예측을 통해 발주 시기를 결정한다.
④ MRP 시스템은 기준생산계획(MPS), 자재명세서(BOM) 및 재고기록파일(IRF)을 바탕으로 자재 조달 시기와 소요 수량 계획을 수립한다.

15 칸반(Kanban)시스템의 설명으로 적절하지 않은 것은?

① 눈으로 보는 관리의 도구이다.
② JIT(Just In Time)을 실현하기 위한 방법이다.
③ Pull System(당기기방식)으로 작업을 진행한다.
④ Push System(밀어내기방식)으로 작업을 진행한다.

16 5S의 활동 중에서 청소(SEISO)의 설명으로 바른 것은?

① 불필요한 것을 과감하게 버리는 것
② 깨끗하고 산뜻한 상태를 유지하는 것
③ 필요한 것을 즉시 사용할 수 있도록 지정된 장소에 위치시키는 것
④ 더러움 없는 깨끗한 상태로 만들어 기분 좋게 일할 수 있는 작업환경을 조성하는 것

17 [보기]에서 설명하는 재고는 무엇인가?

> **보기**
>
> 일시에 필요한 양보다 더 많이 주문하여 생기는 재고이며, 주문 비용을 줄이거나 가격 할인을 받을 목적으로 한 번에 많은 양을 주문할 때 발생한다. 다음의 재고 구매 주기까지 미사용되어 보관되는 재고이다.

① 예상재고　　　　　　　　　　② 안전재고
③ 수송재고　　　　　　　　　　④ 순환재고

18 기계에서 필요로 하는 A부품의 연간수요량은 450개이고, 1회 주문비용은 100원이며, 단가는 1,000원, 연간 재고유지비율이 0.1일 경우 경제적 주문량(EOQ)은 몇 개인가?

① 20개　　　　　　　　　　　　② 25개
③ 30개　　　　　　　　　　　　④ 35개

19 [보기]에 제시된 자료만을 참고하여 제품 K를 만들기 위한 자재소요계획(MRP)상의 순소요량을 계산하시오.

> **보기**
>
> • 총소요량은 200개이며 현재 창고에는 60개의 재고가 있음
> • 향후 30개가 생산과정에 투입될 예정
> • 기 발주된 수량 중에서 60개가 입고예정이고 불확실한 수요에 대비해서 30개의 재고를 유지할 방침

① 110개　　　　　　　　　　　② 120개
③ 130개　　　　　　　　　　　④ 140개

20 SCM(Supply Chain Management) 내재적 기능에 대한 설명으로 적절하지 않은 것은?

① 공급자와 긴밀한 파트너십 유지
② 재고 수준을 최적화하고 불필요한 낭비를 줄임
③ 실제 생산 작업이 원활히 진행될 수 있도록 생산 일정 계획수립
④ 공급된 원자재 등을 변형시키는 데 사용하는 여러 가지 프로세스

기출문제

[실무]

⠿ 실무문제는 [실기메뉴]를 활용하여 답하시오.
　웹하드(http://www.webhard.co.kr)에서 Guest(ID: samil3489, PASSWORD: samil3489)로
　로그인하여 백데이터를 다운받아 설치한 후 생산 2급 2025년 6회로 로그인한다.

01 아래 [보기]의 조건으로 데이터를 조회한 후 물음에 답하시오.

┤ 보기 ├

- 계정구분: [4. 반제품]
- 검사여부: [0. 무검사]　　　　　　　　• 소분류: [CO01. 화이트]

다음 [보기]의 조건에 해당하는 품목 중에서 실제원가가 표준원가보다 더 큰 품목을 고르시오.

① [83-2000120. 전장품 ASS'Y (TYPE B)]
② [88-1001020. PRESS FRAME-W (TYPE B)]
③ [85-1020400. POWER TRAIN ASS'Y(MTB)]
④ [81-1001000. BODY-알미늄(GRAY-WHITE)]

02 아래 [보기]의 조건으로 데이터를 조회한 후 물음에 답하시오.

┤ 보기 ├

- 사업장: [2000. (주)한국자전거지사]

다음 [보기]의 조건에 해당하는 생산공정, 작업장을 조회한 후 작업장의 적합여부가 '적합'이면서 사용여부가 '미사용'인 작업장에 대한 생산공정명, 작업장명으로 올바르게 연결되어 있는 것을 고르시오.

① 생산공정명: 포장공정 – 작업장명: 제3작업장
② 생산공정명: 작업공정 – 작업장명: 반제품작업장
③ 생산공정명: 작업공정 – 작업장명: 제품작업장_적합
④ 생산공정명: 작업공정(도색) – 작업장명: 도색작업장(대전)

03 아래 [보기]의 조건으로 데이터를 조회한 후 물음에 답하시오.

보기

- 조달: [1. 생산]
- 중분류: [MAT01. 티타늄]

다음 [보기]의 조건에 해당하는 품목 중 생산담당자가 옳지 않게 연결된 것을 고르시오.

① [83-2000110. 전장품 ASS'Y (TYPE A)] – 박지성
② [87-1002011. BREAK SYSTEM (TYPE A)] – 성해리
③ [88-1002010. PRESS FRAME-Z (TYPE A)] – 임준수
④ [88-1001020. PRESS FRAME-W (TYPE B)] – 최일영

04 아래 [보기]의 조건으로 데이터를 조회한 후 물음에 답하시오.

보기

- 모품목: [NAX-A420. 산악자전거(P-20G)]
- 기준일자: 2025/10/01
- 사용여부: [1. 사용]

다음 [보기]의 조건에 해당하는 모품목[NAX-A420. 산악자전거(P-20G)]에 대한 자재명세서의 설명으로 옳지 않은 것을 고르시오.

① 자품목[21-9000200. HEAD LAMP]의 사급구분은 '자재'이다.
② 자품목[87-1002001. BREAK SYSTEM]의 계정구분은 '원재료'이다.
③ 자품목[21-9000200. HEAD LAMP]의 주거래처는 '(주)형광램프'이다.
④ 자품목[85-1020400. POWER TRAIN ASS'Y(MTB)]의 외주구분은 '유상'이다.

05 아래 [보기]의 조건으로 데이터를 조회한 후 물음에 답하시오.

보기

- 자품목: [21-3001600. PEDAL]
- 기준일자: 2025/10/01
- 사용여부: [1. 여]

다음 [보기] 조건의 자품목[21-3001600. PEDAL]에 대한 1LEVEL 기준의 상위 모품목 정보로 옳지 않은 품목을 고르시오.

① [NAX-A420. 산악자전거(P-20G)]
② [NAX-A400. 일반자전거(P-GRAY WHITE)]
③ [85-1020400. POWER TRAIN ASS'Y(MTB)]
④ [81-1001000. BODY-알미늄(GRAY-WHITE)]

06 아래 [보기]의 조건으로 데이터를 조회한 후 물음에 답하시오.

> **보기**
> - 사업장: [2000. (주)한국자전거지사]
> - 작업예정일: 2025/10/01 ~ 2025/10/11
> - 계정구분: [4. 반제품]

다음 [보기]의 조건에 해당하는 생산계획 등록한 내역 중 품목별 일생산량을 초과하여 계획한 품목과 작업예정일을 연결한 것으로 옳은 것을 고르시오.

① [83-2000100. 전장품 ASS'Y] – 2025/10/02
② [87-1002001. BREAK SYSTEM] – 2025/10/08
③ [88-1001000. PRESS FRAME-W] – 2025/10/09
④ [85-1020400. POWER TRAIN ASS'Y(MTB)] – 2025/10/05

07 아래 [보기]의 조건으로 데이터를 조회한 후 물음에 답하시오.

> **보기**
> - 사업장: [2000. (주)한국자전거지사]
> - 작업장: [L201. 제품작업장]
> - 공정: [L200. 작업공정]
> - 지시기간: 2025/10/01 ~ 2025/10/04

다음 [보기]의 조건에 해당하는 작업지시 내역 중 품목등록의 검사여부와 다른 검사구분으로 등록되어진 작업지시 품목으로 옳은 것을 고르시오.

① [NAX-A422. 산악자전거(P-21G,A422)]
② [NAX-A421. 산악자전거(P-21G,A421)]
③ [NAX-A400. 일반자전거(P-GRAY WHITE)]
④ [NAX-A402. 일반자전거(P-GRAY BLACK)]

08 아래 [보기]의 조건으로 데이터를 조회한 후 물음에 답하시오.

> **보기**
> - 사업장: [2000. (주)한국자전거지사]
> - 공정: [L400. 포장공정]
> - 지시기간: 2025/10/05 ~ 2025/10/11
> - 작업장: [L401. 제1작업장]
> - 사용일: 2025/10/09

다음 [보기]의 조건에 해당하는 작업지시 내역에 대하여 '확정' 처리를 진행한 후 확정수량의 합이 가장 많은 작업지시번호로 옳은 것을 고르시오.

① WO2510000005
② WO2510000006
③ WO2510000007
④ WO2510000008

09 아래 [보기]의 조건으로 데이터를 조회한 후 물음에 답하시오.

> **보기**
>
> • 사업장: [2000. (주)한국자전거지사]
> • 출고기간: 2025/10/12 ~ 2025/10/18   • 청구기간: 2025/10/12 ~ 2025/10/18
> • 청구공정: [L300. 작업공정(도색)]   • 청구작업장: [L302. 반제품작업장(조립품)]

(주)한국자전거지사 홍길동 사원은 생산자재 출고처리 시 출고요청 기능을 이용하여 자재를 출고하고 있다. 다음 [보기]의 조건으로 출고요청 조회 시 요청 된 자재들의 모품목 정보로 옳지 않은 것을 고르시오.

① [83-2000100. 전장품 ASS'Y]

② [87-1002001. BREAK SYSTEM]

③ [88-1001000. PRESS FRAME-W]

④ [85-1020400. POWER TRAIN ASS'Y(MTB)]

10 아래 [보기]의 조건으로 데이터를 조회한 후 물음에 답하시오.

> **보기**
>
> • 사업장: [2000. (주)한국자전거지사]   • 지시(품목): 2025/10/19 ~ 2025/10/25
> • 지시공정: [L200. 작업공정]   • 지시작업장: [L202. 반제품작업장]

다음 [보기]의 작업실적 내역에 대하여 실적구분이 '적합'인 실적수량의 합보다 '부적합'인 실적수량의 합이 더 많이 발생한 작업지시번호로 옳은 것을 고르시오.

① WO2510000013   ② WO2510000014
③ WO2510000015   ④ WO2510000016

11 아래 [보기]의 조건으로 데이터를 조회한 후 물음에 답하시오.

> **보기**
>
> • 사업장: [2000. (주)한국자전거지사]   • 구분: [1. 생산]
> • 실적공정: [L300. 작업공정(도색)]   • 실적작업장: [L301. 제품작업장(완성품)]
> • 실적기간: 2025/10/26 ~ 2025/10/31   • 상태: [1. 확정]

다음 [보기] 조건의 제품에 대한 자재사용 내역 중 청구적용 조회 시 잔량의 합이 가장 많이 남아 있는 실적번호로 옳은 것을 고르시오.

① WR2510000017   ② WR2510000018
③ WR2510000019   ④ WR2510000020

12 아래 [보기]의 조건으로 데이터를 조회한 후 물음에 답하시오.

> **보기**
>
> - 사업장: [2000. (주)한국자전거지사]
> - 공정: [L400. 포장공정]
> - 실적일: 2025/11/01 ~ 2025/11/08
> - 작업장: [L402. 제2작업장]

다음 [보기] 조건에 해당하는 생산실적검사 내역에 대한 설명으로 옳지 않은 것을 고르시오.

① 작업실적번호 WR2511000001의 검사담당자는 최일영이며, 샘플검사를 진행하였다.
② 작업실적번호 WR2511000002는 도색검사를 진행하였으며, 불합격수량이 발생하지 않았다.
③ 작업실적번호 WR2511000003는 크랙검사에 대하여 판정여부가 모두 합격으로 처리되었다.
④ 작업실적번호 WR2511000004는 샘플검사를 진행하였으며, 시료수 10EA 중 불량시료가 5EA 발생하였다.

13 아래 [보기]의 조건으로 데이터를 조회한 후 물음에 답하시오.

> **보기**
>
> - 사업장: [2000. (주)한국자전거지사]
> - 공정: [L200. 작업공정]
> - 실적기간: 2025/11/09 ~ 2025/11/15
> - 작업장: [L201. 제품작업장]

다음 [보기] 조건의 생산품창고 입고처리 내역에 대한 설명으로 옳지 않은 것을 고르시오.

① 실적번호 WR2511000008는 생산실적검사를 진행하였다.
② 실적번호 WR2511000005의 입고창고는 제품창고_인천지점이다.
③ 실적번호 WR2511000007의 입고가능수량이 가장 많이 남아있다.
④ 실적번호 WR2511000006의 품목은 LOT번호를 관리하는 품목이다.

14 아래 [보기]의 조건으로 데이터를 조회한 후 물음에 답하시오.

> **보기**
>
> - 사업장: [2000. (주)한국자전거지사]
> - 지시일: 2025/11/16 ~ 2025/11/22
> - 공정구분: [1. 생산]
> - 공정: [L400. 포장공정]
> - 작업장: [L404. 제4작업장]

다음 [보기]의 조건에 해당하는 작업지시 마감처리 내역에 대한 설명으로 옳지 않은 것을 고르시오.

① 작업지시번호 WO2511000009는 상태 값이 '계획'이라 마감처리를 할 수 없다.
② 작업지시번호 WO2511000010는 상태 값이 '확정'이라 마감처리를 할 수 있다.
③ 작업지시번호 WO2511000011는 상태 값이 '마감'이라 마감취소를 할 수 있다.
④ 작업지시번호 WO2511000012는 상태 값이 '확정'이라 마감취소를 할 수 있다.

15 아래 [보기]의 조건으로 데이터를 조회한 후 물음에 답하시오.

| 보기 |

- 사업장: [2000. (주)한국자전거지사]
- 실적기간: 2025/10/01 ~ 2025/10/04
- 조건 1: (주)한국자전거지사 홍길동 사원은 2025년 10월 2일 출고공정, 출고작업장인 [L200. 작업공정], [L202. 반제품작업장]에서 품목[21-1070700. FRAME-티타늄]를 재공이동 처리하였다.
- 조건 2: 재공이동 처리 시의 입고공정, 입고작업장은 [L200. 작업공정], [L201. 제품작업장]으로 이동처리 하였으며, 이동수량은 10EA 이동 하였다.
- 조건 3: 재공품에 대한 이동처리 시 프로젝트는 [B-001. 특별할인판매]로 처리하였다.

다음 [보기]의 조건에 해당하는 재공이동에 대한 이동번호로 옳은 것을 고르시오.

① WM2510000001
② WM2510000002
③ WM2510000003
④ WM2510000004

16 아래 [보기]의 조건으로 데이터를 조회한 후 물음에 답하시오.

| 보기 |

- 사업장: [2000. (주)한국자전거지사]
- 해당년도: 2025
- 구분: [0. 공정]
- 공정: [L400. 포장공정]
- 작업장: [L404. 제4작업장]
- 조회기준: 적합
- 집계기준: 공정별실적

(주)한국자전거지사 홍길동 사원은 2025년 10월 한달 간, 실적기준의 실적수량이 가장 많은 품목을 확인하고 있다. 다음 중 실적수량이 가장 많은 품목으로 옳은 것을 고르시오.

① [21-1060720. FRAME-NUT (TYPE B)]
② [21-1070720. FRAME-티타늄 (TYPE B)]
③ [21-1060952. WHEEL REAL-MTB (TYPE B)]
④ [21-1060852. WHEEL FRONT-MTB (TYPE B)]

17 아래 [보기]의 조건으로 데이터를 조회한 후 물음에 답하시오.

| 보기 |

- 사업장: [2000. (주)한국자전거지사]
- 지시기간: 2025/10/05~ 2025/10/11
- 공정: [L200. 작업공정]
- 작업장: [L202. 반제품작업장]

다음 [보기]의 조건에 해당하는 지시대비실적 내역에 대하여 잔량의 합이 가장 많은 품목으로 옳은 것을 고르시오.

① [83-2000100. 전장품 ASS'Y]
② [87-1002001. BREAK SYSTEM]
③ [85-1020400. POWER TRAIN ASS'Y(MTB)]
④ [81-1001000. BODY-알미늄(GRAY-WHITE)]

18 아래 [보기]의 조건으로 데이터를 조회한 후 물음에 답하시오.

> **보기**
>
> - 사업장: [2000. (주)한국자전거지사]
> - 공정: [L300. 작업공정(도색)]
> - 단가 OPTION: 조달구분 구매, 생산 모두 실제원가[품목등록] 체크함
> - 지시기간: 2025/11/01 ~ 2025/11/08
> - 작업장: [L304. 코팅작업장]

다음 [보기] 조건의 자재에 대한 청구금액 대비 투입금액을 확인 후 청구금액의 합 보다 투입금액의 합이 더 많이 발생된 작업지시 품목으로 옳은 것을 고르시오.

① [NAX-A421. 산악자전거(P-21G,A421)]
② [NAX-A422. 산악자전거(P-21G,A422)]
③ [NAX-A400. 일반자전거(P-GRAY WHITE)]
④ [NAX-A402. 일반자전거(P-GRAY BLACK)]

19 아래 [보기]의 조건으로 데이터를 조회한 후 물음에 답하시오.

> **보기**
>
> - 사업장: [2000. (주)한국자전거지사]
> - 해당년도: 2025
> - 공정: [L300. 작업공정(도색)]
> - 재공유무: [1. 유]

다음 [보기] 조건의 현재공 품목들 중 품목[85-1020400. POWER TRAIN ASS'Y(MTB)]의 재공수량(관리)을 가장 적게 보유하고 있는 작업장으로 옳은 것을 고르시오.

① [L304. 코팅작업장]
② [L305. 도색작업장(서울)]
③ [L301. 제품작업장(완성품)]
④ [L302. 반제품작업장(조립품)]

20 아래 [보기]의 조건으로 데이터를 조회한 후 물음에 답하시오.

> **보기**
>
> - 사업장: [2000. (주)한국자전거지사]
> - 검사기간: 2025/11/16 ~ 2025/11/22
> - 계정: [4. 반제품]

다음 [보기] 조건에 대한 품목별 전수검사 기준의 품질 내역에 대하여 불량율이 가장 높은 품목으로 옳은 것을 고르시오.

① [83-2000100. 전장품 ASS'Y]
② [87-1002001. BREAK SYSTEM]
③ [88-1001000. PRESS FRAME-W]
④ [88-1002000. PRESS FRAME-Z]

생산 2급 | 2025년 5회 (2025년 9월 27일 시행)

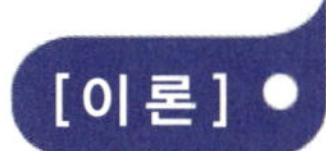

01 머신러닝 워크플로우 순서로 적절한 것을 고르시오.

> **보기**
>
> - A: 수집된 생산 데이터에서 결측치(입력 누락된 생산량), 극단치(비정상적으로 높은 불량률)를 탐색적 데이터 분석(EDA)으로 확인한다.(점검 및 탐색)
> - B: 잘못 입력된 생산량 데이터를 평균값으로 대체하거나, 비정상적인 설비 가동시간은 제거한다. 또한 생산일자, 설비ID, 공정코드 등 ERP 내 비정형 데이터를 정형화해 학습에 적합하게 가공한다.(전처리 및 정제)
> - C: (주)KPC는 ERP 생산 모듈과 CPS(사이버물리시스템), IoT 센서를 연계하여 공정별 생산량, 설비 가동시간, 불량률 데이터를 수집한다.(데이터 수집)
> - D: ERP에서 공정 데이터를 실시간으로 받아 불량률을 자동 예측하고, 생산 계획·자재 투입량 조정에 반영 및 파일럿 테스트 후 안정화하면 ERP 운영 시스템 전체에 확대 적용한다.(배포)
> - E: ERP 공정 데이터와 예측 결과를 비교하여 정확도·신뢰성·타당성 검증하고, 미흡한 결과에 대해 모델링 단계로 다시 돌아가 알고리즘을 재조정한다.(평가)
> - F: CNN 기반 이미지 분석으로 부품 표면 결함을 자동 식별하고 RNN으로 생산량 시계열 예측데이터는 학습용(training)과 평가용(test) 세트로 나누어 모델 훈련을 진행한다(모델링 및 훈련)

① A → B → C → D → E → F   ② B → A → D → C → F → E
③ C → A → B → E → D → F   ④ C → A → B → F → E → D

02 데이터마이닝 기법을 활용한 내용으로 보기 어려운 것은?

① 설비 고장을 예방하기 위해 정기 점검 일정을 등록(Entry)
② 설비 온도·압력 데이터를 기반으로 예상 불량률을 추정(Estimation)
③ 생산 과정에서 발생한 제품을 정상 제품, 불량 제품으로 자동 분류(Classification)
④ 과거 생산 데이터를 활용하여 다음 달 예상 생산량이나 향후 불량 발생 확률을 예측(Prediction)

03 클라우드 서비스의 비즈니스 모델에 관한 설명으로 옳지 않은 것은?

① 공개형 클라우드는 전용 인프라로 인해 데이터 보안과 프라이버시가 강화된다.
② 폐쇄형 클라우드는 특정한 기업 내부 구성원에게만 제공되는 서비스(internal cloud)를 말한다.
③ 공개형 클라우드는 사용량에 따라 사용료를 지불하며 규모의 경제를 통해 경쟁력 있는 서비스 단가를 제공한다는 장점이 있다.
④ 혼합형 클라우드는 특정 업무는 폐쇄형 클라우드 방식을 이용하고 기타 업무는 공개형 클라우드 방식을 이용하는 것을 말한다.

04 [보기]의 사례에서 스마트 ERP 시스템의 장점으로 보기 어려운 것은?

┤ 보기 ├

(주)KPC는 기존의 생산 관리 시스템을 스마트 ERP로 전환하였다. 새로운 시스템에서는 IoT 센서와 CPS(사이버물리시스템)를 통해 공정별 생산량과 설비 가동 데이터를 실시간으로 수집하고, AI와 머신러닝을 활용하여 불량률을 자동 예측하며 생산계획을 최적화하고 있다.

① 실시간 설비 데이터를 분석하여 공정 흐름을 최적화할 수 있다.
② AI 기반의 불량 예측 기능을 활용하여 생산 효율성을 높일 수 있다.
③ 기존의 수동 생산 관리 방식보다 오류와 비효율이 늘어날 가능성이 높다.
④ 머신러닝을 통해 과거 데이터를 분석하여 생산계획을 자동으로 개선할 수 있다.

05 10명의 작업자가 100개를 생산하던 공정에서 8명이 120개를 생산하는 것으로 공정이 개선되었을 때 노동생산성은 몇 % 향상 되었는가?

① 30% ② 40%
③ 50% ④ 60%

06 기준생산계획(MPS: Master Production Scheduling)을 수립할 때 고려해야하는 주문정책의 하나로서 재고가 일정수준에 이르면 주문을 하는 방법은?

① LFL(Lot for Lot)
② FOQ(Fixed Order Quantity)
③ EOQ(Economic Order Quantity)
④ ROP(Reorder Point System)

07 BOM에서 자주 접할 수 있는 오류의 종류로 가장 적절하지 않은 것은?

① 관리단위 표기 오류
② 품번기록 오기로 자재 불출오류
③ 생산일정에 맞춘 공급계획의 오류
④ 최종 설계변경을 적용하지 않은 자재불출에 따른 손실

08 BOM 정보를 이용하여 Level 0의 제품 A를 10개 만들려고 한다. 이때 필요한 원자재 D의 순소요량은 얼마인가?

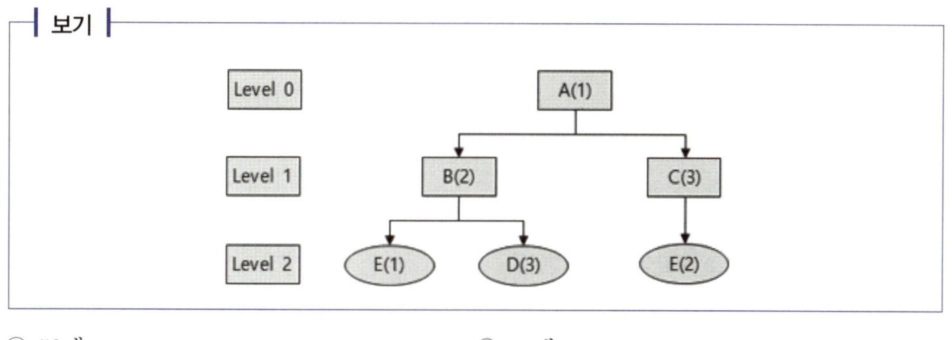

① 50개
② 60개
③ 70개
④ 80개

09 제품의 수명주기에 따른 예측기법 중에서 '도입기'에 활용하기 어려운 방법은?

① 시장실험법
② 집단토의법
③ 이동평균법
④ 델파이분석법

10 흐름생산방식(Flow Shop)의 특징으로 가장 적절한 것은?

① 범용기계
② 적은 유연성
③ 물자 이송량 큼
④ 항공기, 치공구, 기계장비 등의 생산에 적합

11 공정관리의 대외적인 목표로 적절하지 않은 것은?

① 생산과정에서 설비의 유휴에 의한 손실시간을 감소시키는 것이다.
② 일정기간 중에 필요로 하는 생산량의 요구조건을 준수하기 위해 생산과정을 합리화하는 것이다.
③ 주문생산의 경우에도 수요자의 필요에 따라 생산을 해야 하므로 주문자의 요건을 충족시켜 주어야 한다.
④ 시장예측생산의 경우에도 수요자의 필요에 따라 생산을 해야 하므로 수요자의 요건을 충족시켜 주어야 한다.

12 [보기]의 내용은 무엇에 관한 설명인가?

> **┤ 보기 ├**
>
> 작업의 개시에 앞서 능률적이고 경제적인 작업 절차를 결정하기 위한 것으로, 이에 따라서 작업 방법과 작업 순서가 정해진다.

① 공수계획   ② 절차계획

③ 대일정계획   ④ 소일정계획

13 정체공정의 설명으로 바르지 않은 것은?

① 저장은 계획적인 보관이다.

② 저장은 다음의 가공, 조립으로 허가 없이 이동하는 것이 금지되어 있는 상태이다.

③ 대기는 제품이나 부품이 다음의 가공, 조립을 하기 위해 일시적으로 기다리는 상태이다.

④ 대기는 하나의 작업장소에서 타작업장소로 이동하기 위해 발생하는 작업, 이동, 하역을 하고 있는 상태이다.

14 학습률이 90%인 작업에서 첫 제품을 생산할 때의 소요시간이 100시간이면 2개의 제품을 생산할 때의 생산시간은?

① 160시간   ② 170시간

③ 180시간   ④ 190시간

15 [보기]는 무엇에 대한 설명인가?

> **┤ 보기 ├**
>
> 각 작업의 전체 공정시간, 완료 시간, 다음 작업의 시작 시각 및 부문별 업무 성과의 상호 비교가 가능한 관리 도구이다.

① 간트차트   ② 공수계획도

③ 라인밸런싱   ④ 공정분석도

16 [보기] 자료를 바탕으로 라인밸런스 효율(Eb) 및 불균형률(d)을 순서대로 구하시오.

> **┤ 보기 ├**
>
> • 작업장 1: 27분   • 작업장 2: 35분
> • 작업장 3: 22분   • 작업장 4: 28분

① 90%, 10%   ② 85%, 15%

③ 80%, 20%   ④ 75%, 25%

17 Arrow의 재고보유 동기 중 [보기]에서 설명하는 동기는 무엇인가?

> **보기**
>
> 위험에 미리 대비하기 위한 동기이다. 오늘날 많은 기업의 주된 재고보유 동기이기도 하다.

① 예방 동기　　　　　　　　　② 거래 동기
③ 투기 동기　　　　　　　　　④ 가치 동기

18 (주)생산전자 A부품의 연간수요량은 100개이고, 1회 주문비용은 50원이며, 단가는 1,000원, 연간 재고유지비율이 0.1일 경우 경제적 주문량(EOQ)은 몇 개인가?

① 10개　　　　　　　　　　　② 15개
③ 20개　　　　　　　　　　　④ 25개

19 자재소요계획(MRP: Material Requirement Planning) 시스템의 Input(입력) 요소로서 적절하지 않은 것은?

① 자재명세서(BOM)　　　　　　② 재고기록파일(IRF)
③ 기준생산계획(MPS)　　　　　④ 기간별 수요량(수요 예측치)

20 공급망관리(SCM)의 세 가지 주요 흐름 중에서 주문의 전달과 배송상황의 갱신 등이 수반되는 것은?

① 제품흐름　　　　　　　　　　② 재정흐름
③ 정보흐름　　　　　　　　　　④ 서비스흐름

[실무] ●

실무문제는 [실기메뉴]를 활용하여 답하시오.
웹하드(http://www.webhard.co.kr)에서 Guest(ID: samil3489, PASSWORD: samil3489)로
로그인하여 백데이터를 다운받아 설치한 후 생산 2급 2025년 5회로 로그인한다.

01 아래 [보기]의 조건으로 데이터를 조회한 후 물음에 답하시오.

┤ 보기 ├

- 계정구분: [2. 제품]
- 검사여부: [1. 검사]
- LEAD TIME: 6 DAYS

다음 [보기]의 조건에 해당하는 품목으로 옳은 것을 고르시오.

① [NAX-A400. 일반자전거(P-GRAY WHITE)]
② [NAX-A401. 일반자전거(P-GRAY RED)]
③ [NAX-A402. 일반자전거(P-GRAY BLACK)]
④ [NAX-A422. 산악자전거(P-21G,A422)]

02 아래 [보기]의 조건으로 데이터를 조회한 후 물음에 답하시오.

┤ 보기 ├

- 사업장: [2000. (주)한국자전거지사]

다음 [보기]의 조건에 해당하는 창고/공정(생산)/외주공정등록을 조회한 후 옳지 않은 것을 고르시오.

① 부품창고_인천지점 창고에는 위치가 김포공항, 인천세관인 위치가 있다.
② 생산공정 중 작업공정(도색)에는 적합여부가 적합/부적합 모두 있다.
③ 생산공정 중 재생산공정에는 제품재생산, 반제품재생산 작업장이 있다.
④ 외주공정의 외주공정 사용여부는 미사용이며 작업장은 모두 4개의 작업장이 있다.

03 아래 [보기]의 조건으로 데이터를 조회한 후 물음에 답하시오.

> **보기**
>
> • 자재담당자: [A500. 김유리] 　　　　　• 생산담당자: [A100. 이혜리]

다음 [보기]의 조건에 해당하는 담당자이면서 계정구분이 제품이며 대분류가 조립반제품인 품목을 고르시오.

① [NAX-A400. 일반자전거(P-GRAY WHITE)]
② [NAX-A402. 일반자전거(P-GRAY BLACK)]
③ [NAX-A421. 산악자전거(P-21G, A421)]
④ [NAX-A422. 산악자전거(P-21G, A422)]

04 아래 [보기]의 조건으로 데이터를 조회한 후 물음에 답하시오.

> **보기**
>
> • 자품목: [21-1030600. FRONT FORK(S)]
> • 기준일자: 2025/09/30 　　　　　• 사용여부: 전체

다음 [보기]의 자품목 [21-1030600. FRONT FORK(S)]에 대한 상위 모품목 중 계정구분이 다른 품목을 고르시오. (단, LEVEL 기준은 1 LEVEL을 기준으로 한다.)

① [81-1001000. BODY-알미늄(GRAY-WHITE)]
② [87-1002001. BREAK SYSTEM]
③ [88-1002000. PRESS FRAME-Z]
④ [NAX-A401. 일반자전거(P-GRAY RED)]

05 아래 [보기]의 조건으로 데이터를 조회한 후 물음에 답하시오.

> **보기**
>
> • 검사구분: [41. 공정검사] 　　　　　• 사용여부: [1. 사용]

다음 [보기]의 공정검사 내역에 대하여 입력필수 항목이 '필수'인 검사유형 질문이 속해있는 검사유형명으로 옳은 것을 고르시오.

① 바디조립검사 　　　　　② 휠조립검사
③ 핸들조합검사 　　　　　④ 자전거 Ass'y 최종검사

06 아래 [보기]의 조건으로 데이터를 조회한 후 물음에 답하시오.

┤ 보기 ├

- 작업예정일: 2025/09/01 ~ 2025/09/30
- 생산계획 등록 품목만 조회: 체크함
- 계정구분: [4. 반제품]

다음 [보기]의 조건에 해당하는 생산계획 내역 중 계획 수량의 합이 가장 많은 품목을 고르시오.

① [81-1001010. BODY-알미늄 (GRAY-WHITE, TYPE A)]
② [85-1020410. POWER TRAIN ASS'Y(MTB, TYPE A)]
③ [87-1002011. BREAK SYSTEM (TYPE A)]
④ [88-1001010. PRESS FRAME-W (TYPE A)]

07 아래 [보기]의 조건으로 데이터를 조회한 후 물음에 답하시오.

┤ 보기 ├

- 사업장: [2000. (주)한국자전거지사]
- 작업장: [L201. 제품작업장]
- 공정: [L200. 작업공정]
- 지시기간: 2025/09/01 ~ 2025/09/10

다음 [보기]의 조건에 해당하는 작업지시등록 내역 중 청구조회 기능을 이용하여 작업지시를 등록한 품목으로 옳은 것을 고르시오.

① [81-1001000. BODY-알미늄(GRAY-WHITE)]
② [88-1001020. PRESS FRAME-W (TYPE B)]
③ [81-1001000. BODY-알미늄(GRAY-WHITE)]
④ [83-2000110. 전장품 ASS'Y (TYPE A)]

08 아래 [보기]의 조건으로 데이터를 조회한 후 물음에 답하시오.

┤ 보기 ├

- 사업장: [2000. (주)한국자전거지사]
- 작업장: [L202. 반제품작업장]
- 공정: [L200. 작업공정]
- 지시기간: 2025/09/15 ~ 2025/09/20

다음 [보기]의 작업지시 내역에 대하여 청구된 자재들의 확정수량의 합이 가장 적은 작업지시번호로 옳은 것을 고르시오.

① WO2508000002
② WO2508000003
③ WO2508000004
④ WO2508000005

09 아래 [보기]의 조건으로 데이터를 조회한 후 물음에 답하시오.

> **보기**
>
> • 사업장: [2000. (주)한국자전거지사]   • 출고기간: 2025/09/20 ~ 2025/09/20
> • 공정: [L200. 작업공정]   • 작업장: [L202. 반제품작업장]

(주)한국자전거지사 홍길동 사원은 출고요청 기능을 이용하여 청구된 자재를 출고처리를 한다. 다음 중 하나의 출고번호에 모품목정보가 두 개인 출고번호를 고르시오

① MV2509000001   ② MV2509000002
③ MV2509000003   ④ MV2509000004

10 아래 [보기]의 조건으로 데이터를 조회한 후 물음에 답하시오.

> **보기**
>
> • 사업장: [2000. (주)한국자전거지사]   • 지시(품목): 2025/09/25 ~ 2025/09/25
> • 지시공정: [L300. 작업공정(도색)]   • 지시작업장: [L301. 제품작업장(완성품)]

(주)한국자전거지사 홍길동 사원은 작업실적등록시 실적 품목에 대하여 창고, 장소로 입고처리를 진행하여야 하는데 실수로 창고, 장소가 아닌 공정, 작업장으로 이동처리를 하였다. 다음 중 공정, 작업장으로 잘못 이동처리된 작업지시번호를 고르시오.

① WO2509000001   ② WO2509000002
③ WO2509000003   ④ WO2509000004

11 아래 [보기]의 조건으로 데이터를 조회한 후 물음에 답하시오.

> **보기**
>
> • 사업장: [2000. (주)한국자전거지사]   • 구분: [1. 생산]
> • 실적공정: [L300. 작업공정(도색)]   • 실적작업장: [L301. 제품작업장(완성품)]
> • 실적기간: 2025/09/25 ~ 2025/09/25   • 상태: [1. 확정]

다음 [보기]의 조건에 해당하는 실적품목에 대한 자재사용 내역 중 청구적용 조회 시 적용예정량의 합 보다 적용수량의 합이 더 많이 사용되어진 작업지시번호로 옳은 것을 고르시오.

① WO2509000001   ② WO2509000002
③ WO2509000003   ④ WO2509000004

12 아래 [보기]의 조건으로 데이터를 조회한 후 물음에 답하시오.

> **보기**
> - 사업장: [2000. (주)한국자전거지사]
> - 공정: [L400. 작업공정(포장)]
> - 실적일: 2025/09/30 ~ 2025/09/30
> - 작업장: [L401. 기본작업장(포장)]

다음 [보기]의 조건에 해당하는 생산실적검사 내역에 대한 설명으로 옳지 않은 것을 고르시오.

① 작업실적번호 WR2509000006의 검사담당자는 이혜리이며 샘플검사를 진행하였다.
② 작업실적번호 WR2509000007의 LOT사용 품목으로 LOT번호는 ABC0012이다.
③ 작업실적번호 WR2509000008는 샘플검사를 진행 하였으며 시료수는 50 BOX로 진행하였다.
④ 작업실적번호 WR2509000009는 불량수량이 6EA 발생하였지만 최종 합격여부를 합격 처리하였다.

13 아래 [보기]의 조건으로 데이터를 조회한 후 물음에 답하시오.

> **보기**
> - 사업장: [2000. (주)한국자전거지사]
> - 공정: [L400. 작업공정(포장)]
> - 실적기간: 2025/09/30 ~ 2025/09/30
> - 작업장: [L401. 기본작업장(포장)]

다음 [보기]의 생산품창고입고처리 내역에 대한 설명으로 옳지 않은 것을 고르시오.

① 지시번호 WO2509000005는 생산실적검사를 진행하였다.
② 실적번호 WR2509000007는 LOT를 관리하지 않는다.
③ POWER TRAIN ASS'Y(MTB, TYPE A)의 기입고수량은 70이다.
④ PRESS FRAME-W (TYPE A)는 분할입고를 진행하였다.

14 아래 [보기]의 조건으로 데이터를 조회한 후 물음에 답하시오.

> **보기**
> - 사업장: [2000. (주)한국자전거지사]
> - 지시일: 2025/09/01 ~ 2025/09/30
> - 공정구분: 선택전체

다음 [보기]의 조건에 해당하는 작업지시 내역 중 실적잔량이 '유'이면서 마감처리가 안되는 품목의 실적잔량의 총합으로 옳은 것을 고르시오.

① 400
② 555
③ 450
④ 655

15 아래 [보기]의 조건으로 데이터를 조회한 후 물음에 답하시오.

┤ 보기 ├

- 사업장: [2000. (주)한국자전거지사]
- 실적기간: 2025/09/01 ~ 2025/09/30
- 조건 1: (주)한국자전거지사 홍길동 사원은 2025년 9월 15일 출고공정, 출고작업장인 [L200. 작업공정], [L201. 제품작업장]에서 품목 [NAX-A420. 산악자전거(P-20G)]를 재공이동처리 하였다.
- 조건 2: 입고공정, 입고작업장은 [L300. 작업공정(도색)], [L301. 제품작업장(완성품)]으로 이동처리 하였으며 이동수량은 5 EA로 처리하였다.
- 조건 3: 재공품에 대한 이동 시 PROJECT로는 [P100. 산악용자전거]로 처리 하였다.

다음 [보기]의 조건에 해당 하는 재공이동에 대한 이동번호로 옳은 것을 고르시오.

① WM2509000001　　　　　　② WM2509000002

③ WM2509000003　　　　　　④ WM2509000004

16 아래 [보기]의 조건으로 데이터를 조회한 후 물음에 답하시오.

┤ 보기 ├

- 사업장: [2000. (주)한국자전거지사]　　· 지시기간: 2025/09/01 ~ 2025/09/30

다음 [보기]의 조건에 해당하는 작업실적 내역 중 품목군별로 실적수량의 합이 가장 많은 품목군으로 옳은 것을 고르시오.

① 일반용　　　　　　② 산악용

③ 유아용　　　　　　④ 반조립품

17 이래 [보기]의 조건으로 데이터를 조회한 후 물음에 답하시오.

┤ 보기 ├

- 사업장: [2000. (주)한국자전거지사]
- 실적기간: 2025/09/01 ~ 2025/09/30　　· 구분: [0. 전체]
- 수량조회기준: [0. 실적입고기준]　　· 계정: [4. 반제품]
- 단가 OPTION: 조달구분 구매, 생산 모두 실제원가[품목등록] 체크함

다음 [보기]의 조건에 해당하는 실적기준의 생산일보를 조회 한 후 품목별 양품금액이 옳지 않은 것을 고르시오.

① BODY-알미늄(GRAY-WHITE) 양품금액: 2,110,000

② 전장품 ASS'Y (TYPE A) 양품금액: 8,610,000

③ POWER TRAIN ASS'Y(MTB, TYPE A) 양품금액: 7,900,000

④ PRESS FRAME-W (TYPE A) 양품금액: 4,610,000

18 아래 [보기]의 조건으로 데이터를 조회한 후 물음에 답하시오.

> **보기**
>
> - 사업장: [2000. (주)한국자전거지사]
> - 해당년도: 2025
> - 재공유무: [1. 유]

다음 [보기] 조건으로 조회되는 현재공 내역 중 재공수량(관리)의 소계가 유일하게 음수인 공정을 고르시오.

① 작업공정
② 작업공정(도색)
③ 작업공정(포장)
④ 재생산공정

19 아래 [보기]의 조건으로 데이터를 조회한 후 물음에 답하시오.

> **보기**
>
> - 사업장: [2000. (주)한국자전거지사]
> - 공정: [L300. 작업공정(도색)]
> - 사용기간: 2025/09/01 ~ 2025/09/30
> - 작업장: [L301. 제품작업장(완성품)]

다음 [보기] 조건의 제품별 자재사용 내역에 대하여 자재의 사용수량의 합이 가장 많이 발생한 모품목 정보로 옳은 것을 고르시오.

① [NAX-A400. 일반자전거(P-GRAY WHITE)]
② [NAX-A402. 일반자전거(P-GRAY BLACK)]
③ [NAX-A421. 산악자전거(P-21G, A421)]
④ [NAX-A422. 산악자전거(P-21G, A422)]

20 아래 [보기]의 조건으로 데이터를 조회한 후 물음에 답하시오.

> **보기**
>
> - 사업장: [2000. (주)한국자전거지사]
> - 검사기간: 2025/09/01 ~ 2025/09/30

다음 [보기]의 조건에 해당하는 샘플검사 기준의 품목별품질현황 조회 시 샘플합격율이 가장 낮은 품목으로 옳은 것을 고르시오.

① [81-1001000. BODY-알미늄(GRAY-WHITE)]
② [83-2000110. 전장품 ASS'Y (TYPE A)]
③ [85-1020410. POWER TRAIN ASS'Y(MTB, TYPE A)]
④ [88-1001010. PRESS FRAME-W (TYPE A)]

생산 2급 | 2025년 4회 (2025년 7월 26일 시행)

[이론]

01 [보기]에서 텍스트마이닝이 ERP 시스템 기반 경영 의사결정에 기여한 방식으로 가장 적절한 것은 무엇인가?

> **보기**
>
> (주)생산테크는 소형 가전 부품을 생산하는 중소기업으로, 스마트ERP 시스템을 활용해 생산 품질과 고객 만족도를 향상시키고자 한다. 최근 마케팅팀은 고객센터에 접수된 3개월간의 자유 서술형 불만 내용을 기반으로 텍스트마이닝 기법을 도입하였다. 분석 결과, "작동 오류", "소음", "배송 지연" 등의 키워드가 반복적으로 나타났으며, 특히 '소음' 관련 키워드는 신규 출시된 소형 선풍기 제품군에서 집중적으로 발견되었다. 이 결과를 토대로 품질관리팀은 해당 제품군의 생산공정을 검토하였고, 모터 부품의 결합 불량률이 기존보다 15% 증가했음을 확인하였다. 이에 따라 생산팀은 조립 단계의 공정 조건을 개선하고, 마케팅팀은 고객 대상의 품질 개선 내용을 안내하는 캠페인을 진행하였다.

① 소음 데이터를 정형화된 회계 수치로 전환하여 자산화하였다.
② 모터 부품의 결합 불량을 자동으로 감지하고 조립을 중단하였다.
③ 신규 부품에 대한 납품 단가를 산정하여 구매계약을 체결하였다.
④ 고객 불만 요인을 비정형 데이터 분석을 통해 식별하고, 품질 개선 활동으로 연결하였다.

02 기계학습에 대한 설명으로 옳은 것은?

① 기계학습이란 데이터가 부족한 상황에서 알고리즘을 활용해 미래를 예측하는 기술로, 생성된 데이터를 정보와 지식으로 변환하는 알고리즘을 의미한다.
② 비지도학습(Unsupervised Learning)은 데이터가 어떻게 구성되어 있는지 알아내는 문제의 범주에 속하며, 대표적인 방법에는 분류모형과 클러스터링이 있다.
③ 강화학습(Reinforcement Learning)은 선택 가능한 행동들 중 보상을 최대화하는 행동 혹은 순서를 선택하는 방법으로, 게임 플레이어 생성, 로봇 학습 알고리즘, 공급망 최적화 등의 영역에서 활용되고 있다.
④ 데이터를 수집하고 머신러닝을 수행하는 과정인 머신러닝 워크플로우(Machine Learning Workflow)의 처리 순서는 데이터 수집 → 점검 및 탐색 → 전처리 → 정제 → 평가 → 모델링 및 훈련 → 배포 순으로 진행된다.

03 'Best Practice' 도입을 목적으로 ERP 패키지를 도입하여 시스템을 구축하고자 할 경우 가장 적절하지 않은 방법은?

① BPR과 ERP 시스템 구축을 병행하는 방법
② ERP 패키지에 맞추어 BPR을 추진하는 방법
③ 기존 업무처리에 따라 ERP 패키지를 수정하는 방법
④ BPR을 실시한 후에 이에 맞도록 ERP 시스템을 구축하는 방법

04 ERP시스템 투자비용에 관한 개념 중 '시스템의 전체 라이프사이클(life-cycle)을 통해 발생하는 전체 비용을 계량화한 비용'에 해당하는 것은?

① 유지보수 비용(Maintenance Cost)
② 시스템 구축비용(Construction Cost)
③ 총소유비용(Total Cost of Ownership)
④ 소프트웨어 라이선스비용(Software License Cost)

05 [보기]의 자료를 참고하여 노동생산성과 기계생산성을 구하시오. 단, 가동률은 100%로 가정한다.

| 보기 |
- 가방 제조 공장 일일 투입/결과에 대한 자료
- 작업자 수: 5명 　　　　　　　　　　　- 기계 수: 4대
- 작업시간: 8시간 　　　　　　　　　　　- 가방 제작 수: 2,400개

① 노동생산성: 40개/시간, 기계생산성: 60개/시간
② 노동생산성: 60개/시간, 기계생산성: 40개/시간
③ 노동생산성: 75개/시간, 기계생산성: 60개/시간
④ 노동생산성: 60개/시간, 기계생산성: 75개/시간

06 자재명세서에 대한 설명으로 가장 적절하지 않은 것은?

① 계획(Planning) BOM은 주로 회계부서에서 사용된다.
② 설계(Engineering) BOM은 주로 설계 부서에서 사용된다.
③ 제조(Manufacturing) BOM은 생산관리 또는 생산 현장에서 사용된다.
④ 모듈(Modular) BOM은 생산품의 Option(옵션)과 밀접한 관계가 있다.

07 [보기]는 일반적인 예측의 7단계에 대한 설명이다. 3~6단계의 순서로 적절한 것을 고르시오.

> **보기**
>
> [예측의 7단계 순서]
> - 1단계: 예측의 목적과 용도
> - 2단계: 예측 대상 품목과 단위 결정
> - 3단계: ?
> - 4단계: ?
> - 5단계: ?
> - 6단계: ?
> - 7단계: 예측치에 대한 검증(타당성, 정확성)
>
> [단계별 내용]
> 가. 예측의 시행
> 나. 예측 기간의 선정
> 다. 필요한 자료의 수집
> 라. 적합한 예측 기법의 선정

① 가 → 나 → 다 → 라
② 가 → 다 → 라 → 나
③ 나 → 라 → 다 → 가
④ 다 → 나 → 가 → 라

08 [보기]에서 긴급률(CR) 기준으로 가장 먼저 진행해야 할 작업은 무엇인가?

> **보기**
>
> (단위: 일)

작업	납기일	현재일	잔여작업일수
작업 A	35	30	5
작업 B	40	30	5
작업 C	40	30	8
작업 D	35	30	8

① 작업A
② 작업B
③ 작업C
④ 작업D

09 [보기]의 BOM 정보를 이용하여 소요량을 계산한 결과 Level 2의 원자재 C품목이 1,200단위가 필요하다. 이때 완제품 F는 몇 단위를 생산하게 되는가?

> **보기**

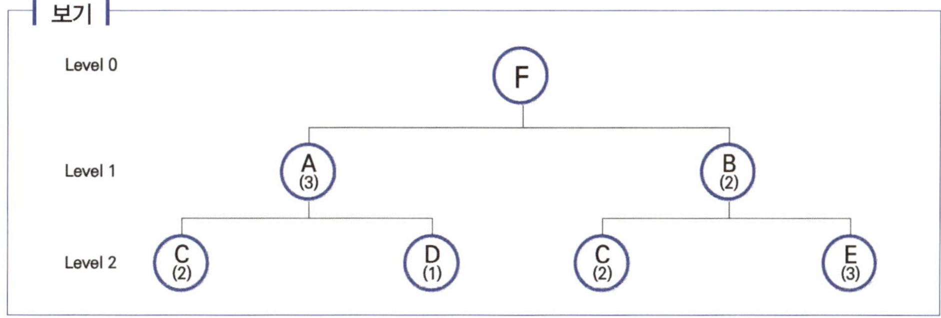

① 80
② 100
③ 120
④ 150

10 [보기]는 전자사전의 수명주기 단계에 따른 내용이다. 설명으로 적절한 것을 고르시오.

> **보기**
>
> - A단계: 스마트폰 보급이 시작되면서 전자사전 전용 기기 수요가 정체되었습니다. 업체들은 디자인·배터리 사용시간·터치스크린 기능 등 작은 개선에 집중했고, 가격은 10만 원대까지 낮아졌지만 매출 증가세는 거의 사라졌습니다.
> - B단계: 국내 주요 전자업체들이 '휴대용 전자사전'을 출시했습니다. 영어·한자·일어 사전 기능만 제공했으며, 가격은 20만 원대 후반으로 매우 높았습니다. 당시 수험생·직장인 일부만 관심을 보였고, 대형 전자제품 매장과 통신사 대리점에서만 판매되었습니다.
> - C단계: 스마트폰에 기본 탑재된 사전 앱과 네이버·구글 번역 기능이 급속히 확산되면서, 대부분 전자사전 기기는 단종되거나 소수 수험생용으로만 소량 생산되고 있습니다. 일부 업체는 기업·공공기관용 전용 모델만 소극적으로 판매 중입니다.
> - D단계: 교육열이 높은 학부모·수험생 수요가 폭발하며 전자사전 판매량이 연평균 50% 이상 성장했습니다. 다양한 브랜드에서 문법기능·MP3 재생·음성인식 기능을 추가했고, 가격은 15만 원대 초반까지 떨어졌습니다. 오프라인 서점·온라인 쇼핑몰·편의점까지 판매망이 확대되었습니다.

① A: 도입기
② B: 성장기
③ C: 쇠퇴기
④ D: 성숙기

11 [보기]의 ⓐ와 ⓑ에 해당하는 내용을 알맞게 짝지은 것은?

> **보기**
>
> (주)생산은 신제품 K 조립에 앞서 다음 두 가지 활동을 수행하였다.
> ⓐ 조립 공정 간 최적의 작업 순서와 각 단계별 수행 장소, 작업 기준 시간을 확정
> ⓑ 확정된 순서와 기준 시간에 따라 구체적인 작업량을 산출한 후 현 인원과 설비 능력을 고려해 각 공정에 할당

① ⓐ 절차계획, ⓑ 공수계획
② ⓐ 절차계획, ⓑ 일정계획
③ ⓐ 공수계획, ⓑ 능력계획
④ ⓐ 일정계획, ⓑ 공수계획

12 검사 기능(Inspection)의 설명으로 가장 적절하지 않은 것은?

① 양적검사는 수량, 중량 등을 측정한다.
② 제품의 형상이나 품질에 변화는 주는 공정이다.
③ 질적검사는 가공부품을 품질 및 등급별로 분류하는 공정이다.
④ 설정된 품질표준을 기준으로 가공부품의 가공정도를 확인하는 공정이다.

13 A작업장의 직원 50명 중 40명이 출근하였고, 작업에 소요되는 간접작업율이 10%일 때, 이 작업장의 가동율은 얼마인가?

① 63%
② 70%
③ 72%
④ 81%

14 간트차트의 활용분야로 가장 적절하지 않은 것은?

① 마케팅 캠페인 일정 관리: 홍보 기획, 콘텐츠 제작, 광고 집행, 효과 분석 등 캠페인 단계별 일정을 한눈에 보고 조율한다.

② 제품 품질 검사 이력 관리: 검사 대상 제품별 불량 발생 빈도나 유형을 간트차트로 나타내어 품질 변동 추이를 분석한다.

③ 소프트웨어 개발 일정 관리: 요구분석→설계→코딩→테스트→배포 과정의 시작·종료일과 의존관계를 시각화하여 팀 간 협업을 조율한다.

④ 건설공사 일정 관리: 기초공사, 골조공사, 마감공사 등 단계별 착수·완료 시점을 막대그래프로 표시하여 전체 공정 진행 상황을 관리한다.

15 각 작업장의 작업시간이 [보기]와 같을 때 라인밸런싱의 효율(Eb)은 얼마인가? 단, 작업장의 작업자는 1명이다.

> **보기**
>
> • 작업장 A: 작업시간 23분 • 작업장 B: 작업시간 25분
> • 작업장 C: 작업시간 30분 • 작업장 D: 작업시간 27분

① 87.0% ② 87.5%
③ 88.0% ④ 88.5%

16 [보기]의 사례에서 칸반 시스템의 특징으로 가장 적절한 것은?

> **보기**
>
> (주)생산프레스는 완성차 조립 공정에서 사용되는 기어박스 부품을 생산할 때, 각 작업 스테이션 앞에 빈 부품 컨테이너에 부착된 '칸반 카드'를 활용합니다. 최종 검수 공정에서 부품이 모두 소진되어 빈 컨테이너가 발생하면, 칸반 카드가 바로 전 단계 공정으로 전달됩니다. 해당 공정은 카드가 도착해야만 미리 정해진 수량의 부품을 생산·투입하며, 카드가 없으면 가동하지 않습니다. 이를 통해 불필요한 재고 적체를 방지하고, 공정 간 재고량을 최소화합니다.

① 재고의 최대화 및 낭비 철학
② 모든 공정의 생산량 균형을 유지
③ 공급이 발생할 때에만 작업을 진행
④ 밀어내기 방식(Push system)으로 작업을 진행

17 재고에 대한 설명으로 가장 적절하지 않은 것은?

① (주)생산은 자동차 부품의 공급사 납기 지연 리스크를 고려해, 평균 소비량의 10%를 추가로 확보하여 비축하며, 이를 안전재고라 한다.

② (주)생산의류는 매주 200장씩 판매되는 패딩을 확보하기 위해, 매회 500장 단위로 발주하여 보유하며, 이는 순환재고에 해당한다.

③ (주)생산아이스는 겨울철 수요 폭증(한파·수요 급증 등)을 대비해 매년 11월 초에 3개월분의 아이스팩을 미리 생산해 창고에 쌓아두며, 이를 예상재고라 한다.

④ (주)정밀부품은 매주 수요가 100개로 항상 일정하므로 항상 정확한 수요량인 100개만큼의 재고를 비축해 두며, 해당 유형의 재고는 완충재고(안전재고)라 한다.

18 자재소요계획(MRP: Material Requirement Planning) 시스템의 주요 입력요소로 적합하지 않은 것은?

① 자재명세서　　　　　　　　　② 재고기록파일
③ 기간별 수요량　　　　　　　　④ 주생산일정계획

19 다음 중 공급망 관리(SCM)에 대한 설명으로 적절하지 않은 것은?

① SCM(Supply Chain Management)은 재고를 최적화하고 리드타임을 대폭 감축하기 위한 시스템이다.

② 제품 흐름(Product Flow)은 원자재 공급업체에서 최종 소비자까지 물리적인 제품과 서비스가 이동하는 흐름을 의미한다.

③ 정보 흐름(Information Flow)은 주문, 재고 수준, 배송 상태 등의 데이터를 공유하여 공급망 내 협업을 원활하게 하는 역할을 한다.

④ SCM(Supply Chain Management)의 궁극적인 목표는 기업 내부 프로세스를 최적화하는 것이므로, 공급업체 및 고객과의 협력은 필수적이지 않다.

20 [보기]는 무엇에 대한 설명인가?

> **보기**
>
> - 자재소요계획 활동 중에서 MRP전개에 의해 생산된 계획이 얼마만큼의 제조자원을 요구하는지를 계산하는 모듈
> - 기업의 생산능력에 맞추어 자재소요계획을 수립하기 위해 작업장의 능력 소요량을 시간대별로 예측하는 기법
> - 이미 발주된 예정 입고와 발주 예정의 계획발주량을 완성하는데 필요한 작업부하 산정에 이용
> - 입력정보는 작업 공정표 정보, 작업장 상태 정보, MRP에서 산출된 발주 계획 정보

① 기준생산계획(MPS)　　　　　　② 적시생산계획(JIT)
③ 능력소요계획(CRP)　　　　　　④ 개략능력요구계획(RCCP)

실무문제는 [실기메뉴]를 활용하여 답하시오.
웹하드(http://www.webhard.co.kr)에서 Guest(ID: samil3489, PASSWORD: samil3489)로
로그인하여 백데이터를 다운받아 설치한 후 생산 2급 2025년 4회로 로그인한다.

01 아래 [보기]의 조건으로 데이터를 조회한 후 물음에 답하시오.

> 보기
>
> • 조달구분: [1. 생산]　　　　　　　　　• 검사여부: [0. 무검사]

다음 [보기]의 조건에 해당하는 품목에 대한 설명으로 옳은 것을 고르시오.

① 품목[83-2000100. 전장품 ASS'Y]의 안전재고량은 30이다.
② 품목[88-1001000. PRESS FRAME-W]의 표준원가와 실제원가는 같다.
③ 품목[NAX-A400. 일반자전거(P-GRAY WHITE)]의 품목군은 [Y100. 일반용]이다.
④ 품목[NAX-A422. 산악자전거(P-21G,A422)]의 주거래처는 [00009. (주)영동바이크]이다.

02 아래 [보기]의 조건으로 데이터를 조회한 후 물음에 답하시오.

> 보기
>
> • 사업장: [2000. (주)한국자전거지사]

다음 [보기]의 조건에 해당하는 창고/공정(생산)/외주공정등록에 대한 설명으로 옳지 않은 것을 고르시오.

① 생산공정[L200. 작업공정]의 입고기본위치 작업장은 [L201. 제품작업장]이다.
② 생산공정[L400. 포장공정]의 작업장[L403. 제3작업장]은 사용여부가 '사용'인 작업장이다.
③ 창고[P200. 제품창고_인천지점]의 위치[P201. 제품장소_인천지점]는 가용재고여부가 '부'이다.
④ 창고[M200. 부품창고_인천지점]의 위치[M201. 부품/반제품_부품장소]는 적합여부가 '부적합'인 위치이다.

03 아래 [보기]의 조건으로 데이터를 조회한 후 물음에 답하시오.

> **보기**
>
> - 계정: [2. 제품]
> - 영업담당자: [4000. 최일영]　　　　　　　　· 생산담당자: [5000. 방석환]

다음 [보기]의 조건에 해당하는 품목으로 옳은 것을 고르시오.

① [NAX-A420. 산악자전거(P-20G)]
② [NAX-A422. 산악자전거(P-21G, A422)]
③ [NAX-A401. 일반자전거(P-GRAY RED)]
④ [NAX-A402. 일반자전거(P-GRAY BLACK)]

04 아래 [보기]의 조건으로 데이터를 조회한 후 물음에 답하시오.

> **보기**
>
> - 모품목: [NAX-A420. 산악자전거(P-20G)]
> - 기준일자: 2025/05/01　　　　　　　　· 사용여부: [1.사용]

다음 [보기]의 조건에 해당하는 모품목[NAX-A420. 산악자전거(P-20G)]의 자재명세서에 대한 설명
으로 옳지 않은 것을 고르시오.

① 자품목[87-1002001. BREAK SYSTEM]의 사급구분은 '자재'이다.
② 자품목[83-2000100. 전장품 ASS'Y]의 계정구분은 '반제품'이다.
③ 자품목[21-9000200. HEAD LAMP]의 주거래처는 '(주)형광램프'이다.
④ 자품목[85-1020400. POWER TRAIN ASS'Y(MTB)]의 LOSS(%)이 가장 높다.

05 아래 [보기]의 조건으로 데이터를 조회한 후 물음에 답하시오.

> **보기**
>
> - 자품목: [21-1060700. FRAME-NUT]
> - 기준일자: 2025/05/01　　　　　　　　· 사용여부: [1. 여]

다음 [보기] 조건의 자품목[21-1060700. FRAME-NUT]에 대한 1LEVEL 기준의 상위 모품목 정보
로 옳지 않은 품목을 고르시오.

① [83-2000100. 전장품 ASS'Y]
② [87-1002001. BREAK SYSTEM]
③ [88-1002000. PRESS FRAME-Z]
④ [88-1001000. PRESS FRAME-W]

06 아래 [보기]의 조건으로 데이터를 조회한 후 물음에 답하시오.

> ┤ 보기 ├
>
> • 사업장: [2000. (주)한국자전거지사]　　　• 작업예정일: 2025/05/01 ~ 2025/05/10
> • 생산계획 등록 품목만 조회: 체크함　　　• 계정구분: [4. 반제품]

다음 [보기] 조건의 생산계획등록 내역에 대한 설명으로 옳지 않은 것을 고르시오.

① 품목[88-1001000. PRESS FRAME-W]의 계획수량의 합은 240EA이다.

② 생산계획등록 된 품목들에 대하여 작업예정일 2025년 05월 06일에는 생산계획 된 내역이 없다.

③ 품목[87-1002001. BREAK SYSTEM]은 2025년 05월 05일 일생산량이 초과 된 수량이 계획되었다.

④ 생산계획등록 된 품목들 중 계획수량의 합이 가장 많은 품목은 [83-2000100. 전장품 ASS'Y]이다.

07 아래 [보기]의 조건으로 데이터를 조회한 후 물음에 답하시오.

> ┤ 보기 ├
>
> • 사업장: [2000. (주)한국자전거지사]
> • 공정: [L400. 포장공정]　　　• 지시기간: 2025/05/11 ~ 2025/05/17

다음 [보기] 조건의 작업지시 내역 중 품목[NAX-A420. 산악자전거(P-20G)]에 대한 지시수량의 합이 가장 많이 등록된 작업장으로 옳은 것을 고르시오.

① [L401. 제1작업장]　　　② [L402. 제2작업장]

③ [L403. 제3작업장]　　　④ [L404. 제4작업장]

08 아래 [보기]의 조건으로 데이터를 조회한 후 물음에 답하시오.

> ┤ 보기 ├
>
> • 사업장: [2000. (주)한국자전거지사]　　　• 공정: [L200. 작업공정]
> • 작업장: [L202. 반제품작업장]　　　• 지시기간: 2025/05/18 ~ 2025/05/24

다음 [보기]의 작업지시확정 내역 중 BOM등록의 자재내역과 다른 품목으로 청구요청 된 지시 품목으로 옳은 것을 고르시오.

① [83-2000100. 전장품 ASS'Y]

② [87-1002001. BREAK SYSTEM]

③ [88-1002000. PRESS FRAME-Z]

④ [85-1020400. POWER TRAIN ASS'Y(MTB)]

09 아래 [보기]의 조건으로 데이터를 조회한 후 물음에 답하시오.

> **보기**
>
> • 사업장: [2000. (주)한국자전거지사]
> • 출고기간: 2025/05/25 ~ 2025/05/31   • 청구기간: 2025/05/25 ~ 2025/05/31
> • 청구공정: [L200. 작업공정]   • 청구작업장: [L201. 제품작업장]

(주)한국자전거지사 홍길동 사원은 생산자재 출고처리 시 출고요청 기능을 이용하여 자재를 출고하고 있다. 다음 [보기]의 조건으로 출고요청 조회 시 자재에 대한 청구잔량의 합이 가장 많이 남아 있는 품목으로 옳은 것을 고르시오.

① [21-3001610. PEDAL (TYPE A)]

② [21-9000201. HEAD LAMP (TYPE A)]

③ [87-1002011. BREAK SYSTEM (TYPE A)]

④ [85-1020410. POWER TRAIN ASS'Y(MTB, TYPE A)]

10 아래 [보기]의 조건으로 데이터를 조회한 후 물음에 답하시오.

> **보기**
>
> • 사업장: [2000. (주)한국자전거지사]   • 지시(품목): 2025/06/01 ~ 2025/06/07
> • 지시공정: [L300. 작업공정(도색)]   • 지시작업장: [L304. 코팅작업장]

다음 [보기]의 작업실적 내역에 대하여 실적구분이 '적합'인 실적수량의 합보다 '부적합'인 실적수량의 합이 더 많이 발생한 작업지시번호로 옳은 것을 고르시오.

① WO2506000001   ② WO2506000002
③ WO2506000003   ④ WO2506000004

11 아래 [보기]의 조건으로 데이터를 조회한 후 물음에 답하시오.

> **보기**
>
> • 사업장: [2000. (주)한국자전거지사]   • 구분: [1. 생산]
> • 실적공정: [L400. 포장공정]   • 실적작업장: [L401. 제1작업장]
> • 실적기간: 2025/06/08 ~ 2025/06/14   • 상태: [1. 확정]

다음 [보기] 조건에 대한 자재사용 내역 중 청구적용 조회 시 잔량의 합이 가장 많이 남아 있는 작업실적번호로 옳은 것을 고르시오.

① WR2506000019   ② WR2506000020
③ WR2506000021   ④ WR2506000022

12 아래 [보기]의 조건으로 데이터를 조회한 후 물음에 답하시오.

> **보기**
>
> • 사업장: [2000. (주)한국자전거지사]   • 실적일: 2025/06/15 ~ 2025/06/21
> • 공정: [L200. 작업공정]   • 작업장: [L202. 반제품작업장]

다음 [보기] 조건에 해당하는 생산실적검사 내역에 대한 설명으로 옳지 않은 것을 고르시오.

① 작업실적번호 WR2506000023의 검사담당자는 '박상우'이며, '샘플검사'를 진행하였다.

② 작업실적번호 WR2506000024는 '바디조립검사'를 진행하였으며, 판정여부가 모두 '합격'이다.

③ 작업실적번호 WR2506000025는 '전수검사'를 진행하였으며, 불량내역은 [A10. 바디(BODY)불량]으로 3EA 발생 하였다.

④ 작업실적번호 WR2506000026는 '도색검사'를 진행하였으며, 시료수 10EA 중 불량시료가 6EA 발생하여 합격여부를 '불합격'처리 하였다.

13 아래 [보기]의 조건으로 데이터를 조회한 후 물음에 답하시오.

> **보기**
>
> • 사업장: [2000. (주)한국자전거지사]   • 실적기간: 2025/06/22 ~ 2025/06/28
> • 공정: [L300. 작업공정(도색)]   • 작업장: [L301. 제품작업장(완성품)]

(주)한국자전거지사 홍길동 사원은 생산품창고 입고처리 시 생산실적검사를 진행한 실적내역에 대하여서는 직접 입고처리를 등록하고 있다. 다음 [보기] 조건의 실적번호 중 생산실적검사를 진행한 실적번호로 옳게 짝지어진 것을 고르시오.

① WR2506000027, WR2506000028   ② WR2506000028, WR2506000029
③ WR2506000028, WR2506000030   ④ WR2506000029, WR2506000030

14 아래 [보기]의 조건으로 데이터를 조회한 후 물음에 답하시오.

> **보기**
>
> • 사업장: [2000. (주)한국자전거지사]
> • 지시일: 2025/06/29 ~ 2025/07/05   • 공정구분: [1. 생산]
> • 공정: [L400. 포장공정]   • 작업장: [L403. 제3작업장]

다음 [보기] 조건의 작업지시번호 중 실적잔량이 가장 많이 남아 있으면서 마감처리가 가능한 작업지시번호로 옳은 것을 고르시오.

① WO2507000001   ② WO2507000002
③ WO2507000003   ④ WO2507000004

15 아래 [보기]의 조건으로 데이터를 조회한 후 물음에 답하시오.

> **보기**
>
> - 사업장: [2000. (주)한국자전거지사]
> - 실적기간: 2025/07/01 ~ 2025/07/01
> - 조건 1: 2025년 07월 01일 작업공정, 반제품작업장에 있던 품목[87-1002001. BREAK SYSTEM]에 대하여 작동불량(폐기)로 인해 재공 조정처리를 하였다.
> - 조건 2: 조정수량은 2EA이며, PROJECT는 일반용자전거로 조정처리 하였다.

다음 [보기] 조건에 해당하는 재공 품목에 대한 조정번호로 옳은 것을 고르시오.

① WA2507000001
② WA2507000002
③ WA2507000003
④ WA2507000004

16 아래 [보기]의 조건으로 데이터를 조회한 후 물음에 답하시오.

> **보기**
>
> - 사업장: [2000. (주)한국자전거지사]
> - 지시기간: 2025/07/01 ~ 2025/07/05
> - 공정: [L300. 작업공정(도색)]
> - 작업장: [L302. 반제품작업장(조립품)]

다음 [보기] 조건의 자재청구 내역에 대한 청구수량의 합보다 투입수량의 합이 더 많이 발생한 지시번호로 옳은 것을 고르시오.

① WO2507000005
② WO2507000006
③ WO2507000007
④ WO2507000008

17 아래 [보기]의 조건으로 데이터를 조회한 후 물음에 답하시오.

> **보기**
>
> - 사업장: [2000. (주)한국자전거지사]
> - 지시기간: 2025/07/06 ~ 2025/07/12
> - 지시공정: [L200. 작업공정]
> - 지시작업장: [L201. 제품작업장]

다음 [보기] 조건에 해당하는 작업실적 내역에 대하여 실적수량의 합이 가장 많은 생산설비로 옳은 것을 고르시오.

① [P1A. 생산설비 1호]
② [P1B. 생산설비 2호]
③ [P1C. 생산설비 3호]
④ [P1D. 생산설비 4호]

18 아래 [보기]의 조건으로 데이터를 조회한 후 물음에 답하시오.

| 보기 |

- 사업장: [2000. (주)한국자전거지사]
- 구분: [1. 공정]
- 작업장: [L305. 도색작업장(서울)]
- 단가 OPTION: 조달구분 구매, 생산 모두 실제원가[품목등록] 체크함
- 실적기간: 2025/07/13 ~ 2025/07/19
- 공정: [L300. 작업공정(도색)]
- 수량조회기준: [0. 실적입고기준]

다음 [보기] 조건의 실적기준에 대한 생산일보를 조회한 후 부적합금액이 가장 큰 품목으로 옳은 것을 고르시오.

① [NAX-A421. 산악자전거(P-21G,A421)]

② [NAX-A422. 산악자전거(P-21G,A422)]

③ [NAX-A400. 일반자전거(P-GRAY WHITE)]

④ [NAX-A402. 일반자전거(P-GRAY BLACK)]

19 아래 [보기]의 조건으로 데이터를 조회한 후 물음에 답하시오.

| 보기 |

- 사업장: [2000. (주)한국자전거지사]
- 검사기간: 2025/07/20 ~ 2025/07/26

다음 [보기] 조건의 품목별 품질에 대한 샘플검사 내역 중 샘플합격율이 가장 높은 품목으로 옳은 것을 고르시오.

① [88-1001010. PRESS FRAME-W (TYPE A)]

② [88-1001020. PRESS FRAME-W (TYPE B)]

③ [88-1002010. PRESS FRAME-Z (TYPE A)]

④ [88-1002020. PRESS FRAME Z (TYPE B)]

20 아래 [보기]의 조건으로 데이터를 조회한 후 물음에 답하시오.

| 보기 |

- 사업장: [2000. (주)한국자전거지사]
- 공정: [L400. 포장공정]
- 조달: [1. 생산]
- 해당년도: 2025
- 재공유무: [1. 유]

다음 [보기] 조건으로 조회되는 현재공 내역 중 재공수량(관리)의 합이 가장 많은 작업장으로 옳은 것을 고르시오.

① [L401. 제1작업장]

② [L402. 제2작업장]

③ [L403. 제3작업장]

④ [L404. 제4작업장]

생산 2급 2025년 3회 (2025년 5월 24일 시행)

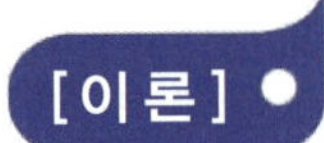

[이론]

01 (주)생산은 매월 수백 개의 거래 명세서를 수작업으로 입력하고 있었다. 이에 따라 업무 시간이 길어지고 오류가 빈번하게 발생하여, 기업은 로봇 프로세스 자동화(RPA)를 도입하기로 했다. (주)생산이 RPA 도입을 통해 기대할 수 있는 효과로 옳지 않은 것은?

① 데이터 입력 오류를 줄이고, 정확도를 향상할 수 있다.
② 문서 처리 시간을 단축하고, 업무 생산성을 향상할 수 있다.
③ 도입 초기의 RPA는 스스로 학습하여 창의적인 의사결정을 할 수 있다.
④ 단순 반복 업무를 자동화하여 직원들이 고부가가치 업무에 집중할 수 있다.

02 [보기]에서 스마트 ERP시스템의 장점이 아닌 것은?

> **보기**
>
> (주)생산로직스는 글로벌 물류기업으로, 기존의 물류 시스템을 스마트 ERP로 전환하면서 데이터 기반의 실시간 재고 관리 기능을 도입했다. 이 과정에서 AI와 머신러닝을 활용하여 물류센터에서의 재고 변동을 자동으로 예측하고 수요 예측 정확도를 향상시켰다.

① 기존의 수동 재고 관리 방식보다 운영 비용이 증가한다.
② 머신러닝을 통해 과거 데이터를 분석하여 물류 흐름 개선할 수 있다.
③ AI 기반의 수요 예측 기능을 활용하여 적정 재고를 유지할 수 있다.
④ 실시간 재고 변동 데이터를 분석하여 물류 프로세스를 최적화할 수 있다.

03 ERP 시스템은 기업의 경영 효율성을 높이기 위해 다양한 기능을 제공한다. ERP의 기능적 특징으로 옳은 것은?

① ERP는 외부 시스템과 연동이 불가능하다.
② ERP는 데이터 기반의 의사결정을 지원할 수 있다.
③ ERP는 고정된 프로세스만 제공하며, 기업의 업무 방식을 반영할 수 없다.
④ ERP는 단순한 회계 관리 시스템으로, 생산 및 물류 관리에는 활용되지 않는다.

04 [보기]에서 가장 성공적인 ERP 도입이 기대되는 회사는 어디인가?

> ┤ 보기 ├
>
> - 회사 A: IT 전문지식이 풍부한 전산부서 직원들로 구성된 도입 TFT를 결성한다.
> - 회사 B: 실무 기반의 맞춤형 시스템을 도입하기 위해 경영진의 참여를 배제한다.
> - 회사 C: 업무 절차를 재정립하고, 경험이 많고 유능한 컨설턴트의 도움을 받는다.
> - 회사 D: 기존 업무방식이 유지되도록 업무 단위에 맞추어 ERP 도입을 추진 중이다.

① 회사 A

② 회사 B

③ 회사 C

④ 회사 D

05 생산·운영관리의 목적으로 가장 적절한 것은?

① 최대의 비용

② 최저의 품질

③ 최대의 유연성

④ 최장기간의 서비스

06 공장 내에서 생산 대상물인 원재료, 부품, 부분품 및 조립품 등이 소재의 단계에서 완성품이 될 때까지의 흐름을 계획하고 공정의 순서를 정해 일정을 짜고 분배하는 일련의 과정은?

① 생산관리

② 작업관리

③ 공정관리

④ 일정관리

07 [보기]에서 설명하는 수요예측 방법으로 적절한 것은?

> ┤ 보기 ├
>
> (주)생산성에코는 친환경 생활용품을 전문적으로 제조하는 기업으로, 최근에는 신제품 '바이오소재 다회용 식기세트'를 개발하여 시장에 선보일 계획이다. 하지만 이 제품은 과거 판매이력이 없어 기존의 정량적 수요예측이 어려워, 생산기획팀의 김 대리는 마케팅팀, 유통파트, 제품디자인팀 등 내부 부서의 전문가들과 함께 회의를 열고, 시장 트렌드 분석, 소비자 반응 예측, 과거 유사 친환경 제품의 사례를 참고하여 판매량을 예측하고 있다.

① 분해법

② 지수평활법

③ 패널동의법

④ 단순이동평균법

08 [보기]에서 (주)생산테크에게 가장 적절한 제조전략을 고르시오.

> **보기**
>
> 산업용 기계 설비를 주문 제작하는 제조기업이다. 최근 고객사로부터 공장 맞춤형 자동화 설비 시스템의 제작 의뢰를 받았다. 해당 설비는 고객이 요구하는 사양이 매우 복잡하고, 설계 단계부터 엔지니어가 참여해야 하며, 제품이 완성되기까지 시간이 상당히 소요된다. 고객 주문에 따라 설계부터 생산까지 전 과정이 맞춤형으로 진행되는 생산 방식을 취하다보니 제작기간(리드타임)이 길다.

① Make-To-Stock(MTS) ② Make-To-Order(MTO)
③ Engineer-To-Order(ETO) ④ Assemble-To-Order(ATO)

09 [보기]에서 설명하는 주문정책을 고르시오.

> **보기**
>
> (주)생산케미칼은 친환경 플라스틱 원료를 제조하는 기업으로, ERP 시스템을 활용해 기준생산계획(MPS)과 자재소요계획(MRP)을 수립하고 있다. 자재관리 파트에서 특정 자재의 발주 빈도를 줄이기 위해, 일정 기간 동안 필요한 총 소요량을 한꺼번에 주문하는 방식으로 구매 전략을 변경하였다. 이 방식은 구매 건수는 줄이되, 각 발주 시점에 다량의 자재를 확보할 수 있도록 한다.

① LFL(Lot for Lot) ② FOQ(Fixed Order Quantity)
③ POQ(Periodic Order Quantity) ④ EOQ(Economic Order Quantity)

10 생산계획에 따라 실제 작업을 수행하기 위해 일정계획을 수립할 때, 지켜야 할 원칙으로 적절하지 않은 것은?

① 작업의 안정화 ② 생산기간의 단축
③ 작업흐름의 신속화 ④ 가공로트수의 최대화

11 공정관리의 대내적인 목표로 가장 적절하지 않은 것은?

① 기계 및 인력 이용률을 최대화한다.
② 주문자 또는 수요자의 요건을 충족시킨다.
③ 작업자의 대기 및 설비의 유휴시간을 최소화 한다.
④ 자재 투입부터 제품 출하까지의 시간을 단축시킨다.

12 종업원 수가 3,000명인 사업장의 출근율이 80%이고 잡작업율(간접작업률)이 20%일 때 가동률(%)은?

① 24% ② 56%
③ 64% ④ 80%

13 [보기]에서 제시한 공정기호(복합기호)와 그에 대한 해석이 옳게 짝지어진 것을 고르시오.

> **보기**
>
> [공정기호]
>
>  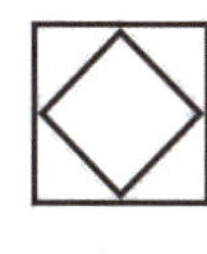  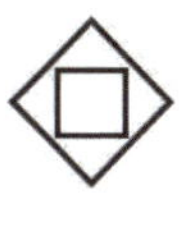
>
> (가)　　　　(나)　　　　(다)　　　　(라)
>
> [해석]
> A: 가공이 우선인 운반 공정　　　B: 수량검사가 우선인 품질검사 공정
> C: 가공이 우선인 수량(또는 품질)검사 공정　D: 품질검사가 우선인 수량검사 공정

① (가) A / (나) B / (다) C / (라) D　　② (가) A / (나) B / (다) D / (라) C
③ (가) B / (나) C / (다) A / (라) D　　④ (가) B / (나) D / (다) C / (라) A

14 공정의 분류에 대한 설명으로 가장 적절하지 않은 것은?

① 운반공정: 가공을 위해 가까운 작업대에서 재료를 가져오는 작업
② 검사공정: 가공된 제품의 치수, 품질, 이상 여부 등을 확인하는 공정
③ 정체공정: 작업물이나 자재가 다음 공정을 기다리며 대기 또는 보관되는 상태
④ 가공공정: 원재료나 부품을 물리적/화학적으로 변화시켜 부가가치를 창출하는 공정

15 [보기]의 내용을 참조하여 작업효율(Efficiency)을 계산하면 몇 % 인가?

> **보기**
>
> • 교대수: 2교대/일　　　　　　• 주당 작업일수: 5일
> • 기계 불가동 시간/주: 40시간　• 1교대 작업시간: 8시간
> • 기계대수: 10대　　　　　　　• 작업표준시간: 380시간

① 20%　　　　　　　　　　② 30%
③ 40%　　　　　　　　　　④ 50%

16 [보기]에서 기업의 개선방향과 JIT가 추구하는 내용이 서로 다른 것은?

> **┤ 보기 ├**
>
> 에코생산(주)는 전기차용 배터리 부품을 생산하는 제조기업이다. 최근 ERP 시스템을 기반으로 JIT(Just In Time) 생산 시스템을 도입하여 불필요한 재고를 줄이고, 공정 간 흐름을 효율화하려는 노력을 기울이고 있다. 현장 개선팀은 생산현장에서 다음과 같은 문제를 파악했다.
>
> • 조립라인에서는 하루치 이상의 부품을 미리 가져다 놓아 작업 공간이 비좁고, 재고 관리가 어려움
> • 생산직 사원들이 자재 부족을 우려해 자체적으로 여분의 부품을 쌓아두는 관행이 있음
> • 생산량은 많지만, 정작 납기일과 맞지 않는 제품이 먼저 생산되거나, 불량 재작업이 늘어남
>
> 이러한 현장의 문제를 해결하기 위해 칸반(Kanban) 시스템 도입, 설비 전환시간 단축, 품질 자율검사 확대, 공정 흐름 재설계 등의 개선책을 검토하고 있다.

① 설비 전환 시간을 단축해 다양한 제품을 소량 단위로 유연하게 생산
② 작업 효율을 위해 미리 대량 생산해 실시간 대응이 가능한 재고 확보
③ 품질검사를 작업자 스스로 수행하게 하여 불량 발생 시 즉시 조치 가능하도록 함
④ 칸반 시스템을 통해 다음 공정의 요청에 따라 생산지시를 내리는 방식 적용

17 [보기]에 해당하는 재고로 가장 적절한 것은?

> **┤ 보기 ├**
>
> 생산솔루션(주)은 반도체 부품을 생산하는 기업으로, ERP 시스템을 통해 재고관리 효율화를 추진하고 있다. 자재관리팀의 이 대리는 공급업체와 협의한 결과, 구매단가를 절감하기 위해 일시에 필요한 양보다 더 많은 수량을 주문한 사례가 발생했음을 확인했다. 이에 따라 일정 기간 동안은 생산에 바로 투입되지 않고, 창고에 대기 중인 자재 재고가 일시적으로 다량 존재하게 되었다.

① 순환재고
③ 수송재고

② 예상재고
④ 파이프라인재고

18 경제적주문량(EOQ; Economic Order Quantity)의 설명으로 바르지 않은 것은?

① 최적 주문량을 결정하는 모델이다.
② 재고관련 비용이 최소가 되게 한다.
③ 주문비용, 재고유지비용이 포함된다.
④ 주문비용을 최대로 하는 다회 주문량이다.

19 자재소요계획(MRP)의 설명으로 적절하지 않은 것은?

① 재고수준을 감소시켜 자재재고비용이 절감된다.
② 자재부족으로 인한 생산공정의 가동효율이 낮아지고 생산소요시간이 증가한다.
③ 자재관리뿐만 아니라 주문 시기와 주문량을 동시에 관리 할 수 있는 관리기법이다.
④ 완제품의 수량과 납기가 정해지면 BOM 등을 이용하여 필요한 자재를 적시에 공급할 수 있도록 주문시기, 주문량을 자동적으로 계산할 수 있다.

20 재고의 개별품목 각각에 대해 상세한 정보를 나타내고 있는 기록은 무엇인가?

① 재고기록철(IRF)　　　　　　② 공급망관리(SCM)

③ 자재명세서(BOM)　　　　　　④ 건전성예측관리(PHM)

[실무]

실무문제는 [실기메뉴]를 활용하여 답하시오.
웹하드(http://www.webhard.co.kr)에서 Guest(ID: samil3489, PASSWORD: samil3489)로
로그인하여 백데이터를 다운받아 설치한 후 생산 2급 2025년 3회로 로그인한다.

01 아래 [보기] 조건으로 데이터를 조회한 후 물음에 답하시오.

┤ 보기 ├

- 계정구분: [4. 반제품]
- 검사여부: [1. 검사]
- 안전재고량: 30
- 조달구분: [1. 생산]
- LEAD TIME: 3 DAYS

다음 [보기] 조건에 해당하는 품목으로 옳은 것을 고르시오.

① [81-1001000. BODY-알미늄(GRAY-WHITE)]
② [83-2000110. 전장품 ASS'Y (TYPE A)]
③ [87-1002001. BREAK SYSTEM]
④ [88-1001010. PRESS FRAME-W (TYPE A)]

02 아래 [보기] 조건으로 데이터를 조회한 후 물음에 답하시오.

┤ 보기 ├

- 사업장: [2000. (주)한국자전거지사]

다음 [보기] 조건에 해당하는 창고/공정(생산)/외주공정등록에 대한 설명으로 옳지 않은 것을 고르시오.

① 생산공정[L200. 작업공정]의 입고기본위치는 [L201. 제품작업장]이다.
② 생산공정[L200. 작업공정]의 작업장[L202. 반제품작업장]의 사용여부는 '미사용'이다.
③ 창고[M200. 부품창고_인천지점]의 위치[M201. 부품/반제품_부품장소]의 가용재고여부는 '여'
　이다.
④ 창고[P200. 제품창고_인천지점]의 위치[P202. 제품장소_대전대기]의 적합여부는 '적합'이다.

03 (주)한국자전거지사에서는 반제품 SET 구성품을 등록하고 있다. 구성품 유무가 구성품 있는 셋트 품목이고 기준일자가 2025/05/31일 경우 구성품에 등록된 재고수량의 총합이 가장 작은 셋트 품목을 고르시오.

① [81-1001020. BODY-알미늄 (GRAY-WHITE, TYPE B)]
② [83-2000120. 전장품 ASS'Y (TYPE B)]
③ [85-1020420. POWER TRAIN ASS'Y(MTB, TYPE B)]
④ [87-1002021. BREAK SYSTEM (TYPE B)]

04 (주)한국자전거지사 홍길동 사원은 제품 산악자전거(P-20G) 품목을 생산하기 위해 부족한 원재료들을 구매하려고 한다. 부족한 원재료에 대해서는 생산 담당자에게 문의하고, 구매 관련 문의는 김유리 담당자에게 문의하여 서울 지역에 있는 거래처 중에서 구매를 요청하려고 한다. 다음 중 품목 생산 담당자와 거래처명으로 옳은 것을 고르시오.

① 생산 담당자: 문승효, 거래처명: (주)제동기어
② 생산 담당자: 최승재, 거래처명: (주)하나상사
③ 생산 담당자: 이혜리, 거래처명: (주)세림와이어
④ 생산 담당자: 박찬영, 거래처명: (주)영동바이크

05 아래 [보기] 조건으로 데이터를 조회한 후 물음에 답하시오.

> **┤ 보기 ├**
>
> • 모품목: [NAX-A420. 산악자전거(P-20G)]
> • 기준일자: 2025/05/31   • 사용여부: [1. 사용]

다음 [보기] 조건에 해당하는 자재명세서에 대한 설명으로 옳지 않은 것을 고르시오.

① 자품목[21-3001600. PEDAL]의 주거래처는 'YK PEDAL'이다.
② 자품목[83-2000100. 전장품 ASS'Y]의 계정구분은 '반제품'이다.
③ 자품목[87-1002001. BREAK SYSTEM]의 사급구분은 '자재'이다.
④ 자품목[85-1020400. POWER TRAIN ASS'Y(MTB)]의 LOSS(%)이 가장 적다.

06 아래 [보기] 조건으로 데이터를 조회한 후 물음에 답하시오.

> **┤ 보기 ├**
>
> • 사업장: [2000. (주)한국자전거지사]   • 계정구분: [2. 제품]
> • 작업예정일: 2025/05/01 ~ 2025/05/31   • 생산계획 등록 품목만 조회: 체크함

다음 [보기] 조건의 생산계획 내용에 대한 설명으로 옳지 않은 것을 고르시오.

① 품목[NAX-A400. 일반자전거(P-GRAY WHITE)]의 5월 계획수량의 합은 145이다.
② 생산계획등록 된 품목들에 대하여 작업예정일 2025/05/31에는 생산계획 된 내용이 없다.
③ 품목[NAX-A420. 산악자전거(P-20G)]의 2025/05/25에 일생산량 보다 초과한 수량이 계획되었다.
④ 생산계획등록 된 품목 중 계획수량의 합이 가장 많은 품목은 [NAX-A421. 산악자전거(P-21G, A421)]이다.

07 아래 [보기] 조건으로 데이터를 조회한 후 물음에 답하시오.

> **보기**
> - 사업장: [2000. (주)한국자전거지사]
> - 작업장: [L601. 제품재생산]
> - 공정: [L600. 재생산공정]
> - 지시기간: 2025/05/01 ~ 2025/05/31

다음 [보기] 조건에 해당하는 작업지시내역 중 생산계획조회 기능을 이용하여 적용받아 등록한 작업 지시번호로 옳은 것을 고르시오.

① WO2505000001
② WO2505000002
③ WO2505000003
④ WO2505000004

08 아래 [보기] 조건으로 데이터를 조회한 후 물음에 답하시오.

> **보기**
> - 사업장: [2000. (주)한국자전거지사]
> - 작업장: [L201. 제품작업장]
> - 공정: [L200. 작업공정]
> - 지시기간: 2025/05/01 ~ 2025/05/31

다음 [보기] 조건에 해당하는 자재청구내역 중 확정수량의 합이 가장 많은 지시 품목으로 옳은 것을 고르시오.

① [NAX-A400. 일반자전거(P-GRAY WHITE)]
② [NAX-A402. 일반자전거(P-GRAY BLACK)]
③ [NAX-A421. 산악자전거(P-21G, A421)]
④ [NAX-A422. 산악자전거(P-21G, A422)]

09 아래 [보기] 조건으로 데이터를 조회한 후 물음에 답하시오.

> **보기**
> - 사업장: [2000. (주)한국자전거지사]
> - 공정: [L200. 작업공정]
> - 출고기간: 2025/05/25 ~ 2025/05/25
> - 작업장: [L202. 반제품작업장]

(주)한국자전거지사 홍길동 사원은 생산자재 출고처리를 진행하였다. 다음 [보기] 조건으로 조회 후 모품목 정보로 옳지 않은 품목을 고르시오.

① [21-1060850. WHEEL FRONT-MTB]
② [85-1020400. POWER TRAIN ASS'Y(MTB)]
③ [88-1001000. PRESS FRAME-W]
④ [88-1002000. PRESS FRAME-Z]

10 아래 [보기] 조건으로 데이터를 조회한 후 물음에 답하시오.

> ┤ 보기 ├
>
> • 사업장: [2000. (주)한국자전거지사] • 지시(품목): 2025/05/10 ~ 2025/05/15
> • 지시공정: [L300. 작업공정(도색)] • 지시작업장: [L303. 도색작업장(반제품)]

다음 [보기] 조건에 해당하는 작업실적 내역에 대한 설명으로 옳지 않은 것을 고르시오.

① 작업실적번호 WR2505000001의 실적구분은 부적합이다.
② 작업실적번호 WR2505000002의 프로젝트는 특별할인판매이다.
③ 작업실적번호 WR2505000003의 생산설비는 생산설비 3호이다.
④ 작업실적번호 WR2505000004의 LOT번호는 AQ20250510_001이다.

11 아래 [보기] 조건으로 데이터를 조회한 후 물음에 답하시오.

> ┤ 보기 ├
>
> • 사업장: [2000. (주)한국자전거지사]
> • 구분: [1. 생산] • 실적공정: [L300. 작업공정(도색)]
> • 실적작업장: [L303. 도색작업장(반제품)] • 실적기간: 2025/05/10 ~ 2025/05/10

다음 [보기] 조건에 대한 생산자재사용 내역 중 청구적용 조회 시 잔량의 합이 가장 많이 남아 있는
작업실적번호로 옳은 것을 고르시오.

① WR2505000001 ② WR2505000002
③ WR2505000003 ④ WR2505000004

12 아래 [보기] 조건으로 데이터를 조회한 후 물음에 답하시오.

> ┤ 보기 ├
>
> • 사업장: [2000. (주)한국자전거지사]
> • 실적일: 2025/05/01 ~ 2025/05/05 • 공정: [L400. 작업공정(포장)]
> • 작업장: [L401. 기본작업장(포장)] • 검사여부: [1. 검사완료]

다음 [보기] 조건에 해당하는 생산실적검사 내역에 대한 설명으로 옳지 않은 것을 고르시오.

① 작업실적번호 WR2505000005는 이혜리 담당자가 검사를 진행하였으며, 바디조립검사를 실시
하였다.
② 작업실적번호 WR2505000006는 휠조립검사에 대하여 샘플검사를 진행하였으며, 휠(WHEEL)
불량 17인치 불량수량이 2EA발생하였다.
③ 작업실적번호 WR2505000009는 최종 합격여부가 합격 처리되었으며, 도색 불량으로 불량수량
이 2EA가 발생하였다.
④ 작업실적번호 WR2505000008는 자전거 Ass'y 최종검사에 대하여 샘플검사를 진행하였으며 시
료수 30EA 중 불량시료 27EA가 발생하였다.

13 아래 [보기] 조건으로 데이터를 조회한 후 물음에 답하시오.

> **┤ 보기 ├**
> • 사업장: [2000. (주)한국자전거지사] • 실적기간: 2025/05/01 ~ 2025/05/05
> • 공정: [L400. 작업공정(포장)] • 작업장: [L401. 기본작업장(포장)]

(주)한국자전거지사 홍길동 사원은 생산품창고 입고처리 시 생산실적검사를 진행한 실적내역에 대하여서는 직접 입고처리를 등록하고 있다. 다음 [보기] 조건의 실적번호 중 생산실적검사를 진행한 실적번호로 옳게 짝지어진 것을 고르시오.

① WR2505000010, WR2505000006 ② WR2505000005, WR2505000008
③ WR2505000009, WR2505000011 ④ WR2505000012, WR2505000013

14 (주)한국자전거지사 홍길동 사원은 2025년 5월 26일 부터 2025년 5월 29일 까지의 작업지시마감처리된 내역을 확인 하고 있다. 공정구분이 생산이면서 지시상태가 확정인 작업지시번호 중에서 실적잔량이 가장 많은 작업지시번호를 고르시오.

① WO2505000015 ② WO2505000016
③ WO2505000017 ④ WO2505000018

15 아래 [보기] 조건으로 데이터를 조회한 후 물음에 답하시오.

> **┤ 보기 ├**
> • 사업장: [2000. (주)한국자전거지사] • 실적기간: 2025/05/01 ~ 2025/05/31

다음 [보기] 조건에 해당하는 재공조정 내역에 대하여 조정구분으로 사용되지 않은 관리내역명으로 옳은 것을 고르시오.

① 재공수량차이(임의실사) ② 재공수량차이(정기실사)
③ 공정조립중파손 ④ 이동파손

16 (주)한국자전거지사 홍길동 사원은 실적대비입고현황을 통해 2025년 5월 한달동안 실적수량, 입고수량 및 미입고수량을 확인하려고 한다. 다음 중 실적수량 합, 입고수량 합, 미입고수량 합이 옳게 연결된 것을 고르시오.

① 실적수량 합: 1,890, 입고수량 합: 1,530, 미입고수량 합: 360
② 실적수량 합: 2,590, 입고수량 합: 1,530, 미입고수량 합: 560
③ 실적수량 합: 1,000, 입고수량 합: 2,530, 미입고수량 합: 580
④ 실적수량 합: 1,890, 입고수량 합: 1,530, 미입고수량 합: 560

17 아래 [보기] 조건으로 데이터를 조회한 후 물음에 답하시오.

> **보기**
>
> • 사업장: [2000. (주)한국자전거지사] • 지시기간: 2025/05/01 ~ 2025/05/31
> • 공정: [L300. 작업공정(도색)] • 작업장: [L303. 도색작업장(반제품)]

다음 [보기] 조건의 자재청구 내역 중 사용금액의 합이 올바르지 않은 것을 고르시오.

① BREAK SYSTEM (TYPE A): 8,190,000

② PRESS FRAME-Z (TYPE A): 41,155,000

③ 전장품 ASS'Y (TYPE A): 25,480,000

④ BODY-알미늄 (GRAY-WHITE, TYPE A): 23,004,500

18 아래 [보기] 조건으로 데이터를 조회한 후 물음에 답하시오.

> **보기**
>
> • 사업장: [2000. (주)한국자전거지사] • 검사기간: 2025/05/01 ~ 2025/05/04

다음 [보기] 조건에 대한 품목별 샘플검사 기준의 품질 내역에 대하여 전품목계 불량명과 불량율이 바르게 짝지어지지 않은 것을 고르시오.

① 바디(BODY)불량: 1.250 ② 휠(WHEEL)불량 17인치: 3.500
③ 얼라이어먼트 불량: 1.250 ④ 포장 불량: 2.500

19 아래 [보기] 조건으로 데이터를 조회한 후 물음에 답하시오.

> **보기**
>
> • 사업장: [2000. ㈜한국자전거지사] • 실적기간: 2025/05/01 ~ 2025/05/31

다음 [보기] 조건으로 조회되는 생산일보에서 양품금액이 가장 적은 품명을 고르시오.

① 일반자전거(P-GRAY WHITE) ② 일반자전거(P-GRAY BLACK)
③ 산악자전거(P-21G,A421) ④ 산악자전거(P-21G,A422)

20 아래 [보기] 조건으로 데이터를 조회한 후 물음에 답하시오.

┤ 보기 ├

- 사업장: [2000. (주)한국자전거지사]
- 지시기간: 2025/05/01 ~ 2025/05/31   • 계정: [2. 제품]

다음 [보기] 조건에 해당하는 지시대비실적 내역에 대하여 품목별 지시수량 합, 실적수량 합, 잔량의 합이 일치 하지 않은 것을 고르시오.

① 일반자전거(P-GRAY WHITE) 지시수량 합: 230, 실적수량합: 200, 잔량: 30
② 일반자전거(P-GRAY BLACK) 지시수량 합: 240, 실적수량합: 200, 잔량: 40
③ 산악자전거(P-21G,A421) 지시수량 합: 340, 실적수량합: 300, 잔량: 40
④ 산악자전거(P-21G,A422) 지시수량 합: 260, 실적수량합: 200, 잔량: 60

생산 2급 　2025년 2회 (2025년 3월 22일 시행)

[이론]

01 빅데이터의 5V 요소 중 'Veracity'가 의미하는 것은?

① 데이터의 속도　　　　　　　② 데이터의 가치
③ 데이터의 다양성　　　　　　④ 데이터의 정확성

02 디지털 전환(Digital Transformation)의 개념으로 가장 적절한 것은?

① 클라우드 컴퓨팅만을 적용하여 기업 운영을 최적화하는 과정
② 디지털 기술을 활용하여 전통적인 사회 구조를 혁신하는 과정
③ 디지털 기술을 활용하여 기업 내부의 IT 부서만 개선하는 과정
④ 스마트폰 보급과 같은 개별 디지털 기기 보급에 초점을 맞춘 과정

03 (주)생산은 ERP 시스템을 클라우드 기반으로 전환하면서, AI와 빅데이터 기술을 활용하여 고객 수요 예측과 생산 계획을 최적화하고 있다. 이와 같은 클라우드 ERP 도입의 주요 장점으로 적절한 것은?

① 데이터 실시간 접근성 감소
② 기업 내 IT 인프라 유지 비용 증가
③ 초기 구축 비용 절감 및 확장성 강화
④ 클라우드 ERP 도입 후 시스템 유연성 저하

04 (주)생산은 글로벌 시장 확장을 위해 ERP 시스템을 도입하여 생산, 물류, 회계, 인사 데이터를 통합 관리하고 있다. ERP 시스템을 통해 기업이 얻을 수 있는 주요 경쟁력 향상 효과로 가장 적절한 것은?

① 부서 간 데이터 단절 증가
② 기업의 유연성 감소 및 경직된 구조 형성
③ 비즈니스 프로세스 최적화 및 신속한 의사결정
④ 기존 시스템과의 연계성이 낮아 IT 비용 절감 효과 달성

05 노동생산성 척도에 대한 예시로 적절한 것은?

① 교대 횟수당 산출량
② 전력사용 시간당 산출량
③ 투자된 화폐 단위당 산출량
④ 기계작동 시간당 산출물의 화폐가치

06 [보기]에서 설명하는 자재명세서(BOM: Bill of Material)는 무엇인가?

> **보기**
>
> (주)생산의 설계부서는 신제품 개발 과정에서 자재 정보를 체계적으로 관리하기 위해 자재명세서(BOM)를 활용하고 있습니다. 생산 공정에서도 BOM이 활용되지만, 설계(R&D)부서에서 사용하는 BOM은 설계 편의성이 반영된 구조를 가지고 있으며, 설계 부서에서 제품의 구조와 기술 사양을 정의하는 데 활용됩니다.

① Modular BOM

② Inverted BOM

③ Engineering BOM

④ Manufacturing BOM

07 채찍효과(Bullwhip Effect)의 결과에 대한 설명으로 적절하지 않은 것은?

① 공급사슬관리의 조정이 잘 되지 않는다.

② 전체 공급망 상에서 수익성이 올라간다.

③ 소비자의 실제 수요가 왜곡되는 현상이다.

④ 공급망의 여러 단계에 걸쳐서 수요에 대한 왜곡이 발생하는 것이다.

08 (주)생산전자는 전용 설비를 활용하여 대량 생산이 가능하고, 저렴한 가격에 공급할 수 있는 방식으로 생산가능한 신제품의 제조 전략을 수립하고 있다. (주)생산전자가 채택해야 할 전략으로 가장 적절한 것은?

① MTS(Make-To-Stock)

② MTO(Make-To-Order)

③ ATO(Assemble-To-Order)

④ ETO(Engineer-To-Order)

09 [보기]에서 (주)생산중공업이 활용하기 어려운 전략은 무엇인가?

> **보기**
>
> (주)생산중공업은 대형 선박을 제작하는 조선업체총괄생산계획(APP: Aggregate Production Planning)을 수립하고 있다. 선박 산업의 특성상, 주문형 생산이 일반적이며, 생산 기간이 길고 자재와 인력 운영이 중요하다. 이에, (주)생산중공업은 변동하는 수요에 대응하고 생산 계획을 최적화할 수 있는 전략을 고민하고 있다.

① 하청

② 생산율의 조정

③ 제품품질의 조정

④ 재고수준의 조정

10 글로벌 영화 제작사인 (주)생산필름은 대규모 블록버스터 영화를 기획하고 있습니다. 영화 제작 과정은 각본, 캐스팅, 촬영, 편집, 특수효과, 마케팅 등 여러 단계로 구성되며, 각 작업의 일정이 유기적으로 연결되어 있습니다. 이에, 구성원들은 PERT(Program Evaluation and Review Technique) 및 CPM(Critical Path Method) 기법을 활용하여 프로젝트를 관리하고자 하며, 토의를 진행하고 있습니다. 잘못된 의견을 제시하는 사람은 누구인가?

① 홍길동: 이번 글로벌 영화 제작 프로젝트는 복잡하기 때문에 PERT/CPM을 활용해 일정 관리를 최적화 해야합니다.

② 김생산: 맞습니다. 주경로 분석을 통해 영화 제작 프로젝트 과정에서 발생할 수 있는 일정 지연을 예방할 수 있습니다.

③ 박자원: 다만, PERT/CPM은 네트워크 분석 기법이기 때문에 제작 일정과 활동을 상세히 계획하긴 어려울 것 같습니다.

④ 이관리: 아닙니다. PERT는 불확실성이 높은 영화제작 일정 예측에, CPM은 반복적인 제작 작업 일정 최적화에 유용할 것입니다.

11 공정관리의 기능에 대한 설명으로 적절하지 않은 것은?

① 작업의 순서와 방법을 결정하는 것은 계획기능이다.

② 계획기능에 따른 실제과정을 비교하고 측정하는 것은 통제기능이다.

③ 작업의 착수시기와 완성일자를 결정하여 납기를 유지하는 것은 통제기능이다.

④ 계획과 실행의 결과를 비교 검토하여 차이를 찾아내는 것은 감사기능이다.

12 [보기]에서 (주)생산전자에 가장 적합한 공정을 고르시오.

> **│ 보기 │**
>
> (주)생산전자는 스마트 가전을 생산하는 기업으로, 생산 공정의 효율성을 높이기 위해 공정 분석을 수행하고 있습니다. 특히, 생산 과정에서 제품의 품질을 유지하기 위해 검사 프로세스를 강화하려 하며, 이를 통해 불량률을 낮추고 고객 만족도를 향상시키는 것이 목표입니다. (주)생산전자는 검사 공정을 강화하면서 두 가지 방식의 검사를 도입하였습니다.
> • 양적 검사: 제품의 수량이나 중량을 측정하는 검사
> • 질적 검사: 가공 부품을 품질 및 등급으로 분류하는 검사

① 정체공정(Delay)

② 가공공정(Operation)

③ 검사공정(Inspection)

④ 운반공정(Transportation)

13 공수에 대한 설명으로 적절하지 않은 것은?

① 시간 단위로 작업량을 표현한 것이다.

② 인일(Man-Day) 단위를 사용할 수 있다.

③ 공수는 작업에 할당된 부하를 의미한다.

④ 인분(Man-Minute)은 분단위의 작업량을 의미한다.

14 [보기]에서 발생하는 해당 공정에 대한 설명으로 적절한 것은?

> **보기**
>
> (주)생산스틸은 철강 제품을 생산하는 기업으로, 생산 공정의 효율성을 분석하여 전체 생산 속도를 최적화하려고 한다. (주)생산스틸의 생산 공정은 원자재 가공 → 용광로 제련 → 압연 → 냉각 → 포장 및 출하의 단계로 이루어져 있습니다. 최근 압연 공정에서 시간이 가장 오래 걸리면서 생산량이 제한되는 문제가 발생하였으며, 이 공정이 전체 생산 속도에 미치는 영향이 크다는 점이 확인되었다.

① 생산 과정에서 가장 빠르게 진행되는 공정이 전체 생산 속도를 결정한다.
② 한 공정에서 작업량이 증가하면, 전체 생산 속도도 항상 비례하여 증가한다.
③ 특정 공정의 생산능력이 낮더라도, 이후 공정이 효율적이면 전체 생산량이 증가할 수 있다.
④ 특정 공정에서 처리 속도가 가장 느리거나 작업 시간이 길면 전체 생산 속도에 영향을 미칠 수 있다.

15 [보기]의 자료를 바탕으로 라인밸런스 효율(E_b)을 구하시오.

> **보기**
>
> • 작업장 A: 25분   • 작업장 B: 35분
> • 작업장 C: 40분   • 작업장 D: 20분

① 90%   ② 85%
③ 80%   ④ 75%

16 칸반(Kanban) 시스템의 운영규칙으로 적절하지 않은 것은?

① 생산을 평준화한다.
② 공정을 안정화하고 합리화한다.
③ 불량품은 절대로 후공정으로 보내지 않는다.
④ 칸반을 미세조정의 수단으로 사용하지 않는다.

17 재고유지비에 대한 내용으로 가장 적절하지 않은 것은?

① 창고 운영을 위해 냉난방비, 임대료, 창고 관리 인건비 등을 지출하고 있다.
② 재고를 구입하는 데 사용한 자금의 이자로 인해 금융 비용이 발생하고 있다.
③ 철강 원자재를 구입할 때 공급업체와 계약을 체결하고, 운송비와 서류 처리 비용을 지출했다.
④ 보관 중인 철강 제품이 습기로 인해 녹이 스는 경우를 방지하기 위해 특수 코팅 및 관리 비용을 추가로 지출했다.

18 부품의 연간수요량은 200개이고, 1회 주문비용은 50원이며, 단가는 250원, 연간 재고유지비율이 0.2일 경우 경제적 주문량(EOQ)은 몇 개인가?

① 20개

② 25개

③ 30개

④ 35개

19 [보기]의 내용은 무엇에 관한 설명인가?

> **보기**
>
> 기준생산계획(MPS)이 주어진 제조자원의 용량을 넘어서는지를 계산하는 모듈이다. 다시 말해서 기준생산계획과 제조자원 간의 크기를 비교하여 자원요구량을 계산해내는 것이다.

① 총괄생산계획(APP: Aggregate Production Planning)

② 자재소요계획(MRP: Material Requirement Planning)

③ 개략능력요구계획(RCCP: Rough Cut Capacity Planning)

④ 생산능력소요계획(CRP: Capacity Requirement Planning)

20 [보기]에서 (주)생산자동차가 도입하고자 하는 시스템으로 가장 적절한 것은?

> **보기**
>
> (주)생산자동차는 글로벌 전기자동차 제조업체로, 배터리 및 핵심 부품의 원활한 수급과 납기 최적화를 위해 새로운 시스템을 도입하고자 한다. 최근 원자재 가격 변동과 물류 지연으로 인해 배터리 공급이 원활하지 않아 생산 일정이 차질을 빚고 있으며, 고객 인도 시점이 늦어지는 문제가 발생하고 있다. 이에 따라 (주)생산자동차는 정보기술을 활용하여 배터리 공급업체 및 물류 데이터를 실시간으로 연동하고, 재고를 최적화하여 생산 효율성을 극대화할 수 있는 시스템을 구축하고자 한다.

① 공급망관리(SCM: Supply Chain Management)

② 경영정보시스템(MIS: Management Information System)

③ 제조실행시스템(MES: Manufacturing Execution System)

④ 창고관리시스템(WMS: Warehouse Management System)

[실무]

실무문제는 [실기메뉴]를 활용하여 답하시오.
웹하드(http://www.webhard.co.kr)에서 Guest(ID: samil3489, PASSWORD: samil3489)로
로그인하여 백데이터를 다운받아 설치한 후 생산 2급 2025년 2회로 로그인한다.

01 아래 [보기]의 조건으로 데이터를 조회한 후 물음에 답하시오.

┤ 보기 ├

- 조달구분: [1. 생산]
- 검사여부: [1. 검사]
- LOT여부: [0. 미사용]

다음 [보기]의 조건에 해당하는 품목 중 LEAD TIME이 가장 긴 품목으로 옳은 것을 고르시오.

① [NAX-A421. 산악자전거(P-21G, A421)]
② [NAX-A401. 일반자전거(P-GRAY RED)]
③ [87-1002011. BREAK SYSTEM (TYPE A)]
④ [87-1002021. BREAK SYSTEM (TYPE B)]

02 아래 [보기]의 조건으로 데이터를 조회한 후 물음에 답하시오.

┤ 보기 ├

- 사업장: [2000. (주)한국자전거지사]

다음 [보기]의 조건에 해당하는 창고/공정(생산)/외주공정등록에 대한 설명으로 옳은 것을 고르시오.

① 생산공정[L300. 작업공정(도색)]의 입고기본위치는 [L304. 코팅작업장]이다.
② 생산공정[L200. 작업공정]의 작업장[L202. 반제품작업장]의 적합여부는 '부적합'이다.
③ 창고[M200. 부품창고_인천지점]의 위치[M201. 부품/반제품_부품장소]의 사용여부는 '미사용'
   이다.
④ 창고[P200. 제품창고_인천지점]의 위치[P202. 제품장소_인천지점_가용]의 가용재고여부는 '여'
   이다.

03 아래 [보기]의 조건으로 데이터를 조회한 후 물음에 답하시오.

┤ 보기 ├

- 계정: [2. 제품]
- 영업담당자: [4000. 최일영]

다음 [보기]의 조건에 해당하는 품목 중 생산담당자가 [3000. 임준수]인 품목으로 옳은 것을 고르시오.

① [NAX-A420. 산악자전거(P-20G)]
② [NAX-A422. 산악자전거(P-21G,A422)]
③ [NAX-A400. 일반자전거(P-GRAY WHITE)]
④ [NAX-A402. 일반자전거(P-GRAY BLACK)]

04 아래 [보기]의 조건으로 데이터를 조회한 후 물음에 답하시오.

┤ 보기 ├

- 검사구분: [41. 공정검사]

다음 [보기] 조건의 검사구분에 대한 검사유형명 중 검사유형질문에 대한 입력필수 항목이 '필수'가 있는 검사유형명으로 옳은 것을 고르시오.

① 크랙검사
② 휠조립검사
③ 브레이크검사
④ 자전거 Ass'y 최종검사

05 아래 [보기]의 조건으로 데이터를 조회한 후 물음에 답하시오.

┤ 보기 ├

- 사품목: [87-1002011. BREAK SYSTEM (TYPE A)]
- 기준일자: 2025/03/01
- 사용여부: [1. 여]

다음 [보기] 조건의 자품목[87-1002011. BREAK SYSTEM (TYPE A)]에 대한 1LEVEL 기준의 상위 모품목 정보로 옳지 않은 품목을 고르시오.

① [NAX-A421. 산악자전거(P-21G,A421)]
② [NAX-A422. 산악자전거(P-21G,A422)]
③ [88-1002010. PRESS FRAME-Z (TYPE A)]
④ [88-1001010. PRESS FRAME-W (TYPE A)]

06 아래 [보기]의 조건으로 데이터를 조회한 후 물음에 답하시오.

> **보기**
>
> - 사업장: [2000. (주)한국자전거지사]
> - 작업예정일: 2025/01/01 ~ 2025/01/04
> - 생산계획 등록 품목만 조회: 체크함
> - 품목군: [S100. 반조립품]
> - 계정구분: [4. 반제품]

다음 [보기] 조건의 생산계획 내역에 대한 설명으로 옳지 않은 것을 고르시오.

① 품목[87-1002001. BREAK SYSTEM]의 계획수량의 합은 550EA이다.
② 생산계획등록 된 품목들에 대하여 작업예정일 2025/01/01에는 생산계획된 내역이 없다.
③ 품목[88-1001000. PRESS FRAME-W]은 2025/01/04에 일생산량 보다 초과 된 수량이 계획
　되었다.
④ 생산계획등록 된 품목들 중 계획수량의 합이 가장 많은 품목은 [83-2000100. 전장품 ASS'Y]이다.

07 아래 [보기]의 조건으로 데이터를 조회한 후 물음에 답하시오.

> **보기**
>
> - 사업장: [2000. (주)한국자전거지사]
> - 작업장: [L202. 반제품작업장]
> - 공정: [L200. 작업공정]
> - 지시기간: 2025/01/05 ~ 2025/01/11

**다음 [보기] 조건의 작업지시등록 내역 중 생산계획조회 기능을 이용하지 않고 작업지시등록을 직접
입력한 작업지시번호로 옳은 것을 고르시오.**

① WO2501000001
② WO2501000002
③ WO2501000003
④ WO2501000004

08 아래 [보기]의 조건으로 데이터를 조회한 후 물음에 답하시오.

> **보기**
>
> - 사업장: [2000. (주)한국자전거지사]
> - 작업장: [L201. 제품작업장]
> - 공정: [L200. 작업공정]
> - 지시기간: 2025/01/12 ~ 2025/01/18

**다음 [보기]의 작업지시확정 내역 중 BOM등록에 등록된 내역과 비교 하여 다른 품목으로 청구요청
된 품목이 속한 작업지시번호로 옳은 것을 고르시오.**

① WO2501000005
② WO2501000006
③ WO2501000007
④ WO2501000008

09 아래 [보기]의 조건으로 데이터를 조회한 후 물음에 답하시오.

> **보기**
>
> - 사업장: [2000. (주)한국자전거지사]
> - 출고기간: 2025/01/19 ~ 2025/01/25   · 청구기간: 2025/01/19 ~ 2025/01/25
> - 청구공정: [L400. 포장공정]   · 청구작업장: [L401. 제1작업장]

(주)한국자전거지사 홍길동 사원은 생산자재 출고처리 시 출고요청 기능을 이용하여 자재를 출고하고 있다. 다음 [보기]의 조건으로 출고요청 조회 시 자재들의 청구잔량의 합이 가장 많이 남아 있는 품목으로 옳은 것을 고르시오.

① [21-1060700. FRAME-NUT]　　　② [21-9000200. HEAD LAMP]
③ [21-1030600. FRONT FORK(S)]　　④ [21-1060950. WHEEL REAR-MTB]

10 아래 [보기]의 조건으로 데이터를 조회한 후 물음에 답하시오.

> **보기**
>
> - 사업장: [2000. (주)한국자전거지사]   · 지시(품목): 2025/01/26 ~ 2025/01/31
> - 지시공정: [L300. 작업공정(도색)]   · 지시작업장: [L301. 제품작업장(완성품)]

(주)한국자전거지사 홍길동 사원은 작업실적등록 시 실적 품목에 대하여 창고, 장소로 입고처리를 진행하여야 하는데 실수로 창고, 장소가 아닌 공정, 작업장으로 이동처리를 하였다. 다음 중 공정, 작업장으로 잘못 이동처리된 작업실적번호로 옳은 것을 고르시오.

① WR2501000001　　　② WR2501000002
③ WR2501000003　　　④ WR2501000004

11 아래 [보기]의 조건으로 데이터를 조회한 후 물음에 답하시오.

> **보기**
>
> - 사업장: [2000. (주)한국자전거지사]   · 구분: [1. 생산]
> - 실적공정: [L300. 작업공정(도색)]   · 실적작업장: [L304. 코팅작업장]
> - 실적기간: 2025/02/01 ~ 2025/02/08   · 상태: [1. 확정]

다음 [보기] 조건에 대한 자재사용 내역 중 적용수량의 합이 적용예정수량의 합보다 더 많이 사용 되어진 작업실적번호로 옳은 것을 고르시오.

① WR2502000001　　　② WR2502000002
③ WR2502000003　　　④ WR2502000004

12 아래 [보기]의 조건으로 데이터를 조회한 후 물음에 답하시오.

> **보기**
>
> - 사업장: [2000. (주)한국자전거지사]
> - 실적일: 2025/02/09 ~ 2025/02/15   · 공정: [L400. 포장공정]
> - 작업장: [L403. 제3작업장]   · 검사여부: [1. 검사완료]

다음 [보기] 조건에 해당하는 생산실적검사 내역에 대한 설명으로 옳지 않은 것을 고르시오.

① 작업실적번호 WR2502000005의 검사담당자는 임준수 이며, 전수검사를 진행하였다.
② 작업실적번호 WR2502000006는 핸들조합검사를 진행 하였으며, 판정여부가 모두 합격이다.
③ 작업실적번호 WR2502000007는 샘플검사를 진행 하였으며, 불량내역은 [A10. 바디(BODY)불량]으로 2EA 발생하였다.
④ 작업실적번호 WR2502000008는 도색검사를 진행 하였으며, 불합격 수량이 합격 수량보다 많이 발생하여 불합격 처리하였다.

13 아래 [보기]의 조건으로 데이터를 조회한 후 물음에 답하시오.

> **보기**
>
> - 사업장: [2000. (주)한국자전거지사]   · 실적기간: 2025/02/16 ~ 2025/02/22
> - 공정: [L200. 작업공정]   · 작업장: [L202. 반제품작업장]

(주)한국자전거지사 홍길동 사원은 생산품창고 입고처리 시 생산실적검사를 진행한 실적내역에 대하여서는 직접 입고처리를 등록하고 있다. 다음 [보기] 조건의 실적번호 중 생산실적검사를 진행한 실적번호로 옳게 짝지어진 것을 고르시오.

① WR2502000009, WR2502000010   ② WR2502000010, WR2502000011
③ WR2502000011, WR2502000012   ④ WR2502000010, WR2502000012

14 아래 [보기]의 조건으로 데이터를 조회한 후 물음에 답하시오.

> **보기**
>
> - 사업장: [2000. (주)한국자전거지사]
> - 지시일: 2025/02/23 ~ 2025/02/28   · 공정구분: 1. 생산
> - 공정: [L300. 작업공정(도색)]   · 작업장: [L305. 도색작업장(서울)]

다음 [보기] 조건의 작업지시번호 중 실적잔량이 가장 많이 남아 있으면서 마감처리가 가능한 작업지시번호로 옳은 것을 고르시오.

① WO2502000013   ② WO2502000014
③ WO2502000015   ④ WO2502000016

15 아래 [보기]의 조건으로 데이터를 조회한 후 물음에 답하시오.

> ┤ 보기 ├
>
> • 사업장: [2000. (주)한국자전거지사]　　　• 등록일: 2025/01/01 ~ 2025/01/04

다음 [보기]의 조건에 해당하는 기초재공에 대한 설명으로 옳지 않은 것을 고르시오.

① 포장공정, 제2작업장에는 LOT NO를 관리하는 품목이 있다.
② 작업공정, 반제품작업장의 기초재공으로 등록 된 품목들의 수량의 합이 가장 작다.
③ 작업공정, 제품작업장의 기초재공으로 등록 된 품목들은 계정구분이 모두 제품들이다.
④ 작업공정(도색), 제품작업장(완성품)의 기초재공으로 등록 된 품목들의 금액의 합이 가장 크다.

16 아래 [보기]의 조건으로 데이터를 조회한 후 물음에 답하시오.

> ┤ 보기 ├
>
> • 사업장: [2000. (주)한국자전거지사]　　　• 지시기간: 2025/03/01 ~ 2025/03/08
> • 공정: [L200. 작업공정]　　　　　　　　　• 작업장: [L201. 제품작업장]

다음 [보기] 조건의 자재에 대한 청구대비 투입금액을 확인 후 청구금액의 합 보다 투입금액의 합이 가장 많이 발생된 지시품목으로 옳은 것을 고르시오. (단가OPTION: 구매, 생산 모두 실제원가[품목등록])

① [NAX-A421. 산악자전거(P-21G,A421)]
② [NAX-A422. 산악자전거(P-21G,A422)]
③ [NAX-A400. 일반자전거(P-GRAY WHITE)]
④ [NAX-A402. 일반자전거(P-GRAY BLACK)]

17 아래 [보기]의 조건으로 데이터를 조회한 후 물음에 답하시오.

> ┤ 보기 ├
>
> • 사업장: [2000. (주)한국자전거지사]　　　• 지시기간: 2025/03/09 ~ 2025/03/15
> • 지시공정: [L300. 작업공정(도색)]　　　　• 지시작업장: [L302. 반제품작업장(조립품)]

다음 [보기] 조건에 해당하는 작업실적 내역에 대하여 실적수량의 합이 가장 많은 작업조로 옳은 것을 고르시오.

① [P301. 작업 1조]　　　　　　　　　② [P302. 작업 2조]
③ [P303. 작업 3조]　　　　　　　　　④ [P304. 작업 4조]

18 아래 [보기]의 조건으로 데이터를 조회한 후 물음에 답하시오.

┤ 보기 ├

- 사업장: [2000. (주)한국자전거지사]
- 실적기간: 2025/03/01 ~ 2025/03/15 · 구분: [0. 전체]
- 공정: [L300. 작업공정(도색)] · 수량조회기준: [0. 실적입고기준]
- 단가 OPTION: 조달구분 구매, 생산 모두 실제원가[품목등록] 체크함

다음 [보기] 조건의 실적기준에 대한 생산일보를 조회한 후 양품금액이 가장 많은 품목으로 옳은 것을 고르시오.

① [83-2000100. 전장품 ASS'Y]
② [87-1002001. BREAK SYSTEM]
③ [85-1020400. POWER TRAIN ASS'Y(MTB)]
④ [81-1001000. BODY-알미늄(GRAY-WHITE)]

19 아래 [보기]의 조건으로 데이터를 조회한 후 물음에 답하시오.

┤ 보기 ├

- 사업장: [2000. (주)한국자전거지사] · 검사기간: 2025/03/16 ~ 2025/03/22

다음 [보기] 조건에 대한 품목별 전수검사 기준의 품질 내역에 대하여 불량율이 가장 높은 품목으로 옳은 것을 고르시오.

① [NAX-A420. 산악자전거(P-20G)]
② [NAX-A421. 산악자전거(P-21G,A421)]
③ [NAX-A401. 일반자전거(P-GRAY RED)]
④ [NAX-A402. 일반자전거(P-GRAY BLACK)]

20 아래 [보기]의 조건으로 데이터를 조회한 후 물음에 답하시오.

┤ 보기 ├

- 사업장: [2000. (주)한국자전거지사]
- 공정: [L400. 포장공정] · 해당년도: 2025
- 계정: [4. 반제품] · 재공유무: [1. 유]

다음 [보기]의 조건으로 조회되는 현재공 내역 중 품목[83-2000100. 전장품 ASS'Y]의 재공수량이 가장 많이 남아 있는 작업장으로 옳은 것을 고르시오.

① [L401. 제1작업장]   ② [L402. 제2작업장]
③ [L403. 제3작업장]   ④ [L404. 제4작업장]

국가공인 ERP® 정보관리사 합격지름길 수험서

삼일아이닷컴 www.samili.com에서 유용한 정보 확인!
ERP 전체모듈 자료는 웹하드(http://www.webhard.co.kr)에서 다운로드!

- 교재의 실무예제(수행내용) 입력이 완성된 각 부문별 백데이터 제공
- 출제경향을 완벽히 분석한 유형별 연습문제와 해설 수록
- 최신 기출문제 수록 및 통합DB 제공
- 저자들의 빠른 Q&A

정가 25,000원

ISBN 979-11-6784-513-9

NCS 국가직무능력표준적용
National Competency Standards

iCUBE-핵심 ERP

답안 및
풀이

2026 ERP 정보관리사

물류·생산 2급

임상종 · 김혜숙 · 김진우 지음

SAMIL 삼일회계법인
삼일인포마인

제3장

답안 및 풀이

기출문제 답안 및 해설

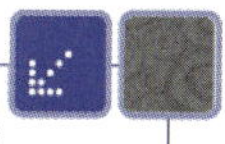

물류 2급 | 2026년 1회 (2026년 1월 24일 시행)

[이론 답안]

1	2	3	4	5	6	7	8	9	10
①	③	②	②	②	③	③	②	④	④

11	12	13	14	15	16	17	18	19	20
④	④	③	③	③	①	①	④	②	①

[풀이]

01 ①

02 ③
① 기계학습이란 방대한 데이터를 알고리즘을 활용해 미래를 예측하는 기술로, 생성된 데이터를 정보와 지식으로 변환하는 알고리즘을 의미한다.
② 비지도학습(Unsupervised Learning)은 데이터가 어떻게 구성되어 있는지 알아내는 문제의 범주에 속하며, 대표적인 방법에는 군집분석, 오토인코더, 생성적 적대신경망 등이 있다.
④ 데이터를 수집하고 머신러닝을 수행하는 과정인 머신러닝 워크플로우(Machine Learning Workflow)의 처리 순서는 데이터 수집 → 점검 및 탐색 → 전처리 → 정제 → 모델링 및 훈련 → 평가 → 배포 순으로 진행된다.

03 ② 상용화 패키지에 의한 ERP 시스템 구축에는 자체 개발인력을 보유할 필요가 없다.

04 ② 비즈니스 애널리틱스는 정형 데이터와 비정형 데이터 모두 분석 대상에 포함된다.

05 ②
$(100 \times 0.1) + (120 \times 0.2) + (140 \times 0.3) + (160 \times 0.4)$
$= 10 + 24 + 42 + 64$
$= 140$개

06 ③
- 손익분기점 수량 = 고정비 ÷ 단위당 공헌이익(단위당 판매가−단위당 변동비)
  $= 4,000,000$원 ÷ $(700$원-500원$) = 20,000$개
- 손익분기점 매출액 = 손익분기점 수량 × 단위당 판매가
  $= 20,000$개 × 700원 $= 14,000,000$원

07 ③
시장지수 또는 잠재구매력지수는 지역 및 시장별로 판매 할당하고자 할 때 이용되는 고려사항이다.

08 ②

- 생산자가격 = 제조원가 + 생산자 영업비 + 생산자 이익
  = 5,000원 + 1,000원 + 400원 = 6,400원
- 도매가격 = 생산자가격 + 도매업자 영업비 + 도매업자 이익
  = 6,400원 + 800원 + 400원 = 7,600원
- 소매가격 = 도매가격 + 소매업자 영업비 + 소매업자 이익
  = 7,600원 + 1,200원 + 소매가격의 20%

  따라서, 소매가격 = 11,000원

09 ④

일반적으로 수요가 지속적으로 유지되는 생필품의 가격탄력성이 사치품보다 작다.
가격탄력성이란 가격이 1% 변화하였을 때 수요량은 몇 % 변화하는가를 절대치로 나타낸 크기이다. 가격탄력성이 1보다 큰 상품의 수요는 탄력적(elastic)이라 하고, 1보다 작은 상품의 수요는 비탄력적(inelastic)이라고 한다. 가격탄력성의 산출식은 수요변화율을 가격변화율로 나눈 값이다.

10 ④

- 받을어음 회수기간 = (각 받을어음 금액×각 어음기간)의 합계 ÷ 매출총액
  50일 = ((600만원×30일) + (200만원×90일) + (200만원×어음기간)) ÷ 1,000만원

  따라서, 어음기간 = 70일

11 ④

[효율적 공급망 전략과 대응적 공급망 전략 비교]

구분	효율적 공급망 전략	대응적 공급망 전략
목표	가능한 가장 낮은 비용으로 예측 가능한 수요에 대응	품질문제, 가격인하 압력, 불용재고를 최소화하기 위해 예측이 어려운 수요에 신속 대응
생산 전략	높은 가동률을 통한 낮은 비용 유지	불확실성에 대비한 초과 생산능력 유지
재고 전략	공급망에서 높은 재고회전율과 낮은 재고 수준을 유지	불확실한 수요를 대비하여 여유 재고를 유지
리드타임 전략	비용을 증가시키지 않는 범위 내에서 리드타임 최소화	리드타임을 단축시키기 위해 공격적인 투자
공급자 선정방식	비용과 품질에 근거하여 선정	스피드, 유연성, 품질을 중심으로 선정
제품설계 전략	성능은 최대, 비용은 최소	모듈화 설계를 통한 경쟁자의 제품 차별화 지연을 유도
운송 전략	낮은 운송비용을 선호	신속하게 대응하는 운송 선호

12 ④ 운송 및 검사 비용은 주문비용에 해당하며, 취급 및 보관비용은 재고유지비용에 해당된다.

[재고관리 비용]
- 재고유지비용: 창고시설 이용 및 유지비용, 보험료, 취급 및 보관비용, 도난, 감소와 파손에 따른 손실비용
- 생산준비비용: 생산공정의 변경이나 기계·공구의 교체 등으로 인해 발생되는 고정비용
- 주문비용: 1회 주문량을 크게 할수록 재고 1단위당 비용이 줄어드는 특성이 있음
- 재고부족비용: 납기지연, 판매기회 상실, 거래처 신용하락, 잠재적 고객상실 등과 관련된 비용

13 ③

14 ③

[운송경로 유형]
- 복수 거점방식: 화주별 · 권역별 · 품목별로 집하하여 고객처별 공동 운송하는 방식
- 다단계 거점방식: 권역별 · 품목별 거래처 밀착형 물류거점 운영으로 거래처의 물류서비스 만족도는 향상되나 단점으로는 물류거점 및 지역별 창고 운영으로 다수의 물류거점 확보 및 운영비가 가중되는 운송 방식
- 공장 직송 운송방식: 발송 화주에서 도착지 화주 직송방식
- 중앙 집중 거점방식: 단일의 물류센터만을 운용하는 운송경로 방식
- 배송 거점방식: 고객처별 물류 거점 운영으로 신속한 고객대응이 가능하여 서비스 만족도가 높으나, 다수의 물류 거점을 확보하여야 하므로 운영비가 가중됨

15 ③ 물류센터의 보관 용량 확대는 물리적 인프라와 관련된 항목으로 이력 추적 관리의 직접적인 기대 효과에 해당하지 않는다.

16 ①

17 ①

[구매가격의 유형]
- 시중가격: 판매자와 구매자의 판단에 좌우되지 않고 시장에서 수요와 공급의 균형에 따라 가격이 변동하는 것으로, 시기나 환경에 따라 수요 또는 공급의 변동이 심한 야채, 어류, 꽃, 철광 등
- 개정가격: 가격 그 자체는 명확히 결정되어 있지는 않으나 업계의 특수성이나 지역성 등으로 자연히 일정한 범위의 가격이 정해져 있는 것으로 판매자가 그 당시의 환경과 조건에 따라 가격을 정한다는 성격
- 정가가격: 판매자가 자기의 판단으로 결정하는 가격이며, 서적, 화장품, 약국, 맥주 등과 같이 전국적으로 시장성을 가진 상품에 주로 적용
- 협정가격: 판매자 다수가 서로 협의하여 일정한 기준에 따라 가격을 결정하는 것으로서 일반적으로 공공요금 성격을 갖는 교통비, 이발료, 목욕료 등 공정거래를 위해 설정된 각종 업계의 협정가격
- 교섭가격: 거래당사자 간의 교섭을 통하여 결정되는 가격으로 건축공사, 주문용 기계설비, 광고료 등이 이에 해당하며, 거래품목, 거래조건, 기타 거래환경에 따라 가격이 차이가 날 수 있으므로 교섭기술이 가격결정에 크게 영향을 미침

18 ④

"4/15 – 20 days extra"는 15일 이내에 4% 할인을 인정하고 그 후 20일간의 할인도 특별히 인정하게 된다는 조건이다. 따라서, 총 35일의 할인기간이 된다.

19 ②
- 제조원가 = 직접원가 + 세조간접비
  5,000원 = 3,500원 + 1,500원(제조원가의 30%)
  따라서, 직접노무비 = 1,400원(직접원가의 40%)

20 ①

[구매방법의 유형]
- 수시구매: 구매청구가 있을 때마다 구매하여 공급하는 방식이며, 과잉구매를 방지하고 설계변경 등에 대응하기가 용이한 장점이 있으며, 계절품목 등과 같이 일시적인 수요품목에 적합한 방법임
- 시장구매: 제조계획에 따르지 않고 시장상황이 유리할 때 구매하는 방법이며, 생산시기가 일정한 품목, 항상 비축이 필요한 상비 저장품목에 적합한 방법
- 예측구매: 미래 수요를 예측하여 시장상황이 유리할 때 일정한 양을 미리 구매하여 재고로 보유하였다가 생산계획이나 구매청구에 따라 재고에서 공급하는 방식
- 투기구매: 가격인상(인플레이션)을 대비하여 이익을 도모할 목적으로 가격이 낮을 때 장기간의 수요량을 미리 구매하여 재고로 보유하는 구매방식
- 장기계약구매: 자재의 안정적인 확보가 중요할 때 주로 적용하는 방법으로 특정 품목에 대해 수립된 장기 생산계획에 따라 필요한 자재의 소요량을 장기적으로 계약하여 구매하는 방법
- 일괄구매: 소량 다품종의 품목을 구매해야 하는 경우 품목별로 구매처를 선정하는데 많은 시간과 노력이 소모된다. 이 경우 품종별로 공급처를 선정하여 구매 품목을 일괄 구매함으로써 구매시간과 비용을 절감하고 구매절차를 간소화하는 방법

[실무 답안]

1	2	3	4	5	6	7	8	9	10
③	①	③	②	①	③	④	②	④	①

11	12	13	14	15	16	17	18	19	20
②	④	①	④	③	②	③	①	④	②

[풀이]

01 ③ [시스템관리] → [기초정보관리] → [품목등록] 해당 품목 선택 후 MASTER/SPEC 및 ORDER/COST 탭에서 세부사항 확인

02 ① [시스템관리] → [기초정보관리] → [물류실적(품목/고객)담당자등록] 거래처 탭에서 조회 후 영업담당자 확인(수주등록 메뉴는 영업관리 모듈에 속하므로 영업담당자 확인)

03 ③ [시스템관리] → [마감/데이타관리] → [자재마감/통제등록] 세부사항 확인

04 ② [영업관리] → [영업관리] → [판매계획등록(고객별상세)] 사업장, 대상년월, 실적담당자 선택 후 조회하여 확인

05 ① [영업관리] → [영업관리] → [견적등록] 사업장, 견적기간 입력 후 조회하여 견적번호별 하단의 프로젝트 확인

06 ③ [영업관리] → [영업관리] → [수주등록] 사업장, 주문기간, 실적담당자 선택 후 조회 / 주문번호별 하단의 품목 검사여부 확인

07 ④ [영업관리] → [영업관리] → [수주마감처리] 사업장, 주문기간 입력 후 조회하여 품목별 마감사유 확인

08 ② [영업관리] → [영업관리] → [출고처리(국내수주)] 사업장, 출고기간, 창고 선택 후 예외출고 및 주문출고 탭에서 각각 조회 / 출고번호별 하단의 품목 출고장소 확인

09 ④ [영업관리] → [영업관리] → [매출마감(국내거래)] 사업장, 마감기간 입력 후 조회 / 마감번호별 세부사항 확인
※ 마감구분이 '건별'인 경우 마감메뉴에서 과세구분, 세무구분, 수량, 금액 등은 수정이 불가능하다.
마감구분이 '일괄'인 경우 마감메뉴에서 과세구분 및 세무구분은 수정이 불가능하며, 전표처리가 되지 않은 상태에서는 수량과 단가 등의 수정이 가능하다.

10 ① [영업관리] → [영업관리] → [수금등록] 사업장, 수금기간 입력 후 조회 / 수금번호별 상단의 [선수금정리] 클릭 후 정리금액 확인

11 ② [영업관리] → [기초정보관리] → [채권기초/이월/조정(출고기준)] 사업장, 해당연도 선택 후 채권기초 탭에서 조회하여 확인

12 ④ [구매/자재관리] → [구매관리] → [주계획작성(MPS)] 사업장, 계획기간, 계획구분, 고객 선택 후 조회하여 품목 확인

13 ① [구매/자재관리] → [구매관리] → [소요량전개(MRP)] 사업장, 계정구분, 내역조회 선택 후 조회 / 전개구분, 계획기간 입력 후 품목별 예정발주일 확인

14 ④ [구매/자재관리] → [구매관리] → [청구등록] 사업장, 요청일자 입력 후 조회 / 청구번호 하단의 품목별 세부사항 확인 및 마우스 R 클릭 후 부가기능에서 [품목상세정보] 클릭하여 세부사항 확인

15 ③ [구매/자재관리] → [구매관리] → [발주등록] 사업장, 발주기간 입력 후 조회 / 발주번호 하단의 품목 세부사항 확인 / 품목선택 후 마우스 R 클릭하여 부가기능에서 [품목상세정보] 클릭하여 품목정보 확인과 [발주등록] 이력정보 클릭하여 진행 이력 확인

16 ② [구매/자재관리] → [구매관리] → [입고검사등록] 사업장, 입고기간 입력 후 조회하여 '검사유형' 확인

17 ③ [구매/자재관리] → [구매관리] → [입고처리(국내발주)] 사업장, 입고기간, 입고창고 선택 후 예외입고 탭에서 조회하여 입고번호별 세부사항 확인 / 입고번호별 하단에서 마우스 R 클릭하여 [입고처리(국내발주)] 이력정보 확인

18 ① [구매/자재관리] → [구매현황] → [매입미마감현황] 사업장, 입고기간 입력 후 조회 / 정렬조건(일자별) 선택 후 품목별 수량 확인

19 ④ [구매/자재관리] → [구매관리] → [회계처리(매입마감)] 사업장, 기간 입력 후 매입마감 탭에서 조회 / 마감번호별 하단의 관리구분 확인

20 ② [구매/자재관리] → [재고관리] → [재고이동등록(창고)] 사업장, 이동기간 입력 후 조회 / 해당 이동번호 입고창고 및 입고장소 확인
[시스템관리] → [기초정보관리] → [창고/공정(생산)/외주공정등록] 사업장 입력 후 창고/장소 탭에서 조회 / 해당 창고의 세부 장소(위치)를 확인

물류 2급 | 2025년 6회 (2025년 11월 22일 시행)

[이론 답안]

1	2	3	4	5	6	7	8	9	10
④	③	①	④	②	①	③	④	②	②

11	12	13	14	15	16	17	18	19	20
①	③	①	①	①	③	④	④	④	④

[풀이]

01 ④
블록체인(Blockchain): 분산형 데이터베이스(distributed database)의 형태로 데이터를 저장하는 연결구조체로 모든 구성원이 네트워크를 통해 데이터를 검증 및 저장하여 특정인의 임의적인 조작이 어렵도록 설계된 저장플랫폼

02 ③

03 ① IaaS는 데이터베이스와 스토리지 등을 제공하는 서비스이다.
- SaaS(Software as a Service): 업의 핵심 애플리케이션인 ERP, CRM 솔루션 등의 소프트웨어를 클라우드 서비스를 통해 제공하고, 사용자가 원격으로 접속해 ERP소프트웨어를 활용하는 서비스
- PaaS(Platform as a Service): 소프트웨어 개발을 위한 플랫폼을 클라우드 서비스로 제공
- IaaS(Infrastructure as a Service): 서버 인프라를 서비스로 제공하는 것으로 클라우드를 통하여 저장장치 또는 컴퓨팅 능력을 인터넷을 통한 서비스 형태로 제공

04 ④

05 ② 수요예측은 본질적으로 오차를 수반하며, 오차 허용 범위를 전제로 한다.

06 ①
[판매계획 수립 기간]
- 단기계획: 연간 목표매출액 설정, 목표매출액 달성을 위한 제품별 가격, 판매촉진 방안, 구체적인 판매할당 등을 결정
- 중기계획: 제품별 수요예측과 판매예측을 통하여 제품별로 매출액을 예측하고, 제품별 경쟁력 강화를 위한 계획을 수립
- 장기계획: 신제품 개발, 새로운 시장 개척, 판매경로 강화 등에 관한 계획 수립

07 ③

[판매할당의 유형]
- 영업거점별 할당: 판매점, 영업소, 영업팀 등 영업활동을 수행하는 영역별로 목표매출액을 배분
- 영업사원별 할당: 영업거점의 목표매출액을 해당 영업사원별로 배분
- 제품 및 서비스별 할당: 해당 제품 및 서비스별로 목표매출액을 할당하며, 제품 및 서비스별 시장점유율, 과거 판매실적의 경향, 공헌이익 정도, 교차(주의)비율을 고려할 필요가 있다.
- 지역 및 시장별 할당: 세분화된 지역과 시장에 대하여 목표매출액을 적절하게 배분하기 위하여 일반적으로 시장(잠재구매력)지수를 작성하고, 이 지수에 의하여 목표매출액을 할당
- 거래처(고객)별 할당: 각 거래처(고객)별 과거 판매액, 판매(수주)실적 경향, 목표 수주점유율, 고객의 영업전략 등을 고려하여 할당
- 월별 할당: 연간 목표매출액을 12개월로 나누어서 1개월당 평균 목표매출액을 할당한다. 월별 매출액은 항상 일정하지 않으며, 시계열분석의 계절변동과 불규칙변동 등과 같은 다양한 이유로 변동이 발생하므로 이러한 변동의 영향을 고려한 할당 필요

08 ④

09 ②

ABC 분석은 파레토의 원리에 입각하여 중요한 고객ㆍ거래처만 집중적으로 관리하는 기법으로 20~30%의 고객의 매출액이 전체 매출액의 70~80%를 차지한다면 이러한 우량 고객을 집중관리하는 분석방법이다.

10 ②
- 매출채권회전율 = 총매출액 ÷ 매출채권잔액
  = 750억원 ÷ 300억원 = 2.5회

11 ①

[공급망관리 경쟁능력 4요소]
- 유연성(flexibility): 설계변화와 수요변화에 효율적으로 대응할 수 있는 능력
- 시간(time): 경쟁사보다 빠른 신제품 개발능력, 신속한 제품 배달 능력, 정시배달능력
- 비용(cost): 적은 자원으로 제품ㆍ서비스를 창출할 수 있는 능력
- 품질(quality): 고객 욕구를 만족시키는 척도이며 소비자에 의하여 결정

12 ③ 물류거점 수가 증가하면 1회당 수송거리는 짧아진다.
[공급망 거점 설계에서 고려되어야 할 비용 요소]
- 재고비용: 물류거점 수가 증가함에 따라 처음에는 크게 증가하다가 어느 수준 이상이 되면 완만히 증가하는 경향
- 고정투자비용: 물류거점 수에 비례하여 증가하는 경향
- 변동운영비용: 물류거점의 규모에 영향을 받음
- 운송비용: 물류거점 수가 증가함에 따라 서서히 감소하다가 어느 수준을 넘어서게 되면 오히려 증가하는 경향

13 ① 공급자가 고객 및 거래처의 재고수준을 파악하고 재고 보충량을 결정하여 공급하는 방법은 공급자관리재고(VMI)에 대한 설명이다.

14 ① 화물수취가 화물자동차운송에 비해 불편하다.
철도운송은 발도착역에서 환적작업이 필요하며, 대부분의 운송의 주요 구간은 철도가 담당(대운송)하고 문전구간은 화물자동차운송이 담당(소운송)하는 이원적 운송이 이루어지며, 화물수취가 화물자동차운송에 비해 불편하다.

15 ①
[창고배치의 기본원리]
- 흐름 방향의 직진성의 원리
- 물품, 사람, 운반 기기의 역행 교차 없애기
- 취급 횟수 최소화
- 높낮이 차이의 최소화
- 모듈화ㆍ규격화 고려 등

16 ③

① 분류: 재고에서 피킹된 물품을 고객별, 차량별, 지역별, 용도별 등으로 구분하여 분류하는 작업
② 출고 지시: 출고계획에 따라 출고 지시서를 발행하여 출고 담당자에게 출고를 지시하는 활동
④ 출하 포장: 출고 검사를 마친 합격품에 대해 운송 중 손상이 없도록 고객과 약속된 유닛 로드 시스템 또는 출하 포장으로 출고하는 작업

17 ④

[구매가격의 유형]
- 시중가격: 판매자와 구매자의 판단에 좌우되지 않고 시장에서 수요와 공급의 균형에 따라 가격이 변동하는 것으로, 시기나 환경에 따라 수요 또는 공급의 변동이 심한 야채, 어류, 꽃, 철광 등
- 개정가격: 가격 그 자체는 명확히 결정되어 있지는 않으나 업계의 특수성이나 지역성 등으로 자연히 일정한 범위의 가격이 정해져 있는 것으로 판매자가 그 당시의 환경과 조건에 따라 가격을 정한다는 성격
- 정가가격: 판매자가 자기의 판단으로 결정하는 가격이며, 서적, 화장품, 약국, 맥주 등과 같이 전국적으로 시장성을 가진 상품에 주로 적용
- 협정가격: 판매자 다수가 서로 협의하여 일정한 기준에 따라 가격을 결정하는 것으로서 일반적으로 공공요금 성격을 갖는 교통비, 이발료, 목욕료 등 공정거래를 위해 설정된 각종 업계의 협정가격
- 교섭가격: 거래당사자 간의 교섭을 통하여 결정되는 가격으로 건축공사, 주문용 기계설비, 광고료 등이 이에 해당하며, 거래품목, 거래조건, 기타 거래환경에 따라 가격이 차이가 날 수 있으므로 교섭기술이 가격결정에 크게 영향을 미침

18 ④

19 ④

구매시장 조사는 구매가격을 결정하고, 합리적 구매계획을 수립하기 위한 목적으로 시행되며, 구매시장 조사 시 비용의 경제성, 조사적시성, 조사탄력성, 조사정확성, 조사계획성 등을 고려해야 한다.

20 ④

[본사 집중구매와 사업장별 분산구매의 장점]

집중구매	분산구매
• 대량구매로 가격이나 거래조건을 유리하게 정할 수 있다. • 공통자재를 일괄 구매하므로 단순화, 표준화하기가 쉽고 재고량이 감소 • 전문적인 구매지식과 구매기능을 효과적으로 활용 • 구매절차의 일관성 확보 및 구매비용 절감 • 구매가격 조사, 공급자 조사, 구매효과 측정 등 구매분석 용이	• 각 사업장별 구매진행으로 구매수속이 간단하고 구매기간이 줄어든다. • 긴급수요의 경우에는 유리 • 구매기회를 안정적으로 유지할 수 있으며, 거래처 간 감시와 경쟁에 의하여 구매효율과 구매윤리를 유지 • 지역구매가 많으므로 물류비가 절감 • 해당 지역과 호의적인 관계를 유지

[실무 답안]

1	2	3	4	5	6	7	8	9	10
③	②	①	④	②	④	①	②	④	①

11	12	13	14	15	16	17	18	19	20
①	③	④	③	③	④	①	④	③	④

[풀이]

01 ③ [시스템관리] → [기초정보관리] → [일반거래처등록] 해당 거래처별 기본등록사항 탭에서 세부사항 확인

02 ② [시스템관리] → [기초정보관리] → [품목등록] 해당 품목 선택 후 MASTER/SPEC 탭에서 세부사항 확인

03 ① [시스템관리] → [기초정보관리] → [검사유형등록] 검사구분 선택 후 조회하여 확인

04 ④ [영업관리] → [영업관리] → [판매계획등록(고객별상세)] 사업장, 대상년월 선택 후 조회하여 확인

05 ② [영업관리] → [영업관리] → [견적등록] 사업장, 견적기간 입력 후 조회 / 견적번호별 하단의 품목선택 후 마우스 R 클릭하여 [견적등록] 이력정보 확인

06 ④ [영업관리] → [영업현황] → [수주현황] 사업장, 주문기간 입력 후 조회하여 프로젝트별 소계 확인(마우스 R 클릭 후 정렬 및 소계설정 기능 활용)

07 ① [영업관리] → [영업관리] → [출고처리(국내수주)] 사업장, 출고기간, 창고 선택 후 예외출고 및 주문출고 탭에서 각각 조회 / 출고번호별 하단의 품목 출고장소 확인

08 ② [영업관리] → [영업관리] → [매출마감(국내거래)] 사업장, 마감기간 입력 후 조회 / 마감번호별로 세부사항 확인

09 ④ [영업관리] → [영업관리] → [세금계산서처리] 사업장, 발행기간 입력 후 조회 / 계산서번호별 하단의 마감번호 확인

10 ① [영업관리] → [영업관리] → [수금등록] 사업장, 수금기간 입력 후 조회 / 수금번호별 상단의 [선수금정리] 클릭 후 정리금액 확인

11 ① [영업관리] → [영업현황] → [미수채권집계] 사업장, 조회기간, 조회기준, 미수기준 선택 후 고객 탭에서 조회하여 확인

12 ③ [구매/자재관리] → [구매관리] → [주계획작성(MPS)] 사업장, 계획기간, 계획구분, 품목군 선택 후 조회하여 품목별 계획수량 확인

13 ④ [구매/자재관리] → [구매관리] → [청구등록] 사업장, 요청일자 입력 후 조회 / 해당 청구번호 하단의 품목별로 마우스 R 클릭 후 부가기능에서 [품목상세정보] 클릭하여 세부사항 확인

14 ③ [구매/자재관리] → [구매관리] → [발주등록] 사업장, 발주기간 입력 후 조회 / 발주번호별 하단의 품목선택 후 마우스 R 클릭하여 [발주등록] 이력정보 확인

15 ③ [구매/자재관리] → [구매현황] → [입고현황] 사업장, 입고기간 입력 후 조회 / 해당 입고번호의 세부사항 확인

16 ④ [구매/자재관리] → [구매현황] → [매입미마감현황] 사업장, 입고기간 입력 후 조회 / 정렬조건(품목별) 선택 후 품목별 소계 수량 확인

17 ① [구매/자재관리] → [구매관리] → [회계처리(매입마감)] 사업장, 기간 입력 후 매입마감 탭에서 조회 / 마감번호별 하단의 관리구분 확인

18 ④ [구매/자재관리] → [재고수불현황] → [현재고현황(전사/사업장)] 전사 탭에서 해당년도, 계정구분 선택 후 조회하여 확인

19 ③ [구매/자재관리] → [재고관리] → [재고이동등록(창고)] 사업장, 이동기간 입력 후 조회 / 해당 이동번호 입고창고 및 입고장소 확인
[시스템관리] → [기초정보관리] → [창고/공정(생산)/외주공정등록] 사업장 입력 후 창고/장소 탭에서 조회 / 해당 창고의 세부 장소(위치)를 확인

20 ④ [구매/자재관리] → [재고관리] → [재고실사등록] 사업장, 실사기간 입력 후 조회하여 확인(전산재고가 실사재고보다 많으면 전산재고를 감소시켜야 한다.)

물류 2급 | 2025년 5회 (2025년 9월 27일 시행)

[이론 답안]

1	2	3	4	5	6	7	8	9	10
③	②	①	③	②	②	④	②	①	④

11	12	13	14	15	16	17	18	19	20
①	③	②	③	④	③	②	①	③	③

[풀이]

01 ③

02 ②

03 ① 비즈니스 애널리틱스는 구조화된 데이터(structured data)와 비구조화된 데이터(unstructured data)를 동시에 이용한다.

04 ③
[인공지능 규범(AI CODE)의 5대 원칙]
- Code 1: 인공지능은 인류의 공동 이익과 이익을 위해 개발되어야 한다.
- Code 2: 인공지능은 투명성과 공정성의 원칙에 따라 작동해야 한다.
- Code 3: 인공지능이 개인, 가족, 지역 사회의 데이터 권리 또는 개인정보를 감소시켜서는 안 된다.
- Code 4: 모든 시민은 인공지능을 통해서 정신적, 정서적, 경제적 번영을 누리도록 교육받을 권리를 가져야 한다.
- Code 5: 인간을 해치거나 파괴하거나 속이는 자율적 힘을 인공지능에 절대로 부여하지 않는다.

05 ②
- 8월 예측치 = 지수평활계수(α) × 전기실적치 + (1−지수평활계수(α)) × 전기예측치
  = 0.4 × 400대 + (1−0.4) × 450대 = 430대
- 9월 예측치 = 지수평활계수(α) × 전기실적치 + (1−지수평활계수(α)) × 전기예측치
  = 0.4 × 500대 + (1−0.4) × 430대 = 458대

06 ②
[판매계획 수립 기간]
- 단기계획: 연간 목표매출액 설정, 목표매출액 달성을 위한 제품별 가격, 판매촉진 방안, 구체적인 판매할당 등을 결정
- 중기계획: 제품별 수요예측과 판매예측을 통하여 제품별로 매출액을 예측하고, 제품별 경쟁력 강화를 위한 계획을 수립
- 장기계획: 신제품 개발, 새로운 시장 개척, 판매경로 강화 등에 관한 계획 수립

07 ④
- 손익분기점 수량 = 고정비 ÷ 단위당 공헌이익(단위당 판매가−단위당 변동비)
  = 2,700,000원 ÷ (600원−450원) = 18,000개
- 손익분기점 매출액 = 손익분기점 수량 × 단위당 판매가
  = 18,000개 × 600원 = 10,800,000원

08 ② 지문의 내용은 가격탄력성에 대한 내용으로 이는 고객수요 요인에 속한다.
[가격결정에 영향을 미치는 기업 내·외부적인 요인]
- 내부적 요인: 제품특성(생산재·소비재, 필수품·사치품, 표준품·주문품 등), 원가 및 비용(손익분기점, 목표이익 등), 마케팅목표(생존, 이윤극대화, 시장점유율 확대 등)
- 외부적 요인: 고객수요(소비자의 구매능력, 품질, 제품이미지, 용도, 가격탄력성 등), 유통채널(유통이익, 물류비용, 여신한도 등), 경쟁환경(대체품가격 등), 법·규제 환경(독점금지법, 공정거래법, 각종 세금 등)

09 ①
② 리베이트 전략은 판매 전 할인이 아니라 판매 후 환급 방식이다. 이 보기는 사전 할인 개념으로, 리베이트의 정의에 부합하지 않는다.
③ 비가격경쟁 전략은 품질, 광고, 브랜드 이미지 등 비가격 요인을 통한 경쟁 방식이며, 마진 보장과는 직접적인 관련이 없다.
④ 보기의 문장 자체는 맞는 설명이나, 제시문은 비가격경쟁이 아닌 리베이트 전략에 대한 설명이므로 해당하지 않는다.

10 ④

11 ①
[공급사슬관리의 물류활동]
- 반품물류: 소비자가 교환, 환불 또는 수리를 위하여 구입한 제품을 판매자에게 되돌려 보내기까지의 물류
- 생산물류: 원·부자재가 제조기업의 생산공정에 투입되어 완제품으로 생산되어 포장되기까지의 물류
- 조달물류: 원·부자재가 구매시장으로부터 공급자(제조업자)의 자재창고에 입고될 때까지의 물류
- 판매물류: 공장이나 물류센터로부터 출하하여 고객에게 인도하기까지의 물류

12 ③
공급망 물류거점의 구축시 질적인 고려사항으로는 고객만족, 참여기업 경쟁력 향상, 수요 창출 등이 있으며, 고정 투자비용은 물류 거점을 설계할 때 고려되는 비용지표인 양적 고려사항이다.

13 ② 정기적으로 보충하는 저가품, 재고의 수시파악이 어려운 다품목 경우에는 고정주문기간모형을 적용한다.

14 ③
- 계속기록법은 보관과정 중에 발생하는 재고자산의 입출고 시에 재고의 증감수량과 금액을 일일이 계속 장부에 기록하는 방법으로 거래가 빈번하지 않을 때 적용이 적합한 방법이다. 감모손실이 기말재고수량에 포함되지 않으므로 실제 재고수량보다 기말재고수량이 많을 수 있다.
- 실지재고조사법은 재고자산의 입출고를 일일이 기록하지 않고 재고조사를 통하여 기말재고 수량과 당기의 매출수량을 파악하며, 출고기록이 없으므로 기말재고로 파악되지 않는 수량은 당기에 매출된 수량으로 간주하게 된다. 따라서 파악이 곤란한 감모손실의 수량도 매출수량에 포함되므로 매출원가가 과대평가되고 당기 매출이익이 작게 나타난다.

15 ④
- 왕복 운송 시스템: 화물을 운송하고 빈 차로 돌아오는 과정에서 제조업체의 물류 창고나 공장을 경유하여 다른 화물을 싣고 돌아오는 시스템
- 환결 운송 시스템: 연속적으로 영차 운행을 하여 최초의 출발 지점까지 돌아오는 방법으로 운전자가 귀가하는 데 장시간이 소요되기 때문에 운전자의 불만 요소가 되므로 주의하여 시행해야 한다.
- 중간 환승 시스템: 주요 출발지와 도착지의 중간 지점에 터미널을 설치하고 양쪽에 도착된 차량을 서로 교체 승무하여 귀로하는 시스템
- 릴레이식 운송 시스템: 1회의 편도 운송 거리가 1일 이상 소요되는 운송이나 일정한 도시를 순회하며 집화·배달하는 경우의 운송에서 일정 시간을 운행한 후 운전자를 교대하여 차량을 계속 운행시킴으로써 차량의 가동시간을 최대화한다.

16 ③

[창고보관의 기본 원칙]
- 통로 대면의 원칙: 창고 내에서 제품의 입출고 작업이 쉽게 이루어지도록 창고 통로를 서로 대면, 즉 마주보게 보관하는 원칙
- 높이 쌓기의 원칙: 창고 보관 효율, 특히 용적 효율을 높이기 위해 물품을 높게 쌓는 원칙
- 위치 표시의 원칙: 보관 적치한 물품의 로케이션에 주소 번호를 표시하는 원칙
- 선입선출의 원칙: 먼저 입고된 물품을 먼저 출고한다는 원칙
- 명료성의 원칙: 창고에 보관되어 있는 물품을 쉽게 찾고 관리할 수 있도록 명료하게 보관하는 원칙
- 회전 대응의 원칙: 보관할 물품의 장소를 회전 정도에 따라 정하는 원칙
- 동일성 및 유사성의 원칙: 동일 물품은 동일 장소에 보관하고, 유사품은 가까운 장소에 보관하는 원칙
- 중량 특성의 원칙: 보관 물품의 중량에 따라 보관 장소를 정하는 원칙
- 형상 특성의 원칙: 보관 물품의 형상에 따라 보관 장소를 정하는 원칙
- 네트워크 보관의 원칙: 보관 물품의 상호 관련 정도에 따라 연계하여 보관 장소를 정하는 원칙

17 ②

[구매관리 업무의 5R]
- Right Quality: 동일한 품질
- Right Quantity: 필요한 수량
- Right Time: 정해진 기한
- Right Price: 적정한 가격
- Right Vendor: 신뢰할 수 있는 공급처

18 ①

19 ③

20 ③

[공급자 선정방식]
- 평점방식: 평가항목과 평가기준이 포함된 평가표에 의하여 평가대상 기업들을 평가한 후, 최고의 평가점수를 받은 기업을 공급자로 선정하는 방식
- 경쟁 방식
  - 일반경쟁방식: 불특정 다수를 입찰에 참여시켜 가장 유리한 조건을 제시한 공급자를 선정하는 방식
  - 지명경쟁방식: 공급자로서 적합한 자격을 갖추었다고 인정하는 다수의 특정한 경쟁참가자를 지명하여 경생입찰에 참가하도**록** 하는 방법
  - 제한경쟁방식: 입찰참가자의 자격을 제한하지만 자격을 갖춘 모든 대상자를 입찰참가자에 포함시키는 방법
  - 수의계약방식: 경쟁입찰방법에 의하지 않고 특정 기업을 공급자로 선정하여 구매계약을 체결하는 방식

[실무 답안]

1	2	3	4	5	6	7	8	9	10
①	③	④	④	②	③	②	②	③	②

11	12	13	14	15	16	17	18	19	20
④	③	②	④	①	②	④	③	②	①

[풀이]

01 ① [시스템관리] → [기초정보관리] → [품목등록] 해당 품목 선택 후 MASTER/SPEC 및 ORDER/COST 탭에서 세부사항 확인

02 ③ [시스템관리] → [기초정보관리] → [물류실적(품목/고객)담당자등록] 거래처 탭에서 조회 후 영업담당자 확인(수주등록 메뉴는 영업관리 모듈에 속하므로 영업담당자 확인)

03 ④ [시스템관리] → [기초정보관리] → [창고/공정(생산)/외주공정등록] 사업장 입력 후 창고/장소 탭에서 조회 / 해당 창고의 세부 장소(위치)의 '적합여부, 가용재고여부' 확인

04 ④ [영업관리] → [영업관리] → [판매계획등록(고객별상세)] 사업장, 대상년월 선택 후 조회하여 확인

05 ② [영업관리] → [영업관리] → [견적등록] 사업장, 견적기간 입력 후 조회하여 견적번호별 단가구분 확인

06 ③ [영업관리] → [영업현황] → [수주현황] 사업장, 주문기간, 관리구분 선택 후 조회하여 수량 확인

07 ② [영업관리] → [영업관리] → [수주마감처리] 사업장, 주문기간 입력 후 조회하여 해당 수주 건의 마감여부 확인

08 ② [영업관리] → [영업관리] → [출고처리(국내수주)] 사업장, 출고기간, 창고 선택 후 예외출고 및 주문출고 탭에서 각각 조회 / 출고번호별 하단에서 품목선택 후 마우스 R 클릭하여 [출고처리(국내수주)] 이력정보 확인

09 ③ [영업관리] → [영업관리] → [매출마감(국내거래)] 사업장, 마감기간 입력 후 조회 / 마감번호별 세부사항 확인 및 하단의 품목선택 후 마우스 R 클릭하여 [매출마감(국내거래)] 이력정보 확인

10 ② [영업관리] → [영업관리] → [수금등록] 사업장, 수금기간 입력 후 조회하여 수금번호별 수금금액 확인

11 ④ [영업관리] → [영업현황] → [미수채권집계] 사업장, 조회기간, 조회기준, 미수기준 선택 후 고객 탭에서 조회하여 확인

12 ③ [구매/자재관리] → [구매관리] → [주계획작성(MPS)] 사업장, 계획기간, 계획구분 선택 후 조회하여 품목별 고객 확인

13 ② [구매/자재관리] → [구매관리] → [청구등록] 사업장, 요청일자 입력 후 조회 / 해당 청구번호 하단의 품목별로 마우스 R 클릭 후 부가기능에서 [품목상세정보] 클릭하여 세부사항 확인

14 ④ [구매/자재관리] → [구매관리] → [발주등록] 사업장, 발주기간 입력 후 조회 / 발주번호별 하단의 품목선택 후 마우스 R 클릭하여 [발주등록] 이력정보 확인

15 ① [구매/자재관리] → [구매현황] → [입고현황] 사업장, 입고기간 입력 후 조회 / 해당 입고번호의 세부사항 확인

16 ② [구매/자재관리] → [구매현황] → [매입미마감현황] 사업장, 입고기간 입력 후 조회 / 정렬조건(품목별) 선택 후 품목별 수량 확인

17 ④ [구매/자재관리] → [구매관리] → [회계처리(매입마감)] 사업장, 기간 입력 후 매입마감 탭에서 조회하여 전표번호와 순번 확인

18 ③ [구매/자재관리] → [재고관리] → [재고실사등록] 사업장, 실사기간 입력 후 조회하여 확인(전산재고가 실사재고보다 많으면 전산재고를 감소시켜야 한다.)

19 ② [구매/자재관리] → [재고수불현황] → [현재고현황(전사/사업장)] 전사 탭에서 해당년도, 계정구분 선택 후 조회하여 확인

20 ① [구매/자재관리] → [재고평가] → [생산품표준원가등록] 사업장, 해당년도/월 입력 후 조회하여 품목별 표준원가 금액 확인(생산품의 재고평가 시 입고단가는 표준원가 금액이 적용됨)

물류 2급 　2025년 4회 (2025년 7월 26일 시행)

[이론 답안]

1	2	3	4	5	6	7	8	9	10
④	④	③	③	①	④	③	②	③	②

11	12	13	14	15	16	17	18	19	20
②	④	①	①	③	①	③	③	③	①

[풀이]

01 ④ 비즈니스 애널리틱스는 정형 및 비정형데이터를 동시에 분석하여 신속한 물류 의사결정을 수행할 수 있다.

02 ④ 예측정확도 향상을 위하여 데이터의 이상치나 결측값을 제거하여야 한다.

03 ③ 기존 방식에 맞추어 ERP 패키지를 수정하여 운영 방식을 그대로 유지한다면, BPR(업무프로세스재설계)을 하지 않는 것이다.

04 ③ Open Multi-vendor: 특정 하드웨어나 운영체제에만 의존하지 않고 다양한 애플리케이션과 연계가 가능한 개방형 시스템이다.

05 ①

A: 경쟁환경분석, B: 선두기업 사례조사, C: 자사의 시장입지도 분석, D: 경쟁기업의 가격과 비교, E: 전략적 판매가격 설정, F: 유통 등 비용을 고려한 생산자가격 측정

06 ④

목표한계이익률은 수익성지표를 활용한 목표매출액을 계산할 때 필요한 요소이며, 거래처 1사당 평균 수주예상액은 생산성지표를 활용한 목표매출액을 계산할 때 필요한 요소이다.

07 ③
- 소매가격 = 도매가격 + 소매업자 영업비 + 소매업자 이익
  12,000원 = 8,000원 + 1,000원 + 소매업자 이익
  따라서, 소매업자 이익 = 3,000원

08 ②
- 여신한도액 = 과거 3년간의 회수누계액 × 평균총이익률
- 여신한도액 = 과거 3년간의 (총매출액－외상매출채권잔액) × 평균총이익률
  = 80억 원 × 20% = 16억 원

09 ③

판매계획 수립절차는 시장조사 → 수요예측 → 판매예측 → 판매목표 설정 → 판매할당 순이다.
A: 시장조사, B: 수요예측, C: 판매목표 매출액 설정, D: 판매예측, E: 판매할당

10 ②
- 매출채권회전율 = 총매출액 ÷ 매출채권잔액
  8회(45/360) = 120,000,000원 ÷ 매출채권잔액
  따라서, 기말매출채권잔액 = 15,000,000원

11 ②

[채찍효과 대처방안]
- 공급망 전반의 수요 정보를 중앙 집중화하여 불확실성을 제거
- 안정적인 가격구조로 소비자 수요의 변동 폭을 조정
- 고객 · 공급자와 실시간 정보 공유
- 제품 생산과 공급에 소요되는 주문 리드타임과 주문처리에 소요되는 정보 리드타임을 단축
- 공급망의 재고관리를 위하여 기업 간 전략적 파트너십 구축

12 ④

[효율적 공급망 전략과 대응적 공급망 전략 비교]

구분	효율적 공급망 전략	대응적 공급망 전략
목표	가능한 가장 낮은 비용으로 예측 가능한 수요에 대응	품질문제, 가격인하 압력, 불용재고를 최소화하기 위해 예측이 어려운 수요에 신속 대응
생산 전략	높은 가동률을 통한 낮은 비용 유지	불확실성에 대비한 초과 생산능력 유지
재고 전략	공급망에서 높은 재고회전율과 낮은 재고 수준을 유지	불확실한 수요를 대비하여 여유 재고를 유지
리드타임 전략	비용을 증가시키지 않는 범위 내에서 리드타임 최소화	리드타임을 단축시키기 위해 공격적인 투자
공급자 선정방식	비용과 품질에 근거하여 선정	스피드, 유연성, 품질을 중심으로 선정
제품설계 전략	성능은 최대, 비용은 최소	모듈화 설계를 통한 경쟁자의 제품 차별화 지연을 유도
운송 전략	낮은 운송비용을 선호	신속하게 대응하는 운송 선호

13 ① 개별 물류 거점의 규모가 커지면 변동운영비용은 증가한다.

14 ①
- 선입선출법의 매출원가
  (300개×1,000원) + (200개×1,100원) + (200개×x)
- 후입선출법의 매출원가
  (500개×x) + (200개×1,100원)
- 선입선출법과 후입선출법의 매출원가 동일
  (300개×1,000원) + (200개×1,100원) + (200개×x) = (500개×x) + (200개×1,100원)
  따라서, x = 1,000원

15 ③ 화물운송은 Door to Door 운송이 가능하며 소량 · 다빈도 운송에 적합하며, 철도운송은 대량화물 운송에 유리하며 기상 영향이 적고 기존에 설계된 철도에 따라 경로가 정해지기 때문에 노선 유연성이 적은 편에 속한다.

16 ①

[창고 출고 업무 프로세스]
주문 · 출하 요청 → 주문 마감 집계 → 출고 계획 수립 → 출고 지시 → 피킹 → 분류 → 검사(검품 · 검수) → 출하 포장 → 적재 출하 이동 → 출하마감

17 ③

18 ③
- 제조원가 = 직접원가 + 제조간접비
     = 80원 + 40원 = 120원

19 ③

본사 집중구매가 유리한 품목은 대량 구매품목, 고가품목, 공통 또는 표준품목 등이며, 사업장별 분산구매가 유리한 품목은 지역성 품목, 소량 구매품목 등을 들 수 있다.

20 ①

[구매방법의 유형]
- 수시구매: 구매청구가 있을 때마다 구매하여 공급하는 방식이며, 과잉구매를 방지하고 설계변경 등에 대응하기가 용이한 장점이 있으며, 계절품목 등과 같이 일시적인 수요품목에 적합한 방법임
- 시장구매: 제조계획에 따르지 않고 시장상황이 유리할 때 구매하는 방법이며, 생산시기가 일정한 품목, 항상 비축이 필요한 상비 저장품목에 적합한 방법
- 예측구매: 미래 수요를 예측하여 시장상황이 유리할 때 일정한 양을 미리 구매하여 재고로 보유하였다가 생산계획이나 구매청구에 따라 재고에서 공급하는 방식
- 투기구매: 가격인상(인플레이션)을 대비하여 이익을 도모할 목적으로 가격이 낮을 때 장기간의 수요량을 미리 구매하여 재고로 보유하는 구매방식
- 장기계약구매: 자재의 안정적인 확보가 중요할 때 주로 적용하는 방법으로 특정 품목에 대해 수립된 장기 생산계획에 따라 필요한 자재의 소요량을 장기적으로 계약하여 구매하는 방법
- 일괄구매: 소량 다품종의 품목을 구매해야 하는 경우 품목별로 구매처를 선정하는데 많은 시간과 노력이 소모된다. 이 경우 품종별로 공급처를 선정하여 구매 품목을 일괄 구매함으로써 구매시간과 비용을 절감하고 구매절차를 간소화하는 방법

[실무 답안]

1	2	3	4	5	6	7	8	9	10
②	③	①	④	①	④	②	④	③	①

11	12	13	14	15	16	17	18	19	20
④	②	①	③	①	②	①	②	③	④

[풀이]

01 ② [시스템관리] → [기초정보관리] → [품목등록] 해당 품목 선택 후 MASTER/SPEC 탭에서 세부사항 확인

02 ③ [시스템관리] → [기초정보관리] → [품목군등록] 해당 품목군 사용여부 확인

03 ① [시스템관리] → [기초정보관리] → [일반거래처등록] 해당 거래처별 기본등록사항 탭에서 세부사항 확인

04 ④ [영업관리] → [영업관리] → [판매계획등록(고객별상세)] 사업장, 대상년월 선택 후 조회하여 확인

05 ① [영업관리] → [영업관리] → [견적등록] 사업장, 견적기간 입력 후 조회하여 견적번호별 하단의 프로젝트 확인

06 ④ [영업관리] → [영업현황] → [견적현황] 사업장, 견적기간 선택 후 조회 / 우측 상단의 [검색상세] 버튼을 클릭하여 계정구분 선택 후 조회하여 확인

07 ② [영업관리] → [영업관리] → [수주등록] 사업장, 주문기간 입력 후 조회 / 주문번호별 담당자 및 하단의 품목 검사여부 확인

08 ④ [영업관리] → [영업관리] → [출고처리(국내수주)] 사업장, 출고기간, 출고창고 선택 후 예외출고 탭에서 조회 / 출고번호별로 하단의 품목선택 후 재고단위수량 합계 확인

09 ③ [영업관리] → [영업관리] → [세금계산서처리] 사업장, 발행기간 입력 후 조회 / 계산서번호별 하단의 마감번호 확인

10 ① [영업관리] → [영업관리] → [수금등록] 사업장, 수금기간 입력 후 조회 / 수금번호별 상단의 [선수금정리] 클릭 후 정리금액 확인

11 ④ [영업관리] → [영업현황] → [미수채권집계] 사업장, 조회기간, 조회기준, 미수기준 선택 후 고객 탭에서 조회하여 확인

12 ② [구매/자재관리] → [구매관리] → [주계획작성(MPS)] 사업장, 계획기간, 계획구분, 품목군 선택 후 조회하여 품목별 계획수량 확인

13 ① [구매/자재관리] → [구매관리] → [청구등록] 사업장, 요청일자 입력 후 조회 / 청구번호별 하단의 품목선택 후 마우스 R 클릭하여 [청구등록] 이력정보 확인

14 ③ [구매/자재관리] → [구매관리] → [발주등록] 사업장, 발주기간 입력 후 조회 / 발주번호별 하단의 품목선택 후 마우스 R 클릭하여 [발주등록] 이력정보 확인

15 ① [구매/자재관리] → [구매관리] → [발주마감처리] 사업장, 발주기간 입력 후 조회 / 발주번호별 하단의 마감사유 확인

16 ② [구매/자재관리] → [구매관리] → [입고검사등록] 사업장, 입고기간 입력 후 조회하여 '검사유형' 확인

17 ① [구매/자재관리] → [구매관리] → [입고처리(국내발주)] 사업장, 입고기간, 입고창고 선택 후 예외입고 탭에서 조회 / 해당 입고번호 하단의 품목선택 후 '장소' 확인

18 ② [구매/자재관리] → [구매현황] → [매입미마감현황] 사업장, 입고기간 입력 후 조회 / 정렬조건(거래처별) 선택 후 거래처별 소계 수량 확인

19 ③ [구매/자재관리] → [재고관리] → [재고이동등록(창고)] 사업장, 이동기간 입력 후 조회 / 해당 이동번호 입고창고 및 입고장소 확인
[시스템관리] → [기초정보관리] → [창고/공정(생산)/외주공정등록] 사업장 입력 후 창고/장소 탭에서 조회 / 해당 창고의 세부 장소(위치)를 확인

20 ④ [구매/자재관리] → [재고수불현황] → [현재고현황(전사/사업장)] 사업장 탭에서 사업장, 해당년도, 품목군, 대분류 선택 후 조회하여 확인

물류 2급 | 2025년 3회 (2025년 5월 24일 시행)

[이론 답안]

1	2	3	4	5	6	7	8	9	10
②	④	④	③	④	②	①	①	①	④

11	12	13	14	15	16	17	18	19	20
①	③	④	④	②	④	②	①	①	④

[풀이]

01 ② RPA(Robotic Process Automation)는 소프트웨어 프로그램이 사람을 대신해 반복적인 업무를 자동 처리하는 기술이다.

02 ④

03 ④

04 ③

05 ④

3개월 단순이동평균법을 적용한 4월의 수요예측치는 110개이기 때문에,

3월의 수요량 = (110개×3개월) − (90개+100개)

      = 140개

06 ②

[판매계획 수립 기간]
- 단기계획: 연간 목표매출액 설정, 목표매출액 달성을 위한 제품별 가격, 판매촉진 방안, 구체적인 판매할당 등을 결정
- 중기계획: 제품별 수요예측과 판매예측을 통하여 제품별로 매출액을 예측하고, 제품별 경쟁력 강화를 위한 계획을 수립
- 장기계획: 신제품 개발, 새로운 시장 개척, 판매경로 강화 등에 관한 계획 수립

07 ①
- 교차비율 = 제품회전율 × 한계이익률

    = (매출액÷평균재고액) × (한계이익÷매출액) = 한계이익 ÷ 평균재고액
- 제품 A의 교차비율 = 10억원 ÷ 5억원 = 2.00
- 제품 B의 교차비율 = 15억원 ÷ 10억원 = 1.50
- 제품 C의 교차비율 = 20억원 ÷ 15억원 = 1.33
- 제품 D의 교차비율 = 30억원 ÷ 20억원 = 1.50

교차비율이 높을수록 이익도 높아지므로, 제품 A의 목표판매액을 가장 높게 할당하는 것이 바람직하다.

08 ①

ABC 분석은 파레토의 원리에 입각하여 중요한 고객·거래처만 집중적으로 관리하는 기법으로 20~30%의 고객의 매출액이 전체 매출액의 70~80%를 차지한다면 이러한 우량 고객을 집중관리하는 분석방법이다.

09 ①
- 받을어음 회수기간 = (각 받을어음 금액×각 어음기간)의 합계 ÷ 매출총액

  50일 = ((600만원×30일) + (300만원×90일) + (100만원×어음기간)) ÷ 1,000만원

  따라서, 어음기간 = 50일

10 ④

11 ①

[공급망관리 경쟁능력 4요소]
- 유연성(flexibility): 설계변화와 수요변화에 효율적으로 대응할 수 있는 능력
- 시간(time): 경쟁사보다 빠른 신제품 개발능력, 신속한 제품 배달 능력, 정시배달능력
- 비용(cost): 적은 자원으로 제품·서비스를 창출할 수 있는 능력
- 품질(quality): 고객 욕구를 만족시키는 척도이며 소비자에 의하여 결정

12 ③
- 재발주점(ROP) = 리드타임 동안의 수요(일평균사용량 × 조달기간) + 안전재고

  = (10개 × 5일) + 3개 = 53개

13 ④

14 ④ 용지 확보 및 라인설치 등 초기시설 투자비가 많이 드는 것은 파이프라인 운송수단에 해당하는 내용이다.

15 ②

[창고보관의 기본 원칙]
- 통로 대면의 원칙: 창고 내에서 제품의 입출고 작업이 쉽게 이루어지도록 창고 통로를 서로 대면, 즉 마주보게 보관하는 원칙
- 높이 쌓기의 원칙: 창고 보관 효율, 특히 용적 효율을 높이기 위해 물품을 높게 쌓는 원칙
- 위치 표시의 원칙: 보관 적치한 물품의 로케이션에 주소 번호를 표시하는 원칙
- 선입선출의 원칙: 먼저 입고된 물품을 먼저 출고한다는 원칙
- 명료성의 원칙: 창고에 보관되어 있는 물품을 쉽게 찾고 관리할 수 있도록 명료하게 보관하는 원칙
- 회전 대응의 원칙: 보관할 물품의 장소를 회전 정도에 따라 정하는 원칙
- 동일성 및 유사성의 원칙: 동일 물품은 동일 장소에 보관하고, 유사품은 가까운 장소에 보관하는 원칙
- 중량 특성의 원칙: 보관 물품의 중량에 따라 보관 장소를 정하는 원칙
- 형상 특성의 원칙: 보관 물품의 형상에 따라 보관 장소를 정하는 원칙
- 네트워크 보관의 원칙: 보관 물품의 상호 관련 정도에 따라 연계하여 보관 장소를 정하는 원칙

16 ④

17 ②

18 ①

19 ①

구매 승낙 후의 계약서 작성은 이미 성립한 계약내용을 문서화하는 형식적인 행위에 불과하지만, 향후 거래과정에서 품질, 수량, 납기, 기타 거래조건에 대하여 문제가 발생할 가능성이 있는 경우에는 구매계약서를 작성해 두는 것이 좋은 방법이다.

20 ④

[구매방법의 유형]

- 수시구매: 구매청구가 있을 때마다 구매하여 공급하는 방식이며, 과잉구매를 방지하고 설계변경 등에 대응하기가 용이한 장점이 있으며, 계절품목 등과 같이 일시적인 수요품목에 적합한 방법임
- 시장구매: 제조계획에 따르지 않고 시장상황이 유리할 때 구매하는 방법이며, 생산시기가 일정한 품목, 항상 비축이 필요한 상비 저장품목에 적합한 방법
- 예측구매: 미래 수요를 예측하여 시장상황이 유리할 때 일정한 양을 미리 구매하여 재고로 보유하였다가 생산계획이나 구매청구에 따라 재고에서 공급하는 방식
- 투기구매: 가격인상(인플레이션)을 대비하여 이익을 도모할 목적으로 가격이 낮을 때 장기간의 수요량을 미리 구매하여 재고로 보유하는 구매방식
- 장기계약구매: 자재의 안정적인 확보가 중요할 때 주로 적용하는 방법으로 특정 품목에 대해 수립된 장기 생산계획에 따라 필요한 자재의 소요량을 장기적으로 계약하여 구매하는 방법
- 일괄구매: 소량 다품종의 품목을 구매해야 하는 경우 품목별로 구매처를 선정하는데 많은 시간과 노력이 소모된다. 이 경우 품종별로 공급처를 선정하여 구매 품목을 일괄 구매함으로써 구매시간과 비용을 절감하고 구매절차를 간소화하는 방법

[실무 답안]

1	2	3	4	5	6	7	8	9	10
②	④	③	①	①	③	①	②	④	②

11	12	13	14	15	16	17	18	19	20
③	①	②	③	④	④	①	④	③	②

[풀이]

01 ② [시스템관리] → [기초정보관리] → [품목등록] 해당 품목 선택 후 MASTER/SPEC 탭에서 세부사항 확인

02 ④ [시스템관리] → [기초정보관리] → [SET구성품등록] 해당 품목 조회 후 구성품 확인

03 ③ [시스템관리] → [기초정보관리] → [일반거래처등록] 해당 거래처별 기본등록사항 탭에서 세부사힝 획인

04 ① [영업관리] → [영업관리] → [판매계획등록(고객별상세)] 사업장, 대상년월 선택 후 조회하여 확인

05 ① [영업관리] → [영업관리] → [견적등록] 사업장, 견적기간 입력 후 조회하여 견적번호별 하단의 결제조건 확인

06 ③ [영업관리] → [영업현황] → [수주현황] 사업장, 주문기간 입력 후 조회하여 프로젝트별 소계 확인(마우스 R 클릭 후 정렬 및 소계설정 기능 활용)

07 ① [영업관리] → [영업관리] → [수주마감처리] 사업장, 주문기간 입력 후 조회하여 해당 수주 건의 마감여부 확인

08 ② [영업관리] → [영업관리] → [출고처리(국내수주)] 사업장, 출고기간, 창고 선택 후 예외출고 및 주문출고 탭에서 각각 조회 / 출고번호별 하단의 품목 출고장소 확인

09 ④ [영업관리] → [영업관리] → [매출마감(국내거래)] 사업장, 마감기간 입력 후 조회 / 마감번호별 세부사항 확인 및 하단의 품목선택 후 마우스 R 클릭하여 [매출마감(국내거래)] 이력정보 확인

　※ 마감구분이 '건별'인 경우 마감메뉴에서 과세구분, 세무구분, 수량, 금액 등은 수정이 불가능하다.
　　마감구분이 '일괄'인 경우 마감메뉴에서 과세구분 및 세무구분은 수정이 불가능하며, 전표처리가 되지 않은 상태에서는 수량과 단가 등의 수정이 가능하다.

10 ② [영업관리] → [영업관리] → [수금등록] 사업장, 수금기간 입력 후 조회하여 수금번호별 세부사항 확인

11 ③ [영업관리] → [영업현황] → [미수채권상세현황] 사업장, 조회기간, 조회기준 선택 후 고객 탭에서 조회하여 세부사항 확인

12 ① [구매/자재관리] → [구매관리] → [주계획작성(MPS)] 사업장, 계획기간, 계획구분 선택 후 조회하여 품목별 고객 확인

13 ② [구매/자재관리] → [구매관리] → [소요량전개(MRP)] 사업장, 계정구분, 내역조회 선택 후 조회 / 전개구분, 계획기간 입력 후 예정발주일 확인

14 ③ [구매/자재관리] → [구매관리] → [청구등록] 사업장, 요청일자 입력 후 조회 / 청구번호 하단의 품목별 세부사항 확인 및 마우스 R 클릭 후 부가기능에서 [품목상세정보] 클릭하여 세부사항 확인

15 ④ [구매/자재관리] → [구매관리] → [발주등록] 사업장, 발주기간 입력 후 조회 / 발주번호별 하단의 품목선택 후 마우스 R 클릭하여 [발주등록] 이력정보 확인

16 ④ [구매/자재관리] → [구매현황] → [입고현황] 사업장, 입고기간, 관리구분 선택 후 조회하여 품목별 입고장소 확인

17 ① [구매/자재관리] → [구매현황] → [매입미마감현황] 사업장, 입고기간 입력 후 조회 / 정렬조건(품목별) 선택 후 품목별 수량 확인

18 ④ [구매/자재관리] → [구매관리] → [회계처리(매입마감)] 사업장, 기간 입력 후 회계전표 탭에서 조회하여 전표별 하단의 계정과목 확인

19 ③ [구매/자재관리] → [재고관리] → [기초재고/재고조정등록] 사업장, 조정기간 입력 후 입고조정 및 출고조정 탭에서 조회 / 조정번호 하단의 품목별 '비고' 등록내용 확인

20 ② [구매/자재관리] → [재고관리] → [재고이동등록(창고)] 사업장, 이동기간 입력 후 조회 / 이동번호별 입고창고 및 입고장소 확인
[시스템관리] → [기초정보관리] → [창고/공정(생산)/외주공정등록] 사업장 입력 후 창고/장소 탭에서 조회 / 해당 창고의 세부 장소(위치)를 확인

물류 2급   2025년 2회 (2025년 3월 22일 시행)

[이론 답안]

1	2	3	4	5	6	7	8	9	10
④	③	③	①	④	④	④	②	②	①

11	12	13	14	15	16	17	18	19	20
④	③	④	④	④	③	③	①	①	②

[풀이]

01 ④ 빅데이터의 주요 특성(5V)은 규모(volume), 속도(velocity), 다양성(variety), 정확성(veracity), 가치(value) 등이 해당된다.

02 ③

03 ③

04 ①

05 ④
실제 수요가 예측보다 큰 경우에 재고부족이 발생해 고객을 다른 회사에 빼앗기게 되어 판매기회 손실이 일어날 수 있다.

06 ④ 당기의 예측값은 [α * 전기의 실제값 + (1− α) * 전기의 예측값]으로 구해진다.

07 ④
- 손익분기점 수량 = 고정비 ÷ 단위당 공헌이익(단위당 판매가−단위당 변동비)
  = 6,000,000원 ÷ (700원−400원) = 20,000개
- 손익분기점 매출액 = 손익분기점 수량 × 단위당 판매가
  = 20,000개 × 700원 = 14,000,000원

08 ②
일반적으로 수요가 지속적으로 유지되는 생필품의 가격탄력성이 사치품보다 작다.
가격탄력성이란 가격이 1% 변화하였을 때 수요량은 몇 % 변화하는가를 절대치로 나타낸 크기이다. 가격탄력성이 1보다 큰 상품의 수요는 탄력적(elastic)이라 하고, 1보다 작은 상품의 수요는 비탄력적(inelastic)이라고 한다. 가격탄력성의 산출식은 수요변화율을 가격변화율로 나눈 값이다.

09 ② 제품의 생산과 배송은 생산관리와 물류관리에 해당하는 업무이다.

10 ① 여신한도는 거래처에 외상매출 할 수 있는 최대한도액을 말한다.

11 ④ 공급망관리는 원·부자재 공급자로부터 최종 소비자에 이르기까지 전 과정에서 각 기근 간 재화·정보·자금의 흐름을 최적화하고 동기화하여 공급망 전체의 경영 효율을 극대화하는 전략이다.

12 ③ 재고비용은 물류거점 수가 증가에 따라 초기 증가폭이 크다가 일정 수준 이상이 되면 완만히 증가하는 경향을 보인다.

13 ④
① 주문 빈도를 더 줄이면 1회당 과다주문으로 재고유지비용은 더욱 증가한다.
② 재고유지비용을 줄이기 위해 창고시설을 축소하면 재고부족의 가능성이 커진다.
③ 재고부족비용을 줄이기 위해 더 많은 재고를 보유하게되면 재고유지비용이 증가한다.

14 ④

철도운송은 대부분 출발 및 도착역에서 환적 작업 후 일반화물차운송이 이루어지므로 운송 도중에 적재변동이 필수적이다.

15 ④ 원인을 알 수 없는 이유로 발생된 오류에 대해서는 담당자의 귀책사유를 확인한 후 승인권자의 조치를 받는다.

16 ③ 흐름방향의 직진성에 중점

[창고배치의 기본원리]
- 흐름 방향의 직진성의 원리
- 물품, 사람, 운반 기기의 역행 교차 없애기
- 취급 횟수 최소화
- 높낮이 차이의 최소화
- 모듈화 · 규격화 고려 등

17 ③

[구매관리의 기능 변화]
- 전통적 시각: 단기간의 성과중시, 획득비용(구입가격) 중심, 비용관리센터, 요청에 지원하는 업무(수동)
- 현대적 시각: 장기간의 전략적 구매중시, 총원가에 집중, 이익관리센터, 사전 계획적인 업무(능동)

18 ①
- 제조원가 = 직접원가 + 제조간접비
  4,000원 = 2,400원 + 1,600원(제조원가의 40%)
  따라서, 직접노무비 = 1,200원(직접원가의 50%)

19 ①

ⓓ 지속적으로 대량생산을 해야 하는 경우와 ⓗ 단위당 자체생산 한계비용이 낮은 경우에는 자체생산이 유리하다.

20 ②

[공급자 선정방식]
- 평점방식: 평가항목과 평가기준이 포함된 평가표에 의하여 평가대상 기업들을 평가한 후, 최고의 평가점수를 받은 기업을 공급자로 선정하는 방식
- 경쟁 방식
  – 일반경쟁방식: 불특정 다수를 입찰에 참여시켜 가장 유리한 조건을 제시한 공급자를 선정하는 방식
  – 지명경쟁방식: 공급자로서 적합한 자격을 갖추었다고 인정하는 다수의 특정한 경쟁참가자를 지명하여 경쟁입찰에 참가하도록 하는 방법
  – 제한경쟁방식: 입찰참가자의 자격을 제한하지만 자격을 갖춘 모든 대상자를 입찰참가자에 포함시키는 방법
  – 수의계약방식: 경쟁입찰방법에 의하지 않고 특정 기업을 공급자로 선정하여 구매계약을 체결하는 방식

[실무 답안]

1	2	3	4	5	6	7	8	9	10
④	①	①	④	②	③	②	②	④	①

11	12	13	14	15	16	17	18	19	20
④	③	①	①	④	③	④	④	②	③

[풀이]

01 ④ [시스템관리] → [기초정보관리] → [품목등록] 해당 품목 선택 후 MASTER/SPEC 탭에서 세부사항 확인

02 ① [시스템관리] → [기초정보관리] → [SET구성품등록] 해당 품목 조회 후 구성품 확인

03 ① [시스템관리] → [마감/데이타관리] → [자재마감/통제등록] 세부사항 확인

04 ④ [영업관리] → [영업관리] → [판매계획등록(고객별상세)] 사업장, 대상년월 선택 후 조회하여 확인

05 ② [영업관리] → [영업관리] → [견적등록] 사업장, 견적기간 입력 후 조회 / 해당 견적번호 하단의 품목선택 후 마우스 R 클릭하여 [견적등록] 이력정보 확인

06 ③ [영업관리] → [영업현황] → [수주현황] 사업장, 주문기간 입력 후 조회하여 프로젝트별 소계 확인(마우스 R 클릭 후 정렬 및 소계설정 기능 활용)

07 ② [영업관리] → [영업관리] → [수주마감처리] 사업장, 주문기간 입력 후 조회 / 주문번호별 하단의 마감사유 확인

08 ② [영업관리] → [영업관리] → [출고처리(국내수주)] 사업장, 출고기간, 출고창고 선택 후 예외출고 탭에서 조회 / 출고번호 하단의 품목선택 후 재고단위수량 확인

09 ④ [영업관리] → [영업관리] → [매출마감(국내거래)] 사업장, 마감기간 입력 후 조회 / 마감번호별 세부사항 확인 및 하단의 품목선택 후 마우스 R 클릭하여 [매출마감(국내거래)] 이력정보 확인

10 ① [영업관리] → [영업관리] → [수금등록] 사업장, 수금기간 입력 후 조회하여 해당 수금번호의 실적담당자 확인

11 ④ [영업관리] → [영업현황] → [미수채권상세현황] 사업장, 조회기간, 조회기준 선택 후 고객 탭에서 고객 선택 후 조회하여 확인

12 ③ [구매/자재관리] → [구매관리] → [주계획작성(MPS)] 사업장, 계획기간, 계획구분 선택 후 조회하여 품목별 고객 확인

13 ① [구매/자재관리] → [구매관리] → [소요량전개(MRP)] 사업장, 계정구분, 내역조회 선택 후 조회 / 전개구분, 계획기간 입력 후 품목별 예정발주일 확인

14 ① [구매/자재관리] → [구매관리] → [청구등록] 사업장, 요청일자 입력 후 조회 / 청구번호 하단의 품목별 세부사항 확인 및 마우스 R 클릭 후 부가기능에서 [품목상세정보] 클릭하여 세부사항 확인

15 ④ [구매/자재관리] → [구매관리] → [발주등록] 사업장, 발주기간 입력 후 조회 / 발주번호별 하단의 품목선택 후 마우스 R 클릭하여 [발주등록] 이력정보 확인

16 ③ [구매/자재관리] → [구매현황] → [입고현황] 사업장, 입고기간, 프로젝트 선택 후 조회하여 입고장소 확인

17 ④ [구매/자재관리] → [구매현황] → [매입미마감현황] 사업장, 입고기간 입력 후 조회 / 성럴소건(품목별) 선택 후 품목별 수량 확인

18 ④ [구매/자재관리] → [구매관리] → [회계처리(매입마감)] 사업장, 기간 입력 후 회계전표 탭에서 조회하여 전표별 하단의 계정과목 확인

19 ② [구매/자재관리] → [재고관리] → [재고이동등록(창고)] 사업장, 이동기간 입력 후 조회하여 세부사항 확인

20 ③ [구매/자재관리] → [재고수불현황] → [현재고현황(전사/사업장)] 사업장 탭에서 사업장, 해당년도 선택 후 조회하여 확인

생산 2급 | 2026년 1회 (2026년 1월 24일 시행)

[이론 답안]

1	2	3	4	5	6	7	8	9	10
②	④	③	②	④	③	③	②	④	③

11	12	13	14	15	16	17	18	19	20
④	①	①	④	④	④	④	②	④	①

[풀이]

01 ②

02 ④

03 ③

04 ②

빅데이터의 주요 특성(5V)은 규모(volume), 속도(velocity), 다양성(variety), 정확성(veracity), 가치(value) 등이 해당된다.

05 ④

- 가동률 = 출근율 × (1−간접작업률)
  = 0.8 × (1−0.2) = 0.64(64%)

06 ③

[BOM 종류]
- Engineering BOM: 설계자의 시각에서 본 제품의 형상으로 설계의 편이성을 반영
- Manufacturing BOM 또는 Production BOM: MRP 시스템에서 사용하는 BOM으로 생산관리 및 생산현장에서 사용하며 생산공정의 순서를 담고 있다. 필요할 때 가상의 품번을 정의하여 사용
- Planning BOM: Manufacturing BOM 또는 Production BOM을 근거로 주생산일정계획(MPS) 등에서 사용
- Modular BOM: Option과 밀접한 관계가 있으며, 방대한 양의 BOM 데이터관리가 용이하며, MPS 수립 시에도 Option을 대상으로 생산계획을 수립
- Percentage BOM: Planning BOM의 일종으로 제품을 구성하는 부품의 양을 정수로 표현하지 않고 백분율로 표현
- Inverted BOM: 화학이나 제철과 같은 산업에서의 소수의 종류 또는 단일 부품(원료)을 가공하여 여러 종류의 최종제품을 만드는 데 이용된다. 나무가 뒤집힌 형태, 즉 역삼각형 형태의 BOM
- Common Parts BOM: 제품에 공통적으로 사용되는 부품들을 모아 놓은 BOM, 최상위 Item은 가상의 Item Number를 갖음
- Multilevel BOM: 모품목과 자품목의 관계뿐만 아니라 자품목의 자품목까지 보여줌
- Bill of Activity: 부품정보뿐만 아니라 Routing 정보까지 포함하고, 제조·설계·구매 등의 활동까지 표현하고 있는 BOM이며, 주로 금형산업에서 많이 사용
- Phantom BOM: 실제로 존재하는 품목은 아니며 포장자재 등 관리상의 중요도가 떨어지는 품목들을 모아서 가상의 품목으로 BOM을 구성하여 BOM 구조를 좀 더 간단하게 관리하고자 할 경우에 주로 이용

07 ③

[수요예측방법]
- 정량적 예측방법: 시계열분석법(이동평균법, 지수평활법, ARIMA, 분해법, 확산모형), 인과모형분석법(회귀분석법) 등
- 정성적 예측방법: 델파이법, 시장조사법, 중역 및 판매원평가법, 패널동의법, 수명주기유추법 등

08 ②

- 단순이동평균법에 의한 8월의 수요예측치 = (7월+6월+5월+4월) ÷ 4개월
= (130+120+100+130) ÷ 4 = 120개

09 ④

[보기]의 내용은 생산시스템의 기본구조에서 피드백 기능에 대한 내용이다. 피드백 기능은 타 부문과의 정보공유, 문제의 조기 발견, 지속적인 개선 등을 목적으로 한다.

10 ③

성숙기 시기에는 경쟁기업이 출현하며 기술과 제품의 혁신이 필요하다. 또한 원가와 품질의 경쟁력을 확보하여야 한다.

11 ④

대일정계획은 주일정계획 또는 대강일정계획이라고 하며, 납기에 따른 월별 생산량이 예정되면 기준 일정표를 수립하고 이 일정에 따른 작업 개시일, 작업시간, 완성기일 등을 지시한다.

12 ①

13 ① 제품 품질에 변화가 발생하는 과정이다.
[공정의 분류]
- 가공공정(Operation): 제조의 목적을 직접적으로 달성하는 공정으로 그 내용은 변질, 변형, 변색, 조립, 분해 등을 통하여 대상물을 목적에 접근시키는 공정이다. 즉 부가가치를 창출하는 공정
- 운반공정(Transportation): 특정 작업영역에서 다른 작업영역으로 이동시키기 위해 적재, 이동, 하역 등을 하고 있는 상태
- 검사공정(Inspection): 양적 검사와 질적 검사가 있는데 양적 검사는 수량, 중량의 측정 등이다. 질적 검사는 설정된 품질표준에 대해서 가공부품의 가공정도를 확인하거나 가공 부품을 품질 및 등급별로 분류하는 공정
- 정체공정(Delay): 대기와 저장의 상태에 있는 것이다. 대기는 제품이나 부품이 다음의 가공 및 조립을 하기 위해 일시적으로 기다리는 상태이며, 저장은 계획적인 보관이며 다음의 가공 및 조립으로 허가 없이 이동하는 것이 금지되어 있는 상내

14 ④ JIT 생산방식은 High-speed의 자동화가 반드시 요구되는 생산방식이 아니다.
[JIT 생산방식의 특징]
- 낭비제거(소 Lot 생산): 최소한의 로트사이즈로 생산하며, 철저하게 낭비를 제거하여 생산성을 높이고 원가를 절감
- 풀 시스템(Pull System): 후행공정의 작업자가 부품을 소비한 만큼만 선행공정에서 가져가도록 하는 시스템
- 수요에 의한 생산: 생산이 소시장 수요에 따라간다. 즉 계획을 일 단위로 세워 생산
- 공급업체의 기업내부화 외부 공급업체와 긴밀한 관계를 유지하며, 신뢰를 바탕으로 한 장기적으로 거래
- 생산공정의 신축성 요구: 생산공정의 신축성(flexibility)을 요구한다. 여기서 신축성은 생산제품을 바꿀 때 필요한 설비, 공구의 교체 등에 소요되는 시간을 짧게 함

15 ④

- 이용가능시간 = 4대 × 6시간 × 4교대 × 5일 = 480시간(비가동 포함)
- 실제작업시간 = 이용가능시간 480시간 − 기계불가동시간 96시간 = 384시간
- 이용률 = 실제작업시간 ÷ 이용가능시간 × 100 = 384시간 ÷ 480시간 × 100 = 80%

16 ④

- 라인밸런스 효율(Eb) $= \dfrac{\text{라인(작업)의 순작업시간합계}(\Sigma_{ti})}{\text{작업장수}(n) \times \text{애로공정의 시간}(t_{max})} \times 100$

$$= \dfrac{6+6+8+7+9}{5 \times 9} \times 100 = 80\%$$

17 ④ 품목단가, 유지비용은 일정하다.

[경제적 주문량(EOQ)의 가정]
- 구매량에 관계없이 단위당 구입가격은 일정하다.
- 구매비용은 구매량의 크기에 관계없이 항상 일정하다.
- 수요량과 조달기간이 확정적이다.
- 재고유지비는 구매량의 증가와 함께 비례적으로 증가한다.
- 단일품목을 대상으로 하며, 재고부족은 없다.
- 단위당 재고유지비용과 1회 주문비용은 항상 일정하다.
- 주문량은 전량 일시에 입고된다.
- 연간 자재사용량이 일정하고 연속적이다.

18 ②

총괄생산계획(APP): 생산시스템의 능력을 전체의 입장에서 파악하여 조정해 나가는 계획, 연간 예측수요를 만족시키기 위해 제품군별로 월별 생산수준, 인력수준, 재고수준 등을 결정하는 것

19 ④ 자재부족의 최소화로 생산공정의 가동효율이 높아진다.

20 ①

생산능력소요계획(CRP)의 입력정보는 MRP에서 산출된 발주계획 정보, 절차계획 정보, 확정주문 정보, 작업공정표 정보, 작업장 상태 정보이다. MRP 전개에 의해 생성된 계획이 얼마만큼의 제조자원을 요구하는지를 계산하는 모듈이다.

[실무 답안]

1	2	3	4	5	6	7	8	9	10
③	②	②	③	①	④	②	④	①	②

11	12	13	14	15	16	17	18	19	20
④	②	①	④	③	②	①	②	③	①

[풀이]

01 ③ [시스템관리] → [기초정보관리] → [품목등록] 계정구분, 조달구분, 검사여부 선택 후 조회 / 품목별로 MASTER/SPEC 및 ORDER/COST 탭에서 세부사항 확인

02 ② [시스템관리] → [기초정보관리] → [창고/공정(생산)/외주공정등록] 사업장 입력 후 창고/장소 및 생산공정/작업장 탭에서 각각 조회하여 확인

03 ② [시스템관리] → [기초정보관리] → [물류실적(품목/고객)담당자등록] 품목 탭에서 계정 선택 후 조회 / 품목별 영업담당자 및 생산담당자 확인

04 ③ [시스템관리] → [기초정보관리] → [검사유형등록] 검사구분, 사용여부 선택 후 조회하여 확인

05 ① [생산관리공통] → [기초정보관리] → [BOM등록] 모품목, 기준일자, 사용여부 선택 후 조회하여 자품목의 세부사항 확인

06 ④ [생산관리공통] → [생산관리] → [생산계획등록] 사업장, '생산계획등록 품목만 조회' 체크, 작업예정일, 계정구분 선택 후 품목별 탭에서 조회하여 품목별 세부사항 확인

07 ② [생산관리공통] → [생산관리] → [작업지시등록] 사업장, 공정, 작업장, 지시기간 입력 후 조회 / 작업장별 작업지시수량 확인

08 ④ [생산관리공통] → [생산관리] → [작업지시확정] 사업장, 공정, 작업장, 지시기간 입력 후 조회 / 작업지시번호별 하단의 확정수량 확인(출고대기 제외)

09 ① [생산관리공통] → [생산관리] → [생산자재출고] 사업장, 출고기간, 공정, 작업장 선택 후 조회 / 출고번호별 하단의 요청수량과 출고수량 확인

10 ② [생산관리공통] → [생산관리] → [작업실적등록] 사업장, 지시(품목), 지시공정, 지시작업장 입력 후 조회 / 작업지시번호별 작업실적 하단의 입고장소 확인

11 ④ [생산관리공통] → [생산관리] → [생산실적검사] 사업장, 실적일, 공정, 작업장 선택 후 조회 / 작업실적별 검사 내역에 대한 세부사항 확인

12 ② [생산관리공통] → [생산관리] → [생산자재사용등록] 사업장, 구분, 실적공정, 실적작업장, 실적기간, 상태 입력 후 조회 / 작업실적번호별로 상단의 [청구적용] 버튼을 클릭하여 잔량 확인

13 ① [생산관리공통] → [생산관리] → [생산품창고입고처리] 사업장, 실적기간, 공정, 작업장, 검사구분(1.검사) 선택 후 조회하여 실적번호 확인
※ 작업실적등록 시 검사구분이 검사인 경우 생산실적검사 후 생산품창고입고처리를 진행하여야 한다.

14 ④ [생산관리공통] → [생산관리] → [작업지시마감처리] 사업장, 지시일, 공정구분, 공정, 작업장 선택 후 조회 / 작업지시번호별 하단의 실적잔량 확인
※ 계획 상태에서는 마감처리가 불가능하다.

15 ③ [생산관리공통] → [재공관리] → [기초재공등록] 사업장, 등록일 입력 후 조회하여 등록번호별 세부사항 확인 및 하단의 품목선택 후 마우스 R 클릭하여 부가기능의 [품목상세정보] 확인

16 ② [생산관리공통] → [생산/외주/재공현황] → [자재청구대비투입/사용현황] 상단의 [단가 OPTION] 버튼을 클릭하여 구매, 생산 모두 실제원가(품목등록) 선택 / 사업장, 지시기간, 공정, 작업장 선택 후 조회 / 작업지시번호별로 하단의 청구금액, 사용금액 확인

17 ① [생산관리곤톤] → [생산/외주/재공현황] → [실적현황] 사업장, 실적기간 입력 후 조회하여 품목별 실적수량 확인(마우스 R 클릭 후 정렬 및 소계 설정 기능을 이용하면 편리함)

18 ② [생산관리공통] → [생산/외주/재공현황] → [생산일보] 우측 상단의 단가 OPTION 버튼 클릭하여 조달구분 구매, 생산 모두 표준원가(품목등록) 체크 / 사업장, 실적기간, 구분, 수량조회기준 선택 후 실적기준 탭에서 조회하여 품목별 양품금액 확인

19 ③ [생산관리공통] → [생산/외주/재공현황] → [자재사용현황(작업별)] 사업장, 사용기간 입력 후 조회 / 작업지시번호별 사용수량 합산하여 확인(마우스 R 클릭 후 정렬 및 소계설정 기능 활용)

20 ① [생산관리공통] → [생산/외주/재공현황] → [현재공현황(공정/작업장)] 사업장, 해당년도, 재공유무 선택 후 작업장 탭에서 조회하여 확인

생산 2급 | 2025년 6회 (2025년 11월 22일 시행)

[이론 답안]

1	2	3	4	5	6	7	8	9	10
②	②	②	①	④	④	③	④	④	①

11	12	13	14	15	16	17	18	19	20
④	③	③	②	④	④	④	③	④	①

[풀이]

01 ② 현재 ERP는 기업 내 각 영역의 업무프로세스를 지원하여 통합업무처리를 추구하는 시스템으로 발전하고 있다.

02 ②
성과측정관리(BSC)는 SEM(전략적기업경영시스템)의 단위 시스템에 해당한다.
e-Business 지원 시스템을 구성하는 단위 시스템에는 전자상거래시스템(EC), 의사결정지원시스템(DSS), 고객관계관리시스템(CRM), 지식경영시스템(KMS), 경영자정보시스템(EIS), 공급업체관리시스템(SCM) 등이 있다.

03 ②

04 ① 클라우드를 통해 ERP도입에 관한 진입장벽을 낮출 수 있다.

05 ④
총괄생산계획(APP) 하에서 수요변동에 대비하여 사용되는 전략은 대표적으로 고용수준의 변동, 생산율 조정, 재고수준의 조정, 하청 및 설비확장 등이다.

06 ④

07 ③
- 후기의 수요예측치 = 지수평활계수 × 전기의 실제값 + (1− 지수평활계수) × 전기의 예측치
  = 0.3 × 14,000 + (1−0.3) × 12,000 = 12,600

08 ④

09 ④ 공장건설이나 설비보전에 사용되는 자금, 시간, 비용등과 같은 자원의 효율향상을 위해 개발된 기법이다.
[네트워크 계획기법]
- PERT: 작업기간이 불확실한 프로젝트를 관리하기 위해 작업활동에 소요되는 시간을 비관적일 경우, 낙관적일 경우, 일반적인 경우로 구분하여 각 시간추정치의 가중평균치를 통해 작업일정을 결정하는 형태
- CPM: 공장건설 및 설비보전에 소요되는 자원(자금, 시간, 비용 등)의 효율향상을 위하여 개발되었다. 프로젝트 내 활동들의 소요시간이 확정적인 경우에 사용되며, 주로 안정적인 산업에서 많이 이용

10 ①

11 ④ 부하와 능력의 균형화
[공수계획의 기본적 방침]
- 부하와 능력의 균형화: 특정된 공정에 부하가 과도하게 집중되지 않도록 조정한다.
- 가동률의 향상: 사람이나 기계가 유휴상태가 되지 않도록 알맞은 작업량을 할당한다.
- 일정별 부하변동 방지: 일정계획과 대비하여 시간에 따라 부하의 변동방지 및 부하의 조정
- 적성배치와 전문화 촉진: 작업의 성질이 작업자의 특성과 기계의 성능에 맞도록 할당한다.
- 여유성: 부하와 능력 두 측면에 적당한 여유를 둔다.

12 ③

13 ③

14 ② JIT 시스템은 대량 생산과 재고 축적이 아니라, 소량 생산과 재고 최소화에 초점을 맞추며, 실제 수요에 따라 생산이 이루어지는 것이 특징이다.

15 ④ 칸반시스템은 당기기 방식(Pull System)으로 작업을 진행한다.
[칸반시스템의 운영규칙]
- 불량품은 절대로 후공정에 보내지 않는다.
- 생산을 평준화한다.
- 칸반은 미세조종의 수단이다.
- 후공정이 필요한 만큼 선행공정에 가지러 간다.
- 선행공정은 후공정이 인수해 간 양만큼만 생산한다.
- 공정을 안정화하여 합리화한다.

16 ④
[JIT 시스템의 5S]
- 정리(SEIRI): 필요한 물품과 불필요한 물품을 구분하여 불필요한 물품은 처분한다.
- 정돈(SEITON): 필요한 물품은 즉시 끄집어 낼 수 있도록 만든다.
- 청소(SEISO): 먼지와 더러움을 없애 직장 및 설비를 깨끗한 상태로 만든다.
- 청결(SEIKETSU): 직장을 위생적으로 하여, 작업환경을 향상시킨다. 1), 2), 3)항의 3S를 유지하는 것이다.
- 마음가짐(SHITSUKE): 4S(정리, 정돈, 청소, 청결)를 실시하여 사내에서 결정된 사항, 표준을 준수해 나가는 태도를 몸에 익힌다.

17 ④
[재고의 유형]
- 예상(비축)재고: 계절적인 수요 급등, 가격급등, 파업으로 인한 생산중단 등이 예상될 때, 향후 발생할 수요를 대비하여 미리 생산하여 보관하는 재고
- 순환재고: 비용 절감을 위하여 경제적 주문량(생산량) 또는 로트 사이즈(lot size)로 구매(생산)하게 되어, 당장 필요한 수량을 초과하는 잔량에 의해 발생하는 재고로서 다음의 구매시점까지 계속 보유하는 재고를 말한다.
- 안전재고: 조달기간의 불확실, 생산의 불확실, 또는 그 기간 동안의 수요량이 불확실한 경우 등 예상외의 소비나 재고부족 상황에 대비하여 보유하는 재고
- 수송(파이프라인)재고: 재고비용을 부담하여 물품에 대한 소유권을 가지고 있으며, 수송 중에 있는 재고로 수입물품 등과 같이 긴 조달(수송)기간을 갖는 재고, 유통과정의 이동 중인 재고, 정유회사의 수송용 파이프로 이동 중인 재고

18 ③

- 경제적 주문량(EOQ) $= \sqrt{\dfrac{2SD}{P_i}} = \sqrt{\dfrac{2 \times 1회\ 주문비용(S) \times 연간\ 총수요(D)}{구입단가(P) \times 연간\ 재고유지비율(i)}}$

$\qquad = \sqrt{\dfrac{2 \times 100 \times 450}{1,000 \times 0.1}} = 30개$

19 ④

- 순소요량 $=$ 총소요량 $-$ 현재고 $-$ 입고예정재고 $+$ 할당(출고예정)된 재고 $+$ 안전재고
  $= 200개 - 60개 - 60개 + 30개 + 30개 = 140개$

20 ①
[SCM의 내·외재적 기능]
- 내재적 기능: 공급자 네트워크에 의해 공급된 원자재 등을 변형시키는 데 사용하는 여러 프로세스, 고객의 주문을 실제 생산 작업으로 투입하기 위한 생산 일정계획
- 외재적 기능: 올바른 공급자 선정, 공급자와의 긴밀한 파트너십 유지

[실무 답안]

1	2	3	4	5	6	7	8	9	10
③	③	④	②	④	②	②	①	②	④

11	12	13	14	15	16	17	18	19	20
①	③	③	④	①	②	②	④	③	①

[풀이]

01 ③ [시스템관리] → [기초정보관리] → [품목등록] 계정구분, 검사여부, 소분류 선택 후 조회 / 해당 품목별 ORDER/COST 탭에서 확인

02 ③ [시스템관리] → [기초정보관리] → [창고/공정(생산)/외주공정등록] 사업장 입력 후 생산공정/작업장 탭에서 조회하여 확인

03 ④ [시스템관리] → [기초정보관리] → [물류실적(품목/고객)담당자등록] 품목 탭에서 조달, 중분류 선택 후 조회 / 품목별 생산담당자 확인

04 ② [생산관리공통] → [기초정보관리] → [BOM등록] 모품목, 기준일자, 사용여부 선택 후 조회하여 자품목의 세부사항 확인

05 ④ [생산관리공통] → [기초정보관리] → [BOM역전개] 자품목, 기준일자, 사용여부 선택 후 BOM 탭에서 조회하여 확인

06 ② [생산관리공통] → [생산관리] → [생산계획등록] 사업장, 작업예정일, 계정구분 선택 후 날짜별 탭에서 조회하여 확인

07 ② [생산관리공통] → [생산관리] → [작업지시등록] 사업장, 공정, 작업장, 지시기간 입력 후 조회 / 작업지시번호별 마우스 R 클릭 후 부가기능의 [품목상세정보] 클릭하여 검사여부 확인

08 ① [생산관리공통] → [생산관리] → [작업지시확정] 사업장, 공정, 작업장, 지시기간 입력 후 조회 / 작업지시번호 전체 선택 후 상단의 [확정] 버튼 클릭 / 사용일 입력 후 확인 / 작업지시번호별로 하단의 확정수량 확인

09 ② [생산관리공통] → [생산관리] → [생산자재출고] 사업장, 출고기간 입력 후 조회 / 우측 상단의 출고요청 버튼을 클릭 후 [출고요청 조회] 창에서 청구기간, 청구공정, 청구작업장 선택 후 조회하여 모품목 확인

10 ④ [생산관리공통] → [생산관리] → [작업실적등록] 사업장, 지시(품목), 지시공정, 지시작업장 선택 후 조회 / 작업지시번호별 하단 작업실적 자료의 '적합' 및 '부적합' 수량의 합계 확인

11 ① [생산관리공통] → [생산관리] → [생산자재사용등록] 사업장, 구분, 실적공정, 실적작업장, 실적기간, 상태 입력 후 조회 / 작업실적번호별로 상단의 [청구적용] 버튼을 클릭하여 잔량 확인

12 ③ [생산관리공통] → [생산관리] → [생산실적검사] 사업장, 실적일, 공정, 작업장 선택 후 조회 / 작업실적별 검사 내역에 대한 세부사항 확인

13 ③ [생산관리공통] → [생산관리] → [생산품창고입고처리] 사업장, 실적기간, 공정, 작업장 선택 후 조회하여 실적번호별 세부사항 확인

14 ④ [생산관리공통] → [생산관리] → [작업지시마감처리] 사업장, 지시일, 공정구분, 공정, 작업장 선택 후 조회하여 세부사항 확인
※ 계획 상태에서는 마감처리가 불가능하다.

15 ① [생산관리공통] → [재공관리] → [재공창고입고/이동/조정등록] 사업장, 실적기간 입력 후 재공이동 탭에서 조회 / 지문의 조회 조건에 맞는 이동번호 확인

16 ② [생산관리공통] → [생산/외주/재공현황] → [생산월보] 사업장, 해당년도, 구분, 공정, 작업장 선택 후 실적기준 탭에서 조회기준(적합), 집계기준(공정별 실적) 선택 후 조회하여 확인

17 ② [생산관리공통] → [생산/외주/재공현황] → [지시대비실적현황] 사업장, 지시기간, 공정, 작업장 선택 후 조회하여 품목별 잔량 확인(마우스 R 클릭 후 정렬 및 소계 설정 기능을 이용하여 품명의 소계를 적용하여 확인)

18 ④ [생산관리공통] → [생산/외주/재공현황] → [자재청구대비투입/사용현황] 상단의 [단가 OPTION] 버튼을 클릭하여 구매, 생산 모두 실제원가(품목등록) 선택 / 사업장, 지시기간, 공정, 작업장 선택 후 조회 / 작업지시번호별로 하단의 청구금액, 투입금액 확인

19 ③ [생산관리공통] → [생산/외주/재공현황] → [현재공현황(공정/작업장)] 사업장, 공정, 해당년도, 계정, 품목, 재공유무 선택 후 작업장 탭에서 조회하여 확인

20 ① [생산관리공통] → [생산/외주/재공현황] → [품목별품질현황(전수검사)] 사업장, 검사기간, 계정 선택 후 조회하여 품목별 불량률 확인

생산 2급 2025년 5회 (2025년 9월 27일 시행)

[이론 답안]

1	2	3	4	5	6	7	8	9	10
④	①	①	③	③	④	③	②	③	②

11	12	13	14	15	16	17	18	19	20
①	②	④	③	①	③	①	①	④	③

[풀이]

01 ④

[기계학습(머신러닝) 워크플로우 6단계]
- 데이터 수집(1단계): 인공지능 구현을 위해서는 머신러닝·딥러닝 등의 학습방법과 이것을 학습할 수 있는 방대한 양의 데이터와 컴퓨팅 파워가 필요
- 점검 및 탐색(2단계): 데이터의 구조와 결측치 및 극단적 데이터를 정제하는 방법을 탐색하며, 변수들 간 데이터 유형 등 데이터의 특징을 파악
- 전처리 및 정제(3단계): 다양한 소스로부터 획득한 데이터 중 분석하기에 부적합하거나 수정이 필요한 경우, 데이터를 전처리하거나 정제하는 과정
- 모델링 및 훈련(4단계): 머신러닝에 대한 코드를 작성하는 모델링 단계로 적절한 알고리즘을 선택하여 모델링을 수행하고, 알고리즘에 전처리가 완료된 데이터를 학습(훈련)하는 단계
- 평가(5단계): 머신러닝 기법을 이용한 분석모델(연구모형)을 실행하고 성능(예측정확도)을 평가하는 단계
- 배표(6단계): 평가 단계에서 머신러닝 기법을 이용한 분석모델(연구모형)이 성공적으로 학습된 것으로 판단되면 완성된 모델을 배포

02 ①

03 ① 폐쇄형 클라우드는 전용 인프라로 인해 데이터 보안과 프라이버시가 강화된다.

04 ③

05 ③
- 노동생산성 = 산출액 ÷ 투입량
- 개선 전 노동생산성 100개 ÷ 10명 = 10개/명
- 개선 후 노동생산성 120개 ÷ 8명 = 15개/명
  따라서, 노동생산성은 50%[(15-10)÷10] 향상되었다.

06 ④

07 ③ 생산일정에 맞춘 공급계획의 오류 → MRP 또는 SCM 모듈의 오류로 볼 수 있음

08 ②

09 ③ 이동평균법은 성숙기에 적합
[제품수명주기 단계별 수요예측방법]
- 도입기: 정성적 방법(델파이법, 중역 및 판매원평가법, 시장실험법, 전문가 의견 등)
- 성장기: 트랜드(추세)를 고려할 수 있는 예측방법(시장조사법, 추세분석 등)
- 성숙기: 정량적 방법(이동평균법, 지수평활법)
- 쇠퇴기: 트랜드(추세)를 고려할 수 있는 예측방법, 정성적 방법(사업규모 축소 및 철수여부 결정)

10 ②

[생산방식의 특징]
- 개별생산방식(Job Shop): 단속생산, 주문에 의한 생산, 범용기계, 공정별 기계배치, 큰 유연성, 숙련공, 공장 내의 물자이송(물류)량이 큼
- 흐름생산방식(Flow Shop): 주로 석유, 화학, 가스, 주류 등 원자재가 파이프라인을 통하여 공정으로 이동되며, 각 공정의 옵션에 따라서 몇 가지의 제품을 생산하는 방식이다. 연속생산, 특수기계의 생산라인, 적은 유연성, 물자이송(물류)량이 작음, 전용기계, 제품별 배치, 비숙련공도 투입, 대량 및 재고생산(make-to-stock)에 해당
- 프로젝트생산방식(Project Shop): 제품은 고정, 설비나 작업자가 이동
- 연속생산방식(Continuous Production): 반복생산, 제품으로써 대량데이터 처리, 시간단축 등으로 효율화시킨 MRP가 적용되고 있으며, 부품조달과 절차개선에 JIT 기법이 광범위하게 이용

11 ① 생산과정에서 설비의 유휴에 의한 손실시간을 감소시키는 것이다. → 대내적인 목표
- 공정관리의 대내적 목표: 가동률 향상, 재공품의 감소, 생산속도의 향상
- 공정관리의 대외적 목표: 고객의 요구조건(가격, 품질, 납기 등)을 충족시키기 위해 생산과정을 합리화

12 ②
- 절차계획(Routing): 원재료를 어떻게 사용하여 어떤 공정에서 가공할 것인가를 계획하는 것이다. 즉 작업의 순서, 표준시간, 각 작업이 행해질 장소를 결정하고 할당한다. 리드타임 및 소요되는 자원의 양을 계산하고 원가계산 시 기초자료로 활용

13 ④ 대기는 하나의 작업장소에서 타작업장소로 이동하기 위해 발생하는 작업, 이동, 하역을 하고 있는 상태이다. → 운반공정

14 ③
1개 생산시간 = 100시간
2개 생산시간 = (100시간×0.9) × 2 = 180시간

15 ①

[간트차트 정보의 유용성]
- 간트차트를 이용하여 각 작업의 전체 공정시간을 알 수 있다.
- 각 작업의 완료시간을 알 수 있다.
- 다음 작업의 시작시간을 알 수 있다.

[간트차트의 한계]
- 일정계획의 변경을 유연하게 수용할 수 없다.
- 복잡하고 세밀한 일정계획에 적용하기 힘들다.
- 작업들 간의 유기적인 관련성을 파악하기 어렵다.
- 문제점을 사전에 파악하는데 적절하지 않다. 따라서 주요 위험요소의 중점관리 및 사전 통제를 효율적으로 할 수 없다.

16 ③

- 라인밸런스 효율(Eb) $= \dfrac{\text{라인(작업)의 순작업시간합계}(\sum t_i)}{\text{작업장수}(n) \times \text{애로공정의시간}(t_{max})} \times 100$

$$= \frac{27+35+22+28}{4 \times 35} \times 100 = 80\%$$

- 불균형률(d) = 1 − 라인밸런스 효율(Eb) = 1 − 0.8 = 0.2(20%)

17 ①

애로우(A. J. Arrow)는 기업이 재고를 보유하고 있는 이유를 인간이 화폐를 보유하고 있는 이유와 연결하여 거래동기, 예방동기, 투기동기로 설명한다.

18 ①

• 경제적 주문량(EOQ) = $\sqrt{\dfrac{2SD}{P_i}}$ = $\sqrt{\dfrac{2 \times 1회\,주문비용(S) \times 연간\,총수요(D)}{구입단가(P) \times 연간\,재고유지비율(i)}}$

  = $\sqrt{\dfrac{2 \times 50 \times 100}{1,000 \times 0.1}}$ = 10개

19 ④

• MRP의 입력 요소: MPS(기준생산계획 또는 주생산일정계획), BOM(자재명세서), 재고기록철
• MRP의 출력 요소: 일정계획, CRP(생산능력소요계획)

20 ③

[실무 답안]

1	2	3	4	5	6	7	8	9	10
④	③	①	④	③	④	②	①	③	①

11	12	13	14	15	16	17	18	19	20
④	③	②	②	①	④	③	②	③	①

[풀이]

01 ④ [시스템관리] → [기초정보관리] → [품목등록] 계정구분, 검사여부 선택 후 조회 / 해당 품목별 ORDER/COST 탭에서 LEAD TIME 확인

02 ③ [시스템관리] → [기초정보관리] → [창고/공정(생산)/외주공정등록] 사업장 입력 후 창고/장소, 생산공정/작업장 및 외주공정/작업장 탭에서 각각 조회하여 확인

03 ① [시스템관리] → [기초정보관리] → [물류실적(품목/고객)담당자등록] 품목 탭에서 계정, 대분류 선택 후 조회하여 해당 품목별 자재담당자 및 생산담당자 확인

04 ④ [생산관리공통] → [기초정보관리] → [BOM역전개] 자품목, 기준일자, 사용여부 선택 후 BOM 탭에서 조회하여 확인

05 ③ [시스템관리] → [기초정보관리] → [검사유형등록] 검사구분, 사용여부 선택 후 조회하여 확인

06 ④ [생산관리공통] → [생산관리] → [생산계획등록] 사업장, '생산계획등록 품목만 조회' 체크, 작업예정일, 계정구분 선택 후 품목별 탭에서 조회하여 품목별 세부사항 확인

07 ② [생산관리공통] → [생산관리] → [작업지시등록] 사업장, 공정, 작업장, 지시기간 입력 후 조회 / 작업지시번호별로 마우스 R 클릭 후 [작업지시등록] 이력정보 확인

08 ① [생산관리공통] → [생산관리] → [작업지시확정] 사업장, 공정, 작업장, 지시기간 입력 후 조회 / 작업지시번호별 하단의 확정수량 확인

09 ③ [생산관리공통] → [생산관리] → [생산자재출고] 사업장, 출고기간, 공정, 작업장 선택 후 조회 / 출고번호별 하단의 품목 선택 후 모품목 확인

10 ① [생산관리공통] → [생산관리] → [작업실적등록] 사업장, 지시(품목), 지시공정, 지시작업장 입력 후 조회 / 작업지시번호별 하단의 작업실적이 '이동'으로 등록한 작업실적번호 확인

11 ④ [생산관리공통] → [생산관리] → [생산자재사용등록] 사업장, 구분, 실적공정, 실적작업장, 실적기간, 상태 선택 후 조회 / 작업실적번호별로 상단의 [청구적용] 버튼을 클릭하여 잔량 확인(잔량이 음수(−)이면 적용예정량보다 적용수량이 크다는 의미이다.)

12 ③ [생산관리공통] → [생산관리] → [생산실적검사] 사업장, 실적일, 공정, 작업장 선택 후 조회 / 작업실적별 검사 내역에 대한 세부사항 확인

13 ② [생산관리공통] → [생산관리] → [생산품창고입고처리] 사업장, 실적기간, 공정, 작업장 선택 후 조회하여 실적번호별 세부사항 확인

14 ② [생산관리공통] → [생산관리] → [작업지시마감처리] 사업장, 지시일, 실적잔량(0.유) 선택 후 조회 / 작업 지시번호별 하단의 실적잔량 확인
※ 계획 상태에서는 마감처리가 불가능하다.

15 ① [생산관리공통] → [재공관리] → [재공창고입고/이동/조정등록] 사업장, 실적기간 입력 후 재공이동 탭에 서 조회 / 지문의 조회 조건에 맞는 이동번호 확인

16 ④ [생산관리공통] → [생산/외주/재공현황] → [실적현황] 사업장, 지시기간 입력 후 조회하여 품목군별 실적 수량 확인(마우스 R 클릭 후 정렬 및 소계 설정 기능을 이용하면 편리함)

17 ③ [생산관리공통] → [생산/외주/재공현황] → [생산일보] 우측 상단의 [단가 OPTION] 버튼을 클릭하여 조 달구분 구매, 생산 모두 실제원가(품목등록) 체크 / 사업장, 실적기간, 구분, 수량조회기준 선택 후 실적기준 탭에서 조회하여 품목별 양품금액 확인

18 ② [생산관리공통] → [생산/외주/재공현황] → [현재공현황(공정/작업장)] 사업장, 해당년도, 재공유무 선택 후 공정 탭에서 조회하여 확인

19 ③ [생산관리공통] → [생산/외주/재공현황] → [자재사용현황(제품별)] 사업장, 사용기간, 공정, 작업장 선택 후 조회 / 작업지시번호(품목)별 사용수량 합산하여 확인(마우스 R 클릭 후 정렬 및 소계 설정 기능을 이용 하여 품명의 소계를 적용하여 확인)

20 ① [생산관리공통] → [생산/외주/재공현황] → [품목별품질현황(샘플검사)] 사업장, 검사기간 입력 후 조회하 여 품목별 샘플 합격률 확인

생산 2급 | 2025년 4회 (2025년 7월 26일 시행)

[이론 답안]

1	2	3	4	5	6	7	8	9	10
④	③	③	③	④	①	③	④	③	③
11	12	13	14	15	16	17	18	19	20
①	②	③	②	②	③	④	③	④	③

[풀이]

01 ④

02 ③
① 기계학습이란 방대한 데이터를 분석해 미래를 예측하는 기술로 일반적으로 생성된 데이터를 정보와 지식(규칙)으로 변환하는 컴퓨터 알고리즘을 의미한다.
② 비지도학습(Unsupervised Learning)은 데이터가 어떻게 구성되어 있는지 알아내는 문제의 범주에 속하며, 대표적인 방법에는 군집분석, 오토인코더, 생성적 적대신경망(GAN)이 있다.
④ 데이터를 수집하고 머신러닝을 수행하는 과정인 머신러닝 워크플로우(Machine Learning Workflow)의 처리 순서는 데이터 수집 → 점검 및 탐색 → 전처리 → 정제 → 모델링 및 훈련 → 평가 → 배포 순으로 진행된다.

03 ③ 기존 업무처리에 따라 ERP 패키지를 수정한다면 'Best Practice' 도입 즉, BPR을 하지 않는 것과 다름 없다.

04 ③

05 ④
- 노동생산성 = 2,400개 ÷ (5명×8시간) = 60개/시간
- 기계생산성 = 2,400개 ÷ (4대×8시간) = 75개/시간

06 ① 계획(Planning) BOM은 주로 생산관리부서 및 판매, 마케팅 부서 등에서 주로 활용된다.

07 ③
[예측의 7단계]
- 1단계: 예측의 목적과 용도
- 2단계: 예측 대상 품목과 단위 결정
- 3단계: 예측 기간의 선정
- 4단계: 적합한 예측 기법의 선정
- 5단계: 필요한 자료의 수집
- 6단계: 예측의 시행
- 7단계: 예측치에 대한 검증(타당성, 정확성)

08 ④

- 긴급률(CR) = 잔여납기일수 ÷ 잔여제조일수 = (납기일−현재일) ÷ 잔여제조일수

작업	납기일	현재일	잔여납기일수	잔여작업일수	긴급률
A	35	30	5	5	1.000
B	40	30	10	5	2.000
C	40	30	10	8	1.250
D	35	30	5	8	0.625

* 긴급률이 작은 순서부터 작업을 진행하여야 한다.

09 ③

10 ③

① A: 성숙기, ② B: 도입기, ④ D: 성장기

11 ①

[공정계획]
- 공정(절차)계획(Routing): 원재료를 어떻게 사용하여 어떤 공정에서 가공할 것인가를 계획하는 것이다. 즉 작업의 순서, 표준시간, 각 작업이 행해질 장소를 결정하고 할당한다. 리드타임 및 소요되는 자원의 양을 계산하고 원가계산 시 기초자료로 활용
- 공수계획: 생산예정표에 의해 결정된 생산량에 대해 작업량을 구체적으로 결정하고 그것을 현재 보유하고 있는 사람이나 기계의 능력을 고려하여 양자를 조정하는 것
  - 부하계획: 최대작업량과 평균작업량의 비율인 부하율을 최적으로 유지할 수 있는 작업량의 할당계획
  - 능력계획: 부하계획과 더불어 기준조업도와 실제조업도와의 비율을 최적으로 유지하기 위한 계획

12 ② 제품의 형상이나 품질에 변화는 주는 공정이다. → 가공공정

13 ③

- 가동률 = 출근율 × (1−간접작업률)
  = (40명÷50명) × (1−0.1) = 0.72(72%)

14 ②

①, ③, ④는 간트의 대표적인 활용 분야인 '프로젝트 일정 관리'에 해당한다.
[간트차트 정보의 유용성]
- 간트차트를 이용하여 각 작업의 전체 공정시간을 알 수 있다.
- 각 작업의 완료시간을 알 수 있다.
- 다음 작업의 시작시간을 알 수 있다.

[간트차트의 한계]
- 일정계획의 변경을 유연하게 수용할 수 없다.
- 복잡하고 세밀한 일정계획에 적용하기 힘들다.
- 작업들 간의 유기적인 관련성을 파악하기 어렵다.
- 문제점을 사전에 파악하는데 적절하지 않다. 따라서 주요 위험요소의 중점관리 및 사전 통제를 효율적으로 할 수 없다.

15 ②

- 라인밸런스 효율(Eb) = $\dfrac{\text{라인(작업)의 순작업시간 합계}(\sum_{ti})}{\text{작업장수}(n) \times \text{애로공정의시간}(t_{max})} \times 100$

$$= \frac{23+25+30+27}{4\times30} \times 100 = 87.5\%$$

16 ③ 수요가 발생할 때에만 작업을 진행

칸반은 생산·공급을 다음 공정의 소진 신호(빈 컨테이너·카드)가 발생할 때만 수행하는 '당기기(Pull)' 방식이다. 카드가 없으면 작업을 멈추므로 불필요한 재고를 최소화할 수 있다.

17 ④ ㈜정밀부품은 매주 수요가 100개로 항상 일정하므로 항상 정확한 수요량인 100개만큼의 재고를 비축해 두며, 해당 유형의 재고는 적정재고의 성격으로 볼 수 있다.

18 ③

- MRP의 입력 요소: MPS(기준생산계획 또는 주생산일정계획), BOM(자재명세서), 재고기록철
- MRP의 출력 요소: 일정계획, CRP(생산능력소요계획)

19 ④ SCM은 기업 내부 프로세스의 최적화뿐만 아니라, 공급업체 및 고객과의 협력을 통해 최소 비용으로 고객 만족을 극대화하는 것이 목표이다.

20 ③

생산능력소요계획(CRP)의 입력정보는 MRP에서 산출된 발주계획 정보, 절차계획 정보, 확정주문 정보, 작업공정표 정보, 작업장 상태 정보이다. MRP 전개에 의해 생성된 계획이 얼마만큼의 제조자원을 요구하는지를 계산하는 모듈이다.

[실무 답안]

1	2	3	4	5	6	7	8	9	10
③	④	②	④	①	④	①	③	②	④

11	12	13	14	15	16	17	18	19	20
①	④	②	③	②	③	①	①	②	①

[풀이]

01 ③ [시스템관리] → [기초정보관리] → [품목등록] 조달구분, 검사여부 선택 후 조회 / 품목별로 MASTER/SPEC 및 ORDER/COST 탭에서 세부사항 확인

02 ④ [시스템관리] → [기초정보관리] → [창고/공정(생산)/외주공정등록] 사업장 입력 후 창고/장소 및 생산공정/작업장 탭에서 각각 조회하여 확인

03 ② [시스템관리] → [기초정보관리] → [물류실적(품목/고객)담당자등록] 품목 탭에서 계정 선택 후 조회 / 품목별 영업담당자 및 생산담당자 확인

04 ④ [생산관리공통] → [기초정보관리] → [BOM등록] 모품목, 기준일자, 사용여부 선택 후 조회하여 자품목의 세부사항 확인

05 ① [생산관리공통] → [기초정보관리] → [BOM역전개] 자품목, 기준일자, 사용여부 선택 후 BOM 탭에서 조회하여 확인

06 ④ [생산관리공통] → [생산관리] → [생산계획등록] 사업장, '생산계획등록 품목만 조회' 체크, 작업예정일, 계정구분 선택 후 날짜별 탭에서 조회하여 품목별 세부사항 확인

07 ① [생산관리공통] → [생산관리] → [작업지시등록] 사업장, 공정, 작업장, 지시기간 입력 후 조회 / 작업장별 작업지시수량 확인

08 ③ [생산관리공통] → [생산관리] → [작업지시확정] 사업장, 공정, 작업장, 지시기간 입력 후 조회 / 작업지시별 세부사항 및 하단의 청구자재 확인
[생산관리공통] → [기초정보관리] → [BOM정전개] 모품목 입력 후 BOM 탭에서 조회 / 작업지시확정 메뉴의 청구자재와 BOM전개 자재를 비교하여 확인

09 ② [생산관리공통] → [생산관리] → [생산자재출고] 사업장, 출고기간 입력 후 조회 / 우측 상단의 [출고요청] 버튼을 클릭 후 [출고요청 조회] 창에서 청구기간, 청구공정, 청구작업장 선택 후 조회하여 품목별 청구잔량 합산하여 확인

10 ④ [생산관리공통] → [생산관리] → [작업실적등록] 사업장, 지시(품목), 지시공정, 지시작업장 선택 후 조회 / 작업지시번호별 하단 작업실적 자료의 '적합' 및 '부적합' 수량의 합계 확인

11 ① [생산관리공통] → [생산관리] → [생산자재사용등록] 사업장, 구분, 실적공정, 실적작업장, 실적기간, 상태 입력 후 조회 / 작업실적번호별로 상단의 [청구적용] 버튼을 클릭하여 잔량 확인

12 ④ [생산관리공통] → [생산관리] → [생산실적검사] 사업장, 실적일, 공정, 작업장 선택 후 조회 / 작업실적별 검사 내역에 대한 세부사항 확인

13 ② [생산관리공통] → [생산관리] → [생산품창고입고처리] 사업장, 실적기간, 공정, 작업장, 검사구분(1.검사) 선택 후 조회하여 실적번호 확인
※ 작업실적등록 시 검사구분이 검사인 경우 생산실적검사 후 생산품창고입고처리를 진행하여야 한다.

14 ③ [생산관리공통] → [생산관리] → [작업지시마감처리] 사업장, 지시일, 공정구분, 공정, 작업장 선택 후 조회 / 작업지시번호별 하단의 실적잔량 확인
※ 계획 상태에서는 마감처리가 불가능하다.

15 ② [생산관리공통] → [재공관리] → [재공창고입고/이동/조정등록] 사업장, 실적기간 입력 후 재공조정 탭에서 조회 / 지문의 조건에 맞는 조정번호 확인

16 ③ [생산관리공통] → [생산/외주/재공현황] → [자재청구대비투입/사용현황] 사업장, 지시기간, 공정, 작업장 선택 후 조회 / 작업지시번호별로 하단의 청구수량 합계와 투입수량 합계를 비교하여 확인

17 ① [생산관리공통] → [생산/외주/재공현황] → [실적현황] 사업장, 지시기간, 지시공정, 지시작업장 선택 후 조회하여 생산설비별 실적수량 확인(마우스 R 클릭 후 정렬 및 소계 설정 기능을 이용하면 편리함)

18 ① [생산관리공통] → [생산/외주/재공현황] → [생산일보] 우측 상단의 [단가 OPTION] 버튼을 클릭하여 조달구분 구매, 생산 모두 실제원가(품목등록) 체크 / 사업장, 실적기간, 구분, 수량조회기준 선택 후 실적기준 탭에서 조회하여 품목별 부적합금액 확인

19 ② [생산관리공통] → [생산/외주/재공현황] → [품목별품질현황(샘플검사)] 사업장, 검사기간 입력 후 조회하여 품목별 샘플 합격률 확인

20 ① [생산관리공통] → [생산/외주/재공현황] → [현재공현황(공정/작업장)] 사업장, 공정, 해당년도, 조달, 재공유무 선택 후 작업장 탭에서 조회하여 확인

생산 2급   2025년 3회 (2025년 5월 24일 시행)

[이론 답안]

1	2	3	4	5	6	7	8	9	10
③	①	②	③	③	③	③	③	③	④
11	12	13	14	15	16	17	18	19	20
②	③	①	①	④	②	①	④	②	①

[풀이]

01 ③ 도입 초기의 RPA는 스스로 학습하지 못하고, 정형화된 데이터 기반의 자료 작성, 단순 반복 업무처리, 고정된 프로세스 단위 업무 수행한다.
[RPA(Robotic Process Automation) 적용단계]
- 기초프로세스 자동화(1단계): 정형화된 데이터 기반의 자료 작성, 단순 반복 업무처리, 고정된 프로세스 단위 업무 수행
- 데이터 기반의 머신러닝 활용(2단계): 이미지에서 텍스트 데이터 추출, 자연어 처리로 정확도와 기능성을 향상시키는 단계
- 인지자동화(3단계): RPA가 업무 프로세스를 스스로 학습하면서 자동화하는 단계이며, 빅데이터 분석을 통해 사람이 수행하는 더 복잡한 작업과 의사결정을 내리는 수준

02 ① 기존의 수동 재고 관리 방식보다 운영 비용이 감소한다.

03 ②

04 ③

05 ③
생산 · 운영관리의 구체적인 목표는 원가(비용), 품질, 시간(납기), 유연성으로 구분할 수 있다.

06 ③

07 ③
[정성적 예측방법]
- 델파이법: 여러 전문가들의 의견을 수집한 다음 해당 의견들을 정리하여 다시 전문가들에게 배부한 후 의견의 합의가 이루어질 때까지 반복적으로 서로 논평하게 하여 수요를 예측하는 방법으로 신제품 개발, 시장전략 등을 위한 장기예측이나 기술예측에 적합
- 시장조사법: 설문지, 인터뷰, 전화조사, 시제품 발송 등 다양한 방법을 통해 소비자들의 의견 및 시장조사를 통하여 수요를 예측하는 방법
- 중역 및 판매원평가법: 회사의 주요 간부들의 의견을 모으거나 판매원들의 담당지역별 수요 예측치를 집계하여 전체 수요를 예측하는 방법이다. 특히 판매현장의 경험이 풍부한 영업담당자의 판단에 의한 판매예측은 단기 · 중기적 예측에 적합
- 패널동의법: 경영자, 판매원, 소비자 등으로 패널을 구성하여 자유롭게 의견을 제시함으로써 예측치를 구하는 방법
- 수명주기 유추법: 신제품의 경우와 같이 과거자료가 없을 때 이와 비슷한 기존 제품이 과거 시장에서 도입기, 성장기, 성숙기를 거치면서 어떠한 수요패턴이었는지를 유추하여 수요를 예측하는 방법

08 ③

09 ③ POQ(Periodic Order Quantity)란 기간 주문량으로서, 일정한 기간 동안 필요한 소요량을 모아서 한꺼번에 주문하는 방식이다.
[기준생산계획 수립 시 주문 정책]
- Lot for Lot(LFL, L4L): 필요한 만큼만 생산 및 구매하며, 재고를 최소화하는 방법
- FOQ(Fixed Order Quantity): 고정주문량, 매번 동일한 양을 주문하는 방법으로 공급자로부터 항상 일정한 양만큼 공급받는 경우
- EOQ(Economic Order Quantity): 경제적 주문량, 주문비용과 재고유지비용 간의 관계를 이용하여 가장 합리적인 주문량을 결정하는 방법
- ROP(Reorder Point System): 재주문점, 재고가 일정수준에 이르면 주문하는 방법
- POQ(Periodic Order Quantity): 주기적 주문량, 해당 품목별로 미래의 수요를 고려하여 사전에 결정한 최대 재고수준까지 정기적으로 미리 정해 놓은 일정한 간격마다 발주하는 방식

10 ④
[일정계획 수립 시 방침]
- 작업흐름의 신속화: 가공로트 수를 작게 할 것, 이동로트 수를 작게 할 것, 공정계열의 병렬화
- 생산기간의 단축
- 작업의 안정화와 가동률 향상
- 애로공정의 능력 증대
- 생산활동의 동기화

11 ②
- 공정관리의 대내적 목표: 가동률 향상, 재공품의 감소, 생산속도의 향상
- 공정관리의 대외적 목표: 고객의 요구조건(가격, 품질, 납기 등)을 충족시키기 위해 생산과정을 합리화

12 ③
- 가동률 = 출근율 × (1-간접작업률)
  = 0.8 × (1-0.2) = 0.64(64%)

13 ①
[복합 공정분석 기호]
- ◇ : 품질검사를 주로 하면서 수량검사도 한다.
- ▽ : 수량검사를 주로 하면서 품질검사도 한다.
- ◻ : 가공을 주로 하면서 수량검사도 한다.
- ⇨ : 가공을 주로 하면서 운반도 한다.

14 ① 운반공정: 부품이나 반제품을 한 작업장 또는 공정에서 다른 장소로 이동시키는 작업
[공정의 분류]
- 가공공정(Operation): 제조의 목적을 직접적으로 달성하는 공정으로 그 내용은 변질, 변형, 변색, 조립, 분해 등을 통하여 대상물을 목적에 접근시키는 공정이다. 즉 부가가치를 창출하는 공정
- 운반공정(Transportation): 특정 작업영역에서 다른 작업영역으로 이동시키기 위해 적재, 이동, 하역 등을 하고 있는 상태
- 검사공정(Inspection): 양적 검사와 질적 검사가 있는데 양적 검사는 수량, 중량의 측정 등이다. 질적 검사는 설정된 품질표준에 대해서 가공부품의 가공정도를 확인하거나 가공 부품을 품질 및 등급별로 분류하는 공정
- 정체공정(Delay): 대기와 저장의 상태에 있는 것이다. 대기는 제품이나 부품이 다음의 가공 및 조립을 하기 위해 일시적으로 기다리는 상태이며, 저장은 계획적인 보관이며 다음의 가공 및 조립으로 허가 없이 이동하는 것이 금지되어 있는 상태

15 ④
- 이용가능시간 = 10대 × 8시간 × 2교대 × 5일 = 800시간(비가동 포함)
- 실제가동시간 = 이용가능시간 800시간 − 기계불가동시간 40시간 = 760시간
- 작업효율 = 작업표준시간 ÷ 실제가동시간 × 100
  = 380시간 ÷ 760시간 × 100 = 50%

16 ② 작업 효율을 위해 미리 대량 생산해 실시간 대응이 가능한 재고 확보 → 푸시(Push) 방식

[JIT 생산방식의 특징]
- 낭비제거(소 Lot 생산): 최소한의 로트사이즈로 생산하며, 철저하게 낭비를 제거하여 생산성을 높이고 원가를 절감
- 풀 시스템(Pull System): 후행공정의 작업자가 부품을 소비한 만큼만 선행공정에서 가져가도록 하는 시스템
- 수요에 의한 생산: 생산이 소시장 수요에 따라간다. 즉 계획을 일 단위로 세워 생산
- 공급업체의 기업내부화 외부 공급업체와 긴밀한 관계를 유지하며, 신뢰를 바탕으로 한 장기적으로 거래
- 생산공정의 신축성 요구: 생산공정의 신축성(flexibility)을 요구한다. 여기서 신축성은 생산제품을 바꿀 때 필요한 설비, 공구의 교체 등에 소요되는 시간을 짧게 함

17 ①

[재고의 분류]
- 예상(비축)재고(anticipation stock): 계절적 요인, 가격의 변화 등을 예상하고 대비하기 위해 보유하는 재고
- 안전재고(safety stock): 조달기간의 불확실, 생산의 불확실, 또는 그 기간 동안의 수요량이 불확실한 경우 등 예상외의 소비나 재고부족 상황에 대비하여 보유하는 재고
- 순환재고(cycle stock): 비용 절감을 위하여 경제적 주문량 또는 로트 사이즈(lot size)로 구매(생산)하게 되어 당장 필요한 수량을 초과하는 잔량에 의해 발생하는 재고
- 수송(파이프라인)재고(pipeline stock): 재고비용을 부담하여 물품에 대한 소유권을 가지고 있으며, 수송 중에 있는 재고로 수입물품 등과 같이 긴 조달(수송)기간을 갖는 재고, 유통과정의 이동 중인 재고, 정유회사의 수송용 파이프로 이동 중인 재고

18 ④ 주문비용을 최소로 하는 1회 주문량이다.

19 ② 자재부족 최소화로 생산공정의 가동효율이 높아지고 생산소요시간이 단축된다.

20 ①

[실무 답안]

1	2	3	4	5	6	7	8	9	10
③	②	①	④	④	③	②	③	①	③

11	12	13	14	15	16	17	18	19	20
①	④	②	③	④	①	①	②	②	③

[풀이]

01 ③ [시스템관리] → [기초정보관리] → [품목등록] 계정구분, 조달구분, 검사여부 선택 후 조회 / 품목별로 ORDER/COST 탭에서 세부사항 확인

02 ② [시스템관리] → [기초정보관리] → [창고/공정(생산)/외주공정등록] 사업장 입력 후 창고/장소 및 생산공정/작업장 탭에서 각각 조회하여 확인

03 ① [시스템관리] → [기초정보관리] → [SET구성품등록] 구성품 유무, 기준일자 입력 후 조회하여 셋트품목별 하단의 구성품 수량(재고단위) 확인

04 ④ [시스템관리] → [기초정보관리] → [물류실적(품목/고객)담당자등록] 거래처 및 품목 탭에서 각각 조회하여 세부사항 확인

05 ④ [생산관리공통] → [기초정보관리] → [BOM등록] 모품목, 기준일자, 사용여부 선택 후 조회하여 자품목의 세부사항 확인

06 ③ [생산관리공통] → [생산관리] → [생산계획등록] 사업장, '생산계획등록 품목만 조회' 체크, 작업예정일, 계정구분 선택 후 품목별 탭에서 조회하여 품목별 세부사항 확인

07 ② [생산관리공통] → [생산관리] → [작업지시등록] 사업장, 공정, 작업장, 지시기간 입력 후 조회 / 작업지시번호별로 마우스 R 클릭 후 [작업지시등록] 이력정보 확인

08 ③ [생산관리공통] → [생산관리] → [작업지시확정] 사업장, 공정, 작업장, 지시기간 입력 후 조회 / 작업지시번호별 하단의 확정수량 확인

09 ① [생산관리공통] → [생산관리] → [생산자재출고] 사업장, 출고기간, 공정, 작업장 선택 후 조회 / 출고번호별 하단의 품목선택 후 모품목 확인

10 ③ [생산관리공통] → [생산관리] → [작업실적등록] 사업장, 지시(품목), 지시공정, 지시작업장 입력 후 조회 / 작업지시번호별 하단의 세부사항 확인

11 ① [생산관리공통] → [생산관리] → [생산자재사용등록] 사업장, 구분, 실적공정, 실적작업장, 실적기간 입력 후 조회 / 작업실적번호별로 상단의 [청구적용] 버튼을 클릭하여 잔량 확인

12 ④ [생산관리공통] → [생산관리] → [생산실적검사] 사업장, 실적일, 공정, 작업장, 검사여부 선택 후 조회 / 작업실적별 검사 내역에 대한 세부사항 확인

13 ② [생산관리공통] → [생산관리] → [생산품창고입고처리] 사업장, 실적기간, 공정, 작업장, 검사구분(1.검사) 선택 후 조회하여 실적번호 확인
※ 작업실적등록 시 검사구분이 검사인 경우 생산실적검사 후 생산품창고입고처리를 진행하여야 한다.

14 ③ [생산관리공통] → [생산관리] → [작업지시마감처리] 사업장, 지시일, 공정구분, 지시상태 선택 후 조회 / 작업지시번호별 하단의 실적잔량 확인

15 ④ [생산관리공통] → [재공관리] → [재공창고입고/이동/조정등록] 사업장, 실적기간 입력 후 재공조정 탭에서 조회하여 조정번호별 조정구분 내용 확인

16 ① [생산관리공통] → [생산/외주/재공현황] → [실적대비입고현황] 사업장, 실적기간 입력 후 조회하여 실적수량, 입고수량, 미입고수량 확인

17 ① [생산관리공통] → [생산/외주/재공현황] → [자재청구대비투입/사용현황] 사업장, 지시기간, 공정, 작업장 선택 후 조회 / 작업지시번호별로 하단의 사용금액 확인

18 ② [생산관리공통] → [생산/외수/새공현황] → [품목별품질현항(샘플건사)] 사업장, 검사기간 입력 후 조회하여 확인

19 ② [생산관리공통] → [생산/외주/재공현황] → [생산일보] 우측 상단의 [단가 OPTION] 버튼을 클릭하여 조달구분 구매, 생산 모두 실제원가(품목등록) 체크 / 사업장, 실적기간, 수량조회기준 선택 후 실적기준 탭에서 조회하여 품목별 양품금액 확인

20 ③ [생산관리공통] → [생산/외주/재공현황] → [지시대비실적현황] 사업장, 지시기간 선택 후 조회하여 품목별 지시수량, 실적수량, 잔량 확인(마우스 R 클릭 후 정렬 및 소계설정 기능 활용)

생산 2급 | 2025년 2회 (2025년 3월 22일 시행)

[이론 답안]

1	2	3	4	5	6	7	8	9	10
④	②	③	③	①	③	②	①	③	③

11	12	13	14	15	16	17	18	19	20
③	③	③	④	④	④	③	①	③	①

[풀이]

01 ④

빅데이터의 주요 특성(5V)은 규모(volume), 속도(velocity), 다양성(variety), 정확성(veracity), 가치(value) 등이 해당된다.

02 ②

03 ③

04 ③

05 ①

② 전력사용 시간당 산출량 → 에너지생산성 척도
③ 투자된 화폐 단위당 산출량 → 자본생산성 척도
④ 기계작동 시간당 산출물의 화폐가치 → 기계생산성 척도

06 ③

[BOM 종류]

- Engineering BOM: 설계자의 시각에서 본 제품의 형상으로 설계의 편이성을 반영
- Manufacturing BOM 또는 Production BOM: MRP 시스템에서 사용하는 BOM으로 생산관리 및 생산현장에서 사용하며 생산공정의 순서를 담고 있다. 필요할 때 가상의 품번을 정의하여 사용
- Planning BOM: Manufacturing BOM 또는 Production BOM을 근거로 주생산일정계획(MPS) 등에서 사용
- Modular BOM: Option과 밀접한 관계가 있으며, 방대한 양의 BOM 데이터관리가 용이하며, MPS 수립 시에도 Option을 대상으로 생산계획을 수립
- Percentage BOM: Planning BOM의 일종으로 제품을 구성하는 부품의 양을 정수로 표현하지 않고 백분율로 표현
- Inverted BOM: 화학이나 제철과 같은 산업에서의 소수의 종류 또는 단일 부품(원료)을 가공하여 여러 종류의 최종제품을 만드는 데 이용된다. 나무가 뒤집힌 형태, 즉 역삼각형 형태의 BOM
- Common Parts BOM: 제품에 공통적으로 사용되는 부품들을 모아 놓은 BOM, 최상위 Item은 가상의 Item Number를 갖음
- Multilevel BOM: 모품목과 자품목의 관계뿐만 아니라 자품목의 자품목까지 보여줌
- Bill of Activity: 부품정보뿐만 아니라 Routing 정보까지 포함하고, 제조·설계·구매 등의 활동까지 표현하고 있는 BOM이며, 주로 금형산업에서 많이 사용
- Phantom BOM: 실제로 존재하는 품목은 아니며 포장자재 등 관리상의 중요도가 떨어지는 품목들을 모아서 가상의 품목으로 BOM을 구성하여 BOM 구조를 좀 더 간단하게 관리하고자 할 경우에 주로 이용

07 ② 전체 공급망상에서 수익성이 떨어지게 된다.

08 ① MTS(Make-To-Stock) → 계획생산(소품종 대량생산)
② MTO(Make-To-Order) → 주문생산(다품종 소량생산)
③ ATO(Assemble-To-Order) → 주문조립생산(자동차와 같이 옵션이 많고 고가인 제품의 생산)
④ ETO(Engineer-To-Order) → 주문설계생산

09 ③
총괄생산계획(APP: Aggregate Production Plan) 하에서 수요변동에 대비하여 사용되는 전략은 대표적으로 고용수준의 변동, 생산율 조정, 재고수준의 조정, 하청 및 설비확장 등이다.

10 ③ 박자원: PERT/CPM은 네트워크를 작성하여 분석하므로 상세한 계획을 수립하기 쉽다. 즉, PERT/CPM은 오히려 상세한 일정 및 활동을 체계적으로 계획하는 기법에 해당한다.

11 ③ 작업의 착수시기와 완성일자를 결정하여 납기를 유지하는 것은 계획기능이다.
[공정관리의 기능]
• 계획기능: 생산계획을 통칭하는 것으로서 공정계획을 행하여 작업의 순서와 방법을 결정하고, 일정계획을 통해 공정별 부하를 고려한 개개 작업의 착수 시기와 완성 일자를 결정하며 납기를 유지케 함
• 통제기능: 계획기능에 따른 실제과정의 지도, 조정 및 결과와 계획을 비교하고 측정, 통제하는 기능
• 감사기능: 계획과 실행의 결과를 비교 및 검토하여 차이를 찾아내고, 그 원인을 분석하여 적절한 조치를 취하며, 문제점을 개선해 나감으로써 생산성을 향상시키는 기능

12 ③
[공정의 분류]
• 가공공정(Operation): 제조의 목적을 직접적으로 달성하는 공정으로 그 내용은 변질, 변형, 변색, 조립, 분해 등을 통하여 대상물을 목적에 접근시키는 공정이다. 즉 부가가치를 창출하는 공정
• 운반공정(Transportation): 특정 작업영역에서 다른 작업영역으로 이동시키기 위해 적재, 이동, 하역 등을 하고 있는 상태
• 검사공정(Inspection): 양적 검사와 질적 검사가 있는데 양적 검사는 수량, 중량의 측정 등이다. 질적 검사는 설정된 품질표준에 대해서 가공부품의 가공정도를 확인하거나 가공 부품을 품질 및 등급별로 분류하는 공정
• 정체공정(Delay): 대기와 저장의 상태에 있는 것이다. 대기는 제품이나 부품이 다음의 가공 및 조립을 하기 위해 일시적으로 기다리는 상태이며, 저장은 계획적인 보관이며 다음의 가공 및 조립으로 허가 없이 이동하는 것이 금지되어 있는 상태

13 ③ 공수는 특정 작업을 완료하는 데 필요한 인력과 시간의 조합을 나타내는 측정 단위이다.
공수란 시간 단위로 작업량을 표현한 것으로서, 다음 세 가지의 단위 인일(Man-Day), 인시(Man-Hour), 인분(Man-Minute) 등을 사용한다.
공수는 작업 부하(Work Load) 자체가 아니라, 특정 작업을 완료하는 데 필요한 인력과 시간의 조합을 나타내는 측정 단위이다.

14 ④

15 ④

• 라인밸런스 효율(Eb) $= \dfrac{\text{라인(작업)의 순 작업시간합계}(\sum t_i)}{\text{작업장수}(n) \times \text{애로공정의 시간}(t_{max})} \times 100$

$\qquad\qquad\quad = \dfrac{25+35+40+20}{4 \times 40} \times 100 = 75\%$

16 ④ 칸반을 미세조정의 수단으로 사용하며, 필요한 생산량은 칸반의 수를 변경하여 조절한다.

17 ③의 지출은 주문비용에 가깝다.

[재고비용의 분류]
- 구매/발주비용(procurement cost): 주문과 관련된 비용(신용장 개설비용, 통신료), 가격 및 거래처 조사비용 (물가조사비, 거래처 신용조회비용), 물품수송비, 하역비용, 입고비용, 검사시험비, 통관료
- (생산)준비비용(production change cost): 생산공정의 변경이나 기계·공구의 교환 등으로 인한 비용, 준비시간 중의 기계유휴비용, 준비요원의직접노무비·사무처리비·공구비용 등
- 재고유지비용(holding cost):
  - 자본비용: 재고자산에 투입된 자금의 금리
  - 보관비용: 창고의 임대료, 유지경비, 보관료, 재고관련 보험료·세금
  - 재고감손비: 보관 중 도난·변질·진부화 등으로 인한 손실
  - 재고유지비(H) = 가격(P) × 재고유지비율(i)

18 ①

- 경제적 주문량(EOQ) $= \sqrt{\dfrac{2SD}{P_i}} = \sqrt{\dfrac{2 \times 1회\,주문비용(S) \times 연간\,총수요(D)}{구입단가(P) \times 연간\,재고유지비율(i)}}$
$$= \sqrt{\dfrac{2 \times 50 \times 200}{250 \times 0.2}} = 20개$$

19 ③ 개략능력요구계획(RCCP)의 주요 입력데이터는 기준생산계획(MPS)이다.

20 ①

[실무 답안]

1	2	3	4	5	6	7	8	9	10
②	④	①	②	②	③	③	④	①	③

11	12	13	14	15	16	17	18	19	20
④	③	①	②	③	④	①	①	②	④

[풀이]

01 ② [시스템관리] → [기초정보관리] → [품목등록] 조달구분, LOT여부, 검사여부 선택 후 조회 / 해당 품목별 ORDER/COST 탭에서 확인

02 ④ [시스템관리] → [기초정보관리] → [창고/공정(생산)/외주공정등록] 사업장 입력 후 창고/장소 및 생산공정/작업장 탭에서 각각 조회하여 확인

03 ① [시스템관리] → [기초정보관리] → [물류실적(품목/고객)담당자등록] 품목 탭에서 계정, 영업담당자 선택 후 조회하여 해당 품목별 생산담당자 확인

04 ② [시스템관리] → [기초정보관리] → [검사유형등록] 검사구분 선택 후 조회하여 확인

05 ② [생산관리공통] → [기초정보관리] → [BOM역전개] 자품목, 기준일자, 사용여부 선택 후 BOM 탭에서 조회하여 확인

06 ③ [생산관리공통] → [생산관리] → [생산계획등록] 사업장, '생산계획등록 품목만 조회' 체크, 작업예정일, 품목군, 계정구분 선택 후 날짜별 탭에서 조회하여 품목별 세부사항 확인

07 ③ [생산관리공통] → [생산관리] → [작업지시등록] 사업장, 공정, 작업장, 지시기간 입력 후 조회 / 작업지시 번호별로 마우스 R 클릭 후 [작업지시등록] 이력정보 확인

08 ④ [생산관리공통] → [생산관리] → [작업지시확정] 사업장, 공정, 작업장, 지시기간 입력 후 조회 / 작업지시
별 세부사항 및 하단의 청구자재 확인
[생산관리공통] → [기초정보관리] → [BOM정전개] 모품목 입력 후 BOM 탭에서 조회 / 작업지시확정 메
뉴의 청구자재와 BOM전개 자재를 비교하여 확인

09 ① [생산관리공통] → [생산관리] → [생산자재출고] 사업장, 출고기간 입력 후 조회 / 우측 상단의 [출고요
청] 버튼을 클릭 후 [출고요청 조회] 창에서 청구기간, 청구공정, 청구작업장 선택 후 조회하여 품목별 청구
잔량 합산하여 확인

10 ③ [생산관리공통] → [생산관리] → [작업실적등록] 사업장, 지시(품목), 지시공정, 지시작업장 입력 후 조회 /
작업지시번호별 하단의 작업실적이 '이동'으로 등록한 작업실적번호 확인

11 ④ [생산관리공통] → [생산관리] → [생산자재사용등록] 사업장, 구분, 실적공정, 실적작업장, 실적기간, 상태
선택 후 조회 / 작업실적번호별로 상단의 [청구적용] 버튼을 클릭하여 잔량 확인(잔량이 음수(−)이면 적용
예정량보다 적용수량이 크다는 의미이다.)

12 ③ [생산관리공통] → [생산관리] → [생산실적검사] 사업장, 실적일, 공정, 작업장, 검사여부 선택 후 조회 /
작업실적별 검사 내역에 대한 세부사항 확인

13 ① [생산관리공통] → [생산관리] → [생산품창고입고처리] 사업장, 실적기간, 공정, 작업장, 검사구분(1.검사)
선택 후 조회하여 실적번호 확인
※ 작업실적등록 시 검사구분이 검사인 경우 생산실적검사 후 생산품창고입고처리를 진행하여야 한다.

14 ② [생산관리공통] → [생산관리] → [작업지시마감처리] 사업장, 지시일, 공정구분, 공정, 작업장 선택 후 조
회 / 작업지시번호별 하단의 실적잔량 확인
※ 계획 상태에서는 마감처리가 불가능하다.

15 ③ [생산관리공통] → [재공관리] → [기초재공등록] 사업장, 등록일 입력 후 조회하여 등록번호별 세부사항
확인 및 하단의 품목선택 후 마우스 R 클릭하여 부가기능의 [품목상세정보] 확인

16 ④ [생산관리공통] → [생산/외주/재공현황] → [자재청구대비투입/사용현황] 상단의 [단가 OPTION] 버튼을
클릭하여 구매, 생산 모두 실제원가(품목등록) 선택 / 사업장, 지시기간, 공정, 작업장 선택 후 조회 / 작업
지시번호별로 하단의 청구금액, 투입금액 확인

17 ① [생산관리공통] → [생산/외주/재공현황] → [실적현황] 사업장, 지시기간, 지시공정, 지시작업장 선택 후
조회하여 작업조별 실적수량 확인(마우스 R 클릭 후 정렬 및 소계 설정 기능을 이용하면 편리함)

18 ① [생산관리공통] → [생산/외주/재공현황] → [생산일보] 우측 상단의 [단가 OPTION] 버튼을 클릭하여 조
달구분 구매, 생산 모두 실제원가(품목등록) 체크 / 사업장, 실적기간, 구분, 공정, 수량조회기준 선택 후 실
적기준 탭에서 조회하여 품목별 양품금액 확인

19 ② [생산관리공통] → [생산/외주/재공현황] → [품목별품질현황(전수검사)] 사업장, 검사기간 입력 후 조회하
여 품목별 불량율 확인

20 ④ [생산관리공통] → [생산/외주/재공현황] → [현재공현황(공정/작업장)] 사업장, 공정, 해당년도, 계정, 품
목, 재공유무 선택 후 작업장 탭에서 조회하여 확인

저자 약력

임상종

- 계명대학교 경영학박사(회계학)
- (주)더존비즈온 근무
- 한국생산성본부 ERP 공인강사
- 국세청 국세심사위원
- 국세청 납세자보호위원
- 중소기업청 정책자문위원
- (현) 계명대학교 경영대학 회계세무학과 교수

- ERP정보관리사 회계 1급, 2급 (「삼일인포마인」, 2026)
- ERP정보관리사 인사 1급, 2급 (「삼일인포마인」, 2026)
- ERP정보관리사 물류·생산 1급, 2급 (「삼일인포마인」, 2026)

김혜숙

- 홍익대학교 교육대학원 석사 졸업(상업교육)
- 홍익대학교 일반대학원 박사 수료(세무학)
- 홍익대학교 외래교수
- 한국공인회계사회AT(TAT·FAT)연수강사
- 한국생산성본부 ERP연수강사
- (주)더존에듀캠 전임교수
- (현) 해커스 TAT(세무실무) 1급, 2급 전임교수
- (현) 서울사이버대학교 세무회계과 겸임교수
- (현) 안양대학교 글로벌경영학과 겸임교수

- ERP정보관리사 회계 1급, 2급 (「삼일인포마인」, 2026)
- ERP정보관리사 인사 1급, 2급 (「삼일인포마인」, 2026)
- ERP정보관리사 물류·생산 1급, 2급 (「삼일인포마인」, 2026)
- I CAN FAT 회계실무 2급 (「삼일인포마인」, 2023)
- I CAN FAT 회계실무 1급 (「삼일인포마인」, 2023)
- I CAN TAT 세무실무 2급 (「삼일인포마인」, 2023)
- I CAN TAT 세무실무 1급 (「삼일인포마인」, 2023)
- SAMIL전산세무2급 (「삼일인포마인」, 2011)
- SAMIL전산회계1급 (「삼일인포마인」, 2011)
- SAMIL전산회계2급 (「삼일인포마인」, 2011)

김진우

- 경남대학교 경영학석사(회계전문가 과정)
- 경남대학교 경영학박사(회계전공)
- 한국생산성본부 ERP 공인강사
- 영남사이버대학교 외래교수
- 영진전문대학교 외래교수
- 창원문성대학교 외래교수
- 경남도립거창대학 세무회계유통과 초빙교수
- 거창세무서 국세심사위원회 위원
- 한국공인회계사회 AT연수강사
- (현) 울산과학대학교 세무회계학과 겸임교수
- (현) 세명대학교 경영학부 겸임교수
- (현) 서원대학교 경영학부 겸임교수

- ERP정보관리사 회계 1급, 2급 (「삼일인포마인」, 2026)
- ERP정보관리사 인사 1급, 2급 (「삼일인포마인」, 2026)
- ERP정보관리사 물류·생산 1급, 2급 (「삼일인포마인」, 2026)
- I CAN 전산세무 2급 (「삼일인포마인」, 2026)
- I CAN 전산회계 1급 (「삼일인포마인」, 2026)
- I CAN 전산회계 2급 (「삼일인포마인」, 2026)
- 바이블 원가회계 (「도서출판 배움」, 2021)
- 바이블 회계원리 (「도서출판 배움」, 2023)

2026 국가공인 ERP 정보관리사 물류 · 생산 2급

발　　　행	▮	2026년 3월 23일(2026년판)
저　　　자	▮	임상종 · 김혜숙 · 김진우
발　행　인	▮	오 연 관
발　행　처	▮	**삼일피더블유씨솔루션**
주　　　소	▮	서울특별시 한강대로 273 용산빌딩 4층
등　　　록	▮	1995. 6. 26 제3-633호
전　　　화	▮	(02) 3489-3100
팩　　　스	▮	(02) 3489-3141
정　　　가	▮	25,000원
Ｉ Ｓ Ｂ Ｎ	▮	979-11-6784-513-9 13320

저자와의
협의하에
인지생략